주요개념·주요용어
최근기출용어·문제

이것이
금융상식
이다 ^{5.0}

이것이 금융상식 이다 5.0

이것이 진짜 은행 · 금융권 필기(상식)시험 대비 합격 교재이다!

주요개념 · 주요 용어
최근기출용어 · 문제

이것이
금융상식
이다 5.0

슈페리어뱅커스 김정환 지음

BM (주)도서출판 성안당

들어가는 말

2018년 이후 금융권 채용 관문으로 <금융, 경제, 시사 상식> 필기전형이 부활되고 있으며, 확대일로이다. 공정한 채용을 위한 변화이다.

필자가 외환은행에 입행했던 1995년 가을에도 대부분 은행은 경제와 상식, 영어 등의 필기 전형을 봤다. 20년 전으로 회귀하는 느낌이다.

<은행고시> 부활과 관련한 이유야 어떻든, 금융과 경제 상식 필기전형은 필요하다고 생각한다. 그동안 은행권이나 증권사, 보험사 등 많은 금융기관이 필기전형 없이 인·적성 검사나 면접전형에만 의존해서 채용을 결정하는 것을 보며, 중요한 인자가 빠져있다고 느꼈다. 물론 인·적성 검사나 면접도 지원자를 알 수 있는 중요한 채용 과정이지만, 좀 더 다면적으로 옥석을 가려내기 위해서라도 필기전형은 <성실함>의 척도로써 꼭 필요한데, 그동안 소홀하다고 생각했기 때문이다.

왜냐하면, 성실하게 노력한 사람에게 기회가 주어져야 하는 것은 당연한 이치이며, 그러한 노력의 척도로써 필기시험만큼 공정한 것은 없기 때문이다. 또한, 착실하게 경제와 금융 지식을 쌓은 지원자는 입사 후에도 업무에 대한 접근성에도 훨씬 유리하고 빨리 습득할 수 있기 때문이다.

이에, 은행·금융권을 지원하는 <성실한> 지원자들을 위해 이 책을 출간하기로 결심했다. 이 책은 10년간 금융논술을 강의하면서 느꼈던 부족했던 용어들이나 개념들을 별도로 정리해 오던 자료들을 토대로 만들어졌다.

이 책의 특징은

첫째, 금융과 경제를 주(主) 테마로 그리고 부동산, 경영, 일반시사 등을 부(副) 테마로 서술했다. 따라서 금융이나 경제 기초가 부족한 지원자들에게 크게 도움이 될 것으로 확신한다. 그뿐만 아니라 금융, 경제 지식이 풍부하더라도 놓치기 쉬운 주제들에 대해서도 꼼꼼히 챙겼다.

둘째, 할 수 있으면 최근 개념이나 이슈들을 담으려 노력했다. 아무래도 최근 개념이나 이슈들이 시험에 잘 출제되기 때문이다.

셋째, 학습에 편리하도록 PART 01은 <주요개념 편>으로 구성하였고, PART 02는 <주요용어 편>에서는 최근 기출 내용들을 수록하여 현재 트랜드에 맞는 공부를 돕도록 하였다. 또한 부록을 통해 <2021~2023년 주요 은행·금융기관 실전문제>를 수록하여 최근 출제경향을 파악하여 시험에 임할 수 있도록 하였다.

넷째, 개별 챕터(Chapter)마다 실전문제들을 실어, 학습했던 내용을 복기가 용이하도록 구성하였다. 특히, 답안에 대한 해설을 상세히 실어 문제풀이를 통한 개념이나 용어의 이해를 돕도록 했다.

다섯째, 특히 간과하기 쉬운 부동산정책이나 용어도 상세히 기술했다. 부동산 관련 금융기관들을 지원하는 학생들에게도 큰 도움이 될 것이라 확신한다.

"무엇을 모르고 있는지조차 모르는 상황을 경계하라!"

필자가 금융논술이나 금융상식 강의에서 꼭 강조하는 말이다. 부디 이 책이 여러분들이 무엇을 모르고 있는지 잘 알게 되는 계기 될 뿐 아니라, 모르는 것들도 오히려 지력(智力)이라는 장점이 될 수 있도록, 다양한 금융, 경제에 관한 지식들을 잘 채워나가게 하는 역할이 되기를 바란다. 또한, <이것이 금융상식이다>라는 책이 여러분들의 은행과 금융기관 취업 성공을 위한 바른 길잡이가 될 수 있기를 희망한다.

끝으로, 이 책의 집필에 있어 물심양면으로 도와준 이철수, 황윤정 학생에게 감사의 말을 전한다. 이 책이 탈고되는 바로 그 날, 본인이 원했던 금융공기업으로 최종 합격하게 되어 축하의 말도 남긴다.

저자 **김 정 환**

CONTENT

PART 01 주요개념편

Chapter 01
금융기관과 금융시스템

1. 금융기관의 분류 / 010
2. 금융기관의 역할 / 011
3. 금융과 금융시스템 / 013
[실전문제] / 021

Chapter 02
자본시장

1. 정의 / 025
2. 분류 / 025
3. 증권과 채권 / 026
4. 파생금융상품 / 031
5. 펀드(집합투자기구) / 032
[실전문제] / 034

Chapter 03
은행업무

1. 은행의 수익 / 038
2. 금리 / 040
3. 통화 / 042
4. 수신 / 046
5. 여신 / 054
6. 외환 / 062
[실전문제] / 068

Chapter 04
부동산과 금융

1. 노무현 정부 부동산정책 / 076
2. 이명박 정부 부동산정책 / 078
3. 박근혜 정부 부동산정책 / 080
4. 문재인 정부 부동산정책 / 095
[실전문제] / 109

PART 02 주요용어편

Chapter 01 금융 / 120

[실전문제] / 198

Chapter 02 경제 / 210

[실전문제] / 291

Chapter 03 경영 / 304

[실전문제] / 355

Chapter 04 디지털 · 시사 / 364

[실전문제] / 446

PART 03 부록

2021~2023년 주요 은행 금융기관 실전문제 / 458

이것이 **금융상식**이다 5.0

PART

01

주요개념편

<<<
Chapter 1 • 금융기관과 금융시스템
1. 금융기관의 분류
2. 금융기관의 역할
3. 금융과 금융시스템
[실전문제]

<<<
Chapter 3 • 은행업무
1. 은행의 수익
2. 금리
3. 통화
4. 수신
5. 여신
6. 외환
[실전문제]

<<<
Chapter 2 • 자본시장
1. 정의
2. 분류
3. 증권과 채권
4. 파생금융상품
5. 펀드(집합투자기구)
[실전문제]

<<<
Chapter 4 • 부동산과 금융
1. 노무현 정부 부동산정책
2. 이명박 정부 부동산정책
3. 박근혜 정부 부동산정책
4. 문재인 정부 부동산정책
[실전문제]

chapter 01 금융기관과 금융시스템

1. 금융기관의 분류
2. 금융기관의 역할
3. 금융과 금융시스템

1 금융기관의 분류

01 금융권

제1금융권	일반 상업은행(외국은행 국내 지점 포함), 특수은행(농 · 수 · 축협), 지방은행
제2금융권	은행을 제외한 금융기관을 통칭. 증권, 보험, 상호저축은행, 새마을금고 등
제3금융권	저신용자, 급전이 필요한 사람들이 금융기관에서 대출을 받지 못할 경우 이자율이 높은 대부업체나 사채업체를 이용. 이러한 대부업체와 사채업체는 금융기관의 범주를 넘어선 것이라 하여 제3금융권이라 통칭

02 통화/비통화 금융기관

통화 금융기관		① 한국은행(발권은행)
		② 예금은행(수신과 여신으로 예금통화를 창출, 상업은행 + 특수은행)
비통화 금융기관 - 자금의 이전과 중개를 담당	① 개발기관	산은, 수은
	② 투자기관	종금사, 투자신탁사, 증권사
	③ 저축기관	은행신탁계정, 상호신용금고, 신용협동조합, 상호금융, 새마을금고, 체신예금
	④ 보험기관	생명보험회사, 체신보험

2 금융기관의 역할

01 한국은행

1) 화폐의 발권 **2)** 금융기관 예금과 예금지급준비

3) 금융기관에 대한 대출 **4)** 공개시장에서의 증권의 매매

5) 한국은행통화안정증권 발행

6) 정부 및 정부대행기관과의 업무 : 국고금취급, 정부 증권 문서 등을 보호예수

7) 지급결제업무 **8)** 외국환업무

9) 기준금리 결정 : 금융통화위원회

02 상업은행(CB) - 일반적인 은행을 말함

1) 고유업무

　① 예□적금, 유가증권 또는 그 외 채무증서 발행

　② 자금의 대출 또는 어음할인

　③ 내국환, 외국환

2) 부수업무

　① 채무보증, 어음인수

　② 상호부금

　③ **팩토링** : 기업이 상품판매로 받아야 하는 대금을 결제가 늦어질 경우 우선 금융회사가 외상매출채권을 담보로 하여 자금을 대출하는 서비스

　④ **보호예수** : 고객의 유가증권을 고객의 명의로 보관하는 업무

　⑤ 수납 및 지급대행, 국고대리점

　⑥ 지방자치단체 금고대행

　⑦ 전자상거래와 관련된 지급대행

3) 겸영업무

　① 파생상품업무 ② 국채, 지방채, 특수채 업무

　③ 집합투자업무, 신탁업무 ④ 환매조건부채권 매입과 매도

　⑤ 보험 대리점 업무 및 신용카드 업무

03 수출입은행

1) 남북기금협력(IKCF)에 의한 통일기반 조성

2) 대외경제협력기금(EDCF)를 통한 개발도상국과의 경제협력 증진

3) 공적수출신용기관으로 국가수출지원

04 산업은행

1) 신용경색 해소를 위안 기업금융 강화

2) 유망중소기업 지원을 위한 신용여신 확대

3) 기업구조조정 및 자본시장 안정화

4) 지역 개발 및 균형발전 유도

05 기업은행

1) 중소기업자에 대한 자금의 대출과 어음의 할인

2) 예금, 적금 수입 및 유가증권이나 그 외 채무증서 발행

3) 중소기업자의 주식의 응모, 사채의 응모, 인수, 보증

4) 내 · 외국환과 보호예수

5) 국고대리점

6) 정부, 한국은행 및 그 외 금융기관으로부터 자금 차입

3 금융과 금융시스템

> 과거에는 식량이 세계 경제를 지배하였으나 오늘날에는 금융이 세계 경제를 지배한다
>
> - 마크 파버-

01 금융시스템

자금(혈액) + 금융기관(혈관) + 금융시장(인체)

02 금융시장

자금의 수요와 공급이 만나 자금의 대차거래가 이루어지는 장

1) 기능
① 효율적인 자금중개
② **거래비용절감** : 경제 주체들이 금융 거래를 하는 데 탐색비용과 정보비용 등의 비용을 절감
③ 가격 결정
④ **자산현금화** : 금융시장의 발전은 금융자산의 환금성도 높임
⑤ 금융거래 위험관리
⑥ 자금운용 및 차입기회 제공

2) 분류
① 직접금융시장 / 간접금융시장
② 단기금융시장 / 장기금융시장 / 파생금융시장 / 외환시장

전통적 금융시장	장기금융시장(자본시장)	채권시장
		자산유동화시장
		주식시장
	단기금융시장	콜, CD, RP, 통화안정증권
파생상품금융시장	선도계약, 스왑, 옵션, 선물	
외환시장	외국환 거래가 이루어지는 장	

3) 금융시장의 특징

① 가격변동폭이 크고 다양한 금융상품의 가격들이 밀접한 연관성을 가지고 있어 일반 상품 시장에 비해 위험요소가 많기 때문에 국민경제에 큰 영향을 줌.

② 자율적인 시장규율기능을 가지고 있지만, 금융시장 참가자들의 탐욕과 공포라는 심리적인 요인에 의해 불안정해지면서 시장의 기능이 제대로 작동하지 않을 수 있음.

03 금융안정

- 금융안정이란 개별 금융기관이 자체능력으로 별 어려움 없이 정상적인 영업활동을 하고 시장 참가자들이 이를 신뢰하고 있는 상태를 말함.

- 금융안정을 위한 정책수단으로는 크게 '거시건전성 정책'(Macro Prudentiality)과 '미시건전성 정책'(Micro Prudentiality)이 있음.

1) 거시건전성 정책

① 금융시스템 리스크 관리를 통하여 금융불안이 국가 경제위기로 파급되는 것을 차단하는 것이 목적이다. 경기, 금리, 환율, 통화량, 주가, 자산가격 등 거시경제 변수를 대상으로 한다. 금융시장과 실물경제의 연관성을 포함한 금융경제 전체의 건전성을 높이는 정책체제를 일컫는 말이며 이는 국가적 경제위기를 미연에 방지하고 대책을 세우기 위함이다.

② **한국은행의 책무** : 금융시장안정과 국민경제가 건전하게 성장할 수 있도록 많은 노력을 기울이며, 특히 최종 대부자로서 물가안정 및 금융안정을 위한 책무가 있다.

2) 거시건전성 정책의 목표

① 외채과다증가 억제

② 급격한 외자유출 방지

③ 은행부문 외환건전성 강화 및 경제의 안정

3) 정부의 거시건정성 규제 사례

① **은행의 과다 외화차입억제** : 은행들이 빌려주는 외화대출을 해외에서만 사용할 수 있도록 제한. 한때 인기가 많았던 엔(JPY)화 대출의 경우 저금리를 목적으로 국내에서 수혜받는 것은 금지됨.

② **선물환포지션 제한** : 은행들이 선물환거래를 할 수 있는 한도를 자기자본의 일정 범위 이내로 제한. 선물환 등 파생거래는 그 레버리지 효과로 인하여 은행 전체의 부실을 가져올 만큼 리스크가 크므로 제한함.

③ **해외자본의 과다유입제한** : 외국인이 국내 채권에 투자해서 얻은 이익에 대하여 비과세 조치 폐지함. 이자소득에 과세함으로 한국채권에 투자하기 위한 외국자본의 과다유입 제한. 과다유입은 과다유출로 연결될 수 있으므로 제한함.

④ **김치본드 발행금지** : 원화를 사용할 목적으로 국내에서 발행하는 외화채권(김치본드)에 대한 은행의 투자금지 조치.

 김치본드

국내에서 발행된 달러화나 유로화로 표시된 채권. 외국자본을 끌어오기 위한 채권으로 원화금리에 비교해 외화금리가 낮기 때문에 발행하려 함. 하지만 외채증가의 원인이 되므로 금지 조치함. 이에, 2010년 7월, 한국은행은 국내 사용 목적으로 김치본드를 발행하는 것을 금지하게 됨. 과도한 김치본드 발행으로 인해 단기 외채 및 달러 매도 물량이 증가할 경우 원화강세로 인해 금융시장이 왜곡되고, 국내 금융 시장의 건전성을 해칠 수 있다고 판단. 하지만 약 4년이 지난 2014년, 국내 외환유동성이 풍부해졌다고 판단한 정부는 다시 김치본드 발행을 재개. (반대말 - 아리랑본드 : 외국 기업이 국내에서 발행한 원화 표시 채권)

⑤ **국가부도사태 방지**

　가. **모라토리움**(Moratorium) **국가부도** : 지불유예기간, 국가나 지자체가 외부에서 빌린 돈의 만기상환을 일방적으로 미루는 행위를 통칭함.

　나. **디폴트**(Default) **국가파산** : 공 · 사채에 관한 이자 지불이나 원금상환이 불가능해진 것. 채무불이행.

⑥ **외환보유고**(FOREX, Foreign Exchange Reserves) : 한 국가가 비상사태에 대비해 비축하고 있는 외화자금. 국가의 비상자금으로서 안전판 역할을 할 뿐만 아니라 환율을 안정시키고 국가신인도를 높이는 데 기여함. 긴급사태 발생으로 금융회사 등 금융주체가 해외에서 외화를 빌리지 못해 대외결제가 어려워질 경우를 대비하는 최후의 보루 기능.

　가. 유사시 외환확보 움직임

　　- **정부** : 외평채 발행, 통화스왑 체결

　　- **금융기관** : 외화예금유도, Committed Line(외화를 우선적으로 공급받을 수 있는 권리) 확대, 포페이팅(Forfeiting) 한도 확대

　나. 외환관리수단

　　- **Smoothing Operation 미세조정** : 경제활동수준의 급격한 변동을 막기 위해 외환당국이 환율, 금융, 재정부문 등의 정책수단을 상황에 따라 수시로 적용하는 행위.

특히, 환율의 단시간 급등락 등 변동성 완화를 위하여 외환 당국이 시장에서 외환을 사거나 파는 형식.

- **불태화정책 :** 환율하락기(원화강세)에 원화를 팔고 달러를 매입하는 경우 시장에 원화 공급이 많아져 물가가 불안해지기 때문에 통안증권을 팔아 불어난 원화만큼 다시 사들이는 통화정책.

⑦ **국제적 거시건정성 규제 사례**

   가. **은행세**(Bank Fee / Bank Levy)

- **배경 :** 2010년 오바마 대통령이 파생상품 투자 확대, 외형확장 등으로 2008년 금융위기를 야기한 은행에게 책임을 물어야 한다고 주장하면서 '은행세'를 통해 은행에 투입된 국민 세금을 환수하고 금융위기의 재발을 막겠다고 선언함. 이는 '오바마세', '징벌세', '금융위기 책임비용' 등으로 다양하게 불림. 이에 영국, 프랑스, 독일과 우리나라도 미국의 뒤를 이어 은행세를 추진함. 우리나라는 '거시건전성 부담금', '외환건전성 부담금'으로 불리고 있다. 미국 은행세의 징벌적 성격과 달리 향후 위기 시 발생할 비용부담에 대한 선제적 대응책 마련에 목적을 가지고 있음.

- **방법 :** 일정 규모 이상의 은행의 비예금성 부채에 대하여 은행세를 부과함(만기에 따라 0.02~0.2% → 2015.7월 개정, 1년 미만의 단기부채에 대하여 0.1% 단일 요율 적용, 카드사, 보험사도 납부 대상 포함).

   나. **FSB**(Financial Stability Board) : 금융안정위원회

- 글로벌 금융위기 이후 G7을 중심으로 이뤄진 금융안정포럼 FSF이 역부족함을 느끼고 한국을 비롯해 12개 회원을 추가해 확대 설립한 것이 FSB(Financial Stability Board)이다. 금융정책 관련 최고의 기구이자 금융계 경찰 노릇을 IMF와 FSB가 하고 있다고 볼 수 있다.

- FSB의 운영위원회(Steering Committee)는 우리나라 금융위원회를 비롯하여 G7, 네덜란드, 호주, BRICs, 멕시코 등 16개국의 대표와 IMF, BIS, IOSCO, IAIS 등 10개 기준설정기구의 대표 총 24명으로 구성됨.

4) 미시건전성 정책

① 개별 금융기관의 건전성을 감독하는 행위. 2008년 글로벌 금융위기의 원인은 대형금융사(Mega Bank)의 무분별한 부동산대출 실행과 파생상품 취급으로 경영부실이 초래되었고 결국은 금융위기가 초래됨.

▶ **오바마 행정부의 Mega Bank 규제방안 :** 시스템적으로 중요한 대형금융회사에 대한 감독강화와 자기자본투자(PI) 규제 등 은행규모의 비대화 억제.

② **볼커룰**(Volcker Rule) : 은행의 위험투자를 규제하고 은행 및 비은행 금융회사의 대형화 규제 방안으로 전 FRB 의장이자 오바마 정부의 경제회복자문위원회 의장인 폴 볼커가 제안. 볼커룰은 상업은행의 투자행위를 제한하는 데 목적이 있음(상업은행과 투자은행 분리). 이에 따르면 은행 등이 고객의 자금이 아닌 자기자금으로 증권, 파생상품 등을 거래하는 행위가 제한되거나 금지됨. 2012년 JP 모건의 파생상품거래 손실(7조 원)을 계기로 볼커룰의 도입여론이 확산되었고, 2012년 7월 미국에서 발효되고 2015년 7월 시행.

 - 자기계정거래 금지, 사모펀드, 헤지펀드의 투자, 관리비율 제한, 준법감시체제 운영 및 관리, 보고를 주요 내용으로 함.

③ **바젤 Ⅲ**

가. BIS 자기자본비율이란 국제결제은행(BIS)이 정하는 은행의 자기자본비율을 말한다. 국제적인 은행시스템의 안전성과 건전성을 확보, 은행 간 경쟁 측면에서 형평성을 기하기 위해, 국제결제은행의 은행감독규제위원회에서 정한 기준을 말한다. BIS 자기자본비율은 금융기관의 청산능력을 나타내는 국제적 기준으로, 자본 관련 비율 중 가장 포괄범위가 넓은 지표이며, 연결대차대조표를 기준으로 금융기관이 가지고 있는 리스크(위험가중자산)를 자기자금으로 흡수할 수 있는 능력을 평가한다. BIS 자기자본비율이 높을수록 손실에 대비한 자본여력이 높아 자본적정성이 양호하다고 볼 수 있으며, 감독당국에서는 8%를 기준비율로 설정하는 것이 일반적이다.

나. BIS 자기자본비율 산식

BIS 자기자본비율 = [BIS기준자기자본 / 위험가중자산] × 100

다. 바젤Ⅲ와 BIS 자기자본비율

a. 바젤Ⅲ란 2008년 글로벌 금융위기로, 은행의 과도한 레버리지가 자기자본의 질을 약화시켜, 유동성 위기에 취약성이 부각됨에 따라 제정된 협약이다.

b. 바젤Ⅲ의 주요 내용

 - 보통주자본비율 : 2% → 4.5%

 - 기본자본비율(보통주자본 포함) : 4% → 6%

 - 완충자본 : 위험가중자산의 2.5%만큼 보통주자본을 미래 금융위기에 대한 완충자본으로 보유

 - 글로벌 금융기업일수록, 자본금 및 대손충당금 적립요건 강화 및 과도한 차입을 억제시킴.

 → 자기자본비율 강화 : 10.5%

 → 자본보전완충자본제도 도입

 → 은행의 위기 관리 능력 제고, 스트레스 테스트를 고려.

보통주자본	은행 청산 시를 제외하고, 상환되지 않는 자본으로 자본금, 이익잉여금 등
기본자본	보통주자본+조건부자본 성격의 신종 자본증권인 코코본드와 영구채 등
총자본	기본자본에 후순위채권 등 보완자본까지 더한 자본

 ### 신종자본증권

주식과 채권의 중간적 성격을 가지면서도 일정 수준 이상의 자본 안정성 요건을 충족해 금융감독당국이 은행의 기본자본으로 인정하는 증권으로 하이브리드 채권으로 불리기도 한다. 확정금리가 보장되는 대신 만기가 없어 은행에 상환부담이 없다. 국제결제은행(BIS) 기준 자기자본비율 산정 시 기본자본으로 인정받을 수 있어 은행들의 BIS비율을 높이기 위한 수단으로 검토되고 있다.

은행의 자기자본 구조는 자본금, 자본준비금, 이익잉여금 등을 포함한 기본자본과 후순위채나 대손충당금 등 부채 형태로 조달한 자금을 지칭하는 보완자본으로 구분되는데 신종자본증권은 기본자본으로 간주돼 은행들이 자본구조 강화를 위해 발행을 추진하는 것이다. 영구채, 코코본드 등이 있다.

④ **SIFI**(Systemicaliy Important Financial Institution)

　가. **정의:** 시스템적으로 중요한 회사. 금융시장에서 대마불사(Too big to fail) 문제를 일으킬 수 있을 만큼 비중이 큰 기관

　　→ G20 산하 금융안정위원회(FSB)와 BIS 산하 바젤위원회는 자산과 거래규모, 위기 시 시장에 미치는 연관효과 등을 고려해 2011년 글로벌 SIFI(G-SIFIs) 29개 대형 은행과 국가별 SIFI 기준을 만들었음. 이들에 대해서는 일반 금융사보다 높은 감독과 자본 건전성 등이 부과됨

　나. **G-SIFI** (Globally Systemically Important Financial Institution)

　　a. **선정기준 :** 글로벌 활동성, 규모, 상호연계성, 복잡성, 낮은 대체가능성

　　b. **바젤 은행 감독위원회 조치 :** G-SIFIs로 선정된 29개 금융기관에 대하여 4개 그룹으로 분류해서 1.0~3.5 %의 추가자본 적립의무를 부과하기로 함

　　c. 해당 금융기관

　　　- 미국: 뱅크오브아메리카(BoA), 씨티그룹, 골드만삭스 등 8개

　　　- 유럽: HSBC, BNP파리바, UBS 등 8개

　　　- 아시아: 일본의 미쓰비시UFG, 미즈호, 스미토모 미쓰이, 중국의 중국은행(BoC)

　다. **D-SIFI**(Domestic Systemically Financial Institution)**:** 대형은행 부실이 금융시스템 전체에 충격을 주는 것을 막는 차원에서 도입하는 제도

- 선정되면 자본금과 이익잉여금을 포함한 보통주 자본만으로 추가자본을 쌓아야 함
- **2023.6월 현재. 금융위원회 선정 :** 하나금융지주, 신한금융지주, KB금융지주, NH농협금융지주, 우리은행이 시스템상 중요 지주·은행으로 선정됨(매년 선정). (산업은행과 기업은행은 정부가 지분을 보유하는 공공기관으로서 비상 정부 손실보전 조항이 있다는 점을 감안해 중요 은행으로 선정하지 않음)

⑤ **경기순응성**(Procyclicality)

금융의 경기순응성이란 금융기관이 경기가 좋아질 때 대출을 확대하고 경기가 나빠질 때 대출을 축소하는 속성을 의미한다. 금융기관의 대출이 경기와 같은 방향으로 움직이는 현상을 일컫는 개념이다.

가. 호황기가 되면 전반적으로 리스크에 대한 인식이 약화되면서 금융기관은 대출을 확대하려 하고 이에 따라 경기는 더욱 확장된다. 반대로 불황기가 되면 금융기관의 리스크에 대한 인식이 강화되면서 대출을 축소하고 이는 다시 경기 위축요인으로 작용할 것임. 이 같은 금융과 실물 부문의 상호작용으로 실물경기 사이클은 더욱 증폭되는 현상이 발생함.

나. 비록 금융기관의 경기 순응적 대출 태도는 경기에 대응하는 합리적인 의사결정이라고 할 수 있다. 하지만 모든 금융기관이 같은 방향으로 움직이면 금융시스템 전체 관점에서 위험요인이 계속 누적되는 원인이 될 수 있다. 합성의 오류(Fallacy of Composition) 문제 발생. 즉, 개별적으로는 합리적인 행동이 전체적으로는 비합리적인 행동이 돼 버림.

이러한 금융기관의 경기순응성은 글로벌 금융위기의 주된 요인으로 지목되면서 이를 완충하려는 시스템적인 제도의 도입이 이루어지고 있음.

- **경기순응성과 BIS 자기자본비율과의 관계 :** 경기대응 완충 자본을 신설함으로 호황기에 자본을 추가로 적립하도록 해 대출을 억제하고 불황기에는 적립한 자본을 소진할 수 있도록 함. → 경기가 나빠지더라도 자금이 실물부문에 공급될 수 있도록 설계함.
- **경기순응성과 LTV**(주택담보대출비율)**와의 관계 :** 부동산 버블이 발생하기 전에 선제적으로 LTV를 낮춰 부동산 담보대출을 억제하고 부동산 경기 악화가 예상될 때에는 LTV를 높여 부동산 버블의 붕괴를 방지함.

⑥ **준법감시기능**(Compliance)

금융회사 임직원들이 업무를 수행함에 있어 법규를 준수해 나가도록 하는 준법감시체제를 마련하고 이를 운영, 점검하는 활동.

가. 컴플라이언스의 기능

- **Advisory의 기능** : 영업으로는 독립되어 있으나 컴플라이언스는 현업부서에게 자문해주는 것. 영업단계 초기에 투입되어 긴밀하게 협조하여야 하는 컴플라이언스와 달리 내부감사는 객관적이고 사후적으로 평가를 해야 하므로 영업라인과 긴밀한 협조에는 거리감이 있음.

- **MTR**(Monitoring, Testing, Reporting) : 내부감사처럼 다른 부서가 어떤 영업을 하는지 컴플라이언스 리스크와 관련해서 점검하는 것을 의미하고 CEO나 Senior Manager에게 보고 .

나. 내부감사와 컴플라이언스의 차이점

- 접근 방식이 다르고 목표가 다르다.

- 컴플라이언스에서 MTR을 하기 위하여 점검할 경우 적발하고 징계하기 위하여 하는 것이 아니라, 타부서로 하여금 좀 더 자신들을 오픈하여 컴플라이언스로부터 좀 더 많은 Input을 받아서 징계로부터 자유로운 체질개선을 할 수 있도록 제대로 된 내부통제시스템을 만들어 가는 데 초점이 있다.

- 감사위원회가 주로 주주의 입장에서 경영진의 직무집행을 감시하는 것을 목적으로 하는 데 반하여, 준법감시인 제도는 경영진의 입장에서 임직원의 업무수행 과정상 내부통제기준의 준수 여부를 스스로 점검하게 한다는 점에서 차이가 있다.

다. **준법감시인**(Compliance Officer) : 준법감시업무에 종사하는 임직원을 말함.

01 금융기관에 대한 설명으로 옳은 것은?

① 농협단위조합은 제1금융권에 포함된다.

② 증권회사, 보험회사, 신용카드회사는 제2금융권에 포함된다.

③ 일반 시중은행 및 종합금융회사는 제1금융권에 속한다.

④ 통상 제3금융권을 비(非)은행금융기관이라 칭한다.

⑤ 수신업무는 제1금융권에 속한 금융기관만 가능하다.

> **해설** 제2금융권에 종합금융회사도 포함되며, 신용협동조합, 농협단위조합, 새마을금고 등은 고객으로부터 예금을 수취할 수 있다. 한편 통상적으로 제2금융권에 속한 금융기관들을 비(非)은행금융기관이라 부른다.

02 한국은행에서 수행하는 업무로 적절하지 않은 것은?

① 화폐를 발행한다.

② 한국은행 금융통화위원회에서 기준금리를 결정한다.

③ 통화안정증권을 발행한다.

④ 외국환 업무를 수행한다.

⑤ 일반 개인고객들로부터 예금을 받는다.

> **해설** 민간 시중은행이 일반 개인고객들로부터 예금을 수취한다.

03 상업은행(CB)의 업무에 관한 설명으로 옳지 않은 것은?

① 예 · 적금, 채무보증은 고유업무에 해당한다.

② 파생상품업무, 신탁업무는 겸영업무에 해당한다.

③ 내국환, 외국환에 관한 업무는 고유업무에 해당한다.

④ 어음인수, 상호부금, 팩토링은 부수업무에 해당한다.

⑤ 유가증권 또는 그 밖의 채무증서 발행은 고유업무에 해당한다.

> **해설** 채무보증, 어음인수, 상호부금은 상업은행의 부수업무에 해당한다.

정답	01	②	02	⑤	03	①				

04 금융시장에 대한 설명으로 옳지 않은 것은?

① 금융 자산의 만기가 1년 미만인 시장을 단기금융시장이라 한다.

② 일반적으로 단기금융시장을 화폐시장, 장기금융시장을 자본시장이라고 부른다.

③ 콜시장, RP 시장, 코넥스 시장은 장기금융시장에 속한다.

④ 직접금융은 주식, 채권의 발행을 통해 자금수요자가 금융시장에서 직접 자금을 조달하는 방식을 의미한다.

⑤ 간접금융은 은행 등의 금융기관이 자금공급자와 자금수요자를 중개하는 방식을 말한다.

> **해설** 콜시장 및 RP 시장은 단기금융시장(화폐시장)에 속한다.

05 거시건전성 정책에 대한 설명으로 옳지 않은 것은?

① 거시건전성 정책은 금융리스크 관리를 통해서 금융불안이 국가 경제위기로 파급되는 것을 차단하는 것이 목적이다.

② 거시건전성 정책의 목표는 외채 과다증가 억제, 급격한 외자 유출 방지, 은행부문 외환 건전성 강화이다.

③ 정부는 거시건전성 규제의 일환으로 아리랑본드 발행을 금지하였다.

④ 은행은 자기자본의 일정 범위에서 선물환거래를 해야 한다.

⑤ 모라토리움(Moratorium)은 국가나 지방자치단체가 채무의 만기 상환을 일방적으로 미루는 행위를 의미한다.

> **해설** 아리랑본드가 아닌 김치본드의 발행을 금지하였다.

06 외화를 확보하기 위한 방법으로 적절하지 않은 것은?

① 금융기관은 고객들로부터 외화예금을 수취하기 위한 전략을 수립한다.

② 정부는 외국환평형기금채권을 발행한다.

③ 정부는 외국과 통화스와프 계약을 체결한다.

④ 한국은행은 통화안정증권을 발행한다.

⑤ 금융기관은 다른 금융기관과의 Committed Line을 확대한다.

> **해설** 통화안정증권은 원화가치의 안정을 위해서 한국은행에서 발행하므로 외화 확보의 수단과는 거리가 멀다.

07 국제 거시건전성 규제 중 '은024행세'에 대한 설명으로 적절치 않은 것은?

① 은행세는 예금성 부채에 대해서 부과한다.

② 오바마세, 징벌세, 금융위기 책임비용 등 다양하게 불리고 있다.

③ 한국의 경우 거시건전성 부담금, 외환건전성 부담금이라는 표현을 사용하고 있다.

④ 미국의 은행세와 다르게 한국의 경우 위기 시 발생할 비용부담에 대한 선제적 대응책 마련에 초점이 맞춰져 있다.

⑤ 2008년 금융위기가 은행세 논의의 기폭제가 되었다.

해설 비예금성 부채에 부과한다. 미국의 은행세는 징벌적 성격이 강하다.

08 미시건전성 정책에 대한 설명으로 적절치 않은 것은?

① 개별 금융기관의 건전성을 감독하는 데 중점을 둔다.

② 볼커룰(Volcker Rule)은 상업은행과 투자은행의 업무를 통합시킴으로써, 개별금융기관의 효율적인 운영을 도모하는 데 그 목적이 있다.

③ BIS 자기자본비율은 위험가중자산 대비 자기자본 비율로서, 그 비율이 높을수록 안전하다고 할 수 있다.

④ 바젤Ⅲ에서는 완충자본개념과 유동성 비율 규제가 추가되었다.

⑤ 코코본드는 신종자본증권으로서 은행들이 BIS비율을 개선하기 위한 수단으로 검토되고 있다.

해설 볼커룰은 투자은행과 상업은행의 투자행위를 제한하는 데 그 목적이 있다. 즉, 상업은행과 투자은행의 업무를 분리시키는 것에 초점을 맞추고 있다.

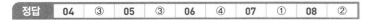

정답	04	③	05	③	06	④	07	①	08	②

09 다음의 설명으로 알맞은 것을 고르시오.

> 금융시장에서 대마불사 문제를 불러일으킬 수 있을 만큼 비중이 큰 기관을 의미하며, 시스템적으로 중요한 금융회사라고도 한다. 금융안정위원회(FSB)와 바젤위원회는 2010년에 자산과 거래규모, 위기 시 시장에 미치는 연관 효과 등을 고려해 글로벌 (가)와 국가별 (나)기준을 만들었으며, 이들에 대해서 일반 금융회사들보다 높은 감독과 자본건전성 등이 부과된다.

① (가) : AIIB   (나) : TPP
② (가) : TPP   (나) : AIIB
③ (가) : BIS   (나) : FRB
④ (가) : SIFI   (나) : SIFI
⑤ (가) : SIFI   (나) : AIIB

10 컴플라이언스(Compliance)에 관한 설명으로 옳지 않은 것은?

① 금융회사 임직원들이 업무를 수행할 때 법규를 준수해 나가도록 하는 준법감시체제 의미한다.
② 컴플라이언스는 내부감사와 사실상 유사하다.
③ 준법감시인(Compliance Officer)은 영업라인과의 협조가 중요하다.
④ 컴플라이언스는 영업부서에 대한 자문기능도 수행해야 한다.
⑤ 컴플라이언스는 효과적인 내부통제시스템을 확립하는 데 그 목적이 있다.

해설 내부감사와 컴플라이언스는 접근방식과 목표 측면에서 다르다.

정답 | 09 | ④ | 10 | ② |

chapter 02 자본시장

1. 정의
2. 분류
3. 증권과 채권
4. 파생금융상품
5. 펀드(집합투자기구)

1 정의

상환기간이 1년이 넘는 장기자산이 거래되는 시장으로 기계, 설비의 구입이나 공장건설 등 기업이 필요로 하는 자본을 조달하기 위한 시장을 의미. 장기금융시장이라고 함.

2 분류

1) 자금공급방식에 따라 크게 증권시장과 채권시장으로 구분
2) 증권시장은 유가증권을 발행, 인수, 모집하는 단계의 발행시장과 발행한 증권을 매매하는 유통시장으로 분류
3) 직접금융과 간접금융

직접금융	기업이 금융기관을 중개하지 않고 주식과 채권 등을 발행하여 개인투자자들로부터 자금을 직접 조달하는 방식
간접금융	기업이 금융기관을 통해 자금을 차입하는 것

3 증권과 채권

01 주식

　주식회사가 자본금을 마련할 목적으로 여러 투자자로부터 자금을 모집하고 일정한 형식을 기재한 증서를 발행하는 데, 이를 주식이라 함. 투자자의 입장에서도 금융활동을 통해 자산을 늘리려고 하기 때문에 배당금이 나오는 기업 주식에 투자하게 됨.

1) 발행시장 : 1차적 시장, 추상적 시장

① 투자자들로부터 기업이 필요로 하는 장기적인 자금을 조달하여 기업자금의 대규모화를 가능하게 한다

② 투자자들에게 유리한 투자대상을 제공하여 소득분배를 촉진하는 역할을 한다.

③ 공개시장조작과 같은 정부의 경기, 금융안정정책을 시행하는 역할을 한다.

2) 유통시장 : 2차적 시장, 구체적 시장

코스피시장	증권거래소에 상장된 우량 상장기업의 주식시장
코스닥시장	첨단기술주 중심의 나스닥시장을 본떠서 만든 것으로 첨단기술을 가지고 벤처기술을 연구하고 생산하는 기업군들을 상장시킨 시장을 의미
코넥스시장	코스닥시장 상장 요건을 충족시키지 못하는 벤처기업과 중소기업이 상장할 수 있도록 2013. 7. 1부터 개장한 중소기업 전용 주식시장

3) 프리보드

　정규증시에 상장되지 않은 비상장주권의 매매거래를 하기 위해 금융투자협회가 운영하는 장외시장을 의미.

4) 상장

　기업이 증권을 발행하여 유가증권시장이나 코스닥시장에서 매매할 수 있도록 자격을 부여하는 것을 말함. 한국거래소에서 심사.

5) PER(Price Earning Ratio)

　현 주가를 주당 이익으로 나눈 것. 주가수준을 판단하는 기준. 낮을수록 저평가된 주식.

6) 주식 관련 용어

블루칩	위험이 작고 가치하락 가능성이 낮은 우량투자종목. 주로 오랫동안 안정적인 이익창출과 배당지급을 실행해 온 기업의 주식을 말함

옐로칩	중저가 우량주. 블루칩에 비해 가격이 낮고 업종 내 위상도 블루칩에 못 미치는 종목군. 블루칩보다는 시가총액이 작지만, 재무구조가 안정적이고 업종을 대표하는 우량종목들로 구성
블랙칩	탄광이나 석유 등과 관련된 종목을 의미하는 것으로 최근에는 에너지 관련 종목들을 통칭
밀레니엄 칩	21세기를 주도해 나갈 대표적인 기업의 주식을 의미. 인터넷과 디지털기술을 가진 기업들과 컴퓨터, 반도체, 네트워크 장비 등으로 연결된 수많은 첨단 관련 산업들이 포함

7) 증시 관련 제도

사이드 카	파생상품시장에서 선물가격이 급등락할 때, 프로그램매매가 주식시장에 미치는 충격을 완화하기 위해 주식시장 프로그램 매매호가의 효력을 일시적으로 정지하는 제도. 1일 1회에 한해 발동 가능하며, 오전 9시 6분부터 발동 가능. 상승의 경우에는 프로그램 매수호가, 하락의 경우에는 프로그램 매도호가의 효력이 5분간 정지. 해제는 효력정지시점에서 5분이 경과한 경우 또는 장 종료 40분 전인 경우. 서킷 브레이크 진입
서킷브레이커	서킷브레이커(circuit breakers)는 증시에서 외부 충격으로 투자 심리에 과도한 변화가 생겼을 때 일시적으로 거래를 중단해 비이성적 흐름을 차단하는 장치라는 의미로 쓰인다. 코스피 또는 코스닥 지수가 전날(거래일 기준) 지수의 종가보다 10% 이상 떨어진 상태로 1분간 지속되면 서킷브레이커를 발동해 주식 거래를 20분간 정지시킨다. 투자자들에게 머리를 식힐 시간을 주기 위해서다. 정지시간 20분이 지난 다음에는 10분 동안 동시호가 주문을 받고 장을 재개한다. 서킷브레이커는 시장 개장 5분 뒤부터 오후 2시 20분 사이에, 하루 한 번만 발동할 수 있다. 즉 오후 2시 20분 이후 지수가 10% 이상 떨어지거나 그날 이미 한 차례 발동했을 경우에는 요건이 충족되어도 서킷브레이커를 발동할 수 없다. 선물·옵션 시장에서도 서킷브레이커는 작동한다. 다만 현물 시장과는 달리 선물가격이 상하 5%, 괴리율이 상하 3%인 상태가 1분간 지속되면 5분간 매매를 중단하고, 10분간 호가를 접수하여 단일가격으로 처리한다. 현물시장보다 투기성이 짙고 민감한 선물·옵션 시장의 성격 때문이다. 서킷브레이커가 증시 급변에 대응하기 위한 사후처방이라면, 사이드카는 선물이 현물에 영향을 미치기 전에 차단하는 예방으로서의 성격이 짙다. 그렇다 보니 일단 발동되면 모든 거래가 중단된다는 점에서 매매 주문 중 프로그램 매매에만 영향을 미치는 사이드카보다 범위가 넓다. 또한 서킷브레이커는 선·현물에 모두 적용되지만 사이드카는 선물에만 적용된다. 결국 서킷브레이커는 증시 안정을 위한 '최후의 수단'인 셈이다.

8) 해외증시

다우지수	미국의 뉴욕증권거래소에 상장된 종목을 나타내는 지수. 코스피 시장처럼 우량종목의 주가를 나타냄
나스닥지수	벤처기업과 첨단기술을 가진 기업들의 종합시세를 나타내는 지수
아메리칸증권거래소	뉴욕증권거래소와 나스닥에 비해 상대적으로 규모가 작은 중소기업을 대상으로 상장한 것으로 과거에는 커브 마켓으로 불렀음
S&P500	스탠다드앤 푸어스가 작성하는 주가지수. 선물거래의 대상
닛케이지수	일본 증권시장의 대표적인 주가지수
도쿄증권거래소(TSE)	1878년 설립된 일본의 거래소
항셍지수	홍콩주식시장의 기준 지수중 하나로 항셍은행이 산출하는 지수
항셍중국기업지수	홍콩증권거래소에 상장되어 있는 중국기업주식 대표우량주 34개로 구성. 투명성이 높고 에너지와 산업소재 등의 업종이 차지하는 비중이 높아서 중국경제의 성장동력을 가장 잘 반영하는 지수
영국지수(FTSE 100)	런던증권거래소에 상장되어 있는 주식 중 시가총액 상위 100개 기업의 주가를 지수화 한 종합주가지수
코스피 지수	우리나라의 주식시장을 대표하는 지수로 1980년 1월 4일을 기준점으로 잡고 기준지수를 100으로 하여 비교 시점의 주가변동을 시가총액방식으로 계산하여 만듦
MSCI지수	미국 투자은행인 모건스탠리의 자회사 MSCI가 작성해 발표하는 세계주가지수이다. 전 세계를 대상으로 투자하는 대형펀드 특히 미국계 펀드운용에 주요 기준으로 사용되고 있음

02 채권

국가나 지방자치단체, 기업 등이 사업을 시행하는 데 필요한 막대한 자금을 확보하기 위하여 발행하는 증서. 채권에는 이행기간이 일정한 기간으로 명시되어 있으며 채권을 소유한 자에게 만기에 정해진 이율에 따라 이자를 지급함.

국채	① 외국환평형기금채권 ② 양곡채 ③ 국민주택채권
지방채	① 도시철도채권 ② 지역개발채권
특수채	
금융채	

회사채	① 일반사채	a. 보증사채, b. 무보증사채, c. 담보부사채		
	② 특수사채	a. 전환사채	b. 신주인수권부사채	c. 교환사채
		d. 이익참가부사채	e. 옵션부사채	f. 자산유동화사채
채권지수	① 종합국고채지수 ② 글로벌국채지수			
국제채권	① 양키본드 ② 불독본드 ③ 쇼군본드 ④ 아리랑본드			
	⑤ 판다본드 ⑥ 김치본드 ⑦ 딤섬본드			

1) 국채

공공자금관리기금법에 따라 공공자금관리기금의 부담으로 기획재정부장관이 발행하는 것으로 국민주택채권과 외국환평형기금채권, 양곡채 등이 있음.

① **외국환평형기금채권** : 외평채, 외국환평형기금이란 자국 통화가치의 안정과 투기적인 외화유출입에 따른 외환시장의 혼란을 방지하려는 목적으로 정부가 외환시장에 개입하는 데 사용하는 기금을 말하며 이 기금을 마련하기 위하여 정부가 발행한 채권.

② **양곡채** : 양곡의 효율적인 수급관리와 안정적인 식량 확보를 위해 양곡증권정리기금을 발행하는 데, 이에 필요한 자금을 모으기 위해 발행한 채권.

③ **국민주택채권** : 정부가 국민주택사업에 필요한 자금을 조달하기 위해 발행한 채권.

2) 지방채

지방자치단체와 공공기관이 발행한 채권을 의미. 상수도채권, 도시철도채권, 지역개발공채 등이 있음.

① **도시철도채권** : 지방자치단체 및 도시철도공사는 도시철도 건설, 운영에 소요되는 재원의 일부를 조달하기 위해 도시철도법에 의거 발행하는 채권.

② **지역개발채권** : 각 지방자치단체가 상하수도 시설이나 도로공사 환경사업 등 공사를 해야 할 경우 예산의 부족으로 자금을 모으기 위해 발행하는 채권.

3) 특수채

예금보험공사와 한전처럼 특별법에 의해 설립된 법인이 발행하는 채권. 한국가스공사채, 한국도로공사채, 한국전력공사채 등이 있으며 여신전문기관이 발행하는 리스채, 신용카드채 등도 특수채에 포함.

4) 금융채

금융기관이 발행하는 채권. 한국은행의 통화안정증권이 대표적. 일반은행이 발행하는 금융채와 특수은행인 산업은행이 발행하는 산업금융채권, 기업은행이 발행하는 중소기업금융채권 등.

5) 회사채 : 일반 주식회사가 발행하는 채권, 사채라고도 부름

① **일반사채** : 보증사채, 무보증사채, 담보부사채

② **특수사채**

전환사채 (CB, Convertible Bond)	채권으로 발행되었으나 일정기간이 지난 경우 주식으로 바뀌는 것을 약정하는 권리를 포함한 채권
신주인수권부사채 (BW, Bond with Subscription warrant)	주식회사 자본금을 늘리기 위해 새로운 주식을 발행하는 경우 다른 투자자들보다 선취득을 할 수 있게 하는 채권. 이 채권 소유자는 일정기간이 지나면 신주배정을 청구할 수 있는 권리를 가지게 됨
교환사채 (EB, Exchange Bond)	주식 등 유가증권으로 교환할 수 있는 사채로 채권발행사가 가진 다른 증권과 교환할 수 있는 권리를 가진 사채를 의미
이익참가부사채 (PB, Participating Bond)	채권을 가진 자가 회사 이윤에 따른 이자 외에 주식과 같은 이익배당을 요구할 수 있는 권리를 포함한 사채를 의미
옵션부사채(BO, Bond with Imbedded Option)	채권 만기일 이전에 원금을 상환할 수 있는 조건이 붙은 회사채로 상환조건에 따라 콜옵션과 풋옵션으로 나뉨
자산유동화사채(ABS)	금융자산을 기반으로 발행되는 채권

6) 채권지수

① **종합국고채지수**(KEBI, Korea Economic Daily Bond Index) : 국내에서 발행, 유통되고 있는 국고채 전체종목을 실시간으로 반영해 채권시장의 흐름을 한눈에 확인할 수 있어 개인의 소액채권 투자도 늘려 자본시장의 활성화를 견인하는 역할을 함.

② **글로벌국채지수**(WGBI, World Government Bond Index) : 씨티그룹이 작성하는 채권지수로 미국과 영국, 일본과 같은 선진국의 정부채권을 바탕으로 작성하기 때문에 선진국 국채지수라고도 함.

7) 국제채권

양키본드	미국에서 비거주자가 발행하여 유통되는 달러화 표시 채권
불독본드	영국의 파운드 표시 외채를 지칭. 이에 대응하는 개념으로 미국의 양키본드, 일본의 사무라이본드 등이 있음
쇼군본드	일본 채권시장에서 비거주자가 엔화 이외의 통화표시로 발행하는 채권
아리랑본드	미국의 양키본드, 일본의 사무라이본드, 영국의 불독본드 등과 같이 외국인이 특정 국가의 채권시장에서 해당 국가의 통화로 발행하는 채권의 일종으로, 외국인이 국내에서 우리나라 통화인 원화로 발행하는 채권을 의미
게이샤본드	일본에서 달러로 발행된 채권을 가리킴 → 쇼군본드의 일종
판다본드	외국 기업의 중국 위안화 표시채권을 가리킴

김치본드	외국 기업들이 국내에서 발행하는 외화표시 채권
딤섬본드	외국 정부나 외국 기업이 홍콩에서 자금을 조달하기 위해 위안화로 발행한 채권

4 파생금융상품

근원이 되는 기초자산으로부터 갈려 나와 생긴 상품으로 새로운 현금흐름을 가져다주는 증권을 의미. 즉, 주식과 채권 등 현물금융자산에 옵션과 선물, 스왑이라는 조건을 만들어 수익을 창출하는 것을 말함(CHECK, KIKO).

01 파생상품의 구조

선도(Forward)	어떤 상품을 현재 정해진 가격으로 미래의 정해진 시점에 매매하기로 하는 계약
선물(Future)	표준화된 선도거래로서 거래소를 통한 거래를 의미. 선도거래와 비슷한 개념으로 어떤 자산을 현재 정한 가격으로 미래시점에 매매하기로 하는 계약을 선물거래라고 함
옵션(Option)	미리 정한 가격으로 특정 자산을 사거나 팔 수 있는 권리 call(살 수 있는 권리) / put(팔 수 있는 권리) → 옵션은 자기에게 유리할 경우에만 계약을 이행함
스왑(Swap)	교환이라는 의미를 가진 스왑거래는 두 명의 당사자가 따로 지니고 있는 미래의 서로 다른 자금흐름을 일정 기간 서로 교환하기로 계약하는 것. 금리스왑 / 통화스왑

02 파생상품의 분류

장내파생상품	거래소, 해외 파생상품시장에서 거래
장외파생상품	장내파생상품이 아닌 경우, 거래에 대한 정해진 규정 없이 당사자 간의 합의에 의해 만기일 등 계약 내용을 정할 수 있어 장내거래상품보다 훨씬 많이 이용됨

5 펀드(집합투자기구)

법률상 집합투자를 수행하기 위한 기구를 의미, 간접투자의 대표적인 상품

01 펀드의 종류

공모펀드	공개적으로 특정하지 않은 많은 투자자로부터 자금을 모으는 펀드의 형태. 펀드 규모의 10% 이상을 한 주식에 투자할 수 없고 주식 외 채권 등 유가증권에도 한 종목에 10% 이상 투자할 수 없는 제약을 받음
사모펀드 (PEF : Private Equity Fund)	소수의 투자자로부터 자금을 모아 주식, 채권 등에 운용하는 펀드를 말함. 공모펀드와는 달리 운용대상에 제한이 없는 만큼 자유로운 운용이 가능. 투자대상이 경영권이 될 수 도 있고 M&A 같은 전략을 펼치기도 함
헤지펀드 (Hedge Fund)	100명 이하의 투자자에게서 개별적으로 자금을 모집하여 조세회피지역 등 거점을 확보하고 자금을 운용하는 것을 의미. 주식, 채권 이외에 파생상품, 원유와 같은 1차 상품까지도 그 대상에 포함. 시장이나 상품 간 재정거래와 투기적 거래를 통해 자금을 운용하고 펀드 자산을 담보로 자금을 차입해 재투자하는 방식으로 위험을 감수하는 대신 수익률을 극대화. - 긍정적인 면 : 시장의 효율성 극대화 - 부정적인 면 : 국제금융시장 교란
뮤추얼펀드 (Mutual Fund)	유가증권 투자를 목적으로 설립된 법인회사로 주식발행을 통해 투자자를 모집하고 모집된 투자자산을 전문적인 운용회사에 맡겨 그 운용 수익을 투자자에게 배당금의 형태로 되돌려 주는 투자회사
해외펀드	투자대상종목이 해외의 주식, 채권, 부동산인 펀드로 역내펀드(국내 자산운용사에서 운용, 원화로 투자)와 역외펀드(해외투자운용회사가 해외에서 운용)로 나뉨. 브릭스, 차이나, 태평양, 이머징마켓 펀드 등으로 구분
상장펀드 (ETF : Exchange Traded Fund)	펀드 자체를 증시에 상장하고 펀드를 근거로 주식을 발행하여 투자자에게 배분한 뒤 증권시장에서 매매가 가능하게 한 펀드를 말함. 증시에 상장되어 있기 때문에 증권처럼 매매가 간편하다는 특징
모태펀드 (Fund of Fund)	고객들이 한 펀드에 투자한 자금을 다시 다양한 펀드에 재투자하여 위험을 분산하고 투자기회를 극대화하는 펀드 상품. 투자대상이 펀드인 셈
엄브렐러 펀드 (Umbrella Fund)	투자자가 시장 상황에 따라 자유롭게 전환할 수 있는 펀드로서 하나의 약관 아래 여러 개의 하위펀드가 있는 모양이 마치 우산 같다고 해서 이름 붙여진 것으로 장세 판단에 따라 탄력적 운영이 가능
버추얼펀드 (Vulture Fund)	저평가된 부동산을 싼 가격으로 매입하기 위해 운영되는 자금으로 상대적으로 위험이 높지만, 잠재적으로 큰 이익을 보장받을 수 있음

스팟펀드 (Spot Fund)	주식시장에서 인기주로 부활할 가능성이 있는 특정한 테마군의 주식들을 소규모로 묶어 단기간에 고수익을 노릴 수 있도록 고안된 주식형 증권
하이일드펀드 (High Yield Fund)	수익률은 매우 높은 반면, 신용도가 취약한 정크본드에 주로 투자하는 고수익 고위험 펀드

02 펀드지표

젠센지수	펀드의 성과를 평가하는 지표로 특정한 펀드에 대해 기대하는 수익률과 실제로 달성한 수익률의 차이를 나타내는 지수
샤프지수	펀드에 대한 위험도를 나타내는 지수. 성과를 평가하는 데 활용하며 똑같은 수익률을 낸 펀드가 있을 경우, 표준편차를 구해 비교하는 데, 수익의 기복이 심한 펀드와 안정적인 수익을 낸 펀드가 동시에 똑같은 수익률을 낸 경우, 미래에 투자를 어떻게 할지 결정하는 데 쓰임
트레이너지수	시장위험도에 대한 초과수익률을 나타내는 지수. 이 지수가 높을수록 펀드 운용 성과가 우수하다는 것을 나타냄

01 우리나라 주식시장에 대한 설명으로 옳지 않은 것은?

① 기업은 주식시장을 통해서 대규모의 자금을 조달할 수 있다.

② 코스피(KOSPI) 시장은 증권거래소에 상장된 우량 상장기업의 주식시장을 의미한다.

③ 코스닥(KOSDAQ) 시장은 첨단기술주 중심의 미국의 나스닥 시장을 본떠서 만들었다.

④ 대기업도 코넥스(KONEX)시장에 상장할 수 있다.

⑤ 프리보드시장(Free Board)은 비상장주권의 매매를 위해 금융투자협회가 운영하는 장외시장이다.

> **해설** 코넥스시장은 코스닥시장 상장 요건을 충족시키지 못하는 벤처기업과 중소기업이 상장할 수 있도록 2013년 7월에 개장한 중소기업 전용 주식시장이다.

02 주식과 관련된 용어에 대한 설명으로 적절하지 않은 것은?

① 옐로칩은 블루칩보다는 시가총액이 작지만, 재무구조가 안정적이고 업종을 대표하는 종목들로 구성된 주식을 의미한다.

② 블랙칩에는 탄광이나 석유 등과 관련된 종목뿐만 아니라 에너지 관련 종목들도 포함된다.

③ 블루칩은 위험이 높지만 수익창출이 높을 것으로 예상되는 종목들로 구성된다.

④ 밀레니엄칩은 정보통신 인터넷 디지털 등 차세대 기간산업을 뒷받침할 첨단기술 관련주를 통칭한다.

⑤ 레드칩은 홍콩 증시에 상장된 주식 중 중국 정부와 국영기업이 최대주주인 우량기업의 주식을 뜻한다.

> **해설** 블루칩은 오랜 시간동안 안정적인 이익을 창출하고 배당을 지급해온 수익성과 재무구조가 건전한 기업의 주식으로 대형 우량주를 의미한다. 따라서 위험은 낮은 편이다.

03 다음의 설명에서 (가)와 (나)에 들어갈 용어로 적절한 것은?

> 선물가격이 전일 종가 대비 5% 이상 변동(등락)한 시세가 1분간 지속될 경우 주식시장의 프로그램 매매 호가는 5분간 효력이 정지되는데, 이런 조치를 (가)라고 한다. 이는 선물시장의 급등락에 따라 현물시장의 가격이 급변하는 것을 막기 위한 가격안정화 장치로 시장을 진정시키고자 하는 것이 (가)의 목적이다.
> 한편 (나)는 주식시장에서 주가가 급등 또는 급락하는 경우 주식매매를 일시 정지하는 제도로서 1987년 10월 미국에서 블랙먼데이(Black Monday)사태 이후 주식시장의 붕괴를 막기 위해 처음 도입되었다.
> 즉, (가)는 (나)의 전 단계로 증권시장의 경계경보라 할 수 있으며, (나)는 공습경보라 할 수 있다.

① (가) : 서킷브레이커   (나) : 사이드 카
② (가) : 사이드 카   (나) : 서킷브레이커
③ (가) : 로스컷   (나) : 백워데이션
④ (가) : 백워데이션   (나) : 로스컷
⑤ (가) : 콘탱고   (나) : 로스컷

04 해외증시에 대한 설명으로 옳지 않은 것은?

① 다우지수는 미국의 뉴욕증권거래소에 상장된 종목을 나타내는 지수로, 우리나라의 코스피와 유사하다.
② 나스닥지수는 벤처기업과 첨단기술을 보유한 기업들의 종합시세를 나타내는 지수로서, 우리나라의 코스닥과 유사하다.
③ MCSI지수는 미국 투자은행인 모건스탠리의 자회사 MCSI가 작성해 발표하는 세계주가지수이다.
④ 영국지수(FTSE 100)는 런던증권거래소에 상장되어 있는 주식 중 시가총액 상위 100개 기업의 주가를 지수화 한 종합주가지수이다.
⑤ 항셍지수는 중국경제의 성장동력을 가장 잘 반영하고 있는 지수라고 평가할 수 있다.

해설 항셍지수는 홍콩 주식시장의 전반적 주가동향을 나타내는 대표적 주가지수로서, 홍콩 최대의 은행인 홍콩 상하이은행의 자회사인 항셍은행(恒生銀行)이 산출한다. 한편 중국경제의 성장동력을 잘 반영하고 있는 지수에는 항셍중국기업지수가 있다. 이는 홍콩증권거래소에 상장되어 있는 중국기업주식 대표우량주 34개로, 투명성이 높고 에너지와 산업소재 등의 업종이 차지하는 비중이 높아서 중국경제의 성장동력을 가장 잘 반영하고 있는 지수로 평가 받고 있다.

정답	01	④	02	③	03	②	04	⑤	

05 다음 설명에 적합한 용어로 옳은 것은?

> 일정한 조건에 따라 채권을 발행한 회사의 주식으로 전환할 수
> 있는 권리가 부여된 채권으로서 전환 전에는 사채로서의 확정
> 이자를 받을 수 있고, 전환 후에는 주식으로서의 이익을 얻을 수
> 있는, 즉 사채와 주식의 중간 형태를 취한 채권이다.

① 전환사채(CB)　　　　② 신주인수권부사채(BW)

③ 교환사채(EB)　　　　④ 자산유동화사채(ABS)

⑤ 이익참가부사채(PB)

> **해설** 전환사채(CB)에 대한 설명이다.

06 채권의 종류에 대한 다음 설명 중 옳지 않은 것은?

① 전환사채(CB)는 채권과 주식의 중간 성격을 지닌 유가증권이다.

② 중앙정부와 지방정부, 공기업이 발행하는 채권을 국공채라고 한다.

③ 정크본드는 신용등급이 낮은 기업이나 국가가 발행하는 채권을 뜻한다.

④ 외국 기업이 일본에서 엔화가 아닌 해외 통화로 발행하는 채권을 쇼군본드라 한다.

⑤ 코코본드는 주택담보대출, 국공채 등 우량 자산을 담보로 발행되는 담보부채권의 하나이다.

> **해설** 은행 등 금융회사가 주택담보대출, 국공채 등 우량자산을 담보로 발행하는 담보부채권은 커버드본드이다. 커버드본드는 투자가가 금융회사 등 커버드본드 발행자에 대한 소구권을 가지며 발행자가 파산할 경우 담보자산에 대한 우선변제권을 갖는다는 특징이 있다.
> 코코본드는 유사시 주식으로 강제 전환되거나 상각된다는 조건이 붙는 회사채이다.

07 국제채권에 대한 설명으로 옳지 않은 것은?

① 아리랑본드는 외국인이 국내에서 우리나라 통화인 원화로 발행하는 채권을 뜻한다.

② 김치본드는 외국인이나 국내 기업이 우리나라에서 달러화 등 외화표시로 발행하는 채권을 의미한다.

③ 양키본드는 미국에서 비거주자가 발행하여 유통되는 달러화 표시 채권이다.

④ 불독본드는 영국의 파운드 표시 외채로서, 미국의 양키본드와 일본의 사무라이본드 등이 이에 대응된다고 할 수 있다.

⑤ 판다본드는 외국정부나 외국기업이 홍콩에서 자금을 조달하기 위해 위안화로 발행한 채권이다.

> **해설** 판다본드는 국제기관이나 외국기업이 중국에서 발행하는 위안화 표시 채권을 가리킨다. 한편 딤섬본드는 2010년 2월 중국 정부가 외국계 기업의 위안화 채권 발행을 전격 허용함에 따라 홍콩 채권시장에서 발행되는 위안화 표시 채권을 뜻한다. 중국 본토에서 발행되는 채권인 '판다본드'와 구분하고자 홍콩에서 많이 먹는 한입 크기의 만두인 딤섬에서 유래했다.

08 다음에서 설명하는 것으로 옳은 것은?

> - 기업이 상거래와 관계없이 단기자금을 조달하기 위해 발행하는 보통 만기 1년 이내 융통어음이다.
> - 발행 기업은 별도의 담보나 보증을 제공하지 않고 오직 신용으로만 자금을 조달한다.
> - 신용등급이 우수한 기업이 주로 발행해 왔으나 최근 부실기업이 높은 금리를 제시하며 대규모로 발행한 뒤 법정관리를 신청해 논란이 되고 있다.

① 회사채　　　　　　　　② CB(전환사채)
③ CP(기업어음)　　　　　④ CD(양도성 예금증서)
⑤ BW(신주인수권부사채)

09 다음 중 성격이 다른 지수는 무엇인가?
① DOW　　　　　　　　② FTSE
③ 항생지수　　　　　　　④ MCSI
⑤ WGBI

해설 ①에서 ④는 주가지수이고 ⑤는 채권지수이다.

10 펀드에 관한 설명으로 옳지 않은 것은?
① 스팟펀드(Spot Fund)는 주식시장에서 인기주로 부활할 가능성이 있는 특정한 테마군의 주식들을 소규모로 묶어 단기간에 고수익을 노릴 수 있도록 고안된 펀드이다.
② 모태펀드는 고객들이 한 펀드에 투자한 자금을 다시 다양한 펀드에 재투자하여 위험을 분산하고 투자기회를 극대화하는 펀드 상품이다.
③ 벌처펀드(Vulture Fund)는 상대적으로 위험이 높지만, 잠재적으로 큰 이익을 보장받을 수 있는 특징이 있다.
④ 엄브렐라 펀드(Umbrella Fund)는 투자자가 시장 상황에 따라 성격이 다른 여러 개의 하위 펀드들 사이에 자유롭게 전환할 수 없는 펀드이다.
⑤ 하이일드 펀드(High Yield Fund)는 수익률은 매우 높은 반면, 신용도가 취약해 정크본드라 불리는 고수익 고위험 펀드이다.

정답	05	①	06	⑤	07	⑤	08	③	09	⑤
	10	④								

chapter 03 은행업무

1. 은행의 수익 4. 수신
2. 금리 5. 여신
3. 통화 6. 외환

1 은행의 수익

첫째, 예금과 대출 등 전통적인 자금중개기능과 직결된 전통적 중개이익인 이자수익(2000년까지는 이자부문 수익성 지표로 '예대마진'을 사용했으나, 2000년부터는 원화, 외화, 유가증권, 운용마진 등을 비롯한 전체 이자부문 수익성 측정을 위해 NIM을 도입함)

둘째, 이자수익을 제외한 모든 수수료를 말한다. 비이자이익의 대표적인 예로는 고객이 송금, ATM 이용 등의 대가로 지불하는 수수료가 있으며 주식이나 채권투자로 얻은 수익도 비이자수익에 속함.

01 순이자마진(NIM, Net Interest Margin)

1) 의미

① 은행 등 금융기관이 자산을 운용하여 낸 수익에서 조달비용을 차감해 운용자산 총액으로 나눈 수치로 금융기관의 수익력을 나타내는 지표이다. 은행 순이익의 근간이 되기 때문에 은행의 수익성을 평가하는 주요 지표로 활용됨. 현재 은행수익에서 이자수익이 90% 정도를 차지함.

② 은행들의 순이자마진이 커질수록 은행의 대출과 관련된 수익성은 좋아지지만, 은행에 돈을 맡긴 고객의 수익성은 악화된다는 의미로 해석되므로, 순이자마진이 높다고 해서 모두에게 좋은 것은 아니다.

02 비이자이익

최근 국내 은행의 비이자이익 현황은 나아질 기미가 보이지 않는다. 특히 2011년 금융감독원 주도로 이루어진 은행 수수료 현실화 정책 이후로 은행들의 비이자이익은 급감한 것으로 해석되고 있다.

03 은행의 수익성 개선방안

1) 이익중심 경영지향

고객별, 상품별, 거래단위별로 수익성 분석 → 이익이 많은 분야에 우선순위를 두고 이익원천의 효율을 높이는 영업을 지향.

2) 영업점 자율경영정착

영업점마다 영업환경과 고객기반이 다르므로 각자 영업점의 특성에 맞는 영업전략을 수립하고 실행하는 것이 무엇보다 중요함.

3) 저수익 영업점은 과감히 통폐합

필요 이상의 본점 부서 직원들에 대하여 영업점 발령으로 영업점 영업강화와 리스크 관리 동시 해소.

4) 낮은 부분으로부터의 실질적 영업개선(Bottom Up)

평소 일상적인 업무에서 느끼는 불편함이나 고객의 작은 불만으로부터 새로운 아이디어를 모아서 서비스의 질과 업무 효율성을 제고.

5) 선제적인 신용리스크 관리

이제껏 거래기업에 대한 부실징후를 인지해도 지점계수의 유지나 여타 사유로 인하여 부실위험을 방치하는 경우도 있지만, 이는 손실을 초래하는 가장 큰 원인임. 적극적이고 선제적인 사후관리 업무 강화.

6) 내부 프로세스의 지속적 업그레이드 필요

하루가 다르게 바뀌고 있는 금융의 트랜드 → 새로운 상품과 서비스에 대한 고객의 니즈를 만족시키기 위해 주관부서는 창의적인 아이디어를 발굴, 검토해서 실행할 필요가 있음.

7) 새로운 금융기법이나 혁신에 대한 진지한 방향성 제고

IP금융, 메신저금융, 문화컨텐츠 금융 등 새로운 금융기법이나 혁신에 대하여 유연한 마인드로 안정성과 수익성을 극대화 시킬 수 있는 방안 마련 및 실행. 신 금융 패러다임의 발굴 및 수익화.

2 금리

01 개념

자금시장에서 구체적으로 거래되고 있는 자금의 사용료 또는 임대료를 의미. 이자금액을 원금으로 나눈 비율로 이자율이라고도 함.

02 금리의 종류

1) 예금금리와 대출금리

2) 할인율과 수익률

① **할인율** : 이자율을 먼저 적용. 현재 투자하는 금액은 미래에 받은 금액을 현재 가치로 환산한 금액 → 현재가치에 대한 선이자의 비율.

② **수익률** : 이자율을 나중에 적용. 현재 투자하는 금액에 대한 미래의 비율.

③ **사례** : 1만 원을 투자했다가 1년 후에 이자를 1천 원을 받는다면 이자율은 10%가 됨.

예 (1,000/10,000) × 100 = 10% ← 수익률

1만 원을 투자할 때, 1천 원을 1년 후가 아닌 현재 받는다면, 1천 원의 이자를 뗀 나머지 9천 원에 대한 이자율을 계산.

예 (1,000/9,000) × 100 = 11.1% ← 할인율

3) 고정금리와 변동금리

4) 명목금리와 실질금리

명목금리는 물가상승률을 고려하지 않은 금리 / 실질금리는 물가상승률을 감안한 금리. 즉, 명목금리에서 물가상승률을 빼면 실질금리가 됨.

5) 단리와 복리

단리는 원금에 대한 이자를 계산 / 복리는 원금에 대한 이자 + 이자에 대한 이자.

단리의 경우

1년 후 : 100,000 + 100,000*0.05 = 105,000
2년 후 : 100,000 + 100,000*0.05 = 105,000
⇒ 2년 치 이자는 총 10,000원

복리의 경우

1년 후 : 100,000 + 100,000*0.05 = 105,000
2년 후 : 105,000 + 105,000*0.05 = 110,250
⇒ 2년 치 이자는 총 10,250원

03 금리의 결정요인

1) 경기동향 : 경기가 호황 → 돈에 대한 수요 증대 → 금리상승

2) 물가상승 : 미래물가상승 기대 → 현재 소비에 대한 수요증대 → 현재 돈의 수요증대 → 금리상승.

3) 타국의 금리수준

04 주요용어

자금조달비용지수 (COFIX)	주택담보대출에 적용되는 금리(6개월 변동)
단기 코픽스	주택담보대출에 적용되는 금리(3개월 변동)
외평채 가산금리	우리나라의 대외 신인도를 나타내는 금리. 원화가치가 불안정할 경우, 외환의 매매를 통해 원화가치를 안정시키는데, 이때 미리 준비해 놓은 자금을 외국환평형기금이라 하며, 이 기금을 마련하기 위해 정부가 발행한 채권이 외국환평형기금채권이라 함
유동성 프리미엄	금리를 정할 때에는 얼마나 빨리 현금화할 수 있는지에 대한 유동성도 함께 감안함. 빌려준 돈은 유동성이 낮고 돌려받지 못할 위험이 크므로 기간이 길수록 금리를 올리게 되는 데 이를 유동성 프리미엄이라고 함
리보	국제금융시장의 중심지인 영국 런던의 은행 등 금융기관끼리 단기자금을 거래할 때 적용하는 금리로, 유로달러 시장이 국제금융에 커다란 역할을 하고 있어 이 금리는 세계 각국의 금리결정에 주요 기준이 되고 있다.

코리보	코리보는 국제 금융시장에서 대표적 기준금리로 통하는 리보(LIBOR, 영국 런던은행간 대출금리)를 벤치마킹하여 한국은행에서 영국의 런던 은행간 금리(LIBOR) 산출 방식을 채택하여 개발한 국내 은행간 단기기준 금리로 '04년 7월부터 사용하고 있다.
프라임 레이트 (Prime Rate)	은행 등 금융기관들이 신용도가 가장 좋은 고객에게 적용시키는 최저·우대금리로, 금융기관이 대출금리를 결정하는 기준이 되기 때문에 '기준금리'라고도 한다. 대출 시 적용하는 대출금리 가운데 가장 낮으며 신용도가 낮은 기업이나 개인은 여기에 일정한 가산금리가 더해진다.

3 통화

01 화폐의 기능

① 교환   ② 보관   ③ 지불

 화폐발전순서
상품화폐 → 금속화폐 → 지폐 → 신용화폐 → 전자화폐

02 통화

유통화폐의 준말로 국가에 의하여 금액이 표시된 지불수단으로 강제통용력이 인정 금액으로 표시되지 않았거나 강제통용력이 인정되지 않는 것은 통화로 보기 어려움.

03 통화대용증권

언제든 현금과 교환할 수 있는 것, 자기앞수표, 송금수표, 우편환증서, 공사채의 만기이자표, 관청의 지급통지서, 배당금지급통지서, 만기가 도래한 약속어음과 환어음 등.

1) 수표

발행인이 수취인에게 소정의 금액을 지급할 것을 약정한 증권.

수표의 기재요건

국어로 수표임을 표시하는 글자, 조건 없이 일정한 금액을 지급할 것을 위탁하는 뜻, 지급인의 명칭, 지급지, 발행일과 발행지, 발행인의 기명날인 또는 서명

자기앞수표	자기지시수표
당좌수표	당좌계좌개설 후 당좌예금을 개설한 자가 발행인이 되고 은행이 지급인이 되는 수표. 제시기일에 금액이 지급되지 아니한 경우 부정수표단속법에 의해 형사처벌
가계수표	영세자영업자가 은행에 가계종합예금 계좌를 개설하여 발행하는 수표

2) 어음

약정해 놓은 금액을 미래의 특정한 날짜에 무조건 지급해야 하는 유가증권. 주로 외상거래 시에 현금을 대신하여 이용.

 어음의 기재요건

국어로 어음임을 표시하는 글자, 조건 없이 일정한 금액을 지급할 것을 위탁하는 뜻, 지급인의 명칭, 만기, 지급지, 지급 받을 자 또는 지급 받을 자를 지시할 자의 명칭, 발행일과 발행지, 발행인의 기명날인 또는 서명

※ 환어음은 지급인의 명칭을 부가해서 작성

약속어음	발행인이 수취인에게 직접 지급금액을 지급한다는 어음
환어음	어음을 발행한 자가 수취인에게 직접 지급액을 주지 않고 제3자를 통해 주는 어음을 말함. 환어음은 주로 국제거래에서 사용
백지어음	일반적인 어음의 형식적 요건인 만기나 발행 일자를 기재하지 않은 어음으로 어음법상 효력이 있음
융통어음	상품거래가 바탕이 아닌, 어음발행인이 일시적으로 자금을 빌리기 위해 사용하는 어음
기승어음	발행인과 수취인 상호 간에 금융을 받기 위해, 금액, 만기일을 동일하게 어음을 작성하여 교환하는 것을 말함 → 사회질서 위반사항에 해당하여 무효
전자어음	2005년 전자어음의 발행 및 유통에 관한 법률에 따라 신설. 발행인이나 수취인의 요건을 전자형태로 나타낸 어음

04 본원통화

중앙은행인 한국은행이 지폐와 동전 등 화폐발행의 독점적 권한을 통해 공급한 통화를 말한다. 한국은행이 예금은행에 대해 대출을 하거나 외환을 매입하거나 정부가 중앙은행에 보유하고 있는 정부예금을 인출할 경우 본원통화가 공급.

 본원통화

본원통화 = 현금통화 + 지급준비금

= 현금통화 + (시재금 + 지준예치금)

= (현금통화 + 시재금) + 지준예치금

= 화폐발행액 + 지준예치금

통화량 : 금융기관 이외의 민간이 보유한 현금통화와 예금통화를 합친 금액

= 민간보유화폐액 + 요구불 예금(저축성 예금은 통화량에 포함되지 않음)

05 통화정책

1) 공개시장조작 : 중앙은행이 물가를 안정시키기 위한 공적인 목적으로 채권을 매매하는 것

2) 총액한도대출 : 중앙은행이 은행기관에 중소기업 자금을 빌려주는 제도. 금리가 저렴

3) 재할인율조정 : 중앙은행이 금융기관에 빌려주는 자금의 금리를 조정하여 통화량을 조절

4) 지급준비율조정 : 금융기관이 고객의 예금을 차질 없이 지급할 수 있도록 조성해 놓아야 하는 일정비율

 금융통화위원회

한국은행의 통화정책에 관한 주요사항을 심의 · 의결하는 정책결정기구. 총 7인으로 구성. 미국의 연방준비이사회(FRB, Federal Reserve Board)제도를 본뜸.

06 통화지표

1) M1(협의의 통화) = 결제성예금 + 현금통화

2) **M2**(광의의 통화) = M1 + 2년 미만 정기예금적금, MMF, 기타수익증권, 시장형상품(CD, RPM, 표지어음) + 2년 미만 금융채, 2년 미만 금전신탁, 기타(CMA, 2년 미만 외화예수금 등)

3) **M3**

　① Lf(금융기관 유동성) = M2 + 2년 이상 장기금융상품, 생명보험 계약준비금 및 증권금융예수금

　② L(광의 유동성) = Lf + 기타 금융기관상품(손보사 장기저축성 보험계약준비금, 증권사 RP, 예금보험공사채, 자산관리공사채, 여신전문기관발행채 등), 국채, 지방채, 회사채

07 통화제도

1) **금본위제도** : 정부에서 비축한 금에 따라 통화량을 결정하는 것을 뜻함. 금으로 화폐의 가치를 나타낸 것을 말함(태환화폐)

2) **관리통화제도** : 통화관리기관에 의해서 통화량을 조절하는 제도

3) **금환본위제도** : 금본위제를 시행하는 다른 국가의 통화를 보유하여 자국 통화의 안정을 도모하려는 제도

4) **금핵본위제도** : 국내에서는 은행권이나 지폐처럼 경제적이고 유통이 편리한 화폐를 유통시키고 금은 중앙에 집중 보유하는 제도

4 수신

은행의 전통적인 업무영역이다. 수신고가 해당 은행의 영업력이며 수익의 근원적인 기반이 됨.

01 분류

은행의 수신상품은 크게 두 가지 대항목으로 분류.

예금계정(은행계정)과 **신탁계정**

은행의 수신계정은 예금계정(은행계정)과 신탁계정으로 나뉘며 이 두 가지 계정은 절대 혼용해서 조달하거나 운용하지 않는다. 즉, 예금계정으로 조달한 수신은 예금계정으로만 운용(일반대출 등)되어야 하며 신탁계정으로 조달한 수신은 신탁계정(신탁대출 등)으로만 운용된다. 은행의 재무제표가 은행계정과 신탁계정으로 나누어지는 이유도 그 때문이다.

구분	신탁계정	은행계정
재산관리	신탁재산(신탁계정)	고유재산(은행계정)
계약관계인	위탁자, 수탁자, 수익자 (3면 계약)	예금주, 은행주(2면계약)
계약의 성질	신탁행위(계약,유언등) : 신탁법	소비임치계약 : 민법
수탁/예수자산	금전, 동산, 부동산, 유가증권, 금전채권 등	금전
운용방법	위탁자가 운용방법을 선택하거나 수탁자에게 운용 지시	예금주는 관여하지 않음
이익분배	원칙적으로 실적 배당	약정이자
원본 및 이익보전	원칙적으로 없음	원금과 약정이자 지급의무
특약	가능	불가능(약관에 의하기 때문)
법률관계	자본시장법 등(금융감독원)	은행법(금융감독원)

02 예금자보호제도

1) 금융회사가 예금을 지급하지 못하면 전체 금융회사에 대한 불신과 경제위기로까지 연결. 만약 금융회사가 예금을 지급하지 못하게 되면, 예금자들이 돈을 찾기 위해 앞다퉈 금융회사로 달려오는 일이 벌어지게 되는데, 이를 **'뱅크런'**(Bank Run)이라고 함. 이렇게 되면 금융회사는 대출자금을 회수해서 예금자들에게 돌려주어야 함. 이는 대출자에게 어려움을 안겨주고 급기야는 경제위기로 번질 수도 있음.

2) 정부(예금보험공사)가 금융회사 대신 예금을 지급하는 **'예금자보호제도'**. 그래서 정부는 여러 가지 안전장치들을 마련. 대표적인 것이 바로 **'예금자보호법'**. 예금자보호법은 금융회사가 고객이 맡긴 돈을 돌려주지 못하는 상황이 생기면 예금보험공사(예보)가 일정한 범위 내에서 원금과 이자를 지급해주는 제도. 이에 필요한 재원은 금융회사로부터 받은 '예금보험료'로 조달. 예금보험에 가입한 금융회사가 예금 지급 정지 명령, 영업 인(허)가의 취소, 해산 또는

파산 등으로 고객의 예금을 지급할 수 없게 되는 경우 예보가 해당 금융회사를 대신하여 1인당 5,000만 원까지 원리금을 지급.

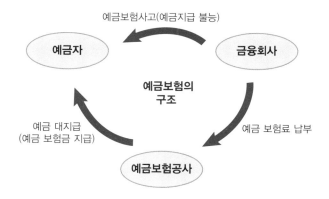

3) 예금자보호법 상 보호되는 상품 List

대항목	소항목
요구불예금	보통예금(MMDA포함), 저축예금, 기업자유예금, 당좌예금, 별단예금 등
저축성(거치성)예금	정기예금, 저축예금, 주택청약예금, 표지어음 등
적립성예금	정기적금, 주택청약부금, 상호부금, 확정기여형 퇴직연금 등
금전신탁	원금이 보전되는 금전신탁

[용어해설]

당좌예금	주로 기업체들이 이용하며 자금의 보관이나 지급위탁용도로 사용됨. 수표나 어음의 형태로 인출 가능하다. 당좌예금의 실적과 신용평가를 통하여 기업들은 거래은행으로부터 어음북이나 수표북을 교부받을 수 있었고, 이를 활용하여 협력 업체들에게 대금지급을 주로 하였다. 하지만 IMF를 거치며 이러한 어음의 원청업체의 과도한 사용은 협력업체들의 자금부담을 가중시키고 원청업체의 부도로 인한 협력업체의 연쇄부도 리스크로 인하여 최근에는 기업 간의 대금지급에 어음보다는 외상판매담보대출을 활용한다. 하지만 최근 외상판매담보대출의 소구권 문제로 협력업체들의 연쇄부도의 리스크가 전혀 줄어들지 않았다는 여론이 일고 있으며 이에 대한 해결책이 필요한 상황이다.

별단예금	은행업무를 처리하는 과정에서 발생하는, 다른 계정으로 처리하기 곤란한 예금, 특정자금을 일시적으로 처리하기 위한 계정이다. 거래약관이 없으며 증서를 발행하지 않는다. 예를 들면, 은행의 텔러가 그날 영업을 마감하고 시재금이 10만 원 남는다면 우선 그 원인을 찾아야 한다. 이에, 시재금이 10만 원 남는 원인을 찾았으나 그 날 바로 계정처리하기 어려운 상황일 때 일시적으로 10만 원을 별단예금 계정으로 예치하여야 한다. 그리고 추후 별단예금을 해지하고 정확한 계정처리를 하는 것이다. 만약, 10만 원이 남는 원인이 아무리 찾아도 나오지 않는다면 그 10만 원은 원화가수금 계정으로 처리한다.
MMDA (Money market deposit asscout)	수시입출금식 고금리 저축성예금. 투자신탁회사, 증권사의 MMF에 대응하기 위해 은행권에서 도입함. 일시적인 목돈을 운용하기에 유리함. 다만, 일정 이상의 금액(통상 5백만 원)을 1개월 이내로 잔고로 유지하는 경우 가입이 가능하다.
주택청약종합저축	주택청약관련 상품은 2015년 9월 1일부터 주택청약종합저축으로 일원화되었다. 따라서 현재는 주택청약종합저축으로만 가입 가능하며 기존의 청약저축 등의 상품에 가입한 저축자에 대하여는 예금의 소멸 시점까지는 종전의 규정대로 계좌의 유지 및 청약이 가능하다. 주택청약저축은 국민주택기금조성 재원으로 정부가 관리한다.
표지어음	금융기관들이 기업이 발행한 어음을 할인해 사들인 뒤 이 어음을 근거로 별도의 자체어음을 발행해 일반투자자에게 판매하는 어음이다. 만기 1년 이내. 할인방식, 이자 선지급

4) 우체국의 예금/보험, 국고채, 외평채, 국민주택채권, 한국은행의 통화안정증권, 근로복지공단이 발행하는 고용안정채권, KDB산업은행의 산업금융채권, 한국수출입은행의 수출입금융채권 IBK기업은행의 중금채, 농협중앙회 및 NH농협은행의 농업금융채권, 수협중앙회 및 SH수협은행의 수산금융채권, 한국증권금융이 발행하는 증권금융채권 등은 굳이 예금자 보호법의 적용을 받을 필요가 없어서 예금자 보호와 상관없다. 이는 대한민국 정부에서 무조건 보증하도록 법으로 정해진 상품이기 때문이며 따라서 오히려 일반 시중은행보다도 안전하며 5천만 원 이상을 넣어도 100% 보장되어 거액 자산가들이 선호한다.

5) 예금자보호법상 보호되지 않는 상품 List

구분	내용
양도성예금증서 (CD, Certificate of deposit)	중도해지 불가. 양도 자유로움. 만기 30일 이상, 할인판매(이자 선지급). 자금 조달을 목적으로 은행이 발행하며 증권사 등을 통해 중개된다. CD 91일물은 담보대출의 지표금리로 활용되었다. 금리 하락기에 CD금리만 하락하지 않아 은행이 비난받았음.
환매조건부채권 (RP, Repurchase Agreement)	'환매채'라고도 한다. 일정 기간이 지난 후에 다시 매입하는 조건으로 채권을 매도함으로써 수요자가 단기자금을 조달하는 금융거래방식의 하나이다. 한국은행이 통화조절용 수단으로 시중은행에 판매하는 RP가 있는데, RP금리는 자금 사정에 따라 한국은행이 이를 조절하고 있다. 또 은행·증권회사 등 금융기관이 수신상품의 하나로 일정 기간 후 재매입 조건으로 고객에게 판매하는 것도 있다. 만기 전 매매에 따른 불이익을 방지하고 채권의 유동성을 높이기 위한 채권.
수익증권	투자신탁사나 증권사가 고객들이 맡긴 자금으로 채권, 기업어음, 양도성예금증서, 주식 등에 투자한 뒤 실적에 따라 수익을 고객들에게 돌려주는 상품(CHECK : ELW 주식워런트증권, 특정주식이나 주가지수를 기초자산으로 하는 옵션을 의미. 특정한 주식을 미리 정해놓은 시기에 미리 정해놓은 가격으로 사거나 팔 수 있는 권리를 뜻함). ① ELS(Equity Linked Securities : 주가연계증권) 　- 개별주식의 가격이나 주가지수의 등락과 연계해 수익률을 지급하는 파생금융상품 　- 원금보장형 ELS는 수익률이 높지 않지만 대신 원금을 보장할 수 있도록 설계된 ELS상품이다. 　- 투자자금을 모집할 때 기초자산이 되는 개별주식의 가격이나 주가지수를 미리 공개한다. 　이 기초자산의 가치가 예컨대 3개월 내에 10% 이상나면 10%의 수익률을 지급 　- 상품에 따라 수익률이 낮은 대신 투자원금을 보장받을 수 있고 수익률이 높은 대신 투자원금이 보장되지 않기도 한다. ② ELF(Equity Linked Fund : 주가연계펀드) 　- ELS상품에 투자하는 펀드를 말한다. 펀드는 분산투자를 위하여 여러 가지 ELS와 현금 등으로 자산을 구성한다. ③ ELD(Equity Linked Deposit : 주가연계예금) 　- 예를 들면 고객이 맡긴 예금의 5% 내외를 주가지수와 연계된 파생상품에 투자하는 상품이다. 나머지 95%는 은행 내에서 정기예금형태로 보관하기 때문에 주가의 등락과 관계없이 원금은 보존

→ 모두 주가의 변동성과 연계하여 상품을 만든 구조화된 파생상품이다. 저금리기의 대안상품으로 판매되고 있으나 발생회사의 발행구조, 조건 등 상품이 가진 위험을 감안하여 적합한 투자자에게만 권유되어야 함

	구분	ELS (주가지수연동증권)	ELF (주가지수연동펀드)	ELD (주가지수연동예금)
수익증권	판매기관	증권사 (투자매매, 중개업자)	집합투자사업자	은행
	상품성격	증권사 (투자매매, 중개업자)	증권펀드	예금
	만기수익	지수에 따라 사전에 제시한 수익 확정지급	운용성과에 따라 실적배당	지수에 따라 사전에 제시한 수익 확정지급
	예금보호	비보호	비보호	보호
	중도해지	제한적	가능	가능
	장점	증권사가 제시수익을 달성할 수 있도록 상품을 구성	추가수익 발생가능	은행이 제시한 수익 보장
	단점	추가수익 없음	제시수익 보장 없음	추가수익 없음
뮤추얼펀드		주식회사 방식으로 운용되는 펀드. 투자자가 곧 뮤추얼펀드의 주주가 된다는 점이 가장 큰 특징이다. 자산운용의 투명성이 아주 높다고 할 수 있다.		
MMF		증권사가 고객의 자금을 모아 단기금융상품에 투자하여 수익을 얻는 초단기금융상품		
특정금전신탁 신탁배당형 신탁		금융기관이 고객으로부터 예탁받은 자금을 고객이 지정한 운용방법, 조건에 따라 운용한 후 운용수익을 배당하는 신탁		
은행발행채권		후순위채 등. 후순위채는 저축은행사태 당시 예금자보호법 적용대상 유무에 대한 논란이 있었다.		

[용어해설]

MMF (Money market fund)	고객으로부터 모은 자금을 CP, CD 등 1년 미만의 단기 수익성 상품에 집중 투자해서 얻은 수익을 고객에게 되돌려 주는 실적배당상품. 만기 30일 이내의 초단기 금융상품으로 1971년 메릴린치가 개발하였고 1980년대에 선풍적인 인기를 얻었음. MMF의 운용대상 자산은 국채, 지방채, 금융채, 예금 등 유동성 자산이며 파생상품과 외화표시자산 등 위험자산의 편입은 제한되어 있음(예금자보호법 적용받지 못함).

CMA (Cash management deposit account)	어음관리계좌 또는 종합자산 관리계장이라고 함. MMF의 불편함을 극복한 상품. 증권사가 고객과의 사전약정에 따라 고객예탁금이 CP, MMF, RP등 특정 금융상품에 투자되도록 설계된 금융서비스 계좌. 최저예탁한도, 통장식 거래, 자유로운 입출금, 자동납부, 급여이체 등을 할 수 있으며 단기간 예치해도 높은 이자율이 적용된다. 여유자금 운용 시 장점이 있으며 인터넷뱅킹도 가능. 종금형 CMA는 예금자보호법 적용대상이며 증권형 CMA는 예금자보호법 적용을 받지 못함.

03 금융실명제

1993년 우리나라의 모든 금융거래를 금융거래 당사자 본인의 이름으로 하도록 도입한 제도를 말함.

1) 실명 확인

금융거래 실명확인은 금융회사 직원이 성명과 주민등록번호의 확인뿐만 아니라 실명확인증표에 첨부된 사진을 보고 본인 여부를 확인하고 관련 장표(거래원장, 거래신청서, 계약서 등)에 실명확인필을 날인 또는 서명함. 실명 확인증표로는 주민등록증이 원칙임. 법인에 적용되는 실명 확인증표는 사업자등록증, 고유번호증, 사업자등록증명원 등이다. 개인사업자는 법인이 아니므로 개인의 실명확인증표로 실명을 확인하여야 하는데 사업자등록증은 실명확인증표로 사용할 수 없음.

① **금융실명제의 문제점** : 1993년 도입된 금융실명제법은 금융거래의 투명성을 확보하기 위한 법이지만 처벌대상 및 범위가 명확하지 않았음. 즉, 개정 전 금융실명제법은 가족이나 친지 등의 이름으로 차명계좌를 만들었다가 적발되었을 때 처벌 대상이라든지 처벌 범위가 명확하지 않았음.

② **차명거래 금지법** : 이러한 문제점 등을 보완하기 위하여 2014년 11월 29일에 개정된 금융실명제법인 차명거래 금지법이 시행되기에 이름.
- 차명거래 금지법은 차명 거래를 하다가 적발될 경우 이름을 빌린 사람과 빌려준 사람 모두 5년 이하의 징역 또는 5천만 원 이하의 벌금형에 처해짐.
- 돈이 누구의 것이든 예금은 무조건 이름을 빌려준 사람의 소유가 됨.

합법거래	불법거래
- 배우자 6억 원, 자녀 5천만 원(미성년자 2천만 원), 부모 각각 3천만 원, 기타 친족 5백만 원까지 가족 명의로 내 돈을 예금한 경우 - 미성년인 자녀 재산을 부모 명의로 예금가입 - 공모주 1인당 청약 한도를 피하기 위한 목적으로 계좌개설 - 모임, 단체 회비 관리 목적으로 대표자 명의의 계좌개설	- 탈세 목적으로 부모 명의의 생계형 저축 가입 - 종합소득과세 회피목적으로 가족 명의 재산 분산 - 돈을 감지 않기 위해 가족 앞으로 재산을 빼돌리는 경우 - 불법도박자금 등 범죄자금을 숨기기 위해 타인 명의 계좌개설 - 자금세탁을 위한 타인 명의 계좌개설

2) 실지명의

주민등록표상의 명의, 사업자등록증상의 명의를 말함

3) 실지명의 생략 거래

- 실명이 확인된 계좌에 의한 계속 거래
- 공과금수납 및 100만 원 이하의 송금거래 등
- 외국통화의 매입
- 외국통화로 표시된 예금의 수입
- 외국통화로 표시된 채권의 매도 거래 등
- 고용안정과 근로자의 작업능력 향상 및 생활 안정 등을 위하여 발행되는 채권
- 외국환거래법에 따른 외국환평형기금 채권으로서 외국통화로 표시된 채권
- 중소기업의 구조조정 지원 등을 위하여 발행되는 채권

04 **꺾기**(구속성예금, 양건예금)

은행이 대출해줄 때 일정금액을 강제로 예금하도록 하는 것.

1) 은행이 거래처에 대출해주는 경우에 대출조건으로 받아들이는 예금으로 주로 정기예금 등의 구속성예금이다. 은행은 자금대출의 조건으로 이 예금을 해당 대출금의 상환재원 이외에는 사용하지 못하게 하는 경우가 보통이다. 따라서 이 같은 예금은 예금자의 의사와는 관계없이 강제적으로 행해진다.

2) 은행은 대출금의 일부를 유보하여 주로 정기예금에 들게 하기 때문에 표면상의 대출금리 이상으로 실질금리를 인상하는 효과가 있다. 그러므로 기업은 그만큼 비싼 실질금리를 부담하

게 된다. 구속성 예금은 예금증가나 채권보전의 측면에서 은행에는 유리한 수단이지만 예금 계수조작ㆍ기업부담증가 등의 부작용을 초래한다.

3) 구속성예금은 은행 측에서 보면 예금실적 증가나 채권보전 측면에서 유리하지만, 기업 측면 에서는 그만큼 부담이 증가하고 예금계수조작이 이루어지는 등 그 부작용이 심각함. 이에 금융감독원은 구속성예금(꺾기)이 기업들의 자금난을 가중시키는 요인으로 파악하고, 구속 성예금을 "여신과 관련하여 차주의 의사에 반하는 예금을 수취하거나 질권을 설정한 예금" 으로 정의하고 이를 엄격히 금지하고 있다.

4) 1% 룰 : 은행법은 대출시행일 전후 1개월 내에 대출액의 1%를 초과하는 예적금이나 상호 부금 등을 판매하지 못하도록 하는 '1% 룰'을 규정하고 있다. 하지만 금융기관들의 꺾기 관 행은 잘 사라지지 않고 있는 것이 현실이다. 더 큰 문제는 1% 룰을 하루라도 기간을 피하면 컴퓨터 시스템상 규제 대상에서 제외된다는 점을 악용하고 있다는 점이다. '1개월이라는 조 건을 피한 편법적인 구속성 거래 행태로 전형적인 풍선효과로 보여진다.'

---

05 자금세탁방지

자금세탁이란, 범죄행위로부터 얻은 불법자산을 합법적인 자산인 것처럼 위장하는 과정을 의 미한다. 즉, 자금세탁방지란 불법자금의 세탁을 적발, 예방하기 위한 법적, 제도적 장치를 말함.

1) 고객확인제도(CDD, Customer Due Diligence)

금융기관은 자신이 제공하는 금융서비스가 자금세탁과 같은 불법적 행위에 이용되지 않도 록 금융 거래 시 고객의 신분, 계좌 및 거래의 성격 등에 충분한 주의를 기울여야 하는 의무 가 있다. 또한, 이름, 주민등록번호 이외에 주소, 연락처를 추가로 확인하는 제도임. 금융기 관의 고객에 대한 주의 의무는 고객에 대한 정확하고 의미 있는 정보를 확보하여 불법적인 행위(특히, 자금세탁 등 지하경제 관련된 경제행위 등)를 방지할 수 있을 뿐 아니라 금융기관의 효과 적인 리스크 관리에도 도움을 준다.

2) 혐의거래보고제도(STR, Suspicious Transaction Report)

혐의거래란 불법자금 및 자금세탁이 의심된다고 판단되는 원화 2천만 원 이상, 외화 1만 불 이상의 금융거래를 말함. 금융기관은 이러한 정보를 금융정보분석원(FIU)에 보고해야 함. 보고하지 않으면 처벌(500만 원 이하의 과태료)되며, 이 의무를 지킴으로서의 불이익은 없음. 또 한, 보고했다는 것을 고객에게 알려주면 안 됨.

3) 고액현금거래 보고제도(CTR, Currency Transaction Report System)

금융회사 등이 일정금액 이상의 현금거래를 금융정보분석원(FIU)에 보고하도록 한 제도임. 1거래일 동안 2천만 원 이상의 현금을 입출금하는 경우 거래자의 신원과 거래일, 거래금액 등이 전산시스템을 통해 자동으로 보고되도록 하고 있음. 2006년 이 제도를 도입 후 5천만 원에서 단계적으로 2천만 원까지 인하하였음.

4) 고객알기제도(KYC, Know Your Customer)

고객확인제도와 비슷한 개념으로 금융기관이 고객의 신원과 목적 등을 파악하여 자금세탁 등을 방지하는 제도.

5) 강화된 고객확인제도(EDD, Enhanced Due Deligenece)

고위험 고객 중 범죄 목적이 뚜렷한 자에게 금융서비스를 제공하지 않도록 하는 제도.

---

06 원천징수

1) 수입금액을 지급할 때, 지급 받는 자가 부담할 세액을 지급자가 국가를 대신하여 미리 징수.

2) 원천징수는 탈세를 방지하는 역할.

3) 원천징수의무자가 정부를 대신하여 징수하게 되어 징수비용 절약. 납세자의 입장에서도 세금 부담이 줄어든다.

---

5 여신

---

01 여신과 대출

여신(與信)이라는 단어는 한자 뜻대로 해석하자면 '신용을 공여하다'는 뜻이다. 즉, 은행이 고객에게 신용을 공여하는 행위이다. 대출을 포함한 지급보증 등 은행이 차주(借主 : 돈이나 물건을 빌려 쓴 사람), 즉 고객에게 빌려주는 금융상품을 말한다 할 수 있다. 그렇다면 **여신과 대출**(貸出)**과의 차이**는 무엇일까? 사전적 의미를 떠나서 은행에서의 의미는 여신이 대출보다 좀 더 넓은 의미로 사용되는 것으로 이해하면 될 것 같다. 대출은 자금을 빌려주는 것에 국한되지만, 여신은 이러한 대출행위를 포함하여 기업이나 개인 앞으로 은행이 지급보증하는 행위까지 광범위하게 포함하여 사용되고 있다.

1) 여신의 종류

은행에서 여신업무는 가장 중요한 업무 중 하나이다. 수익과 직결될 뿐만 아니라 리스크에서 가장 핵심적으로 관리 되는 업무이기 때문이다. 여신의 실패는 은행의 존립까지 위태롭게 할 정도로 위험하므로 모든 은행은 여신의 취급과 관리에 만전을 기하고 있다.

다만, 크게 보면 차주(돈 빌리는 주체)별로 개인여신과 기업여신으로, 담보 유무에 따라 신용여신과 담보여신으로 분류된다.

① 담보에 따른 여신 분류

　가. **신용여신 :** 담보없이 차주나 보증인의 신용에 의하여만 취급되는 여신이다. 특히, 신용조사가 무엇보다 중요하다. 개인여신은 신용평가시스템(CSS)을 이용.

 신용평점시스템(CSS, Credit Scoring System)
고객의 정보를 항목별로 점수화하여 대출 가능여부와 가능금액을 판단하는 시스템

보증의 종류 : 특정채무보증 / 근보증
계속적 보증(한정근보증/포괄근보증)

　나. **담보여신 :** 은행이 취급하는 담보의 종류는 훨씬 다양하지만, 영업점에서 주로 취급하는 담보들의 종류는 아래와 같다. 한편 최근 각광받고 있는 기술금융(IP)이나 문화컨텐츠 금융은 별도로 후술하기로 한다.

예적금담보대출	일반적으로 예적금 적립액 한도 내에서 취급되며, 예적금 금리 + 1.25%로 대출금리가 결정된다.
채권담보대출	유가증권, 타행의 예적금, 전세보증금 등 채권을 담보로 취급되는 여신을 말한다.
부동산담보대출	물권인 부동산을 담보로 취급되는 대출로써 담보의 종류는 아파트, 주택, 공장, 상가, 오피스텔, 대지, 전, 답, 임야 등이다. 일반적으로 감정에 의하여 담보금액이 결정되며, 담보의 종류에 따라 담보금액의 인정비율이 달라진다.
동산담보대출	기계, 선박 등 동산자산을 담보로 취급되는 대출을 일컫는다. 2011년 동산담보법을 개정함으로 동산담보대출 취급액이 늘어나는 추세이다. 중소기업의 자금 사정 개선효과뿐만 아니라 금융기관의 신용보강효과도 있다. 다만, 동산담보인만큼 법적으로는 대부분 양도담보계약에 의하여 취득할 수 밖에 없으며 이에 주기적인 현장 확인 등을 통한 사후관리가 무엇보다 중요하다.

매출채권담보대출	기업이 수취할 매출채권을 담보로 취급하는 대출이다. 매출채권의 건전성과 확인이 중요하다.

② 차주에 따른 여신 분류

가. 개인여신

개인 또는 소규모의 개인사업자 앞으로 취급하는 여신이다. 가계대출이라고도 불린다. 기업여신에 비해서는 소규모 금액의 여신들로써 은행여신의 포트폴리오로 보면 기업여신에 비하면 리스크가 분산되므로 일부 은행들의 경우 개인여신에 더욱 집중하는 경우도 많다. 하지만 최근 1,400조를 넘어선 가계부채문제는 한국경제의 뇌관으로 불릴 정도로 리스크가 커져 버렸다. 주택담보대출의 증가와 부동산 시장의 침체는 더욱 이러한 위험성을 부채질하고 있는 셈이다.

나. 기업여신

일정규모 의상의 기업이나 수출입 업무를 하는 기업을 대상으로 취급하는 여신을 말한다. 기업여신은 또 대기업금융과 중소기업금융으로 분리하여 운용하는 은행도 많다. 기업여신 또한 그 종류가 다양하지만, 영업점에서 주로 취급되는 여신 위주로 소개한다.

운전자금 대출	기업들이 부족한 운영비에 충당하기 위하여 취급되는 대출이다. 은행들은 자체적으로 '운전자금한도산출표'에 의하여 기업의 재무상황에 맞게 여신한도를 설정한다.
시설자금대출	기업들이 공장을 설립하거나 기계를 도입하는 등 시설의 설치를 위한 자금을 지원하는 대출. 은행들은 자체적으로 '시설자금한도 사출표'에 의하여 여신한도를 설정한다.
정책자금대출	수많은 정책자금대출이 존재하나 대표적인 것이 '금융중개지원대출'이다. 금융중개지원대출이란 한국은행에서의 조성된 저리의 자금을 중소기업에게 싼 이자로 공급하는 대출이다. 금융중개지원대출은 대표적으로는 수출기업의 지원을 위한 '무역어음대출(무역금융)', 주로 협력업체들을 위한 '외상판매담보대출'과 '기업구매자금대출' 등이 있다. 금융중개지원대출의 경우 중소기업만 신청 가능하다.
지급보증	국내 기업 간의 재화나 용역계약에 대하여 일방의 계약자를 위하여 은행이 지급보증하는 대내지보(對內支保)와 수출입기업 간 무역거래에 필요한 부분을 은행이 지급보증하는 대외지보(對外支保)가 있다. 대외지보에는 신용장(Letter of credit)의 발행이 대표적이다.

2) 대출금리

우리나라의 대출금리체계는 고정금리보다 변동금리 체계로 주로 운용된다. 이는 금리 리스크를 고객에게 전가한 결과로 보인다.

그런 이유로 대출 금리체계는 [지표금리 + 가산율(Spread)] 체계이다.

① **지표금리** : 시장금리를 대표하는 금리를 말한다. 2012년까지는 주로 91일물 CD유통수익률이 활용되었다. 하지만 2012년 5~7월 사이 91일물 CD유통수익률이 3.54%로 움직이지 않은 반면, 동일기간 동안 국채금리, RP금리 등이 하락함으로 CD금리가 실제 시장금리를 반영하지 못한다는 비판이 일었고 이에 여러 대안 지표금리들이 제시되었고 검토되고 있다. 코리보(2004), 코픽스(2010), 단기코픽스(2012), 금융채, 은행채 등의 지표금리들이 그것이다.

② **가산율**(Spread) : 기업마다, 여신의 종류와 기간에 따라 다르게 적용되는 금리가 가산율이다. 가산율의 구성내역은 주로 리스크 프리미엄(신용등급에 따라 다르게 적용), 유동성프리미엄(여신기간에 따라 다르게 적용), 신보출연료(일반적으로 0.34~0.35% 수준), 교육세(0.03%수준), Expect Loss, 업무원가 등으로 구성되어 있다.

3) 집단대출

개인여신 중 가장 특이하면서도 대규모의 고객층의 확보나 수익확충이 가능한 여신의 형태 중 하나이다. 집단대출이란, 특정 단체 내 일정한 자격요건을 갖춘 사람들을 대상으로 차주별, 고객별 여신의 개별승인 없이 일괄적인 승인을 득한 후, 개별적으로 실행만 하게 되는 여신을 말한다. 신규아파트 분양자를 대상으로 하는 아파트 중도금 대출이 대표적이다. 집단대출은 DTI 규제에서 자유로우며(2017년 집단대출도 DTI 적용) 은행은 일일이 개별심사를 하지 않아서 번거로움을 피할 수 있고 시행사나 시공사, 분양업자를 잘 컨택하면 대규모 고객층을 확보할 수도 있다. 즉, 중도금대출의 경우 시공사나 주택금융공사가 보증을 서는 경우가 많으므로 개별 수분양자들의 신용을 보지 않는다. 다만, 집단대출의 경우 분양 때의 과대광고나 기타 부실시공 등의 이유로 집단소송으로 이어지기도 하며 그런 경우 금융기관입장에서는 대규모 연체가 발생할 수 있으므로 심사나 사후관리에 만전을 기한다.

4) 신용보증서 담보 대출

① **신용보증서** : 담보능력이 부족한 개인이나 기업에 대하여 신용보증기금이 개인이나 기업을 심사하여 신용보증서를 제공함으로써 금융회사로부터 대출을 받을 수 있는 제도.

② **신용보증기금절차**

상담 및 보증접수 → 신용조사 → 보증심사 및 승인 → 보증서 발급.

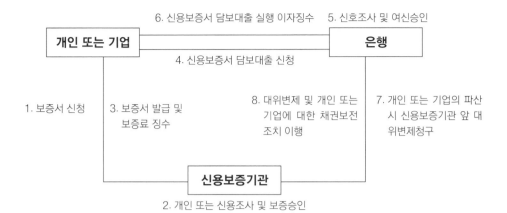

5) IP 금융

① **지식재산금융**(IP 금융, Intellectual Property) : 지식재산(IP)을 중심으로 이뤄지는 각종 금융 활동. 특허를 담보로 이뤄지는 대출, 자산유동화 등이 대표적. 그뿐만 아니라 특허전문기업에 대한 재무적인 투자도 넓은 의미의 IP 금융에 포함됨.

② IP 금융의 종류

IP 대출	지식재산을 담보로 성장에 필요한 자금을 지원
IP 펀드	지식재산권은 있으나 자금이 부족해 개발이 어려운 기업이 지식재산의 소유권을 펀드에게 넘기고, 펀드가 지불한 자금을 밑천으로 사업을 진행시키는 방식

③ IP 금융의 문제점

　가. **기업의 IP 법적가치에 대한 시장 인식의 부족과 보호장치 미비 :** 특허권 등 기업의 IP 고유권한에 대한 시장의 인식 부족과 법적 보호장치 미비 → 손해배상액의 현실화, 특허재판의 전문화 등을 통해 기업의 IP 법적가치에 대한 보호 수단 강구 필요.

　나. **기업의 IP 시장가치에 대한 공인된 기술평가 과정의 부재 :** 시중은행의 IP금융 지원을 위해 반드시 필요한 것이 담보로 인정해주고 대출해줄 만한 기술력을 해당 기업이 가지고 있는가를 검증하는 기술평가 과정. 그러나 국가적으로 공인된 객관적 가치평가 모델 부재. 2014년 7월 금융위원회의 기술신용평가회사(TCB)제도. 기존의 신용조회회사(CB)가 기술신용평가 업무도 할 수 있는 기술신용평가회사(TCB) 제도를 도입.

　다. **IP 금융 전문인력 부족 :** IP를 평가할 수 있는 전문인력 확보 부족.

6) 문화컨텐츠금융

① **문화컨텐츠**(Culture Contents) : 한국의 문화를 담고 생산되는 콘텐츠. 영화, 음악, 드라마,

예능프로그램 더 나아가 게임까지 아우르는 말. 부가가치 유발계수가 높고, 기술집약적, 지식집약적인 창조적 산업을 가리키는 개념. 문화콘텐츠 금융은 문화콘텐츠 산업을 지원하기 위한 금융. 투자/융자, 대출 등 직간접적 금융지원을 망라.

② **배경** : 기존 핵심산업의 성장한계와 신성장동력 발굴 필요. 건설 및 제조업 등의 견인산업의 성장성 한계와 이를 대체할 신 먹거리 산업 발굴 노력.

　- **창조경제** : 기술과 아이디어를 중심으로 한 중소기업을 육성. 정부의 親 문화정책. 문화산업의 고부가가치성과 기타산업으로의 긍정적 파급성.

　- **문화콘텐츠의 높은 마케팅 효과** : 국내 주요업종 기업들의 인지도 제고, 이미지 개선 등을 위한 문화콘텐츠를 활용한 마케팅 적극 추진.

02 여신관리

1) 워크아웃

기업의 재무구조 개선작업을 의미하는 용어. 기업의 회생 가능성을 판단하여 생존 가능성이 있는 기업을 대상으로 채권금융기관과 기업 당사자가 긴밀히 협력하려 회생을 모색하는 작업으로 기업에 대한 실사 평가를 바탕으로 이루어짐. 기업개선 작업 방법으로 금융기관의 대출금출자전환, 단기대출의 중장기 전환 등 구조조정과 대상 기업의 감자, 자산매각 등이 있으며 이들을 병행하여 추진.

2) 화의제도

경영난에 처한 회사와 채권자들이 법원의 감독하에 협의를 통해 채무상환방법 등을 정해 파산을 면하는 제도. 법원은 화의신청이 타당하다고 판단되면, 법정관리와 마찬가지로 재산보전처분 결정을 내려 채무이행을 동결시켜 부도를 막아준다. 화의 결정을 내리면 경영권은 유지하면서 경영정상화를 모색할 수 있다는 점에서 법원이 법정관리인을 선정하고 기업경영까지 책임지는 법정관리와 큰 차이가 있음.

3) 법정관리

부도를 내고 파산위기에 처한 기업이 회생 가능성이 보이는 경우에 법원의 결정에 따라 법원에서 지정한 제3자가 자금을 비롯한 기업활동 전반을 대신 관리하는 제도. 법원의 결정에 따라 법정관리 기업으로 결정되면 부도를 낸 기업주의 민사상 처벌이 면제되고, 모든 채무가 동결되어 채권자는 그만큼 채권행사의 기회를 제약받게 됨. 법원이 회사나 주주 또는 채권자로부터 법정관리 신청을 받으면 보통 3개월 정도의 시간을 가지고 법정관리의 합당 여부를 심의하며, 법원이 법정관리 신청을 기각하면 파산절차를 밟거나 항고 · 재항고할 수 있다. 이 기간 중에는 법원의 회사재산보전처분 결정이 그대로 효력을 발휘하게 되어, 시간 벌기 작전으로 파산 위기를 넘기는 데 이용되는 등 부실기업의 도피처로 악용되거나 남용되는 사례도 많다. 법정관리와 달리 은행관리는 법원이 지정한 제3자가 아닌 주거래은행에서 직원을 파견하여 자금을 관리하는 제도이다. 워크아웃과의 차이점은 해당 기업의 모든 부채를 동결시키기 때문에 기업회생절차라고도 불림. 또한, 법정 관리는 법원이 당사자들의 이해관계를 조정한다는 차이가 있음. 법정관리는 법률에 의해 강제성을 갖기 때문에 기업의 이해관계가 완전히 틀어졌을 경우 더 유효함.

3) 자산건전성 분류

정상 - 요주의 - 고정 - 회수의문 - 추정손실, "고정이하여신비율"

은행 대출의 건전성은 정상, 요주의, 고정, 회수의문, 추정손실 등 5가지로 구분된다. '고정' 이상 여신은 담보를 확보해 둔 상태로 돈을 회수할 가능성이 있는 대출금이다. 보통 3개월 이상 연체된 여신을 고정이하 여신으로 분류한다. '정상' 여신은 말 그대로 충분히 회수가 가능한 양호한 대출을 뜻한다. '요주의' 여신은 1개월 이상 3개월 미만 연체됐을 경우다. 반면 '고정' 이하 연체 중 담보가 있어 회수가 가능하면, '고정', 담보가 없어 돈을 떼일 우려가 크면 '회수의문', 사실상 회수가 불가능해 손실처리하는 여신은 '추정손실'로 분류된다.

4) NPL(Non Performing Loan)

부실대출금과 부실지급보증액을 합친 것으로 금융회사의 부실채권을 뜻한다.

5) 리스크관리

시장리스크	환율, 금리, 채권 등의 시장가격과 예상변화율이 기대했던 방향과 반대로 움직이는 경우 금융기관이나 투자자들이 손실을 입을 리스크를 말한다.
유동성리스크	유동성리스크는 거래 일방이 일시적인 자금부족으로 인해 정해진 결제시점에서 결제의무를 이행하지 못함으로써 거래상대방의 자금조달계획 등에 미치는 손실 가능성을 말한다. 일반적으로 자금의 운용과 조달기간의 불일치 또는 예기치 않은 자금유출 등의 지급불능 상태나 자금의 과부족 해소를 위한 고금리 조달 및 보유자산의 불리한 매각 등으로 인해 발생한다.
신용리스크	거래상대방의 경영상태 악화, 신용도 하락 또는 채무 불이행 등으로 인해 손실이 발생할 위험이다. 금융회사 입장에서는 보유하고 있는 대출자산이나 유가증권 등으로부터 발생하는 현금흐름이 계약대로 회수되지 않을 가능성을 의미한다.
운용리스크	업무를 수행함에 있어서 부적절하거나 잘못된 내부절차 · 인력 · 시스템 및 외부 사건으로부터 발생하는 경제적 손실을 말한다.

6) 대손충당금

보유채권이나 기간손익계산의 적절한 평가, 장래 발생할 것으로 예측되는 대손에 대비하여 기업의 재정을 안정하게 유지하는 것을 목적으로 한다. 대손충당금을 설정하면 채권에서 바로 차감하지 않고, 대손상각비라는 계정을 함께 설정하여 처리한다. 대손충당금은 금융감독원이 정한 자산건전성 분류기준 및 대손충당금 적립기준에 따라 쌓아 두어야 하는데, 금융권은 대출을 연체기간에 따라 정상 · 요주의 · 고정 · 회수의문 · 추정손실로 분류하여 각각에 대해 일정 비율의 대손충당금을 쌓는다. 한편, 대손충당금 적립액은 결산할 때 손실로 계산되기 때문에 은행 재무건전성을 규정짓는 중요한 요소이다. 은행은 대출이 부실화될 가능성이 크면 대출금의 높은 비율을 예치하고, 부실화될 가능성이 낮으면 상대적으로 적은 비율을 예치한다.

7) 채무자 구제제도

금융기관에 과중한 채무를 지고 있는 자의 채무를 조정하기 위해 변제기 유예, 상환기간 연장 등의 방법을 사용하여 갱생의 의지가 있는 자의 경제적 자립을 돕는 제도로, 개인워크아웃(신용회복위원회), 배드뱅크(한마음금융), 개인회생(법원), 개인파산(법원) 제도가 있다.

개인워크아웃	변제 능력이 있으나 당장 형편이 여의치 않은 자를 대상으로 하는 제도로 금융기관 공동협약에 따라 신용회복위원회가 운영하며 채무가 5억 원 이하, 연체기간이 3개월 이상인 개인이 신청할 수 있다.
배드뱅크 프로그램	대상 채무자가 회사로부터 장기, 저리로 신규대부를 받아 채권금융기관에 대한 기존 대출채권을 상환하고 채권금융기관은 대상채무자에 대한 신용불량정보 등록을 해제하여 대상 채무자의 신용회복을 활성화하는 프로그램이다.
개인회생	상환능력이 있는 채무자의 경제적 파산을 방지하기 위해 법원이 시행하는 제도로 무담보 채무가 5억 원 이내, 담보채무가 10억 원 이내로 합이 15억 원 이내인 개인이 신청하며 법원의 인가 결정에 따라 집행하게 된다.
개인파산	파산법에 의해 파산을 선고하고 잔여 채무에 대한 변제의무를 면제시키는 제도로 채무의 규모와 관계없이 시행할 수 있다.

8) 서민대출제도

새희망홀씨대출	시중은행에서 실시하는 대출로 저소득자를 위한 생계지원을 목적으로 하고 있으며, 2천만 원 이내에서 대출이 가능
햇살론	새마을금고, 농협, 수협 등과 같은 상호금융기관이 취급하고 있는 상품으로 생계자금과 창업자금, 사업운용자금으로 구분
미소금융	제도권 금융을 사용하기 어려운 사람을 대상으로 하는 무담보 소액대출사업과 채무조정 지원, 취업알선 등을 통해 금융소외계층의 경제적 자립을 돕는 제도

6 외환

01 외환업무

외환(外換 : Foreign Exchange) 업무는 외국환이 개입되는 모든 형태의 금융거래를 통칭한다. 일반적으로 외환업무는 좁은 의미의 [외환] 업무와 [수출입] 업무로 구분할 수 있다.

1) 외국환거래법과 대외무역법

은행의 외환업무를 수행하기 위한 기본적인 두 가지 법이다. 외국환거래법은 외국환거래의 자유를 보장하고 시장기능을 활성화하여 국제수지의 균형과 통화가치의 안정을 위하여 제정된 법이며 대외무역법은 우리나라의 무역관리를 위한 기본법으로 물품의 수출입을 총괄관리하며 수출을 진흥하기 위한 무역진흥제도, 외화획득용 원료수입제도 및 산업피해 구제제도와 수출입질서를 위한 사항들로 규정되어 있다. 주로 은행에서 좁은 의미의 외환업무를 위해서는 외국환거래법을, 수출입업무를 위해서는 대외무역법에 대한 숙지가 필요하다.

2) 환율

이종통화 간의 교환가치 비율을 환율(換率)이라 한다. 환율은 일반적으로 현물환율과 선물환율로 구분, 환율은 일반적으로 5가지 환율이 고시된다. 환율은 하루에도 수차례 바뀌고 변동하므로 은행 외환 담당자는 항상 환율의 변화에 촉각을 세워야 한다.

은행 입장	현찰매입율 Cash Buying Rate	전신환매입율 T/T Buying Rate	기준환율 Basic Rate	전신환매도율 T/T Selling Rate	현찰매도율 Cash Selling Rate
고객 입장	외화 팔 때	외화 송금 받을 때		외화 송금 보낼 때	외화 살 때
예시	1,080	1,090	1,100	1,110	1,120

3) 외환업무

은행의 창구에서 주로 일어나는 외환 거래는 세 가지이다.

① **환전(換錢)업무** : 말 그대로 자국통화와 외국통화 또는 외국통화와 외국통화를 교환하는 금융거래를 말한다. 개정된 외국환거래법에 의하면 환전 한도는 없다. 다만 1만 불 상당

액 이상 인출 시 세관/국세청에 통보가 된다. 외화예금의 가입금액의 한도도 없다. 하지만 상기와 마찬가지로 외화예금 가입 후 1만 불 상당액 이상의 금액을 현찰로 인출 시 통보가 된다.

② 송금(送金)업무

　가. **당발송금** : 당발송금이란 당 영업점에서 외국의 타 영업점으로 외화로 이체하는 업무를 말한다.

　나. **타발송금** : 타발송금이란 해외의 타은행에서 당 영업점으로 외화가 입금된 경우를 말한다. 일반적으로 입금받는 계좌가 명확하면 자동으로 계좌입금이 되나 계좌오류나 영업점과 예금주만 명시되어 입금된 경우 외환 담당자가 확인 후 정확하게 입금절차를 진행하여야 한다.

　다. 외환 송금업무는 앞서 언급한 대로 외환거래법을 근거로 이루어져야 하므로 법에 따라 송금의 성격을 확인하고 송금 한도나 기타 제반 규정들을 확인 후 처리하는 것이 중요하다. 예를 들면, 증여성 송금인 경우 1일에 최대 미화 1만 불까지 연간 최대 미화 5만 불까지만 송금 가능하다.

③ **해외투자업무** : 역외 투자를 위한 송금업무와 사후관리업무를 포함한다.

4) SWIFT(Society for Worldwide Interbank Financial Telecommunication)

국제은행 간 통신협정. 1973년 5월 유럽 및 북미의 주요 은행이 가맹해 발족된 비영리조직. 각국의 주요 은행을 묶어 컴퓨터 네트워크를 구성하고 은행 상호 간의 지급·송금업무 등을 위한 데이터 통신의 교환을 목표로 설립되었고 전 세계 대다수 은행들이 가입하여 운용 중이다.

5) 수출입업무

① 은행의 수출입업무는 수출자와 수입자의 거래에 은행이 직/간접적으로 개입함으로 무역을 촉진시키고 고객 편의를 위함을 목적으로 한다. 일반적으로 기업금융부문에서 일어나는 거래들이며 영업점에서 수출거래와 수입거래를 함께 취급한다. 단순히 은행의 신용공여 없이 단순히 무역대금의 결제만 하는 거래부터 은행의 신용공여에 의한 무역거래까지 그 범위와 방법은 다양하다.

② 무역대금결제 방식에 따른 분류

　가. **T/T**(Telegraphic Transfer / Wire Transfer) : 수출자와 수입자가 신뢰하는 경우 주로 일어나는 대금결제방식이다.

　　A. **사전송금/사후송금** : 수입자가 무역대금을 먼저 송금하는 경우 사전송금이며 수입자가 재화나 용역을 수형 후 송금하는 방식이 사후송금이다.

B. **대금교환도조건 :** 신용장개설 및 환결제에 어려운이 있는 공산권이나 환어음에 대한 과다한 인지세로 인하여 대금결제시 환어음의 개입을 꺼리는 유럽지역(특히 이태리)과의 수출입 거래시 많이 사용된다.

COD (Cash On Delivery)	수입자가 소재하는 국가에 수출자의 지사나 대리인이 있는 경우 수출자가 물품을 지사나 대리인에게 송부하면 수입자가 물품의 품질 등을 검사한 후 물품과 현금을 산환하여 물품대금을 송금하는 방식으로 주로 귀금속 등 고가품으로서 직접 물품을 확힌하기 전에는 품질 등을 정확히 파악하기 어려운 경우
CAD (Cash Against Document)	수출자가 물품을 선적하고 수입자 또는 수출국에 소재하는 수입자의 대리인이나 지사에서 선적서류를 제시하면 서류와 상황하여 대금을 결제하는 방식의 거래이다. 통상 수입자의 지사나 대리인 등이 수출국 내에서 물품의 제조과정을 점검하고, 수출물품에 대한 선적전 검사를 한 후 지급한다.

※ D/P와의 차이점 외국환은행을 통한 서류제시 여부, 환어음발행 여부 등에서 차이가 있다.

나. 추심방식(무신용장 방식)

　A. D/P(Document Against Payment)

　　화환어음을 받은 수입은행이 어음대금의 지급과 상환을 조건으로 선적서류를 인도하는 것

　B. D/A(Document Against Acceptance)

　　환어음 중 만기가 지점된 기한부를 사용하여 수입상이 환어음에 서명하여 만기일에 지급하겠다는 약속을 하여 환어음을 돌려주고 서류를 받아 화물을 인수한 이후 정해진 만기일에 환어음과 교환으로 대금을 지급하는 방식

　　※ 추심에 관한 통일규칙

　　　URC522(Uniform Rules for Coections)

다. 신용장방식(Uniform Customs and Practice 600)

　A. **신용장(Letter of Credit / Documentary Credit) :** 은행이 수입거래처의 요청으로 신용을 보증하기 위하여 발행하는 증서. 수출자와 수입자가 서로 신뢰하지 못하면 무역거래가 이루어지지 않게 된다. 이러한 문제점을 없애기 위해 은행의 신용을 무역거래에 활용하는 방식이 신용장거래이다. 수입업자는 거래은행에 의뢰하여 자신의 신용을 보증하는 증서를 작성하게 하고 이를 상대국 수출자에게 보내어 신용장에 의거하여 어음을 발행하게 하면 신용장 발행은행이 그 수입자의 신용을 보증하고 있으므로 수출자는 안심하고 물건을 생산, 선적할 수 있고 수출자의 은

행은 안심하고 어음을 매입할 수 있다. 즉, 신용장에 의하여 수출자는 수입자의 신용상태를 직접 조사, 확인 하지 않더라도 수출대금의 회수에 확신이 가능해진다.

B. 신용장거래 Flow

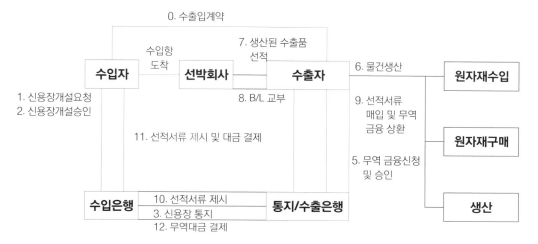

6) Incoterms 2010

국제상업회의소 ICC에서 제정하였고 10년 단위로 한 번씩 개정. 무역가격조건 해석의 불일치를 해소하기 위한 조약. 무역거래에 따른 비용과 위험부담을 수출자와 수입자 간에 명확히 하고 있다.

7) 국제금융

기구	부속기관	목적과 기능
국제통화기금 (IMF)		통화정책의 국제협력, 국제무역의 균형 성장, 환율의 안정을 목표로 설립(한국 1955년 가입) 돈을 출자한 액수에 따라 의결권이 작용 → 미국이 강력한 권한 보유
상품공동기금 (CFC)		개도국의 자원개발과 1차 산업 육성을 지원하기 위해 1980년 설립 1차 산품(원료형태의 생산품)의 개발 촉진 및 교역조건 개선을 위한 연구개발지원
세계은행그룹 (World Bank Group)		2차 대전 후, 전후 복구자금 지원과 개도국에 대한 경제개발자금 지원을 위해 1945년 IBRD가 설립되고, 최빈국들에게 개발자금을 지원하기 위해 1960년 IDA가 설립

	국제부흥개발은행 (IBRD)	전쟁복구와 개도국 경제개발 지원을 위하여 설립 개도국 개발자금 융자와 기술지원 개발계획 자문
세계은행그룹 (World Bank Group)	국제금융공사 (IFC)	개발도상 가맹국가의 민간기업과 자본시장 육성을 목적. 가맹국 민간부문에 대한 투자와 융자 담당
	국제개발협회 (IDA)	최빈국들에게 경제개발 지원과 생활수준 향상을 목적으로 창설된 기구. 저소득 개발도상 가맹국에 장기자금 융자
	국제투자분쟁해결본부 (ICSID)	투자자와 투자 유치국 간의 투자로부터 발생한 법률상 분쟁을 중재처리 하는 기관
	국제투자보증기구 (MIGA)	민간기업 및 상업기업은행에 송금, 몰수, 전쟁 등의 비상업적 위험이 발생하는 경우에 위험을 보증
국제결제은행 (BIS)		1930년 금융정책의 조정, 국제통화문화에 관한 토의.결정 등에 중요한 역할 수행. 중앙은행의 은행, 국제적 신용질서유지를 위한 역할, 자기자본규제 통일기준
	바젤은행감독위원회(BIS)	
	지급결제제도위원회 (CPSS)	
국제결제은행 (BIS)	세계금융제도위원회 (CGFS)	
	시장위원회(MC)	
지역개발기구	유럽부흥개발은행 (EBRD)	러시아 및 동부 유럽국가들의 경제개발을 지원하기 위해 1991년 창설. 기술지원,개발계획 수립 · 진행, 동유럽의 경제개혁에 따른 합작이나 사회간접자본 정비사업 등에 장기자금을 제공
	미주개발은행(IADB)	중남미지역 개발도상국가의 경제발전과 사회개발촉진 및 중남미지역 경제통합을 위해 설립
지역개발기구	아시아개발은행(ADB)	아시아와 태평양 지역의 개도국의 경제개발 지원을 목적으로 설립. 가맹국의 융자 및 투자, 협조융자 사업
	아프리카개발은행(AIDB)	아프리카의 낙후된 국가의 경제활성화를 지원하기 위해 설립된 기구

8) 주요국 통화

국가	통화	국가	통화
대만	TWD(대만 달러)	스웨덴	SEK(스웨덴 크로나)
태국	THB(태국 바트)	덴마크	DEK(덴마크 크로네)
말레이시아	MYR(말레이시아 링깃)	노르웨이	NOK(노르웨이 크로네)
인도네시아	IDR(인도네시아 루피아)	체코	CZK(체코 코루나)
인도	INR(인도 루피)	폴란드	PLN(폴란드 즈위티)
베트남	VND(베트남 동)	헝가리	HUF(헝가리 포린트)
필리핀	PHP(필리핀 페소)	이스라엘	ILS(이스라엘 세켈)
방글라데시	BDT(방글라데시 타카)	터키	TRY(터키 리라)
영국	GBP(영국 파운드)	남아프리카공화국	ZAR(남아공 랜드)
스위스	CHF(스위스 프랑)	브라질	BRL(브라질 레알)
멕시코	MXN(멕시코 페소)	아르헨티나	ARS(페소)

01 은행 수익성을 개선하기 위한 방법으로 가장 적절하지 않은 것은?

① 투자은행 업무를 확대한다.

② 은행의 자산건전성을 제고한다.

③ 해외로 영업을 확대한다.

④ 준법감시제도를 강화한다.

⑤ NIM 및 비이자 수익을 높인다.

> **해설** 준법감시제도의 강화는 은행의 수익성 개선과 관련성이 낮다.

02 다음의 글에서 설명하는 개념은 무엇인가?

> 은행 등 금융기관이 자산을 운용하여 낸 수익에서 조달비용을 차감해 운용자산총액으로 나눈 수치로 금융기관의 수익력을 나타내는 지표이다. 은행 순이익의 근간이 되기 때문에 은행의 수익성을 평가하는 주요 지표로 활용된다.

① NIM　　　　　② PER

③ EPS　　　　　④ BIS

⑤ COFIX

> **해설** 순이자마진에 관한 설명이다.

03 기준금리에 관한 설명으로 옳지 않은 것은?

① 기준금리는 한국은행 금융통화위원회에서 결정한다.

② 현재 RP(환매조건부 채권) 금리가 기준금리의 역할을 수행한다.

③ 국내 기준금리를 인상하면, 해외자본 유출의 압력이 낮아진다.

④ 기준금리는 물가동향, 국내외 경제상황, 금융시장 등 제반 여건을 고려하여 연 8회 결정한다.

⑤ COFIX 금리가 우리나라의 기준금리의 역할을 수행한다.

> **해설** COFIX 금리는 주택담보대출에 적용되는 기준금리이다.

04 각종 금리에 대한 설명으로 적절하지 않은 것은?

① 명목금리와 달리 실질금리는 인플레이션율을 고려한다.

② 주택담보대출의 기준금리인 COFIX 금리는 한국주택금융공사에서 공시한다.

③ 타국의 금리수준도 국내 기준금리를 결정할 때 고려해야 할 요소이다.

④ 리보(LIBOR)금리는 세계 각국의 국제간 금융거래의 기준금리의 역할을 수행한다.

⑤ 외국한평형기금채권 가산금리는 한국의 대외신인도를 나타낸다.

해설 COFIX 금리는 전국은행연합회에서 공시한다.

05 통화에 대한 설명으로 적절하지 않은 것은?

① 통화대용증권에는 수표, 어음 등이 포함된다.

② 본원통화는 화폐발행액과 지준예치금으로 구성된다.

③ 우리나라의 기준금리는 한국은행 금융통화위원회에서 결정된다.

④ 본원통화의 공급이 늘어나면 금리가 하락한다.

⑤ 통화량은 현금통화와 예금통화를 합친 것으로, 저축성 예금도 포함된다.

해설 저축성 예금은 포함되지 않는다.

06 통화지표에 관한 설명으로 적절하지 않은 것은?

① M2에는 2년 만기 정기예금 및 적금과 거주자 외화예금이 포함된다.

② 자신이 보유한 현금을 요구불예금에 이전하면 M1, M2의 규모가 증가한다.

③ MMDA와 MMF는 M1에 속한다.

④ Lf(금융기관 유동성)에는 2년 이상 장기금융상품과 생명보험 계약준비금 등이 있다.

⑤ 국채, 지방채, 회사채 등은 L(광의유동성)에 해당한다.

해설 자신이 보유한 현금을 요구불예금에 이전하면 M1은 그대로이며, 따라서 M2에도 변화가 없다.

정답	01	④	02	①	03	⑤	04	②	05	⑤
	06	②								

07 통화정책에 대한 설명으로 틀린 것은?

① 한국은행은 공개시장에서 국채 등을 매입함으로써, 기준금리를 인하한다.

② 지급준비율을 낮추면, 통화량이 증가한다.

③ 재할인율은 금융기관 간 자금 거래에 적용되는 금리이다.

④ 총액한도대출은 한국은행이 중소기업을 지원하기 위해서 존재한다.

⑤ 미국의 금리인상은 한국은행이 기준금리를 상향 조정하도록 하는 원인이 될 수 있다.

해설 재할인율은 중앙은행과 금융기관 간 거래 시 적용되는 금리이다. 금융기관 간 자금 거래 시 적용되는 금리로 콜금리가 있다.

08 금리에 대한 다음 설명 중 맞지 않는 것은?

① 명목금리는 인플레이션을 감안하지 않는 금리이다.

② 표면금리는 금융거래를 할 때 계약증서상에 기재한 약속금리이다.

③ 변동금리는 시중금리의 변동에 따라 적용금리가 수시로 변하는 것이다.

④ 복리는 원금에 대한 이자뿐만 아니라 이자에 대한 이자도 함께 계산하는 것이다.

⑤ 실질금리는 이자지급, 상환방법, 수수료 등 부대조건을 조정한 후의 순자금조달비용이다.

해설 실질금리는 명목금리에서 인플레이션율을 차감한 금리를 말한다.

09 예금자보호제도에 대한 설명으로 옳지 않은 것은?

① 예금자보호제도를 통해 뱅크런(Bank Run) 사태를 예방할 수 있다.

② 예금보험공사가 금융기관을 대신해서 예금주들에게 예금을 지급하는 제도이다.

③ 예금보험공사가 지급하는 금액은 이자 포함 1인당 최대 5,000만 원까지의 원리금이다.

④ 외국은행 국내지점은 예금자보호법의 대상이 아니다.

⑤ 우체국 예금은 예금보험공사가 아닌 정부에서 보장한다.

해설 외국은행의 국내지점의 경우에도 예금자보호법의 대상이 된다.

10 다음 금융회사가 모두 파산할 경우 우리나라 예금자보호법에 의해 보장받을 수 있는 예금은 총 얼마인가?

> - A은행 주택청약종합저축 4,000만 원
> - B저축은행 보통예금 1,000만 원
> - C농협 지역조합(단위조합) 저축예금 4,000만 원
> - D은행 a지점 정기예금 6,000만 원과 b지점 펀드 3,000만 원

① 5,000만 원   ② 6,000만 원

③ 9,000만 원   ④ 1억 원

⑤ 1억 4,000만 원

> 해설 기본적으로 예금은 보호되고 투자는 보호되지 않는다. 다만 농협예금은 예금자보호법이 아니라 '농업협동조합의 구조개선에 관한 법률'에 의거해 보호받는다. 동법에 의해 설립된 농협상호금융예금자보호기금이 지역농축협으로부터 보험료를 받아 기금을 조성하여 지역농협이 파산할 경우 고객의 예금을 5,000만 원 한도 내에서 대신 지급한다. 한편 주택청약저축은 국민주택기금조성 재원으로 정부가 관리한다. 따라서 B 저축은행 보통예금 1,000만 원 + D 은행 정기예금 5,000만 원 = 6,000만 원이다.

11 금융실명제에 관한 설명으로 옳지 않은 것은?

① 금융거래의 투명성을 제고시키기 위해서 1993년 도입되었다.

② 가족이나 친지 등의 이름을 차명계좌를 개설할 수 있다는 문제점을 보완하기 위해서 2014년에 개정된 금융실명제법인 차명거래 금지법을 시행했다.

③ 실지명의는 주민등록표나 사업자등록상의 명의를 의미한다.

④ 금융실명제법 시행 이후 각종 음성적 거래를 위축되었다.

⑤ 금융실명제의 시행은 통화승수를 높이는 결과를 가져올 수 있다.

> 해설 금융실명제의 시행으로 경제주체들은 현금을 선호하게 된다. 이는 현금보유성향(C : 현금통화/D : 예금통화)k를 높이는 압력으로 작용하고, 따라서 통화승수(m=k : 현금보유성향+1/k : 현금보유성향+z : 지급준비율)를 낮추는 결과를 야기한다.

12 은행의 '꺾기' 행태에 관한 설명으로 적절하지 않은 것은?

① '꺾기'는 은행이 대출해줄 때 일정금액을 강제로 예금하도록 하는 것을 의미한다.

② 금융기관의 위와 같은 행태는 기업에 부담으로 작용한다.

③ '꺾기' 행위에 대해 금융감독원은 아무런 조치를 취할 법적 근거가 없다.

④ 구속성 예금 혹은 양건 예금으로도 불린다.

⑤ '꺾기'를 방지하기 위한 수단으로 1%률이 있지만 유명무실

> 해설 금융감독원은 은행들의 이와 같은 구속성예금에 대해서 "여신과 관련하여 차주의 의사에 반하는 예금을 수취하거나 질권을 설정한 예금"으로 규정하고, 이를 엄격히 금지하고 있다.

정답	07	③	08	⑤	09	④	10	②	11	⑤
	12	③								

하다.

13 자금세탁방지에 관한 설명으로 옳지 않은 것은?

① 고액현금거래 보고제도(CTR)는 금융회사 등이 일정금액 이상의 현금거래를 금융정보분석원(FIU)에 보고하도록 한 제도이다.

② 혐의거래보고제도(STR) 금융기관은 혐의거래에 관한 정보를 금융정보분석원(FIU)에 보고해야 한다.

③ 고객확인제도(CDD) 하에서 금융기관은 고객의 신분, 계좌 및 거래의 성격 등에 충분히 주의를 기울여야 할 의무가 있다.

④ 강화된 고객확인제도(EDD)는 고객확인제도와 유사한 개념으로 금융기관이 고객의 신원과 목적 등을 파악해서 자금세탁 등을 방지하는 제도이다.

⑤ 위와 같은 제도들은 금융기관의 리스크 관리에 도움을 주기도 한다.

해설 강화된 고객확인제도(EDD)는 고위험 고객 중 범죄 목적이 뚜렷한 자에게 금융서비스를 제공하지 않는 것을 뜻한다.

14 은행의 여신업무에 관한 설명으로 옳지 않은 것은?

① 여신보다는 대출이 좀 더 포괄적인 의미로 쓰인다.

② 아파트 중도금 대출은 집단대출의 대표적인 예이다.

③ 한국은행의 금융중개지원대출은 중소기업만 신청할 수 있다.

④ IP금융과 문화콘텐츠 금융 등은 기존의 담보 중심의 대출 관행을 대체할 수 있는 새로운 형태의 금융이다.

⑤ 신용보증서를 활용하면 은행으로부터 좀 더 용이하게 대출을 받을 수 있다.

해설 여신이 대출보다 더 포괄적인 의미로 사용되고 있다.

15 여신관리에 관한 설명으로 옳지 않은 것은?

① 워크아웃은 기업의 재무구조 개선 작업으로 금융기관의 대출금 출자전환, 단기대출의 중장기 전환, 자산매각 등을 추진한다.

② 법원에 의해서 화의신청이 받아들여지면, 기업의 경영권은 채권자들에게 넘어간다.

③ 파산위기에 처한 기업이 법정관리의 대상이 되면, 모든 채무가 동결된다.

해설 기업의 경영권은 여전히 기업에게 속한다.

④ 고정이하여신에는 고정, 회수의문, 추정손실이 포함된다.

⑤ 금융기관의 대출은 연체기간에 따라 정상, 요주의, 고정, 회수의문, 추정손실로 분류한 후 각각에 대해 일정비율의 대손충당금을 적립한다.

16 다음의 빈칸에 들어갈 용어로 적절한 것은?

(가)_____은 변제능력이 있으나 당장 형편이 여의치 않은 자를 대상으로 하는 제도로 금융기관 공동협약에 따라 신용회복위원회가 운영하며 채무가 5억 원 이하, 연체기간이 3개월 이상인 개인이 신청할 수 있다.

(나)_____은 파산법에 의해 파산을 선고하여 잔여 채무에 대한 변제의무를 면제시키는 제도로 채무의 규모와 관계없이 시행 할 수 있다.

(다)_____은 상환능력이 있는 채무자의 경제적 파산을 방지하기 위해 법원이 시행하는 제도로 무담보 채무가 5억 원 이내, 담보채무가 10억 원 이내로 합이 15억 원 이내인 개인이 신청하며 법원의 인가 결정에 따라 집행한다.

(라)_____은 대상 채무자가 회사로부터 장기, 저리로 신규대부를 받아 채권금융기관에 대한 기존 대출채권을 상환하고 채권금융기관은 대상채무자에 대한 신용불량정보 등록을 해제하여 대상 채무자의 신용회복을 활성화한다.

① (가) : 개인워크아웃　　　(나) : 개인회생
　 (다) : 개인파산　　　　　(라) : 배드뱅크 프로그램
② (가) : 개인워크아웃　　　(나) : 개인파산
　 (다) : 개인회생　　　　　(라) : 배드뱅크 프로그램
③ (가) : 개인회생　　　　　(나) : 배드뱅크 프로그램
　 (다) : 개인파산　　　　　(라) : 개인워크아웃
④ (가) : 개인회생　　　　　(나) : 배드뱅크 프로그램
　 (다) : 개인워크아웃　　　(라) : 개인파산
⑤ (가) : 배드뱅크 프로그램　(나) : 개인회생
　 (다) : 개인워크아웃　　　(라) 개인파산

정답	13	④	14	①	15	②	16	②

17 자산건전성 기준에 따른 여신 분류에 대한 설명으로 적절하지 않은 것은?

① 고정여신은 3개월 이상 연체대출금을 보유하고 있는 거래처에 대한 자산 중 회수예상가액 해당 부분이다.

② 추정손실은 24개월 이상 연체대출금을 보유하고 있는 거래처에 대한 자산 중 회수예상가액 초과 부분이다.

③ 정상여신은 채권회수에 문제가 없을 것으로 판단되는 거래처에 대한 자산이다.

④ 회수의문은 3개월 이상 12개월 미만 연체대출금을 보유하고 있는 거래처에 대한 자산 중 회수예상가액 초과 부분이다.

⑤ 요주의 자산은 1개월 이상 3개월 미만 연체대출금을 보유하고 있는 거래처에 대한 자산이다.

18 환율이 달러당 1,050원에서 1,200원으로 상승하였다. 그 이유로 적절하지 않은 것은?

① 미국의 기준금리 인상으로 해외자본이 유출되었다.

② 국내 기업이 외국에 대규모 공장을 신축하였다.

③ 내국인의 외국 주식 투자가 증가하였다.

④ 중국의 경기 호황으로 수출이 증가하였다.

⑤ 외국 기업이 국내 채권시장에서 자금을 조달해 본국의 사업에 투자했다.

해설 추정손실은 12개월 이상 연체대출금을 보유하고 있는 거래처에 대한 자산을 말한다.

해설 중국의 경기 호황으로 수출이 증가하면 국내로 외환이 더 많이 유입될 것이다. 이는 국내 외환시장에서 달러 공급을 늘리는 바, 환율이 하락하는 힘으로 작용할 것이다.

19 다음 글에서 설명하는 국제금융기구로 올바르게 짝지은 것은?

> (가) _____ 는 1944년 브레튼우즈 협정에 근거해 설립된 UN 산하의 금융기관으로, 전후 각국의 전쟁 피해 복구 및 개발 자금을 지원하기 위해 1945년 12월에 설립되었다. 세계은행 (WB)이라고도 불리며, IMF, WTO와 함께 3대 국제경제기구로 꼽힌다.
>
> (나) _____ 는 미국과 일본이 주도하는 세계은행(WB)과 아시아개발은행(ADB) 등에 대항하기 위해 중국의 주도로 설립된 은행으로, 아시아 및 태평양 지역 개발도상국의 인프라 구축을 목표로 한다. 2017년 5월 기준 한국을 포함한 회원국은 77개국이며, 2016년 1월 공식 출범하였다.
>
> (다) _____ 는 1930년 헤이그협정에 따라 각국 중앙은행 간의 협조를 촉진하고 국제금융 안정을 위한 자금 제공을 목적으로 설립되었다. 1988년에는 바젤합의를 통하여 은행의 건전성 확보를 위해 은행의 자기자본비율규제를 정한 바 있으며, 본부는 스위스 바젤에 있다.

① (가) : AIIB   (나) : BIS   (다) : IBRD
② (가) : AIIB   (나) : IBRD   (다) : BIS
③ (가) : IBRD   (나) : BIS   (다) : AIIB
④ (가) : IBRD   (나) : AIIB   (다) : BIS
⑤ (가) : BIS   (나) : AIIB   (다) : IBRD

20 은행의 외환업무에 관한 내용으로 적절하지 않은 것은?

① 은행에서는 환전, 송금, 수출입 업무 등을 처리한다.
② 외환의 송금은 개별은행에서 정한 규정에 따라 처리해야 한다.
③ SWIFT는 국제은행 간 통신협정을 의미하는 용어이다.
④ 신용장은 은행이 수입거래처의 요청으로 신용을 보증하기 위해서 발행되는 증서이다.
⑤ 은행 외환업무를 위해서 외국환거래법과 대외무역법을 숙지할 필요가 있다.

해설 은행의 외환송금 업무는 외국환거래법에 근거하여 수행되어야 하므로, 개별은행의 규정보다는 외국환거래법에 규율된 내용을 먼저 따라야 한다.

정답	17	②	18	④	19	④	20	②

chapter 04 부동산과 금융

1. 노무현 정부 부동산정책
2. 이명박 정부 부동산정책
3. 박근혜 정부 부동산정책
4. 문재인 정부 부동산정책

1 노무현 정부 부동산정책 : 부동산 규제 강화

01 주택담보대출비율(LTV) 규제

[2002년 김대중 정부 도입]

1) 담보 자산가치 대비 최대 대출가능 한도

 LTV비율 = 대출금액(주택담보대출금액 + 선 순위채권 + 임차보증금 및 최우선 변제 수액임차보증금) / 담보 부동산 가치

2) 역사

이전 은행자율관리(아파트 경매 시 경락율을 가중평균) → 김대중 정부 도입 → 참여정부 본격화

02 총부채상환비율(DTI) 규제

[2005년 투기지역 도입, 2006년 수도권 투기과열지구 적용, 2009년 전면 도입]

1) 연간 총소득에서 주택담보대출의 연간 원리금 상환액과 기타부채의 연간 **이자상환액**을 합한 금액이 차지하는 비율(대출 원리금 상환액이 소득의 일정비율을 넘지 않도록 조정).

→ LTV처럼 주택 가격에 비례해 대출을 해주는 것이 아니라, '돈을 얼마나 잘 갚을 수 있는 지(수입)'를 따져 대출 한도를 정한다는 뜻. 단순히 주택담보대출뿐 아니라 기타 개인부채까지 포함하여 대출한도를 계산.

 DTI 비율 = (연 원리금 상환액+기타부채 이자상환액) / 연 소득.

→ 이 수치가 낮을수록 빚을 갚을 수 있는 능력이 높다고 인정됨.

2) 역사

참여정부 후기 확대 도입

예 **DTI 50%인 경우** : 연봉 5천만 원이면 연 원리금 상환액이 2천5백만 원 넘으면 안 됨

03 분양가상한제

[1999년 폐지, 2005년 부활 : 공공택지 건축 주택에 제한 적용, 2007년 전면도입]

1) 개념

아파트 가격을 일정 수준 아래로 규제하는 것. 공공/민간 아파트, 주상복합건물의 개발 시 적정 수익률을 더해 분양가를 산정하는데, 일정금액 이상 분양가를 못 받게 하는 제도.

→ 분양가를 낮춤으로써 주택시장 안정 유도

 분양가 상한선 = 택지비+ 건축비 상한가격 + 시행사 적정수익 등

2) 목적

신규분양주택의 분양가격이 점점 높아지면서, 주변 아파트 가격까지 상승시키는 부작용을 막기 위해 2005년 부활.

04 종합부동산세

[2005년 도입]

1) 개념

과세기준일로 현재 일정기준을 초과하는 주택과 토지 과다소유자에 대하여, 현행 재산세와는 별도로 국세청이 누진세율을 적용하여 과세하는 세금.

→ 참여정부 초기 급등한 부동산가격 하락 유도 및 세수증대.

2) 역사

2005년 국세 → 2014년 지방세로 전환

3) 현황

주택 6억 원 이상(1세대 1주택은 9억 이상) 보유자에 대하여 과세

05 양도세 중과세

[2005년 도입, 2014년 폐지]

1) 개념

부자들에 대한 일종의 누진세, **징벌적 과세**로 다주택자는 주택양도 시 시세차익의 50~60% 의 세금이 부과됨.

2) 역사

부동산 호황기 때 도입되었지만, 주택시장의 침체에 따라 부동산 거래를 막는 주요요인으로 지목됨. 이에 2008년 이후에는 1년 단위로 유예를 거듭하며 사실상 유명무실한 제도가 되었다가 **2014년 전면 폐지.**

3) 2017년 부활

2 이명박 정부 부동산정책

01 DTI 완화

[2013년 2월]

1) DTI 계산에 장래 예상소득 반영

젊은 층에 대해 장래 예상 소득을 추산해 소득지표로 활용. 평균소득증가율을 감안해 향후 10년간의 연평균 예상소득을 추산하는 방식.

2) 자산도 소득으로 인정

주택이나 토지 등을 보유하고 있는 경우, 급여소득이 없더라도 보유 중인 자산을 일정 요건 하에 소득으로 인정받을 수 있음. 자산을 보유하고 있으나 증빙 소득이나 신고소득이 없는 사람이 대상.

3) 증빙소득에 금융소득 합산

금융소득 분리과세 대상자도 증빙소득 이외에 신고소득 중 금융소득 합산 가능.

4) 6억 원 이상 주택담보 대출 가산항목 적용

DTI 비율 산정 시 최대 15% 범위에서 적용되는 가산항목 적용. 고정금리, 비거치식, 분할 상환 대출에 대해 각각 5% 가산, 신용등급에 따라 5% 가감함.

5) 역모기지 대출은 DTI 규제 적용 제외

역모기지 대출에 대해서는 DTI 규제 적용이 면제. 기대수명 연장 등에 따라 소득이 부족한 은퇴자 등을 중심으로 노후재원마련 등을 위한 역모기지 대출수요가 증가할 것을 감안해 이 같은 방안을 마련함.

6) 원금균등분할상환 대출의 DTI 산출방식 변경

원금균등분할상환 대출의 DTI 비율 산정 시 연간 원리금 상환액을 첫해 상환액에서 전 상환기간 평균 상환액으로 바꾸기로 함.

02 보금자리주택 공급

1) 정부가 무주택 서민을 위하여 공공 부문을 통하여 직접 공급하는 주택. 2009년에서 2018년까지 중소형 분양주택 70만 가구와 임대주택 80만 가구 등 총 150만 가구를 공급한다.

2) 입주자의 나이와 가구 구성원수에 따라 신혼부부 주택, 다자녀가구 주택, 1~2인 주택으로 구분하여 짓는다. 신혼부부 주택의 경우에 분양주택은 전용면적 60㎡ 이하로, 임대주택은 전용면적 85㎡ 이하의 유형이 있다. 다자녀가구 주택은 전용면적 49㎡, 59㎡, 75㎡. 84㎡의 유형이 있으며, 1~2인 주택은 전용면적 30㎡ 이하이다.

3) 지역별로는 수도권에 100만 가구를 짓고, 나머지 50만 가구는 지방에 짓는다. 첫해인 2009년에 13만 가구를 공급하는 것을 시작으로 해마다 평균 15만 가구씩 공급한다. 기존의 신도시나 택지지구와 같은 방식으로 개발되지만 도심에 더 가깝고 분양가도 기존 공공주택 내 분양가 상한제 가격보다 15% 이상 싸게 공급한다.

3 박근혜 정부 부동산정책

1) 2013년 <4.1 부동산대책>

※부동산 시장의 활성화를 위한 박근혜 정부의 본격적인 정책 제시

① 생애최초 주택구입 시 취득세 면제, LTV, DTI 완화, 주택구입자금 지원 강화

② 양도소득세 5년간 면제

③ 다주택자 양도세 중과세 폐지

2) <8.28 전월세 종합대책>

※**전월세 시장의 안정**을 위해, **전세 수요에 몰려있는 물량 → 매매**로 돌리기 위한 정책

① 국민주택기금 근로자, 서민 구입 자금 지원요건을

② **월세 소득공제 확대** : 공제율 60%, 공제 한도는 300~500만 원으로 확대

③ **취득세 영구 인하** : 기존 9억 원 이하 2%, 9억 원 초과 4% → 6억 원 이하 1%, 6억 원 초과 ~ 9억 원 2%, 9억 원 초과 3%로 하향 조정

④ **임대 집중 공급** : 한국토지주택공사(LH) 보유의 미분양주택을 '임대주택'으로 시장에 공급.

⑤ 임대시장 안정을 위한 가장 강력한 카드인 '전월세 상한제'는 미포함 : 이에 따른 부작용 우려

3) <12.3 후속대책>

※핵심은 '**공유형 모기지 확대**'와 '정책 모기지 사상 **최대 규모의 유지**'

① **정책모기지 통합 - 2014년 11조 원 지원** : 국민주택기금과 주택금융공사로 이원화되어 있는 정책 모기지를 2014년 1월부터 통합 운영 실시

② **공유형 모기지 본 사업 실시** : 예산 2조 원 선착순 1만 5천 가구 범위 내에서 운영

③ 리츠(REITs)를 통한 하우스푸어 주택(희망 임대주택 리츠) **매입 확대**

④ '**목돈 안드는 전세**' 보완

⑤ '**행복주택제도**'의 조절과 활성화 유도

행복주택 2018

1. 행복주택은 대학생, 신혼부부, 사회 초년생 등을 위하여 직장 혹은 학교가 가까운 곳이나 대중교통 접근성이 좋은 곳에 짓는 공공임대주택으로 임대료가 저렴.

2. 기존에는 거주 지역이나 대학 재학 여부, 소득활동 등 필수적으로 따지고 조건에 부합해야 하는 것들이 굉장히 많았지만, 이제는 소득활동 관계없이 일정 소득과 자산 기준을 맞춘 만 19세부터 만 39세 청년들이라면 모두 행복주택 신청이 가능. 신혼부부의 경우, 이제 7년 차 부부까지 청약 가능.

3. 공급량 : 2018년부터는 행복주택의 공급량이 확대. 2017년보다 3배나 많은 35,000호가 공급.

4. 임대 보증금이 부담인 사람을 위해 버팀목 대출 상품을 제공. 버팀목 대출을 이용하면 보증금의 70%까지 대출 가능하며 대상자는 만 19~39세 또는 소득활동 기간 5년 이내인 사회 초년생을 기준.

4) 2014년 <2.26 전월세 대책> & <3.5 보완 대책>

※그동안 내지 않고 있던 **'전 · 월세 주택 임대소득'**에 대한 **전면적인 과세.**

→ 지금까지는 집주인이 월세소득을 자진신고 하지 않는 한 국세청이 이를 확인할 방법이 없었지만, 앞으로는 집주인의 세금 탈루 여부가 확인 가능.

① 세입자 월세 10% 소득공제 : 연소득 7천만 원 이하 근로자 연말정산 시 월세 10% 세액 공제

    → 세입자 주거비 부담 완화, 전입신고나 확정일자 없이도 임대인의 소득노출로 과세 투명성 증대

② **2주택, 2천만 원 이하 임대소득**에 대해 **분리과세 14% 세율** 적용

③ 전용 85제곱미터 초과, 시가 3억 원 초과 주택 **전세 임대자 과세**

④ **4억 원 초과 전세자금대출보증 중단**

하우스 푸어 지원대책

1. 프리워크아웃 제도

  ① 정의 : 신용회복위원회와 금융기관 간 협의를 거쳐 단기 연체자(1~3개월)의 채무를 조정해주는 제도. 단순 담보물 경매유예뿐 아니라, 채무조정과 신용회복까지 지원받을 수 있어 현재 가장 활발히 활용되고 있음

    → 사전채무조정을 통해 장기연체자 증가와 이에 따른 금융회사의 건전성 저하의 예방을 위해 마련

  ② 특징 : 채무탕감은 되지 않고 **이자감면, 채무 만기 연장** 혜택

③ 조건 : 2개 이상의 금융회사에 총 채무액 15억 원 이하 보유, 보유자산가액이 10억 원 미만
- 프리워크아웃 신청 전 5개월 내 새롭게 발생한 채무액이 현재 내고 있는 빚의 30% 미만
- 부채상환비율 30% 이상, 2금융권 후 순위 담보대출자, 담보물에 하자 있으면 제외
- 일부 카드사나 대부분의 대출업체, 사채는 제외됨

④ 문제점
가. 대부분의 하우스푸어는 **이미 2금융권 후 순위 대출** 이용자 다수 → 해당자가 많지 않음
나. 프리워크아웃으로 이자를 깎아주거나 상환기간이 늘었다면, **자산건전성**도 개선해 줘야 함
다. 부실, 요주의 대출을 정상으로 회복 → 은행의 동기부여가 적음

2. 주택연금사전가입제도

① 정의 : 하우스푸어가 주택연금에 가입하면 해당 주택에서 나올 예정인 주택연금(역모기지)으로 주택담보대출을 갚도록 하는 제도(2014년 5월까지 한시적으로 운영)
② 특징 : 가입자는 대출 상환 후에도 **그 주택에서 평생 거주 가능**하며, 가입자가 사망 시 주택금융공사가 담보로 잡고 처분. 부채 상환 후 돈이 남으면 부부 중 한쪽이 60세가 되는 해부터 평생 주택연금으로 수령.
③ 조건 : 본인, 배우자 모두 만 50세 이상, 시가 6억 이하 주택, 1세대 1주택.
- 만 50세 기준 4억 아파트 주택보유 시 최대 1억 1,400만 원 인출 가능
④ 문제점 : **주택가격의 40% 이상을 대출받은 차주**는 실질적으로 어려움 → 나머지 자금은 본인 자금으로 갚아야 함

3. 적격전환대출

① 정의 : 시중은행이 하우스푸어의 대출을 최대 10년간 유예하고, 이 대출을 한국주택금융공사가 정한 요건에 맞는 적격대출(장기, 고정금리)로 전환하는 제도.
→ 한국주택금융공사(HF)는 이를 기초자산으로 주택저당증권(MBS) 등의 **채권을 발행하여(유동화) 시장에서 매각**
② 특징 : 대단히 복잡한 절차와 까다로운 조건
③ 조건 : 부부합산 연 소득 6천만 원 이하, 1세대 1주택 보유자
- 기존대출이 원리금 분할상환 중이거나 거치기간 종료일 또는 만기가 3개월 이내에 도래하는 대출
- 대출신청일 기준으로 최근 3개월 이내에 30일 이산 연속하여 연체된 기록이 없는 대출
④ 문제점 : 최근 **적격대출 금리 역시 상승**하여 전환하는 메리트가 없음.

4. 캠코 부실주택담보대출 채권 매입

① 정의 : 채무자가 주택소유권 전부 또는 일부를 한국자산관리공사(캠코)에 매각한 뒤, 지분사용료를 내고 거주하다가 10년 안에 해당 주택을 재매입하는 제도. 캠코가 3개월 이상 연체된 부실 주택담보대출채권을 금융기관으로부터 매입하여 채무조정 및 지분 매각을 하게 됨

→ 빚을 감당하지 못하는 하우스푸어들이 **집을 경매에 넘기지 않고도 계속 살 수 있도록** 한 조치(주택 소유권의 유지)

② 특징 : 은행이 장기 하우스푸어를 부실채권대상으로 선정하여 캠코에 명단을 넘겨야 제안을 받을 수 있음. 즉, 개인은 신청할 수 없으며 은행에서 부실채권대상으로 인정하지 않으면 이 제도의 혜택을 받을 수 없음.

③ 조건 : 부부합산 연 소득 6,000만 원 이하, 주택면적 관계없이 감정가 6억 원 이하, 1세대 1주택 보유자.

④ 문제점 : 채권을 가진 **시중은행이 대출채권을 캠코에 매각하지 않음**(본래 가치에서 통상 20% 정도 할인된 가격으로 캠코에게 팔아야 하므로 매각에 소극적)

5. 경매유예제도

① 정의 : 연체 중인 채무자가 법원경매보다 유리한 조건으로 담보물을 처분할 수 있도록 경매신청을 6개월 간 유예해주는 제도 → 거의 활용되지 못하고 있음

② 문제점

　가. 채무자와의 연락 두절 : 채무자 대부분이 가압류와 사금융업자들의 협박 등을 피해 연락을 끊은 사람들이어서 매매중개 합의 또는 매매를 진행하는 데 한계가 있음

　나. 주택이 개인 거래 간의 담보로 잡힌 경우도 있는 데다. 조세체납 등으로 가압류가 걸린 경우도 상당함 : 가압류 돼 있을 경우에는 매매 자체가 되지 않음.

---

02 **후반기**(2014년 7월~2016년 12월)

1) 최경환 노믹스

2014년 7월 부임한 최경환 경제부총리의 내수부양을 목표로 한 확장 재정정책을 통칭.

부동산 활성화 : 업권, 지역별 차등화를 없앨 것. LTV(주택담보인정비율), DTI(총부채상환비율) 등 부동산 규제를 완화

① 정책

[단기]

가. 국민주택기금 증액

나. **LTV**(주택담보인정비율) : 수도권 지방 차이 없이 모두 70%로 일괄 상향 조정.

다. **DTI**(총부채상환비율) : 서울(기존 50%)과 수도권, 그리고 그동안 규제를 받지 않던 지방까지도 모두 60%. 이러한 한도의 상향조정에는 당장의 시장파급 효과는 미미할 것이라는 전망에서임. 현재 주택담보대출의 DTI 평균비율은 35% 선으로 기존 규제만으로도 충분히 추가대출의 여유가 있는 상태.

[중장기]

- LTV, DTI 규제를 아예 은행 자율에 맡겨버리는 방안 : 그러나 충당금 문제 등이 복잡해 해결해야 할 일이 많음

[결과]

가. **부동산 거래량 증가 :** 2015년 10월까지 누적 주택 거래량(100만 8,000건) 전년 동기 대비 22.5% 증가

나. **가계 부채 증가 :** 가계부채 1,200조 원.(재임 기에 170조여 원 증가)

② 평가

가. 긍정적인 평가

- 강력한 경기 부양 효과

중국 경기둔화와 메르스(중동호흡기증후군) 등 예상치 못했던 변수가 우리 경기의 하방 요인으로 작용했지만, 살아난 부동산 경기가 우리 경제의 버팀목 역할, 메르스 사태, 중국 경기 침체 등 경기 하방 요인 속에서 부동산 경기 호황이 우리 경제 버팀목.

나. 부정적인 평가

- 부채 증가

부동산 활성화와 가계부채 증가는 동전의 양면이지만, 이에 대한 대책 마련이 미흡했음.

- 정상화가 아닌 과열화

주택 인허가와 분양 건수가 과열 양상을 보이면서 2~3년 후 부동산 시장의 '대란'을 초래할 주택 인허가, 분양 건수 과열화 - 향후 부동산 시장 대란 초래할 수도 있음.

- 규제개혁 부분 실적 부진

지속적 성장을 위해선 구조개혁 등 중장기적 비전이 필요하지만, 규제 완화의 모양만 갖추었을 뿐, 실제로 기업들이 투자를 늘리지 않았기 때문에 잘했다고 평가하기 힘듦.

 추가읽기   **부동산 가격 상승과 하락의 영향**

1. 부동산 가격 상승

① 긍정적 효과

가. **가계소비와 기업투자 증가**

- 가계자산 증가 → 소비 증가
- 기업의 시장가치 증가 → 투자 확대, 경기호전에 따른 소득증가를 예상한 주가 상승 가능

- 담보가치증가로 금융기관 차입용이 → 소비, 투자 증가
나. 금융기관 **대출규모 증대**와 **건전성 제고** → 금융기관의 **수익 증대**와 **자산건전성 개선**
② 부정적 효과
가. **경상수지 적자** 확대 : 자산가격상승 → 생산비용상승, 소비증가 → 인플레이션 가능
성→ 통화 당국이 조정을 위해 금리 올림 → 원화가치상승 → 수입재 중심으로 소비
및 투자증가 → 경상수지 적자폭 확대가능성(흑자 폭 줄어듦)
나. **서민 주택 구입 힘듦** : 서민들의 주택 구입 어려워짐. 전세, 월세 가격의 동반 상승
가능성

2. **부동산 가격 하락**

① 부정적 효과
가. **가계와 기업에 타격**
- 깡통아파트, 깡통주택 대량 발생 : 서민뿐만 아니라 중산층에게도 큰 타격
- 가계소비 감소의 부정적 연쇄효과 : 가계 **소비 감소** → 기업의 **현금흐름 및 수익
성 악화** 초래 → 금융기관 **대출 수요축소**와 대출의 **신용위험 증대**로 연결되어 **금
융기관의 재무안정성**에도 영향
- 건설 부문 신규투자 축소 → 여타 부문의 **설비투자 축소**
- 부동산 가격이 오르지 않는다고 전망되면 부동산 임대수요 증가 → **전세, 월세가
상승**
나. **금융기관 부실화 가능성** : **채무불이행**에 따른 대출자산 부실화 및 대출 축소
- 담보가치축소 : 부동산 보유한 가계 및 기업재무상황 악화 → 금융기관 **부실화** 및
이자수입 감소

2) **2015년 <12.14 가계부채여신심사 선진화 방안>**

① **시행시기** : 2016년 2월 1일(수도권). 2016년 5월 2일(지방)
② **분할상환대출 정착** : 현행의 일시상환. 거치식(3~5년) 위주 대출에서 원칙적으로 비거치
식. 분할상환 위주 대출로 전환됨. 거치기간은 최대 1년 이내로 제한
③ 상환능력심사 강화
가. 지금까지는 증빙소득(원천징수영수증, 소득금액증명원 등), 인정소득(국민연금, 건강보험료 납부
실적 등), 신고소득 등으로 소득심사를 받을 수 있었지만, 앞으로는 우선적으로 객관
성 있는 증빙소득을 우선으로 함(불가피하게 증빙소득자료가 없는 경우엔 인정소득이나 신고소
득자료를 활용).
나. **스트레스 DTI** : **변동금리주택담보대출의 경우 추후 금리상승에 대비한 스트레스 금
리**(Stress Rate : 상승가능금리)를 적용해 DTI를 산정함. 스트레스 DTI가 80%를 초과
하면 고정금리로 대출을 받거나 대출한도를 80% 이하로 줄여야 함(상승가능금리는 대
출금리가 아닌 대출한도 조정에만 적용됨).

다. **DSR**(총부채상환능력) **도입 :** 현재 주택담보대출 심사 시 상환능력은 신청한 주택담보
대출 금액과 기타대출의 이자상환액을 합산해 계산하지만, 앞으로는 기타부채의 원
리금상환액을 합산함. 기타부채에는 자동차할부금을 포함해 금융권 대출이 모두 포
함됨. 단 이는 대출심사 시 거절할 수 있는 사유는 아니며 대출 이후 사후관리용으로
만 사용됨.

④ 문제점

가. 집단대출 제외

집단대출

1. 집단대출의 의미

① 개인여신 중 가장 큰 규모의 여신으로써, 대규모의 고객층의 확보나 수익확충이 가능
한 여신의 형태 중 하나이다. 집단대출이란, 특정 단체 내 일정한 자격요건을 갖춘 사
람들을 대상으로 차주별, 고객별 여신의 개별승인 없이 일괄적인 승인을 득한 후, 개
별적으로 실행만 하게 되는 여신을 말한다. 신규아파트 분양자를 대상으로 하는 아파
트 중도금 대출이 대표적이다.

② 집단대출은 DTI 규제에서 자유로우며 은행은 일일이 개별심사를 안 해서 번거로움을
피할 수 있고, 시행사나 시공사, 분양업자를 잘 컨택하면 대규모 고객층을 확보할 수
도 있다. 즉, 중도금대출의 경우 시공사나 주택금융공사, 주택도시보증공사가 보증을
서는 경우가 많으므로, 개별 수분양자들의 신용을 보지 않는다.

③ 다만, 집단대출의 경우 분양 때의 과대광고나 기타 부실시공 등의 이유로 집단소송으
로 이어지기도 하며 그런 경우 금융기관 입장에서는 대규모 연체가 발생할 수 있으므
로 심사나 사후관리에 만전을 기한다.

2. 2015년 12월 <가계여신심사 선진화 방안> 제외 사유

① 집단대출은 주택 실수요자에 대한 중요한 주택공급 관련 자금지원방법의 하나로 대출
구조 자체가 일반 주택담보대출과는 다르다. 획일적으로 규제를 적용하는 것이 불합
리하다. 일반 주택담보대출은 차주 소유 주택을 담보로 해 차주의 상환여력 등을 평가
해 대출이 이루어지나 집단대출은 「선분양」이라는 독특한 제도로 인해 보증기관 또는
시행 · 시공사 보증을 기반으로 대출이 이루어지는 구조. 이러한 신용보강을 고려하
지 않고 차주 상환여력만으로 대출한도나 대출여부를 결정하기는 곤란.

② 주택건설 완료 후 취급되는 잔금대출의 경우, 일반 주택담보대출과 성격이 유사하나,
이미 중도금대출이 실행되었고 상환하지 못한 중도금대출을 잔금대출로 전환하는 입
주과정에서 발생하는 것으로 중도금대출이 기실행된 후 사후적으로 대출공급을 중단
하는 것은 입주를 어렵게 하는 등 소비자보호 관점에서도 부정적이다. 집단대출은 은
행 스스로 리스크 관리를 하도록 하는 한편, 국토부 · 기재부 등 관계기관과 함께 주택
시장 동향 등을 모니터링하기로 함.

3. 문제점 및 규제 논의 재점화

문제점		긍정적 방향	부정적 방향
주택공급과잉 분양시장 과열 투기수요 극심 가계부채 급증	집단대출 규제 논의	아파트 가격 안정화 투기수요단절 대출연체 사전차단	사실상 분양가상한제 부활 고분양가 → 보증리스크 증가 자율화 역행

① 높아지는 공급과잉 우려 : 고분양가 논란 속에 아파트 분양시장은 활황세.

② 2015년 주택담보대출 규제로 기존 주택에 대한 부동산 거래는 다소 침체되었던 반면 규제에서 자유로웠던 분양시장은 지속적으로 활발한 거래 → 분양시장이 좋다 보니 시공사들이 앞다투어 분양했고 집단대출에 대한 보증 제한과 규제가 없다 보니 아파트 계약금만 있으면 너도나도 분양시장에 뛰어들어 투기수요가 극심

③ 2016년 주택담보대출 증가액의 52.6%가 집단대출(2015년 분양이 급증한 결과)

④ 중도금 전체 보증시장에서 주택도시보증공사의 보증비율은 60%, HUG의 100% 보증이 집단대출 급증세에 기름을 끼얹었다는 분석.(HUG 보증잔액 2014년 말 172조 원 → 2015년 말 267조). HUG의 법정보증배수는 자기자본의 50배이지만 이미 44배에 달함 → 은행들도 HUG의 보증능력에 의구심

⑤ 집단대출을 여신심사 가이드라인에 포함할 계획 없어(임종룡 금융위원장 2016. 06.13.) : 집단대출은 분양시장 동향과 같이 움직이는데, 분양시장이 하반기 들어 어떻게 될지에 의견이 갈린다. 집단대출이 어떻게 움직일지는 분양시장 상황에 관한 점검이 필요하다.

나. 취약계층 가계부채 풍선효과

- 여신심사 선진화방안 가이드라인이 2016년 실행됨에 따라 은행의 주택담보대출 증가세는 둔화되었고 안심전환대출 시행 등으로 은행 주택담보대출의 질(고정금리 및 원금분할상환 대출 비중 증가) 역시 개선됨

- 반면, 소득 및 담보 측면에서 신용도가 낮은 취약계층은 은행 대출이 오히려 어려워져, 대출 규제 적용대상에서 제외된 비은행권대출, 신용대출, 집단대출 등 금리수준이 높고 변동금리 대출을 늘리게 될 가능성도 높아짐 → 풍선효과 발생
  → 한계가구 증가의 문제

1. 배경

가계는 소득이 정체된 가운데 부채가 빠르게 증가하면서 전반적으로 재무건전성이 저하되고 있음. 가계부채의 증가속도가 소득의 증가속도를 지속적으로 상회하면서, 처분가능소득 대비 가계부채비율이 상승하는 가운데 금융자산 대비 금융부채 비율도 소폭 상승하고 있는 것으로 나타나고 있음. 반면 고정금리·분할상환 대출 증가 등으로 부채구조가 개선되고 금융기관의 가계대출 연체율이 하락하는 등 가계부실 위험은 다소 낮아진 것으로 평가.

2. 채무조정제도와 한계가구

① 공적 채무조정제도인 <개인회생 및 개인파산>에 대한 신청 건수는 하락 중(2014년 16만 6천 건 → 2015년 15만 4천 건 → 2016년 5월 현재 6만 건(전년 대비 7% 하락)).

② 반면 사적 채무조정제도인 신용회복위원회의 <개인워크아웃과 프리워크아웃>의 채무조정 건수는 증가(2014년 8만 5천 건 → 2015년 9만 2천 건).

③ 한편 개인파산 및 회생으로 채무조정은 매년 약 15만~16만 건이 이루어지고 있으며 신용회복위원회 채무조정으로 약 8만에서 9만 건, 단순 계산해 보면 매년 23만에서 25만 건 정도의 개인채무조정이 공적 및 사적 상시 시스템을 이용하여 상시적으로 이루어지고 있음.

④ 가계부채가 급증하고 경기회복이 늦어지면서 채무상환 이행이 불확실한 한계가구의 수와 비중도 증가하고 있음. 한계가구는 금융부채가 금융자산보다 많고 처분가능소득 대비 원리금상환액 비율이 40%를 초과하는 가구로 재무적 곤경에 처해 있으면서 채무이행 가능성이 불확실한 잠재파산 상태에 놓일 가능성이 높은 가구임.

⑤ 통계청·금융감독원·한국은행의 「가계금융·복지조사」 자료 분석결과에 따르면 한계가구는 2012년 132.5만 가구에서 2015년 158.3만 가구로 증가한 것으로 추정. 금융부채를 보유한 가구 중 '채무상환이 불가능할 것이다'고 응답한 가구의 비중이 7.1%로 2014년 6.9%에 비해 상승. 만약 이들 가구를 잠재파산 가구로 정의할 경우 잠재파산 가구는 전체 가구의 4.1%(전체 가구 중 76만 가구)에 해당되는 것으로 추정.

⑥ 공적 채무조정제도인 개인파산 및 개인회생 그리고 사적 채무조정제도인 신복위의 채무조정제도 등이 매년 20만 건 이상의 채무조정을 수행함에도 불구하고 이처럼 잠재파산 규모가 작지 않게 존재하고 있으며 한계가구는 증가하는 상황이다. 따라서 **가계부채 수준이 급속히 증가한 상태에서 적지 않은 잠재파산자 규모로 인해 향후 경기침체가 깊어지거나 은행 등 금융회사의 건전성 규제 강화 조치와 신용공급 감소 등으로 인해 향후 채무불이행자가 급증할 가능성이 높아 이에 대한 사전 대비가 요구된다.**

3. 채무자 관점에서 채무조정제도의 재검토 필요성

① 디레버리징을 경험한 미국의 사례에서 볼 때, 가계부채가 급증한 상태에서 이자상환부담의 증가, 그리고 압류, 급매, 자산가격 하락, 가계재무여건악화, 채무불이행으로 이어지는 악순환(vicious cycle)이 경제위기 국면에서 발생한 바 있음. 따라서 가계부채가 급증한 경제에서 채무불이행의 급증, 그리고 이에 따른 급매의 증가는 부정적 외부효과를 발생시키며, 따라서 가계채무불이행, 압류, 급매를 멈추게 만들기 위한 보다 적극적이고 효과적인 채무조정 정책의 개선이 요구된다. 즉, 가계부채의 증가와 잠재파산의 증가 그리고 가계부채 관련 리스크 증대로 인해 한계가구의 경제적 자활 지원을 위한 사회적 요구가 증가함에 따라 개인채무자 관점에서 채무조정제도를 재검토할 필요.

② 전반적으로 우리나라는 파산 및 개인회생 등 상시적 제도를 중심으로 채무조정제도가 운영되어 왔으며, 가계부채 등 위기에 대응하여 선제적인 대응정책과 사적 및 비상시적 채무조정의 활성화는 다소 미흡한 것으로 판단. 한편 미국은 디레버리징에 있어 수치적으로는 매우 성공적인 것으로 보이지만 다른 나라에 비해 빠른 부채조정은 채무조정이 아닌 금융회사의 부실채권 상각처리를 토대로 하고 있으며, 이 과정에서 압류 건수가 단기적으로 급증하고 급매, 자산가격 급락, 금융시장의 위축 및 경기침체의 심화가 발생하는 등 사회적 · 경제적 비용이 적지 않았던 것으로 평가.

③ 따라서 최근 금리 인하와 집단대출 등으로 낮아질 기미를 보이지 않고 있는 우리나라의 가계부채는 우리 경제에 주요한 리스크 요인으로 상존할 가능성이 있는바, 이러한 가계부채 관련 위기에 대비하기 위해서는 미국 등 가계부채발 경제위기를 경험한 나라들의 사례를 참조하여 점진적인 가계채무 조정이 필요하고 이를 위해 다양한 측면에서의 선제적 정책수립이 긴요한 것으로 판단.

4. 가계부채발 위기 대응을 위한 채무조정제도의 개선 방향

① 최근 가계부채발 경제위기를 경험함에 따라 주요 국가에서 채무조정제도를 운영함에 있어서의 목표는 **<부실위험이 있는 가계가 정상적인 경제생활로 빠르게 복귀>**하도록 하여 경제에 다수의 잠재파산을 줄이고 이에 따른 불확실성의 증폭을 예방하는 데 두고 있다. 일반적으로 법원을 중심으로 한 공적 채무조정제도를 운용하는 국가들의 경우 절차 소요시간 및 채무자의 비용이 많이 들고 이 때문에 잠재파산의 수가 늘어나는 경향이 있다. 채무조정제도의 주요한 역할이 이와 같은 상시적 구제를 통해 잠재파산자 수가 증가하는 것을 사전 예방하는 데 있으므로 가계부채의 급증으로 인해 향후 이들 제도의 활용이 늘어남에 따라 발생할 수 있는 법원의 과중한 업무 부담을 경감시켜 효율적인 채무조정이 이루어지도록 할 필요.

② 우리나라 현 경제상황에 비추어 볼 때 가계부채의 부실이 경제에 미치는 위험을 최소화하기 위해서는 **사적 채무조정 제도의 적극적인 활용이 필요하다.** 개인의 경우, 주요 가계부채 위기 대응사례에서 보았듯이 가계부채 문제가 금융부문 부실화, 실물경기 위축과 같은 경제위기로 확산되지 않도록 하기 위해서는 신속하고 빠른 대응이 긴요하다. 위기 시 채무조정에 대한 수요가 급속히 증가하고 초기에 적시 대응하는 것이 필요한 만큼 경제상황에따라 탄력적으로 운영할 수 있는 방안을 검토하고 준비하여야 한다. **더불어 기초수급자, 고령자, 장애인 등 사회소외계층과 연대 보증인 등에 대해서는 경제적 자활을 위한 채무조정제도 안내를 강화하고, 이들에 대한 채무조정기준을 완화할 필요가 있다.**

③ 한편 이와 같은 가계부채 대응과정에서 중요한 역할을 담당해야 하는 것이 바로 공적 금융기관이다. 가계부채발 금융위기 시 대규모 채무조정이 빠른 시기에 이루어질 필요성이 있는바, 이와 같은 과정에서 민간 금융회사의 참여를 독려하고 실효성 있는 공적 채무조정 프로그램을 개발하여 추진하는 데 있어 공적 금융기관은 매우 중요한 역할을 수행하게 된다. 구체적으로 경제위기시 급박한 경제 환경 속에서 대량 사적 채무조정 상황에 맞는 프로토콜의 정립과 채무조정 가이드라인이 필요하므로 이를 선도적으로 수행할 수 있는 공적 금융기관의 역할이 보다 강조될 수 있을 것이다.

→ 공적 금융기관이 규격화되고 단순화된(standardized and streamlined) 채무조정 프로그램을 위기가 발생하기 이전에 선도적으로 개발하고 시범 실시하여 이를 가이드라인 형태로 민간 금융회사에 보급함으로써 가계부채 조정에 빠르게 대처할 수 있게 된다. 따라서 예금보험공사나 캠코와 같은 공적 금융기관은 선도적인 채무조정 프로그램을 연구하고 실천하면서 은행 등 민간 부문의 자발적인 채무조정 가이드라인을 제공하는 등 공적 금융기관으로서 보다 적극적인 역할을 수행할 필요가 있다. 경제위기 상황에서 규격된 부채조정 프로그램은 필수적이라 할 수 있으며 공적 금융기관의 역할이 중요하다. 급박한 경제 환경 속에서 대량 채무조정 상황에 맞는 프로토콜의 정립이 필요하고 경제위기 상황에서 부실금융기관의 대출자 채무조정을 수행해 온 공적 금융기관의 경험과 노하우를 적극 활용할 필요가 있다.

3) 주택연금상품 가입 확대

① **의미** : 주택연금은 주택 소유자나 그 배우자가 60세 이상일 경우 집을 담보로 맡기고 평생 그 집에 살면서 일정 기간 혹은 평생에 걸쳐 매달 국가가 보증하는 연금을 받는 제도.

가. 장점

    A. 평생 내 집에서 편하게 거주, 평생지급, 부부 중 1인 사망 시에도 연금 감액없이 100% 동일금액 지급을 보장.

    B. **국가가 보증** : 연금지급 중단위험이 없음.

    C. **합리적 상속** : 연금수령액이 집값을 초과해도 상속인에게 청구되지 않으며 집값을 하회시 상속인에게 돌아감.

② **확대** : 주택연금 가입 문턱을 낮추고, 혜택을 늘린 '내집연금 3종 세트'의 2016년 상반기 주택연금 가입자 수가 사상 최대를 기록(또한, 9억 이상 고가주택, 주거용오피스텔, 다주택자 포함).

가. 부동산 가격이 고점이라는 인식과 전례없는 파격적인 혜택에 수요가 대폭 몰리고 있다는 분석.

나. 2016년 상반기 주택연금 가입자가 2015년 상반기(3,065명)보다 73.5% 늘어난 5,317명을 기록. 이는 2007년 주택연금 출시 이후 반기 기준 최대치이며, 2015년 전체 가입자(6,486명)의 82%에 달함. 2016년 6월 말 현재 주택연금 누적 가입자 수는 3만 4,437명.

다. 내집연금 3종 세트의 혜택

    A. 주택대출이 있는 60세 이상 노인을 대상으로 빚 갚을 돈을 꿔준 뒤(일시인출 한도 50% →70%로 증대) 남은 주택 가치만큼 매달 연금 형식으로 지급. <주택담보대출 상환용 주택연금> 주택을 담보로 은행 빚을 지고 있는 고령층이 기존 빚을 무리 없이

상환하면서 주택연금에 가입할 수 있게 돕는 상품. 예를 들어 3억 원짜리 집을 담보로 7천500만 원(금리 연 3.04%, 만기 10년, 일시상환 조건)을 대출받았다면 매달 19만 원의 이자를 내야 한다. 그러나 이를 연금으로 전환하면 대출이자를 내는 대신 사망 시까지 매달 26만 원의 연금을 받을 수 있다.

B. **40~50대를 위한 주택연금 사전예약 보금자리론 :** 주택금융공사가 취급하는 장기 주택담보대출 '보금자리론'을 신규 신청할 때 주택연금에 가입할 것을 약속하면 금리를 0.15% 포인트 우대. 은행에서 주택담보대출을 이미 받은 사람은 보금자리론으로 갈아타면 된다. 이때 주택연금 가입을 약정하면 0.3% 포인트의 금리 인하 혜택을 받을 수 있다.

C. 저가 주택보유자를 위한 '우대형 주택연금'이다. 부부 기준으로 1주택 소유자이고, 주택가격이 1억 5천만 원 이하이면 가입 가능. 이전 주택연금보다 매월 연금을 8~15% 더 받을 수 있다. 주택의 가격이 낮을수록 혜택이 더 높다.

D. 재산세 감면 혜택. 정부는 2010년부터 노후생활을 지원하고자 주택연금에 담보로 제공되는 주택은 재산세를 5억 원 이하 부분의 25%를 감면해주고 있다. 공시가격 3억 2천만 원인 아파트의 재산세는 6만 9천 원이나 주택연금에 가입했다면 57만 9천 원으로 9만 원 감면.

③ **기대효과 :** 베이비부머 세대의 은퇴로 인한 주택매물의 공급과잉이 리스크 헷지 → 부동산 폭락 방지.

④ **문제점**

가. 9억 원 이상 고가주택, 주거용오피스텔, 다주택자 포함 문제. 9억 원 이상 고가주택 보유자까지 보호하는 주택연금정책을 재검토해야 함(형세 낭비 지적).

나. 주택연금계정의 운용배수(보증잔액/기본재산)는 2015년 말 12.8배에서 오는 2018년 18.7배로 상승해 적정 운용배수 14.7배를 웃돌 것으로 예상. 주택연금을 안정적으로 운용하려면 정부출연이 필요하다는 의미.

4) 2016년 <8.25 대책>

가계부채 관리 방안

① 금융부문

가. 집단대출 관리 강화

　A. 주택금융공사, HUG 중도금보증 100% → 90%, 1인당 보증 건수 4건 → 2건

　B. 차주 소득자료 확보 의무화

　C. 대출심사 시 사업장 현장조사 의무화

D. 잔금 대출 시, 고정금리, 분할상환 전환 시 중도상환수수료 면제

    나. **전세대출 분할상환 유도 :** 원금 10% 분할상환 약정 시 전세보증료율 30% 인하

    다. **신용대출 심사 강화 :** 총체적 상환부담 평가시스템(DSR) 2017년 도입

    라. **상호금융권 비주택 담보대출 LTV 인하 :** 50~80% → 40~70%

② **공급조절주택분양시장 축소 관리 :** 공공택지 공급물량 축소(129,000 → 75,000가구), 2017년 추가공급축소 마련 계획

③ **사업추진 불확실성 제거**

    가. **HUG의 PF 보증 신청시기 변경 :** 사업계획 승인 이후

    나. HUG의 분양보증 심사 강화(분양보증 예비심사 도입)

④ **한계, 취약차주 관리강화**

    가. **연체 이전 관리 :** 사잇돌대출 취급기관 확대

    나. **연체 이후 관리 강화 :** 금융권 자체 워크아웃, 채무조정지원 강화, 채권추심 건전화 방안

    다. **원스톱 서민금융체계 :** 서민금융진흥원설립, 통합지원센터 구축

5) 2016년 <11.3 대책>

실수요중심의 시장형을 통한 주택시장의 안정적 관리방안

① **전매제한기간 강화 :** 기존 6개월에서 과열이 높은 곳(강남 4구) 소유권 이전 등기 시까지, 그 외 지역 1년 6개월로 강화

② **1순위 신청 강화 :** 세대주가 아닌 자, 5년 이내 당첨자, 2주택 이상 소유자 1순위 제한

③ **중도금대출 보증요건 강화 :** 주택금융공사, HUG의 중도금대출 보증발급 조건으로 전체분양가격의 5% 이상 계약금에서 10% 이상 계약금으로 상향 → 적은 자본을 활용하여 시세차익을 노리는 단기투자수요를 억제

6) 2016년 11월 24일 <8.25 가계부채 관리방안 후속조치>

① **집단대출에 대한 여신심사가이드라인 적용 :** 집단대출 중 잔금대출(적용대상 : 2017. 1. 1 이후 분양공고 아파트), 은행보험뿐 아니라, 상호금융, 새마을금고 적용(중도금 대출에서 잔금대출로 전환할 때 소득증빙을 위한 객관적인 자료를 제출하고 원금을 처음부터 나눠 갚도록 유도) → 실수요자에겐 영향이 없지만, 과도하게 차입을 해서 분할상환이 부담스러운 투기적 수요를 억제하는 효과.

② **상호금융, 새마을금고에 맞춤형 여신심사가이드라인 도입**

    가. 2017년 1월 4일 부터 주택구입용 대출 대상

    나. 소득증빙 의무화

다. 매년 원금의 1/30을 부분 분할 상환

③ 총체적 상환능력심사(DSR) 도입

DSR(Debt Service Ratio) : 소득에서 DS(원금+이자)로 빠져나가는 비율
① DTI = 주택담보대출 원리금 상환액 + 기타대출 연간 이자 상환액 기준
② DSR = 주택담보대출 원리금 상환액 + 기타대출 연간 원리금 상환액 기준
　　　여러 곳에서 대출을 많이 받을수록 DSR이 높게 나오기 때문에 부실위험이 큰 다중채
　　　무자를 걸러내는 데 유용한 지표

구분	DTI	DSR
계산법	신규주택담보대출 원리금상환액 + 기타 부채 이상 환액 / 연소득 모든 부채의 원리금 상환액 / 연소득	모든 부채의 원리금 상환액 / 연소득
특징	주택담보대출 위주의 규제수단 실제 상환능력을 정확히 반영	실제 상환능력을 정확히 반영
상한선	60%까지만 대출 가능 따로 없음	따로 없음

7) 2017년 1월 16일 정책성 서민금융 대상 확대

한도 상향(새희망홀씨론 2,500만 원 → 3,000만 원, 햇살론 1,500만 원 → 2,000만 원)

가. 사잇돌대출 공급 증가

나. **청년, 대학생 정책금융 확대** : 저소득가구 대학생을 대상으로 임차보증금 대출 신설, 햇
　　살론 생계자금 대출한도 8백 → 1천2백만 원

다. 자칫 밑 빠진 독에 물붓기식 우려. 중장기적으로는 민간에서 자생적인 마이크로 크레디
　　트 기관 활성화 정책 필요.

서민금융상품	현행	개선안	늘어나는 대상자 수
미소금융	신용등급 7등급 이하	6등급 이하	약 355만 명
햇살론, 새희망홀씨론, 바꿔드림론	신용등급 1~5등급 연소득 3천만 원 이하	3,500만 원 이하	약 159만 명
	신용등급 6~10등급 연소득 4천만 원 이하	4,500만 원 이하	

1. 역사

국내 서민금융시장은 외환위기(1997년), 카드사태(2003년), 글로벌 금융 위기(2007년)를 거치면서 서민금융회사의 자금공급은 대폭 축소된 반면에 경기부진과 함께 소득양극화의 심화로 서민들의 자금수요는 크게 늘어남. 이에 따라 서민금융시장에서는 초과수요가 발생하였으나 제도권 서민금융 회사들은 이를 충족시키지 못하는 현상이 심화. 결국, 개인신용 7~10등급에 해당하는 저신용 계층이 경제주체의 15%대인 6백여만 명(KCB 신용등급기준)에 이르는 등 금융소외(financial exclusion) 계층의 지속적인 확대와 함께 대부시장의 급속한 팽창, 고금리 금융비용 부담, 불법추심 등의 부작용이 심각해졌다. 이에 MB 정부는 정책성 서민금융제도를 본격 도입하게 되었고, 박근혜 정부에서는 국민행복기금제도를 내놓게 되었다. 이를 계기로 2008년 이후 정부주도의 다양한 정책성 서민금융상품이 출시되면서 서민들의 금융 접근성은 크게 제고되었다. 하지만 정책성 서민금융체제가 양적 공급에 치중하고, 여러 공급자를 중심으로 산만하게 운영됨에 따라 개편의 필요성이 제기되었다. 이에 금융당국은 2013년 9월 서민금융지원제도 개선 방안을 발표한 데 이어 후속조치로 2015년 7월 서민금융총괄기구인 '서민금융진흥원'을 신설하는 서민금융지원체계 개편방안을 수립

2. 4개 서민금융 프로그램

① 미소금융 : 제도권 금융기관 이용이 어려운 분들에게 자활에 필요한 창업자금, 운영자금 등을 무담보 · 무보증으로 지원하는 소액대출

② 새희망홀씨 : 소득이 적거나 신용이 낮아 은행에서 대출받기 어려웠던 계층을 위해 별도의 심사기준을 마련하여 대출해주는 은행의 서민 맞춤형 상품

③ 햇살론 : 신용등급 및 소득이 낮아 제도권 금융 이용이 어려운 분들에게 서민금융진흥원 및 신용회복위원회 보증을 통해 저금리로 대출을 지원하는 제도.

④ 바꿔드림론 : 대부업체 또는 캐피탈사 등에서 받은 고금리 대출을 국민행복기금의 보증을 통해 시중은행의 저금리대출로 전환

3. 국민행복기금, 신용회복위원회(개인워크아웃, 프리워크아웃), 법원(개인회생 · 개인파산)은 자체 채무조정 프로그램을 운영 중이며, 국민행복기금과 신용회복위원회는 신용회복지원프로그램(채무조정, 개인회생)을 통하여 일정 기간 채무를 성실히 상환한 분에게 긴급생활안정자금(소액대출)을 지원

① 국민행복기금 : 6개월 이상 연체된 1억 원 이하 신용대출에 대하여 채무자의 상환능력을 고려하여 30~50%를 채무 감면하고 최대 10년까지 상환기간을 조정

② 신용회복위원회 : 금융회사 채무 3개월 이상 연체에 대하여 이자감면, 원금 일부 감면, 상환기간 연장 등의 채무 조정

4. 서민금융진흥원

수요자 중심의 서민금융상품체제 구축, 채무조정제도의 채무자 상환능력별 맞춤형으로의 개편 등의 목적으로 2016년 설립

기존의 4대 저신용 정책금융상품들을 총괄하는 컨트롤타워 역할은 물론, 은행이 관리하는 새희망홀씨 상품까지 연결해주는 등 원스톱 서비스가 가능해 짐. 기존의 '휴면예금관리재단의 설립 등에 관한 법률'을 '휴면예금관리재단 설립 및 서민의 금융생활지원 등에 관한 법률'로 전면 개정을 통해 설립. 이 개정안에 의해 신설된 '서민금융진흥원'은 휴면예금관리 재단, 캠코, 은행 등 민간금융회사 등이 출자하는 자본금을 보유한 법상 특별법인(주식회사)으로 설립. 휴면예금관리재단, 신용회복위원회는 법상 별도의 기관으로 존치시키나, 국민행복기금(채무조정은 캠코 위탁 유지)을 포함하여 업무조직은 '서민금융진흥원'으로 통합. 또한 한국이지론도 통합되고, 캠코의 서민금융 인프라 및 담당 기능 등도 이관될 계획

4 문재인 정부 부동산정책

1) <6.19 대책>

① 배경

가. 매매시장

  A. 2017년 2월 이후 상승폭 확대.

  B. 지역별 경제여건, 주택수급상황, 개발 호재 유무 등에 따라 상승.하락 지역이 나누어 → 지역별 차별화 현상 뚜렷.

  주택수요가 꾸준한 서울, 부산, 세종과 평창올림픽이 개최될 강원지역은 상승세이나 경북, 충남, 대구, 울산 등은 하락세. 특히 서울, 부산 등에서 국제적 과열현상 재연.

나. 청약시장

  A. 높은 청약경쟁률 지속(연도별 청약 경쟁률 '13년 2.6, '14년 6.4, '15년 11.1, '16년 13.5, '17년 10.2) 특히, 조정대상 지역의 청약경쟁률이 높음(20.1 VS 9.4).

  B. 강남 4구 외 서울 21개 구, 부산 세종 등도 높은 수준.

  부산의 **청약경쟁률 27.0**으로 전국평균보다 높은 수준 지속, 세종 청약경쟁률은 **104.8** : 1

  C. **청약시장으로 투자수요 지속 유입** : 분양권을 거래하는 전매거래량은 꾸준히 상승세 유지(11.3 대책을 통해 전매제한기간을 강화했음에도 불구하고 2017년 4월 전매거래량은 2016년과 비슷한 수준).

→ 기존 주택시장 및 청약시장의 과열로 주택거래 및 청약시장에서 불법행위(분양권불법전매, 청약통장 불법거래, 부동산거래가격 허위 신고 등) → 실수요자의 피해 발생 우려.

→ 2016년 6월부터 지속적인 현장 점검.

다. 시장상황 평가

　A. 대내외 경제여건 개선, 완만한 미국 기준금리 인상 등으로 부동산시장 심리가 호전되며 투자목적의 주택수요가 급격히 증가.

　B. 2017년 하반기에는 금리인상 가능성, 입주물량 증가 등 조정요인에 따라 지역별 차별화 현상이 더욱 뚜렷해질 전망.

　C. 주택시장의 변동성 확대는 가계와 경제 전반에 부담으로 작용하며 특히 과도한 차입에 의한 투자목적의 주택구매는 금리변동 등 경제여건변화에 대한 취약성을 높이며 실수요자 주택구매를 저하시킴.

② 내용

　가. **맞춤형 LTV, DTI 강화 :** 조정 대상 지역에 대하여 LTV, DTI 규제비율을 10%씩 강화.

　　A. **LTV :** 70% → 60%(서민, 실수요자 70%)

　　B. **DTI :** 60% → 50%(서민, 실수요자 60%)

　　※ 서민, 실수요자 요건

　　　1. 부부합산 연소득 6천만 원 이하, 2. 주택가격 5억 원 이하, 3. 무주택세대주

　　C. 잔금 대출 DTI 신규적용

　나. **조정대상 지역 신규선정 :** 경기광명, 부산기장, 부산진구 *** 37개 지역(11.3 대책 선정) + 3개 지역(6.19 대책) = 40개 지역.

　　→ 맞춤형 청약제도, 단기 투자수요 관리방안 적용

　다. **전매제한 기간 강화 :** 강남 4구 외 21개 구 민간택지전매기한을 소유권이전 등기 시까지로 강화.

　라. **재건축 규제 강화 :** 재건축조합원 주택공급 수 제한(최대 3주택 → 2주택).

　마. 주택시장 질서확립

　　A. 관계기관 합동 불법행위 점검 무기한 실시

　　B 실거래가 허위신고에 대한 신고제도 활성화, 적극 홍보
　　　시스템을 활용한 불법행위 모니터링 강화

2) <8.2 대책>

① **배경** : 6.19 대책 이후에도 지속적으로 투기수요가 유입되면서 주택시장이 과열되어 추가 대책의 필요성.

② **내용**

가. 청약 1순위 자격요건 강화

청약통장 가입 후 2년 경과 + 납입횟수 24회 이상이 되어야 1순위 자격조건이 충족 (17년 9월 시행)

나. 조정대상지역, 투기지역, 투기과열지역

　　A. **조정대상지역 :** 40개 지역(서울 25개 구, 경기 7개 시, 부산 7개 구, 세종)

　　B. **투기과열지구 :** 29개 지역(서울 25개 구, 경기(과천, 성남 분당구), 세종, 대구(수정구))

　　C. **투기지역 :** 12개 지역(서울 11개 구, 세종)

다. 기존에 오피스텔 전매도 완화되어서 쉽게 구매가 가능했던 것도 이번 오피스텔 포함 전매제한이 소유권 이전 등기 시까지 강화가 되어서 오피스텔의 투자 수요완화

라. 양도세 가산세율 적용(2018. 4월 적용)

　　A. 2주택자는 약 10%의 양도세율이 추가적용, 3주택자 이상은 약 20%의 양도세율의 추가적용

　　B. 기존은 양도차익에 따라 약 6~40%의 기본세율이 적용되었으나, 2 주택자에겐 10% 추가, 3 주택자에겐 최고 20% 이상 추가 가산되어 최고 60%의 양도세를 부과 가능

마. 다주택자 장기보유특별공제 적용 배제

바. 1세대 1주택 양도세 비과세 요건 강화(2017. 8월 적용)

기존에는 2년만 보유했으면 양도세 비과세를 받을 수 있었으나 8.2 정책 이후에는 실제 거주를 2년 동안 해야 양도세 비과세 적용됨.

사. 분양권 전매 시 양도세율 50%로 일괄적용 → 분양권 매매 최소화

아. 대출 규제

　　A. LTV, DTI 40% 적용- 주택을 1가구 이상 보유 중일 경우 약 30%로 대출 규제, 무주택자가 임대를 위한 주택을 구매 시는 40% 대출규제, 실수요자는 50%까지 완화.

　　B. 투기지역 내에선 차주당 1건으로 대출이 되었지만 세대당 1건으로 더욱 강화.

3) <10.24 가계부채 대책> : 다주택자의 추가대출 여력을 줄이거나 아예 없앰

① 신총부채상환비율(신DTI)

가. 신DTI는 2018년 1월부터 서울, 인천, 경기 등 수도권과 세종시, 부산시 7개 구에 실시.

나. 신DTI는 기존 주택담보대출이 있는 사람에게 이자비용만 따져 대출심사를 하는 DTI와 달리 원리금까지 합산해 대출한도를 정하는 비중을 말하며, 이 식을 적용했을 때 대출금액은 약 절반으로 줄어들어 다주택자들이 추가 주택구입이 어려워짐.

② 총부채원리금상환비율(DSR)

2018년 4월부터 주요 은행에서는 DSR 비율을 150~200% 정도로 제한해 6개월간 시범 운영한 후, 10월에는 높은 DSR 비율이 정해질 예정.

DSR는 신DTI에 마이너스통장과 신용대출의 원금까지 함께 반영하기 때문에 신용대출 규모가 클수록 대출한도가 줄어들게 됨. 다만 DSR은 신DTI처럼 일률적으로 적용하는 게 아니고 차주의 소득과 신용도등을 평가해 대출자 그룹별로 정하도록 여지를 뒀지만 신DTI 보다는 깐깐한 조건이고 대출액은 줄어들 수밖에 없음.

③ 분양시장 대출도 옥죄어 2018년부터 도시보증공사(HUG)의 중도금 대출보증한도를 수도권, 광역시, 세종시는 기존 6억 원에서 5억 원으로 줄이고 HUG와 주택금융공사의 보증비율을 현행 90%에서 80%로 낮춤으로 분양자의 자금 부담이 평균 5,000만 원 늘어날 전망. HUG와 주택금융공사가 보증하지 않는 20%만큼의 리스크를 은행이 떠안아야 하기 때문에 은행들은 건설사와 분양단지의 재무구조와 사업성을 꼼꼼히 체크할 것.

4) 종부세 인상

- 2018년 7월 6일 정부는 정부서울청사에서 이런 내용의 '종합부동산세 개편방안'을 발표.

- 2018년 7월 25일 정부는 세제발전심의위원회를 거쳐 종부세법 개정안을 입법 예고한 뒤 정기국회에 제출하고 이르면 2019년부터 시행 예정.

① 보유세 OECD 비교

가. OECD 통계에 따르면 한국의 GDP 대비 부동산 보유세 비중은 2016년 기준 0.8%로 OECD 평균(2015년 기준) 1.1%보다 0.3%포인트(p) 낮다. 관련 통계를 발표한 31개국 가운데 16위다.

나. '전체 세수'를 기준으로 부동산 보유세 비중을 따지면 순위가 달라진다. 우리나라의 전체 세부담이 다른 국가들에 비해 적기 때문이다. 우리나라의 총 세수 대비 부동산 보유세 비중은 3.0%로 관련 통계가 발표된 30개국 가운데 12위다. 이렇게 되면 보유세 부담은 GDP와 비교했을 때보다 4계단 위로 올라선다. OECD 평균은 3.4%다.

다. 즉, 우리나라가 세금을 많이 거둬들이지 않는 편에 속하기에, GDP 대비 종부세 부담은 낮아 보이는 반면, 전체 세수 대비로 보면 부담이 상대적으로 높아 보인다는 것이다. 개별 국가의 전반적인 세 부담을 살펴볼 수 있는 GDP 대비 총 세수 비율은 우리나라가 2016년 기준 26.3%로 OECD 평균(34.3%)에 크게 못 미친다. 순위로 봐도 최하위권 그룹에 속한다. 전체 33개국 가운데 29위다.

라. 그럼에도 종부세 인상 여지는 충분하다는 것이 대다수 전문가의 평가다. 전체 국가 경제 가운데 부동산이 차지하는 비중이 매우 높은 한국의 특성을 고려해야 한다는 논리. 2017년 발표된 국회예산정책처 자료에 따르면 2015년 우리나라의 토지자산총액은 GDP의 4.2배에 달했다. 자료가 존재하는 OECD 13개국 가운데 최고였으며 13개국 평균은 우리나라의 절반인 2.03배에 불과했다. 한국이 전반적인 세 부담이 낮은 편이라 GDP 대비가 아닌 총 세수 대비로 본다면 보유세 부담이 덜 낮아 보일 수 있지만, 우리 국가 경제에서 주택과 토지가 차지하는 비중이 높다는 현실을 감안하면 사실 종부세 부담은 현재 드러난 수치보다 오히려 더욱 낮다고 보는 것이 맞다고 주장함.

마. 하지만 종부세를 개편하려면 거래세·양도세를 포함한 '재산과세' 체계 전반을 함께 살펴봐야 한다는 지적. 2016년 기준 우리나라의 GDP 대비 재산과세(Taxes on Property) 비중은 3.0%로 OECD 평균(1.9%)보다 매우 높으며 전체 33개국 가운데 7위다. 국제적으로 높은 축에 속하는 거래세와 양도세가 영향을 미친 것으로 풀이된다. 따라서 전문가들은 보유세 부담의 OECD 순위를 종부세 인상의 절대적 근거로 삼기보다는 경기변동과 조세정책 상 균형을 고려하는 것이 필요하다고 조언.

바. 보유세를 올리고 거래세를 낮추는 것이 대다수 학자들의 견해(권대중 명지대 부동산대학원 교수). 보유세율이 낮다고 보유세액이 적다고 보기는 힘든 우리 현실과 경제상황에 미치는 효과 등을 종합적으로 고려. 소득 대비 과세비율 조정 등 신중한 접근이 필요. OECD 평균 달성을 정책적 목표로 삼고 종부세를 인상하는 것은 옳지 않으며 OECD 회원국과의 비교는 어디까지나 보유세 부담 수준을 판별하기 위함임.

② 종부세율

　가. 구간별 세율을 차등 인상해 누진성을 강화했다.

　　A. 과세표준 6억~12억 원 주택을 현행 0.75%에서 0.85%로 인상

　　B. 과세표준 12억~50억 원은 1%에서 1.2%로 인상

　　C. 과세표준 50억~94억 원은 1.5%에서 1.8%로, 인상

　　D. 과세표준 94억 원 초과는 2%에서 2.5%로 인상

　　E. 과표 6억 원 이하는 현행세율 유지

나. 과표 6억 원을 초과하는 주택 3채 이상 보유자에 대해서는 0.3% 포인트 추가 과세. 3주택 이상 다주택자와 실거주 목적의 1주택자를 동일하게 과세하는 것은 합리적이지 않다는 지적에 따른 것. 단 임대주택으로 등록한 부분에 한해서는 과세가 제외. → 다주택자도 세 부담을 줄일 수 있는 길이 열려 있음.

③ 공시지가 비율

가. 공정시장가액 비율(세금을 계산할 때 적용하는 공시지가 비율)은 2020년까지 매년 5%포인트, 90%로 올리기로 했다. 앞서 특위는 연 5%씩 100%까지 올릴 것을 권고.

나. 공정시장가액 비율이 85%가 되는 2019년을 기준으로 주택 3채 이상 소유자의 주택 공시가격이 35억 원(시가 합계 50억 원)이면 종부세가 2,755만 원이 된다. 2018년 1,576만 원보다 1,179만 원(74.8%)이 늘어난다. 공시가격 35억 원 주택 한 채를 소유한 이의 종부세 부담은 2019년 1,790만 원으로 2018년 1,357만 원보다 433만 원(31.9%) 늘어난다. 이에 따라 올해 '똘똘한 한 채' 소유자와 3채 이상 소유자의 종부세 차이는 219만 원이지만 2019년에는 965만 원으로 4배 가까이 벌어질 것으로 보인다.

④ 사업용 토지 세율 현행 유지

가. 생산적 활동에 사용되는 사업용 별도합산토지의 세율은 현행대로 유지.

나. 세율 인상 시 임대료 전가, 생산원가 상승 등의 부담을 감안해 전 구간 0.2%포인트씩 인상하자는 재정특위의 권고안을 받아들이지 않음. 단 고가 비사업용인 종합합산토지는 재정특위의 권고안을 받아들여 과세를 강화.

⑤ 전망

가. 정부는 이번 개편으로 주택보유자 27만 4천 명을 비롯해 고가 부동산 보유자 34만 9천 명에게 부과되는 종부세가 7,422억 원 늘어날 것으로 전망. 2022년까지 국내총생산(GDP) 대비 보유세 비중이 2015년 기준 0.8%에서 1% 수준으로 상승해, 경제협력개발기구(OECD) 회원국 평균인 1.1%에 도달할 것으로 분석.

나. 하지만 이번 보유세 인상으로 시장 전반에 미치는 영향은 지역별로 차이가 날 수 있다는 지적. 버티기에 들어간 강남권은 매물 증가에 따른 가격하락 효과는 제한적인 반면 상대적으로 가격이 싼 지역 시장은 부동산 경기 침체기 탓에 더 빨리 얼어붙을 가능성도 배제할 수 없다(건국대 심교언 부동산학과 교수).

다. 정부는 재정특위가 권고했던 금융소득 종합과세 확대는 유보하기로 결정. 다른 자산 소득과의 형평 문제나 노령자, 은퇴자에 대한 영향, 부동산 시장으로 자금이 이동할 수 있다는 우려 등을 고려해 좀 더 신중히 검토하기로 함.

추가읽기

토지공개념

1. 정부는 2018년 3월 21일 「헌법」 개정안을 발표하였고, 당시 발표된 조문에서 토지공개념과 관련한 항목은 「헌법」 제128조 제2항으로 "국가는 토지의 공공성과 합리적 사용을 위해 필요한 경우에 한해 특별한 제한을 하거나 의무를 부과할 수 있다"는 것이다. 2018년 3월 26일 정부가 발의할 당시는 처음 발표와 달리 "국가는 토지의 공공성과 합리적 사용을 위해 필요한 경우에만 법률로써 특별한 제한을 하거나 의무를 부과할 수 있다"로 교체

   개인의 소유권 그 자체는 인정하되, 토지의 소유와 처분은 공공의 이익을 위해 적절히 제한할 수 있다는 개념이다. 국가가 토지소유 또는 점유를 확대해 토지를 국공유화하겠다는 개념과는 다른 것으로, 땅에 관한 한 개인의 재산권도 공공복리 증진을 위해서는 제약을 받을 수 있다는 것이 핵심이다. 현행헌법에서도 제23조 제3항 및 제122조 등에 해석상 토지 공개념이 인정되고 있다.

   이에 따라 노태우 대통령 시절, 토지 공개념에 입각한 법률이 처음 만들어졌다. 당시 정부는 부동산 투기를 억제하기 위해 토지초과 이득세법, 택지소유상한제, 개발이익 환수제 등 토지공개념 관련 법안을 제정했다. 하지만 국민의 재산권침해라는 벽에 부딪치면서 위헌, 또는 헌법불합치 결정을 받아 폐기되고 현재는 개발이익 환수제만 남아있다. 따라서 이번 개헌안에는 "토지의 공공성과 합리적 사용을 위해 필요한 경우에 한해 특별한 제한을 하거나 의무를 부과할 수 있다"는 내용이 명시됨으로써 더욱 명확하게 토지 공개념을 규정하고 국가의 재량권을 폭넓게 인정한 것이다. 토지소유권은 개인에 두되 토지에서 발생하는 이익은 공공이 가져갈 수도 있다는 논리로 해석된다.

2. 정부가 발의한 헌법개정안에서의 토지공개념의 사전적 의미
   ① "토지가치의 상승이 사회양극화를 초래하는 최대의 원인임을 지적하면서, 토지의 배타적 사용권과 처분권을 보장하면서도 토지가치는 공유해야 한다는 것으로 토지에 대해서는 다른 물자보다도 더 강한 공적개입이 필요하다는 인식"
   ② 헌법개정안이 토지공개념을 새롭게 도입하기 이전인 현행 「헌법」 제122조에서 "국가는 국민 모두의 생산 및 생활의 기반이 되는 국토의 효율적이고 균형있는 이용·개발과 보전을 위하여 법률이 정하는 바에 의하여 그에 관한 필요한 제한과 의무를 과할 수 있다", 「민법」 제2조제2항에서 "권리는 남용하지 못한다"라는 규정 등을 통해 실질적으로 토지의 공개념을 도입 및 적용하고 있다.

3. 논란
   ① 「헌법」 개정안에서의 토지공개념이 논란이 되었던 것은 일차적으로 발표된 것과 발의된 내용이 다르다는 것이고, 발의에서 추가된 '법률로써'라는 의미의 문제라 할 것. 처음 정부가 발표한 토지공개념은 정부가 개정안을 발표한 목적과 달리 너무 포괄적으로 규정하여 과도하게 사유재산권을 침해한 것이 아닌가 하는 것이고, 심지어 야권에서는 사회주의 체제로 가자는 명백한 의사표명으로 규정하는 등 사회적 논란이 가중되자 발의에서 '법률로써'라는 의미를 추가하였다 볼 수 있는 여지가 많다 할 것이다.

② 개정안이 적용되었을 경우 정부는 과거 헌법재판소에서 위헌·헌법불합치결정이 된 택지소유상한제나 토지초과이득제 등을 새롭게 적용할 수 있는 폭을 확보할 수 있다할 것이다. 따라서 발의안이 적용되는 경우 토지소유자의 수익권은 심대하게 침해받을 수 있다는 것이다. 하지만 현행헌법상 토지공개념이 적용되는 사례를 살펴볼 때 실질적으로 토지공개념은 적용되고 있다할 것이고, 「헌법」 개정안에서와 같이 헌법에 구체적으로 명시하여 사유재산권에 대해 제한을 가해야 하는지는 의문이라 할 수 있다.

※토지공개념 도입 찬성논리

유독 토지에만 공공성, 사회적 구속성을 강조하는 이유는 있다. 토지를 비롯한 자연환경은 인간이 만들어 낸 것이 아니다. 토지를 비롯한 환경은 모든 사람이 마땅히 평등하게 누려야 할 권리다. 그런데 이미 사유화가 진행된 상태에서 평등하게 누릴 수 있는 방식은 과세를 통해서만 어느 정도 조정이 가능하다고 보기 때문이다. 토지가 다른 재화나 재산권과 다른 점은 고정적이고 한정적이라는 것인데, 바로 이점이 스스로 공공의 목적에 부합하게 하고 규제나 제한을 불러들인다고 볼 수 있다.

국가가 효율적으로 토지를 이용하거나 관리하지 못한다면 이는, 국가의 책임방기이자 태만이라 할 수 있고, 임금대비 가파른 지가상승은 상대적 박탈감을 주게 되어 경제 정의에 어긋나기 때문이다.바로 토지 공개념은 인간은 더불어 살아야 한다는 각성이고 이성의 회복이며 인간의 재발견이라고 볼 수 있다. 헌법에 토지공개념을 명문화 하더라도 의회에서 관련 입법을 해야만 정책이 만들어질 수 있다. 또 입법화 하더라도 관련법 조항이 국민의 기본법을 침해하지 않는지 사법심사를 해야 한다. 국민의 자유와 권리는 국가의 안전보장, 질서유지, 공공복리를 이유로 필요한 경우에 한해 제한할 수 있다. 과잉금지의 원칙이다. 또 국민의 기본권의 본질적인 내용은 침해할 수 없다. 즉, 본질내용 침해 금지의 원칙이 존재한다. 따라서 사유재산권은 이런 이중삼중의 안전장치가 있어서 당연히 보장되는 것이다. 시대가 변하고 과학기술이 아무리 발달해도 국가 사회를 유지하는 원리는 동일하다고 본다.토지를 소유하는 소수의 사람들이 기득권을 세습하게 되면 닫힌사회가 되고, 국가는 쇠퇴의 길로 간다.

대한민국도 건국 이후 이승만 정부의 농지개혁을 통해 자영농의 나라로 출발했으나 빠른 경제성장을 하면서 점차 지주들의 나라로 변질 되면서 활력을 잃어가고 있다. 과도한 불로소득이 발생하고 이것이 소수에게만 흘러들어가고 부가 세습되고 있다.

※토지공개념 도입 반대논리

토지공개념은, 한정된 자원인 토지 투기로 말미암은 사회적 불평등 심화를 해소해야 한다는 것이다. 그렇다면 세상에 '한정되지 않은 것'이 존재하는가. '희소성'은 경제행위의 기본 전제이고, 부족하다고 느끼기에 선택의 문제가 제기되는 것이다. 토지가 희소하기 때문에 당국에 의해 규제돼야 한다는 것은 논리비약이다. 부동산가격 상승은 토지공개념은 무관하다. 그렇다면 중국에 이는 '부동산 광풍'을 어떻게 설명할 것인가. 현 정부는 '지대추구의 덫'을 말하지만, 지대는 토지 소유에서 나오는 것이 아니라 규제 내지 독점에서 나오는 기회비용 이상의 초과소득을 의미한다. 그리고 토지공개념을 명시적으로 도입하지 않더라도 기존 헌법에 토지공개념을 유추할 수 있는 조항이 많다.

헌법 제122조는 "국가는 국토의 효율적이고 균형 있는 이용·개발과 보존을 위해 법률에 따라 '필요한 제한'과 의무를 부과할 수 있다"고 명시한다. 토지공개념은 사적자치와 사유재산제도의 골간을 해치는 발상이다. 헌법은 중언부언해선 안 된다. 토지공개념의 이론적 근거가 되는 미국 경제학자 헨리 조지의 '토지 단일세'는 실패한 세제다. 그는 근로소득세 등 다른 세금을 없애는 대신 토지에서 발생하는 지대를 모두 세금으로 걷어 불평등을 해소하자고 주장했다. 미국 앨라배마 주의 소도시 페어호프는 1894년 토지 단일세를 도입했다가 2년 만에 폐지했다. 세금을 적게 내려는 지주들 탓에 실제 임대료보다 훨씬 낮은 '이면계약'이 극성을 부렸기 때문이다.

토지공개념이 지대를 낮춰 경제적 불평등을 감소시키는 '도깨비 방망이'가 되기도 힘들다. 토지 구입과 개발에 따른 위험을 고려해주지 않고 개발 이익을 거둬들인다면 부동산 시장 자체가 위축될 게 뻔하다. 부동산 가격은 투기보다는 오히려 정부 규제와 정책에 더 큰 영향을 받는다. 재건축 규제가 공급을 줄여 재건축 아파트값을 올리는 것과 같은 이치다. 노무현 정부 때의 혁신도시 개발은 혁신도시 주변 땅값을 끌어올렸고, 넘쳐난 토지보상비가 서울과 수도권 집값을 밀어 올리는 데 일조했다는 것은 잘 알려진 사실이다.

한국주택금융공사의 방향

한국주택금융공사는 주택저당채권 등의 유동화와 주택금융 신용보증 업무를 수행하며, 국민의 복지 증진과 경제 안정화에 이바지하는 것을 목적으로 설립되었다. 국가 정책에 맞추어 소외계층 및 서민의 복지 증진을 촉구하며, 국가 정책의 보완적 역할을 도맡아 경제 안정화에 힘써야 할 것이다. 이와 같은 공사의 역할에 맞게, 금융 시장 및 실물 경제에 직접적으로 가담하고 있는 공사는 실수요 중심의 정밀한 대출 규제를 제시할 수 있어야 한다.

첫째, 수도권을 중심으로 주택연금 활성화와 세분화를 꾀할 수 있다. 물론 주택연금 수요자의 기대수명 증가와 주택 가격 하락, 금리 인상 등의 리스크에 대비해가며 중, 장기적 플랜을 짤 수 있어야 한다. 주택연금은 은퇴한 베이비부머 세대의 급격한 주택 매각을 저지하여 주택 시장의 안정을 도모하고, 주택을 담보로 고령층에게 연금을 쥐어줘 가계부채 급증에도 효과적일 수 있다. 따라서 주택연금 수요자와 가입자의 자산 수준과 기대 수명 등을 토대로 이들을 세분화하고, 이들이 담보로 내놓는 주택에 대해서도 지역별로 세분화를 두어 연금 상품의 다양화를 추구해야 한다.

둘째, 급증하는 1인 가구 세대에 맞는 대출 상품 및 주거 환경 조성에 이바지할 수 있어야 한다. 통계청에 따르면, 지난해 우리나라 1인가구 비중은 31.9%로, 2045년까지 36.6%까지 증가할 전망이다. 주거용 오피스텔, 소형 아파트, 다가구 주택 등의 수요 증가에 대비하여 다양한 주택 전용상품과 금융지원을 개발해야 할 것이다. 또한 주택을 '소유'하기보다는 '사용'한다는 개념에서 등장한 공용주택 등, 변화하는 수요자들의 니즈를 분석하여 공사의 사업을 개선할 수 있다.

셋째, 조기 은퇴자를 대상으로 한 주택담보대출 서비스가 개편되어야 한다. 현재 50대를 맞는 조기 은퇴자들은 다른 30, 40대에 비해 노후 준비가 되어 있지 않고, 소득이 없어 주택 담보대출을 받는 경우가 많다. 소득이 없는 조기 은퇴자들은 주로 제2금융권을 통하여 대출을 받는 경우가 많고, 대출금으로는 생활비 외의 창업을 시도하는 경우도 많은데, 창업 경험이 전무한 이들의 폐업률은 74%에 이르며, 이는 부실 채권으로 연결될 가능 성이 높다. 공사는 이들에게 안정적인 주택담보대출(분할 상환, 고정금리 대출 등)을 권유하 고, 한국산업인력공단과의 연계를 통한 창업 강좌 또한 보급할 수 있다고 판단된다. 또 한, 노후를 대비한 재무 관리 강좌 등을 실시하여 고령화 사회에서 붉어질 수 있는 주택 공급 과열 위기를 대처, 국민의 안정적인 노후에 인도할 수 있을 것이다.

넷째, 월세 상품의 다양화 및 확대 전략이 우선이다. 이를 위해 지속적인 현금이 필요하다면, 현금 흐름을 위해 어떠한 형태의 월세 지원과 이와 관련된 주택금융을 공급할 것인지 에 대한 검토가 필요하다. 대표적인 방법으로 미국 시장에서 시행되고 있는 임대주택 유동화가 있다. 특히, 임차인의 여러 상황을 감안한 분석으로 차별적 지원이 필요하다. 공적 금융 지원 방식을 강구해야 한다. 월세보증금을 임차인의 가처분소득, 재산 그리 고 주택면적 등을 회귀분석을 실시하면 모든 변수와 통계적으로 유의한 양(+)의 관계 를 보여준다. 회귀 분석이 선행된 차별적 지원 방식은 임차인들에게 실질적인 지원과 더불어 공사의 효율적 자금 관리로 이어진다. 또한, 임대사업자에 대한 자금 공급을 확 대하여 임차인들의 월세부담을 경감시키는 것이다. 장기적으로 민간 임대사업자의 활 성화를 통한 월세의 공급이 증가되면, 임차인의 월세 부담이 감소할 가능성이 있기 때 문이다. 다만, 임대인의 채무상환능력에 따른 주택금융을 공급할 수 있는 별도의 완화 된 기준이 사전에 마련되어야 한다.

5) <9.13대책(2018년 09월 13일)>

① 종부세 상향(2019년)

　가. 1주택 또는 조정대상지역 외 2주택 보유자의 세율을 0.5~2.7% 인상.

　나. 3주택 이상 또는 조정대상지역 내 2주택 이상 보유자는 0.6~3.2% 인상.

② 공정시장 가액 5% 인상

　가. 2019년 5% 인상돼 85%로 상향 조정.

　나. 이 인상을 시작으로 2022년까지 매년 5% 인상 예정.

③ **양도소득세 : 조정대상지역 일시적 2주택자에 대한 양도세 면제조건 강화** : 현행 3년 → 2년 내 처분.

④ **주택담보대출** : 2주택 이상 세대의 규제지역 내 주택구입, 규제지역 내 비주거목적 고가 주택 구입에 주택담보대출 금지.

⑤ **임대사업자 대출** : 주택담보 임대사업자 대출 LTV 강화 : 현행 80% → 40%

⑥ 주택공급

가. 수도권 공공택지 30곳 개발(30만 가구), 도심 내 규제완화.

나. 수도권 분양가 상한제 주택 전매제한 기간 최대 8년으로 확대.

⑦ **주택임대소득 분리과세** : 2019년부터 연간 임대소득 2,000만 원 이하인 주택임대소득도 분리과세됨(이전 비과세 혜택).

6) 제 3기 신도시 발표

① 1차 발표

가. 2018년 9월 발표.

나. 양질의 저렴한 주택이 충분히 공급될 수 있도록 입지가 우수한 공공택지 30만 호 확보를 2019년 상반기까지 완료.

다. 17곳 선정(3만 5천 호 공급)

라. 서울(구 성동구치소, 개포동 재건 마을, 비공개 9부지), 경기(광명 하안 외 5곳), 인천(검안 역세권)

② 2차 발표

가. 2018년 12월 3기 신도시 중 일부가 발표(15만 5천 호 공급).

나. 남양주시 왕숙, 하남시 교산, 인천 계양, 경기 과천

다. 서울 경계로부터 2km 정도 떨어져 서울과의 접근성이 상대적으로 높음.

라. **비판** : 한강 · 운정 · 고덕신도시 등 아직 추가개발이 필요한 2기 신도시부터 제대로 조성완료 후 새 사업을 추진해야 한다는 비판. 지역주민과의 갈등도 존재.

② 3차 발표

가. 2019년 5월 발표(5만 8천 호 공급).

나. 고양 창릉, 부천 대장

추가읽기

임대차 3법

임대차 3법은 △전월세신고제 △전월세상한제 △계약갱신청구권제 등이다. 전월세상한제는 전세 및 월세의 인상률을 제한하는 제도이며, 전월세신고제는 임대계약 시 해당 내용(보증금, 임대료, 기간 등)을 30일 이내에 지자체에 신고해야 하는 제도이다. 계약갱신청구권은 임차인이 원할 시, 전세 계약을 1회에 한해 갱신요구가 가능토록 하는 제도이다.

1. 문제점

① 정부가 민간의 임대계약을 직접 통제할 수 있게 되는 만큼 적잖은 파장

가. 임대인과 임차인 간 당사자 간에 자율적 합의를 전면 배제해 계약자유 원칙을 지나치게 규제하는 과잉입법

나. 집주인과 세입자가 처음 계약을 맺을 때 세입자를 까다롭게 선택하게 돼 약자를 더욱 곤란하게 만들 수 있다.

② 정부의 지나친 재산권 침해 논란
  가. 특히 세입자에게 특별한 잘못이 없는 한 무기한으로 계약을 갱신할 수 있는 법안이 나오자 시장에서는 '전세 알박기'라는 용어도 등장. 전세 알박기란 전세계약을 맺은 뒤 계약이 끝난 후에도 살던 집을 비우지 않고 거주하는 행위로 집주인의 매도를 방해할 가능성을 지적한 용어임 → 세입자 방해로 집주인의 재산권 행사에 어려움을 겪을 가능성
  나. 세입자가 평생 거주하기를 원하면 그 집은 결국 세입자의 것.
③ 오히려 전월세 시장을 자극해 단기간 임대료 상승 부작용
  가. 전월세상한제가 시행되기 직전에 인상분을 미리 올려 받을 가능성. 또한, 인상률 제한폭이 5%면 은행예금 이자와 비슷한 수준. 집주인 입장에서는 전세로 매물을 내놓을 유인이 낮아져 월세로 돌릴 가능성이 있으며, 전세 공급 감소로 전세가격 상승.
  나. 계약갱신청구권제로 계약기간이 2년에서 4년으로 늘어나면 2년 단위로 나오던 전세매물이 4년 단위로 나옴. 전세 물량 자체가 절반으로 줄어드는 효과.
  다. 전월세신고제의 경우 집주인이 세금 부담을 세입자에게 떠넘길 여지

2. 결과

① 임대차법 시행 이후 서울의 아파트 평균 전셋값은 27.2% 상승했다. 법 시행 직전 1년 상승률(7.7%)과 견주면 세배 넘게 뛰었다. 전셋값이 오르자 집값도 덩달아 상승했다. 같은 기간 서울 아파트값은 20% 넘게 폭등했다. 전월세상한제 적용 대상이 아닌 신규 계약이 급등을 주도했다. 갱신 주택도 임대료를 상한인 5%까지 올리는 게 일반화된 것도 영향을 미쳤다. 전세의 반전세·월세화가 가속화되고 있는 것도 세입자에게는 불리한 여건이다

② KB국민은행 자료에 따르면, 새 임대차법 시행 후 1년간 ㎡당 아파트 전세 가격이 가장 많이 오른 곳은 도봉구로 상승률이 35.4%에 달했다. 뒤를 이어 동대문구(32.2%), 노원구(31.7%), 송파구(31.4%), 강북구(30.1%)가 상위 5위를 차지했다. 5위 안에 노도강 지역이 모두 포함되는 것이다.

③ ㎡당 아파트 전세 가격이 가장 비싼 곳은 강남3구(강남·서초·송파)로 파악됐다. 강남구는 ㎡당 1,200만 원, 서초구는 1,151만 원, 송파구는 874만 원을 기록했다. 송파구(4위)와 서초구(7위)는 서울 지역 내 전셋값 상승률 10위 안에 들기도 했다. 이어 용산구(832만 원), 성동구(814만 원), 중구(809만 원), 광진구(800만 원)도 ㎡당 아파트 전세 가격이 800만 원을 넘어섰다.

④ 전문가들은 임대차법 시행 이후 전셋값이 폭등하는 문제가 생겼다며 대책 마련이 필요하다고 강조한다. 전세 계약을 연장한 세입자에게는 혜택이 돌아갔지만, 서울 지역을 포함해 전국적으로는 전셋값이 크게 올랐다는 지적이다. 또한 전세 계약을 갱신한 경우라도 치솟은 가격 탓에 2년 뒤에는 전셋집을 구하기 어려워질 것이라고 경고한다.

아직 부동산 '경착륙 방어 성공' 말할 때 아니다 2023-05-18 [브릿지 경제]

부동산 시장은 고도를 급격히 낮추면서 활주로에 착륙하는 항공기의 경착륙에 비유되는 상황이다. 경착륙했다면 추락에 가까운 상황을 피해 착륙했다는 뜻이니 파장이 클 것이다. 침체 국면으로 볼 때 국내 부동산은 경착륙 직전까지 이르렀다가 좀 나아진 단계에 해당한다. 연착륙 가능성은 지난해보다 커졌다. 하기에 따라 부작용을 최소화하는 연착륙으로도, 경착륙으로도 갈 수 있다. 연착륙 방안과 그 실효성에 달린 문제다.

집값이 급격히 하락하면 경제에 감당하기 힘든 부담을 준다. 주가 하락, 실업률 등 지표를 악화하지 않으면서 경기 침체 등의 부작용을 최소화하는 쪽으로 유도해야 한다. 현재의 부동산 시장이 2008년 금융위기 이후의 상황과 비슷하다는 부분에서는 연착륙이 가능하다. 다만 경착륙을 막고 연착륙을 유도한다는 것은 집값이 완만하지만 상승 반전이 아니라 결국 하락한다는 의미도 될 수 있다. 올해 부동산 시장은 4.1% 더 하락한다는 전망이 나온다. 거래량은 다소 회복세를 타지만 대출을 안고 부동산을 거래할 동기가 줄어드는 문제가 생긴다.

지난해 5월 이후의 집값 급락세가 다소 진정은 됐다. 더 완연한 진정 국면으로 접어들게 해야 한다. 국내외 경제 상황이 안 좋다. 기준금리가 급격히 상승했고 가구별 갚아야 할 원리금 규모가 급증하고 있다. 부동산 시장 경착륙 방어에 성공했다는 원희룡 국토교통부 장관의 자평 자체가 어쩌면 시기상조다. 미분양 상황이 개선되는 이면에는 준공 후 미분양 확대라는 시장 악화 요인이 기다린다. 10채 중 8채가 지방에 몰린 미분양 주택이 경착륙의 신호탄이 되지 않아야 한다. 연착륙 유도가 '경착륙하고 있다'로 읽히지 않게 정부의 시장개입 수준을 잘 가늠해야 할 것이다. 부동산은 정책과 함께 개발, 특히 경기 사이클에 좌우된다는 사실까지 잘 기억해야 한다.

시장 흐름이 반드시 정책의 결과는 아니다. 흐름이 그대로 시장의 변인이 되기도 한다. 지금을 연착륙과 경착륙의 중간단계이며 갈림길로 보는 게 더 타당하다. 고금리 벽을 넘는 것도 연착륙의 연료다. 윤석열 대통령이 연착륙을 주문했지만 세제와 대출 규제 완화 등 내놓을 방안은 제한적이다. 실수요자를 위해 총부채원리금상환비율(DSR)을 더 완화해 매수수요의 그릇을 키울 필요가 있다. 미분양 매수자의 양도세 감면 등 세제 혜택도 고려해볼 만하다. 유동성 지원과 추가 규제 완화 등의 대안도 찾아봐야 한다. 공급 기반 유지와 임대차 3법 개정 또한 현안 중 시급하다. 무엇보다 부동산 연착륙은 거래 활성화로 실질적인 수요를 늘려야 하는 문제와 직결돼 있다.

추가읽기 **"전세가구 절반이 역전세"... 곧 닥칠 쓰나미 대비할 때** 2023.06.05 [헤럴드경제]

전셋값이 떨어져 신규 세입자 보증금으로는 기존 세입자 보증금을 온전히 돌려주지 못하는 '역전세' 비중이 전체 전세 가구의 절반을 넘어섰다는 통계가 나왔다. 전세사기 충격파에서 아직 헤어나오지 못한 상태에서 역전세가 또 한 번 시장을 뒤흔들 쓰나미로 닥칠 우려가 크다는 경고의 목소리다.

4일 한은의 '깡통전세·역전세 현황 및 시사점'에 따르면 잔존 전세계약 중 집을 팔아도 세입자 보증금에 못 미치는 '깡통전세' 위험가구 비중은 지난해 1월 2.8%(5만6,000가구)에서 올해 4월 8.3%(16만3,000가구)로, 3배가량 증가한 것으로 나타났다. 역전세 위험가구 비중도 같은 기간 25.9%(51만7,000가구)에서 52.4%(102만6,000가구)로, 1년3개월 만에 2배 늘어났다. 깡통전세는 평균적으로 기존 보증금 대비 매매 시세가 2000만원 정도 낮았다. 깡통전세 상위 1%는 매매 시세가 보증금과 1억원 이상 차이가 났다. 역전세는 기존 보증금 대비 현재 전세가격이 평균 7,000만 원 정도 하회했다. 역전세 상위 1%는 전세 가격과 보증금 차이가 3억6,000만 원 이상인 것으로 드러났다.

이 같은 대규모 역전세 상황은 유례 없는 일이다. 문재인 정부 때 국회를 통과한 '임대차 3법'의 부작용이 주요 원인으로 꼽힌다. 2020년 8월 법 통과 후 시장 전세매물은 급감하고, '임대료 인상률 5%'를 피한 신규 계약의 전셋값은 급등했다. 그런 상황이 정점으로 치닫던 2021년 하반기에 체결된 전세계약 만기가 올 하반기에 몰리는데 금리 인상 여파로 작년 하반기부터 전셋값이 급락하면서 집주인들이 보증금을 돌려주기 위해 돈을 융통해야 할 처지가 된 것이다.

'역전세난'은 당장 다음달부터 현실화할 수 있다. 내년 6월까지 매달 5만3,000가구씩 계약 만기를 앞두고 있기 때문이다. 역전세는 어디까지나 개인 간 거래에서 발생한 문제로, 임대인이 보증금 상환의 책임을 져야 한다. 다만 현재 '역전세 상황'이 워낙 광범위하게 퍼져 이를 방치하면 부동산시장이 큰 혼란에 빠지고 세입자까지 피해를 볼 가능성이 크다. 이미 올해 들어 4월까지 집주인이 보증금을 돌려주지 못해 주택도시보증공사(HUG)가 대신 지급한 '전세보증 사고'금액이 1조830억 원에 이른다. 피해 확산을 방지하기 위해 한시적으로라도 주택담보대출(주담대)이나 DSR(총부채원리금상환비율) 등 대출 규제 완화 등의 대책이 필요하다. 그러면서도 간신히 안정세를 찾은 가계대출이 다시 급증하지 않도록 세심히 관리해야 한다. 중장기적으로는 지금 20% 수준인 아파트의 전세금 반환 보증보험 가입 비중을 높이는 등 자체 문제해결 능력을 키워야 한다.

전세사기 이은 역전세 보증사고도 위험수위다 2023-05-16 [브릿지 경제]

전세사기와 깡통전세, 역전세 등이 겹치면서 전세 포비아(공포증)가 확산하는 흐름이 이어진다. 전세사기와 달리 집값 하락으로 보증금을 돌려주지 못하는 전세보증 사고 대책도 강구해야 할 때다. 전셋값 및 전세수요 하락 등으로 집주인의 자금 여력이 부족해지면서 역전세도 위험수위다. 터지기 직전의 시한폭탄 단계를 지나고 있다. 16일 한국부동산원 집계에 따르면 지난달 임차인이 돌려받지 못한 전세보증금이 2,856억 원에 이른다.

부동산 시장 과열로 하늘 높은 줄 모르던 집값과 임대차 3법 여파로 전셋값이 역대 최고 수준으로 치솟던 지난 시절의 원죄까지 이제 안고 가야 한다. 집값이 바닥을 다지는 듯한 모습이 어렴풋한 가운데 전세시장 수요가 부분적으로 살아나기도 하지만 매매가격과의 동반 하락세 지속은 아직 멈출 줄을 모른다. 역전세 보증사고 불안 요인이 깔려 있는 전세시장에도 시장 안정화 정책이 절실해 보인다. 전세 선호도가 낮아져 수요가 위축하면 전셋값을 더 끌어내릴 수 있다.

빌라 등 비아파트를 넘어 아파트까지 넘보게 될 때는 역전세 공포는 전세사기 못지 않다. 자산에 비해 유동성이 있는 경우는 그리 많지 않다. 전세가 4억씩 빠지는 지역의 비명이 그래서 높다. 역전세난의 경우, 대도시와 주거 선호도 높은 신축 아파트가 특히 위험할 수 있다. 지난달 보증사고의 88%는 수도권에서 발생했다. 2021년말 고점을 찍은 전셋값을 생각하면 올해 하반기의 역전세 대거 확산은 예고된 수순이다. 다음달이면 전셋값 폭등기에 체결한 전세계약 만기가 본격 도래한다. 전세사기 여파로 비교적 안전한 아파트로 진입하려는 세입자도 늘고 봄 이사철은 끝나간다. 계절적으로 전세 수요가 줄어들 시기다. 사적 시장에 전세사기 수준의 구제책을 내놓진 못하지만 보증금 미반환 위험 대응 체계를 마련해둘 이유들이다.

민간 사금융 성격이 있는 전세 제도 자체의 변화도 장기적으로는 모색해야 한다. 전세 대출 축소와 월세 소득 공제 확대로 전세의 월세화를 유도하는 방법도 거론될 수는 있다. 발등의 불은 역전세와 전세사기 공포를 진정하는 일이다. 전세 수요가 위축하면 매매가격까지 끌어내릴 수 있다. 전셋값 하방 압력이 멈출 여건이 아닌 데다 하반기로 갈수록 역전세에 따른 보증금 미반환 관련 부담은 더 고조된다. 실제로 올해 말까지 계약 만기가 돌아오는 빌라 10채 중 6채꼴로 보증금을 낮춰 계약하지 않으면 전세금을 떼일 우려가 커져 있는 상태다. 세입자 퇴거 조건부 대출의 한시적 확대, 전세 보증금 반환 목적의 다주택자 대출 규제 완화 등 실효적인 대안 마련이 급하다

실전문제

01 다음 빈칸에 들어갈 말로 알맞은 것은?

> "유럽 국가는 20세기 초 산업화로 인한 주택부족, 주거환경 악화 및 주거비 상승 등의 문제를 해결하기 위해 (   ) 공급을 시작하였다. 주택협동조합 등 비영리단체에 의한 (   ) 공급이 서민의 주거안정에 큰 기여를 하고 있으며, 정부는 주택을 직접 건설·제공하기 보다는 주로 해당 단체들에 대한 재정적·정책적 지원을 수행하고 있다. 우리나라의 경우, 서울시는 2014년 12월 「서울특별시 (   ) 활성화 지원 등에 관한 조례」 제정을 통해 (   )공급을 지원하기 위한 제도적 장치를 마련"

① 공동주택　　　　　　② 행복주택

③ 사회주택　　　　　　④ 쉐어하우스

⑤ 뉴스테이

02 신DTI에 대한 설명 중 틀린 것은?

① 금융부채 상환능력을 소득으로 따져 대출한도를 정하는 계산비율을 말한다.

② 계산식은 '(신규와 기존 모든 주택담보대출 원리금 + 기타대출이자)/연소득'이다

③ 두 번째 주택담보대출부터는 만기제한이 있다.

④ 신혼부부, 청소년은 장래소득 총액한도를 상향하는 예외를 둔다.

⑤ 장래소득은 고용노동통계상 연령별 근로자소득 증가율을 반영한다.

해설 '사회주택'은 지방자치단체가 구입한 부지를 저렴한 비용으로 사업자에게 빌려주면 사업자가 임대주택을 건설해 시세보다 낮은 비용으로 저소득층에게 빌려 주는 주택제도이다. 서울시는 2015년 6월 전국 지자체 중 처음으로 사회주택을 도입하기로 결정하고 260여 가구를 공급하기 위한 시범사업을 펼쳤다. 그러나 30가구 규모의 토지만 매입하는 데 그쳐 이듬해인 2016년 공급 확대를 위한 대책을 마련했다.

'뉴스테이'는 중산층 주거 안정을 위해 2016년에 도입한 민간 기업형 임대주택. 사업자는 정부로부터 주택도시기금 저리 융자, 택지 할인 공급과 인허가 특례 등의 지원을 받는다. 대신 입주자는 최소 8년의 거주기간을 보장받으며, 임대료 상승률은 연 5% 이하로 제한된다.

'행복주택'은 대학생, 신혼부부, 사회 초년생을 위해 직장과 학교가 가까운 곳에 지어지는 임차료가 저렴한 도심형 아파트를 말한다.

해설 고용노동통계 상 연령별 근로자소득 증가율을 감안해 장래소득을 추정하는 것은 구DTI이다.
신DTI는 금융사가 자동적으로 차주 장래소득 구함.

03 '역모기지론'에 대한 설명으로 옳지 않은 것은?

① 보유주택을 담보로 노후생활에 필요한 자금을 연금 형태로 받아 안정된 주거생활을 확보하는 제도이다.

② 대출금융기관은 고령자가 사망한 이후, 동 담보대출을 처분하여 대출 원리금을 회수한다.

③ 주택을 담보로 한 장기대출이라는 점에서 모기지론과 유사하다.

④ 역모기지는 기간 경과에 따라 부채가 감소하여 가계의 경제적 문제를 해결하는 방안이 될 수 있다.

⑤ 고령화의 복지문제를 해결할 수 있다는 장점이 있다.

해설 역모기지는 기간 경과에 따라 부채가 감소하는 것이 아니라, 증가한다.

04 (A)에 들어갈 단어를 고르시오.

> 주택금융공사는 달러화 (A)발행을 추진한다. 이중상환청구권부 채권으로도 불리는 이것을 달러로 발행하기 위해 외국계 증권 사를 대상으로 입찰 제안 요청서를 배포했다. 주택금융공사는 2010년부터 총 5차례의 외화 (A)를 발행한 바 있다. (A)의 경 우 투자자에게 주택 담보 대출 등 우량한 담보를 제공하고 이중 상환청구권을 제공한다는 특성상 일반 채권보다는 높은 등급이 부여될 전망이다.

① 국채
② 공사채
③ 코코 본드
④ 커버드 본드
⑤ 전환사채

해설 은행 등 금융기관이 보유한 대 출채권, 국고채 등 우량 자산을 담보 로 발행하는 만기 5년 이상의 담보부 장기채권으로, 위의 글은 커버드 본 드에 관한 설명이다.

05 문재인 정부의 주택시장 안정화의 일환으로 시행되는 정책 중 2018년에 새로 시행/적용되지 않은 것은?

① 신DTI(총부채상환비율)의 시행

② DSR(총체적상환능력비율)의 도입

③ 다주택자 양도세 중과세

④ 8.2 부동산 대책에 따른 LTV 완화

⑤ 재건축 초과이익환수제 부활

해설 8.2 부동산대책은 2017년도 에 시행된 정책이다.

| 정답 | 01 | ③ | 02 | ⑤ | 03 | ④ | 04 | ④ | 05 | ④ |

06 주택연금에 대해 다음의 설명에서 적절하지 않은 것은?

① 만 60세 이상 노인층을 대상으로 보유하고 있는 주택을 금융기관에 담보로 제공함으로써 종신연금을 수령할 수 있도록 보장하는 제도이다.

② 한국주택금융공사는 주택연금 업무를 수행해 노후복지향상에 기여하고 있다.

③ 주택연금은 금리가 상승해도 연금수령액이 고정적으로 보장되는 장점이 있다.

④ 주택연금은 9억 원 이하의 주택보유자들이 가입할 수 있다.

⑤ 주택연금은 역모기지 상품의 일종이다.

> **해설** 주택연금수령액은 금리 변동과 무관하지 않다. 즉, 연금수령액이 고정적으로 보장되지 않고 변동된다.

07 역전세난에 대한 설명으로 적절하지 않은 것은?

① 집주인이 기존 세입자에게 전세금을 돌려주지 못해 발생하는 상황이다.

② 재계약 시점이 도래하는 전세물량이 많으면서 수요에 비해 공급이 많아 전세가격이 하락하고 신규 세입자를 구하기 어려운 지역에서 발생한다.

③ 역전세난은 전세시장의 초과공급 현상으로 이해할 수도 있다.

④ 역전세난이 발생하면 전세가율이 높았던 지역의 갭(gap)투자자들이 이익을 얻을 수 있다.

⑤ 역전세난의 대비책으로는 HUG나 SGI에서 제공하는 전세금반환보증상품이 있다.

> **해설** 역전세난이 발생하면 전세가율이 높았던 지역의 갭(gap)투자자들은 손실을 보게 된다.

08 다음 중 인구구조의 변화(인구고령화, 출산율 저하 등)에 따라 나타나게 될 부동산시장의 변화와 가장 거리가 먼 것은?

① 맞춤형 주택설계가 선호될 것이다.

② 장기적으로 주택가격이 하락한다.

③ 도심회귀현상이 점점 심회될 수 있다.

④ 지역별 주택가격 변동성이 줄어든다.

⑤ 1인 가구를 위한 소형주택이 트렌드로 등장할 것이다.

> **해설** 고령화가 심해지면 도심회귀현상이 심해진다. 인구 감소로 주택가격은 장기적으로 하락한다. 이와 더불어 수요자 중심의 맞춤형 주택이 인기를 끌고 1~2인용 소형주택이 인기를 모은다. 하지만 지역별 주택가격 변동성은 확대된다.

09 **COFIX에 대한 설명으로 옳지 않은 것은?**

① 2010년 2월 16일 처음 도입된 주택담보대출의 기준금리이다.

② 은행연합회에서 시중 9개 은행의 자금조달 금리를 취합한 후, 가중평균 방식으로 금리를 산출한다.

③ COFIX 산출의 기준이 되는 은행의 자금 조달원에는 양도성예금증서(CD), 금융채, 요구불예금, 수시입출식 예금이 포함된다.

④ COFIX는 잔액기준 COFIX와 신규 취급액 기준 COFIX로 나뉜다.

⑤ 신규 COFIX는 최근 금리 수준이나 자금 시장 상황을 반영한 반면, 잔액 COFIX는 신규 COFIX보다 긴 기간의 금리 상황 등을 반영한 것이라 할 수 있다.

해설 COFIX 산출 시, 금리가 낮은 요구불예금 및 수시입출식 예금은 포함되지 않는다. 대신에 정기예금 및 적금, 주택부금, 양도성예금증서(CD), 금융채 등이 포함된다.

10 **프로젝트 파이낸스(PF)를 설명한 다음 보기 중 틀린 것은?**

① 대규모 프로젝트를 수행할 때 필요한 자금 조달의 수단이다.

② 대출과 출자를 병행할 수 있다.

③ 특수목적회사를 설립한다.

④ 대출 이자는 사업주의 신용도에 따라 결정된다.

⑤ 프로젝트 자체의 미래 현금흐름을 평가하는 것이 중요하다.

해설 프로젝트 파이낸스(Project Finance)는 프로젝트의 사업성을 기준으로 자금을 지원 또는 조달하는 금융기법이다. 사업주의 신용을 고려해서 자금을 빌려주는 기존의 대출과 달리 사업 자체의 수익성만 고려한다는 것이 특징이다. 프로젝트에 참여하는 회사들은 대부분 사업 자금의 일부를 출자해 별도의 특수목적회사를 설립한 후 자금을 조달한다.

11 **다음 설명에 해당하는 용어로 적절한 것은?**

> 집을 소유하고 계시지만 소득이 부족한 어르신들이 평생 또는 일정기간 동안 안정적인 수입을 얻으실 수 있도록 집을 담보로 맡기고 자기 집에 살면서 매달 국가가 보증하는 연금을 받는 제도이다.

① 주택보증   ② 주택연금

③ 리츠   ④ 도시재생

⑤ 퇴직연금

해설 리츠(REITs)는 직역하면 부동산투자신탁이란 의미로, 부동산이나 이와 관련된 대출에 투자한 뒤 그 수익을 배당하는 부동산 증권화 상품의 일종이다. 투자의 대상이 부동산의 개발·임대·주택저당채권(MBS) 등 부동산에만 집중된다는 것이 여타 뮤추얼펀드와 차이점이다.

정답	06	③	07	④	08	④	09	③	10	④
	11	②								

12 다음 빈칸에 들어갈 것은 무엇인가?

> (   )은 전세계약 종료 시 임대인이 임차인에게 반환하는 (   )을 책임지는 보증상품이다. 전세가격의 하락으로 세입자가 집주인으로부터 보증금을 돌려받지 못할 경우 기관에서 대신 돌려받을 수 있도록 한 주택도시보증공사(HUG)의 보증 상품이다. 주택도시보증공사나 SGI서울보증보험, 위탁은행 및 위탁 공인중개사무소에서 가입할 수 있다. 이전에는 세입자가 가입할 때 집주인의 동의가 필요했으나 2018년 2월부터 동의 절차가 폐지되었다. 또한, 전세보증금 한도도 5억 원으로 상향조정되었다.

① 전세보증금 반환보증   ② 역(逆)전세대출
③ 행복전세대출   ④ 경매유예제도
⑤ 안심전환대출

cf) **행복전세대출** : 박근혜 정부가 2013년 내놓은 4.1 부동산 대책 중 하나로 렌트푸어(소득 대부분을 주택 임대에 쓰는 계층)를 구제하기 위해 내놓은 '목돈 안 드는 전세대출'의 상품명이다. 세입자가 대출 이자를 납부하는 조건으로 집주인이 전세보증금을 대출받는 "집주인 담보대출 방식"과 임차인으로부터 임차보증금 청구권을 양도받은 금융기관에 우선변제권을 양도하는 "임차보증금 청구권 양도 방식" 두 가지가 있다. 대한주택보증, 주택금융공사가 참여해 리스크를 낮추는 형태이다.

역(逆)전세대출 : 최근 경기침체 및 부동산 가격하락으로 임대인이 전세보증금을 반환하기 어려운 상황이 발생함에 따라 금융회사로부터 대출받기가 어려운 임대인과 거주지 이전을 원하는 임차인의 부담완화를 위해 금융위원회에서 도입한 임대보증금반환보증(역전세대출보증)을 말한다. 집주인이 보증금 반환 부족분을 은행에서 손쉽게 대출받을 수 있게 하고 또한 (집주인이) 역 전세대출을 받을 때 한국주택금융공사를 통해 보증을 받을 수 있게 함으로써 집주인과 세입자 간 전세금 반환분쟁을 해결하도록 했다. 2009년 2월 6일부터 1년간 한시적으로 시행되었다.

해설 전세보증금 반환보증에 관한 설명이다.

13 다음 중 규제가 약한 순서대로 옳게 나열한 것은?

① 투기과열지구 - 투기지역 - 조정대상지역
② 투기과열지구 - 조정대상지역 - 투기지역
③ 투기지역 - 조정대상지역 - 투기과열지구
④ 조정대상지역 - 투기지역 - 투기과열지구
⑤ 조정대상지역 - 투기과열지구 - 투기지역

해설 조정대상지역, 투기과열지구, 투기지역 순으로 규제가 점점 강해진다.

14 DSR에 대한 설명으로 적절하지 않은 것은?

① 2018년 하반기부터 제2금융권에도 DSR이 도입된다.

② 가계부채 규모를 축소하기 위한 조치라고 할 수 있다.

③ DSR 산정에는 마이너스 통장, 자동차 할부 등은 포함되지 않는다.

④ 신(新) DTI와 더불어 2018년도에 시행되었다.

⑤ 2018년 상반기 기준 DSR 비율은 150~200%이다.

> **해설** DSR(총부채원리금상환비율)에는 기존의 주택담보대출의 원리금뿐만 아니라 기타 대출(마이너스 통장, 자동차 할부 등)의 원리금까지도 포함한다.

15 다음 중 '토지공개념 3법'에 해당하는 법률로 올바르게 짝지은 것은?

> ㄱ. 주택도시기금법 ㄴ. 택지소유상한법
> ㄷ. 토지수용법 ㄹ. 개발이익환수법
> ㅁ. 토지초과이득세법

① ㄱ, ㄴ, ㄷ
② ㄴ, ㄹ, ㅁ
③ ㄱ, ㄹ, ㅁ
④ ㄷ, ㄹ, ㅁ
⑤ ㄴ, ㄷ, ㄹ

> **해설** 최근 헌법개정안 발의와 함께 등장한 토지공개념 3법에는 1. 택지소유상한제 2. 토지초과이득세 3. 개발이익환수제가 해당한다. 이 중 「택지소유상한제」와 「토지초과이득세」는 위헌 판결을 받았고, 현재는 「개발이익환수제」만 남아있다.

16 최근에 논의되고 있는 '토지공개념'과 가장 관련이 깊은 저자와 책을 옳게 짝지은 것은?

	책 제목	저자
①	정의론	존 롤스
②	정치경제학 및 과세의 원리	데이비드 리카도
③	국부론	애덤 스미스
④	진보와 빈곤	헨리 조지
⑤	노예의 길	프리드리히 하이에크

> **해설** 헨리 조지는 미국의 경제학자로 단일토지세를 주장한 《진보와 빈곤》을 저술하였다. 19세기 말 영국 사회주의 운동에 커다란 영향을 끼쳐 '조지주의 운동'으로 확산되었다.

| 정답 | 12 | ① | 13 | ⑤ | 14 | ③ | 15 | ② | 16 | ④ |

17 다음에서 설명하는 (가), (나)를 바르게 짝지은 것은?

> (가) 임대사업자에게 적용되는 지표로서, 연간 부동산 임대소득을 해당 임대건물의 연간 대출이자로 나눈 비율을 의미한다.
>
> (나) 자영업자(혹은 개인사업자에게 적용되는 지표로서, 대출금액(개인사업자 대출 + 가계대출)을 연간소득(영업이익 + 근로소득)으로 나눈 비율이다.

	(가)	(나)		(가)	(나)
①	RTI	LTI	②	LTI	RTI
③	DSR	DTI	④	DTI	DSR
⑤	DTI	LTV			

18 다음의 부동산 관련 신조어 중 적절하지 않은 설명은?

① 숲세권은 녹지 공간이 주거지 주변에 풍부하다는 것을 의미한다.

② 몰세권은 집 근처에 쇼핑몰이 가까이 위치해있다는 것을 뜻한다.

③ 갭(gap)투자는 매매가격과 전세가격의 차이를 활용한 투자방법이다.

④ 깡통주택은 집을 팔아도 대출금을 갚지 못하는 주택이다.

⑤ 전세난은 집주인이 세입자를 구하지 못하는 상황을 의미한다.

19 다음의 글을 읽고 물음에 답하시오.

> 부동산 시장은 인구구조라는 변수에 의해서도 영향을 받는다. 이를테면 인구고령화 및 합계출산율 저하 등과 같은 장기적으로 주택가격의 하락을 야기할 수도 있다. 특히 한국의 경우 인구고령화의 속도가 빠르며, 이미 2000년에 고령화 사회로 진입했다. 고령화 사회는 총인구에서 65세 이상 인구가 차지하는 비율을 의미하는데, 그 수치에 따라서 '고령화 사회', '고령사회', '초고령 사회'로 구분할 수 있다.
>
> → 그렇다면 고령화 사회, 고령사회, 초고령 사회는 각각 총 인구에서 65세 이상 인구가 차지하는 비율이 어떻게 될지 알맞은 것을 고르시오.

	고령화 사회	고령사회	초고령 사회
①	7%	15%	20%
②	7%	14%	20%
③	5%	10%	15%
④	5%	12%	18%
⑤	5%	12%	20%

해설 65세 이상 인구가 총인구를 차지하는 비율이 7% 이상을 고령화 사회(Aging Society)

65세 이상 인구가 총인구를 차지하는 비율이 14% 이상을 고령사회(Aged Society)

65세 이상 인구가 총인구를 차지하는 비율이 20% 이상을 후기고령사회(post-aged society) 혹은 초고령사회

정답	**17**	①	**18**	⑤	**19**	②				

PART

02

주요용어편

<<<
Chapter 1 • 금융
[실전문제]

<<<
Chapter 2 • 경제
[실전문제]

<<<
Chapter 3 • 경영
[실전문제]

<<<
Chapter 4 • 디지털 · 시사
[실전문제]

chapter 01 금융

**001 가계부실위험지수(HDRI)

가구의 소득 흐름은 물론 금융 및 실물 자산까지 종합적으로 고려하여 가계부채의 부실위험을 평가하는 지표로, 가계의 채무상환능력을 소득 측면에서 평가하는 원리금상환비율(DSR, Debt Service Ratio)과 자산 측면에서 평가하는 부채/자산비율(DTA, Debt To Asset Ratio)을 결합하여 산출한 지수이다.

***002 가산금리

기준금리에 신용도 등의 차이에 따라 달리 덧붙이는 금리를 가산금리(또는 스프레드, Spread)라고 한다. 예를 들어, 은행이 대출금리를 결정할 때 고객의 신용위험에 따라 조달금리에 추가하는 금리를 의미한다. 한편 만기가 길어지면 추가로 가산되는 금리를 기간 가산금리(텀스프레드, Term Spread)라고 하는데 이것도 일종의 스프레드이다.

***003 개인종합자산관리계좌(ISA, Individual Savings Account) [2018년 주택금융공사 기출]

하나의 통장으로 예금, 적금, 주식, 펀드, 주가연계증권(ELS) 등 다양한 상품에 투자할 수 있는 계좌. 전문가들은 종잣돈(시드머니) 마련이 시급한 신혼부부들은 ISA를 적극 활용해야 한다고 조언한다. ISA는 소득 조건에 따라 만기 3년이나 5년으로 가입할 수 있는데 최대 400만 원과 200만 원씩 비과세돼 목돈을 모으기에 적합하다. 3년 만기인 서민형 계좌는 연봉 5,000만 원 이하 근로자 또는 종합소득 3,500만 원 이하인 사업자가 가입할 수 있다. 일반형 ISA는 누구나 소득만 있으면 가입 가능하며 2019년부터는 일시적으로 소득이 없는 경력단절자와 휴직자 등도 ISA에 가입할 수 있다. 또한 과세특례 적용기한이 2018년에서 3년 연장되어 2021년 12월 31일까지로 연장되었다.

*** 004 거액익스포저(Starge Exposure) 규제

은행의 특정 차주 등에 대한 신용공여가 과대한 경우 해당 거래상대방의 채무불이행 등의 발생시 해당 은행의 자본건전성을 심하게 훼손할 가능성(편중리스크)이 있다. 필라 II 에서는 이러한 편중리스크를 직접 규율하지 않고 각국 감독 당국이 편중리스크를 점검 · 관리하도록 하였다. 우리나라는 은행법상 동일인 · 동일차주 신용공여 한도 제도를 통해 편중리스크를 관리하고 있다.

** 005 결제리스크

결제리스크는 예기치 못한 사정으로 인하여 결제가 예정대로 이루어지지 않을 가능성 또는 그로 인하여 야기되는 손실발생 가능성으로 정의할 수 있다. 이러한 결제리스크는 발생 가능성이 낮더라도 실제 발생할 경우 큰 손실을 초래할 수 있다는 특성을 갖고 있다. 지급결제 규모가 지속적으로 늘어나는 가운데 정보통신기술의 발달 등 지급결제 환경 변화와 글로벌 금융위기의 영향 등으로 결제리스크에 대한 관심이 높아지고 있다.

*** 006 경기순응성

경기순응성이란 통상 경제주체의 위험인식 및 행위, 금융의 제도 및 규제 등의 효과가 경기변동의 움직임과 같은 방향으로 움직이는 것을 의미한다. 예를 들어, 은행대출의 경우 호경기에는 미래에 대한 낙관적 기대 등으로 여신심사기준도 완화되어 더 크게 증가하여 경기확장에 기여한다. 반면 불경기에는 심사기준이 강화되어 대출이 큰 폭으로 감소하여 불황을 더욱 부추기게 된다. 이러한 은행대출의 경기순응적 대출행태는 신용팽창 또는 위축을 가속함으로써 경기변동의 진폭을 더욱 크게 한다.

*** 007 고객확인제도(CDD/EDD) [2023 상반기 새마을금고중앙회 필기 기출]

은행에서 제공하는 금융거래 및 서비스가 자금세탁 등의 불법행위에 이용되지 않도록 고객에 대하여 거래목적을 확인 하는 등 합당한 주의를 기울이는 제도로서「특정금융거래정보의 보고 및 이용 등에 관한 법률(이하, '특정금융정보법') 제5조의 2」에 의한 은행의 법률적 의무사항이다.

CDD : Customer Due Diligence (고객확인), EDD : Enhanced Due Diligence (강화된 고객확인)

***008 공매도(Short Stock Selling)

[2018년 수협은행 기출]

주식시장에서 공매도란 향후 주가가 하락할 것으로 예상되는 종목의 주식을 빌려서 매도한 뒤 실제로 주가가 하락하면 싼값에 되사들여(쇼트커버링) 빌린 주식을 갚음으로써 차익을 얻는 매매기법이다. 예를 들어 A종목 주가가 1만 원이고 주가하락이 예상되는 경우, 이때 A종목 주식을 갖고 있지 않더라도 일단 1만 원에 공매도 주문을 낸다. 그리고 실제 주가가 8,000원으로 하락했을 때 A종목을 다시 사서 2,000원의 시세차익을 챙기는 것이다. 이처럼 공매도는 하락장에서 수익을 내기 위한 투자기법이다.

주식 공매도는 특정 주식의 가격이 단기적으로 과도하게 상승할 경우, 매도 주문을 증가시켜 주가를 정상 수준으로 되돌리는 등 증권시장의 유동성을 높이는 역할을 한다. 반면에 주식 공매도는 증권시장에서 시세조종과 채무불이행을 유발할 수 있다. 예를 들어 주식을 공매도한 후에 투자자는 주가 하락을 유도하기 위해 부정적 소문을 유포하거나 관계자는 부정적 기업보고서를 작성할 가능성이 있다. 또한 투자자의 예상과 달리 주식을 공매도한 후에 주가가 급등하면 손실부담이 증가해 빌린 주식을 제때 돌려주지 못하는 결제불이행이 발생할 수 있다.

공매도는 차입이 확정된 타인의 주식, 채권 등 유가증권을 빌려 매도하는 차입 공매도(Covered short selling)와 현재 유가증권을 보유하지 않은 상태에서 미리 파는 무차입 공매도(Naked short selling)로 구분된다. 우리나라에서 기관투자자의 차입 공매도는 1996년 9월, 외국인투자자의 차입 공매도는 1998년 7월부터 각각 허용되었다. 그러나 무차입 공매도는 2000년 4월에 공매도한 주식이 결제되지 않는 사태가 발생하면서 금지되고 있다. 한편, 우리나라의 경우 빌려서 매도한 주식을 결제일 전에 원래 주인에게 되갚아야 하는데, 이를 위해 해당 종목을 재매수하는 것을 공매도 재매수(Short covering)라고 한다. 공매도 재매수는 주식시장의 하락장세가 일단락되고 반등장세가 예상될 때 차익실현이나 손절매 전략으로 활용된다.

***009 교환사채(EB, Exchangeable Bond)

교환사채란 사채권자의 의사에 따라 사채를 교환사채 발행 기업이 보유하고 있는 타사 주식 등 여타의 유가증권과 교환할 수 있는 선택권이 부여된 사채를 말한다. 발행하는 채권에 주식이 연계되어 있다는 점에서 발행회사의 신주를 일정한 조건으로 매수할 수 있는 신주인수권부사채(BW: Bonds with Warrant)나, 발행회사의 주식으로 전환할 수 있는 권리가 부여된 전환사채(CB: Convertible Bond) 등과 함께 주식연계증권으로 불린다.

***010 그라민은행 [2019년 신협은행 기출]

설립자인 유하마드 유누스가 설립한 소액금융기관이자 지역개발은행이다. 마이크로크레딧(microcredit) 또는 그라민크레딧(grameencredit)으로 알려진 소액을 담보 없이 소외계층에 대출해주는 기관이다. 빈민들에게 담보 없이 소액대출을 제공하여 빈곤퇴치에 이바지한 공으로 2006년 유누스 총재와 함께 노벨평화상 공동 수상자로 선정되었다.

*011 그린본드(Green Bond)

그린본드는 발행대금을 기후 및 환경 관련 사업에 사용하는 것을 전제로 발행되는 특수목적 채권이다. 특징은 발행대금의 사용처(Use of Proceeds)에 있고 발행자가 그린본드 원칙(GBP, Green Bond Principle)에 따라 채권을 발행하는 경우 재량으로 이름을 지을 수 있다. 그린본드는 채권의 구조에 따라 ① 그린사업 채권 ② 그린사업 수익채권 ③ 그린 프로젝트 채권 ④ 그린 유동화채권으로 분류된다.

***012 그림자 금융(Shadow Banking System) [2019년 기업은행 기출]

투자은행, 헤지펀드, 사모펀드, 구조화 투자회사(SIV) 등과 같이 은행과 비슷한 역할을 하면서도 중앙은행의 규제와 감독을 받지 않는 금융회사를 말한다. 이들은 구조화채권 등 "고수익-고위험" 채권을 사고파는 과정에서 새로운 유동성을 창출한다. 하지만 은행 대출을 통해 돈이 도는 일반적인 금융시장과 달리 투자대상의 구조가 복잡해 손익이 투명하게 드러나지 않는다는 점에서 "그림자"라는 별칭이 붙었다. 미국에서는 구조화투자회사(SIV) 등 미국 주요 은행들의 별도 자회사가 그림자 금융 시장의 주요 플레이어로 활동해 왔다. 이들은 감독사각지대에서 은행 간 차입이나 CP(기업어음)를 발행하여 담보 없이도 자금을 조달하기도 하고 자산유동화 상업어음 콘듀잇(Conduits), 파생금융상품 등의 투자상품 등을 통해 투자위험을 숨기고 레버리지를 높이면서 금융의 불투명성을 키워 왔다. 지난 30년간 미국의 금융시스템은 3~5년마다 위기상황을 겪었는데 이는 과도한 레버리지 사용 등이 원인이었으며 그 배후엔 그림자 금융이 있었다.

2007년 12월 영국의 파이낸셜타임스는 서브프라임 모기지(비우량 주택담보대출) 부실로 촉발된 글로벌 신용위기는 세계적인 투자은행들이 경쟁적으로 매달려온 "그림자 금융"의 폐해라고 지적하기도 했다. 중국의 경우에는 은행이 기업이나 개인의 돈을 받아 하는 위탁대출, 신탁회사가 은행의 대출채권을 유동화시켜 만든 자산관리상품(WMP), 사채 등 민간 대출이 여기에 해당한다.

***013 금리디바이드 현상

금리디바이드란 금융상품을 접하는 경로에 따라 금리층이 나뉘는 현상이다. 최근 스마트 기기 보유 비중이 낮고 금융 접근이 낮은 고령층의 '금리 디바이드' 현상이 심화 되고 있다. 반면 스마트 컨슈머들은 시장 금리가 곤두박질치고 있는 상황에서도 모바일기기를 활용해 평균보다 높은 금리를 어렵지 않게 접하고 있다(스마트뱅킹 우대금리).

 세대별 금리디바이드 현상 : 모바일뱅킹 이용률 - 60대(21.9%), 20대(68%)
학력별 금리디바이드 현상 : 모바일뱅킹 이용률 - 중졸 이하(21.1%), 대졸(40.1%)

***014 금산분리

산업자본이 은행지분을 일정한도 이상 소유하지 못하도록 하는 것을 금산분리라고 한다. 은행업 등 금융산업은 예금이나 채권 등을 통하여 조달된 자금을 재원으로 하여 영업활동을 해서 자기자본비율이 낮은 특징이 있다. 이 때문에 금융산업의 소유구조는 다른 산업에 비해 취약한 편이며 산업자본의 지배하에 놓일 수 있는 위험이 존재한다. 이러한 이유로 은행법을 통해 산업자본이 보유할 수 있는 은행지분을 4% 한도로 제한하고 있다.

***015 금융규제샌드박스

① 샌드박스(sandbox)는 아이들이 플라스틱 공간에 모래를 담아 놀 수 있게 한 공간을 뜻한다. 게임의 한 장르로도 불린다. 게임개발자 등이 게임 안에서 전체 맵 등을 파괴할 수도 있고, 새로 제작할 수도 있다. 즉, 엄격한 금융규제 환경을 한시적으로 풀어 혁신 아이디어와 기술이 시장에서 사업화할 수 있도록 돕는 제도로 통한다.

② 2008년 글로벌 금융위기를 계기로, 경제 위기에 대비하기 위해 금융기관의 경제적 활동과 금융 제도 전반에 대한 규제분위기 확산됨.

③ 따라서, 금융규제샌드박스란, 이러한 규제 일변도 분위기에서 신기술 서비스가 규제로 인해 사업 시행이 불가능한 경우, 규제를 적용하지 않고 실험, 검증을 임시로 허용하는 것을 의미함.

　가. 금융규제샌드박스는 혁신적인 신사업 창출을 목적으로 대상자를 한정하여 현행 법상의 규제 적용을 일시정지할 수 있도록 하고, 또한 신기술이 도입되면 부작용과 위험이 인정되지 않은 상황에서 시장에 출시하기보다는 미리 시행착오를 거쳐 안정성을 확보할 수 있게 됨. 즉, 신기술 서비스가 규제에 막혀 사업화가 불가능한 때를 감안해 정부의 권한으로 규제를 적용하지 않고 시범 운영을 임시 허가하는 제도다.

나. 규모가 작은 스타트업엔 일종의 사업전용권을 주는 셈이다. 창의적인 아이디어와 기술만 보유하고 있으면 큰 자금이 없어도 사업화를 조속히 할 수 있다.

④ 지정된 서비스는 현행 규제 적용을 최대 4년까지 피할 수 있다. 이 제도는 '핀테크 특별법'으로도 불리는 금융혁신지원특별법(이하 금융혁신법)에 근거해 2019년 4월부터 운영되고 있다.

^{***}**016** 금융소외와 금융포용

제도권 금융을 이용하지 못하고 배제되는 상태를 금융소외라고 한다. 한국에서 제도권금융이란 은행, 비은행 대부업까지를 포괄하고 있다. 흔히 가계부채라고 하는 가계신용은 은행, 비은행, 대부업의 대출과 여신금융회사의 판매신용(외상)을 말한다.

반면 제도권금융을 이용하는 경우를 금융포용이라고 한다. 금융소외가 일어나는 이유는, 첫째 금융소비자가 소득이 불충분하거나 높은 신용위험으로 제도권 금융권에서 대출을 받기 어려운 경우.

둘째, 복잡하고 어려운 금융에 대한 이해도가 부족해 금융을 이용하기 어려운 경우.

셋째, 금융상품의 가격이 너무 높거나 공급량이 부족해 금융소비자가 사용할 수 없는 경우 등이다.

^{***}**017** 금융정보분석원(FIU, Korea Financial Intelligence Unit)

금융정보분석원은 금융기관을 이용한 범죄자금의 자금세탁행위와 외화의 불법유출을 막기 위해 2001년 11월에 설립된 금융위원회 산하 기관이다. 금융기관으로부터 의심스러운 금융거래내용을 보고받고 금융정보를 수집·분석하여 이를 법집행기관에 제공하는 단일의 중앙행정조직이다. 은행은 물론 증권사, 보험사 등에서 금융정보를 받아 분석한다. FIU의 주요 업무는 '의심거래 보고(STR)'와 2,000만 원 이상의 '고액 현금거래 보고(CTR)' 등을 금융회사로부터 받아 분석하는 일이다. 가장 중요한 임무는 금융회사의 다양한 의심거래 보고를 자체 분석하는 일이다.

2015년 2월 현재 OECD 회원국 등 전 세계 50여 개 국가가 FIU를 설립·운영 중이다. 각국은 자금세탁방지 금융대책기구인 FATF(Financial Action Task Force), Egmont Group(FIU 간 협력기구)등 국제기구를 통한 국제협력 및 정보교류 협정(MOU)을 체결하여 FIU 간 협력체제를 구축하고 있다.

^{***}**018** 금융지주회사(Financial Holding Company)　　　**[2020년 하반기 우리은행 기출]**

금융지주회사는 지분 보유를 통해 은행 증권 보험 자산관리 등의 금융업을 영위하는 자회사들을 소유하여 경영하는 모회사를 말한다. 금융지주회사 제도는 금융의 대형화 및 겸업화를 통해 금융산업의 경쟁력을 높일 수 있는 장점이 있으나 대형 금융기관의 시장지배력 증대와 은행과 증권업의 분리 등 금융안정을 위한 방화벽(Fire Wall)의 약화가 단점으로 지적된다. 우리나라에서는 자본시장의 발달과 금융의 대형화 추세, 금융기관의 업무영역 확대 노력 등을 반영하여 2000년 10월 금융지주회사법이 제정되었다.

① 금융지주회사의 정의

금융회사를 자회사로 두는 지주회사를 말한다. 자회사인 금융회사의 주식을 보유한 회사로, 금융회사의 범위는 은행, 증권, 보험 등 다양하다. 페이퍼컴퍼니의 성격을 일부 가지고 있으며, 금융지주회사법에 의하면, 자회사가 상장회사라면 30%, 비상장회사라면 50%의 지분을 가지고 있어야 한다.

가. 금융위원회의 인가를 받아야 하며, 자산총액이 5,000억 원 이상이다.

나. 자회사 경영관리 및 그 부수업무 이외에 다른 영리행위는 금지하는 '순수지주회사'형태만 인정가능하다. 유럽의 금융지주회사는 사업지주회사방식을 많이 취하고 있고, 시티 그룹 등 미국의 금융지주회사들이 순수지주회사로 운영되고 있는 경우가 많다.

② 금융지주회사의 장점

가. 특정 사업 부문에 대한 진입 및 퇴출이 용이하고, 겸업화와 대형화를 통해 경쟁력을 높일 수 있다.

나. 지주회사 전환 시, 배당익금 불산입으로 세제혜택이 있다. 배당익금 불산입은 자회사들로부터 받은 배당에 대해서 세금을 납부하지 않는 것을 말한다. 단, 요건은 상장사의 경우 20%, 비상장사는 10%의 지분을 금융지주회사가 확보해야 한다.

다. 대주주가 지분 매각이나 현물출자 시, 양도차익 과세가 되는 것이 원칙이다. 하지만 지주회사 설립과정의 현물출자 과정에서 발생되는 세금 발생분은 과세 면제가 된다. 또한, 지주회사 전환과정에서 대주주의 지주회사 지분율이 상승하게 되어, 지주회사 전환 선택을 하게 되는 동기가 되기도 한다.

라. 금융 당국의 입장에서, 금융회사들이 지주회사로 집결되기 때문에 감독이 용이해진다.

③ 금융지주회사의 단점

가. 금융지주회사는 비금융회사를 자회사로 둘 수 없다.

나. 시장 지배력이 너무 커질 수 있어, 문제가 될 수 있다.

★★★ 019 기업공개(IPO, Initial Public Offering)

[2018년 기업은행 기출]

일정 규모의 기업이 상장절차 등을 밟기 위해 행하는 외부 투자자들에 대한 첫 주식공매를 말한다. 법률적인 의미로 기업공개란 상장을 목적으로 50인 이상의 여러 사람들을 대상으로 주식을 파는 행위를 말한다. 대주주 개인이나 가족들이 가지고 있던 주식을 일반 인들에게 널리 팔아 분산을 시키고 기업경영을 공개하는 것이다. 즉, 증권거래법과 기타 법규에 의거하여 주식회사가 발행한 주식을 일반투자자에게 균일한 조건으로 공모하거 나, 이미 발행되어 대주주가 소유하고 있는 주식의 일부를 매출하여 주식을 분산시키고 재무내용을 공시함으로써 주식회사의 체제를 갖추는 것을 말한다.

***020 기업어음(CP)   [2020년 하반기 우리은행 기출]

① 기업어음(CP, Commercial Paper)이란

기업어음은 신용상태가 양호한 기업이 상거래와 관계없이 운전자금 등 단기자금을 조 달하기 위하여, 자기신용을 바탕으로 발행하는 만기 1년 이내의 융통어음을 말한다.

② 기업어음의 특징

가. CP시장은 발행기업, 할인 및 매출기관 그리고 매수기관으로 구성된다.

나. CP는 발행절차가 간편한 편이고, 담보 없이 신용으로 발행되는 것이 일반적이기 때문에 신속한 자금조달수단으로 이용된다. 기업의 입장에서는 담보나 보증을 제 공할 필요가 없다는 장점이 있다. 단, 담보나 보증이 필요 없기 때문에 신용상태가 양호한 기업들만이 발행할 수 있는데, 일반적으로 신용도가 B등급 이상이어야 한 다(일반적으로 유통 시장에서는 A급 이상 우량기업어음만이 유통된다).

다. 금리면에서 은행 대출보다 일반적으로 유리한 편이다.

라. 기업어음의 최소 액면금액은 10억 원이다.

마. 어음법에 의해 규제 받는 문제점이 있으며, 이 문제점을 해결하고 단기자금시장을 활성화하는 목적으로 전자단기사채가 2013년도에 도입되었다.

   * 전자단기사채는 위조 및 변조의 위험이 없고, 발행비용 절감 효과가 뛰어나며, 액면금액이 1억 원 이상으로 발행 및 매매가 용이하여 CP의 역할을 대체할 것으 로 보인다.

***021 관계형 금융

관계형 금융이란 담보가치가 작고, 신용등급이 낮더라도 주변의 신뢰가 높고 평판이 좋 으면 대출을 해주거나 이자를 낮춰주는 금융거래 방식이다. 관계형 금융은 저축은행의 부실사태 이후 신뢰도 회복 및 수익성 개선을 위해 나아가야 할 미래의 전략이라고 말하 고 있다. 그리고 금융위원회는 최근 저축은행이 관계형 금융에 필요한 자체 신용평가시 스템을 마련하도록 할 방침이라고 밝힌 바 있다. 관계형 금융은 금융사가 재무·신용등 급 등 정량적 정보에만 의존하지 않고 기업에 대한 지속적 거래, 접촉, 현장방문 등을 통 해 얻은 비계량적 정보를 바탕으로 지분투자, 장기대출 등을 지원하는 방식을 의미한다.

즉, 신용도가 낮거나 담보가 부족해도 사업전망 등이 양호한 중소기업에 대해 은행이 기업과 장기 신뢰관계를 통해 축적한 비재무 경영정보를 활용해 3년 이상의 장기대출 등을 해주는 것이다.

*** 022 꼬리위험

경제에 미치는 충격의 확률분포곡선이 종(鐘) 모양이라고 가정한다면 양극단 꼬리 부분의 발생 가능성은 매우 낮지만 일단 발생하면 경제 전체에 지대한 영향을 줄 수 있는 위험이다. 주가, 환율 등 시장데이터에서 분포의 꼬리 부분이 두터워지는 경우(Fat Tail)가 발생할 수 있는데 이를 제대로 인식하지 못하면 꼬리위험을 과소평가(Tail Risk)하게 된다.

* 023 녹색기후기금(GCF, Green Climate Fund)

개도국의 온실가스 감축과 기후변화 대응을 지원하기 위하여 만들어진 UN 산하의 국제금융기구이다. 2012년 카타르 도하에서 열린 제18차 총회에서 한국의 인천 송도국제도시에 사무국을 설치하기로 확정하고 2013년 12월에 공식 출범하였다.

** 024 단기성 부동자금

금융기관에 맡겨진 1년 미만의 수신성 자금을 모두 합한 것으로, 저축예금, 머니마켓펀드(MMF) 종합자산관리계좌(CMA), 발행어음, 요구불예금, 정기예금(6개월 미만), 수시입출금식예금(MMDA), 시장성수신(CD + RP + 표지어음), 단기채권형펀드, 고객예탁금 등이 있다.

*** 025 달러인덱스(US Dollar Index)   [2019년 기업은행 기출]

유로, 엔, 파운드, 캐나다 달러, 스웨덴 크로네, 스위스 프랑 등 경제 규모가 크거나 통화가치가 안정적인 6개국 통화를 기준으로 산정한 미 달러화 가치를 지수화한 것. 각 통화의 비중은 그 국가의 경제 규모에 따라 결정됐다. 즉, 유로 57.6%, 엔 13.6%, 영국 파운드 11.9%, 캐나다 달러 9.1%, 스웨덴 크로네 4.2%, 스위스 프랑 3.6%로 비중이 정해져 있다. 1973년 3월을 기준점인 100으로 하여 미국 연방준비제도 이사회(FRB)에서 작성, 발표한다. 달러인덱스가 상승하면 미 달러 가치가 오른다는 뜻이다.

달러인덱스는 원화, 주식시장, 국제원자재시장을 전망하는 주요 지표로 사용된다. 달러인덱스가 오르면 미국 국채 수익률이 하락하고, 주식시장과 함께 상품시장 등은 대체로 약세를 띤다.

** 026 대체투자

주식, 채권과 같은 전통적 투자가 아닌 다른 방식의 투자를 의미하며, 대안투자라고도 한다. 빌딩과 같은 부동산 구입, 사회간접시설 및 자원 등에 투자, 사모펀드나 헤지펀드에 투자하는 것 등이 이에 속한다. 최근 저금리 기조가 지속되면서 낮아지는 수익률을 만회하기 위해 대체투자를 선호하게 되었다. 예로 연기금, 공제회, 보험사 등이 있다.

** 027 대출금 출자전환

금융기관이 차주기업에 대한 대출채권을 동 기업의 주식과 교환하는 것으로서 금융기관의 차주기업에 대한 관계가 채권자에서 주주로 변하게 된다. 금융기관은 기업에 대한 경영감시기능을 높여 경영정상화 후 배당을 받거나 주식매각을 통한 시세차익을 획득할 수 있으며, 기업은 부채비율 하락과 원리금 상환부담 감소로 경영정상화를 도모할 수 있다. 반면 출자전환 기업이 도산할 경우 출자금 회수가 불가능하게 되어 오히려 금융기관의 부실화가 가속화 될 수 있을 뿐만 아니라 부실기업의 도산위험이 금융기관에 전가되어 금융기관의 신인도가 저하될 수 있다는 부정적 측면도 있다.

* 028 대포통장

대포통장은 금융실명제를 위반하고 타인의 명의로 통장을 만든 것을 말한다. 다른 사람의 명의를 도용하여 통장의 실제 사용자와 명의자가 다른 통장을 의미한다. 금융 경로 추적을 피할 수 있어 주로 탈세나 금융사기 등의 범죄와 연관되고 있다. 특히, 상기 보이스피싱, 스미싱, 파밍으로 편취한 범죄자금을 인출하기 위한 계좌로 광범위하게 활용되면서 최근 대포통장 근절을 위한 방안으로 발표되었다.

** 029 디딤돌대출

민간 주택담보대출보다 낮은 금리가 최장 30년까지 유지되는, 상대적으로 소득수준이 낮은 주택 구입자를 대상으로 한 정책 모기지 상품이다. 일정한 소득 요건과 집값 요건을 충족해야 신청할 수 있다.

*** 030 딤섬본드(Dim Sum Bond)

홍콩 채권시장에서 외국기업이 발행하는 위안화 채권이다. 2007년 중국개발은행이 처음 발행했으며, 이후 급격히 성장하고 있다. 발행물 중 A등급 이상이 80% 이상을 차지하고 있어 안정적인 투자대상으로 평가받고 있다. 금융소득 종합과세 변경으로 딤섬본드나 브라질채권 같은 10년 이상 국고채 등 외국 채권들이 비과세대상으로써 절세방안에 대해 모색해봐야 할 것이다. 2013년 금융종합과세 변경에 따른 슈퍼리치들이 투자를 외국 채권으로 눈을 돌리며 북새통을 이루고 있다.

[장점] 판다본드와 달리 중국의 발행자격 규제를 받지 않음

[단점] 발행을 통해 조달한 위안화를 중국으로 옮기려면 중국 당국의 승인을 받아야 하는 번거로움

031 레그테크(RT, RegTech, Regulatory Technology) [2022 상반기 농협은행 필기 기출]

레그테크는 규제를 뜻하는 레귤레이션(Regulation)과 기술을 의미하는 테크놀로지(Technology)를 합친 말로 금융 서비스 부문의 규제 문제를 해결하기 위한 혁신적 기술을 말한다. 이러한 레그테크는 단순히 금융 규제에 대한 준수와 모니터링을 넘어 빅데이터, AI, 블록체인 등을 활용해 위험을 적극적으로 예측하고 대응할 수 있는 방향으로 발전하고 있다. 레그테크의 목적은 투명성과 일관성을 향상시키고 규제 프로세스를 표준화해 모호한 규정에 대한 해석을 제공함으로써 기업들이 규제 준수에 대해 신뢰도를 높이고 적은 비용으로 더욱더 효율적이며 능동적으로 대응할 수 있도록 도와주는 것이다. 레그테크는 핀테크의 발전과정에서 파생된 영역이라고 할 수 있기 때문에 클라우드 컴퓨팅, 인공지능, 블록체인 등의 신기술을 응용한 핀테크 환경에서 감독 당국의 규제를 경제적으로 준수하는 것이 중요하다.

① 정의 : 규제(Regulation)과 기술(Technology)의 합성어로, 금융회사가 내부통제와 법규 준수를 용이하게 하는 정부기술을 말한다. 국제금융협회(IIF)는 레그테크를 빅데이터 · 클라우드 · 머신러닝 등의 신기술을 활용, 금융관련 법규 준수 및 규제에 대한 대응보고를 유효하게 하는 기술로 정의하고 있다.

② 배경

　가. 2008년 금융위기 이후 금융규제 대폭 상향

　나. 인공지능과 빅데이터의 발전, 금융 서비스의 자동화와 금융 데이터의 폭발적 증가가 규제의 복잡함으로 이어짐.

　다. IT기술을 활용한 자금세탁과 뇌물수수 등 금융 범죄가 진화하면서 기존 대응 방식으로는 한계가 있었음.

③ 특징

　가. 금융 범죄가 지능화되며, 규제하기 위한 필요성 대두.

　나. 준법감시 및 법규준수를 위한 사회적 비용 절감의 효과 기대 가능.

④ 현황 (글로벌/개별국가/개별기관)

　가. 글로벌 추세: 2027년 217억 3,000만 달러(25조 4,900억 원)로 성장할 것으로 전망.

WEF는 2025년 글로벌 금융기관의 30%가 인공지능 기반의 준법감시시스템 도입을 전망한 바 있음.

나. 영국: 2015년, 정부 주도로 레그테크 관련 기술 개발 진행 중. 영국 금융행위감독청(FCA)은 자동화된 디지털규제보고체계(DPR)를 구축함.

다. 한국: 2021년 3월, '특정금융정보법' 시행에 맞춰 레그테크 도입 논의가 본격화되고 있다.

라. 개별기관 사례

- 신한은행 : 각 시스템의 정보보호 관련 정보를 빅데이터 DB로 취합, 분석한 뒤 보안점검 화면을 일괄적으로 제공하는 방식을 구축. 시스템의 글로벌 모니터링 기능을 통해 법인 및 지점 자산, 전산센터 계정관리 그리고 개인정보 보유 등의 현황을 볼 수 있다.

- 우리은행 : 외환 부문의 규제 준수에 앞장서는 중임. 외환업무 디지털화를 위해 AI 기반의 제재법규 심사 자동화 시스템 구축에 돌입함. 인공지능 기술을 활용한 수출입 선적 서류 분류, 텍스트 추출, 검증 절차 등을 자동화한 게 주 내용이다.

***032 레드칩 [2019년 우리은행 기출]

홍콩 증권 시장에 상장된 중국의 우량 기업 주식을 이르는 말이다.

**033 로보어드바이저

국내에서는 증권사에서 앞서 시작했고, 2017년부터 은행권에도 보편화되었다. 인공지능에 기반해서 개인에 최적화된 자산관리 포트폴리오를 제공하는 것이 로보어드바이저의 목적이다. 시간적인 제약으로 은행을 방문하기가 어렵거나 자산관리에서 어려움을 가지신 분들을 도와드리는 서비스이다. 10만 원이면 누구나 자산관리 서비스를 받을 수 있어 과거 부유층의 전유물이었던 자산관리 서비스를 대중화한 공이 크다. 24시간 언제 어디서든 인공지능을 활용해 상담과 투자가 가능한 것도 장점이고, 수개월 단위로 인공지능이 알아서 적합한 포트폴리오 구성으로 리밸런싱이 가능(진화)하다.

- 로보어드바이저의 포트폴리오는 펀드로 구성 → 연금 상품으로 영역 확대가 가능하다.

- 2018년 상반기에 연금, 그리고 개인연금, 퇴직연금 쪽으로 서비스를 더 확대해서 제공 예정이다.

***034 롤오버 [2021 하반기 기업은행 필기 기출]

롤오버는 금융기관이 상환 만기가 돌아온 부채의 상환을 연장해주는 조치를 의미한다. 채권의 경우 현금지급대신 새 채권을 발행해 만기를 연장하는 형태를 취한다. 또한 개인의 대출기간을 연장하는 것도 롤오버이다. 외국금융기관과의 거래시 롤오버 비율이 70%라는 것은 국내은행에 1백달러를 빌려준 외국 금융기관이 만기가 됐을 때 70달러를 연장해 줬다는 말이다. 연장기간은 대개 3~6개월이다.

**035 리걸테크 [2022 하반기 새마을금고중앙회 필기 기출]

리걸테크(Legal-Tech)는 법(legal)과 기술(technology)의 합성어로 법률과 기술의 결합한 새로운 형태의 법률 서비스를 의미한다. 변호사 검색, 상담 신청, 법령 검색, 업무 처리 등을 도와주는 기술로, 법률 관련 정보를 쉽고 빠르게 얻을 수 있도록 도와준다. 변호사 검색에서 상담 신청, 법령 검색, 업무 처리 등 까지를 도와주는 기술이다. 금융과 기술이 결합된 핀테크의 법률 서비스 버전이라 볼 수 있다. 초기에는 법률 서비스를 제공하는 기술·소프트웨어에 한정됐지만, 최근에는 스타트업 및 산업 등으로 의미가 확장하고 있다. 업계에 따르면 국내 법률 서비스 시장 규모는 약 10조 원 정도로 추산된다. 대표적인 국내 리걸테크 스타트업으로는 로톡과 로앤굿, 엘박스 등이 있다. 주요 대형 로펌들도 자동화, 인공지능(AI) 등 첨단기술을 업무에 적용하는 등 리걸테크를 통한 효율성 제고에 나서고 있다.

**036 리버스 인덱스펀드(Reverse Index Fund)

지수가 하락할 때 반대로 수익을 내도록 구조화한 펀드이다.

***037 리보금리(LIBOR, London Inter-Bank Offered Rate) [2018년 국민은행 기출]

국제금융시장의 중심지인 영국 런던의 은행 등 금융기관끼리 단기자금을 거래할 때 적용하는 금리로, 유로달러 시장이 국제금융에 커다란 역할을 하고 있어 이 금리는 세계 각국의 금리결정에 주요 기준이 되고 있다. 영국은행연합회(BBA)가 20개 은행을 대상으로 은행 간 차입금리 정보를 수집, 평균을 내 매일 전 세계 10개 통화에 대해 발표한다. 리보는 전 세계 350조 달러 규모의 금융거래에 기준금리로 활용되며, 금융자금이 외화자금을 들여올 때 기준이 된다. 리보금리는 세계 각국의 국제금융거래에 기준금리로 사용되어 세계 금융시장의 상태를 판단할 수 있지만, 장기금리까지 파악하기는 어렵다. 자금 조달 기간에 따라 3개월짜리와 6개월짜리 두 가지가 있다.

외화를 차입하는 기관의 신용에 따라 적용되는 금리에 차이가 있으며, 신용도가 높을수록 금리가 낮아지고 신용도가 낮을수록 금리는 높아진다. 금리가 높아진 경우 가산금리(Spread)가 붙었다고 말하는데, 리보가 연 6%이고 실제 거래의 금리가 연 8%라면 차액에 해당하는 2%가 가산금리가 되고, 이것은 금융기관이 얻을 수 있는 수수료 수입이 된다. 즉, 가산금리가 높게 책정되면 국제금융시장에서 당해 은행의 신뢰도가 그만큼 떨어진다는 의미다. 국내 금융기관들은 보통 리보금리에 0.125%포인트 가량을 더하여 자금을 조달하고 있으며, 금융기관은 이 금리에 1%나 1.5%포인트의 마진을 붙여 국내의 기업에 공급한다.

★★★ 038 리볼빙
[2023 상반기 농협은행 필기 기출]

일반적인 신용카드 결제는 약정된 결제일에 일시불로 처리되지만 리볼빙 제도는 약정된 결제일에 최소의 금액만을 결제하고 나머지 대금은 대출로 이전하는 방식이다. 리볼빙 제도를 이용하면 결제 능력이 부족한 카드 이용자도 결제 대금에 구애받지 않고 계속해서 신용카드를 사용할 수 있지만 높은 수수료와 채무 상환 부담이 가중될 수 있다.

이 제도는 미국 등 선진국에서 일시불카드(Charge Card)와 구분되어 일반화되어 있는 제도로서 국내에서는 1999년 외환카드 등이 리볼빙 결제서비스를 처음으로 도입하였다. 현재 대다수 신용카드사들도 불필요한 연체를 줄이기 위해 리볼빙 서비스를 시행하고 있다. 과거 리볼빙 제도라는 이름으로 사용되다가 2015년부터 '일부결제금액 이월약정'이라는 명칭으로 바뀌었다.

★★ 039 리플(XPP, Ripple)

2018년 가상화폐 시가총액 2위에 오른 암호화폐 중 하나이다. 리플은 간편 송금을 목적으로 탄생한 가상화폐(암호화폐)다. 리플은 블록체인 네트워크인 '리플넷' 안에서 일종의 송금 수수료 개념으로 쓰인다. 1회 송금당 걸리는 시간이 3~4초로 비트코인(7초)보다 빠르다.

★★★ 040 매파
[2018년 신한은행 기출]

1798년 미국의 제3대 대통령 토마스 제퍼슨(Thomas Jefferson)이 처음으로 사용한 말인데, 베트남전쟁이 교착화하면서 다시 퍼지기 시작하였다. 베트남전쟁의 확대ㆍ강화를 주장한 미국 내 보수강경파를 지칭한 말로, 이와 반대로 전쟁을 더 이상 확대시키지 않고 한정된 범위 안에서 해결할 것을 주장하는 주화파(主和派)를 비둘기파라고 한다. 일반적으로는 미국 연준 내에서는 인플레이션을 극도로 싫어하여 인플레이션이 유발 가능한 모든 정책을 지지하지 않는 부류를 의미한다. 반대로 비둘기파는 다소의 인플레이션을 허용하더라도 경제성장을 추진하는 부류를 의미한다.

***041 머니마켓펀드(MMF, Money Market Fund) [2020년 하반기 광주은행 기출]

① MMF(Money Market Fund)란

단기금융상품에 집중투자, 단기 실세금리의 등락이 펀드 수익률에 신속히 반영되는 '초단기공사채형' 상품을 MMF라고 한다. MMF는 주로 CP, CD, 콜 등 단기금융상품에 투자해서 얻는 수익을 되돌려주는 실적배당형상품이다. 고수익상품에 운용하기 때문에 상대적으로 수익이 높은 편이다.

② MMF의 특징

가. MMF가 카드사 채권 및 CP 등을 편입해 대규모 환매 상황으로 이어지자, 2003년 3월부터는 안정성이 높은 국공채 등에만 투자하는 '국공채 전용 MMF'가 판매되고 있다. 국공채 편입 MMF펀드 수익률은 타 MMF펀드에 비해 낮은 편이지만 안정성이 강화된 것이 특징이다.

나. CD와는 달리, MMF는 가입금액에 제한이 없다.

다. 환매수수료가 붙지 않아, 만기가 정해져있지 않다.

라. MMF의 장점은 가입 및 환매가 청구 당일에 즉시 이루어지므로, 자금 마련에 불편함이 없다.

마. 펀드 내 채권에 대한 시가평가를 적용하지 않아, 시장금리의 변동과 무관하게 안정적인 수익률을 기대 가능하다.

바. 시중 판매 MMF에는 신종 MMF와 클린 MMF로 나눌 수 있다. 신종 MMF의 경우 언제든지 환매가 가능하고, 편입되는 채권의 신용평가등급은 BBB- 이상이다. 클린 MMF는 가입 후 1개월 경과 시에 환매가능하고, 편입 채권의 신용평가등급이 A- 이상으로 제한되며, 투자 채권의 평가등급이 BBB+ 이하로 하락하면, 1개월 내에 처분해야 한다.

사. 수시 입출금이 가능하다는 장점이 있으나, 100% 원금 보장되는 상품은 아니다. 또한 카드 발급이 안 되기 때문에, ATM기로 입출금을 할 수 없으며, 결제와 자동이체의 기능이 없어서 공과금 결제 시 불편함을 경험하는 단점이 있다.

**042 모기지대출(Mortgage Loan)

모기지대출은 은행이 대출 실행 시 담보물인 주택 등 부동산에 주택저당채권(Mortgage)을 설정하고 이를 근거로 하는 증권을 발행, 유통시켜 대출자금을 회수하는 것을 말한다. 주택저당채권은 주택의 구입 또는 건축에 소요되는 대출자금 등에 대한 채권으로서 당해 주택에 설정된 저당권에 의하여 담보된 채권을 지칭한다. 주택저당증권(MBS, Mortgage-Backed Securities)은 주택저당채권(Mortgage)을 기초로 발행되는 자산유동화증권(ABS, Asset-Backed Securities)이다.

***043 무상증자

무상증자란 글자 그대로 주식대금을 받지 않고 주주에게 주식을 나누어주는 것을 말한다. 무상증자를 하면 발행주식수가 늘어나고 그만큼 자본금이 늘어나게 된다. 늘어나는 자본금은 보유 자산을 재평가해 남은 차액적립금이나 이익잉여금 등을 자본으로 전입해 메우게 된다. 이윤이 회사 바깥으로 빠져나가는 것을 막기 위해 현금배당 대신 주식으로 배당하는 것도 일종의 무상증자에 해당한다. 주식 액면 분할은 주식수가 늘어나지만 자본금은 늘어나지 않는다는 점에서 무상증자와 차이가 있다. 주주 입장에선 무상주를 받게 되면 즐거워할지 모르나 무상증자를 하게 되면 권리락으로 주가가 떨어지고 회사 재산이 불어나는 것도 아니어서 좋아할 일만은 못된다. 무상증자는 법정준비금 범위 내에서는 이사회의 결의로 제한 없이 할 수 있도록 돼 있다.

✿ cf 유상증자

기업이 주식을 새로 발행해 기존 주주나 새로운 주주에게 파는 것으로, 자금 확보 수단의 하나이다. 기업은 유상증자를 실시함에 있어 주주배정, 일반공모, 주주우선공모, 제3자 배정방식을 선택할 수 있다.

***044 뮤추얼펀드(Mutual Fund)

뮤추얼펀드는 유가증권 투자를 목적으로 설립된 주식회사 형태의 법인회사를 말한다. 주식회사 형태라고 하는 이유는 이 법인회사가 모집된 투자자산을 전문적인 운용회사에 맡기고 추후 그 운용 수익을 운용회사로부터 뮤추얼펀드가 받아서 원래 투자자에게 배당금의 형태로 되돌려 주기 때문이다. 우리나라에서는 증권투자회사라고 부른다. 여러 투자자의 돈을 모아 만든 펀드로서 주로 주식이나 채권에 투자해 수익을 돌려준다는 점에서 수익증권과 비슷하나 뮤추얼펀드의 경우에는 펀드가 하나의 독립된 회사로 운영되어 법률상 독립된 회사이기 때문에 기존 수익증권에 비해 주주의 운영 및 참여가 자유롭고 개방적인 특징이 있으며, 투명도도 높은 것으로 평가된다.

*045 메가뱅크(Mega Bank)

초대형 은행. 정부가 공적자금을 회수하는 것의 한 가지 방법으로 우리금융그룹의 민영화를 추진하고 있어 메가뱅크 탄생 여부를 둘러싸고 뜨거운 논쟁이 벌어졌지만, 국민은행이 인수를 포기하면서 우리은행의 민영화가 다시 한 번 무산되었다.

[장점] ① 규모의 경제 효과 ② 대형 프로젝트 파이낸싱 지원 **예** UAE 원전 수주 시 자금 조달에 용이 ③ 금융업의 세계적 경쟁력

[단점] ① 규모가 크고 많은 이윤을 남길 수 있는 고객인 대기업 우대 > 개인, 중소기업 ② 신용등급이 낮은 금융 소비자들은 과거보다 금융서비스를 받기가 더 어려움

046 메자닌펀드(Mezzaninn Fund)

BW, CB, 후순위채권 등에 투자하는 간접펀드로 원금과 이자가 보장되는 채권의 특성을 가지면서도 향후 주가가 오를 때 신주인수권이나 주식전환권을 행사해 주식투자의 장점 도 누릴 수 있는 채권이다.

카멜레온펀드	주가변화에 따라 가장 유리한 형태의 상품으로 이리저리 전환할 수 있도록 한 상품. 공사채형과 주식형을 드나들며 안정성과 수익성을 동시에 겨냥하는 상품
스팟펀드	주식시장에서 인기주로 부상할 가능성이 있는 특정 테마군의 주식들을 소규모로 묶어 단기간에 고수익을 놀릴 수 있도록 고안된 주식형 수익증권
엄브렐러펀드	모 펀드와 자펀드들로 구성된 상품. 모펀드에 가입하면서 특정 자펀드를 선택. 그 후 장세 변동에 따라 다른 자펀드로 자유롭게 전환

047 배드뱅크(Bad Bank)

금융기관의 부실자산이나 채권만을 사들여 전문적으로 처리하는 기관. 금융기관의 방만한 운영으로 발생한 부실자산이나 채권만을 사들여 별도로 관리하면서 전문적으로 처리하는 구조조정 전문기관이다. 국내의 경우 주로 신용불량자의 신용회복에 중점을 둔다.
[현황] 자산관리공사(캠코)- 금융기관 부실채권 인수, 금융소외자 신용회복지원
　　　　연합자산관리주식회사(유암코, UAMCO) - 은행권에서 공통으로 만들어진 민간 배드뱅크, 부실자산 인수해 유동화.

 굿뱅크 : 배드뱅크에 부실채권을 매각한 후에 우량한 상태를 유지하는 금융기관을 뜻함

048 벌지브래킷(Bulge Bracket)

전 세계에 고객을 두고 유가증권 인수, 자금 조달 주선, 인수합병(M&A) 자문 등 투자은행(IB) 분야의 거의 모든 서비스를 제공하는 일류 IB를 지칭하는 말이다.

049 벌처펀드(Vulture Fund)　　　　　　　　　　[2018년 주택금융공사 기출]

투자자들이 조합을 결성, 부실한 기업을 정리하는 기업이나 그 기업의 자금을 말하며, 이는 기업의 정상화 · 자산매각 과정을 통한 수익창출을 목적으로 한다. '기업구조조정펀드'라고도 한다. 벌쳐(Vulture)펀드는 미국 금융계에서 나온 용어인데, 벌쳐란 말은 썩은 고기

만 먹는 대머리독수리, 즉 다른 사람의 곤란을 이용해 이익을 얻는 사람이란 뜻이다. 부실한 기업을 낮은 가격에 인수하여 경영을 정상화한 뒤 매각하는 전문적인 기업회생회사이다. 요컨대 부실기업을 인수, 구조조정을 통해 경쟁력을 회복시킴으로써 완전히 새 회사로 개조한 뒤 차익을 남기고 팔아넘기는 투자방식이다.

050 법정최고금리

급전이 필요한 서민을 상대로 폭리를 취하지 못하도록 법이 정한 최대한 받을 수 있는 금리로, 대출에만 적용되고 예금에는 적용되지 않는다.

[현황] 2021년 8월 현재 20%

 최고금리 역사 : 최고금리는 고려 시대부터 존재하였고, 1998년 외환위기 후 IMF의 금융개혁 요구를 받기 전까지 다른 모습으로 유지되어 왔다. IMF는 시장의 수요와 공급에 따라 금리가 정해져야 한다는 이유로 최고금리조항을 제거할 것을 요구했으나, 당시 미국 등 여타 선진국에서도 최고금리가 존재했다는 점을 볼 때, 당시 IMF의 요구는 지나친 시장 자유화였다는 평가가 있다.

051 베어마켓(Bear Market)　　　　　　　　　　[2017년 기업은행 기출]

주가를 비롯한 자산 가격이 하락하고 있거나 하락할 것으로 예상되는 약세장을 뜻하는 말로, 하락장을 곰에 비유한 말이다.

 반대로 장기간에 걸친 주가상승이나 강세장은 불마켓(Bull Market)이라고 함

052 변액보험　　　　　　　　　　[2020년 하반기 NH농협은행 기출]

① 변액보험의 개념

　변액보험은 인플레이션에 따른 보험금의 실질적인 하락을 막기 위해 개발된 상품이다. 전통형 생명보험은 계약자가 납입한 보험료를 회사가 계약 당시 약정한 예정이율로 부리하기 때문에 사전적으로 적립금이 결정되나, 변액보험은 보험료를 계약자가 선택한 주식·채권 등에 투자하기 때문에 투자실적에 따라 적립금이 결정된다.

② 변핵보험의 특징

　가. 변액보험은 투자자가 선택한 펀드의 주식, 채권 등에 따라 지급금액이 달라지므로, 투자에 대한 위험을 계약자가 부담한다. 또한 이 위험 때문에 다른 보험상품과 구분하여 특별계정으로 운용되는 특징이 있다. 투자의 결과에 따라 원금 손실 또는 원금 이상의 보험금이 발생할 수 있다.

나. 투자실적에 따라 계약자의 적립금이 변동하고, 적립금의 변동으로 사망보험금도 변동하게 되는 특징이 있다.

다. 기존의 종신보험에 비해, 상대적으로 보험료가 비싼 경향이 있으며, 변액보험 판매 시 별도 자격을 갖춘 사람만 판매가능하다. 변액보험 상품 판매 후, 보험회사는 반기별로 투자 실적 현황을 계약자에게 통지해야 한다.

라. 예금자보호법의 보호를 받지 못한다.

***053 보험계약의 이해관계자 [2020년 하반기 전북은행 기출]

① 보험계약자

자기 이름으로 보험자와 보험계약을 체결하는 사람으로 자연인이든 법인이든 관계가 없다. 보험계약자가 1인인 경우가 일반적이나, 다수의 보험계약자도 가능하다. 이 경우에는 보험료 납입에 대한 연대 책임을 가지는 것이 일반적이다.

② 피보험자

보험가입의 대상, 즉 보험의 객체를 피보험자라고 한다. 피보험자는 인보험의 경우와 손해보험의 피보험자로 구분할 수 있다.

ⓐ 인보험의 피보험자

생명보험, 상해보험 등 사람의 생명이나 신체에 관한 위험을 담보하는 보험을 인보험이라고 한다. 인보험의 피보험자는 한 사람이거나 여러 사람일 수 있으나, 인보험의 특성상 자연인만 가능하다. 사망보험계약에서 피보험자로 지정할 수 없는 경우는 다음과 같은 3가지가 일반적이다.

가. 15세 미만자

피보험자의 자격 여부는 보험계약체결시점을 기준으로 판단하는데, 피보험자가 계약체결 당시 15세 미만이었다면, 사망 사고가 15세 이후에 발생하더라도 해당 사망보험계약은 무효가 된다.

나. 심신상실자

심신장애로 인해, 사물을 변별할 능력이 없거나 의사를 결정할 능력이 없는 자를 말한다.

다. 심신박약자

심신장애로 인하여 사물을 변별할 능력이나 의사를 결정할 능력이 미약한 사람을 의미한다. 심신박약자의 경우, 자신이 보험계약을 체결하거나 단체보험의 피보험자가 될 시, 의사능력이 있는 경우에 한하여 사망보험의 피보험자가 될 수 있다.

ⓑ 손해보험의 피보험자

재산보험이나 배상책임보험 등 손해보험에서는 피보험자가 피보험이익의 주체로,

보험사고 발생 시 보험금을 지급받을 자를 말한다. 손해보험의 피보험자는 자격제한이 없다. 따라서 자연인이나 법인의 경우에도 관계없으며, 사망보험과 달리 미성년자, 심신상실자 혹은 심신박약자라도 피보험자가 될 수 있다. 단, 피보험이익이 없는 자를 피보험자로 한 계약은 무효가 된다. 손해보험에서는 피보험자를 확정하지 않고, 보험계약 체결이 가능하다. 이 경우에는 사고 당시 피보험이익을 갖는 자가 피보험자가 되는 특징이 있다.

③ 보험수익자

보험수익자는 보험사고 발생 시, 보험금을 청구할 수 있는 권리가 있는 사람이다. 보험수익자는 인보험과 관련된 용어로, 보험수익자의 수나 자격에는 제한이 없고, 자연인과 법인 모두 가능하다. 보통 보험수익자는 만기 시 보험계약자로, 질병 및 상해 시에는 피보험자가 보험수익자가 되고, 사망 시에는 법정상속인으로 지정한다.

④ 보험자

보험자는 보험사업의 주체로서, 보험계약을 인수하는 자를 말한다. 보험자는 보험계약자로부터 보험료를 수령 및 관리하고, 보험사고 발생 시에 보험금을 지급한다. 우리나라에서 보험업을 영위하는 보험자로는 보험회사와 공제가 있다.

⑤ 보험계약의 이행보조자

보험계약은 보험계약자와 보험자 간에 직접 체결이 되기도 하지만, 다양한 주체가 중간에 개입되어 계약의 이행을 돕는 경우가 있다. 보험계약의 이행보조자의 예시로 보험설계사, 보험대리점, 보험중개사 및 보험의 등이 있다.

★★★ 054　볼커룰(Volker Rule)

2008년 리먼 브라더스 부도 사태, AIG 부도회생 사태를 계기로, FRB 의장이자 오바마 정부의 백악관 경제회복자문위원회(ERAB) 의장인 폴 볼커(Paul Volker)가 은행업계에 대한 통제강화를 통해 미국 금융시장의 안정 및 건전화를 추구하기 위하여 내놓은 규제 방안이다. 2010년 7월 도드-플랭크 법안에 포함되어 미국 상원을 통과했다.

[방향] 상업은행과 투자은행의 업무 분리(대형화 억제), 은행을 포함한 예금취급기관의 투자행위를 제한(자기자본거래 제한, 헤지펀드/사모펀드 보유 금지)

[목적] 금융기관의 대형화에 따른 리스크 확대 방지, 은행업계에 대한 통제 강화

★★★ 055　보호예수제도　　　　　　　　[2019년 신협은행 기출]

주가가 급락했을 때 소액 투자자 보호 등과 같은 일정한 정책적 목적을 달성하기 위하여, 관련 규정에 따라 특정한 사유의 발생 시 특정인이 자신의 보유 주식을 일정 기간 의무적으로 보유하도록 하는 제도.

***056   부채담보부증권(CDO, Collateralized Debt Obligation) [2018년 주택금융공사 기출]

회사채나 대출채권 등 기업의 채무를 기초자산으로 하여 유동화증권을 발행하는 금융기법의 한 종류이다. 수익을 목적으로 발행하는 것(Arbitrage CDO)과 신용위험을 투자자에게 전가하기 위하여 발행하는 것(Balance Sheet CDO)으로 구분된다. 회사채를 기초자산으로 하는 경우에는 회사채담보부증권(CBO, Collateralized Bond Obligation), 대출채권인 경우에는 대출채권담보부증권(CLO, Collateralized Loan Obligation)이라고 한다.

신용등급을 높이기 위하여 채권보증업체(모노라인)들이 보증을 서기도 하며, 신용등급이 상대적으로 낮은 채권들을 섞어 새로운 신용등급의 CDO를 만들기도 한다. 신용등급에 따라 다시 최우량CDO, 우량CDO, 비우량CDO, 에퀴티(equity)로 구분된다. 그러나 어떤 채권이 담보로 편입되어 있는지 정확히 알 수 없는데다가 담보로 사용된 회사채나 대출채권이 제때 상환되지 않을 경우에 최우량CDO라 하더라도 투자자들이 큰 손해를 볼 수 있다. 1990년대 중반에 처음 등장한 뒤 미국과 유럽 등지에서 발행 규모가 증가하였으며, 2006년 미국 등지에서 1조 달러 규모의 CDO가 발행될 정도로 성행하였다. 미국의 모기지 전문 대출기관들은 부동산 활황을 틈타 대출자금을 조달하기 위하여 모기지 채권이나 모기지담보부증권(MBS)을 대량으로 발행하였고, 투자은행들이 이를 사들여 합성한 뒤 발행한 채권이 바로 CDO였다. 2007년 주택담보대출 연체율이 높아지면서 이른바 서브프라임 모기지론 사태가 벌어져 채권 가격이 폭락함으로써 주요 금융회사 등 투자자들이 큰 손실을 입고 미국의 금융위기로 이어졌다.

***057   불완전판매 행위   [2020년 하반기 경남은행 기출]

은행, 투자신탁회사, 보험사 등의 금융기관이 고객에게 상품의 운용방법, 위험도, 손실가능성 등 필수안내사항에 대해 충분히 알리지 않고 판매한 것을 말한다.

펀드의 경우 투자원금 또는 수익률을 보장하는 행위, 사실에 근거하지 않은 판단자료, 출처를 제시하지 않은 예측 자료를 투자자에게 제시하거나, 펀드의 가치에 중대한 부정적 영향을 미치는 사항을 알고도 미리 투자자에게 알리지 않고 판매하는 행위 등이 이에 해당된다. 불완전판매 논란의 예시로, 수출 중소기업들을 곤경에 빠뜨린 통화옵션상품인 키코(KIKO)를 들 수 있다. 이러한 논란이 발생한 후 우리나라는 투자자보호를 위한 적합성원칙과 금융상품 설명의무를 골자로 한 자본시장통합법이 2009년 2월 4일부터 시행되었다.

적합성원칙이란 금융상품을 고객에게 권유할 때 고객이 일반투자자인지 전문투자자인지의 여부, 고객의 위험선호도 등 고객의 특성에 적합한 상품을 권하도록 한 것이다. 그리고 설명의무란 고객에게 금융투자상품의 내용과 투자에 따르는 위험성 등을 고객에게 충분히 설명해야 하는 의무를 말한다. 이를 어길 시 금융투자업자는 이로 인해 발생한 일반투자자의 손해를 배상할 책임이 있다.

058 불편기대가설 [2021년 상반기 신용보증기금 기출]

불편기대가설이란 미래 단기 이자율에 대한 금융시장 참가자들의 예상에 따라 수익률 곡선의 형태가 결정된다는 것이다.

시장 참가자들이 다음과 같이 예상한다면
① 현재의 단기 이자율 > 미래의 단기 이자율 → 현재의 장기 이자율은 현재의 단기 이자율보다 낮게 된다.
② 현재의 단기 이자율 < 미래의 단기 이자율 → 현재의 장기 이자율은 현재의 단기 이자율보다 높게 된다.

059 브릿지론(Bridge Loan)

자금을 연결하는 다리(Bridge)가 되는 대출이다. 첫째, 주택구입자가 기존 주택을 팔고 새로운 주택을 구입할 때, 금융비용을 커버하기 위해 사용하는 단기 융자. 둘째, 기업이 자금을 대출할 때 기존의 부채를 일시 상환하고, 보다 유리한 장기부채로 전환할 때 생기는 일시적인 시간 간격을 커버하기 위해서 사용되는 임시자금 대출이다.

060 블록딜(Block Deal)

매도자와 매수자 간의 주식 대량 매매. 거래소 시장 시작 전후에 대량의 주식을 보유한 매도자와 이를 매수할 수 있는 매수자 간에 거래를 체결시켜 주는 제도다. 이는 거래소 시장에서 한꺼번에 대량의 주식이 거래될 경우 발생할 수 있는 주식시장에서의 주가 급등락을 막는 방안이다. 주로 시장 가격에 영향을 미치지 않도록 기관 또는 외국인 등을 대상으로 장 시작 전이나 마감 후의 시간 외 매매를 통해 거래한다.

061 블록체인(Blockchain) [2020년 하반기 NH농협은행 기출]

① 블록체인의 개념
누구나 열람할 수 있는 공공 장부에 거래 내역을 기록, 여러 대의 컴퓨터에 복제해 저장하는 '분산형 데이터 저장기술'이 블록체인이다. 블록체인은 일정 주기로 데이터가 담긴 블록을 생성한 후, 이전의 블록들을 체인 구조로 연결한다는 의미에서 블록체인이라고 한다. 블록에 기록된 내용은 거래 참여자 모두에게 공개되며, 이들 간에 합의가 있어야만 거래 내역이 업데이트 가능하다. 위와 같은 특징으로, 블록체인은 '공공 거래 장부' 혹은 '분산원장 기술'이라고 불리기도 한다.

② 블록체인의 특징

　가. 중앙 거래자의 부재 가능

　　기존 거래 방식에서는 중앙 기관이 필요하지만, 블록체인 거래에서는 은행 및 정부 등의 기관 없이 모든 참여자가 거래 장부를 공유 및 감시 그리고 관리하는 시스템 방식이다.

　나. 분산화된 데이터 저장

　　위조 및 변조를 할 수 없는 특징 때문에 블록체인은 여러 사람들의 이목을 끌어왔다. 핵심은 모든 정보를 분산해서 저장하기 때문이다. 모든 참여자들은 거래 발생 시마다 정보 공유 및 대조를 통해 데이터의 위변조를 차단한다. 또한 기록 변경 시에는 블록체인과 연결된 모든 컴퓨터를 해킹해야 하는데, 이는 불가능에 가깝기 때문에 상대적으로 보안성이 높다는 특징이 있다.

　다. 블록체인의 트릴레마

　　블록체인 분야에는 트릴레마라는 것이 존재한다. 비탈릭 부테린(Vitalik Buterin, 이더리움의 공동 창립자)이 블록체인의 트릴레마로 확장성(Scalability), 분산화(Decentralization), 보안성(Security) 세 가지 요소를 동시에 충족시키기 어렵다는 의미에서 이 용어를 언급한 바 있다. 현재 시중에 선보인 암호화폐들이 사용하는 블록체인은 대부분 위의 세 가지 속성 중에서 하나 또는 최대 두 개까지 해결할 수 있고, 세 가지를 동시에 만족하는 블록체인은 물리적으로 어렵다고 한다.

　라. 블록체인의 기술 구성요소

　　해시 함수, P2P네트워크, 합의 알고리즘, 스마트 계약은 블록체인의 대표적인 기반기술들이라고 할 수 있다.

③ 블록체인의 유형

　ⓐ 퍼블릭 블록체인

　　가. 누구든지 자유롭게 블록체인 네트워크에 참여하여 이용할 수 있는 방식으로, 모든 참가자 사이에서 모든 거래 내용이 공유된다.

　　나. 비트코인이나 이더리움에서 사용되는 방식으로, 네트워크 확장이 어렵고 속도가 느리다는 단점이 있어 금융 서비스 적용에는 부적절한 편이다.

　ⓑ 프라이빗 블록체인

　　가. 네트워크를 운영하는 주체가 존재한다. 운영 주체가 새로운 참가자의 참여 여부를 결정하며, 허가 권한을 가지고 있다. 주로 특정 기관이나 업체들의 필요와 특성에 맞게 설계한 블록체인이 많다.

　　나. 네트워크 참여자 수가 적은 편이므로, 거래 정보가 적은 수의 노드에서만 공유되고, 처리되기 때문에 퍼블릭 블록체인보다 거래 속도의 신속성과 효율성이 높다. 주로, B2B거래상 처리 인프라로서 자주 활용된다.

© 컨소시엄 블록체인

가. 컨소시엄 블록체인은 퍼블릭 블록체인과 프라이빗 블록체인이 결합한 형태로서, 네트워크 참여 면에서 자유로나, 미리 선정된 일부 참가자 네트워크를 통제하는 형식이다.

나. 컨소시엄 블록체인에서는 거래 기록의 열람 권한이 일반 이용자들 혹은 특정 대상도 공개될 수 있다. 최근 은행권에서 주목하고 있는 블록체인의 형태가 컨소시엄 블록체인이다.

** 062　비이성적 과열

1996년 그린스펀 전 Fed 의장이 미국 주가시장의 급속한 상승에 대해 경고하며 처음 사용한 용어이다. 당시 미국의 주가가 거침없이 상승하고 있던 시기, 연방준비제도위원회 의장이었던 그린스펀이 "주식시장이 비이성적 과열에 빠졌다."라고 발언한 직후, 미국의 주가가 20%나 폭락했다. 이후 언론과 경제 전문가들이 이 용어를 즐겨 사용하기 시작했고, 현재 이 발언은 증시가 과열될 때마다 관용구처럼 사용되고 있다.

*** 063　비트코인(Bitcoin)

비트코인은 나카모토 사토시라는 예명의 한 개발자가 2009년 온라인 암호화폐의 형태로 처음 공개했다. 그는 논문(Bitcoin : A Peer-to-Peer Electronic Cash System)에서 '중앙은행이 화폐가치를 지켜줄 것이라는 믿음은 배신' 당했음을 선언. 비트코인은 2,100만 개만 발행하도록 한정된 매장량으로 설계되어 금과 같이 희소성을 갖게 됨. 규제로부터 자유로우며 인터넷만 있으면 누구나 익명으로 사고팔 수 있다. 신뢰성 확보라는 가장 큰 문제는 마침 블록체인(Blockchain) 기술의 발전으로 해결할 수 있었다.

*** 064　사이버리스크(Cyber Risk)

정보통신기술의 발달로 기업경영활동에서 디지털화가 가속화되고 상호 연결이 확대되어 감에 따라 전자상거래나 정보통신기술을 이용하여 이루어지는 활동 중 사이버상에서 발생하는 예기치 못한 사고로 인해 기업이 부담하게 될 유·무형의 비용이 증가하는 위험을 말한다.

사이버리스크 발생에 따른 유형의 비용에는 자금 분실, 컴퓨터시스템 손상 또는 악성코드 감염, 네트워크 폐쇄에 따른 조업중단, 고객정보 및 디지털 자산의 분실, 정보유출에 따른 법적 및 피해자 보상 등이 있으며, 무형의 비용으로는 고객 이탈, 기업 신뢰도 하락, 브랜드 이미지 손상, 핵심기술 유출에 따른 경쟁우위 훼손 등을 들 수 있다.

** 065　사잇돌대출

중·저신용자의 부담을 덜기 위해 만든 중금리대출상품을 말한다. 신용 4~7등급, 연 소득 2,000만 원 이상 근로소득자, 연 소득 1,200만 원 이상 사업소득자를 대상으로 최대 2,000만 원까지 6~10%대 금리로 대출해준다.

*** 066　생산적 금융

2018년 금융권 자본규제 개편 방안은 '돈의 흐름'을 바꾸는 게 목적이다. 부동산 시장으로 뛰어드는 가계에 돈을 빌려주는 '비(非) 생산적 금융'을 기업대출로 유도해 '생산적 금융'을 구현하겠다는 것이다. 돈이 가계대출로 흐르는 길목을 좁게 만들어 기업대출로 유입되도록 하는 방식인데, 이를 위해 은행 등 금융회사의 각종 자본비율 규제를 뜯어고치기로 했다.

*** 067　서킷브레이커(CB : Circuit Breaker)　　　[2022 하반기 기업은행 필기 기출]

전기 회로에서 서킷브레이커가 과열된 회로를 차단하는 장치를 말하듯, 주식시장에서 주가가 갑자기 급락하는 경우 시장에 미치는 충격을 완화하기 위하여 주식매매를 일시 정지하는 제도로 '주식거래 중단제도' 또는 '일시매매 정지제도'라고도 한다. 1987년 10월 미국에서 사상 최악의 주가 대폭락사태인 블랙먼데이(Black Monday) 이후 주식시장의 붕괴를 막기 위해 처음으로 도입된 제도이다. 현물주식과 선물옵션의 모든 거래를 중단시키는 현물 서킷브레이커와 선물옵션 거래만 중단시키는 선물 서킷브레이커로 구분된다. 현물 서킷브레이커는 현물주가가 폭락하는 경우에만 발동하며, 선물 서킷브레이커는 선물가격이 급등하거나 급락할 때 모두 발동된다. 현물 서킷브레이커의 경우 종합주가지수가 전일에 비해 10% 이상 하락한 상태가 1분 이상 지속되는 경우 모든 주식거래를 20분간 중단시킨다. 서킷브레이커가 발동되면 30분 경과 후에 매매가 재개되는데 처음 20분 동안은 모든 종목의 호가접수 및 매매거래가 중단되고, 나머지 10분 동안은 새로 호가를 접수하여 단일가격으로 처리한다. 선물 서킷브레이커의 경우 선물·옵션시장에서 선물가격이 상하 5%, 괴리율이 상하 3%인 상태가 1분간 지속되면 5분간 매매를 중단하고, 10분간 호가를 접수하여 단일가격으로 처리한다. 주식시장 개장 5분 후부터 장이 끝나기 40분 전인 오후 2시 20분까지 발동할 수 있고, 하루에 한 번만 발동할 수 있다. 한 번 발동한 후에는 요건이 충족되어도 다시 발동할 수 없다.

*** 068　선도이자율　　　[2021년 상반기 신용보증기금 기출]

선도이자율은 미래의 특정 기간 동안 돈을 빌릴 때 지불해야 할 이자율을 현재 시점에서 미리 정해 놓은 것을 말한다.

돈을 빌리고 빌려주는 두 당사자는 선도금리계약(Forward Rate Agreement, FRA)을 통해 미래에 적용할 이자율을 선도이자율로 정하게 된다. 이를 통해 두 당사자는 미래의 특정 기간에 적용될 이자율의 변화에 따른 위험을 헤지(Hedge)할 수 있다.

*069 선수금 환급보증(RG)

조선사는 해외 선사나 석유 메이저 등에서 선박·해양 플랜트를 수주하면서 발주사에 선수금을 받는다. 대신 발주사는 나중에 조선사에 문제가 생겨 발주가 취소되면 미리 줬던 돈을 돌려받을 수 있도록 수주사에 은행 보증을 요구할 수 있다.

***070 세계 3대 신용평가기관 [2017년 기업은행 기출]

영국의 피치 Ratings, 미국의 무디스(Moodys), 스탠더드 앤드 푸어스(S&P)를 지칭. 대표적인 3대 신용평가기관으로서 세계금융시장을 좌지우지할 만큼 막강하다. 이들 기관은 각국의 정치, 경제 상황과 향후 전망 등을 종합적으로 평가해 국가별 등급을 발표하고 있다.

***071 소호대출(SOHO)

개인사업자대출을 의미한다. 2017년 5대 시중은행의 소호대출 잔액은 전년대비 9.3%나 확대했다. 소호대출은 중소기업대출로 분류되지만, 실제로는 일부 자영업자가 생활비나 부동산 구입 자금으로 이를 활용한다는 지적을 받아왔다. 소호대출이 '숨은 가계대출'이라고 불리는 것도 이 때문이다. 당국은 2018년 3월부터 소호대출 규제에도 나선다. 자영업자의 소득과 신용등급·소득 대비 대출액 비율 등을 심사하라는 지침이 있다.

**072 쇼트세일(Short Sale)

담보대출 원금이 주택가격을 웃도는 이른바 '깡통주택'을 담보대출 잔액 이하로 판매해 채권채무관계를 종료하는 미국 주택시장의 제도이다. 대출은행과 집주인이 합의가 먼저 전제돼야 함. 채무자는 경매시장을 거치지 않아 다소 높은 가격에서 주택을 팔 수 있고, 은행도 신속하게 대출금 회수 가능(대출 잔액에 부족한 나머지 금액은 은행이 탕감)하다. 금융감독원이 쇼트세일과 흡사한 '금융기관 담보물 매매중개지원 제도'를 준비. 지금은 점진적으로 활성화되고 있다.

담보물 매매중개지원 제도

은행에 대출금을 연체해 경매에 넘어가야 하는 담보물에 대해 사적인 자율 매매를 통해 처분할 수 있도록 은행이 지원하는 제도. 이 제도는 법원경매에 앞서 '깡통주택'을 개인 간 매매거래로 처분할 수 있도록 3개월 동안 금융권이 거래를 중개하는 것이다. 금융당국은 지난 2007년 이 제도를 도입했지만, 당시 부동산 시장은 가격하락이 본격화되지 않아 은행들이 적극적으로 나서지 않았다. 국내 '깡통주택'이 18만 5천 가구에 이르는 등 최근 부동산 금융시장에 관한 우려가 가중되면서 금융당국은 은행과 집주인 등이 입을 손해를 최소화하기 위해 다시 이 제도를 준비하고 있다고 설명했다.

***073 쇼트커버(Short Cover)

환율 하락을 예상해 달러를 매도했다가(공매도한 자산을) 다시 사들이는 것이다. 매도하는 것을 '쇼트'(Short)이라고 하고, 쇼트커버의 과정을 살펴보면 주식시장에서 지수가 하락할 것으로 예상하여 투자자들은 주식을 빌려서 판매한다. 하지만 예상과 달리 지수가 상승하면 손해가 안 나기 위해 빌린 주식을 되갚아야 하는데, 이를 위해 주식을 재매입하는 것을 가리켜 쇼트커버라고 한다.

일부 기관들과 외국인들은 원화값 강세가 주춤해지고 있는 데다 한은이 4개월 연속 금리를 동결하면서 채권 매수 타이밍을 늦추고 관망세에 들어갔었다. 하지만 채권값이 급등하자 쇼트커버에 뛰어들고 있다. 채권값 급등에는 현오석 효과와도 연관이 있다.

074 수지상등의 법칙 [2022 하반기 농협은행 필기 기출]

보험료는 보험 가입자가 납입하는 보험료의 총액과 보험회사가 지급한 보험금과 경비의 총액이 같은 수준에서 결정돼야 한다는 원칙이다. 수지상등의 원칙에는 세 가지 조건이 있는데, ① 보험상품의 순보험료 총액 = 지급 보험금의 현가, ② 영업보험료의 총액 = 지급 모험금 및 운영경비 총액의 현가, ③ 기업의 총수입 = 총지출의 현가가 일치해야 한다는 것이다.

***075 순이자마진(NIM-Net Interest Margin)

금융기관의 수익력을 나타내는 지표이다.

순이자 마진 = (수익 - 조달비용) / 운용자산 총액

과거 금감원은 은행의 이자부문 수익성 지표로 원화 예대마진(대출금리 - 예금 금리)을 사용했으나, 2000년부터 원화는 물론 외화, 유가증권 운용마진 등을 포함한 전체 이자부문 수익성 측정을 위해 순이자마진(NIM)을 도입했다.

*** 076 스미싱(Smishing) [2019년 기업은행 기출]

문자메시지(SMS)와 피싱(Phishing)의 합성어로, 인터넷 접속이 가능한 스마트폰의 문자메시지를 이용한 휴대폰 해킹을 뜻한다. 해커가 보낸 메시지의 웹사이트 주소를 클릭하면 악성코드가 깔리게 되고, 해커는 이를 통해 피해자의 스마트폰을 원격 조종하게 된다. 스미싱의 대표적인 예로는 이벤트 당첨이나 신용등급 변경 등의 메시지를 보내 가짜 사이트로 접속하도록 유도하거나 악성코드가 내장된 애플리케이션으로 스마트폰을 감염시킨 후 주민등록번호와 같은 개인정보를 빼내는 것을 들 수 있다.

*** 077 스크루플레이션(Screwflation) [2019년 기업은행 기출]

스태그플레이션(경기침체 속 인플레이션, Stagflation)이 거시경제 차원에서 경기가 침체되면서 물가가 올라가는 현상인 데 반해, 스크루플레이션은 미시적인 차원에서 쥐어짤 만큼 일상생활이 어려워지는 상황에서 체감물가가 올라가는 상태를 말한다. 이 때문에 스크루플레이션 현상이 나타나면 증시는 물론 전반적인 사회·경제적 상황이 가장 어려운 상황을 맞게 된다.

*** 078 스텝업(Step-up) 조항 [2018년 기업은행 기출]

채권 발행 이후 일정기간이 지나면 금리를 올려주는 조항을 말한다. 신용도가 낮은 회사의 채권이나 만기가 긴 후순위채나 하이브리드채권을 발행할 때 종종 적용된다.

*** 079 스트레스 테스트(Stress Test)

경기침체 등 외부환경에 대한 금융회사들의 위기관리능력을 평가하는 프로그램이다. 예외적이지만 발생할 수 있는 사건이 터졌을 때 금융시스템이 받게 되는 잠재적 손실을 측정하는 방법 → 이러한 상황 발생 시 금융시스템의 안정성을 평가. 만약 미달한다면 자본금확충, 완충장치 보완 등의 대응방안을 마련한다.

 시나리오별 시뮬레이션 시스템

*** 080 시스템적 리스크

금융시스템이 정상적으로 작동하지 않아 실물경제에까지 심각한 파급 효과를 미치는 상황을 말한다. 글로벌 금융위기(2008) 이후 금융안정 없이는 거시경제의 안정을 이룰 수 없다는 인식이 확산되면서 시스템적 리스크에 대한 중요성 부각되었다.
[사례] 한국은행의 시스템적 리스크 평가 모형(SAMP)

***081 시장리스크

금융시장의 금리, 주가, 환율 등의 변동으로 은행이 단기매매를 위해 트레이딩계정(Trading Book)에 보유한 금융상품의 가격이 하락하여 손실이 발생할 가능성을 의미한다. 바젤은행감독위원회(BCBS)는 은행이 시장리스크에 상응하는 자기자본을 보유토록 의무화하고 있다.

***082 시장분할가설   [2021 상반기 신용보증기금 기출]

채권 시장이 채권의 만기에 따라 단기시장, 중기시장, 장기시장 등 여러 개의 하부 시장으로 분할되어 있다고 하는 가설이다. 즉, 하부 시장에는 각각 개별적인 수요와 공급이 존재한다고 보는 것이다. 채권의 투자자들은 개인, 기관 등 다양한 주체이며, 이들의 투자목적이 각각 다르고 각 주체의 법적, 제도적 여건도 상이하기 때문에, 채권의 만기에 대해 서로 다른 선호도를 가지고 있으며, 따라서 만기수익률과 잔존기간 사이에 체계적인 상관관계가 존재하지 않는다고 본다.

**083 시장의 위험률

단기금융시장 < 채권시장 < 주식시장

***084 신용리스크

채권 · 채무관계에서 채무자의 채무불이행, 이행거부 또는 신용도 하락 등으로 인해 손실이 발생할 가능성을 의미한다. 바젤 자본규제에서는 주어진 신뢰 수준(99.9%)에서 일정 기간(1년) 이내에 발생할 수 있는 최대 손실을 총손실로 정의하고 있다. 총손실은 VaR(Value at Risk)로 산출하며 예상손실(EL, Expected Loss)과 예상외 손실(UL, Unexpected Loss)로 구분하여 관리되고 있다.

***085 신용부도스와프(CDS, Credit Default Swap)   [2018년 국민은행 기출]

영문 첫 글자를 따서 CDS라고 하며, 부도의 위험만 따로 떼어내어 사고파는 신용파생상품이다. 예를 들면, A은행이 B기업의 회사채를 인수한 경우에 B기업이 파산하면 A은행은 채권에 투자한 원금을 회수할 수 없게 된다. A은행은 이러한 신용위험을 피하기 위하여 C금융회사에 정기적으로 수수료를 지급하는 대신, B기업이 파산할 경우에 C금융회사로부터 투자원금을 받도록 거래하는 것이다.

이러한 신용파생상품은 1990년대 중반 투자은행들이 신흥 경제국에 투자하는 데 따르는 신용위험을 다른 투자기관으로 이전하려는 목적에서 비롯되었으며, 2004년 이후 활발하게 거래되었다. 채무자로서는 자금을 조달하기 쉽고, 채권자로서는 일종의 보험료를 지급하면서 채무불이행으로 인한 위험을 방지할 수 있는 것이 장점이다.

그러나 채무자인 기업이 부도가 날 경우 보증인 격인 금융회사에 손실이 발생하고, 이로 인하여 금융회사가 부실해지면 채권자인 은행도 연쇄적으로 부실화된다. CDS 물량이 한꺼번에 쏟아져 나올 경우 자금조달 시장이 마비될 우려가 있으며, 실제로 이는 서브프라임 모기지론 사태로 촉발된 미국의 금융위기를 증폭시킨 요인으로 지적된다.

***086 신용장(Letter of Credit) [2020년 하반기 우리은행 기출]

① 신용장 (Letter of Credit)의 정의

국제 간의 무역거래에 있어, 대금결제에 사용되는 상업신용장(Commercial)이란, 신용장을 개설한 개설은행이 그 수익자에게 일정한 조건하에 일정한 금액의 지급을 약속하는 조건부의 지급확약서를 말한다. 즉, 신용장의 조건에 일치하는 소정의 서류 또는 환어음과 상환으로, 개설은행이 직접 그 대금을 지급 or 연지급하거나 제시된 환어음을 인수한 후 만기에 지급하거나, 또는 다른 은행으로 하여금 지급 · 연지급 · 인수 · 매입하도록 권한을 부여하는 취소불능의 약정을 말한다. 신용장 금액가 인보이스 금액은 일치해야 하는 것이 원칙이나, 수출단가가 변동되거나 수량이 증감되는 경우 인보이스 금액이 달라질 수 있는데, 이때 신용장 금액의 과부족을 허용한다고 하며 보통 ±5%이다.

② 신용장의 목적

국제 간 무역거래에 있어서, 물품인도와 대금결제 시점의 불일치 문제가 발생할 수 있다. 신용장은 이 불일치로 인하여 발생하는 상거래상의 위험을 제거하고자 하는 데 그 목적이 있다. 송금 또는 추심결제방식에 의한 일방의 불이익을 방지하고 격지 간의 대금결제 문제를 원활함을 위해, 공신력 있는 은행의 신용의 대치로 상거래상의 위험을 제거하는 것이다.

***087 신용카드 발급에 관한 모범규준 [2020년 하반기 경남은행 기출]

신용카드 발급 조건은 각 금융사별로 다양하나, 금융감독원에서는 신용카드 발급에 관한 모범규준을 제시하고 있다.

① 신용카드 발급심사 기준일 현재 민법에서 정한 성년 연령 이상일 것. 다만, 만 18세 이상인 자로서 발급신청일 현재 재직을 증명할 수 있는 경우에는 그러지 아니한다.

② 신용카드 발급심사 기준일 현재 월 가처분소득이 50만 원 이상이고, 개인신용등급이 1등급에서 6등급 이내일 것. 다만, 객관적인 소득증빙자료 및 채무정보 등에 의해 산출된 월 가처분소득이 50만 원 이상인 개인신용 7등급 이하 저신용자의 경우에는 그러하지 아니한다.

③ 신용카드업자의 신용카드 신청평점기준(ASS: Application Scoring System)을 충족할 것. 다만, 다음 각 호의 어느 하나에 해당하는 경우에는 신청평점 기준을 충족하지 못하는 것으로 본다.

  ⓐ 보유하고 있는 총 신용카드 중 3매 이상의 신용카드로 카드대출(현금서비스,카드론, 리볼빙결제)을 이용하고 있는 경우

  ⓑ 금융기관에 연체 채무가 있는 경우

  ⓒ 그 밖에 신용카드 정보교환 및 관리규약에 따라 여신금융협회에서 제공받는 복수카드 정보 및 제반 신용정보 등으로 판단해 볼 때 결제능력을 인정하기 어려운 것으로 판단되는 경우

④ 본인이 신청한 것으로서 신용카드업자에 의해 본인임이 확인될 것. 이 경우 신용카드업자는 은행연합회 또는 행정안전부가 제공하는 사망자 정보를 활용하여 신청인의 실재 여부 등을 확인한다.

***088 신주인수권부사채(BW, Bond with Warrant)

신주인수권부사채는 채권을 발행한 회사가 주식을 발행할 경우, 투자자가 미리 약정된 가격에 일정한 수량의 신주(新株)를 인수할 수 있는 권리인 워런트(Warrant)가 결합된 회사채를 말한다. BW는 발행회사의 주식으로 전환할 수 있는 권리가 부여된 전환사채(CB, Convertible Bond)와 비슷한 것처럼 보이지만, CB는 전환 시 그 사채가 소멸되는 데 반해, BW는 신주인수권 행사 시 인수권 부분만 소멸될 뿐 사채 부분은 계속 효력을 갖게 되므로 양자 간에는 차이가 있다.

 분리형 신주인수권부사채(BW)
회사채 형식으로 발행되어 일정 기간이 지나면 미리 정해진 가격으로 주식을 청구할 수 있는 신주 인수권부사채에서, 사채권과 신주인수권이 별도의 증권으로 분리 표시되어 독자적으로 양도 가능한 것으로 신주인수권만 분리하여 신주청약이 가능함. 유통시장에서 별도로 매각 가능하나, 만기까지 사용되지 않으면 자연 소멸됨.

***089 신탁의 원칙

① 분별관리 원칙 : 위탁자가 맡긴 신탁재산은 수탁자의 고유재산 또는 다른 신탁재산과 구별하여 관리하여야 한다.

② 실적배당 원칙 : 전문적인 투자관리자에 의한 운영결과는 투자자에게 귀속이 되는 특징을 가진다.

③ 선관의무 원칙 : 수탁자는 신탁의 본지에 따라 선량한 관리자의 주의로써 신탁재산을 관리 또는 처분하여야 한다.

④ 평등비례배당 원칙 : 실적배당을 하는 경우, 신탁금액과 기간에 따라 평등하고 균등하게 배당하여야 한다.

***090 실기주 과실   [2018년 기업은행 기출]

실기주란 증권예탁원에 맡겼던 주권을 돌려받은 투자자나 다른 사람으로부터 주권을 양도받은 자가 해당 발행회사의 주주명부 폐쇄 기준일까지 본인 명의로 명의개서 하지 않아 주주명부상 증권예탁원 명의로 기재되어 있는 주식을 말한다. 이처럼 증권예탁원 명의로 배정되었으나 실제 증권예탁원에 예탁되어 있지 않은 주식(실기주)에 배정된 무상주식, 주식배당, 현금배당 등을 '실기주 과실'이라고 한다. 즉, 실기주 과실이란 실기주의 권리행사에 따라 발생되는 과실로서 투자자가 주식 실물을 직접 수령해갔으나 명의개서가 이뤄지지 않아 예탁원 명의로 발생된 현금(배당금, 무상단주대금, 주식배당단주대금) 및 주식(무상주식, 배당주식)을 의미한다. 이러한 실기주과실은 대금(배당금 또는 주식배당, 무상증자 시 발생하는 단주대금)의 경우 예탁원이 지급일에 예탁주식분과 함께 일괄 수령하여 관리하며, 주식의 경우에는 예탁원 명의로 수령 후 실기주관리계좌에 예탁하여 별도 보관한다.

실기주과실의 반환은 실기주주가 예탁자를 통해 반환을 청구하면, 대금의 경우 반환대상 과실대금 내역을 관련부서에 통지 후 당해 예탁자에게 반환하게 되며, 주식의 경우에는 반환대상 과실주권을 실기주관리계좌에서 당해 예탁자계좌로 계좌대체하여 반환한다.

***091 액면병합   [2018년 신한은행 기출]

액면병합이란 여러 개의 주식을 한 개로 합쳐 주식을 다시 발행하는 일이다. 주식 수를 줄이고 단가를 높이기 위해 이뤄진다. 액면병합을 하면 발행 주식 수가 줄고, 주당 가격이 올라가는 변화가 있지만 주식 발행액이나 자본금 규모에는 아무런 변화가 없다. 당연히 주주의 기존 지분율이나 지위에도 아무런 변함이 없다. 기업들이 액면병합을 하는 이유는 액면병합도 액면분할처럼 주가에 호재로 작용할 수 있기 때문이다. 액면병합을 통해 '싼 주식'이라는 이미지를 벗어나 '우량주'로 거듭나려는 것이다.

***092 액면분할(Stock Split)   [2019년 기업은행 기출]

액면분할이란 납입자본금의 증감 없이 기존 주식의 액면가격을 일정 비율로 분할하여 발행주식의 총 수를 늘리는 것을 말한다. 예를 들어 5천 원짜리 1주를 둘로 나누어 2천 5백 원짜리 2주를 만드는 것이다. 예컨대 액면가액 5천 원의 주식이 시장에서 2만 원에 거래되는 경우, 액면가액 2천 5백 원의 주식으로 분할하면 그 주식의 시장가격은 1만 원으로 하향 조정된다. 일반적으로 액면분할은 어떤 주식의 시장 가격이 과도하게 높게 형성되어 주식 거래가 부진하거나 신주 발행이 어려운 경우 등에 행해진다. 이런 경우 액면분할을 함으로써 주당 가격을 낮추어 주식 거래를 촉진할 수 있다. 보통 액면분할을 하면 주가가 많이 오른다. 액면분할 후 1주당 가격이 낮아지기 때문에 투자자들이 주가가 싸졌다고 느끼는데서 나타나는 현상으로 분석된다. 기업주 입장에서 액면분할은 주식의 분산효과가 나타나 적대적 M&A에 대항할 수 있는 등 경영권 방어에 일조할 수 있다. 또한 기업가치에 변동 없이 주식 수가 늘어난다는 측면에서 무상증자와 같은 효과가 발생할 수 있다. 그렇지만 액면가 대비 기업가치를 보면 무상증자의 경우는 발행주식수를 늘릴 만큼 기업가치가 감소하는데 액면분할의 경우는 실시 전과 차이가 없다.

**093 어슈어뱅킹(Assure Banking)

방카슈랑스와 반대되는 개념으로, 은행상품을 판매하는 보험회사를 말하지만, 넓은 의미로는 은행업을 직접 수행하거나 은행 자회사를 설립하는 등 보험사의 은행업 수행을 통칭한다. 인터넷의 확산에 따라 사이버금융이 발달하고 금융기관 간 업무장벽이 허물어지고 있다.

[사례] 외국, 특히 유럽의 보험사들은 적극적으로 어슈어뱅킹을 추진하고 있다. 프랑스의 AGF 사가 어슈어뱅킹을 활용하는 대표적인 회사. 독일 최대 보험사인 알리안츠는 드레스너뱅크를 인수해 은행 업무를 영위하고 있다.

**094 언더라이팅(Underwriting)

생명보험 계약 시 계약자가 작성한 청약서상의 고지 의무 내용이나 건강진단 결과 등을 토대로 보험계약의 인수 여부를 판단하는 최종 심사 과정을 말한다.

***095 엔젤투자(Angel Investment)

[2018년 주택금융공사 기출]

개인들이 돈을 모아 창업하는 벤처기업에 필요한 자금을 대고 주식으로 그 대가를 받는 투자형태를 말한다. 통상 여럿의 돈을 모아 투자하는 투자클럽의 형태를 띤다. 자금 지원과 경영 자문 등으로 기업 가치를 올린 뒤 기업이 코스닥시장에 상장하거나 대기업에 인수합병(M&A)될 때 지분 매각 등으로 투자 이익을 회수한다. 직접투자와 간접투자 방식이 있다.

① 직접투자 : 개인이 기업과 직접 접촉해 투자하거나 여럿이 모여 정보를 공유하고 기업설명회(IR) 등을 함께 듣는 엔젤클럽 활동을 통해 자기 책임 하에 투자

② 간접투자 : 49명 이하의 개인이 모여 결성하는 개인투자조합(펀드)에 출자하는 방식. 투자 대상 선정은 펀드매니저 역할을 하는 업무집행조합원(GP)이 담당

투자한 기업이 성공적으로 성장하여 기업가치가 올라가면 수십 배 이상의 이득을 얻을 수 있는 반면 실패할 경우에는 투자액의 대부분이 손실로 확정된다. 기업을 창업하는 사람들 입장에서는 천사 같은 투자라고 해서 붙여진 이름이다. 한편, 이렇게 투자하는 사람을 엔젤 투자자라고 한다.

***096 역모기지론(Reverse Mortgage)   [2019년 기업은행 기출]

모기지론은 집을 살 때 담보로 해당 주택을 제공하고 주택 구입자금을 빌려주는 제도이다. 역(逆)모기지론(Reverse mortgage)은 모기지론과는 목적과 개념이 반대인데, '이미 집을 가진 사람에게 이를 담보로 생활자금을 빌려준다'는 것이 역모기지론의 기본 개념이다. 역모기지론은 지원받는 수령자가 사망할 때까지가 가입기간이어서 통상 20~30년 하는 모기지론처럼 만기가 길다. 우리말로 역모기지론을 장기주택저당대출이라 부르는 이유도 이 때문이다. 미국, 영국, 프랑스 등 서구에서 오랜 전통을 가지고 시행중인 이 제도는 우리나라에서 1995년부터 일부 민간은행에 도입됐다. 그러나 실적은 미미했고 본격적으로 제도가 알려지기 시작한 것은 2004년 3월 주택금융공사가 설립된 이후다.

*097 역외은행

예금주의 거주 국가 밖에 위치하는 은행으로, 영어로는 오프쇼어뱅크라고 한다. 통화국의 제약에서 독립된 외부 금융시장으로서 예금주의 거주 국가 밖에 위치하며, 일방적으로 예금주에게 세금 회피를 가능하게 하고, 강력한 프라이버시 보장, 용이한 계좌 접근성 등의 재정적 · 법적 이득을 제공한다.

문제는 금융기관들과 다국적기업, 전 세계 고위급 정치인, 조직범죄자들의 탈세와 돈세탁의 온상으로 주목받아 왔고 즉, 사회에 큰 해악을 끼치는 부정부패 마약과 도박 등의 조직범죄와 연관된 돈들이 은밀히 거래되고 세탁되는 창구로 이용되고 있다.

***098 예금자보호제도 적용 금융상품

[2020년 하반기 광주은행 기출]

구분	보호금융상품	비보호금융상품
은행	보통예금, 기업자유예금, 별단예금, 당좌예금 등 요구불예금, 정기예금, 저축예금, 주택청약예금, 표지어음 등 저축성예금, 정기적금, 주택청약부금, 상호부금 등 적립식예금, 외화예금, 예금보호대상 금융상품으로 운용되는 확정기여형 퇴직연금제도 및 개인형 퇴직연금제도의 적립금, 개인종합자산관리계좌(ISA)에 편입된 금융상품 중 예금보호 대상으로 운용되는 금융상품, 원본이 보전되는 금전신탁 등	양도성예금증서(CD), 환매조건부채권(RP), 금융투자상품(수익증권, 뮤추얼펀드, MMF 등), 은행 발행채권, 주택청약저축, 주택청약종합저축 등, 확정급여형 퇴직연금제도의 적립금, 특정금전신탁 등 실적배당형 신탁, 개발신탁
투자매매업자/투자중개업자	증권의 매수 등에 사용되지 않고 고객계좌에 현금으로 남아 있는 금액, 자기신용대주담보금, 신용거래계좌 설정보증금, 신용공여담보금 등의 현금 잔액, 예금보호대상 금융상품으로 운용되는 확정기여형 퇴직연금제도 및 개인형퇴직연금제도의 적립금, 개인종합자산관리계좌(ISA)에 편입된 금융상품 중 예금보호 대상으로 운용되는 금융상품 원본이 보전되는 금전신탁 등	금융투자상품(수익증권, 뮤추얼펀드, MMF 등), 청약자예수금, 제세금예수금, 유통금융대주담보금, 환매조건부채권(RP), 금현물거래예탁금 등, 확정급여형 퇴직연금제도의 적립금, 랩어카운트, 주가지수연계증권(ELS), 주가연계 파생결합사채(ELB), 주식워런트증권(ELW), 증권사 종합자산관리계좌(CMA), 증권사 발행채권, 「자본시장과 금융투자업에 관한 법률」 제117조의 8에 따라 증권금융회사에 예탁되어 있는 금전, 「자본시장과 금융투자업에 관한 법률 시행령」 제137조 제1항 제3호의 2에 따라 증권금융회사에 예탁되어 있는 금전
보험회사	개인이 가입한 보험계약, 퇴직보험, 변액보험계약 특약, 변액보험계약 최저사망보험금 · 최저연금적립금 · 최저중도인출금 · 최저종신중도인출금 등 최저보증, 예금보호대상 금융상품으로 운용되는 확정기여형 퇴직연금제도 및 개인형 퇴직연금제도의 적립금, 개인종합자산관리계좌(ISA)에 편입된 금융상품 중 예금보호 대상으로 운용되는 금융상품, 원본이 보전되는 금전신탁 등	보험계약자 및 보험료납부자가 법인인 보험계약, 보증보험계약, 재보험계약, 변액보험계약 주계약(최저사망보험금 · 최저연금적립금 · 최저중도인출금 · 최저종신중도인출금 등 최저보증 제외) 등, 확정급여형 퇴직연금제도의 적립금

종합금융 회사	발행어음, 표지어음, 어음관리계좌 (CMA) 등	금융투자상품(수익증권, 뮤추얼펀드, MMF 등), 환매조건부채권(RP),양도성예 금증서(CD), 기업어음(CP), 종금사 발 행채권 등
상호저축 은행 및 상호저축 은행 중앙회	보통예금, 저축예금, 정기예금, 정기적 금, 신용부금, 표지어음, 예금보호대상 금융상품으로 운용되는 확정기여형 퇴 직연금제도 및 개인형 퇴직연금제도의 적립금, 개인종합자산관리계좌(ISA)에 편입된 금융상품 중 예금보호 대상으 로 운용되는 금융상품, 상호저축은행 중앙회 발행 자기앞수표 등	저축은행 발행채권(후순위채권 등) 등, 확정급여형 퇴직연금제도의 적립금

099 오픈뱅킹

은행의 송금·결제 망을 표준화시키고 개방해서 하나의 애플리케이션으로 모든 은행의 계좌 조회, 결제, 송금 등의 금융 서비스가 이뤄지는 계좌를 조회하고 송금할 수 있는 서비스를 말한다. 2019년 10월 30일부터 시범 운영을 시작했고, 같은 해 12월 18일 정식 가동됐다.

100 오픈파이낸스

[2022 하반기 새마을금고중앙회 필기 기출]

오픈 파이낸스(Open Finance)란 은행의 계좌정보 및 결제기능의 개방에 초점을 둔 오픈뱅킹의 개념을 상품 추가, 기능 확대 등을 통해 포괄적으로 확장하는 것을 뜻한다. 즉, 금융권 및 핀테크 업권 등이 오픈뱅킹뿐 아니라 맞춤형 상품추천, 자산관리, 상품가입·변경 등을 표준화된 방식으로 상호 개방한 금융 생태계다. 최근 고승범 금융위원장은 '금융플랫폼 혁신 활성화를 위한 간담회'에서 금융산업의 흐름이 플랫폼을 통한 종합 서비스로 가고 있다며 오픈뱅킹을 확대 개편해 오픈 파이낸스로 전환이 필요하다고 설명했다. 주요 은행과 우체국 애플리케이션 앱에서도 오픈뱅킹에 참여한 핀테크 기업의 선불 충전금 목록과 거래명세를 확인할 수 있게 되면서 오픈뱅킹에 참여하는 모든 업권에서 보유 정보를 상호 개방하게 됐다. 오픈뱅킹 확대에 마이데이터 사업이 더해지면 오픈 파이낸스 전환이 더욱 가속화될 것으로 예상된다.

101 외환스왑

[2020년 하반기 우리은행 기출]

거래방향이 서로 반대되는 현물환거래와 선물환거래 혹은 선물환거래와 선물환거래가 동시에 이루어지는 거래를 말한다. 스팟 포워드 스왑(spot forward swap)이라고도 하며, 환리스크의 헤지, 결제일의 조정, 기타통화 자금의 조달 수단, 금리재정거래, 선물환의 창출 등을 위해 이용된다. 스왑기간 중 이자지급은 없으나, 계약 시 통화 간 이자율 차가 반영되어 만기 시 환율이 산정된다.

**102 요즈마(YOZMA)펀드

요즈마란 '혁신'을 뜻하는 이스라엘어, 요즈마펀드는 이스라엘 정부와 기업이 함께 돈을 내서 만든 매칭(Matching) 방식의 벤처캐피털이다. 즉, 자본이나 담보능력 없이 아이디어와 기술만으로 출발하는 벤처기업인들의 자금 조달을 도와주기 위해 정부 주도로 설립된 벤처캐피털이다.

***103 와타나베 부인

일본에서 낮은 금리로 엔화를 빌려 외화로 환전한 뒤 해외의 고금리 자산에 투자(일종의 Yen Carry Trade)하는 일본의 중·상층 주부 투자자들을 와타나베(Watanabe) 부인이라고 하는데 일본의 개인 외환투자자들을 통칭하는 용어로 확장하여 사용하기도 한다.

**104 우발전환사채(코코본드, Contingent Convertible Bond)

우발전환사채는 발행기관이 경영개선명령을 받거나 부실금융기관으로 지정될 경우 상각되거나 보통주로 전환되는 조건이 부가되는 채권(조건부자본증권)을 말한다. 이러한 조건이 실현될 경우 코코본드는 강제로 상각되거나 주식으로 전환되기 때문에 발행기관의 채무부담은 줄어들고 자본은 확충된다.

***105 운영리스크

부적절하거나 잘못된 내부 프로세스(Internal Process), 인력, 시스템, 외부사건(External Events) 등으로 인해 발생할 수 있는 손실 가능성을 말한다.

***106 워크아웃(Workout)   [2018년 우리은행 기출]

기업의 재무구조 개선 작업을, 계약 불이행이 발생하였을 때 도산 등을 피하기 위해 채무자와 채권자가 해결 방법을 모색하는 행위를 말한다. 워크아웃의 목적을 달성하기 위해서는 우선 해당 기업이 금융기관의 빚을 갚는 노력을 하여야 한다. 그러나 대부분의 경우

기업 자력으로는 불가능하기 때문에 부채 상환을 유예하고 빚을 탕감해 주며, 필요에 따라서는 신규자금도 지원해야 하는 등 금융기관의 손실 분담이 필요하게 된다. 따라서 워크아웃은 채권 상환 유예를 통한 부도의 유예 조치와 협조 융자, 출자전환까지 포괄한다. 그러나 금융기관의 손실 분담이 채무 기업의 기존경영진 · 주주 · 종업원의 손실 분담을 전제로 이루어지기 때문에 감자(減資) · 출자전환 등의 과정이 선행된 연후에 금융권의 자금 지원이 이루어진다.

***107 위험기준 지급여력제도(RBC, Risk Based Capital) [2018년 국민은행 기출]

RBC제도란 보험회사에 내재된 각종 리스크를 체계적으로 파악하여 이에 상응하는 자본을 보유하게 함으로써 보험회사의 재무건전성을 높이고 미래의 불확실성에 대비할 수 있도록 하는 위험기준 지급여력제도(Risk-Based Capital)를 의미한다. RBC제도는 예상하지 못한 손실 발생 시 이를 보전하여 지급능력을 유지할 수 있도록 하는 가용자본(Available capital)과 보험 · 금리 · 시장 · 신용 · 운영리스크 등의 규모를 측정하여 산출된 필요자기자본인 요구자본(Required capital)으로 구성된다. 금융감독원은 리스크 중심의 재무건전성 감독이라는 국제적 추세에 부응하고, 급변하는 보험환경변화에 선제적으로 대응하기 위해 미국, 일본 등 주요국의 사례를 참고, 우리 현실에 맞는 RBC제도를 도입하여 2009년 4월부터 RBC제도를 시행하였다. 이에 따라 보험회사의 재무건전성이 강화되고, 경영에 합리적이고 과학적인 리스크관리기법을 적용함으로써 보험경영의 선진화를 앞당길 수 있을 것으로 기대된다.

**108 유니버셜 뱅킹(Universal Banking)

금융기관이 업무상의 규제를 받지 않고 은행업무, 신탁업무, 증권업무 등 모든 금융업무를 행할 수 있는 제도를 의미한다. 장점으로는 다양한 금융상품 및 서비스의 제공, 낮은 코스트의 금융상품, 고객에게 이용의 편의성 제고, 경영의 안정화 등을 들 수 있다. 단점으로는 은행업무와 증권업무 간의 이해 상충이 발생한다.

**109 유동성딜레마

1944년 출범한 브레튼우즈(Bretton Woods) 체제는 독자적인 세계통화가 아니라 특정 국가의 통화인 미국 달러화를 기축통화로 하여 성립된 체제였다. 따라서 동 체제에서 전 세계적으로 통용되는 기축통화인 미국 달러화는 국제사회의 신뢰를 얻어야 하는 동시에 세계의 상품 및 자본 거래량을 충분히 소화할 수 있을 정도의 유동성을 공급해야 한다. 그런데 기축통화국인 미국이 국제수지 적자를 기록하여 달러화 공급량을 증가시키면 세계적으

PART **02** 주요용어편

로 유동성은 증가하나 달러화에 대한 신인도가 하락한다. 반대로, 미국이 국제수지 흑자를 내어 달러화 공급량을 감소시키면 달러화의 신용도는 상승하나 세계적으로 유동성이 부족하게 된다. 이러한 모순된 상황을 가리켜 미국 예일대의 트리핀(Triffin)교수는 유동성 딜레마라고 불렀다(동 교수의 이름을 따서 트리핀딜레마(Triffin Dilemma) 라고도 한다.

***110 유동성리스크

거래 일방이 일시적인 자금부족으로 인해 정해진 결제 시점에서 결제의무를 이행하지 못함에 따라 거래상대방의 자금조달 계획 등에 악영향을 미치게 되는 위험을 말한다. 유동성 리스크는 거래 상대방이 지급기일이 지난 이후 채무를 결제할 수 있다는 점에서 거래 상대방이 파산하여 채권 회수가 영원히 불가능한 신용리스크와 차이가 있으나 실제로는 그 구별이 쉽지 않다.

**111 유리보(EURIBOR)

유리보(EURIBOR)는 영어 'Euro Interbank Offered Rate'의 줄임말이다. 유로화를 단일통화로 하는 유럽연합(EU) 12개 회원국이 국제 금융거래 시 기준으로 사용하기 위해 1999년 1월 1일부터 산출, 적용한 금리로, 유럽연합 회원국 가운데 유로에 참여하지 않은 영국 · 덴마크 · 스웨덴은 제외되었다. 영국 런던에서 우량은행끼리 단기자금을 거래할 때 적용하는 금리인 리보(LIBOR)에 대항하고, 유로 국가 간의 공동 경제권을 강화하는 데 목적이 있다. 벨기에 브뤼셀에 본부를 두고 있는 유럽중앙은행회가 57개 유럽은행 간 거래 금리를 평균해 산출한다.

**112 유한책임대출(비소구대출)

주택을 담보로 대출받을 경우, 채무자가 채무 상환에 실패할 때 담보물 소유권을 채권자에 넘기면 대출 상환 책임이 없어지는 상품. 즉, 채무자의 책임한도가 주택가격 이내로 한정된다. 주택도시기금 디딤돌대출을 이용하는 부부합산 연소득 3천만 원 이하 무주택 가구에 우선 시범 적용. 주택도시기금의 주택담보대출은 한정된 재원이고, 이에 빚을 다 돌려받지 못할 수 있는 유한책임대출 방식을 적용하는 만큼 중 · 하위계층이 우선적으로 혜택을 받도록 한 것이다. 집값 하락에 따른 위험을 금융기관과 채무자가 공동 분담하는 것이다. 무한책임대출 형식인 기존의 주택담보대출제도 하에선 담보물 가격이 하락해서 경락가격이 대출금액을 충당하지 못하면, 금융기관은 채무자의 월급 등에 압류절차를 진행하여 잔여 대출금을 다 받아낸다. 이러한 경우 주택 가격 하락에 따른 피해는 채무자가 100% 부담하게 된다.

[단점] 주택투기바람의 재연, 주택구매자의 도덕적 해이, 금융기관들의 사업성과 수익
　　　성 저하
[장점] 금융기관의 엄격한 대출심사, 집값 폭락에 따른 가계 파산 방지

*113 위험조정자본수익률(RAROC)

기존의 경영관리 목표였던 ROE, ROA에서 발전하여, 새로운 경영목표로 제시된 리스크
와 수익을 동시에 고려하는 수익성지표이다.

 RAROC = RAR/Economic Capital(= Risk adjusted capital, 위험자본)
　　　 - RAR = 수익 - 비용 - '예상손실(EL)'
　　　 - Economic Capital = 신용VaR + 시장VaR + 운용VaR + ALM VaR

***114 은행세(Bank fee, Bank levy)

2008년 금융위기 극복을 위해 금융권에 투입된 공적자금을 회수할 목적으로 만들어진
세금이다. 유럽에서는 은행부과금이라 하며 한국에서는 거시건전성 부담금이라고 한다.
경기가 좋을 때는 무분별하게 외부에서 자금을 빌려 공격적으로 주식, 파생금융상품 등
에 투자해 수익을 올리다가, 경기가 나빠져 금융위기가 닥치면 국민의 혈세로 위기를 모
면하는 은행에 대한 벌칙을 부과(벌칙적 성격)한다. 일정규모 이상의 은행의 비 예금성 부채
에 대하여 만기에 따라 0.02 ~ 0.2%의 은행세 부과
→ 한국 : 2012년 약 1천억 원 징수(국내은행 3,600만 불, 외국은행 지점 5천2백만 불)
→ 2015년 7월 1년 미만의 단기외채에 대해 단일요율 0.1% 부과로 개정됨. 증권사, 카
　　드사도 부과대상으로 확대됨.

***115 은행 예대율

시장성 수신을 통한 은행의 외형경쟁 유인 억제 등의 '정책적 목적'을 위해 도입(2012년 7
월)된 바, 2018년 자본비율 규제를 보완하여, 과도한 가계부채 관리 등을 위해 예대율을
보다 실효성 있게 개선ㆍ운용하는 방안이 나온다. 기업대출 유인 제고, 시장영향 등을 감
안하여 가중치 수준은 15%로 하되, 향후 가계부채 추이 등을 보아가며 조정 검토 예정.
※ 예대율 = 원화대출금 / 원화예수금 < 100%

**116 이더리움(ETH, Ethereum)

비트코인 시스템을 결제 수단뿐만 아니라 전자 메신저 등 다양한 분야에 적용해 활용 범

위를 넓힌 '암호화폐2.0' 개념을 만든 비탈릭 부테린이 개발했다. 부테린은 이더리움이라는 회사를 설립하고 이더(Ether)라는 암호화폐를 발행해 선판매하는 암호화폐공개(ICO)로 자금을 조달했다. 이더리움은 이용자 계약을 전자화해 기록하는 스마트계약을 위변조가 불가능한 블록체인에 저장해 두는 방식으로 분산시스템을 구축해 활용 범위를 확대했다. 이더리움은 거래 내역 외에도 계약서 등 다양한 정보를 기록할 수 있다. 한 블록의 크기는 무제한이고, 10초에 한 번씩 저장한다. 비트코인과 다른 인증방식을 적용해 속도도 높였다. 2017년 가상화폐 열풍을 이끈 것은 비트코인이지만 가격 상승률을 따져보면 이더리움(9,000%)이 비트코인(1,700%)보다 크게 높았던 이유다.

***117 이상금융거래탐지시스템(FDS) [2020년 하반기 국민은행 기출]

전자금융거래 접속정보, 거래내역 등을 종합 분석하여 이상금융거래를 탐지, 차단하는 시스템(Fraud Detection System)이다.

FDS(Fraud Detection System, 이상금융거래탐지시스템)는 결제자의 다양한 정보를 수집해 패턴을 만든 후 패턴과 다른 이상 결제를 잡아내고 결제 경로를 차단하는 보안 방식이다. 보안 솔루션에 의존하던 기존 보안과 달리, 빅데이터를 바탕으로 적극적인 보안 개입을 하는 것이 특징이다. FDS는 정보수집 기능, 분석 및 탐지 기능, 대응 기능, 모니터링 및 감사 기능으로 구성돼 있다. 핀테크가 중요해지는 시점에 FDS도 필수적인 보안 방식으로 주목받고 있다. 해외에서는 페이팔, 국내에서는 신한카드와 유안타증권이 대표적인 FDS 적용 기업으로 손꼽힌다.

이상금융거래탐지시스템 또는 부정사용방지시스템이라고 불리는 FDS는 전자금융거래 시 단말기 정보와 접속 정보, 거래 정보 등을 수집·분석해 의심스러운 거래나 평소와 다른 금융 거래가 발생하면 이를 차단한다.

예를 들어, 서울에서 오후 2시에 결제가 일어난 경우를 가정했을 때, 30분 뒤 서울의 어떤 지역이나 서울 근교에서 결제가 일어난다면 정상적인 결제이다. 반면, 30분 뒤 서울이 아닌 지역이나 외국에서 결제가 된다면 비정상적인 결제로 판단된다. 그럼 기업에서 자체적으로 거래를 중단시키고, 카드 소유자에게 이상 거래가 있다고 보고하는 식으로 진행되는 것이 FDS다. FDS는 주로 은행, 보험, 카드 등 금융 회사와 아마존 같은 온라인 쇼핑 회사에서 많이 사용되고 있다. 2015년부터는 핀테크가 급속도로 발전하면서 온라인 금융 거래 안전성 강화 측면에서 주목받고 있다.

***118 이자보상배율

영업이익을 이자비용으로 나눈 값으로 측정하는 지표이다. 이는 영업활동에 의한 이익으로 이자비용을 어느 정도나 부담할 수 있는 지, 즉 기업의 이자부담능력을 평가하는 지표로 이용된다. 동 지표가 높을수록 이자부담능력이 좋다고 할 수 있으며, 1보다 작으면 영업이익 전체로도 금융비용을 충당할 수 없는 상태를 의미한다.

***119 이자소득세와 농특세

통상 이자소득에 매겨지는 세금을 이자소득세라고 하며 이자소득세의 10%만큼 덧붙는 농업특별세를 농특세라고 한다. 일반적으로 이자소득세는 이자에 대해 14%로 부과되므로 농특세는 1.4%가 된다.

***120 이자율과 채권가격의 상관관계　　　　　[2018년 기업은행 기출]

채권 가격을 결정하는 요소인 시장수익률, 표면이자율, 잔존 기간 등을 기초로 미국의 경제학자 말킬(B. G. Malkeil)은 다음 다섯 가지의 채권 수익률과 채권 가격의 관계를 제시하였다.

① 채권 가격과 수익률은 역의 관계이다.

② 잔존 기간(만기)이 긴 채권이 잔존 기간(만기)이 짧은 채권보다 가격 변동폭이 크다.

③ 채권 수익률 변동에 따른 채권 가격의 변동폭은 만기가 길어질수록 증가하나 그 증가율은 체감한다.

④ 잔존 기간(만기)이 일정할 때 채권 수익률 하락으로 인한 가격 상승폭이 같은 폭의 수익률 상승으로 인한 채권 가격 하락폭보다 크다.

⑤ 표면이자율이 높을수록 채권 가격 변동폭이 작다.

이러한 채권 가격 정리에 의하면, 채권 가격은 이자율 변동에 반비례하며, 잔존 기간(만기)이 길수록, 표면이자율이 낮을수록, 채권 수익률이 높을수록 채권 가격의 변동률은 커짐을 알 수 있다.

**121 익스포저(Exposure)

리스크에 노출되어 있는 금액을 의미하며 리스크 유형에 따라 시장리스크 익스포저, 신용리스크 익스포저 등으로 구분된다. 시장리스크 익스포저는 금리, 환율, 주가 등의 변동에 따른 가치 변동에 따른 손실 가능성에 노출된 금액을, 신용리스크 익스포저는 거래상대방의 신용도 하락, 채무불이행에 따른 경제적 손실 가능성에 노출된 금액을 의미한다. 따라서 익스포저는 장부가액보다 포괄적인 개념이며 발생 가능한 손실 가능액을 측정하지만, 발생 가능성(위험가중치)으로 조정하지 않은 중립적인 금액이라는 점에서 위험가중자산과 차이가 있다.

122 인덱스 펀드(Index Fund)

주가지수에 영향력이 큰 종목들 위주로 펀드에 편입해 펀드 수익률이 주가지수를 따라가도록 운용하는 상품이다. 1970년대 초반 미국시장에 도입된 자산운용 방식으로 금융시장이 발달하면서 위험 회피 전략이나 차익실현을 위한 중요한 수단으로 부각돼 왔다.

123 인버스ETF(Inverse Exchange Traded Fund)

주식 관련 장내 외 파생상품 투자 및 증권차입매도 등을 통해 기초지수(KOSPI 200지수)의 일일 변동률(일별 수익률)을 음의 1배수 즉, 역방향으로 추적하는 ETF를 말한다. 예를 들어, KOSPI 200지수가 1% 상승할 경우 인버스ETF는 마이너스 1% 수익률, 반대로 KOSPI 200지수가 1% 하락 시 인버스ETF는 플러스 1%의 수익률을 목표로 운영된다.
[출처 : 매일경제, 매경닷컴]

124 인보험   [2020년 하반기 NH농협은행 기출]

피보험자의 생명이나 신체를 위협하는 사고가 발생한 경우, 보험자가 피보험자에게 일정한 금액 및 기타 급여를 지급할 것을 약정하고 보험계약자는 이에 대하여 보수 지급을 약정하는 보험이다. 인보험은 쌍무계약과 낙성계약의 특징을 가지고 있으며, 상법상 인보험으로 생명보험과 상해보험을 포함하고 있다. 손해보험과는 다르게 제3자에 대한 보험대위를 인정하고 있지 않다.

125 인컴펀드(Income Fund)

투자신탁재산의 운용에 있어서 주식 등의 가격상승에 따른 차익보다는 이자, 배당 등 인컴 게인을 목표로 하는 투자신탁이다. 투자대상으로 하는 주식은 장래의 성장성보다 당면의 안정적 이윤이 높은 데 중점을 두고 있으며 이윤이 확정된 증권을 선호하는 경향이 강하다. 주가가 하락할 때에는 저항력이 강하나 호황 시에는 높은 수익률을 기대하기 어렵다.

126 인터넷전문은행 특례법 은산분리 완화   [2019년 기업은행 기출]

인터넷전문은행에 대한 산업자본의 지분율(의결권 기준) 상한률을 기존 은행법 기준 <4%>에서 <34%>로 완화하였다.

127 임베디드 금융

[2022 하반기 농협은행 필기 기출]

임베디드 금융(Embedded Finance)이란 비금융회사가 금융회사의 금융상품을 중개·재판매하는것을 넘어 자사 플랫폼에 핀테크 기능을 내재화(embed)하는 것을 말한다. 임베디드 금융 시장은 온라인 중심의 소비자 구매패턴 변화와 함께 코로나로 인한 비대면 금융의 확산으로 성장세를 보이고 있다. 입출금 계좌 서비스, 전자지갑 및 결제, 대출 등의 금융 서비스를 비금융회사에서 번들(bundle)처럼 다른 서비스와 함께 제공하는 것으로, 비금융회사가 본업인 온라인 제품 판매, 서비스를 수행하면서 관련 금융상품과 서비스를 함께 제공하여 금융수익을 추가로 획득하는 핀테크를 말한다. 지금까지의 핀테크 서비스는 결제, 송금, P2P·금융, 자산관리 등 개별 서비스 별로 신규 사업자가 서비스를 제공하고 고객을 모으는 형태였다면, 임베디드 금융은 이미 고객이 확보되어 있는 비금융 서비스에 금융기능을 결합하여 제공하는 방식이라고 할 수 있음 예를 들어, 금융기관이 제공하는 수단을 직접 이용하지 않아도 결제를 할 수 있는 네이버페이, 카카오페이, 페이코 등의 간편결제, 스타벅스의 모바일 앱(사이렌오더)과 선불카드 결제, 현대차 그룹의 차량 내 간편 결제 서비스, 테슬라의 자체 보험 서비스 등이 있다.

128 자기자본거래(= 프랍트레이딩, 자기계정거래)

고수익을 올리기 위하여 자신의 자산이나 차입금으로 채권, 주식, 파생상품 등에 투자하는 행위이다. 투자은행 등이 직접 트레이더를 고용해 회사자금으로 매매를 시키고 수익이 날 경우 회사와 트레이더가 일정 부분의 비율(%)로 나눠 가진다.

*130 자산담보부 대출(ABL, Asset Based Lending)

기업이 보유한 재고와 매출채권 등을 담보로 한 대출 증대 → 사업 수익자산을 활용 → 자금조달원의 확대

 신설기업의 경우, 기업자산 구성에서 부동산보다는 매출채권 비중이 많음.
- 은행 입장에서는 신규대출증대와 기업경영실태를 보다 자세하게 파악 → 신용리스크 관리에 대한 강화
- 자산평가사의 담보평가 위착, 양도담보 등기제도 등이 뒷받침되어야 함

***131 자산유동화

[2019년 전북은행 기출]

자산유동화란 일반적으로 SPV(Special Purpose Vehicle, 특수목적기구 : 회사 · 신탁)가 자산보유자로부터 유동화자산을 양도 또는 신탁받아 이를 기초로 유동화증권을 발행하고 해당 유

동화자산의 관리 · 운용 · 처분에 의한 수익이나 차입금 등으로 유동화증권의 원리금 또는 배당금을 지급하는 일련의 행위를 말한다. 「자산유동화에 관한 법률」에서는 이 같은 유동화증권을 발행할 수 있는 자로서 유동화전문회사, 자산유동화업무를 전업으로 하는 외국 법인, 「자본시장과 금융투자업에 관한 법률」에 의한 신탁업자를 정하고 있다.

132 자산유동화증권(ABS, Asset-Backed Securities) [2022 상반기 농협은행 필기 기출]

① 자산유동화증권(Asset Backed Security)이란

기업이나 금융기관이 보유하고 있는 자산을 표준화 및 집합화하여 이를 바탕으로 증권을 발행하고, 기초자산의 현금흐름을 활용, 증권을 상환하는 것을 말한다. 국내의 경우 1998년, 금융기관과 일반기업의 자금조달을 원활하게 하여 재무구조의 건전성을 높이고 주택자금의 안정적인 공급을 통하여 주택금융기반을 확충하기 위하여 자산유동화에 관한 법률을 제정하여 자산유동화제도를 도입하여 자산유동화증권시장이 마련되었다. 그러나 자산유동화에 관한 법률에 근거, 발행되는 ABS의 경우 발행 측면에서 다양한 제약조건이 존재하고 유동화계획에 대한 금감원의 승인도 필요하다. 따라서 간편한 방식으로 ABS를 발행하려는 유인의 증대로, 2000년대 중반부터 자산유동화에 관한 법률에 근거하지 않는 ABCP시장이 도입되었다. ABCP는 기업이나 금융기관이 보유한 자산을 기초로 발행되고, 상법상 주식회사가 ABCP를 발행하는 방식이 주로 활용되고 있다.

② 자산유동화증권(Asset Backed Security)의 특징

가. 자산보유자의 신용도와 분리되어 있고, 자산자체의 신용도로 발행하는 특징이 있다.

나. ABS의 신용도는 기초자산의 신용도와 '신용보강' 등에 의해 결정된다.

다. 일반적으로 자산보유자보다 높은 신용도로 증권이 발행된다.

라. 자산유동화증권은 투자자의 선호에 부합하여 증권을 설계하기 때문에 다계층증권(tranche)이 발행된다.

③ 자산유동화증권(Asset Backed Security)의 의의

ⓐ 발행자 측면에서 ABS의 장점

가. 상대적으로 낮은 비용의 조달이 가능하다는 장점이 있다.

나. 자산의 부외화의 효과를 거둘 수 있기 때문에, 금융기관의 경우 자기자본 관리를 강화하는 방안으로 ABS를 발행하기도 한다.

다. 자산보유자는 기존의 자금조달 수단 외에 자산을 활용한 자금조달을 통해, 조달수단의 다양화시킬 수 있다.

라. 유동화 추진 과정에서, 자산보유자의 연체 이력, 자산의 회수 등 다양한 리스크 관리부문에 대한 점검을 통해 간접적인 리스크관리 강화 효과가 있다.

ⓑ 유동성 문제를 가지고 있는 일부 금융기관뿐 아니라, 조달구조를 다양화하거나 조달비용을 절감하려는 많은 금융기관과 기업들이 ABS 발행에 관심을 보이고 있다.

ⓒ 투자자 측면에서 ABS의 장점

　가. ABS는 투자자의 선호에 부응하는 상품을 만들 수 있기 때문에 변화하는 투자자 선호에 따른 상품 공급이 가능하다.

　나. 상대적으로 높은 신용도를 지닌 증권에 대한 투자기회가 확대됨으로써 투자자 보유자산의 건전성을 제고한다는 효과가 있다.

　다. 유동화증권의 경우, 초기 유동성비용과 구조상의 프리미엄 등으로 인해 동급의 신용도를 지닌 다른 채권에 비해 상대적으로 높은 수익성을 거둘 수 있다는 장점이 있다.

ⓓ 자산유동화업무는 주간사에 있어, 자산의 분석 및 신규 증권에 대한 노하우를 높이고, 전반적인 금융시장의 발전에 기여하는 역할을 하고 있으며 또한 다양한 이해당사자에게 새로운 수익원을 제공한다는 효과가 있다.

133 장단기금리차

장단기금리차란 일정 시점에서 장기금리와 단기금리의 차이를 의미한다. 장단기금리차는 다양한 만기의 지표금리를 이용해서 산출할 수 있다. 예를 들어, 어떤 시점에서 국고채금리(3년 만기)가 2.0%이고 한국은행 정책금리(1~7일 만기)가 1.5%라면 여기서 장단기금리차는 0.5%p(2.0%-1.5%)이다. 또는 10년 만기 국고채금리와 3년 만기 국고채 금리의 차이도 또 하나의 장단기 금리 차로 이해할 수 있다.

134 재정환율

자국통화와 여타 외국 통화가 국내외환시장에서 직접적으로 거래되지 않는 경우 각각의 시장에서 결정되는 가격을 이용해 산출하는 환율을 말한다. 원/달러 환율이 1, 100원이고, 일본 동경 외환시장에서 엔/달러 환율이 달러당 110엔이라면 재정환율인 원/엔 환율은 100엔당 1, 000원이 된다. 유로의 경우 기축통화지만 현재 유로와 원화를 교환할 수 있는 시장이 없다. 이에 따라 달러 대 원, 달러 대 유로의 교환비율을 비례식으로 하여 원 대 유로의 가격을 산출하고 있다.

135 적격대출　　　　　　　　　　　　　　　　　**[2018년 우리은행 기출]**

주택금융공사가 은행이 확보한 대출 채권을 모아 주택저당증권(MBS)으로 유동화 할 수 있도록 설계한 장기 고정금리 주택담보대출의 일종으로 2012년 3월 도입되었다. 9억 원 이하 주택을 담보로 신청할 수 있으며 주택담보대출 비율(LTV)이 최고 70%까지 적용된다. 최대 대출한도는 5억 원이며 금리는 은행이 결정한다. 최고 5억 원까지 고정금리, 원리금 균등분할 상환, 만기 10~35년 조건으로 대출받을 수 있다. 대출금리는 은행마다 다르며 전체적으로 변동금리 주택담보 대출에 비해서는 금리가 낮은 편이다. 은행은 고객에게 빌려준 주택담보대출을 주택금융공사에 넘기고 주택금융공사는 이 대출을 MBS 형태로 시장에서 팔아 현금을 확보한다.

*** 136   적도원칙   [2021 하반기 국민은행 필기 기출]

적도원칙은 환경 파괴나 인권 침해를 일으킬 수 있는 대규모 개발사업에는 금융지원을 하지 않겠다는 협약으로 2003년 6월 채택됐다. 적용대상은 미화 1,000만 달러 이상인 프로젝트 파이낸싱(PF)과 5,000만 달러 이상인 기업대출 등이다. 국내 은행 중에서는 신한은행이 시중은행으로는 처음으로 적도원칙에 가입했다. 일부 환경단체들은 금융기관의 적도원칙 가입이 단지 이미지 개선을 위한 세탁, 즉 그린워싱(greenwashing) 내지 선전에 불과할 뿐 기업들이 실제로 환경개선을 위한 노력을 기울이지 않는다는 비판을 제기하고 있다. 적도원칙은 전세계 주요 개발 프로젝트를 평가하는 금융사 및 투자자를 위한 사실상 표준(De facto standard)으로 자리매김했다.

*** 137   전환사채(CB, Convertible Bond)   [2018년 기업은행 기출]

발행 당시에는 순수한 회사채의 형태로 발행되지만 일정 기간이 경과된 후 보유자의 청구에 의하여 발행회사의 주식으로 전환될 수 있는 권리가 붙어 있는 사채이다. 따라서 전환사채는 사실상 주식과 채권의 중간적 성격을 갖고 있다. 전환사채에는 발행조건으로 전환할 때 받게 되는 주식의 수를 나타내는 전환비율이 정해져 있다. 따라서 전환사채 발행기관의 주가가 어느 수준 이상으로 상승하게 되면 전환권을 행사하여 채권을 포기하고 주식을 취득함으로써 추가적인 수익을 추구하고, 그렇지 않을 때는 전환하지 않고 사채로 계속 보유하게 된다. 전환사채는 보유자가 자신에게 유리할 때만 전환권을 행사하여 추가적인 수익을 꾀할 수 있는 선택권이 주어지기 때문에 다른 조건이 같다면 일반사채에 비해 낮은 금리로 발행된다.

*** 138   정크본드(Junk Bond)

정크본드란 리스크가 상대적으로 큰 기업들이 자금 조달을 목적으로 발행한 고수익 · 고위험 채권을 말한다. 신용도가 낮은 회사가 발행한 채권이어서 원리금 상환 불이행 위험이 크기 때문에 일반 채권금리에 가산금리를 더한 이자를 지급한다.

*** **139** 제로페이 [2019년 기업은행 기출]

소상공인들의 어려움을 덜어주기 위해 결제 수수료를 낮추고 소득공제 혜택을 주기 위해 도입된 소상공인 간편결제 시스템이다. 중소벤처기업부와 서울시는 사업자 모집, 민간 준비위원회 구성, 사업단 발족 등을 거쳐 2018년 12월 20일부터 제로페이를 시범 도입했다. 또한, 서울은 물론 부산과 경남에서도 2018년 12월 20일부터 '제로페이' 시범 서비스를 시작했으며, 2019년 3월 이후 본격적으로 정식 서비스를 시작해 전국으로 확대하였다.

[결제방식] 기존 카드결제에서는 가맹점이 카드결제 승인을 받을 때 수수료를 내야 했다. 이 과정에서 카드사, 밴(VAN)사, 전자지급결제대행사가 각각 수수료를 가져가 소상공인들이 어려움을 겪었다. 반면 제로페이는 은행이 소비자의 계좌에서 판매자의 계좌로 현금을 이체하는 계좌이체 방식으로 결제가 이뤄진다.

*** **140** 주가연계증권(ELS) [2022 상반기 농협은행 필기 기출]

주가연계증권(ELS : Equity Linked Securities)은 개별 주식의 가격이나 주가지수와 연계되어 수익률이 결정되는 파생상품이다. ELS는 금융기관과 금융기관, 금융기관과 일반기업 간의 맞춤 거래를 기본으로 하는 '장외파생상품'으로, 거래의 결제 이행을 보증해주는 거래소가 없기 때문에 일정한 자격을 갖춘 투자매매업자만이 ELS의 발행이 가능하다. 즉, 영업용순자본비율(Net Capital Ratio)이 300% 이상이며, 장외파생상품 전문 인력을 확보하고, 금융위원회가 정하는 '위험 관리 및 내부 통제 등에 관한 기준'을 충족하는 투자매매업자가 ELS를 발행할 수 있다. 수익률을 받게 되는 조건과 구조가 다양하기 때문에 투자자의 시장에 대한 관점과 위험 선호도에 따라 폭넓은 선택이 가능하다. ELS가 특히 적합한 고객은 예금 대비 높은 수익률을 추구하면서도 주식이나 선물 옵션에 비해서는 안정성을 확보하기 원하는 경우다. 또한 주식시장의 대세상승 또는 대세하락 시기보다는 일정한 박스권 안에서 횡보하는 장세에서는 주식형 펀드에 비해 높은 수익률을 기대할 수 있다. 또한 원금 손실 위험을 회피하고자 하는 투자자는 원금보장형 ELS에 가입하면 더 높은 안정성을 보장받게 된다. 만기 전에 환매를 할 경우, 기준가의 90% 이상 지급되기 때문에 주가 하락 시에는 원금보장형이라 하더라도 그만큼 손실이 발생할 수 있다는 점을 유념해야 한다.

*** **141** 주택연금

주택연금은 주택 소유자나 그 배우자가 60세 이상일 경우 집을 담보로 맡기고 평생 그 집에 살면서 일정 기간 혹은 평생에 걸쳐 매달 국가가 보증하는 연금을 받는 제도이다.

[장점] ① 평생 내 집에서 편하게 거주, 평생지급, 부부 중 1인 사망 시에도 연금 감액 없이 100% 동일금액 지급을 보장

② 국가가 보증 : 연금지급 중단 위험이 없음

③ 합리적 상속 : 연금수령액이 집값을 초과해도 상속인에게 청구되지 않으며 집값을 하회 시 상속인에게 돌아감

***142 주택저당증권(MBS, Mortgage Backed Securities) [2018년 우리은행 기출]

은행 등 금융기관에서 주택을 담보로 제공하고 대출을 받는 경우, 금융기관은 대출자의 주택에 저당권을 설정하고 이를 담보로 대출금을 회수할 권리인 주택저당채권(Mortgage loan)을 갖게 된다. 금융기관은 이 주택저당채권을 중개기관에 양도하고 중개기관은 이를 기초자산으로 하여 주택저당증권(MBS, Mortgage Backed Securities)이나 주택저당담보부채권(MBB, Mortgage Backed Bond)을 발행하여 자본시장에 판매한다. 금융기관은 중개기관으로부터 지급받은 주택저당증권 등의 판매대금으로 새로운 주택구입자들에게 주택자금을 대출해 줄 수 있는 것이다. 주택저당증권 등이 활성화되면 대출시장에서는 금융기관의 대출재원이 풍부해져 고객들의 필요에 부합하는 다양한 대출상품이 가능해지므로 대출 수요자들은 보다 유리한 대출조건을 선택할 수 있다. 즉, 주택매입자는 적은 금액으로 주택을 매입할 수 있고 투자자에게는 투자 및 재테크의 수단으로 활용할 수 있다는 장점이 있다.

***143 중금리대출

2015년 6월 정부가 '서민금융 지원 강화방안'으로 10%대 중금리 대출 확대안을 발표하면서 중금리 대출상품이 출시되고 있다. 중·저신용(신용등급 5~8등급) 고객에까지 대출을 접근성을 높이고 있지만, 중간 신용등급 계층의 신용분석 정보가 부족하고 대손율(대출금을 받지 못하는 비율) 관리 대책이 부실하다는 문제가 해결되지 않은 상태이다.

[현황] P2P 대출, 인터넷은행 등 향후 금융권에 저비용 구조의 금융기관이 설립될 전망이므로, 기존 시중은행에 비해 경쟁력 있는 대출시장이 형성될 것으로 전망.

기존 중금리 대출 시장은 저축은행의 영역이었으나, 인터넷은행과 P2P 대출도 합세하며 대출 금리가 크게 하락할 수 있음. 최근 저축은행 업계 1위인 SBI저축은행이 기존 20% 정도의 금리에 비해 파격적으로 낮은 13.6%에 저신용 고객에 대출을 제공하였다. 이후, 국내 저축은행들은 신용부족의 명분으로 중신용자 고객에 고금리를 적용시키는 관행을 벗어나고 있다.

***144 중앙은행 디지털화폐(CBDC)

각국 중앙은행이 발행을 검토하고 있는 디지털화폐(Central Bank Digital Currency: CBDC)란

기존의 실물 화폐와 달리 가치가 전자적으로 저장되며 이용자 간 자금이체 기능을 통해 지급결제가 이루어지는 화폐를 말한다. 이는 민간에서 발행하는 가상화폐와 구별되는 법정통화(legal tender)로서 실물화폐와 동일한 교환비율이 적용되어 가치변동의 위험이 없고, 중앙은행이 발행하므로 화폐의 공신력이 담보된다.

중앙은행이 발행하는 디지털화폐는 은행 등 예금취급 금융기관에 대해서만 발행하는 '도매 디지털화폐'와 개인 등 민간 경제주체들에게도 발행하는 '소매 디지털화폐'로 나눌 수 있다. 전자의 경우 개인은 중앙은행으로부터 디지털화폐를 공급받은 은행을 통해 간접적으로 디지털화폐를 획득하게 된다. 개인이 중앙은행 디지털화폐를 보유하는 경우 화폐발행액에는 기존의 구성 요소인 민간보유 실물화폐와 은행의 시재금과 더불어 디지털화폐 발행액도 포함하게 된다. 이는 은행이 중앙은행에 전자적으로 예치 또는 계리하는 지급준비금과 마찬가지로 개인 등 민간경제주체들도 전자적 형태의 디지털화폐를 실물화폐와 함께 보유하고 이를 지불수단으로 사용할 수 있게 됨을 의미한다.

*** **145** 증권시장선

[2020년 하반기 BNK부산은행 기출]

① 증권시장선(security market line, SML)이란

증권시장선은 개별자산 또는 포트폴리오의 기대수익률을 도출해내는 모형으로, 체계적 위험의 지표인 베타에 비례하는 위험프리미엄을 측정하여 기대수익률을 나타낸다. SML은 CAPM을 그래프화하여 차트에 나타내는 선이다.

증권특성선으로도 불리며, X축에는 베타로 나타낸 위험, Y축에는 기대수익률로 나타낸다. 특정 증권의 시장 위험 프리미엄은 SML과 비교해 어디에 위치하느냐에 따라 결정된다. 때문에 SML은 투자자들에게 위험 대비 예상수익률을 제공하는 증권을 찾는데 활용된다. 베타는 CAPM과 SML의 핵심 용어이다. 베타란, 분산으로 없앨 수 없는 체계적 위험을 측정하는 것으로, 베타값이 1일 때는 시장의 변동성과 동일하다는 의미이다. 만약 베타값이 1보다 클 경우 시장 평균보다 변동성이 더 크다는 것을 의미한다.

② 증권시장선의 그래프

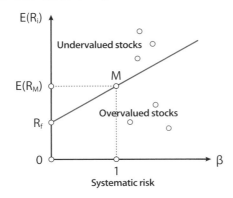

③ 증권시장선의 산식

$$SML : E(R_i) = R_f + [\, E(R_m) - R_f \,] \beta_i$$

[단, $E(R_i)$: 주식 또는 포트폴리오 i의 기대수익률, $E(R_m)$: 시장포트폴리오 m의 기대수익률, R_f: 무위험이자율, β_i: 주식 또는 포트폴리오 i의 체계적 위험]

④ 증권시장선의 활용

증권시장선보다 위에 있는 증권은 주식시장에서 저평가되었다고 해석할 수 있고, 반면 아래에 위치할 시 시장가격이 고평가되었다는 것을 의미한다. 또한 두 증권을 비교하는 데 사용 가능하며, 거의 동일한 수익률을 내는 두 증권의 그래프에서 내재 위험 비교가 가능하다.

^{***}146 지니계수(Gini's Coefficient) [2018년 기업은행 기출]

지니계수는 빈부격차와 계층 간 소득의 불균형 정도를 나타내는 수치로, 소득이 어느 정도 균등하게 분배되는지를 알려준다. 지니계수는 0부터 1까지의 수치로 표현되는데, 값이 '0'(완전평등)에 가까울수록 평등하고 '1'(완전불평등)에 근접할수록 불평등하다는 것을 나타낸다. 지니계수를 통해 국가 간뿐만 아니라 다양한 계층 간의 소득 분배를 비교할 수 있고, 국가 내에서 시간에 따른 소득 분배의 변화상을 파악하여 소득 불평등 정도의 변화를 알 수 있다.

로렌츠곡선

사람들을 소득에 따라 순서를 매기고, 가로축에는 인구에 따라 누적하며, 세로축에는 소득 계층에 따라 누적한다. 즉 가로축에는 인구의 누적백분율이, 세로축에는 소득금액의 누적백분율이 표시된다. 45° 선은 누적인구와 누적소득이 같은 비율로 증가하기 때문에, 완전한 평등을 나타낸다. 반면 소득격차가 심해지면 아래로 늘어지는 형태가 된다. 따라서 완전평등선과 로렌츠곡선 사이의 면적이 클수록 불평등도가 커지며, 이를 불평등면적이라고 한다. 균등선과 가로축, 세로축이 이루는 삼각형(△ABC)과 불평등면적 간의 비율이 지니계수이다.

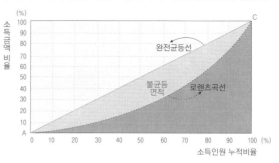

^{***}147 직접금융 [2020년 하반기 BNK부산은행 기출]

① 직접금융의 개념

기업이 최종적인 자금수요자로서, 금융기관 중개를 통하지 않고 주식 및 채권 등의 발행으로 자금공급자로부터 자금을 조달하는 방식을 직접금융이라고 한다. 반대로, 예금 및 적금 금융채, 보험, 신탁 등을 통해 개인투자자로부터 자금 조달을 통해 최종 자금수요자에게 대출하거나, 금융기관이 해당 자금수요자의 주식 및 채권을 매입함으로써, 자금을 공급하는 것을 간접금융방식이라고 한다.

② 직접금융의 특징

직접금융을 활용 시, 자금조달 과정에서 신용평가 등을 통해 해당 기업의 재무적 투명성을 높이는 데 기여할 수 있으나, 신용도가 취약한 중소기업의 경우에는 직접 금융을 활용하기가 어렵다.

*148 집단대출

일정 자격을 갖춘 특정 집단을 대상으로 개별주체에 대한 심사 없이 일괄적인 승인하에 이루어지는 대출. 근로자 집단대출과 아파트 중도금 집단 대출이 대표적이다.

① 근로자 집단대출 : 대기업과 협약을 맺은 은행이 그 기업의 임직원을 대상으로 비교적 낮은 금리에 대출을 지원하는 것이다.

② 아파트 중도금 집단대출 : 은행이 아파트를 분양받은 입주 예정자들에게 공동으로 중도금이나 이주비 등을 빌려 주는 것. 은행은 입주자들의 대출금을 건설사로 입금하고, 건설사는 이를 건설자금으로 활용한다. 대출자는 DTI 규제나 대출심사를 받는 번거로움을 피하고, 은행은 대규모 고객을 유치할 수 있다는 장점이 있다.

149 집합투자기구
[2022 하반기 농협은행 필기 기출]

집합투자란 2명 이상의 투자자로부터 모은 금전, 그 밖의 재산적 가치가 있는 것을 투자자로부터 일상적인 운용지시를 받지 않으면서 재산적 가치가 있는 투자대상자산을 취득·처분, 그 밖의 방법으로 운용하고 그 결과를 투자자에게 배분하여 귀속시키는 것을 말한다. 이러한 집합투자는 '투자신탁' 또는 '투자회사' 등 법적 기구(vehicle)를 통하여 이루어지는데 이러한 기구를 집합투자기구라고 한다. 집합투자기구는 집합투자증권의 발행방법과 투자자의 수에 따라 공모집합투자기구(공모펀드)와 사모집합투자기구(사모펀드)로 구분되는데 사모펀드는 현행법상 투자자 총수가 49인 이하인 것으로 규정하고 있다. 이러한 사모펀드는 "경영참여형"과 "전문투자형"으로 구분하고 있는데, 경영참여형 펀드는 특정 회사의 경영권 참여, 사업구조 또는 지배구조 개선 등을 위하여 지분증권 등에 투자·운용하는 투자합자회사인 사모펀드이고, 그 이외의 사모펀드는 전문투자형 펀드이다. 경영참여형 펀드는 지분증권(equity)에 투자하는 펀드(Fund)라는 의미에서 PEF(private equity fund)라고 부르기도 한다.

***150 차등보험요율제

경영 및 재무상황 등을 고려하여 개별 금융회사별로 보험료율을 달리 적용하는 제도이다. 금융 회사별로 위험의 정도가 다름에도 불구하고 동일한 보험료율을 적용하는 데 형평성 문제가 제기됨에 따라 고안된 제도이다.

**151 채무상환연장(Roll-Over)

채권이나 계약 등에 대해 당사자 간의 합의에 의해 만기를 연장하는 것을 의미하거나 선물계약과 연계하여 차익거래 등의 포지션을 청산하지 않고 다음 만기일로 이월하는 것이다.

***152 채무조정제도

법정관리, 화의, 워크아웃 등 회사정리 절차에 들어간 기업의 채무를 적정수준으로 낮춰주는 제도이다. 채권단 회의를 통해 이자나 원금을 탕감하거나 상환기일을 연장하는 방법 등이 있다. 이 같은 채무조정이 되는 규모를 총부채로 나누면 채무조정비율이 된다. 채무조정이 기업에만 국한되는 것은 아니다. 국가도 채무불이행(디폴트)상태에 들어가면 국제금융기구와 금융회사들이 참여하는 국제 채권단 회의를 통해 채무조정에 들어갈 수 있다. 실제 남미 등 외화부채가 지나치게 많은 개도국들은 국제회의를 통해 선진국들에게 채무조정을 요구하고 있다. 국내에서는 개인에 대한 채무조정제도도 운영 중이다.
① 공적 채무조정제도인 <개인회생 및 개인파산> → 법원이 진행
② 사적 채무조정제도인 <개인워크아웃과 프리워크 아웃> → 신용회복위원회 진행

***153 총부채상환비율(DTI, Dept To Income)　　　[2018년 기업은행, 주택금융공사 기출]

DTI는 주택담보대출의 연간 원리금의 상환액과 기타 부채에 대해 연간 상환한 이자의 합을 연소득으로 나눈 비율을 말한다. 담보대출을 받을 경우 채무자의 소득으로 얼마나 잘 상환할 수 있는지 판단하여 대출한도를 정하는 제도인데, 이때 DTI가 사용된다. DTI 수치가 낮을수록 빚을 갚을 수 있는 능력이 높다고 인정된다.

 주택담보대출비율(LTV, Loan To Value ratio) [2018년 주택금융공사 기출]
주택담보인정비율(담보인정비율)이라고도 한다. 주택을 담보로 금융기관에서 대출을 할 때 담보물(주택)의 가격에 대한 대출액 비율을 가리킨다. 예를 들어 주택 가격이 2억 원이고, 주택담보대출비율이 70%라면 대출액의 최대한도는 1억 4,000만 원에 이른다. 하지만 실제로는 대출한도금액에서 전세권을 포함한 선순위저당권과 임차보증금 및 주택임대차보호법에 의한 최우선변제금인 소액임차보증금을 차감한 액수를 대출받을 수 있다.

154 최종대부자 기능

금융위기가 예상되거나 발생한 경우 금융위기를 예방하고 그 확산을 방지하기 위해 중앙은행이 발권력을 동원하여 금융시장에 일시적으로 유동성(자금)을 공급하는 기능으로 중앙은행의 중요한 고유기능 중 하나이다. 중앙은행이 위기 시마다 금융기관들을 도와줄 경우 금융기관들이 고수익, 고위험자산을 더욱 선호함으로써 불건전한 경영전략을 택하는 도덕적 해이의 문제가 발생할 수 있다는 비판이 있다.

155 출구전략(Exit Strategy)

출구전략이란 경제 위기 발생시 경기를 부양하기 위해 취하였던 각종 완화정책을 정상화하는 것을 말한다. 본래 군사전략에서 비롯된 용어로 미국이 베트남전쟁 당시 승산 없는 싸움에서 피해를 최소화하며 군대를 철수할 방안을 모색할 때 사용한 용어이다. 현재는 의미가 확장되어 위기상황을 극복하고자 취했던 조치들의 부작용이나 후유증을 최소화하며 정상으로 돌아오기 위해 취하는 조치들을 포괄적으로 지칭한다. 2008년의 글로벌 금융위기와 관련해서는 중앙은행이 위기극복을 위해 이례적으로 취했던 대책(제로금리정책 및 양적완화 등)을 정상화하는 조치를 의미하는 용어로 사용되었다.

156 카드슈랑스(Cardsurance)

신용카드사가 보험사와 제휴하여 판매하는 보험상품이다. 카드슈랑스의 경우 모든 상품이 텔레마케팅(TM)으로만 판매되고 있어 불완전판매의 위험이 크므로, 계약 전에 상품 내용을 꼼꼼히 살펴볼 필요가 있다. 카드슈랑스룰은 2013년 1월에 전체 판매실적에서의 보험 상품 판매 한도가 50% → 25%로 조정되었다. 금융위원회에서는 방카슈랑스와 동일한 수준으로 규정을 적용한 것(방카슈랑스는 원래 25%였음)이다. 문제점은 카드사 실적 악화로 이어질 수 있다.

157 캐리 트레이드(Carry Trade)

저금리로 차입해 상품이나 주식 등 자산에 투자하는 기법을 지칭한다. 높은 이자율을 지급하는 상품을 매입하기 위하여 이보다 낮은 이자율로 자금을 차입하는 거래를 의미한다. '엔캐리 트레이드 - 와타나베 부인', '달러캐리 트레이드 - 스미스 부인', '유로캐리 트레이더 - 소피아 부인'.

> cf **왕씨 부인** : 고수익 해외상품에 투자하는 중국의 개인투자자들을 일컫는 용어. 캐리 트레이드와는 무관함.

**** 158** 커버드 본드(Covered Bond)

담보부 사채와 같이 발행자에 대한 직접적인 권리와 담보자산에 대한 권리를 동시에 가진 채권이다. 채권자는 이중보호를 받음. 은행이 신용으로 발행한 일반채권이지만, 담보자산에서 우선적으로 변제받을 수 있는 권리가 부여된 채권이다. 민간부문 대출과 모기지 등을 담보로 발행된 채권이라는 점에서 자산담보부채권(ABS)와 유사하지만, 안정성이 높아 조달금리가 낮다.

***** 159** 콘탱고(Contango)

선물가격이 현물가격보다 높거나 결제월이 멀수록 선물가격이 높아지는 현상을 의미한다. 선물고평가라고도 부른다.

 백워데이션 : 선물가격이 현물가격보다 낮게 이루어지는 시장 상황(현물 KOSPI 200지수를 밑도는 현상).

***** 160** 코넥스(Korea New Exchange)

코스닥시장 상장 요건을 충족시키지 못하는 벤처기업과 중소기업이 상장할 수 있도록 개설한 중소기업 전용 주식시장으로 2012년부터 도입이 추진되어 2013년 2월 22일 기준으로 금융위원회가 승인을 마친 상태이다.
유가증권시장(대기업 중심), 코스닥시장(중견기업 위주로 시장이 변질), 프리보드시장(상대매매로 거래량이 적음)
[장점] 창업 초기 중소기업이나 기술형, 성장형 혁신기업을 위한 자금 조달이 원활해 짐.
[단점] 코스닥시장의 위축 및 프리보드 시장의 취약성 강화, 투자위험성(정부가 진입 장벽을 너무 낮춘 것이 아니냐는 우려)

***** 161** 코리보(KORIBOR)

코리보는 국내 은행들이 서로 자금거래를 할 때 기준이 되는 금리를 말한다. 금융시장이 발달하고 금융상품이 다양해지면서 국내에서도 영국 런던의 은행 간 단기자금 거래 시 적용되는 금리인 LIBOR(London Inter-Bank Offered Rate)와 같은 은행 간 단기 자금거래의 기준금리를 도입할 필요성이 높아졌다. 이에 한국은행은 은행, 전국은행연합회 등과 협의를 거쳐 2004년 2월 단기 기준금리 도입방안을 구체화하고 수개월 간의 시범운영을 거쳐 같은 해 7월 26일 정식으로 도입하게 되었다.

***162 코픽스(COFIX)

① 코픽스의 정의

은행연합회가 국내 8개 은행(농협은행, 신한은행, 우리은행, 하나은행, 중소기업은행, 한국스탠다드차타드은행, 국민은행, 한국씨티은행)으로부터 자금조달 관련 정보를 제공받고, 산출하는 자금조달비용지수이다. 코픽스의 도입배경은 주택담보대출의 기준금리였던 CD금리가 시장의 실세 금리를 제대로 반영하지 못하고 있는 문제점 때문이다.

② 코픽스 금리의 특징

가. 기존에 콜금리가 대출기준금리였다면, 코픽스가 2010년 2월부터 새로운 대출 기준금리가 되었다.

나. 지수 산출 대상 자금조달 상품의 범위는 정기예금, 정기적금, 상호부금, 주택부금, CD, RP매도, 표지어음매출, 금융채(후순위채 및 전환사채는 제외)이다. 2019년 8월부터는 요구불예금과, 수시입출금식 저축성 예금 등을 추가로 반영하며 총 10개의 수신상품 자금의 평균 비용을 가중평균에 코픽스 금리를 산출한다.

다. 코픽스 금리는 주택담보대출의 기준금리가 된다. 이 금리에 위험프리미엄을 더하면, 개별 주택담보대출의 금리가 결정된다.

라. 코픽스 금리는 잔액 기준 COFIX, 신규취급액 기준 COFIX 그리고 단기 COFIX 3가지로 구분된다. 잔액 기준의 경우, 은행이 보유한 잔액 전체를 기준으로 산출한다. 신규취급액 기준 COFIX의 경우, 해당 월에 신규취급액만을 대상으로 산출한다. 신규취급액 기준과는 다르게 단기 COFIX는 기간을 더 줄여서 주간별 신규 취급 금액을 대상으로 한다. 대출자의 입장에서는 금리 상승기에는 잔액 기준 코픽스가 신규취급액 기준 코픽스보다 유리하다.

마. COFIX금리는 전국은행연합회홈페이지에서 확인가능하며, 잔액 기준 및 신규취급액 기준 COFIX는 매월 15일 오후 3시 이후, 단기 COFIX는 매주 세 번째 영업일 15시 이후에 확인가능하다.

***163 콜시장

콜(Call)시장은 금융기관들이 일시적인 자금 과부족을 조절하기 위하여 상호 간에 초단기로 자금을 차입하거나 대여하는 시장이다. 금융기관은 고객을 상대로 예금을 받고 대출을 하는 과정에서 수시로 자금이 남기도 하고 모자라기도 하는데, 이러한 자금 과부족을 콜시장에서 금융기관 간 자금거래를 통하여 조절한다. 콜시장은 통화정책 수행에 있어서도 매우 중요한 위치를 차지하고 있다. 한국은행 금융통화위원회가 결정하는 기준금리는 초단기금리인 콜금리를 통해 장단기 시장금리, 예금 및 대출금리, 궁극적으로는 실물경제 활동에 파급되기 때문이다.

PART **02** 주요용어편

164 크라우드 펀딩

① 정의 : 자금을 필요로 하는 수요자가 온라인 플랫폼 등을 통해 불특정 다수 대중에게 자금을 모으는 방식이다.

② 크라우드 펀딩의 종류 : 크라운드 펀딩은 그 종류에 따라 후원형, 기부형, 대출형, 증권형 등 네 가지 형태로 나뉜다.

　가. 후원형은 대중의 후원으로 목표 금액을 달성하면 프로젝트가 성공하는 방식으로, 공연과 예술 분야에서 많이 활용되고 있다.

　나. 기부형은 보상을 조건으로 하지 않고 순수한 기부 목적으로 지원하는 방식이다.

　다. 대출형은 개인과 개인 사이에서 이뤄지는 P2P 금융으로, 소액 대출을 통해 개인 혹은 개인사업자가 자금을 지원받고 만기에 원금과 이자를 다시 상환해 주는 방식이다.

　라. 증권형은 이윤 창출을 목적으로 비상장 주식이나 채권에 투자하는 형태로, 투자자는 주식이나 채권 등의 증권으로 보상을 제공받는다.

③ 세계 최초의 크라우드 펀딩은 2005년 영국에서 시작된 대출형 크라우드 펀딩 업체인 ZOPA.COM(조파닷컴)이며, 증권형 크라우드 펀딩은 2007년 영국의 크라우드큐브(crowdcube.com)가 최초다. 그러다 2008년 미국에서 최초의 기부형(후원형) 크라우드 펀딩 플랫폼인 인디고고(Indiegogo)가 출현하면서, 크라우드 펀딩이란 용어가 일반화되기 시작했다.

우리나라에서는 크라우드 펀딩이 2011년 후원 · 기부 · 대출형을 시작으로 정착되기 시작했고, 2016년 1월에는 증권형 크라우드 펀딩이 도입됐다. 당시 도입된 증권형 크라우드 펀딩은 개인 투자자가 크라우드 펀딩 플랫폼 업체를 통해 중소 · 벤처기업에 연간 최대 500만 원(업체당 200만 원)을 투자할 수 있도록 한 것이다. 이후 2018년 4월에는 일반투자자의 크라우드 펀딩 투자한도가 2배로 확대되는 내용의 '자본시장과 금융투자업에 관한 법률 시행령' 개정안이 국무회의를 통과했으며, 이에 따라 그해 4월 10일부터 일반투자자의 크라우드 펀딩 투자 한도가 종전 500만 원에서 1,000만 원으로 확대된 바 있다.

165 키코

환율변동에 따른 위험을 피하기 위한 환헤지상품으로, 녹인 녹아웃(Knock-In, Knock-Out)의 영문 첫 글자에서 따온 말이다. 약정환율과 변동의 상한(Knock-In) 및 하한(Knock-Out)을 정해놓고 환율이 일정한 구간 안에서 변동한다면 약정환율을 적용받는 대신, 하한 이하로 떨어지면 계약을 무효로 하고, 상한 이상으로 올라가면 약정액의 1~2배를 오른 환율(시장가)로 매입하여 은행에 약정환율로 매도하는 방식이다.

예를 들면, 어떤 기업이 약정액 100만 달러를 1달러당 약정환율 1000원, 하한 900원,

상한 1100원으로 정하여 은행과 계약하였을 때, 만기 시 환율이 950원으로 내려가더라도 약정환율 1000원을 적용받아 이익을 얻을 수 있다. 또 만기 시 환율이 1000원에서 1100원 사이에 해당할 때는 시장가격에 매도할 수 있게 되어 시장환율이 약정환율보다 높을 경우에는 이익을 얻을 수 있다. 그러나 환율이 하한 이하로 내려가면 계약이 무효가 되어 환손실을 그대로 감수해야 하고, 상한 이상으로 올라가는 경우에는 더 큰 손실을 본다. 보통 상한 이상으로 오르면 약정금액의 2배 이상을 팔아야 한다는 옵션이 붙기 때문에 손해가 더욱 커진다. 2배의 옵션인 경우, 약정액 100만 달러 외에 100만 달러를 오른 환율로 매입하여 약정확률로 은행에 매도해야 하기 때문이다.

이처럼 환율이 하한과 상한 사이에서 변동한다면 기업에 어느 정도 이익을 안겨줄 수 있는 데 비하여 환율이 급등하는 경우에 감당하여야 할 손실의 위험성이 훨씬 크다.

****166** 키코, 녹인 – 녹아웃 옵션거래(KIKO Option)

통화옵션거래의 한 방식으로 환율이 아래위로 일정한 범위 내에 있을 경우 시장가보다 높은 지정환율(행사가)로 외화를 팔 수 있는 통화옵션이다. 환율이 지정한 범위 하단을 내려가면 계약이 무효(녹아웃 배리어)가 되어 손실방지. 환율이 급등해 지정환율 상단 (녹인 배리어 Knock-in Barrier)을 넘어가면 계약금액의 2, 3배를 시장가보다 낮은 지정환율로 팔아야 해 손실이 난다. 환리스크를 헤징하기 위한 방안으로 활용. 환율급등 시에는 엄청난 손실을 초래 가능성이 있다.

***167** 테이퍼링(Tapering)

미국은 2008년 9월 리먼브라더스 파산에 따른 금융위기 이후 큰 경기 후퇴를 겪게 되는데 이를 대공황에 빗대어 대침체(Great Recession)라고 한다. 미국 중앙은행인 미연준은 대침체에 빠진 미국경제를 회복시키기 위해서 정책금리를 거의 영(Zero)에 가깝게 통화정책을 운용하였다. 그러나 이러한 정책에도 불구하고 경기진작효과가 기대에 미치지 못하자 국채 및 MBS를 직접 매입(자산매입프로그램)하여 대차대조표를 확대함으로써 장기금리를 낮추려는 정책을 시행하였는데 이를 양적완화정책(Quantitative Easing Policy)이라 한다. 2013년 5월 당시 벤 버냉키 미연준 의장이 의회 증언에서 경제 여건 등을 고려하여 향후 중앙은행이 자산매입 규모를 축소할 수 있다는 의견을 밝혔는데 이 이후 자산매입규모를 점차 줄여가는 정책을 양적완화축소 또는 테이퍼링이라고 부른다. 당시 양적완화축소를 실시할 수 있다는 발언에 미국 뿐 아니라 자본 유출이 우려되는 신흥국에서도 금리가 큰 폭으로 오르고 주가가 하락하는 등 금융시장이 상당히 불안해졌었는데 그것을 '긴축 발작'(Taper Tantrum)이라 한다. 실제 양적완화 축소는 2014년부터 시작되었으며 자산매입프로그램은 2014년 10월부터 중단되었다. 테이퍼링은 자산매입규모는 점차 줄어들지만 미 연준의 대차대조표는 계속 확대된다는 측면에서 대차대조표 자체가 축소되는 대차대조표 정상화 프로그램(보유자산 매각, 만기도래 채권의 재투자 축소 등)과 구별된다. 한편 미 연준은 양적완화정책으로 4.5조 달러 수준까지 확대하였던 보유자산 규모를 보유채권의 만기도래 시 원금상환액의 일부를 재투자하지 않는 방식으로 2017년 10월부터 축소하고 있다.

**168 토빈세

단기성 외환거래에 부과하는 세금이다. 투기자본(핫머니)의 급격한 자금유출입으로 각국의 통화가 급등락하여 통화위기가 촉발되는 것을 막기 위한 규제방안이다.

 한국판 토빈세 (2단계 토빈세) (Spahn 교수가 제안한 것으로 스판세라고도 불리움)
선진국의 양적완화 정책으로 돈이 넘치면서 상대적으로 경제 상황이 좋은 한국에 돈이 몰리고 있기 때문에 이 외화가 한 번에 빠져나가게 되면 한국 경제 위기가 될 수 있다. '평시에는 낮은 세율, 위기 시에는 높은 세율'으로 평소에는 0.02%에 해당하는 낮은 세율을 적용하고 환율변동폭이 전일 대비 3%를 초과하는 위기 시에는 10~30% 수준의 높은 세율을 적용하겠다는 것이다.

***169 통화선도계약　　　　　　　　　　　　　　　　　[2019년 신한은행 기출]

선도계약에 의해서 미래의 특정 시점(만기)에 계약된 통화를 사거나 파는 것이다. 환위험을 줄이기 위한 수단으로 주로 사용된다. 그러나 원금 자체가 교환대상이기 때문에 이자율만 교환하는 통화스와프보다 그만큼 수익과 손실의 정도가 크다.

***170 통화스왑　　　　　　　　　　　　　　　　　　[2018년 신한은행 기출]

두 거래 당사자가 계약일에 약정된 환율에 따라 해당통화를 일정시점에서 상호 교환하는 외환거래이다. 국가 간 통화스왑 협정은 두 나라가 자국통화를 상대국 통화와 맞교환하는 방식으로, 외환위기가 발생하면 자국통화를 상대국에 맡기고 외국통화를 단기 차입하는 중앙은행 간 신용계약이다. 즉, 이 협정을 국가 간에 체결하면 어느 한 쪽이 외환위기에 빠질 경우 다른 한 쪽이 미 달러화 등 외화를 즉각 융통해준다. 내용상 차입이지만 자국의 돈을 맡기고 돈을 빌려오는 것이기 때문에 형식은 통화교환이 된다. 스왑을 요청하는 쪽이 일정액의 수수료를 부담하게 된다. 현재 우리나라도 중국, CMIM, 인도네시아, 말레이시아, 호주, UAE, 캐나다, 스위스 등과 통화스왑을 체결한 상태이다.

***171 통화안정증권

[2020년 하반기 BNK부산은행 기출]

중앙은행인 한국은행이 통화량 조절을 위해, 금융기관 또는 일반인을 대상으로 발행하는 증권을 '통화안정증권'이라고 한다. 우리나라의 경우, 국공채의 발행 및 유통시장이 선진 국의 비해 발달되어 있지 않은 편이기 때문에, 공개시장조작과 유사한 기능을 발휘하기 위한 특별유통증권을 발행한다. 이를 통화안정증권이라고 하며, 한국은행이 통화공급의 수축이 필요하다고 판단할 때, 통화안정증권을 발행할 수 있다. 반대로, 통화공급의 증가 가 필요할 경우에는 이를 환매하거나 만기 도래 전 상환한다.

발행방법으로는 공모발행(금융기관 등 불특정 대상)과 상대매출(특정금융기관 혹은 정부 출연기관 대상)이 있다. 통화안정증권은 총통화(M2)의 50% 내에서 할인방식으로 발행되며, 만기는 14일, 28일, 63일, 91일, 140일, 182일, 364일, 371일, 392일, 546일로 총 10종이다.

***172 퇴직연금의 종류

확정기여형(DC형) 사업주와 근로자가 매달 일정액을 납부하고 금융기관의 운용실적에 따 라 원리금을 돌려받는 상품으로 운용결과에 따라 연금액이 달라질 수 있다.

확정급여형(DB형) 근로자 명의로 퇴직금 지급액을 확정하여 이를 매달 계산하여 납부하는 상품으로 회사명의 계좌에 예치한다. 확정급여형은 운용이익이 사업주에 귀속되기 때문 에 연금급여수준에 대한 책임을 진다.

개인퇴직계좌(IRA) 개인별로 관리하는 퇴직계좌로 10인 미만 사업장에 적용, 가능하며 근 로자가 계약과 운용의 주체로 직장을 변경하더라도 계속적으로 운영된다.

**173 트랜잭션뱅킹(TB, Transaction Banking)

자금관리 서비스를 비롯해 지급결제, 신탁, 사무수탁 등 수수료를 창출하는 모든 사업을 말하는데, 좁은 의미로는 은행이 기업에 제공하는 무역금융, 자금관리 서비스 등을 의미 한다.

[원인] 새로운 수익모델이 절실함, 아시아 지역의 무역규모가 증가

 국내 은행은 국제적인 네트워크가 부족하여 트랜잭션 뱅킹에 취약한 점이 있다.

***174 투자자보호

자통법이 제정되기 전까지 과거 증권거래법은 금융상품에 대한 투자는 투자자 자신의 책 임으로 하는 자기책임의 원칙을 기본원리로 하였지만, 금융의 세계화, 자산의 증권화, 금

PART **02** 주요용어편

융공학의 발전으로 고도로 복잡하고 다양한 금융상품이 제공되고 있어 일반투자자가 가지는 있는 정보나 지식만으로는 정확한 투자판단을 하는 것이 매우 어려워지고 있다. 이에 따라 자통법에서는 투자자보호를 위하여 강화하기 위해 금융투자업의 고객파악의무 및 적합성의 원칙으로 하는 투자권유 규제를 도입했다.

*175 펌뱅킹(Firm Banking)

기업과 금융기관이 컴퓨터 시스템을 통신회선으로 연결하여 온라인으로 처리하는 은행업무이다. 장점은 ① 기업의 자금이체나 수납 및 거래 내역 등을 즉시 파악할 수 있어 자금관리 용이, ② 시간과 경비를 절약할 수 있고 현금의 분실과 도난 방지 가능에 있다.

***176 포괄근보증

[2020년 하반기 경남은행 기출]

① 근보증이란

보증의 경우, 은행 대출을 받을 때처럼 대출된 특정 여신에 대해 보증하는 '특정채무보증'과 미래의 대출규모까지 고려한 '근보증'이 있다. 근보증이란, 마이너스 통장처럼 미리 대출 한도를 정해놓고, 한도 내에서 자유롭게 대출받기로 할 때 적용되는 방식을 말한다.

② 포괄근보증이란

연대보증인이 책임져야 할 보증 중 가장 보증의 범위가 광범위한 것이 포괄근보증이다. 이는 자신이 보증을 선 해당거래상이 아니라 채무자가 앞으로 하게 될 모든 거래까지 책임지는 제도를 말한다. 연대보증인이 대출을 보증할 때 원칙적으로는 해당 거래에 대해서만 책임지는 특정채무보증을 하도록 되어 있으나 과거 은행은 채권확보를 위해 포괄근보증을 내용으로 하는 약정서를 사용하고 있다.

포괄근보증은 실제 여신이 발생하지 않더라도 약정금액만큼 보증금액으로 산정한다. 예를 들면, 기업이 포괄근보증을 통해 한도가 200억 원인 대출계약을 체결하고, 현재 20억 원만 대출받고 있다 해도, 채무보증규모는 200억을 기준으로 설정하는 것이다. 일반적으로 은행은 대출계약의 120%를 포괄근보증 금액으로 잡기 때문에, 보증금액은 240억 원에 달하게 된다. 그러나 위와 같은 방식이 상호채무보증 해소에 어려움으로 작용한다는 우려에 따라, 앞으로 금융기관들은 포괄근보증을 일반보증으로 전환해주게 되며, 이렇게 되면 위의 기업 채무보증액은 20억 원의 120%인 24억 원으로 줄어들게 된다.

현재 포괄근보증은 금융기관에 일방적으로 유리한 불공정관행으로 간주, 금융감독당국이 금지하고 있다.

177 프로젝트 파이낸싱(Project Financing)

은행을 비롯한 금융기관들이 특정 사업을 담보로 대출을 해주고 그 사업의 수익금으로 되돌려 받는 새로운 금융기법이다.

예 자원채굴, 조선, 발전소 설립, 고속도로 건설 등 대규모 투자 사업. 고액의 초대형 융자인 경우가 많기 때문에 다수의 은행에 의한 협조융자 형태를 취한다.

자금을 빌리는 사람의 신용도나 다른 담보 대신 사업계획, 즉 프로젝트의 수익성(사업성 평가)을 보고 자금을 제공하는 금융기법으로 자금을 투자받은 사업자는 수익성이 높은 사업에 투자한 뒤 이후 나오는 이익(Cashflow)으로 채무를 갚아 나감. 한국에는 외환위기 이후, 건설사는 시공만 담당하고 전문 시행사(Developer)가 용지매입 및 분양업무를 전담하는 방식으로 부동산 PF가 활용되기 시작하였으나, 2010년 이후 들어 금융당국이 건전성 감독을 크게 강화함에 따라 위축되는 추세이다.

178 프리워크 아웃(Pre-Work Out)

일시적 자금난을 겪는 기업에 만기연장, 신규 자금대출 등 유동성을 지원하면서 동시에 구조조정을 추진하는 기업개선 방식이다. 기업체가 도산하기 전 긴급 유동성 자금을 지원해 구제하는 것으로 기업체 부실이 도산으로 이어지기 전에 회생 가능성이 있는 기업을 골라 만기연장, 신규자금 대출 등의 유동성을 지원하고 구조조정을 실시하는 제도다. 부도위험이 있는 기업이나 금융채무불이행자(3개월 이상 연체자)로 전락하기 전에 선제적으로 대응한다는 점에서 워크아웃과 다르다.

글로벌 금융위기 및 실물경제 침체 여파로 국내 기업과 금융권이 대규모 부실에 휩싸이는 것을 막기 위해 프리워크아웃제도를 도입하였다. 현재 개인의 경우에는 2009년 4월 13일부터 개인 프리워크아웃제도가 시행되고 있다. 3개월 미만의 단기 연체자 중 5억 원 이하의 채무가 있는 자를 대상으로 원금 감면 없이 연체이자를 면제해 주는 등 이자부담을 완화시켜 주고 있다.

[사례] 쌍용건설 워크아웃 신청을 받아들이기로 한 채권단이 매각과 워크아웃을 동시에 진행하는 '프리 패키지(Pre-Package) 워크아웃' 방식 매각을 추진.

 프리패키지 워크아웃
워크아웃 진행 중에 예비 인수자의 미래 경영계획을 반영해 기업개선 작업을 신속히 진행하는 방식이다. 채권단은 조기에 회사를 매각해 채권을 회수할 수 있고, 인수자는 인수 이후 계획을 반영해 기업 개선 방안을 짤 수 있다.

*179 핀테크

[2022 하반기 하나은행 필기 기출]

핀테크(Fin Tech)는 Finance(금융)와 Technology(기술)의 합성어다. 금융 서비스와 정보기술(IT)의 융합을 통한 금융서비스 및 산업의 변화를 통칭한다.

혁신형 금융서비스는 모바일, 누리소통망(SNS), 거대정보(빅테이터) 등 새로운 정보통신기술 등을 활용해 기존 금융기법과 차별화된 서비스를 제공하는 기술기반으로 발전하고 있다. 최근 급속히 확산되고 있는 모바일뱅킹과 앱카드 등이 대표적이다.

예금·대출·자산관리·결제·송금 등 다양한 금융 서비스가 IT·모바일 기술의 발달과 함께 새로운 형태로 진화하고 있다. 넓은 의미에서 이러한 흐름에 해당하는 모든 서비스를 핀테크라 할 수 있다. 서비스 외에도 관련 소프트웨어나 솔루션, 플랫폼을 개발하기 위한 기술과 의사 결정, 위험관리, 포트폴리오 재구성, 성과관리, 시스템 통합 등 금융 시스템의 전반을 혁신하는 기술도 핀테크의 일부다.

***180 핀테크디바이드

[2019년 우리은행 기출]

핀테크 기술에 익숙한 사람과 그렇지 않은 사람 간에 발생하는 금융정보 관련 서비스 격차 현상을 말한다.

 언택트 디바이드
언택트 디바이드는 언택트 기술이 늘어나면서 이에 적응하지 못하는 사람들이 소외되는 현상으로, 특히 디지털 환경에 익숙지 않은 노년층에서 두드러질 가능성이 높다.

***181 하이일드 채권

수익률은 높지만, 신용등급은 낮은 채권으로 미국에서는 정크본드라고 불렸으며, 국내에서는 주로 중소기업이나 부실기업 등에서 발행하는 회사채가 하이일드 채권을 의미한다. 정부 재정지출 부담이 줄어들고, 중소기업에 대한 관리 및 감독이 자발적으로 이루어진다.

[사례] 국내에서는 높은 위험성 때문에 하이일드 채권이 활성화되지 않았는데, 박근혜 정부의 중소기업 살리기 정책에 연계하여 중소기업 대출 채권을 기초로 하이일드 채권 발행안을 논의했었다.

***182 핫머니(Hot Money)

각 국가의 단기금리 차이나 환율 차이로 발생하는 투기적 이익을 목적으로 하거나, 국내 통화의 불안을 피하기 위한 자본 도피 목적으로 세계금융시장을 이동해 다니는 단기성 자금이다. 주로 한발 앞선 정보력과 자금동원력을 바탕으로 공격대상 국가의 주식 및 외환

시장에 거품을 일으킨 뒤 거액을 챙기고 일시에 빠져 나간다.
① 자본 유출국 피해 : 국제수지의 악화, 환율의 하락, 통화불안의 증대 등
② 자금 유입국 피해 : 과잉 유동성에 의한 인플레이션 압력 등

***183 행동주의 헤지펀드

특정 기업의 주식을 대량 매수한 후 주주로 등재해 기업의 혁신, 구조조정 등 기업 경영에 관여하여 수익을 내는 적극적 방식의 투자전략을 말한다. 주주들은 자사주 매입, 배당확대 등 자신들의 요구를 관철시킨다.

[긍정] ① 지배구조 개선 등을 통해 경영이 효율화되고 회사의 경쟁력이 강화될 수 있다.
　　　 ② 주주행동주의의 장기효과를 분석한 연구에 따르면, 상승한 주가는 계속 유지되어 5년 후에도 개입 이전보다 높다. 주주행동주의는 투자대상 회사의 주주가치는 물론 장기적 경쟁력까지도 제고시켜 오히려 국부를 창출할 수 있다.

[부정] ① 행동주의 투자자들이 배당 확대, 자사주 매입 등을 요구하면서, 기업의 재무구조가 악화. 배당을 위해서는 채권을 매각해 자금을 확보해야 하는데, 채권의 가치가 하락하게 되면서 기업의 신용도가 떨어진다는 것이다.
　　　 ② 헤지펀드의 경우, 리스크는 크지만, 미래에 소위 '대박'을 터트릴 수 있는 장기적 프로젝트나 R&D에 투자를 하지 않을 가능성이 커서, 기업의 장기적 경쟁력이 악화될 수 있다는 견해가 있다.

*184 허니문랠리(Honeymoon Rally)

정권이 바뀌고 새 정부가 출범할 때 정책의 불확실성이 소멸되고 사회 안정이 기대됨에 따라 종합주가지수가 상승하는 현상이다.

***185 헤지펀드(Hedge Fund)　　　　　　　　　　　　　　[2018년 주택금융공사 기출]

주식, 채권, 파생상품, 실물자산 등 다양한 상품에 투자해 목표 수익을 달성하는 것을 목적으로 하는 펀드. 불특정 다수로부터 자금을 유치하는 공모펀드보다는 대규모 자금을 굴리는 100명 미만의 투자자로부터 자금을 모아 파트너십을 결성한 뒤 조세피난처에 거점을 마련해 활동하는 사모펀드 형태가 일반적이다. 현물과 선물을 결합한 다양한 투자전략을 사용하며 목표 이상의 수익을 내면 펀드 운용사는 높은 수준의 성과급을 챙긴다. 전형적인 단기투자자본으로 투자내용도 공개하지 않는다. 헤지펀드는 일반 공모펀드와 달리 거액의 차입도 가능하다. 이 때문에 손실이 커질 경우 금융시장 불안 요인으로 작용하기도 한다. 세계 금융계를 좌지우지하는 대표적 헤지펀드로는 미국의 조지 소로스가 운영

하는 퀀텀펀드를 들 수 있다. 한편 사모펀드(Private equity fund)는 투자대상기업의 경영권 참여와 구조조정 등을 통해 기업가치를 높이고 수익을 투자자에 나눠주는 것으로, 위험회피(헤지) 기법으로 투자하는 헤지펀드와 차이가 있다.

***186 확대금융(Extended Fund Facility)   [2020년 하반기 우리은행 기출]

① 확대금융이란 구조적 요인에 의해 장기 국제수지 악화를 겪는 IMF가맹국들에게, 비교적 장기의 자금을 지원하기 위해, 1974년 설립된 IMF의 기금이다.

② 확대금융의 특징

　가. IMF와 확대금융협정을 맺은 후 사용 가능.

　나. 자금 사용한도는 자국 쿼터 한도의 140%까지이며, 자금인출은 3년 내에 해야 함.

　다. 기간은 최장 10년으로, 4년 이후부터는 반년 단위로 분할 상환해야 함.

***187 환어음(Bill of Exchange)   [2020년 하반기 우리은행 기출]

① 환어음의 개념

　환어음이란, 국제거래상 수출자(채권자)가 수입자(채무자)에게 채권액을 지명인 또는 소지인에게, 일정한 기일 및 장소에 무조건 지급할 것을 위탁하는 유가증권이다. 수출업자가 수입업자에게 물건을 보내고, 선적대금을 회수하는 대표적인 방법 중 하나이며, 다른 방법으로는 신용장(Letter of Credit)방식이 있다.

② 환어음(Bill of Exchange) 특징

　가. 환어음방식은 수입상의 직접 송금을 기다리지 않고, 수입상이나 거래은행을 지급인으로 발행한 환어음을 수출상의 거래은행에 매각해 대금을 미리 회수하는 방식이다.

　나. 환어음은 요식증권이어서, 어음의 효력 발생을 위해서는 반드시 일정한 형식을 갖추어야 하며, 다른 유가증권에 비하여 엄격한 형식이 요구된다. 이에는 필수 기재 사항과 임의 기재 사항이 있는데, 필수 기재 사항으로는 환어음의 표시, 무조건 지급위탁문의 표시, 지급인 및 지급기일 표시, 수취인 및 지급지의 표시, 발행일 및 발행지의 표시, 발행인의 서명날인 등이 있다.

　다. 약속어음과 다르게, 환어음은 발행인 이외의 제3자가 지급의무를 지는 점이 특징이다. 지급인은 발행인의 어음위탁만으로 어음채무를 당연하게 부담하는 것이 아니라, 인수라는 별도의 어음행위가 있어야 어음채무를 부담하게 되는 특징이 있다.

③ 환어음 작성 시 주의사항

　가. 금액 표시에 있어, 숫자와 문자로 병기(함께 나란히 적음)한다. 숫자와 문자 금액이 상이할 경우, 문자 금액으로 한다.

나. 환어음금액과 상업송장(Commercial Invoice)금액과 일치해야 하며, 매입의뢰한 금액을 포함하여 신용장(L/C)의 금액을 초과하지 않을 것.

다. 부당하게 정정하지 말 것.

라. 복수어음 발행의 경우, First Bill of Exchange, Second Bill of Exchange의 표시 확인을 해야 한다. 이러한 표시가 없다면, 각각 독립된 어음으로 간주한다.

마. 발행인의 서명은 은행에 제출된 서명과 일치하는지 확인해야 한다.

*** 188 휴면계좌

저축한 후 일정 기간 찾아가지 않는 예금으로 휴면계좌 예금은 5년이다.

** 189 히든챔피언(Hidden Champion)

'작지만 강한 기업'. 대중에게 잘 알려지지 않았지만, 각 분야에서 세계시장을 지배하는 우량 수출형 중소기업을 말한다. 국내에서는 기술력이 앞서고 성장 가능성이 큰 중소기업을 가리키는 말로 통상 쓰인다.

 스몰 자이언츠(Small Giants) **:** 작지만 강한 강소기업으로, 기술력으로 승부하는 수출 5,000만 달러 이상의 한국형 중소기업.

*** 190 7일 환매조건부채권 금리   [2018년 신한은행 기출]

한국은행 기준금리는 환매조건부채권 금리를 의미한다. 정확히는 7일 만기 환매조건부채권의 목표금리이다. 7일 만기 환매조건부채권을 RP 7일물이라 하며 RP 7일물 목표금리를 설정 후, 설정범위에서 벗어나면 공개시장조작 정책으로 목표금리를 맞춘다.

*** 191 ALM   [2019년 신협은행 기출]

은행이 리스크를 감수하면서 최대의 수익을 꾀하는 종합적인 시스템을 말하며 '자산ㆍ부채의 종합관리'라고 번역된다. 대부분의 예금이나 대출금리, 기간을 파악한 다음 공정할 인율의 변동 등이 있을 경우 은행의 수익이 어떻게 변동될지를 예측, 은행 전반에 걸쳐 어떻게 조달이나 운용을 할 것인가를 결정한다. 전략을 결정하는 ALM 위원회는 일반적으로 은행장이 위원장을 맡게 되며 은행의 두뇌로서 역할을 담당한다. ALM은 미국 은행이 먼저 도입했는데, 은행의 수익은 금리변동에 따라 좌우되기 때문에 리스크 관리기법으로 ALM의 중요성이 높아지고 있다.

***192 BaaS

[2021 하반기 국민은행 필기 기출]

BaaS(Backend as a Service)는 백엔드기능을 클라우드 서비스 형태로 제공해주는 것을 말한다. '서비스형 은행', '탑재금융', '화이트 라벨 은행' 등으로 불리는 BaaS는 금융기관이 핀테크 등 비금융 기관인 제3자에게 계좌개설·주식 매매 등의 서비스를 하나의 솔루션처럼 만들어서 쉽고 편리하게 쓸 수 있도록 지원한다. 즉 금융회사와 핀테크사 간의 협업 모델 중 하나다. 핀테크 업체가 금융 라이선스를 직접 보유하지 않고 은행이나 증권회사의 인프라를 활용해 고객에게 서비스를 제공할 수 있게 된다. 은행 입장에서는 새로운 수수료 비즈니스 모델을 확보하고, 핀테크 등 비금융 기업의 고객이 은행으로 유입되는 것을 기대할 수 있으며, 비금융 기업은 기존 비즈니스에 금융을 결합한 서비스 제공이 가능하다.

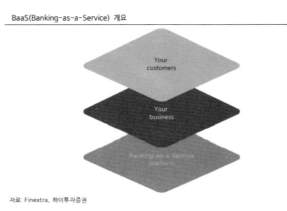

BaaS(Banking-as-a-Service) 개요

자료: Finextra, 하이투자증권

***193 BNPL

[2022 하반기 하나은행 필기 기출]

Buy Now Pay Later 의 약자로 이용자가 현금 없이 무이자 또는 저비용으로 물건을 사고, 나중에 상품 구매 대금을 분할, 납부하는 방식이다. 페이팔, 아마존, 애플, 네이버페이, 카카오페이 등 결제 업체가 고객 대신 물건값을 먼저 지불하고, 소비자는 나중에 결제금을 지불한다. 글로벌 주요 BNPL 업체로는 미국 페이팔(PYPL)과 스플리티트(Splitit), 스웨덴 클라르나(Klarna) 등이 꼽힌다. BNPL은 금융정보가 부족한 일명 '씬파일러(Thin Filer)'로 불리는 집단을 포용한다. 신용카드를 사용하지 못하는 학생이나 유학생, 주부, 외국인까지 사용 가능하다.

***194 CD(Certiciate of deposit)

[2020년 하반기 우리은행, 경남은행 기출]

① 정의 : 은행의 정기예금 중, 해당 증서의 양도를 가능케 하는 무기명 상품으로 은행에서 발행되고 증권사와 종금사를 통해 유통됨.
② 특징
　　가. 최초의 CD는 1961년 미국의 씨티은행이 도입함. 우리나라의 경우 1974년 1차 도입 후 폐지되었다가 1984년 6월 재도입되어 90년대 이후 급속한 신장세를 보임.

나. 최소 1,000만 원부터 최소 30일 이상 최대 270일까지 발행 가능. 따라서 큰 자금의 단기투자에 적합하며, 유통시장의 수익률이 발행시장의 수익률보다 높아 유통시장의 투자가 유리함.

다. 무기명이며, 중도해지가 불가능하나 현금화가 용이해 유동성이 높은 상품이다. 또한 이자지급식이 아니라, 할인금액으로 거래가 이루어진다. 예금자보호대상이 아니므로 주의가 필요하다.

라. CD의 경우, 은행들의 기업 대출 시, 대출금의 일부를 정기예금으로 강제시키는 '꺾기'의 수단으로 사용되기도 함.

마. CD금리(유통수익률)은 단기금리의 기준금리로서, 변동금리채권이나 주가지수 선물 및 옵션 시장의 기준금리로 활용된다. 또한 은행의 단기대출과 주택담보대출의 시장금리 연동 기준으로 만기 3개월간 CD유통수익률이 사용된다. CD금리를 통해 단기적인 시중의 자금상태를 파악가능하며, 금리가 높으면 시장의 단기 자금 흐름이 나쁘다고 보는 경우가 일반적이다.

*** **195** CDS(Credit Defoult Swap)

빌려준 돈을 받지 못할 경우를 대비해 정기적으로 보험료를 내고 대출부실이 발생하면 보험금으로 메우는 손실 방지 장치. 부도가 발생해 채권이나 대출원리금을 돌려받지 못할 것에 대비한 신용파생상품의 한 형태. 그러나 금융위기 상황을 맞아 CDS 물량이 한꺼번에 쏟아져 나올 때는 자금조달시장 전체를 꽁꽁 얼어붙게 만들 수도 있다.

*** **196** CMA [2020년 하반기 BNK부산은행 기출]

① CMA란

증권사, 종금사 등에서 제공하는 종합자산관리계좌로, 매일 이자가 입금되는 자유입출식 계좌를 말한다. CMA는 주식 및 펀드 등 투자를 위한 예수금 계좌로 활용되는 경우가 많다. 또한 보통예금 통장 대비 상대적으로 금리가 높아, 일반 자유입출금식 계좌로도 자주 이용된다.

② CMA의 특징

가. 실적 배당형 상품이므로, 원금손실위험이 작지만 아예 없지는 않다.

나. 종금사형 CMA의 경우 예금자보호가 되지만, 증권사형 CMA의 경우 예금자보호가 되지 않는다.

③ CMA의 장점

가. 입출금이 자유롭다.

나. 단기금융상품에 투자하기 때문에, 하루만 맡겨도 이자가 지급된다.

다. 공과금자동납부, 급여이체, 인터넷뱅킹 등의 은행업무가 가능하다.

라. 회사에 따라 CMA 가입 시 공모주 청약이 가능하다.

마. 일시적 여유자금, 비상금, 투자용 대기자금 등을 넣어두는 통장으로 두루 활용이 가능하다.

***197 CMO(Collateralized Mortgage Obligations) [2018년 주택금융공사 기출]

미국에서 발행되는 주택담보대출증권의 일종. 주택융자의 대주(貸主)인 저축 대부조합이나 상업은행 등이 이자율이나 만기가 같은 담보물을 모아 증권화 하여 발행한다. 1983년 미국 연방주택대출저당공사(FHLMC)에 의해 처음 발행된 이후 발행실적이 계속 늘어나는 추세이다. 회계상 CMO는 발행기관의 부채로 처리된다.

***198 CIB 은행(Commercial Investment Bank)

금융사 내부에서 여수신 중심의 영업조직과 IB 조직의 통합 운영(상업은행+투자은행)을 한다. 단순 여수신 업무, 인수 및 합병 금융, 프로젝트 파이낸싱(PF)등의 업무를 한다.

 상업은행 : 개인이나 기업을 상대로 예금을 받고 대출을 해줘 이익을 얻는 시중은행
투자은행 : 주식 · 채권을 인수 · 판매해 기업에 장기자금을 공급하며, M&A 자문 · 투자 자문 · 파생금융상품 매매 서비스도 제공하면서 투자와 관련된 각종 지원 · 서비스 업무를 하는 은행

***199 DSR(총부채원리금 상환비율)

은행권 포함한 모든 금융회사의 빚을 기준으로 소득 중 원리금 상환부담 비율을 산출하는 것이다. 연소득에서 주택담보대출을 포함한 모든 대출(신용대출, 자동차 할부, 카드론 등)의 연간 원리금 상환액이 차지하는 정도를 나타내는 수치다. 앞으로 은행은 대출심사과정에서 모든 대출 원리금이 연소득을 넘어설 경우 대출 심사를 강화해야 한다. 나아가 1.5배 이상이면 신용대출, 2배가 넘으면 담보대출을 받기 어려워진다.

 [비교] DTI(Debt to Income Ratio)가 은행 주택대출 원리금 상환액 + 2금융 부채 이자 상환액만 부채로 상계한 것에 비해, DSR은 모든 금융권의 부채 원리금까지 적용시킨다.
DTI = (신규 주택담보대출 원리금 + 기존 대출 이자) / 연소득
DSR = (신규 주택담보대출 원리금 + 기존 대출 원리금) / 연소득
[장점] 다중채무자의 비중이 높은 점을 감안하면, 주택담보대출의 증가세를 막을 수 있음.
[단점] 실수요자는 기존 대출이 없을 가능성이 높으나, 투기적 수요자는 기존 대출이 많을 가능성이 있으므로, DSR 도입 시 투기적 수요자의 수요가 꺾여 주택 시장이 다소 침체될 수 있다.

RTI(임대업이자상환비율 Rent To Interest Ratio) = **연간 부동산임대소득/연간이자비용**

부동산임대업에 대한 신규 대출의 경우 연간 임대소득을 대출이자비용과 비교해 대출 적정 여부를 심사하는 방식이다. 원칙적으로 임대소득이 1.5배가 넘지 않으면 신규대출을 받을 수 없다. 주택임대업의 경우 1.25배가 넘어야 한다.

LTI(소득대비 대출비율 Loan to Income Ratio) = **(자영업자의 영업이익+근로소득) / 총 부채**

자영업자 1억 원 이상 신규 대출 시 참고 지표로 활용

***200 ELD**(Equity - Linked Deposit)

은행에서 예금형식으로 발행하는 ELS이다. 사전에 제시한 확정 수익을 지급한다. 중도에 주가가 내려가더라도 만기 시점까지 유지하면 원금은 보장되므로 정기예금의 안정성에다 주식 투자의 수익률을 더한 상품으로 볼 수 있다.

※ 주식형 펀드는 특히 과세 대상에서 제외되므로 ELS 등은 새로운 절세 상품으로도 관심을 끌고 있다.

***201 ELF**(Equity - Linked Funds)

파생상품펀드의 일종으로, 투자신탁회사들이 ELS 상품을 펀드에 편입하거나 자체적으로 '원금보존추구형' 펀드를 구성해 판매하는 형태의 상품이다. 쉽게 말해, ELS에 투자하는 펀드라고 생각하면 된다. ELS는 증권사에서 발행하지만, ELF는 자산운용사에서 판매하고 소속 펀드매니저가 ELS에 투자해 수익을 돌려준다. ELS와 ELF가 높은 수익률을 기대할 수 있는 것은 맞지만 아무래도 주식시장에 투자하는 상품이다 보니 원금이 보장되지는 않는다.

***202 ELS**(주가지수연동펀드, Equity Linked Securities)

국내 또는 해외 주가지수나 특정 주식 가격에 연계해 수익이 결정되는 파생결합증권이다. 발행 시점에 미리 정해놓은 구조에 따라 투자 손익이 결정된다.

203 ETF**(상장지수펀드, Exchange Traded Funds)** [2022 하반기 신한은행 필기 기출]

KOSPI200지수와 KOSPI50지수와 같은 특정 주가지수의 수익률을 따라가는 지수연동형 펀드를 구성한 뒤 이를 거래소에 상장하여 주식처럼 실시간으로 매매할 수 있도록 발행·유통·환매구조를 변형한 상품을 말한다. 거래는 주식처럼 하지만 성과는 펀드와 같은 효과를 얻는다. 상장지수펀드는 인덱스 상품에 대한 인지도를 높일 수 있을 뿐만 아니라 소액으로 지수 상승률을 따라잡고 시가총액 상위 주요 종목에 분산 투자하는 효과를

거둘 수 있어 개인투자자들에게 유용하다. 상장지수펀드의 주식은 기관투자가가 보유하고 있는 유가증권을 현물 예탁함으로써 설정되며 기관투자가는 현물 예탁의 대가로 상장지수펀드의 주식을 받게 된다. 일반투자자는 상장지수펀드의 주식이 증권거래소에 상장되면 일반 주식처럼 매매를 할 수 있다. KOSPI200 레버리지 ETF, 지수역행 ETF, 통화 ETF, 상품 ETF 등 다양한 신종 ETF가 등장하고 있다.

주가지수를 사고파는 증권 상품. 즉, 펀드처럼 분산투자를 하면서도 인덱스펀드처럼 특정 지수를 좇을 수 있고 또 주식처럼 편하게 사고팔 수 있다.

[장점] ① 투자자와 시장에 부담을 주지 않으면서도 주가지수와 비슷한 수익률을 낼 수 있다.

② 주식 실물거래가 없기 때문에 시장에 주는 충격을 최소화, 투자자는 투신사 등에 환매를 요청하지 않고 주식과 같이 주가지수 변동에 따른 ETF 증권의 가격 변동에 따라 자금을 회수할 수 있다.

**204 ETN(Exchange Traded Note)

상장지수채권을 말한다. ETN은 상장지수펀드(ETF, Exchange Traded Funds)와 마찬가지로 거래소에 상장돼 손쉽게 사고팔 수 있는 채권을 말한다. 주로 증권사가 자사의 신용에 기반해 발행하며 기초지수의 수익률에 연동하는 수익 지급을 약속하는 것으로, ELS에 비해 구조가 단순하고 만기 이전 반대 매매가 가능하다.

***205 FTSE지수(Financial Times Security Exchange)

영국 유력 일간지 파이낸셜타임스와 런던증권거래소가 1995년 공동 설립한 FTSE 인터내셔널이 발표하는 지수이다. 모건스탠리 MSCI 지수와 함께 세계 2대 지수로 48개 국가 주식을 다루며 글로벌 지수를 발표한다. 시장은 선진시장(Developed), 선진신흥시장(Advanced Emerging), 신흥시장(Secondary Emerging), 프런티어시장(Frontier) 등으로 구분된다.

***206 ICO(Initial Coin Offering)   [2019년 신협은행 기출]

사업자가 블록체인 기반의 암호화폐 코인을 발행하고 이를 투자자들에게 판매해 자금을 확보하는 방식이다. 코인이 가상화폐 거래소에 상장되면 투자자들은 이를 사고팔아 수익을 낼 수 있다. 투자금을 현금이 아니라 비트코인이나 이더리움 등의 가상화폐로 받기 때문에 국경에 상관없이 전 세계 누구나 투자할 수 있다. 암호화폐 상장에 성공하고, 거래가 활성화할 경우 높은 투자 실적을 기대할 수 있다. 반면 투자 리스크가 매우 큰 상품이라는 속성도 갖고 있다.

*** 207   IFA(독립투자자문업자, Independent Financial Advisor)

특정 금융사에 소속되지 않고, 금융회사나 금융상품 종류의 제한 없이 소비자의 필요에 적합한 투자 자문, 상품추천, 체결대행이 가능한 자문업자이다. 영국, 미국, 독일, 프랑스 등 유럽 국가들과 일본에서 운영 중이다. 장점은, ① 금융시장 활성화 : 기존엔 판매대행 사의 창구를 통해 투자상품 가입이 이루어져, 자사 계열 상품을 추천하는 등 불완전 판매가 존재했다. 하지만 IFA 시행 시 상품별 경계를 없앨 수 있다. ② 저렴한 수수료 등이다.

[이익] 인터넷에서 직접 펀드상품에 가입 시 저렴한 수수료 등의 이익이 있지만, 지식 부족의 문제로 역선택 등의 부작용이 존재했다. 하지만 IFA 도입 시 온라인 강의 제공, 투자 위험성 평가 등 개별 온라인 서비스가 가능해지기 때문에 온라인 금융상품 거래가 활성화될 것이다.

[현황] 2016년 3월 ISA 도입과 함께 IFA가 도입될 예정 - 국민의 재산운용을 효율적으로 지원

** 208   IFRS9 회계기준(International Financial Reporting Standards)

2018년 1월부터 도입되는 회계기준으로 충당금 산출모형이 변경되고 금융자산의 분류 및 특정 체계, 위험회피회계 등이 변경된다.

① 대손충당금 적립 기준이 발생손실모형에서 기대신용손실모형으로 변경됨에 따라 대손충당금 적립 부담이 증가할 전망.

② 아울러 지분증권을 매각하는 경우 손익계산서를 거치지 않고 대차대조표상 자본항목의 기타포괄손익으로 인식될 예정.

③ 금융상품 손실을 반영할 때 현재는 실제 손실이 발생한 시점 이후에 대손충당금을 적립하지만, IFRS9은 향후 예상되는 손실을 감안해 손실 징후가 나타나도 이를 회계상으로 인식하여 대손충당금을 적립.

④ 대출자산 신용위험의 유의적 증가 여부를 판단하여 손실 인식 기준이 강화되고, 전체 기간(Lifetime) 예상 손실을 추정하기 때문에 손실 예상금액도 증가.

⑤ 금융권에서는 IFRS9 도입으로 인해 은행권 전체가 추가로 적립해야 할 대손 충당금 규모가 약 2~3조 원에 이를 것으로 추산.

** 209   Incoterms®2020   [2020년 하반기 우리은행 기출]

① Incoterms®2020의 개념

Incoterms는 ICC가 규정하는 무역 조건에 관한 국제거래 규칙을 말한다.

② Incoterms®2020의 등장배경

국제상거래에서는 FOB나 CIF 등과 같은 정형화된 거래조건들을 사용해왔다. 그러나 매매 당사자들의 국가별, 지역별로 서로 다른 법률과 상관습에 따라 이에 대한 해석이 다르고, 이로 인하여 많은 오해와 분쟁이 발행했다. 이에 따라 ICC(상업회의소)에서는 1936년부터 '무역거래조건의 해석에 관한 국제규칙(International Rules for the Interpretation of Trade Terms)'을 제정하게 되었다. 이를 약칭하여 'Incoterms'라고 하며 최근 개정되어 Incoterms®2020의 명칭을 사용한다.

③ Incoterms®2020의 특징

가. 물품 인도 장소, 방법, 증빙 서류, 위험 및 비용 분담, 운송 및 보험계약의 체결 당사자, 운임 및 보험료 부담자, 수출입허가 승인, 통관의무, 관세부담 등에 따라 11개의 조건이 있다.

나. 거래 조건에 관한 일종의 국제 해석 규칙일 뿐이므로, 국제법 및 조약처럼 구속력이 없다. 오직 계약 당사자들의 상호 협의로 임의 적용된다.

④ Incoterms®2020의 11가지 조건

가. EXW(Ex Works, 공장 인도 조건)

나. FCA(Free Carrier, 운송인 인도 조건)

다. FAS(Free Alongside Ship, 선측 인도 조건)

라. FOB(Free On Board, 본선 인도 조건)

마. CFR(Cost and Freight, 운임포함 인도 조건)

바. CIF(Cost, Insurance and Freight, 운임 및 보험료 포함 인도 조건)

사. CPT(Carriage Paid To, 운송비지급 인도 조건)

아. CIP (Carriage and Insurance Paid to, 운송비 보험료지급 인도 조건)

자. DPU(Delivered At Place Unloaded, 도착지 양하 인도 조건)

차. DAP(Delivered At Place ,목적지 인도 조건)

카. DDP(Delivered Duty Paid, 관세지급 인도 조건)

210 IP(Intellectual Property) 금융

지식재산을 중심으로 이뤄지는 각종 금융활동이다.

예 특허를 담보로 이뤄지는 대출, 자산 유동화 등이 대표적

211 ISA(개인종합자산관리계좌, Individual Savings Account)

'만능 통장'이라고도 불리며, 하나의 계좌에 적금, 예금, 펀드 등 다양한 금융상품을 통합 운영하면서 가입기간 동안 손익을 계산하여 세제혜택을 부여한다. 근로자, 자영업자, 농

어민의 재산 형성을 지원하기 위해 2016년 3월부터 도입했다.

투자(납입) 한도 : 2,000만 원(5년간 1억 원) / 의무 가입기간 : 5년 / 대상 : 근로, 사업소득자(연간 금융소득 2,000만 원 이상인 자는 가입 불가) / 세제혜택 : 200만 원까지 비과세, 초과분 9.9%(일반 이자 소득세 15.4%보다 낮음) / 분리과세(다른 소득과 합쳐 세금을 부과하지 않겠다는 것) / 5년간 계좌를 유지해야 하며, 금융상품 간 갈아타기는 가능 / 가입 가능 기간 : 2016년 3월 ~ 2018년 12월 31일

[사례] 영국 : 국민 40% 이상이 ISA에 가입해 재테크 기본통장으로 활용 중. 16세 이상 국민을 대상으로 약 3,000만 원 한도로 운영 중.

[단점] 미약한 절세효과 : 최대 30만 8,000원에 불과(200만 원*15.4% 이자소득세) 고수익 자산 위주로 담아 비과세보단 9.9% 분리과세를 적용하는 것이 핵심

***212 MSCI 지수(Morgan Stanley Capital International Index)

MSCI 지수는 MSCI Barra가 작성해 발표하는 모델 포트폴리오의 주가지수로 전 세계를 대상으로 투자하는 대형 펀드, 특히 미국계 펀드 운용의 주요 기준이다.

**213 NPL(무수익여신, Non Performing Loan)

부실대출금과 부실지급보증액을 합친 것으로 금융회사의 부실채권을 뜻한다.

**214 NSFR(순안정자금조달비율, Net Stable Funding Ratio)

1년 이상 현금화되지 않는 자산규모 대비 안정자금의 비율이 100%를 초과해야 한다는 것으로 은행 만기불일치 문제와 관련이 있다. 바젤3 도입으로 2018년까지 유예.

***215 OTP   [2020년 하반기 국민은행 기출]

주로 금융권에서 온라인 뱅킹(Online banking) 등의 전자금융거래에서 사용되며, 사용자는 일회용 비밀번호를 생성하는 하드웨어인 OTP 생성기(OTP token)를 이용한다. 별도의 OTP 생성기를 소지해야 하는 불편함 등으로 인해 전자금융거래를 제외한 인터넷 등의 광범위한 네트워크에서는 일반적으로 사용되지 않는다. OTP 생성기는 버튼을 누르면 6자리의 패스워드가 나오는 방식, 매 1분마다 자동으로 서로 다른 6자리의 패스워드가 나오는 시간동기 방식, 키패드에 4자리 비밀번호를 입력하면 6자리 패스워드를 보여주는 방식 등이 있다. 형태로는 소형 단말기 모양의 토큰형과 신용카드 모양의 카드형이 사용되고 있으며, 최근에는 휴대폰의 범용가입자식별모듈(USIM)을 기반으로 하는 모바일 OTP(MOTP)

의 도입이 추진되고 있다.

국내에서는 금융보안연구원(Financial Security Agency)에서 운영하는 OTP통합인증센터가 설립되어 2007년 6월부터 서비스가 시작되었다. 2008년 개정된 전자금융감독규정에 의해 OTP는 인터넷뱅킹, 모바일뱅킹, 텔레뱅킹 등 전자금융거래 시 보안카드를 대체하는 1등급 보안매체로 지정되었다. 개인이 보안 1등급을 유지해 1억 원 이체한도의 고액 거래를 가능하게 하려면 OTP 사용이 필수적이며, 법인은 보안 1등급이 아닌 경우 인터넷을 통해 자금이체를 할 수 없다. 2011년 6월말 현재 OTP 이용자수는 511만 227명이며, 은행 19개, 증권 37개, 기타 6개사 등 총 62개 금융회사가 참여하고 있다.

*** 216   PBR(주가순자산배율, Price on Book-Value Ratio)

주가를 주당순자산가치로 나눈 비율로 주가와 1주당 순자산을 비교한 수치이다. 최근 디커플링 현상으로 인해 우리나라의 코스피 PBR(1.12)이 세계 최저에 가까운 기록이다. 재정 위기국인 이탈리아(0.8배), 스페인(1.14배) 일본 닛케이평균주가 PBR(1.05배)보다는 높지만, 미국 다우존스산업평균지수(2.04배), 대만 TWI(1.70배), 영국 FTSE100(1.64배) 등 보다는 뒤처졌다.

*** 217   PER(주가수익률, Price-earnings Ratio)

PER은 현재 주가가 주당순이익의 몇 배인가를 나타내는 수치이다. 최근 국내 주식시장이 침체를 겪고 있다. 한국 코스피의 PER은 8.69배다. 이는 세계 주요국 중 가장 낮은 수치다. 미국 다우존스산업평균지수의 PER은 13.68배, 중국 상하이종합지수는 10.49배, 영국 FTSE100은 11.29배, 일본 닛케이평균주가 PER는 12.95배, 멕시코 인멕스(INMEX) 지수의 PER가 18.1배이다.

*** 218   RBC(Risk Based Capital)   [2018년 신한은행 기출]

위험기준자기자본. 보험계약자가 일시에 보험금을 요청했을 때 보험사가 보험금을 제때 지급할 수 있는 능력을 수치화한 것. 보험회사에 내재된 다양한 리스크를 체계적이고 계량적으로 파악하여 이에 적합한 자기자본을 보유하게 함으로써 보험회사의 재무건전성을 높이고 미래의 불확실성에 대비하는 건전성 규제이다. 생보사의 지급여력비율은 순재산(자산-부채+내부유보자산)을 책임준비금으로 나누지만, 손보사는 적정잉여금으로 나눈다. 지급여력 비율이 100%이면 모든 계약자에게 보험금을 일시에 지급할 수 있다는 것을 뜻한다. RBC 비율은 100% 이상을 유지해야 하며 금융당국에서는 150% 이상을 권고하고 있다.

219   RP(환매조건부채권, Repurchase agreement)   [2020년 하반기 우리은행 기출]

① 환매조건부채권매매의 정의

환매조건부채권매매는 일정 기간 경과 후, 정해진 가격에 환매하는 조건으로 채권을 매매하는 것을 말한다. 예를 들면, 금융회사가 보유한 국채를 투자자에게 매각, 자금 조달 후 일정 기간 경과 후에 매도 국채를 투자자로부터 미리 정해진 조건으로 다시 매입하는 것이다. 1981년 6월, 미국 내 예금금융기관들이 증권회사에 대한 자금조달상의 열세를 극복하고자 개발한 금융상품이다.

② 환매조건부채권매매의 특징

가. RP거래는 채권매매형태로 이루어지는 것이 일반적이고, 단기자금의 조달과 운용 수단으로 이용되기에, 단기자금 대차거래의 성격을 나타내고 있다.

나. 한국은행이 통화조절수단으로 사용하기도 하는데, 시중은행에 판매하는 RP로 자금사정에 따라 한은이 금리를 조절하고 있다. 중앙은행인 한국은행과 예금은행 사이에 시중통화 수위와 유동성 과부족 상황에 따라 환매조건부채권 거래가 이루어지고 있다. 참고로, 한국은행의 RP 7일물금리를 기준금리로 두고 있다.

다. 중앙은행뿐만 아니라, 은행이나 증권회사 등의 금융기관이 수신 금융상품의 하나로, 고객에게 직접 RP를 판매하는 경우도 있다.

라. 운용기간은 1~30일부터 3개월 정도가 일반적으로 적합하며, 길게는 1년까지 만기를 지정할 수 있다. 금리는 자금 상황이나, 금융기관별로 다른데, 정기예금보다 약간 높은 수준이 일반적이다.

마. 중도환매가 가능하고, 환매 시에는 해지 수수료를 지불해야 한다.

바. 예금자 보호대상에 해당되지는 않지만, 판매기관 및 보증기관의 지급보증과 담보력을 바탕으로 안정성이 높은 편이다.

*220   SML   [2022 하반기 하나은행 필기 기출]

증권시장선(security market line, SML)은 개별자산 또는 포트폴리오의 기대수익률을 도출해 내는 모형으로, 체계적 위험의 지표인 베타에 비례하는 위험프리미엄을 측정하여 기대수익률을 이끌어 낸다.

$$SML : E(R_f) = R_f + \beta_{fm} (E(R_m) - R_f)$$

베타가 1일 때 기대수익률은 시장기대수익률과 동일하고, 베타가 0일 때 기대수익률은 무위험수익률과 동일하다. SML은 CML과 달리 위험프리미엄의 보상기준이 되는 위험이 총위험이 아닌 체계적 위험이며, 따라서 효율적 포트폴리오뿐만이 아닌 개별주식과 비효율적 포트폴리오의 기대수익률도 측정 가능하다는 차이가 있다.

*221　TB금리(Treasury Bill Rate)

TB금리란 미국 국채 금리, 즉 재무부채권 금리를 가리키는 말이다.

 미국 재무부채권
미연방정부의 재정적자보전을 위하여 미재무부 명의로 일반대중에게 발행된 양도가 가능한 국채. 미국재무부 채권은 연방정부의 통화증발에 의한 인플레이션을 초래하지 않으면서 재정적자를 보전하는 수단이 되며, 외국정부 및 외국중앙은행의 대외지급준비운용수단으로 이용되기도 하고 각종 금융기관, 기관투자자의 투자수단 및 제2선의 지급준비수단 역할을 한다.

**222　TDF, TIF, TRF　　　　[2022 하반기 새마을금고중앙회 필기 기출]

연금 삼총사, 이른바 3T로 불리는 TDF(타깃데이트펀드), TIF(타깃인컴펀드), TRF(타깃리스크펀드)는 연금 관련 투자상품이다. TDF는 가입자의 생애 주기를 고려해 알아서 자산 배분을 도와주는 펀드이다. 적극적으로 자산을 불려야 할 시기엔 주식의 비중을 높여 공격적으로 투자하고 은퇴할 시점이 가까워지면 주식의 비중을 낮추고 안정적인 채권 비중을 늘리는 방식이다. TIF는 노후자금을 주식보다는 채권이나 부동산에 자금을 맡겨 이자 및 배당수익을 내며 매년 원금의 3~4% 정도 지급금을 월간, 분기 등으로 받을 수 있는 상품이다. TDF의 투자 기간이 생애 전반인 반면 TIF의 투자 기간은 은퇴 이후이다. TRF는 투자자 위험 성향별 맞춤 펀드 상품이다. 투자자가 자신의 투자 성향에 따라 위험도가 낮은 펀드부터 높은 펀드까지 선택해 투자할 수 있다. 기초자산의 가격 변동에도 투자 자산의 비중이 일정하게 조정된다.

***223　U-보금자리론　　　　[2018년 주택금융공사 기출]

기존에 은행에서 해오던 대출심사와 사후관리업무를 주택금융공사가 전담하고, 기업은행과 삼성생명이 담보설정과 대출을 대행하도록 하는 방식으로 진행된다. 대출자격은 만 20세 이상에서 만 70세 이하여야 하며, 신용등급이 7등급 이내로 소득증빙이 가능한 무주택자 또는 주택취득한 지 5년 이내인 1주택자, 기존 주택담보대출을 상환하려는 1주택자여야 한다. 대출형태는 기본형(일반 보금자리론), 설계형(금리설계보금자리론), 우대형(금리우대보금자리론), 연계형(중도금연계보금자리론) 등으로 나누어진다.
이 상품의 장점은 3년간 저금리로 이자 납부가 가능하고 3년 후에 상환능력에 따라 조정이 가능하다는 것이다. 반면 중도상환수수료가 타 상품에 비해 1% 가량 높고, 5년까지 중도상환수수료가 있다는 단점이 있다.

*** **224**   **VAR**(Value at Risk)   [2019년 신한은행 기출]

밸류 앳 리스크(Value at Risk)의 머리글자로, 정상적인 시장 여건하에서 일정 기간 발생할 수 있는 '최대손실금액'을 뜻한다. 각 금융기관은 시장위험(market risk), 즉 금리 · 주가 · 환율 등의 변수가 불리하게 작동하여 시장에서 자산이나 부채에 손실을 일으킬 가능성을 예측하고, 발생 가능한 위기를 관리하기 위해 VaR을 추정하는 시스템을 갖추고 있다. 또한, 다양한 자산을 일관되게 이해할 수 있도록 통합하고, 통일된 지표로 관리함으로써 리스크 양을 숫자(Number)로 관리하는 대표적인 리스크 관리 방식이다.

** **225**   **VIVA**(Verified Income, Verified Assets)

미국 은행의 주택담보대출 기준 중 하나로, 확실한 수입과 자산이 있는 사람에게만 주택을 담보로 대출해 주는 것으로 NINJA(No Income, No Job or Asset)론과는 정 반대의 개념이다.

[장점] 부실 위험이 적고 회수율이 높은 것.

[단점] 신규 고객 창출 면에서는 한계가 있어 금융 기관들에 한정된 수익을 가져다준다는 점.

실전문제

01 다음에서 설명하는 리스크(Risk)로 옳은 것은?

> 거래 당사자 간에 금융거래는 약정되었으나, 아직 자금결제가 이루어지지 않은 상태에서 거래 일방이 자신의 결제를 이행하지 못하게 됨에 따라 거래 상대방이 손해를 입게 되는 위험으로서, 이는 금융거래 규모와 소요기간에의 그 크기가 결정된다.

① 유동성리스크   ② 결제리스크   ③ 사이버리스크
④ 운영리스크   ⑤ 법률리스크

▶해설

결제리스크에 관한 설명이다.

법률리스크는 각종 법률 위반이나 법률 제정·개정 등에 대한 인식 부족, 부적절하거나 부정확한 법률 자문 및 서류 작성, 미흡한 법률체계 또는 법적 불확실성 등으로 인해 발생하는 리스크를 말한다.

유동성리스크는 거래 일방이 일시적인 자금부족으로 인해 정해진 결제 시점에서 결제의무를 이행하지 못함에 따라 거래상대방의 자금조달 계획 등에 악영향을 미치게 되는 위험을 말한다. 이는 거래 상대방이 지급기일이 지난 이후 채무를 결제할 수 있다는 점에서 거래상대방이 파산하여 채권 회수가 영원히 불가능한 신용리스크와 차이가 있으나 실제로는 그 구별이 쉽지 않다.

02 공매도에 대한 설명으로 옳지 않은 것을 모두 고르시오.

> a. 공매도는 주가하락이 예상될 경우 사용되는 투자전략이다.
> b. 공매도는 대주 또는 대차 거래와 정확하게 일치하는 개념이다.
> c. 국내에서 무차입공매도(naked short selling)도 허용되고 있다.
> d. 국내에서 차입공매도만 허용되고 있다.

① a, b   ② a, c   ③ a, d   ④ b, c   ⑤ b, d

▶해설

공매도(Short Sale)란 먼저 주식을 빌려 매도한 후에 해당 주식을 매입하여 되갚아 이익을 시현하는 투자전략이다. 예를 들어 A주식의 현재 가치가 1만 원이고 주가하락이 예상되는 경우 투자자는 A주식을 빌려 매도한다. 이후 예상대로 8,000원으로 하락했다면 시장에서 A주식을 매입해 증권사에 주식을 상환하면 2,000원의 이익을 시현할 수 있는 것이다. 공매도는 크게 주식을 차입한 후에 매도주문을 내는 차입공매도(Covered Short Selling)와 주식을 보유

하고 있지 않은 상태에서 매도주문을 내는 무차입공매도(Naked Short Selling)로 구분할 수 있는데 국내에서는 차입공매도만을 허용하고 있다.

한편 실무에서는 대주 또는 대차거래와 혼용해서 사용되는데 정확하게는 기관과 개인투자자 간의 주식 대여는 대주거래로, 기관 간 주식대여는 대차거래로 불린다.

공매도는 이같이 대여한 주식을 실제로 주식시장에서 매도하는 행위를 일컫는 것으로 단순히 주식대여 관계를 나타내는 대주, 대차거래와는 엄밀한 의미에서는 다른 개념이다.

03 사채발행 후 일정한 조건으로 일정한 기간이 지난 다음에 회사에서 주식으로 전환할 수 있는 채권을 무엇이라 하는가?

① CD(양도성 예금증서)　　② CB(전환사채)　　③ CP(기업어음)
④ BW(신주인수권부사채)　　⑤ EB(교환사채)

> 해설
> 전환사채(Convertible Bond)에 관한 설명이다.

04 녹색채권(Green Bond)에 대한 설명으로 옳지 않은 것은?

① 녹색금융의 대표적인 재원 조달 방안 중 하나이다.
② 친환경 및 신재생에너지 프로젝트에 투자에 사용된다.
③ 우리나라에서는 아직까지 녹색채권을 발행한 금융기관이 없다.
④ 녹색채권 발행의 활성화는 기후문제를 해결하는데 일조할 수 있다.
⑤ 우리나라는 2009년 저탄소 녹색성장기본법을 규정하였다.

> 해설
> 우리나라는 2013년도에 수출입은행이, 2017년에는 산업은행에서 각각 5억 달러, 3억 달러 규모의 녹색채권을 발행한 바 있다. 또한, 녹색채권은 비(非)금융기관도 발행할 수 있으며, 최근 한국전력공사에서 친환경 사업을 위해 녹색채권 발행을 추진하고 있다고 한다.

05 은행에서 고객에게 주택을 담보로 하여 자금을 대출해 줄 때, 담보가격대비 최대 대출 가능한 금액을 나타내는 용어는 무엇인가?

① ABS　　② LTV　　③ BIS　　④ NIM　　⑤ DTI

> 해설
> LTV(Loan To Value Ratio)에 대한 설명이다.

| 정답 | 01 | ② | 02 | ④ | 03 | ② | 04 | ③ | 05 | ② | | |

06 총부채상환비율을 의미하는 것으로, 대출상환금이 소득의 일정비율을 넘지 않도록 제한하기 위해 총소득에서 부채의 연간 원리금 상환액을 차지하는 비율을 계산해 대출한도를 정하는 것을 무엇이라고 하는가?

① LTV   ② DSR   ③ DTI   ④ RTI   ⑤ LTI

▶해설

DTI(Debt To Income)에 대한 설명이다.
RTI는(Rent To Interest Ratio)가 연간 부동산 임대 소득을 연간 이자비용으로 나눈 값이다. 해당 임대업 대출뿐만 아니라 임대 건물의 기존 대출 이자비용까지 합산한다. 이는 부동산임대업자 부채를 관리하기 위함이다.
LTI는(Loan To Income Ratio) 자영업자의 영업이익에 근로소득 등을 합산한 총소득과 해당 자영업자가 모든 금융권에서 빌린 가계대출 및 개인사업자 대출을 합친 총부채를 비교하는 지표로서, 자영업자 부채를 잡기 위한 목적으로 마련됐다.
DSR(Debt Service Ratio) 총부채원리금상환비율이다.

07 다음 빈칸에 들어갈 용어로 옳은 것은?

국제금융협회(IIF · Institute of International Finance)에서는 _____를 빅데이터 · 클라우드 · 머신러닝 등의 신기술을 활용해 금융 관련 법규 준수 및 규제에 대한 대응보고를 유효하게 하는 기술로 정의하고 있다.

① 레그테크   ② 벌지 브래킷   ③ 블록체인   ④ 어슈어뱅킹   ⑤ 인슈어테크

▶해설

레그테크(Regtech)는 규제를 뜻하는 레귤레이션(Regulation)과 기술을 의미하는 테크놀로지(Technology)의 합성어로, 금융회사로 하여금 내부통제와 법규 준수를 용이하게 하는 정보기술을 의미한다.

08 아래의 사례에서 설명하는 금융기법은 무엇인가?

특정 사업에서 미래에 발생하는 현금흐름을 담보로 당해 프로젝트를 수행하는데 필요한 자금을 조달하는 금융기업으로 대규모의 자금이 소요되는 유전, 탄광, 발전소, 고속도로 건설 등의 사업에 흔히 사용되는 방식이다. 즉, 사업주의 신용이나 물적 담보가 아닌 해당 사업 자체를 담보로 대출해주는 것이다. 이러한 위험 자산에 대한 투자 증가가 과거 저축은행 부실의 가장 큰 원인이 된 바 있다.

① 팩토링   ② 할부금융   ③ 금융리스
④ 마이크로파이낸스   ⑤ 프로젝트파이낸싱

▶해설

PF(프로젝트파이낸싱)에 대한 설명이다.

09 **커버드 본드(Covered Bond)에 대한 설명으로 옳지 않은 것은?**

① 이중상환청구권부 채권이라고도 불린다.

② 2011년 금융위는 가계부채 연착륙 종합대책의 일환으로 커버드본드의 활성화를 추진했으며, 2013년 12월 관련법이 국회를 통과했다.

③ 커버드본드는 발행기관이 주택담보대출채권, 공공기관대출채권 등 우량자산을 이용하여 담보자산의 풀(Pool)을 형성하고, 이를 담보로 발행하는 채권이다.

④ 커버드본드 소지자는 후순위변제권자이다.

⑤ 한국주택금융공사의 MBB는 커버드본드의 일종이라 할 수 있다.

> 해설

커버드본드의 소지자는 우선변제권자이다.

10 **다음에서 설명하는 개념에 대한 설명은 무엇인가?**

미군이 베트남전에서 전쟁을 종료하고 희생을 최소화하면서 빠져나오기 위해 사용했던 전략에서 유래된 말로, 경기회복 시점에서 금리인상, 흑자예산 등의 정책을 사용하는 것이 이 전략의 대표적인 예라고 할 수 있다.

① 후퇴전략   ② 출구전략   ③ 회복전략   ④ 기만전략   ⑤ 우월전략

> 해설

출구전략은 각종 완화정책을 경제에 부작용이 남기지 않게 하면서 정책을 서서히 거둬들이는 전략을 말한다.

11 **ETF(Exchange Traded Fund)의 장점으로 옳지 않은 것은?**

① 종류가 다양하다.   ② 자산 배분에 유리하다.

③ 세부종목을 고민하지 않아도 된다.   ④ 상승과 하락에 동시에 초점을 맞출 수 있다.

⑤ 환율 리스크가 없다.

> 해설

미국 S&P 지수에 연동하는 ETF는 지수가 10% 올라도 달러가치가 하락하면 원화 환산 수익이 없거나, 손실을 볼 수 있다.

정답	06	③	07	①	08	⑤	09	④	10	②	11	⑤

12 2018년 1월부터 적용된 **新DTI** 산정방식에 추가 고려된 사항은?

① 보유 중인 주택담보대출 원금상환액   ② 주택대출 연간상환액

③ 새로 받을 주택담보대출의 원리금   ④ 기존 대출의 이자상환액

⑤ 보유 중인 주택담보대출의 원리금

> **해설**
> 기존 DTI는 주택대출의 연간 상환액에 새로 받을 주택담보대출의 원리금과 기존 대출의 이자 상환액을 따졌다. 이에 반해 신DTI는 기존에 보유하고 있는 주택담보대출의 원금 상환액까지 합쳐서 따진다.

13 수익률은 높지만, 신용등급이 낮은 펀드를 무엇이라 하는가?

① 하이일드펀드   ② 인덱스펀드   ③ 헤지펀드

④ 머니마켓펀드   ⑤ 뮤추얼펀드

> **해설**
> 하이일드펀드(High Yield Fund)는 정크본드(쓰레기 채권)라고도 불리는데, 이는 고수익/고위험 채권에 투자하는 펀드를 의미한다.

14 다음에서 설명하고 있는 용어는 무엇인가?

- 당국의 규제를 받지 않고 고수익을 노리지만, 투자위험도 높은 투기성 자본
- 조지 소로스의 퀀텀펀드, 줄리안 로버트슨의 타이거펀드가 대표적인 예

① 벌처펀드(Vulture Fund)   ② 헤지펀드(Hedge Fund)

③ 인덱스펀드(Index Fund)   ④ 탄소펀드(Carbon Fund)

⑤ 하이일드펀드(High Yield Fund)

> **해설**
> 헤지펀드(Hedge Fund)는 단기이익을 노리고 개인이나 기관투자가들로부터 모은 돈을 국제증권시장이나 국제외환시장에 투자하는 개인투자신탁을 뜻한다.

15 은행에서 보험회사의 상품을 판매하는 것을 이르는 용어는 무엇인가?

① 방카슈랑스(Bancassurance)   ② 어슈어뱅킹(Assurebankimg)

③ 내로우뱅크(Narrowback)   ④ 파생금융상품

⑤ 펌뱅킹(Firm Banking)

▶해설

어슈어뱅킹은 보험과 은행의 합성어로 은행을 자회사로 두거나 은행 상품을 판매하는 보험사를, 내로우뱅크는 자금중개기능은 수행할 수 없고 지급결제기능만을 전문적으로 담당하는 은행을 의미한다.

파생금융상품은 금리, 주가 등의 시세변동에 따른 손실 위험을 최소화한 상태에서 수익을 확보할 수 있도록 거래자의 특수한 조건에 맞게 각종 금융상품을 결합시켜 고안한 것이다.

펌뱅킹은 기업과 금융기관이 컴퓨터 시스템을 통신회선으로 연결하여 온라인으로 처리하는 은행 업무를 의미한다.

16 캐리 트레이드(Carry Trade)에 대한 설명으로 옳은 것은?

① 장기투자자본 성격이 강해 세계 금융시장의 발전 요인이 된다.

② 캐리 트레이드는 저금리 국가의 자금을 빌려 고금리 국가의 자산에 투자하는 것을 뜻한다.

③ 캐리 트레이드를 하는 개인 투자자들은 엔 캐리의 경우 와타나베 부인, 원화 캐리의 경우 김씨 부인, 위안화 캐리의 경우 왕씨 부인으로 불리기도 한다.

④ 캐리 트레이드는 2008년 리먼브라더스의 파산을 계기로 급격히 활발해졌다.

⑤ 캐리 트레이드는 투자에 성공할 경우 일정 수익을 걷을 수 있기에 위험이 낮은 편이다.

▶해설

캐리 트레이드는 단기투기자본(핫머니)의 성격이 강해 글로벌 금융시장의 교란요인이 된다. 캐리 트레이드는 이자가 싼 국가에서 빌린 돈으로 고금리 국가의 자산에 투자하는 것을 의미한다. 원 캐리의 경우 김씨 부인, 엔 캐리와 달러 캐리를 하는 개인 투자자를 각각 '와타나베 부인', '스미스 부인'이라고 부르기도 한다. 왕씨 부인은 일반적인 중국 개인 투자자들을 일컫는 표현이지 캐리 트레이드 용어가 아니다. 캐리 트레이드는 투자에 성공할 경우 고수익을 거둘 수 있지만, 위험 역시 크다. 캐리 트레이드는 투기 성격이 강해 국제 금융시장을 교란시키는 요인이 되기도 한다.

17 다음 중 금리 관계가 가장 적절한 것은?

① 저축은행 예금금리 < 시중은행 예금금리

② 저(低)신용자 대출금리 < 고(高)신용자 대출금리

③ MBS 금리 < Covered bond 금리

④ 실질금리 < 명목금리

⑤ 회사채 금리 < 국고채 금리

▶해설

제1금융권보다는 제2금융권이 금리가 높다. 대출받는 사람의 신용이 낮으면 금리는 높아진다. MBS보다는 Covered bond가 투자자 입장에서는 더 안정적이므로 MBS 금리가 Covered bond 금리보다 높다. 명목금리에서 물가상승률을 뺀 금리가 실질금리이다. 물가상승국고채 금리보다는 회사채의 금리가 높다. 국채는 안전자산이지만, 회사채는 위험자산이기 때문이다. 따라서 일반적으로 국채보다는 회사채의 수익률이 높은 편이다.

정답	12	①	13	①	14	②	15	①	16	②	17	④

18 다음에서 설명하는 용어로 알맞은 것을 고르시오.

주식시장에서 때로는 공포와 광기가 만연하곤 한다. 이 같은 공포를 진정시키기 위해 주가지수가 전 일에 비해 10% 이상 하락한 상태가 1분 이상 지속될 때 모든 주식거래를 20분간 중단시키는 제도는 무엇인가?

① 사이드카   ② 콘탱고   ③ 백워데이션

④ 서킷 브레이커   ⑤ 로스컷

▶해설

증시를 안정시키기 위한 장치로 '서킷 브레이커'(Circuit Breakers)와 '사이드카(Side Car)'가 있다. 서킷 브레이커는 주가가 급락할 경우 매매를 일시적으로 정지시키는 제도이다. 우리나라 증시의 경우 주가지수가 전 일에 비해 10% 이상 하락한 상태가 1분 이상 지속될 때, 모든 주식거래가 20분간 중단된다.

한편 사이드카는 선물시장에서만 발동된다. 선물시장의 급등락에 따른 현물시장의 혼란을 방지하기 위한 조치이다. 사이드카가 발동되면 컴퓨터로 매매주문을 내는 프로그램 매매호가의 효력이 5분간 정지된다. 발동요건은 가장 많이 거래되는 선물상품가격이 전일 종가 대비 5% 이상 상승하거나 하락해 1분간 계속될 때이다. 5분이 지나면 자동적으로 사이드카는 해제되고 매매는 다시 정상적으로 이뤄진다.

19 은행의 BIS(국제결제은행) 자기자본비율에 대한 설명으로 옳은 것은?

① 은행의 총자산 대비 부채비율을 말한다.

② 보통 6% 이상이면 우량은행으로 평가된다.

③ BIS는 이 비율이 5% 이상이 되도록 권고하고 있다.

④ BIS가 은행 주주를 보호하기 위해 정한 기준이다.

⑤ 은행들이 해외에서 자금을 조달하려면 8%는 넘어야 한다.

▶해설

BIS 자기자본비율(BIS 비율)은 스위스 제네바에 본부를 둔 BIS 산하 은행규제감독위원회(바젤위원회)가 제정한 국제적 은행감독기준에 따른 은행의 자기자본비율을 뜻한다. BIS 비율이 높은 은행일수록 자기자본이 충실해 안전한 은행이라고 평가받는다.

바젤위원회는 은행의 건전성과 안정성 확보를 목적으로 1988년 '자기자본 측정과 기준에 관한 국제적 합의'를 제정해 발표했으며, 1992년 말부터 은행들에 BIS 비율 8% 이상을 유지하도록 권고하고 있다. 보통 8% 이상이면 우량은행으로 평가된다. BIS 비율은 자기자본을 위험가중자산으로 나눠 100을 곱해 산출한다. 따라서 자기자본이 많고 위험가중자산이 적으면 BIS 비율이 높다.

위험가중자산은 거래 상대방의 신용위험도에 따라 가중치를 적용해 은행이 보유한 자산을 구분한 것을 의미한다. 예를 들어 부동산담보대출은 위험도를 100% 적용해 2배로 평가하고 예금담보대출은 0%로 원금 그대로 평가한다. BIS 비율은 은행 주주가 아니라 은행 예금자를 보호하기 위해 정한 기준이다.

20 다음 지문을 읽고 ㉠, ㉡에 들어갈 주식투자 용어를 순서대로 옳게 짝지은 것은?

> 한국거래소는 주식 투자자들이 많이 참고하는 지표인 (㉠)와(과) (㉡)산출 방식을 대폭 개선해 발표하기로 했다. (㉠)은(는) 주식가격을 주당순이익으로 나눈 비율로, 현 주가로 주식을 매입했을 경우 몇 년 만에 주식 투자금을 회수할 수 있는지를 나타낸다. (㉡)은(는) 주가를 주당순자산으로 나눈 비율로, 회사를 당장 청산했을 때 주주가 배당받을 수 있는 자산 가치를 의미한다.

① PER - PBR ② PBR - PER ③ BPS - EPS ④ ROE - ROI ⑤ ROI - ROE

해설

주가수익비율(PER)은 현재 주가를 주당순이익(EPS)으로 나눠 구한다. 단위는 배이다. 주당순이익은 당해 연도에 발생한 순이익을 총 발행주식 수로 나눈 것으로 1주가 1년 동안 벌어들인 수익이다.
PER은 주가가 오르내리거나 결산기나 반기에 실적이 발표된 뒤 또는 자본금이 변하면 달라진다. PER이 높다는 것은 기업의 수익력에 비해 주가가 상대적으로 높게 형성돼 있음을 뜻한다. 반대로 PER이 낮으면 수익성에 비해 주가가 저평가돼 있어 그만큼 주가가 오를 가능성이 큰 것으로 기대된다.
주가순자산비율(PBR)은 주가가 순자산에 비해 주당 몇 배로 매매되고 있는지를 보기 위한 주가 기준의 하나. 장부가에 의한 한 주당 순자산(자본금과 자본잉여금, 이익잉여금의 합계)으로 나누어서 구한다. 주가수익비율(PER)과 함께 주식투자의 중요한 지표다. 회사가 파산할 경우 총자산에서 부채를 우선 변제해야 한다. 그러고도 남은 자산이 순자산이란 것인데, 이것이 큰 회사는 그만큼 재무구조가 튼튼한 것이고 안정적이다. PBR은 '주가 ÷ 주당순자산'이 되고 배수가 낮을수록 기업의 성장력, 수익력이 높다는 말이다. PBR이 1미만이면 주가가 장부상 순자산가치(청산가치)에도 못 미친다는 뜻이기도 하다.

21 2009년부터 시행된 우리나라 자본시장법에서는 원금 손실가능성이 있는 금융상품을 모두 포괄해 이것이라고 정의하였다. 그 명칭으로 옳은 것은?

① 보험 ② 예금 ③ 증권 ④ 파생상품 ⑤ 금융투자상품

해설

자본시장법에서는 원금 손실 가능성이 있는 금융상품을 '금융투자상품'이라고 정의하고 있다.

22 금융회사가 직면할 수 있는 각종 리스크와 관련된 설명으로 적절하지 않은 것은?

① 운영리스크는 잘못된 내부절차, 인력, 시스템 등에 의해 발생되는 손실위험이다.
② 신용리스크는 채무자가 채무를 갚지 못하게 되어 발생하는 손실위험이다.
③ 금리, 환율, 주가 변동 등으로 인해 보유자산 가치가 하락함으로써 입게 되는 손실 가능성을 시장리스크라고 한다.
④ 금융리스크는 관리만 잘하면 얼마든지 제로 수준까지 통제할 수 있다.
⑤ 법률리스크는 해외에서 영업할 때 현지국가의 법률이나 법률체계를 잘 알지 못해서 발생할 수 있다.

정답	18	④	19	⑤	20	①	21	⑤	22	④

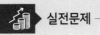

> 해설

금융회사들이 영업에 직면하는 리스크로는 크게 1. 신용리스크(Credit Risk) 2. 운영리스크(Operation Risk) 3. 시장리스크(Market Risk)가 있다. 신용리스크는 거래하고 있는 기업의 부도나 파산으로 인해 빌려준 돈을 받지 못하게 되는 채권회수 불능 위험을 뜻한다.

운영리스크는 내부 통제제도의 미흡이나 담당 직원의 실수, 시스템의 오류 등으로 직간접적으로 손실을 입을 위험을 의미한다.

시장리스크는 거래하는 개별 기업의 차원을 떠나서 시장 전체적인 하락 위험에 따른 리스크로, 은행이 투자 목적으로 보유하고 있는 주식이나 채권, 외환 및 파생상품 등의 손실위험을 말한다.

23 다음에서 설명하는 용어로 옳은 것은?

성장률, 금리, 환율, 부동산 가격 같은 거시경제 변수가 급격히 악화될 때 금융회사의 부실이 얼마나 늘어나고 이처럼 증가하는 손실에 대응할 수 있을 만큼 자본금 규모는 충분한지 은행의 위기관리능력을 평가하는 금융감독 수단은?

① 은행세 ② 볼커룰 ③ 바젤 Ⅲ
④ 스트레스 테스트 ⑤ 스트레스 금리

> 해설

'스트레스 테스트'(Stress Test)는 금융회사가 스트레스를 받았을 때, 즉 부동산 가격이 폭락하고 성장이 침체되는 등 경제가 악화될 때 과연 살아남을 수 있을 것인지를 시험하는 것이다. 세계 각국 정부는 2008년 가을 미국의 대형 투자은행인 리먼 브라더스 파산으로 본격화된 글로벌 금융위기 이후 금융사들의 건전성을 감독하는 하나의 수단으로 이를 활용하고 있다. 스트레스로는 성장률, 금리, 환율, 부동산 가격 같은 거시경제변수의 악화가 주어진다. 각국 금융당국은 스트레스 테스트 결과 경제가 악화될 때 살아나기 힘들다고 판단되는 은행들에 대해서는 자본 확충 등을 요구하게 된다.

24 다음 글이 설명하고 있는 상품은?

부동산 투자를 위한 뮤추얼 펀드라고 할 수 있다. 투자자 입장에서는 전문가들의 관리하에서 상업용 부동산 등에 투자하여 가치를 증진시키는 것이 목적이다. 부동산에 직접 투자할 경우 나타날 수 있는 제반 문제도 피할 수 있다.

① 리츠(REITs) ② PEF ③ 랩(Wrap)
④ 모기지(Mortgage) ⑤ 역모기지론

> 해설

리츠는 'Real Estate Investment Trusts'의 약자로 부동산투자신탁이라는 뜻이다. 주로 부동산개발사업, 임대, 주택저당채권 등에 투자하여 수익을 올리며, 만기는 3년 이상이 대부분이다.

25 다음 빈 칸에 들어갈 말로 알맞은 것을 고르시오.

> 부실기업을 회생시키는 기업 구조조정에는 크게 2가지 방법이 있다. 첫째, 채권, 채무 관계가 모두 동결
> 되는 (A)(으)로 법원이 구조조정 작업을 지휘한다. 법원이 지정한 제3자가 자금을 비롯한 경영 전반을
> 관리한다. 둘째, (B)는(은) 채권단 주도로 기업을 회생시키는 것으로 채권단과의 채권, 채무 관계만 조
> 정되는 것이 특징이다.

	A	B		A	B
①	법정관리	워크아웃	②	워크아웃	법정관리
③	화의제도	파산신청	④	워크아웃	화의제도
⑤	파산신청	법정관리			

해설
부실기업 처리는 크게 '파산' 또는 '청산과 회생'으로 구분할 수 있다. 또한, 기업회생은 법원 주도의 법정관리와 채
권단 주도의 워크아웃으로 나눌 수 있다. A는 법정관리, B는 워크아웃에 대한 설명이다.

26 다음 글에서 설명하는 금융상품은?

> 일정 기간 후 되사주는 조건으로 발행하는 채권이다. 주로 금융회사들이 보유한 국공채나 특수채, 우량
> 채권 등을 담보로 발행되므로 환금성이 보장되는 장점이 있다. 한국은행이 시중의 유동성을 조절하는
> 수단으로 활용하기도 한다.

① CP   ② CD   ③ CB   ④ RP   ⑤ EB

해설
RP(환매조건부채권)는 일정 기간 후 되사는 조건으로 발행되는 채권이다. 주로 금융회사들이 보유한 국공채나 특수
채 등을 담보로 발행해 환금성이 보장된다. RP금리는 시중 이자율이나 금융회사에 따라 다르나 일반적으로 정기예
금보다 약간 높은 수준이다. 한국은행 RP는 시중의 유동성을 조절하는 수단으로 활용된다. CD(양도서예금증서)는
은행의 정기예금에 매매 가능하도록 양도성을 부여한 증서로, 주식이나 채권처럼 일종의 유가증권이다.

정답	23	④	24	①	25	①	26	④				

27 국내 주식시장 중 상장요건이 쉬운 시장부터 순서대로 나열한 것은?

①	코넥스	코스닥	제3시장
②	코스닥	유가증권시장	코넥스
③	코넥스	제3시장	코스닥
④	제3시장	코스닥	코넥스
⑤	코넥스	코스닥	유가증권시장

▶해설

국내 주식시장에서 주식이 거래될 수 있는 상장요건은 유가증권시장이 가장 까다롭고, 코넥스 시장이 덜 까다롭다.

28 다음 중 특정 국가나 기업이 해외에서 발행하는 국제채권이 아닌 것은?

① 코코본드   ② 양키본드   ③ 캥거루본드   ④ 아리랑본드   ⑤ 사무라이본드

▶해설

코코본드는 은행이 발행하는 채권이다. 은행이 부실해질 경우 강제로 주식으로 전환하거나 소각할 수 있는 채권이지, 국제채권은 아니다.

양키본드는 미국시장에서 비거주자가 발행하여 유통되는 달러화 표시채권을 의미한다. 예를 들어 한국의 기업이 뉴욕금융시장에서 달러화 채권을 발행하고, 이를 미국 투자가들이 매입했다면 이것이 바로 양키본드이다.

캥거루본드는 외국 정부나 외국 기업이 호주 국내 시장에서 호주 투자자들을 대상으로 판매하는 채권으로, 호주 현지법에 따라 발행되는 이 상품의 정식 명칭은 '호주달러표시채권'이다.

아리랑본드는 비거주자인 외국인에 의해 한국 자본시장에서 원화표시로 발행 및 판매되는 채권이다. 이를 테면 미국 기업이 한국 자본시장에서 원화로 표시된 채권을 발행하고 한국의 투자자들이 이를 인수한 경우이다.

사무라이본드는 일본 채권시장에서 비거주자인 외국정부나 기업이 발행하는 엔화표시 채권으로 국제금융시장에서 거래되는 국제채권이다.

29 다음 글이 설명하고 있는 용어는 무엇인가?

(가) 발생 가능한 최대 손실이라는 의미로 금융기관의 시장위험 예측 지표로 사용됨

(나) 다양한 자산을 일관되게 이해할 수 있도록 통합하고, 동일된 지표로 관리함으로써 리스크 양을 숫자로 관리하는 대표적 리스크 관리 방식이다.

(다) 각 금융기관은 시장위험, 즉 시장의 각종 지수의 변수가 불리하게 작동하여 시장에서 자산이나 부채에 손실을 일으킬 가능성을 예측하고, 발생 가능한 위기를 관리하기 위한 리스크 관리 방식이다.

① Stress Test

② Liquidity Coverage Ratio

③ Value at Risk

④ Basel Risk

⑤ Volker Rule

>해설

Value at Risk에 대한 설명이다.

30 다음에서 설명하는 용어는 무엇인가?

> 이것은 외환 거래에 대해 일정 정도의 낮은 세율로 부과하는 세금이다. 환율 안정을 위해 국경을 넘는 자본에 대해 과세가 필요하다는 주장에 근거하여, 투기자본의 유 · 출입을 막기 위한 수단으로 주장되고 있다. 국경을 넘나드는 자본 이동에는 반드시 외환 거래가 수반하기 때문에 외환 거래세가 부과될 경우 거래 비용 증가로 일시적인 대규모 자금 이동을 억제할 수 있다고 기대한다.
> 그러나 이와 같은 통제 방안이 장기적으로 효과가 없다는 주장 또한 힘을 받고 있다. 모든 국가에서 실시하지 않으면 세금이 부과되지 않는 국가로 외환 거래가 이전되어 당초 기대한 효과를 내지 못할 가능성이 높기 때문이다. 또한, 국가 지정학적 리스크가 있거나, 외환위기 상황에서는 통화가치가 큰 폭으로 떨어지기 때문에 효과가 없다는 지적이다.

① 버핏세   ② 토빈세   ③ 로빈후드세
④ 구글세   ⑤ 은행세

>해설

버핏세는 투자의 귀재라 불리는 워런 버핏이 부유층에 대한 세금 증세를 주장해서 붙여진 명칭이다. 이는 연간 100만 달러 이상의 소득을 창출시키는 부유층의 자본소득에 적용되는 소득세이다. '버핏룰'(Buffett Rule)이라고도 불리며, 부유세의 일종이라고 할 수 있다.
로빈후드세는 탐욕스런 귀족이나 성직자, 관리들의 재산을 빼앗아 가난한 이들에게 나누어준 로빈후드처럼, 막대한 소득을 올리는 금융기관 등의 기업과 고소득자에 부과하여 빈민들을 지원하는데 사용되는 세금을 의미한다.
구글세는 특허료 등 막대한 이익을 창출하고도 세법을 악용해 세금을 납부하지 않았던 다국적 기업에 부과하기 위한 세금이다. 구글, 애플 등 다국적 기업이 고(高)세율 국가에서 얻은 수익을 특허 사용료나 이자 등의 명목으로 저(低)세율 국가 계열사로 넘겨 절세하는 것을 막기 위해서 부과하는 세금이다.
은행세는 세계 금융위기 발생을 대비하여 은행에 부과하는 일종의 부담금으로, '거시건전성 부담금'이라고도 불린다. 은행세에 대한 논의는 2008년 9월 리먼브라더스 파산으로 본격화된 글로벌 금융위기 이후 이를 극복하기 위해 투입된 재원을 마련하는 동시에 은행에 그 책임을 물어 재발방지와 은행의 건전성을 높이기 위한 취지에서 전개되었다. 미국 버락 오바마 대통령이 도입을 주장해, '오바마세'라고도 불린다.

정답	27	⑤	28	①	29	③	30	②				

chapter
02 경제

★★★001 가격 탄력성

[2018년 기업은행, 우리은행 기출]

상품에 대한 수요량은 그 상품의 가격이 상승하면 감소하고, 하락하면 증가한다. 즉, 가격 탄력성은 가격이 1% 변화하였을 때 수요량은 몇 % 변화하는가를 절대치로 나타낸 크기이다. 탄력성이 1보다 큰 상품의 수요는 탄력적(Elastic)이라 하고, 1보다 작은 상품의 수요는 비탄력적(Inelastic)이라고 한다. 상품 중에는 자체의 가격만이 아니라 다른 상품의 가격에 영향을 받아 수요량이 변화하는 것이 있다. 이러한 상품에 관해서도 그 수요량과 다른 상품의 가격과의 사이에 같은 형식의 탄력성을 정의할 수가 있다. 이것을 교차탄력성(Cross elasticity)이라 한다.

★★★002 갭투자

[2018년 주택금융공사 기출]

시세차익을 목적으로 주택의 매매 가격과 전세금 간의 차액이 적은 집을 전세를 끼고 매입하는 투자 방식이다. 예를 들어 매매 가격이 5억 원인 주택의 전세금 시세가 4억 5,000만 원이라면 전세를 끼고 5,000만 원으로 집을 사는 방식이다. 전세 계약이 종료되면 전세금을 올리거나 매매 가격이 오른 만큼의 차익을 얻을 수 있어 저금리, 주택 경기 호황을 기반으로 2014년 무렵부터 2~3년 사이에 크게 유행하였다. 부동산 호황기에 집값이 상승하면 이익을 얻을 수 있지만 반대의 경우에는 깡통주택으로 전락해 집을 팔아도 세입자의 전세금을 돌려주지 못하거나 집 매매를 위한 대출금을 갚지 못할 수 있다.

***003 게임이론

[2018년 우리은행 기출]

게임이론은 한 사람의 행위가 다른 사람의 행위에 미치는 상호의존적, 전략적 상황에서 의사결정이 어떻게 이루어지는가를 연구하는 이론이다. 게임이론은 경기자(Player), 전략(Strategy), 보수(Payoff)라는 요소로 구성된다. 경기자는 게임의 주체로 사람일 수도 있고, 기업이나 국가일 수도 있다. 경기자의 수는 둘일 수도 있고, 셋 이상일 수도 있다. 전략이란 경기자가 행할 수 있는 모든 가능한 행동이다. 보수는 각 경기자들이 선택한 전략 하에서 이들에게 돌아갈 결과를 수치로 나타낸 것이다. 게임이론의 대표적인 사례로는 '죄수의 딜레마'가 있다.

***004 경기변동주기(경기파동)

키친파동 3~4년 주기 단기파동으로 수요와 생산잉여의 차이인 재고변동에 의해 발생한다. 주글라파동 10~12년 주기로 하는 파동으로 기업의 설비투자의 변동이 원인이다. 크즈네츠 파동 약 20년을 주기로 하는 파동으로 인구증가율과 경제성장율의 변동 등이 원인이다. 콘트라티예프 파동 약 50년을 주기로 하는 장기파동으로 기술의 혁신, 전쟁, 생산량증감, 식량 과부족 등에 의해 발생한다.

***005 경상수지

경상수지는 재화나 서비스를 외국과 사고파는 거래, 즉 경상거래의 결과로 나타나는 수지를 말한다. 경상수지는 상품수지, 서비스수지, 본원소득수지 및 이전소득수지로 구성된다. 그런데 이 항목들은 금융계정 구성항목과 비교하면 상대적으로 안정적인 성격을 지닌 거래들로 이루어져 있기 때문에 경제발전 및 정책변화의 효과를 측정하거나 전망하는 데 널리 이용된다.

**006 경제심리지수

경제심리지수란 기업가 또는 소비자들의 경제에 대한 인식을 조사하여 작성한 지표이며, 대표적으로 조사대상을 기업가로 하는 기업경기실사지수(BSI; Business Survey Index)와 소비자로 하는 소비자동향지수(CSI; Consumer Survey Index)가 있다. 그런데 심리지표와 실물지표는 대체로 높은 상관관계를 보이지만 때로는 미래정보 및 기대수준의 반영 여부, 질적 통계와 양적 통계 간의 조사척도 차이 등에 따라 다소 괴리되는 움직임을 보이기도 한다. 이에 따라 한국은행은 BSI와 CSI를 합성하여 민간의 경제상황에 대한 인식을 종합적으로 평가할 수 있는 경제심리지수(ESI; Economic Sentiment Index)를 작성·발표하고 있다.

ESI는 BSI와 CSI 중 경기 연관성이 높은 항목을 선정하여 이들의 표준화 지수를 가중평균하는 등의 과정을 거쳐 산출한다. ESI가 100을 넘으면 현재 민간의 경제심리가 과거 평균보다 낙관적임을, 100 미만이면 과거 평균보다 비관적임을 각각 나타낸다.

*** 007 경제활동인구/비경제활동인구

군인과 재소자 등을 제외한 만 15세 이상 인구를 노동(생산)가능인구라고 부른다. 이중 일할 수 있는 능력과 취업의사를 동시에 갖춘 사람을 경제활동인구라 한다.

경제활동인구는 현재 취업상태에 있는지에 따라 취업자와 실업자로 구분된다. 취업자란 매월 15일이 포함된 1주일 동안에 수입을 목적으로 1시간 이상 일한 사람과 본인 또는 가족이 소유, 경영하는 농장이나 사업체에서 주당 18시간 이상 일한 무급가족종사자를 가리킨다. 그밖에 일정한 직장이나 사업장은 가지고 있으나 일시적인 질병, 일기불순, 휴가, 노동쟁의 등의 사유로 조사 기간에 일하지 않은 사람도 취업자로 분류된다.

실업자란 매월 15일이 포함된 1주일 동안에 적극적으로 일자리를 구해보았으나 1시간 이상 일을 하지 못한 사람으로서 즉시 취업이 가능한 사람을 말한다. 노동가능인구 중 경제활동인구에 포함되지 않은 사람, 즉 일할 능력이 없거나 일하고자 하는 의사가 없는 사람은 비경제활동인구로 분류된다.

비경제활동인구에는 집안에서 가사와 육아를 도맡아 하는 가정주부, 학교에 다니는 학생, 일할 수 없는 연로자와 심신장애자, 구직단념자 등이 포함된다. 한편 노동가능인구에 대한 경제활동인구의 비율을 경제활동참가율이라 한다.

** 008 경제후생지표

복지지표로서 한계성을 갖는 국민총소득(GNI)을 보완하기 위해 미국의 노드하우스(W. Nordhaus)와 토빈(J. Tobin)이 제안한 새로운 지표를 말한다. 현재 주요 지표로 활용 중인 국민총소득은 국민 복지에 영향을 미치는 많은 요인(주부의 가사노동, 여가, 공해 등)을 포괄하지 못하고 있어 국민 생활의 질적 수준 또는 복지수준을 정확히 반영하지 못하는 단점을 갖고 있다. 이를 감안하여 경제후생지표(Measure of Economic Welfare)는 국민총소득에 후생요소를 추가하면서 비후생요소를 제외함으로써 복지수준을 정확히 반영하려는 취지로 제안되었지만, 통계작성에 있어 후생 및 비후생 요소의 수량화가 쉽지 않아 널리 사용되지는 못하고 있는 실정이다.

*** 009 고용률

고용률은 통계청에서 매월 작성하고 있는 경제활동인구조사에서 집계된 15세 이상 인구

(노동가능인구)에 대해 취업자가 차지하는 비율을 말한다. 고용률은 실업률의 문제점을 해소할 수 있기 때문에 고용통계에서 중요한 개념이다. 즉, 고용통계에서 취업준비자와 구직단념자는 실질적인 의미에서 실업자이나 비경제활동인구로 분류되고 있음에 따라 이들이 늘어나면 실업률이 낮아질 수 있어 체감하는 실업률과 차이를 느끼게 한다. 그러나 고용률은 15세 이상 인구를 기준으로 계산되기 때문에 실업자와 비경제활동인구 간의 이동 등에 따른 경제활동인구수 변동의 영향을 받지 않는다는 장점이 있다.

** 010   고정환율제도/자유변동환율제도

환율제도는 고정환율제도(Fixed Exchange Rate System)와 자유변동환율제도(Free Floating Exchange Rate System)를 양 극단으로 하여 이를 절충하는 다양한 형태로 분류될 수 있다. 고정환율제도는 외환의 시세 변동을 반영하지 않고 환율을 일정 수준으로 유지하는 환율제도이다. 반면 자유변동환율제도는 환율이 외환시장에서 외환의 수요와 공급에 의해 자율적으로 결정되도록 하는 환율제도를 말한다.

** 011   고통지수

소비자물가상승률과 실업률을 더한 값으로 1975년 미국의 경제학자 오쿤(A. Okun)이 국민의 삶에 실업률과 물가상승률이 큰 영향을 준다는 점에 착안하여 만든 국민의 삶의 질을 측정하기 위한 지표이다. 이 수치가 높을수록 실업자는 늘고 물가는 높아져 한 나라의 국민이 느끼는 삶의 고통이 늘어남을 의미한다.

*** 012   골디락스(Goldlocks)

골드(Gold · 금)와 락(Lock · 머리카락) 합성어로 금발 머리 사람을 말한다. 경제용어로는 고성장에도 불구하고 물가 상승 압력이 없는 상태를 의미한다.

*** 013   공개시장조작(Open Market Operation)

한국은행이 금융시장에서 금융기관을 상대로 국채 등 증권을 사고팔아 시중에 유통되는 화폐의 양이나 금리 수준에 영향을 미치려는 가장 대표적인 통화정책 수단이다. 증권매매, 통화안정증권 발행 및 환매, 통화안정계정 예수 등이 있다.

- 시중에 단기자금이 풍부할 때 : 한국은행이 시중은행에 RP를 매각 → 시중 자금을 흡수(시중 통화량 감소)
- 시중에 단기자금이 부족할 때 : 한국은행이 시중은행으로부터 RP 매입 → 유동성을 높임(시중 통화량 증가)

***014 공리주의의 사회후생함수(Social Welfare Function: SWF) [2020년 하반기 기업은행 기출]

후생경제학이란, 한 경제 상태에서의 사회후생과 다른 경제 상태에서의 사회후생을 비교하여 우열을 가리는 이론체계를 말한다. 어떤 경제 상태를 평가하는 기준으로는 '효율성'과 소득분배의 '형평성'이 주로 이용되는데, 가치판단문제를 포함하고 있는 소득분배의 공평성은 '사회후생함수'에서 고려된다.

'사회후생함수'란 사회구성원들의 선호를 집약하여 사회적 선호로 나타내는 함수를 말한다. 사회에 개인 A, B만 존재한다면 사회후생함수는 다음과 같이 나타낼 수 있다.

$W = W(U_a, U_b)$ [단, W : 사회 전체의 후생수준, U_a : A의 효용, U_b : B의 효용)

사회후생함수가 주어지면, 파레토효율성을 충족하는 효용가능경계상의 점들 중, 사회적으로 가장 바람직한 점을 찾아낼 수 있게 된다. 이때 동일한 사회후생수준을 나타내는 점에서의 U_a와 U_b의 조합을 연결한 선을 사회무차별곡선(Social Indifference Curve: SIC)이라고 하는데, 가치판단에 따라 이 사회무차별 곡선의 형태가 달라진다.

가치판단 중 하나인 공리주의는 '최대다수의 초대행복'을 주장한 벤담의 이름을 따서, 벤담의 사회후생함수라고 한다. 공리주의 사회후생함수는 사회후생이 각 개인의 효용의 합으로 결정되는 함수로 다음과 같이 나타낼 수 있다.

$W = U_a + U_b$

사회후생이 소득분배와는 관계없이, 개인들의 효용의 합에 의해서만 결정되므로 소득분배는 사회후생 결정 측면에서 전혀 고려되지 않는 특징이 있다. 또한 사회무차별곡선은 기울기가 -1인 우하향의 직선으로 도출되는 특징이 있다.

**015 관리변동환율제도

환율이 장기적으로 외환시장의 수급상황에 따라 결정되도록 하지만, 단기적으로 정부와 중앙은행이 적정하다고 판단하는 수준에서 환율을 안정시키기 위해 수시로 외환시장에 개입하여 환율수준을 관리하는 환율제도이다. 고정환율제도와 자유변동환율제도의 장점을 살린 중간 형태라 할 수 있다. 환율을 완전히 시장 자율에 맡기게 되면 환투기 차익 등을 노린 단기자본의 급격한 유출입으로 인해 환율과 외환시장이 불안정해질 수 있는바, 이러한 위험을 감소시키는 데 그 목적이 있다.

***016 광의통화(M2) [2020년 하반기 BNK부산은행, 경남은행, 2018년 수협은행 기출]

① 통화지표의 정의

통화량을 측정하는 지표로, 화폐의 기능이나 성격을 지닌 금융자산 중 어디까지를 통화에 포함시킬지에 따라 다양하게 정의할 수 있다. 우리나라는 금융기관이 취급하는 금융상품의 유동성 정도에 따라 M1, M2, Lf, L 등의 통화지표로 구분하고 있다.

② M2(광의통화)의 개념

M2는 화폐의 거래적 기능뿐만 아니라, 가치저장수단의 기능까지 포괄하고 있는 개념이다. M2의 포괄범위는 아래와 같다.

* M2=M1+정기 예 · 적금 및 부금+시장형 상품(양도성예금증서, 환매조건부채권매도, 표지어음)+실적배당형 상품(금전신탁, 수익증권)+금융채+기타(투신사 증권주축, 종금사 발행 어음, 거주자 외화예금)

* M1=현금통화(민간보유현금)+요구불예금(당좌예금, 보통예금 등)+수시입출식 저축성예금(은행의 저축예금 및 MMDA, 투신사 MMF)

***017 구글세

구글 등 다국적 IT 기업들에 부과되는 각종 세금을 말한다. 광고, 특허료 등 막대한 이익을 올리고도 세법을 악용해 조세 피난처로 수입을 돌려 세금을 회피하는 기업의 행동을 막고자 하는 것이다. OECD는 탈세로 걷지 못한 법인세는 최대 2, 400억 달러(280조 원)에 이를 것이라 평가이다. 이전가격을 활용한 다국적 기업의 절세를 차단하는 것이 핵심. 고세율 국가에 있는 해외법인이 지식재산권 사용료나 경영자문 수수료 등을 통해 자신의 매출액을 저세율 국가의 자회사로 넘겨 비용을 공제받는 방법을 탈세에 이용한다. 하지만 앞으로는 이러한 비용 항목의 적정성을 따져 비용공제에 포함시키지 않기도 했다.

[문제점] 각국의 세금 정책이나 조세 협정을 바꿔야 하는데, 이 과정에서 상당한 시간이 걸릴 전망. 국가별 이해관계가 다른 것도 난관임.

***018 구독경제

① 구독경제(Subscription Economy)는 일정 금액을 지불하고 정기적인 상품 · 서비스를 이용하는 경제활동을 의미하며 디지털 유통채널 발달로 구독 방식의 소비트렌드 확산

② 금융위기 이후 전 세계적인 저성장 기조가 지속되는 가운데 2020년 초 코로나19 대유행에 따른 경기불황이 가중되며 소득안정성 저하 및 소비심리 부진 야기. 경기불황 시기 수축적인 소비성향은 일시에 고액을 지출하여 재화를 소유하는 것 대신 필요에 의해 한시적으로 재화를 사용하는 형식의 구독경제를 촉진함.

③ 특히, 차별화된 소비경험에 보다 높은 가치를 부여하는 밀레니얼 세대가 경제 주류로 부상하면서 소유가 아닌 사용이 중심이 되는 구독경제의 대중화를 가속. 밀레니얼 세대는 소액의 구독료로 급속한 트렌드 변화에 맞춰 단기간 다량의 상품 · 서비스를 사용하고, 다양하고 색다른 소비경험에 대한 욕구를 충족시킬 수 있는 구독경제를 선호

***019 구두창비용

[2020년 하반기 국민은행 기출]

인플레이션의 사회적 비용 중 하나로, 인플레이션의 발생 혹은 예상에 대응하여 경제 주체들이 화폐를 적게 보유함으로써 드는 비용을 의미한다.

인플레이션이 지속적으로 발생하거나 향후 인플레이션이 발생할 것이라고 예상되면 경제 주체들은 화폐가치 하락에 대비하여 현금을 최대한 적게 보유하고, 대신 수익이 발생하는 다양한 실물 및 금융상품의 보유 비중을 늘린다. 현금을 적게 보유하고 있으면 그만큼 예금과 출금을 위해 자주 은행을 방문하게 되므로 이로 인하여 생기는 사회적 비용을 뜻한다. 금융회사를 자주 방문할수록 구두창이 더 빨리 닳는다고 해서 생긴 표현이다. 인플레이션에 의한 또 다른 사회적 비용으로는 메뉴비용이 있다.

***020 구매력 평가설(Theory of Purchasing Power Parity)

[2018년 우리은행 기출]

국가 간의 통화의 교환 비율은 장기적으로 각국 통화의 상대적 구매력을 반영한 수준으로 결정된다는 설로 일물일가의 법칙을 일반화시킨 것이다. 1916년 스웨덴의 경제학자 G. 카셀이 주장하였다. 그에 의하면 외국환 시세란 2국 간의 통화의 교환 비율이다. 그런데, 사람들이 외국 통화를 수요로 하는 것은 그것이 외국에 있어서 상품·서비스에 대하여 일정한 구매력을 가지기 때문이며, 그 외국 통화에 대한 대가로서 일정한 자국 통화를 지급하는 것은 자국 통화가 지니고 있는 자국 내의 상품·서비스에 대한 구매력을 지급한다는 뜻이 된다. 따라서 자국통화와 외국통화와의 교환 비율은 그것들이 각기의 국가 내에서 가지고 있는 구매력의 비율, 즉 구매력 평가에 따라서 결정되어야 한다. 이 같은 구매력 평가설에 기반을 둔 구매력평가(PPP)환율은 한 나라의 화폐는 어느 나라에서나 동일한 구매력을 지닌다는 가정 아래, 각국 통화의 구매력을 비교해 결정하는 환율이다. 예를 들어 한국의 10,000원은 한국에서나, 미국에서나 똑같은 양의 물건 또는 서비스를 살 수 있어야 한다. 만약 설탕 5kg의 가격이 우리나라에서는 10,000원인데, 미국에서는 10달러라면, 명목 환율은 1달러에 1,000원이 되어야 한다.

***021 구매력 평가(PPP, Purchasing Power Parities) 환율

한 나라의 화폐는 세계 어느 나라에서나 동일한 구매력을 지닌다는 가정 아래, 각국 통화의 구매력을 비교해 결정하는 환율이다.

 빅맥지수 : 영국의 경제전문지 <이코노미스트>가 정기적으로 발표하는 대표적인 구매력 평가 환율. 맥도날드 햄버거 가게에서 파는 빅맥 햄버거의 해당 통화표시 가격을 비교해 환율을 결정하는 방식으로 구매력에 근거한 환율결정방식.

*** 022 구인구직비율/ BSI

경기선행지표로 BSI는 기업체가 느끼는 체감경기를 나타내며 100을 기준으로 이보다 낮으면 경기 악화를 예상하는 기업이 호전될 것으로 보는 기업보다 많음을 의미하고 100보다 높으면 경기 호전을 예상하는 기업이 더 많다는 것을 의미한다.

*** 023 국가부도(모라토리엄)

국가부도. 채무지불유예. 한 국가나 지자체가 차관의 만기상환을 일방적으로 미루는 행위이다.

- **디폴트**(Default) : 국가파산. 채무불이행. 한 국가가 외국으로부터 차관(빚)을 빌렸다가 경제 정책 실패로 돈을 갚을 수 없는 경우.
- **컨트리 리스크** : 국가와 관련된 디폴트 리스크(공, 사채나 은행융자 등에 대해서 디폴트가 발생하는 위험)

** 024 국가채무

국가가 재정적자 등의 이유로 중앙은행이나 민간, 또는 해외로부터 돈을 빌려 사용하여 차후에 갚아야 할 국가의 채무이다. 중앙정부 채무(차입금, 국채, 국고채무 부담행위)와 지방정부 채무(지방채, 지방교육채)를 합한 것으로, 국제통화기금(IMF) 기준으로는 정부가 직접적인 원리금 상환의무를 지고 있는 채무.

*** 025 국민소득 항등식/총저축/민간저축/정부저축 [2020년 하반기 국민은행 기출]

지출측면에서 보면, 국민소득 항등식은 민간소비지출, 국내총투자, 정부지출, 순수출의 합으로 나타낼 수 있다.

ⓐ $Y = C + I + G + (X - M)$

경제전체로 보면 총저축($Sn = Y - C - G$)은 국내에서 생산한 것 중 민간에 의해 소비된 부분(C)과 정부에 의해 소비된 부분(G)을 제외한 나머지이므로 위의 식은 다음과 같이 변형할 수 있다.

ⓑ $Y - C - G = I + (X - M) \rightarrow Sn = I + (X - M)$

위의 식 ⓑ의 왼편에 T를 빼주고 더해주면 국내총저축은 민간저축($Sp = Y - T - C$)과 정부저축($Sg = T - G$)의 합으로 나타낼 수 있다.

ⓒ $(Y - C - T) + (T - G) = Sp + Sg$

*** 026 국제수지(BOP)

일정 기간 한 나라의 거주자와 비거주자 간에 발생한 경제적 거래에 따른 수입과 지급의 차이를 의미한다. 국제수지(BOP, Balance Of Payments)는 크게 경상수지, 자본수지, 금융계정, 오차 및 누락 등 4개의 계정으로 구성되어 있다.

경상수지는 ① 상품 수출입의 결과인 상품수지, ② 운송, 여행, 건설 등 서비스거래의 결과인 서비스수지, ③ 급료 및 임금수지, 투자소득수지 등 본원소득수지, ④ 무상원조, 증여성 송금 등의 결과인 이전소득 수지로 구분된다. 자본수지는 자산 소유권의 무상이전 등 자본이전과 브랜드네임 등 비생산·비금융자산의 취득 및 처분의 결과로 계상된다. 금융계정은 직접투자, 증권투자, 파생금융상품, 기타투자 및 준비자산으로 구분된다. 오차 및 누락은 경상수지 및 자본수지.

*** 027 국제피셔효과　　　　　　　　　　　　　　[2019년 신협은행 기출]

금리와 환율의 상관관계에 대한 이론으로, 두 나라의 금리 차이는 두 나라 통화의 환율변동 폭과 같다는 이론. 즉, 표시통화만 다르고 위험과 만기가 동일한 금융상품 간의 금리 차이는 두 통화 간 환율의 기대변동률과 같다는 것이다. 국제자본이동에 대한 통제가 없다면 위험 중립형 투자자들은 기대수익이 가장 큰 곳에 자금을 운용할 것이다. 두 나라 간 이자율이 동일하지 않다면 투자자들은 이자율이 높은 국가로 자금을 이동할 것이므로 결국 전 세계적으로 실질 수익률이 동일하게 되고, 각국의 명목금리 격차는 단지 각국의 인플레이션 예상치의 차이에 불과하게 된다.

** 028 규모의 경제

일반적인 경우 기업이 재화 및 서비스 생산량을 늘려감에 따라 추가적으로 소요되는 평균 생산비용도 점차 늘어난다. 그런데 일부 재화 및 서비스 생산의 경우에는 생산량이 늘어날수록 평균비용이 감소하는 현상이 나타나는데 이를 규모의 경제(Economies Of Scale)라고 한다. 이런 현상은 초기 생산단계에서 막대한 투자비용이 필요하지만, 생산에는 큰 비용이 들지 않는 철도·통신·전력산업에서 나타나는데, 이들 산업은 생산이 시작된 이후 수요가 계속 늘게 되면서 평균 생산비용도 감소하는 특징을 갖고 있다. 또한, 분업에 따른 전문화 이익이 존재하는 경우에도 규모의 경제가 나타난다.

** 029 규제차익

지역 간에 발생하는 규제의 차이를 이용해 차익을 실현하고자 하는 거래이다. 다국적 기

업의 경우 가격통제, 노조의 압력, 외환통제 등 규제가 높은 나라에서 적은 나라로 자금을
이전하게 되면 엄격한 규제로 발생할 수 있는 손실위험을 줄일 수 있게 된다.

** 030 근원인플레이션율(Core Inflation Rate)

근원인플레이션율은 물가변동을 초래하는 여러 요인 가운데 일시적인 공급충격의 영향
을 제외한 기조적인 물가상승률을 말한다. 대부분은 전체 소비자물가 상승률에서 농산물
가격, 국제원자재가격 등의 변동 부분을 제거하여 계산한다.

*** 031 그레이스완(Gray Swan)

그레이스완은 '블랙스완(Black Swan)'에서 파생된 말로 이미 시장에 알려진 악재지만, 마땅
한 해결책이 없어 리스크가 상시 존재하는 체계를 일컫는다. 특히 경제에 지속적으로 악영
향을 주면서 주가 등 경제지표들의 움직임을 소폭 제한하는 요인으로 작용한다. 유럽 재정
위기의 경우 애초 우려와 달리 유로존 존립 자체를 위협하는 심각한 위기상황으로까지 번
지지 않고 일상적인 위기 수준으로 인식이 바뀐 상태다. 다만, 정치적 리스크가 다시 불거지
면 언제라도 재부각될 수 있어 시장에 지속적인 영향을 미치는 그레이스완으로 변모했다.

 화이트스완(White Swan) : 반복되어 발생하는 위기이기 때문에 충분히 예측 가능한 악재이지
만, 적절히 대비하지 못해 뚜렷한 해결책이 없는 상황.
블랙스완(Black Swan) : 극히 드문 예외적인 일이기에 발생 가능성이 매우 희박하지만, 실제
로 그 일이 발생할 경우 막대한 피해와 충격을 야기하는 사건.

* 032 그레이트로테이션(Great Rotation)

대전환, 대이동으로 해석할 수 있다. 유럽 재정위기가 축소되고 미국이 대규모 양적 완화
정책으로 경제가 회복되면서 금리가 상승 쪽으로 방향을 잡을 것이라는 분위기가 확산되
면서 2012년 말부터 현재까지 채권에서 주식으로 자금이 이동하는 대전환(그레이트로테이
션)이 본격화되고 있는 상태이다.

 리버스 로테이션(Reverse Rotation) : 지금이 다시 채권으로 회귀하는 현상

*** 033 그림자금융(Shadow Banking System)

은행처럼 금융 중개 기능을 하면서 금융당국의 감독을 받지 않는 금융거래에 대한 통칭

이다. 규제의 사각지대에 놓여있다는 의미에서 '그림자'라는 별칭이 붙게 됨. 2008년 글로벌 금융위기의 원인으로 지목된 파생상품이 대표적. 복잡한 상품 구조와 거래 과정으로 중간에 어떤 문제가 생기는지 파악하기 어렵다는 특징이 있다.

*034 그림자금융 시장

고수익을 목적으로 구조적 채권매매를 통해 새로운 유동성을 창출하는 금융시스템을 갖는 중앙은행의 규제나 감독을 받지 않는 금융기관에 의해 주도되는 금융 유형이다.

> *cf* 금융의 본래 기능 제조회사를 지원하여 이익을 공유(이자수입) → 금융지주사들이 계열사를 앞세워 고수익 추구를 지향하며 고위험 투자를 일삼는 형태로 변질 됨.

*035 그림자금융 회사

증권사나 여신전문회사(아메리칸인터내셔널그룹. AIG 등), 리먼브라더스, 베어스턴트 등 대형회사로부터 작게는 전당포에 이르기까지 투자은행, 헤지펀드, 구조화투자회사(SIV) 등 비은행권 금융상품을 다루는 기관에 대한 총칭이다.

***036 근린궁핍화 정책

다른 국가의 경제를 궁핍하게 만들면서 자국의 경기 회복을 꾀하고자 하는 정책이다. 수입을 줄이고 수출량을 늘림. 환율 인상 · 임금 인하 · 수출보조금 지급 · 관세율 인상 등의 수단이 사용된다.

[문제점] ① 부메랑 효과 : 무역상대국의 수출이 감소하면 그 국가의 소득도 자연히 감소하게 되어 결국 근린궁핍화 정책을 시행한 국가의 수출감소로 이어짐
② 보복무역 가능성

***037 금융 디레버레이징(De-Leveraging)

자산, 부채의 축소조정. 부채축소(차입축소)를 의미하는 용어로 사용한다.

*038 금태환 정지 선언

1971년 8월, 베트남 전쟁 이후 막대한 달러 발행으로 인해 추락한 달러가치로 인한 손실을 벗어나려 세계 각국이 각자가 보유한 달러를 미국에서 금으로 바꿈에 따라 미국 내 금

이 계속적으로 누출되자 이를 방지하기 위해 미국의 닉슨 행정부가 취한 조치이다. 그 결과 브레튼우즈 체제가 붕괴하게 되었다.

***039 기대인플레이션

기대인플레이션은 향후 물가상승률에 대한 경제주체의 주관적인 전망을 나타내는 개념으로 물가안정을 추구하는 중앙은행이 관심을 기울이고 안정적으로 관리해야 하는 핵심 지표 중 하나이다. 기대인플레이션은 임금협상, 가격설정, 투자결정 등 경제주체의 의사결정에 반영되면서 최종적으로 실제 인플레이션에 영향을 미친다.

**040 기저효과(Base Beffect)

비교 대상 시점(기준 시점)의 상황이 현재 상황과 너무 큰 차이가 있어 결과가 왜곡되는 현상을 가리킨다. 예를 들어 호황기를 기준으로 현재의 경제 상황과 비교하면 경제지표는 실제보다 위축되게 나타나고, 불황기의 경제 상황을 기준시점으로 비교하면 경제지표가 실제보다 부풀려져 나타나게 된다. 반사효과라고도 한다.

***041 기준금리

한 나라의 금리를 대표하는 정책 금리로 각종 금리의 기준이 되는 금리이다.

 한국의 기준금리정책 경로: 한국은행 금융통화위원회에서 매월 물가 동향, 국내외 경제상황, 금융시장 여건 등을 종합적으로 고려하여 기준금리 결정 → 콜금리(은행 간 초단기 금리)에 영향 → 장단기 시장 금리, 예대 금리 변동 → 물가 및 실물경제에 영향

각국의 기준금리
- **미국의 연방자금금리(Federal Fund Rate)** : 미국 은행 간 단기자금 거래에 붙는 금리(콜금리)로, 미국에서는 이 금리를 기준금리로 삼고 있음. → 시중 상업은행 대부분이 부족한 자금을 연방자금시장에서 조달하므로 이 자금의 금리가 상업은행 자금조달 코스트의 기준이 되고, 대출금리의 기준이 됨
- **일본의 콜금리** : 금융기관 간 하루 기한으로 서로 자금을 빌릴 때의 금리. 통상 콜금리는 1일물(overnight)금리를 의미하여 단기 자금의 수요와 공급에 의해 결정됨

***042 기업어음(CP)

신용상태가 양호한 기업이 단기자금을 조달하기 위해 자기신용을 바탕으로 발행하는 만기 1년 이내의 융통어음이다.
[장점] 기업과 어음상품 투자자 사이의 자금 수습관계에서 금리가 자율적으로 결정되며,

기업의 신용(기업 신용도 최소 B등급 이상 발행 가능)에만 의지해 자금을 조달하는 만큼 기업의 입장에서는 담보나 보증을 제공할 필요가 없음.

[단점] 발행절차가 간편한 만큼 기업의 재무상태와 위험 정도에 대한 정보를 알기 어려워 정작 투자자들이 회사의 부실을 파악하기 어려운 경우가 많아 부실 발생 시 투자자 손실이 큼.

★★★ 043 기펜의 역설(Giffen's Paradox) [2018년 우리은행 기출]

보통 한 재화에 대한 가격이 하락하면 소비자의 실질소득이 높아진 것과 같은 효과가 나타나 그 재화의 수요를 증가시킨다(이것을 가격의 변화가 수요에 미치는 소득효과라고 한다). 그러나 마가린과 같은 특수한 재화, 즉 열등재 또는 하급재에서는 소비자가 부유해짐에 따라 마가린의 수요는 감소하고 마가린보다 우등재·상급재의 관계에 있는 버터로 대체되어 버터의 수요가 증가된다. 이때 마가린의 가격이 하락하면 소득효과가 양(陽)으로 나타나기 때문에 마가린 수요의 감소를 가져오게 된다.

기펜의 역설은 일반적으로 한 재화의 가격이 하락하면 그 재화에 대한 수요는 증가하고 가격이 상승하면 수요가 줄어든다는 수요법칙의 예외현상이라 할 수 있다. 이 명칭은 발견자인 영국의 경제학자 R. 기펜에게서 유래하며, 마가린과 같은 재화를 기펜재(Giffen's goods)라고 한다.

★★★ 044 긴급수입제한조치

긴급수입제한조치, 즉 세이프가드(Safeguard)란 특정 품목의 수입이 급증하여 국내 업체에 심각한 피해가 발생하거나 그럴 우려가 있을 경우, 수입국이 관세 인상이나 수입량 제한 등을 통해 수입품에 관한 규제를 할 수 있는 제도이며 무역장벽의 하나라고 볼 수 있다.

★★★ 045 꼬리-개 효과(Wag the Dog)

주가지수 선물가격이 현물지수, 즉 주식시장에 영향을 미치는 것을 말한다. 본래 선물시장은 주식시장의 위험을 보완하기 위해 개설됐으나 선물시장의 영향력이 커져 주식시장을 뒤흔드는 현상을 말한다.

[사례] 선물을 대량 순매도하여 선물지수가 떨어지게 되면 주식시장에서는 미래의 주가 하락에 대비하기 위해 프로그램 매도가 대량으로 발생하게 되고 이는 주가 하락으로 이어지게 된다. 개(주식시장)가 꼬리(선물지수)를 흔드는 것이 아니라 꼬리가 개를 흔드는 것과 같이 주객전도 된 상황을 비유한 것이다.

*** 046 넷플릭스세

디지털세는 그동안 '구글세'로 불리기도 했다. 그러나 요즘은 '넷플릭스세'로도 불리기 시작했다. 최근 몇 년 동안 크게 성장한 넷플릭스가 코로나19를 계기로 더욱 성장했기 때문이다. 넷플릭스의 글로벌 성장은 각국이 디지털세로 얻을 수 있는 세수가 늘어났음을 의미한다. 넷플릭스는 글로벌 대기업에만 디지털세를 부과하는 국가에서도, 모든 디지털 기업에 세금을 부과하는 국가에서도 납세 의무를 지게 될 전망이다. 최근 디지털세를 도입한 국가들이 넷플릭스를 겨냥하는 듯한 입장을 밝히기도 했다. 인도네시아 재무부는 음악·영화 스트리밍 서비스 등이 세금 부과 대상임을 언급했으며 케냐도 금융법 개정안에 '음악 및 영상 스트리밍 서비스'를 명시했다.

* 047 녹색**GDP**(Green GDP)

일반적으로 녹색GDP는 한 나라의 국내총생산(GDP)에서 생산활동 중 발생하는 자연자원의 감소나 환경피해 등의 손실액을 공제한 것으로 이해된다. 이는 기존의 GDP가 재화와 서비스를 많이 생산할수록 커지는 반면, 생산활동 과정에서 발생하는 자원고갈, 환경오염 등으로 인해 국민의 후생이 떨어지는 부정적인 효과를 전혀 반영하지 못하는 데서 대안으로 나온 것이다.

** 048 누적원산지 규정

TPP 회원국이 서로가 생산한 중간재를 써서 최종제품을 만들 경우 중간재의 원산지를 자국산으로 인정하는 제도. 이번 TPP에서 적용된 완전누적 기준은 상대국에서 원산지 지위를 획득한 재료만 인정하는 재료누적과 달리 역내에서 발생한 공정, 재료 등 모든 부가가치를 인정한다. 다만, 개별기업이 역내에서 일어난 부가가치를 증명해야 하는 부담이 있으며 기업의 기밀에 해당하는 가격 등이 공개되는 문제가 있다.

*** 049 누진세

담세능력(세금 부담의 능력)이 증가함에 따라, '과세율'이 증가·일정·감소하느냐에 따라 누진세·비례세·역진세로 구분할 수 있다. 소득세는 누진세, 부가가치세는 역진세의 대표적인 예라고 할 수 있다. 먼저, 누진세는 과세 대상 금액이 증가할수록 세율도 높아지는 것을 말한다. 과세대상 금액이 1,000만 원에서 2,000만 원으로 증가했고, 세율 또한 10%에서 20%로 증가했다고 가정해보자. 그렇다면 초기에는 세액 부담이 100만 원이고 이후 세금 부담액이 400만 원이 된다. 과세 대상금액은 1,000만 원에서 2,000만 원으로 100% 증가했지만 세액은 300% 증가하게 되는 것이다. 누진세는 이처럼 과세 대상 금액 증가율보다 세액 증가율이 크게 되는 것을 알 수 있다.

***050 달러라이제이션(Dollarization)

브라질의 자유변동환율제 이행을 계기로 아르헨티나 등 자국통화를 미국 달러화에 고정시켜왔던 일부 국가들이 자국 화폐를 달러로 대체하자는 데서 부각되기 시작한 용어이다.

달러 통용화는 두 가지 경로로 나타날 수 있다. 우선 자국 통화의 평가절하나 고(高)인플레 지속이 예상될 경우 가치저장 수단으로 달러 수요가 급증, 결국 달러화가 자연스럽게 교환수단으로까지 확대되는 것이다. 과거 초인플레이션이 지속된 중남미 지역에서 달러화 대체 경향이 광범위하게 나타났고 구(舊)소련 붕괴 이후 러시아에서도 이러한 현상이 심화된 바 있다. 다른 하나는 미국과 통화동맹을 결성해 미 달러화를 법정통화로 전면 통용하는 것인데 파나마에서 이와 유사한 제도가 시행되고 있다. 중남미가 자국 화폐로 달러를 도입하면 대외신뢰도가 올라가면서 이자율이 안정되고 인플레 가능성이 불식되지만, 중앙은행의 기능이 상실되면서 금융시스템이 취약하게 된다. 또 미국에 대한 정치 · 경제적 예속이 심화될 위험이 있으며 화폐주조차익의 상실로 재정 수익이 악화될 수도 있다.

**051 대차대조표 불황

오랫동안 일본 경제의 침체를 설명할 때 사용돼 온 표현이다. 일본 기업들이 1990년대 초반 대차대조표상의 대변(자본 · 부채) 항목의 부채는 급격히 늘어나는 반면, 차변에 있는 자산(부동산) 가격은 계속 떨어져 균형이 깨지자 빚(부채)을 줄이려고 투자하지 않으면서 경기가 더 나빠진 것을 말한다.

***052 대체투자(Alternative Investment)　　　　　　　　　[2018년 주택금융공사 기출]

주식이나 채권 같은 전통적인 투자 상품이 아닌 다른 대상에 투자하는 방식을 말한다. 대상은 사모펀드, 헤지펀드, 부동산, 벤처기업, 원자재, 선박 등 다양하다. 대체 뮤츄얼펀드와 상장지수펀드(ETF)는 이런 대체투자상품을 주로 편입하거나 관련 지수를 추종하는 펀드다. 채권보다 수익률이 높고 주식에 비해서는 위험성이 낮다는 장점이 있다. 2008년 금융위기 이후 기관투자가의 전통적 투자 대상인 주식 · 채권가격이 급락하면서 상대적으로 금융시장의 영향을 덜 받는 이들 자산에 대한 투자가 늘어나고 있다.

★★★ 053 더블딥(Double Dip)

경기 침체 후 잠시 회복기를 보이다가 다시 침체에 빠지는 이중침체 현상을 의미한다.

 소프트패치 : 경기가 상승되기 전에 일시적인 어려움을 겪는 현상을 의미. 소프트패치는 경기 후퇴가 더블딥만큼 심각한 것이 아니고 잠시 숨을 고르며 쉬어가는 정도로 회복국면에서 일시 후퇴하는 것을 의미.

★★★ 054 도덕적 해이

도덕적 해이는 거래당사자의 한쪽이 상대보다 양질의 정보를 더 많이 가지고 있는 상태(정보의 비대칭성)에서 계약이 이루어진 후에 나타날 수 있는 문제이다. 예를 들면, 주주와 전문경영인, 은행과 차입자 간의 계약을 들 수 있다. 전문경영인은 회사의 경영상황에 대해 주주보다 더 많은 정보를 가지고 주주가 아닌 자신의 이익을 극대화하는 경우가 있을 수 있다. 이를 전문경영인의 도덕적 해이라 한다. 또한, 은행으로부터 대출을 받은 차입자가 계약대로 차입금을 적절한 투자에 사용하는지를 은행이 정확히 확인할 수 없기 때문에 발생하는 문제도 도덕적 해이에 해당한다.

★★★ 055 독점적 경쟁시장

[2020년 농협은행 기출]

완전 경쟁과 독점 사이의 시장 형태로서 재화의 공급자는 다수이나 제품의 다양성에 의해 어느 정도 독점력이 존재하는 시장 형태이다. 완전경쟁시장과 독점시장의 특성을 조금씩 가지고 있다는 의미에서 붙여진 이름이다. 공급자의 수가 많은 것은 완전경쟁시장과 닮았지만, 상품 차별화로 인하여 특정 소비자에게는 독점시장의 특성을 가지고 있기 때문이다. 독점적 경쟁 시장의 사례로는 맛집으로 소문이 나서 줄을 서가면서 음식을 먹어야 하는 음식점이나, 병을 잘 고친다고 하여 환자들이 몇 달 전에 예약을 하면서까지 찾는 병원이 대표적이다.

독점적 경쟁 시장의 특징

① 상품 차별화로 인해 어느 정도 독점력이 존재한다.
② 기업의 진입과 퇴거는 자유롭게 허용된다.
③ 가격보다 품질, 광고, 판매조건 등의 비가격경쟁을 한다.
④ 수요곡선과 한계수입 곡선이 모두 우하향한다.

 과점시장 : 시장 내의 기업의 수가 소수인 경우를 말하는데, 우리나라의 가전제품, 자동차, 휴대전화, 이동통신 서비스 등 몇몇 대기업들이 생산을 담당하고 있는 품목들이 대표적이다. 과점시장의 특성으로는 치열한 경쟁으로 인한 '상품 차별화'의 시도, 상대 회사의 반응을 고려해 자신의 행동을 결정해야 하는 '전략적 상황'의 존재, 경쟁을 애써 피하려 하는 '담합'의 가능성 등이 있다.

*** 056 듀레이션(Duration)

듀레이션이란 투자자금의 평균회수기간을 말한다. 채권에 돈을 투자한다면 투자자금을 회수하기까지는 여러 요인들의 영향을 받는다. 우선 채권 만기에 영향 받을 것이다. 만기가 길수록 당연히 투자금의 회수는 길어질 것이다. 한편, 채권의 회수 기간은 액면 이자율(표면 이자율)과 시장 이자율에 의해 달라질 수 있다. 이자가 지급되지 않는 경우 만기까지 기다려야만 원금 회수가 가능하다. 그렇지만 이자가 지급된다면, 그만큼 투자금의 회수 기간은 짧아지기 마련이다. 물론 이 경우 지급되는 이자가 높을수록 회수 기간이 짧아질 것은 당연하다. 일반적으로 듀레이션이란 채권에서 발생하는 현금 흐름의 가중평균 만기로서 채권 가격의 이자율 변화에 대한 민감도를 측정하기 위한 척도로서 사용된다.

*** 057 디레버리지(Deleverage)

'빚을 상환한다'는 뜻이다. 경기불황에서 자산가치가 폭락하고 높아진 금리와 낮은 투자수익률을 보일 때에는, 경기가 호황일 때 빚을 지렛대 삼아 투자수익률을 높였던 레버리지에서 벗어나 이러한 부채 축소 과정을 거칠 필요가 있다.

*** 058 디스인플레이션(Disinflation)

인플레이션을 극복하기 위해 통화증발 억제와 재정·금융 긴축을 주축으로 하는 경제조정정책이다. 인플레이션을 갑자기 수습할 경우 발생하는 여러 가지 폐단을 방지하기 위한 정책으로 인플레이션을 갑자기 수습하려고 하면 반대로 디플레이션이 되어 여러 가지 폐단을 낳게 되므로 통화량이나 물가수준을 유지하면서 안정을 꾀하고 디플레이션을 초래하지 않는 범위 내에서 인플레이션을 수습하는 것이 목적이다.

*** 059 디지털세

다국적기업이 외국에 고정사업장을 운영하지 않더라도 매출이 발생한 곳에 세금을 내도록 하는 조세체계다. 일정 금액 이상의 초과이익에 대한 과세 권한을 매출 발생국에 배분해 과세하는 방식이다. 구글과 애플, 페이스북, 아마존(GAFA) 등 글로벌 IT기업을 대상으로 한다고 해서 GAFA세, 혹은 구글세라고도 한다.

* 060 디커플링(Decoupling)

국가와 국가, 또는 한 국가와 세계의 경기 등이 같은 흐름을 보이지 않고 탈동조화되는 현상이다. 주가가 하락하는데도 환율이 상승하지 않고 제자리에 머물거나, 수출이 증가하는 데도 소비는 감소하는 현상 등이 있음. 보통은 미국 경제 상태에 따른 전 세계 경제의 상태를 묘사하는 데 쓰이며, 한국의 경우 미국 경제에 대한 의존도가 높아 디커플링 논의가 자주 이뤄짐. 2015년 말 미국이 기준금리 인상으로 금융정책 정상화 기조로 들어섰으나, 일본, 유럽 등 다른 국가들은 여전히 확장적 통화정책을 유지하고 있는 상황.

*061 디프레션(Depression = 불경기)

경기 순환에서 경기가 크게 하락하는 상황을 가리키는 경제용어이다. 물가와 임금이 내리고, 생산이 위축되며, 가계수입 감소에 따른 소비 하락이 다시 기업의 판매 부진으로 이어지고. 이는 다시 실업으로 이어진다.

 경기(Business Cycle) : 한 국가 경제의 전반적인 활동수준이 좋고 나쁨을 나타내는 것으로, 경기는 경기상승과 경기하강이 반복되는 일정한 패턴을 가지고 주기적으로 반복함. 불황(Depression), 회복(Recovery), 호황(Prosperity), 후퇴(Recession)의 네 단계를 거치며 순환하는 것이 일반적이다.

***062 디플레이션(Deflation)

자산가격 거품 붕괴, 과도한 통화 긴축, 과잉설비 및 과잉공급, 생산성 향상 등의 이유로 발생. 시중의 통화량이 줄어들어 물가가 폭락하고 경기가 침체되는 현상이다.
[문제] 부동산, 주식 등 자산 가격이 떨어지고, 소비와 생산도 위축되며 시장 내 자금경색이 초래됨. 그 결과 실질금리 상승(투자위축과 생산감소 초래), 실질임금 상승(고용 및 생산감소 초래), 실질채무부담 증가(채무불이행 증가, 은행위기, 신용경색 등 악순환 초래)를 야기함. 경제학자들은 인플레이션보다 디플레이션이 더 치료가 어렵다고 지적.

***063 레몬마켓(Lemon Market)

레몬마켓은 판매자보다 제품에 대한 정보가 적은 소비자(정보의 비대칭성)들이 속아서 살 가능성을 우려해 싼값만 지불하려 하고, 이로 인해 저급품만 유통되는 시장을 말한다. 이처럼 불량품이 넘치게 되면서 결과적으로 소비자도 외면하게 되는 시장이 된다는 것이다. 레몬은 미국 속어로 불량품을 뜻하는데, '시큼하고 맛없는 과일'이라는 뜻에서 유래하였다. 이를 빗대 경제 분야에서는 쓸모없는 재화나 서비스가 거래되는 시장을 레몬마켓이라 이르게 되었다. 예컨대 중고차 시장에서 판매자는 차에 대한 정보를 많이 가지고 있지만, 소비자는 차에 대한 정보가 거의 없다. 이와 같은 정보의 부족으로, 소비자는 겉은 멀쩡해 보이지만 실제로는 문제가 많은 중고차를 살 가능성이 많아진다. 이처럼 정보의 비대칭 때문에 구매자는 결과적으로 손해를 보는 선택을 하게 되는데 이런 경우를 역선택(Adverse Selection)이라 한다. 반대로 우량의 재화나 서비스가 거래되는 시장은 피치마켓(Peach Market)이라고 한다.

***064 레퍼곡선(Laffer Curve) [2020년 하반기 기업은행 기출]

미국의 경제학자 래퍼(A. Laffer)가 제시한 조세수입과 세율 간의 관계를 나타낸 곡선을 말한다.

래퍼는 세율이 0%에서 100%로 증가할 때 조세수입은 상승하다가 정점에 이른 후 다시 하강한다면서, 세율(t)을 수평축에 조세수입(T)을 수직축에 놓고 이들의 관계를 그려보면 "역 U자 모양의 곡선"이 된다고 주장하였다.

래퍼곡선에 따르면 세율이 높아지면 초기에는 세수가 늘어나지만 일정 수준(t*)이 넘으면 오히려 감소하므로 현재의 세율이 세수가 가장 많은 수준(t*)을 넘지 않았다면 세수증대를 위해서는 세율을 올려야 하며 반대로 현재의 세율이 세수가 가장 많은 수준을 넘었다면 감세가 세수증대에 도움이 된다.

래퍼곡선은 미국 레이건 정권의 감세정책을 뒷받침한 이론적 근거로 널리 이용되었으나 조세수입을 극대화시키는 최적세율이 어느 정도 수준인지는 정확하게 제시하지 못한다는 한계가 있다.

***065 로렌츠곡선(Lorenz Curve)

소득분포의 불평등도를 나타내는 곡선이다. 사람들을 소득에 따라 순서를 매기고 X축은 인구의 누적백분율, Y축은 소득금액의 누적백분율을 표시 → 45° 선은 누적인구와 누적소득이 같은 비율로 증가하기 때문에 완전한 평등의 의미. 반면 소득격차가 심해질수록 곡선이 아래로 늘어지는 형태가 됨. 그림에서 볼 수 있듯, 균등선과 가로축, 세로축이 이루는 삼각형(△ABC)과 불평등면적 간의 비율이 지니계수이다.

**066 로빈후드세(Robin Hood tax , -税)

저소득층을 지원하기 위한 목적으로 고수익을 올리는 기업 또는 개인에게 부과하는 세금이다. 2001년 빈민구호 시민단체인 워온원트(War on Want)가 외환거래에 부과하는 로빈후드세를 제안. 2008년 이탈리아와 포르투갈 정부는 유가급등으로 막대한 이익을 얻은 석유회사에게 초과 세금을 부과함으로써 저소득층을 보조하는 로빈후드세 도입을 추진. 미국 또한 고소득자들에게 일종의 부유세를 부과하겠다는 내용을 담음. 로빈후드세라 불린다.

[현황] 정부가 채권거래에 대한 '토빈세'를 도입을 검토하면서 함께 언급되고 있다. 막대한 소득을 올리는 기업과 단기성 외환거래에게 부과한 세금으로 빈민층이나 극빈국을 지원하는 것을 골자로 하고 있다.

*** 067 루카스 공급 곡선　　　　　[2020년 하반기 기업은행 기출]

케인즈학파의 경우, 단기에는 경제 물가가 전혀 변하지 않는 공급곡선을 가정하는 것과는 반대로, 단기에도 물가가 어느 정도 신축적인 것을 수용하면서 단기에 우상향의 형태로 도출된 공급 곡선을 말한다. 가격변수가 신축적으로 조정된다 하더라도, 경제주체들이 모두 합리적 기대를 할 경우, 정보의 불완전성으로 인해 단기 총공급곡선이 우상향할 수 있다는 것이 주 내용이다.

루카스는 생산에 관한 의사결정에서 중요한 것이 다른 기업 상품가격과 자기 상품가격의 차이인 '상대가격'이라고 보았다. 따라서 자신의 상품 가격이 높을수록 노동투입을 증가시키고 보다 더 큰 이윤을 내려고 하기 때문에 생산량을 증가시킨다는 것이다. 그런데 기업들은 일반물가수준이 어느 정도인지 알 수 없다고 가정한다면, 기업들이 일반물가수준을 합리적으로 예측하고 그것을 바탕으로 산출하게 될 것이다.

루카스 공급곡선은 두 가지 형태로 나타낼 수 있다.

　　가. 경제주체의 물가 수준에 대한 예상이 정확함.
　　　　- 기업의 산출량에는 변화가 없을 것이므로, 총공급곡선은 수직이다.
　　나. 경제주체의 물가 수준에 대한 예상이 정확하지 않다.
　　　　- 물가가 증가했을 때, 물가 예상 수준의 증가가 그보다 작을 경우, 기업은 생산량을 늘릴 것이므로 우상향하는 총공급곡선이 도출된다.

** 068 리니언시(Leniency)

담합자진신고 감면제도이다. '제재감면'이라는 당근을 주어 기업들의 자수를 유도하고 불공정행위에 대한 조사효율성을 높이기 위해 마련되었다.

> *cf* **Amnesty Plus** : 담합 등 조사를 받는 사업자가 다른 불공정 행위를 자진 신고하거나 조사에 협조하면, 앞선 사건까지 추가로 감면

069 리디노미네이션(Redenomination)　　　　　[2018년 우리은행 기출]

한 나라에서 통용되는 모든 지폐나 동전에 대해 실질가치는 그대로 두고 액면을 동일한 비율의 낮은 숫자로 변경하는 조치를 말한다. 즉, 화폐 단위를 100 대 1, 또는 1,000 대

1 등으로 하향조정하는 것이다. 이는 인플레이션, 경제규모의 확대 등으로 거래가격이 높아지고 이에 숫자의 자릿수가 늘어나면서 생겨나는 계산상의 불편을 해결하기 위해 실시한다. 한편 디노미네이션(Denomination)은 화폐 단위의 호칭을 뜻하는데, 예를 들면 100원을 1원으로 하는 것이다.

우리나라에서 리디노미네이션은 과거 두 차례 있었다. 1953년 6·25전쟁으로 물가가 가파르게 오르자 100원을 1환으로 바꿨다. 1962년엔 지하경제 양성화를 위해 10환을 지금의 1원으로 바꿨다. 이후 리디노미네이션은 정권이 바뀔 때마다 간간이 거론됐지만 물가 자극 등의 우려 때문에 없던 일이 되곤 했다. 2004년 노무현 정부 때 박승 한국은행 총재도 필요성을 역설하며 힘을 보탰지만 부작용을 우려한 정부 부처의 반발이 커지자 논의가 중단됐다.

***070 리보(LIBOR)금리

시장금리의 기준점으로 가장 신용도 높은 은행끼리의 대출금리이다. 역외 통화 거래에서 주로 사용된다. 'London inter-bank offered rates'의 약자로, 직역하면 '런던 은행 간 제공금리'이다. 영국은행들끼리 자금수요를 맞추기 위해 단기(통상 6개월 이내)에 주고받는 금리조건을 지칭하는 것이다.

[특징] ① 전 세계 금융거래의 벤치마크 역할 - 금융 산업이 발달한 영국은행들의 신용도가 한때 세계 최고수준을 자랑했기 때문

② 글로벌 경제 상황을 상당 부분 반영 - 세계 각국의 국제간 금융거래에 기준금리로 활용되기 때문

③ 국가 간 캐리트레이드를 판단하는 척도 역할

④ 금리스왑계약 등 파생상품을 만들 때 변동금리의 기준점 역할

⑤ 국채·회사채 발행 때 '리보+가산금리(Spread)'로 조건 정해 - 리보금리에 추가로 붙여주는 가산금리가 높을수록 해당 채권의 신용도가 낮다는 의미

 우리나라에도 코리보(KORIBOR)라는 이름의 기준금리가 있다. 코리보는 국내 시중은행 7곳과 기업은행 등 특수은행 3곳, 대구·부산은행 등 지방은행 2곳, 홍콩상하이은행, 칼리온은행, JP모건체이스 등 외국계 은행 3곳의 기간별 금리를 통합 산출한 단기 기준금리다. 코리보는 건전한 도입취지에도 불과하고 실제 시장에서 활용도는 높지 않은 상황이다.

***071 리쇼어링(Reshoring)

미국 제조업 기업들이 생산 시설을 본국으로 되돌리는 현상(해외로 생산기지를 옮기는 '오프쇼어링'(Offshoring)과 대조되는 개념)이다. 버락 오바마 미국 대통령이 지난 2월 미국 내 기업

들의 법인세를 인하하면서 리쇼어링이 이슈로 떠올랐다. 오바마 정부는 집권 2기를 맞아 각종 지원 등을 통해 리쇼어링 정책을 더욱 강화해 나갈 것으로 보여, 지난 2008년 글로벌 금융위기 이후 부진했던 고용이 갈수록 빨리 늘어날 것으로 예상. 아울러 리쇼어링은 미국 제조업체들의 본토 설비 투자가 늘어나면서 상대적으로 우리나라 제품의 비용 경쟁력이 개선될 가능성이 있기 때문에 한국 수출기업들에도 긍정적인 영향을 미칠 것으로 전망된다.

072 리플레이션(Reflation)

경제가 디플레이션(Deflation) 상태에서 벗어났지만, 심각한 인플레이션(Inflation)을 유발하지 않을 정도로 통화를 재(re-)팽창시키는 것을 의미. 통화재팽창이란 불황 기간에 재정이나 금융을 완화해 경기 회복을 꾀하는 데 있어 통화재팽창의 정도가 정상 수준을 넘어 인플레이션을 일으키지 않을 정도까지를 의미한다. 이러한 통화재팽창에 해당하는 정책으로 적절한 금리 인하와 재정지출 확대 등을 들 수 있다. 리플레이션은 한편으로는 인플레이션을 피하면서 다른 한편으로는 경기회복을 도모하는 것이므로 재정·금융의 확대정책이 적절해야만 한다. 그런데 현실적으로는 경기자극정책에 대한 제동이 잘되지 않아 인플레이션으로 진행하기 쉽다

073 마냐나 경제(Manana Economy)

미국에서 경제 상황을 지나치게 낙관적으로 볼 때 사용하는 용어. 'Manana'는 스페인어로 '내일'이란 뜻이다. 미국이 이라크 전쟁 이후 얻을 수 있는 부의 효과로 인한 주가 상승과 감세정책 등 경기대책이 효력을 발휘할 것이라는 낙관론 위주로 이루었지만 실제로는 부의 효과를 얻지 못했다.

[장점] 경기 주체들의 소비와 투자를 이끌어 낼 수 있다.

[단점] 부정확한 정보로 경제적 손해를 볼 수 있다.

074 마찰적 실업 [2018년 신한은행 기출]

노동자가 자신에게 가장 유리한 직장을 찾기 위해서 정보수집활동에 종사하고 있을 동안의 실업상태를 말한다. 수급(需給)이 균형을 이루는 상태에서도 정보 및 제도의 불완전성에 의해 발생한다. 노동의 수요와 공급이 균형을 이룬다는 것도 그 노동시장의 주어진 체질 및 여건 하에서 균형을 이룬다는 뜻이므로, 경제 환경이 변하면 마찰적 실업의 규모도 변한다는 것이다. 기업과 근로자들은 가격과 임금에 대한 예측을 정확히 할 수 없고 이는 기업으로 하여금 노동수요를 정확히 예측하지 못하게 하며 근로자로 하여금 자

신이 진정으로 원하는 직장이 어디에 있는지를 모르게 한다. 결국 기업도 근로자도 어느 정도 시행착오를 겪게 될 수밖에 없는데 그 과정에서 일정량의 실업은 불가피하다는 것이다. 결국 이러한 마찰적 실업의 규모는 그 노동시장이 얼마나 효율적으로 작동하는가에 따라서도 달라진다.

***075 말킬의 채권 5정리 [2019년 전북은행 기출]

말킬은 채권의 이론적 분석에서 가장 기본이 되는 채권가격과 채권가격 결정 요소들 사이의 관계를 규명하는 일반적 원리를 발표하였는데, 이를 말킬의 채권가격정리라고 한다. 여기에는 총 5가지 항목이 있다.

① 채권가격과 채권수익률은 역의 방향으로 움직인다.

② 채권수익률의 변동으로 인한 채권가격의 변동은 만기가 길수록 커진다.

③ 채권수익률의 변동으로 인한 채권가격 변동은 만기가 길어질수록 증가하지만, 그 속도는 체감한다.

④ 채권수익률의 하락으로 인한 채권가격 상승은, 같은 쪽의 채권수익률 상승으로 인한 채권가격 하락보다 크다.

⑤ 채권수익률의 변동으로 인한 채권가격의 변동은, 채권표면이율이 높을수록 작아진다.

***076 매파, 비둘기파 [2022 하반기 기업은행 필기 기출]

'매파'(hawk)와 '비둘기파'(dove)라는 용어는 주로 통화정책의 관점에서 서로 상반된 성향 또는 견해를 가진 정책입안자를 지칭한다. 중앙은행의 통화정책은 주로 기준금리의 변경을 통해 이루어진다. 경기가 과열되거나 과도한 유동성으로 인플레이션, 자산가격 버블 및 과다한 부채 증가 등이 우려되는 경우 중앙은행은 선제적으로 기준금리를 올려 시중금리가 함께 상승하도록 유도하는 긴축적 통화정책을 쓰게 된다. 반면 경기 침체 및 디플레이션이 우려되는 경우에는 금리를 인하하거나 금융자산을 직접 매입하는 등의 방식으로 시중에 풍부한 유동성을 공급하는 완화적 통화정책을 쓰게 된다. 중앙은행은 중장기적인 관점에서 경제성장과 인플레이션을 모두 안정적으로 유지할 책무가 있는데, 이를 동시에 달성하기 어려울 경우 과연 어느 쪽에 정책의 우선순위를 두어야 하는지 정책입안자간 대립하게 된다. 이때 상대적으로 중장기 인플레이션 관점에 보다 역점을 두고 긴축적으로 통화정책을 운용하려는 입장이 매파로 분류되고, 경제성장세 확대 · 유지 필요성에 치중하여 보다 완화적인 통화정책을 수행하고자 하는 입장이 비둘기파로 분류된다.

*077 메르코수르(Mercado Common Sour)

무역장벽이 전면 철폐되면서 출범한 남미공동시장이다. 브라질, 아르헨티나, 우루과이, 파라과이 등 남미 4개국의 1995년 시작하여, 2012년 베네수엘라의 정식가입으로 5개 국의 회원국을 보유. 준회원국으로는 볼리비아, 에콰도르, 칠레, 콜롬비아, 페루 등이 있다. 2013년 말 기준으로 인구는 2억 7, 000만 명, GDP 합계는 3조 3, 000억 달러를 차지.

***078 모기지담보부채권(MBS, Mortgage-Backed Securities)

금융기관이 토지·건물 등의 부동산을 담보로 자금수요자에게 자금을 대출한 후 갖게 되는 모기지(Mortgage)를 근거로 발행된 증권이다.

**079 목적세 [2021 하반기 광주은행 필기 기출]

목적세는 조세수입의 용도를 세법에 명시된 특수 목적에 사용하기 위해 징수하는 특별세(special tax)를 말한다. 국세로는 교육세·교통에너지환경세·농어촌특별세가 있고, 지방세로는 도시계획세·공동시설세·지역개발세와 사업소세 등이 있다. 목적세는 사용 용도가 명백하므로 납세자의 납득을 얻기는 비교적 쉬우며 조세저항을 최소화 하는 측면이 있으며 수익자부담원칙이 적용되는 경우 자원배분의 효율성을 높인다. 그러나 특정 목적 이외에는 사용할 수 없어 재정 운용이 경직적으로 제한되고 경비지출 간에 불균형을 초래하는 경우가 많다. 또한 목적세의 수가 과다할 경우 복잡한 조세체계로 인해 조세협력비용과 징수비용을 높이는 비효율을 야기할 수 있다.

***080 무차별곡선(Indifference curve) [2020년 농협은행 기출]

개인의 동일한 만족이나 효용을 나타내는 곡선이다. 소비자가 자기 소득을 여러 재화 및 서비스의 구입에 어떻게 배분하는가를 설명하는 이론을 소비자선택이론이라고 하는데, 이 이론의 기본이 되는 것이 무차별곡선이다. 가로축을 X 상품의 수량으로 하고, 세로축을 Y 상품의 수량으로 할 때 X의 a량, Y의 b량을 결합한 데서 얻을 수 있는 만족도와 동등한(무차별의) 만족을 주는(c와 d, e와 f와 같은) X·Y의 여러 가지 결합을 연결한 곡선이 무차별곡선 U3이다.

또 이와 마찬가지 방법으로 더 큰 만족을 나타내는 무차별곡선 U2, U1⋯을 얻을 수 있는데, 이들 무차별곡선은 다음과 같은 성질을 가진다.

① 원점 O에 대하여 볼록하다(한계효용체감의 법칙에 의하여).

두 개의 재화(또는 n개의 재화로 일반화할 수 있음)를 주어진 소득(고정예산) 안에서 소비할 때 효용을 극대화하기 위한 조건은 한계효용 균등 법칙으로 정리할 수 있다.

② O에서 떨어진 곡선일수록 큰 효용과 대응한다.

③ 서로 다른 무차별곡선은 서로 교차하는 일이 없다.

소비자의 지출금액을 M, X의 가격을 Px, 그 구매량을 x, Y의 가격을 Py, 그 구매량을 y로 할 때 직선 HI는 M=Px · x+Py · y를 나타내며, 이를 가격선(또는 소득선)이라 한다. 그러므로 일정한 지출 M으로 최대의 만족을 얻으려면, X의 c양, Y의 g양을 사면 된다. 왜냐하면, HI선은 j 점에서 가장 고차(高次)의 무차별곡선과 접하기 때문이다.

이 밖에도 2개의 생산요소의 결합에서 얻을 수 있는 등생산량(等生産量)을 나타내는 생산 무차별곡선이 있다.

[출처 : 무차별곡선 [indifference curve, 無差別曲線] (두산백과)]

* 한계효용체감의 법칙 : 재화의 소비량으로부터 발생하는 효용의 증가분이 점점 감소하는 것
* 한계효용 균등의 법칙 : 두 개의 재화(또는 n개의 재화로 일반화할 수 있음)를 주어진 소득(고정예산) 안에서 소비할 때 효용을 극대화하기 위한 조건. 즉, 자기가 가진 돈 범위 내에서 자신의 효용을 극대화하기 위한 조건

★★★ 081 무차별곡선 특성　　　　　　　　[2019년 전북은행 기출]

무차별곡선이란 개인의 동일한 만족이나 효용을 나타내는 곡선으로, 기본적으로 볼록성, 연속성, 단조성, 이행성을 충족한다.

★★★ 082 물가안정목표제　　　　　　　　[2018년 기업은행 기출]

명시적인 인플레이션 억제 목표를 사전에 설정한 후 중간목표 없이 정책수단의 조작을 통하여 목표를 달성하려는 통화신용정책 운용방식으로서 1997년 말 한국은행법의 개정으로 우리나라에 도입되었다.

물가안정목표제에서 중앙은행은 먼저 중기적 관점에서의 적정 인플레이션 목표를 사전에 설정 · 공표하며 그 후 통화량, 금리, 환율 등 다양한 변수의 움직임을 분석하여 장래의 인플레이션을 예측함으로써 현재의 통화정책기조가 목표달성에 적합한지를 점검하게 된다. 그리하여 필요한 경우 공개시장 조작, 재할인정책 등의 정책수단을 사용하여 통화 정책기조를 변경하는 등 목표 인플레이션에 도달하도록 정책을 시행한다.

***083 바이플레이션(Biflation)

인플레이션과 디플레이션이 동시에 나타나는 것이다. 인플레이션(Inflation)과 디플레이션(Deflation)이 동시에 일어나는 경제적인 현상으로 믹스플레이션(Mixflation)이라고도 한다. 예를 들어 주택가격이 수도권에선 가격 하락과 거래량 감소 등 디플레이션 현상이, 비수도권에선 가격 상승, 거래량 증가 등 인플레이션 현상이 동시에 진행되고 있다면 이는 바이플레이션이 발생하는 것이다. 이 같은 바이플레이션이 나타난 데는 수급 불균형이 원인으로 꼽힌다. 이러한 현상이 발생한 원인은 주택공급이 꾸준히 늘었던 수도권과 달리 지방에선 2000년대 후반 공급이 크게 줄면서 공급이 수요를 따라가지 못했기 때문이다. 또한, 글로벌 경제에서 신흥국의 인플레이션과 선진국의 디플레이션이 동시에 나타나는 현상을 일컫기도 한다.

***084 반덤핑

국제 경제에서 우위에 서기 위하여 국내판매가격이나 생산비보다 싼 가격으로 상품을 수출한 것에 대하여, 수입국에서 덤핑한 만큼 관세를 부과하는 것이다.

> cf **상계관세** : 수출국이 수출보조금이나 장려금을 지급하여 수출가격을 부당하게 싸게 하는 경우에 수입국이 그 효과를 없앨 목적으로 정규관세 이외에 부과하는 관세
> **세이프가드** : 특정상품의 수입급증으로 국내산업을 보호하기 위하여 취하는 긴급수입제한조치

***085 버핏세(Buffett Rule)

워렌버핏 회장의 이름을 딴 것으로 부유층 대상 세금을 의미한다. 오바마 미국 대통령의 고소득층 증세방안도 여기에서 힌트를 얻었으며 이러한 버핏세는 임금과 물가상승, 소득 양극화 등의 현실을 반영하여 조세정의를 실현하기 위해 만들어진 것으로 해석된다.

***086 범위의 경제 [2019년 국민은행 기출]

한 기업이 여러 제품을 같이 생산할 경우가 개별 기업이 한 종류의 제품만을 생산하는 경우보다 평균 생산비용이 적게 들 때 범위의 경제(Eeconomies of Scope)가 존재한다고 말한다. 승용차와 트럭을 같이 생산하는 기업의 경우 소재부품이나 조립라인 등의 생산시설을 공동으로 사용할 수 있는 이점을 갖게 된다. 이러한 현상은 동일한 생산요소를 사용하거나 기업 운영 및 마케팅 활동을 함께 하거나 생산물이 가진 특성 때문에도 나타날 수 있다. 연구개발 · 판매 · 생산은 공동으로 하면서 제품의 종류만 달리할 경우 비용이 절감될

수 있다. 또한, 기존 산업과 비슷한 산업에 진출할 경우 시너지효과를 기대할 수 있는데, 구체적인 예로는 은행이 보험 상품을 판매하는 방카슈랑스를 들 수 있다.

***087 변동환율제도(Floating Exchange Rate System)   [2018년 우리은행 기출]

환율을 외환시장의 수요와 공급에 의해 자유롭게 결정되도록 하는 환율제도이다. 변동환율제도는 환율의 실세를 반영하여 융통성 있게 변동할 수 있는 장점이 있으나, 환투기의 가능성이 있을 때에는 환율의 안정을 잃게 되는 단점이 있다.

① 협조변동환율제도 : 여러 나라가 연대하여 공통체계 하에서 협조적으로 관리해나가는 환율체계를 협조변동환율제도라 하며, 유럽환율제도(ERM, European Exchange Rate Mechanism)가 대표적인 예라고 할 수 있다.

② 지표연동환율제도 : 지표연동환율제도는 자국통화의 환율을 상품의 가격지수에 연동시키는 환율제도로, 상품본위제도(Acommodity standard)라고 부르기도 한다. 이는 연동되는 대상이 다른 나라의 통화가 아니라 상품가격 등과 같은 지표에 연동된다는 점에서 변동환율제도의 하나라고 본다.

③ 관리변동환율제도 : 관리변동환율제도는 순수한 고정환율제와 자유변동환율제의 중간 형태라 할 수 있다. 국가가 장기적으로는 외환시장의 수요와 공급에 의하여 환율이 결정되도록 하나, 단기적인 환율의 급등락을 방지하기 위해 중앙은행이 외환시장에 개입하는 제도이다. 이것은 완전히 시장 자율에 맡기게 될 경우 환투기에 의해 외환시장이 불안해지는 것을 감소시키는 데 그 목적이 있다.

④ 자유변동환율제도 : 자유변동환율제도는 정책당국의 구조적인 개입이나 제한 없이 환율이 외환시장에서 자유롭게 혹은 독립적으로 결정되는 체제이다. 그러나 실제로는 자유변동환율제도를 채택하고 있는 국가들도 상황에 따라서 적극적이고 지속적으로 외환시장 개입 또는 환율관리의 필요에 의한 개입이 있다. 우리나라도 1997년 말부터 자유변동환율제도를 채택하고 있다.

***088 본원통화(Reserve Base)   [2018년 기업은행 기출]

중앙은행이 지폐 및 동전 등 화폐발행의 독점적 권한을 통하여 공급한 통화를 말하며, 화폐발행액과 예금은행이 중앙은행에 예치한 지급준비예치금의 합계로 측정된다. 중앙은행이 예금은행에 대하여 대출을 하든지 외환을 매입하든지 혹은 정부가 중앙은행에 보유하고 있는 정부예금을 인출하거나 중앙은행이 국공채를 매입하는 경우 본원통화가 공급된다. 이렇게 공급된 통화의 일부가 예금은행으로 환류될 경우 예금은행은 일부를 지급준비를 위해 중앙은행에 예치하거나 시재금으로 보유하며 나머지는 대출, 유가증권매입으로 운용하는데 이러한 과정이 반복되면서 신용과 예금을 창출하게 된다.

이와 같이 중앙은행이 일차적으로 공급한 통화는 파생적으로 예금 통화를 창출하는 기초가 되므로 이를 본원통화(RB)라고 하며 이를 기초로 창출된 통화를 파생통화라고 한다.

본원통화(RB) = 화폐발행액 + 금융기관 지준예치금

= 민간보유현금 + 금융기관 시재금 + 지준예치금

= 민간보유현금 + 금융기관 총지급준비금

***089 부의 효과(Wealth Effect)

자산가격이 상승하면 소비도 증가하는 현상을 말한다. '자산효과'라고도 한다. 현재 소비가 미래 소득에 의해서도 영향을 받는다는 점에 근거를 두고 있다. 주가가 오르리라 예상되는 상황에선 미래 자산 증가를 예상해 투자자들이 소비를 늘린다.

마이너스(逆) 부의 효과 : 거꾸로 자산 가격이 하락하면 소비가 감소하는 현상.

밴드왜건 효과 : 재화에 대한 수요가 많아지면 다른 사람들도 그 경향에 편중하여 수요가 늘어나게 된다. 즉, 타인의 사용여부에 따라 구매도가 증가하는 현상.

언더독 효과 : 절대적인 강자가 존재할 경우 상대적 약자가 강자를 이겨주기를 바라는 현상.

스노브 효과 : 백로효과. 다수의 소비자가 구매하는 것을 꺼리는 구매심리효과로, 자신은 다른 사람과 다르다는 것을 과시할 때 나타남.

베블렌 효과 : 어떤 재화나 용역의 가격이 오르는 데도 일부 계층의 과시욕이나 허영으로 수요가 줄어들지 않는 현상.

데몬스터레이션 효과 : 전시효과라고도 하며 타인의 소비성향을 모방하려는 소비성향을 의미.

**090 부채 디플레이션

한 국가의 경제에서의 지속적인 물가하락. 즉, 경제주체가 과도한 채무(Over Indebtedness)를 조정하는 과정에서 소비가 줄어들고 이에 따라 경기침체와 물가하락이 장기간 반복되는 현상이다. 1933년 미국의 경제학자 어빙 피셔(Irving Fisher)가 대공황의 원인을 설명하는 과정에서 처음으로 제시된다.

***091 불태화정책(Sterilization Policy)

해외부문으로부터 외자유입이 늘어 국내통화량이 증가하고 물가가 상승할 경우, 이를 상쇄시키기 위해 취해지는 정책이다. 구체적으로는 중앙은행이 각종 통화채를 발행해 시중의 자금을 환수한다든지 재할인금리를 인상하거나 지급준비율을 올리는 등의 정책을 말한다.

[수단] 일반 통화정책과 일치하나 통화정책의 목적이 해외부문에서 비롯된 통화증발을 억제하기 위한 것일 때 불태화정책이라 한다.

092 브레튼우즈 체제(Bretton Woods System) [2022 상반기 기업은행 필기 기출]

1944년 7월 미국의 브레튼우즈에서 1930년 이래의 각국 통화가치 불안정, 외환관리, 평가절하경쟁, 무역거래제한 등을 시정하여 국제무역의 확대, 고용 및 실질소득증대, 외환의 안정과 자유화, 국제수지균형 등을 달성할 것을 목적으로 체결된 브레튼우즈 협정에 의하여 발족한 국제통화체제를 말한다. 이 협약의 기본이념은 고정환율과 금환본위제를 통하여 환율의 안정, 자유무역과 경제성장의 확대를 추구하는 데에 있다. 이를 실현하기 위하여 각 국에 필요한 외화를 공급하는 국제통화기금(IMF)과 전후 부흥과 후진국 개발을 위한 국제부흥개발은행(IBRD)이 창설되었다. 그러나 브레튼우즈 체제는 1960년대 이후 지속된 국제유동성 문제와 기축통화인 달러화 신용의 계속적인 실추로 붕괴의 과정에 들어섰고 마침내 1971년 미국이 달러화의 금 태환을 정지하자 와해되었다.

*093 브릭시트(Brixit)

브릭시트(Brixit)는 Britain + exit의 줄임말로 영국의 EU 탈퇴를 의미하는 용어이다. 영국은 유로화를 쓰지 않고 파운드화를 사용하지만, 유로 회원국이라는 이유로 매년 EU분담금 약 14조 원을 지불하고 있다. 하지만 2012년 3분기 더블딥(W-형 불황)에 빠졌으며, 트리플딥의 가능성도 보인다고 신용평가사가 지적하는 만큼 영국도 어려운 상황이며, 영국의 여론 또한 50% 이상이 EU 탈퇴를 희망하면서 최근 들어 자주 거론되고 있다.

 그렉시트, 포렉시트 등. 그리스 금융위기 후 EU 탈퇴 가능성이 높은 국가들의 상황을 의미.

**094 브릭스(BRICs. Brazil, Russia, India, China, republic of South Africa)

경제성장속도가 빠르고 경제 성장 가능성이 커 주목받은 브라질, 러시아, 인도, 중국, 남아프리카공화국의 신흥경제 5개국을 지칭하는 말로, 세계적인 투자은행인 골드만 삭스가 가장 먼저 사용하며 널리 퍼진 용어이다. 이둘 국가의 총인구는 29억 3, 000만 명으로 전 세계인구의 42%를 차지하고, 전 세계 대비 30%에 달하는 면적을 가질 뿐 아니라 5개국 GDP가 18조 8, 000억 달러로 세계 GDP의 18%에 달한다.

 넥스트11 : 차세대 성장국가 11개국을 의미. 방글라데시, 이집트, 이란, 한국, 멕시코, 나이지리아, 파키스탄, 필리핀, 터키, 베트남 등을 넥스트 11로 명명.
치미아(CHIMEA) : 중국, 인도, 중동, 아프리카를 합성한 신조어. 중국과 인도의 기술력, 자본, 자원 욕구와 중동의 석유, 자본, 아프리카의 원자재투자기회 등이 결합한 개발도상국 간의 협력을 상징. 세계 절반에 이르는 인구와 가파른 성장세로 이 지역은 2030년 세계 GDP의 50%를 차지할 것으로 예상.

MITs : 아세안 핵심으로서 말레이시아, 인도네시아, 태국지역 월스트리트저널은 이들 세 국가의 머리글자를 따서 새롭게 기억해야 할 용어라고 소개. 10% 전후에 이르는 GDP 성장률을 기록하기 때문.

PIGS : 납유럽 5개국, 포르투갈, 이탈리아, 아일랜드, 그리스, 스페인을 가리키는 말로 이들 국가의 공통점은 2007~2010년에 이르기까지 과도한 국가부채와 재정적자, 높은 실업률 등으로 인하여 심각한 경제적 위기 상황에 처했음.

*** **095** ## 블랙스완(Black Swan)

극단적으로 예외적이어서 발생 가능성이 없어 보이지만 일단 발생하면 엄청난 충격과 파급효과를 가져오는 사건을 가리키는 말이다. 월가 투자전문가인 나심 니콜라스 탈레브가 그의 저서 '검은 백조(The Black Swan)'를 통해 서브프라임 모기지 사태를 예언하면서 널리 사용한다. 검은 백조의 속성 ① 일반적 기대 영역 바깥에 존재하는 관측값(이는 검은 백조의 존재 가능성을 과거의 경험을 통해 알 수 없기 때문) ② 극심한 충격을 동반 ③ 존재가 사실로 드러나면 그에 대한 설명과 예견이 가능.

 그레이스완 : 이미 알려진 악재이나 대처방안이 모호하여 위험요인이 계속 존재하는 상태를 가리키는 경제용어

화이트스완 : 과거의 경험에 의해 충분히 예상되는 위기임에도 불구하고 적절한 대응책을 마련하지 못하고 있는 상황을 일컫는 용어로, 적당한 해결책을 마련하지 못하고 있다는 점에서 그레이 스완과 같지만, 위험의 예측 가능성이 그레이 스완의 경우보다 더 높다는 점에서 다름.

*** **096** ## 블루이코노미(Blue Economy)

자연에는 버려지는 것이 없고, 모든 생물 종이 저마다의 역할이 있어 전체 생태계를 조화롭게 만드는 데 기여를 한다는 자연 생태계 순환 시스템을 모방한 경제이다. 지금까지 사람들의 화석연료 사용, 생태계 파괴 등으로 지구는 에너지의 부족, 지구온난화로 인한 이상기후 등 세계는 여러 가지 문제로 위기에 처해져 있다. 이에 처음으로 생겨난 것이 그린이코노미이다. 얼마 전까지만 해도 사람들은 지구를 살리는 유일한 방법이 그린이코노미라 주장했지만, 그린이코노미 문제의 심각성을 깨닫고 견해를 바꿔 탄생한 것이 블루이코노미이다.

[한계점] 우리 눈에는 환경을 위하는 것이라고 할 수 있지만 보이지 않는 곳에서는 환경 파괴와 재난이 동시에 일어날 수 있다. ⇒ 그린이코노미의 양극성이자 문제점

[기대효과 및 전망] 블루이코노미의 최대 장점은 지속 가능성이다. 우리가 자연을 모방한 새로운 견해의 경계 시스템을 구축하고 발전시킨다면 지금까지 앓고

있는 여러 가지 문제를 해결할 수 있다. 게다가 일자리까지 창출해 경제적으로 긍정적인 영향을 끼친다. 인류의 풍요를 약속할 수 있는 블루이코노미는 앞으로 더욱 발전할 것이다.

> *cf* **그린이코노미** : 기업들이 자연친화적인 환경 경영에 관심을 가지고, 친환경 제품들을 생산하거나 기술들을 개발하여 지구 온난화를 일으키는 온실가스 배출을 줄이는 경제이다.

***097 비교우위(Comparative Advantage) [2018년 수협은행/2019년 신한은행 기출]

한 나라가 국제무역에서 모든 교역 대상 품목을 낮은 비용으로 생산한다 할지라도, 최소한 하나 이상의 특정 상품에서는 상대국이 더 낮은 비용으로 생산하는 경우가 있을 수 있다. 즉, 상대국이 특정 상품을 '더 효율적으로' 생산하는 것이다. 이를 상대국이 특정 상품의 생산에 '비교우위'가 있다고 말한다. 이 경우 양국이 상대국보다 '더 효율적으로' 생산할 수 있는 상품을 특화해 교역하면 모두 이득을 얻을 수 있다.

한국은 텔레비전 생산비가 대당 20달러이고 운동화는 켤레당 10달러이며 미국은 텔레비전이 30달러, 운동화가 20달러라고 가정하자. 한국은 텔레비전과 운동화를 미국보다 낮은 비용으로 생산하지만 상품 교환량으로 파악한 상대적인 비용의 관점에서 보면, 한국 내의 시장에서는 텔레비전 1대와 운동화 2켤레가 교환되지만 미국은 텔레비전 1대가 1.5켤레의 운동화와 교환되므로 미국은 텔레비전을 더 생산해서 한국에 수출하면 미국 내의 1.5켤레보다 더 많은 2켤레의 운동화를 얻을 수 있다. 즉, 미국은 텔레비전에 비교우위가 있고 반대로 한국은 운동화에 비교우위가 있다.

상대적 관점에서 보면 미국은 텔레비전으로 운동화 1.5켤레밖에 교환되지 않지만 한국은 2켤레나 교환이 가능하므로 한국은 그만큼 텔레비전이 귀한 것이고 따라서 운동화가 더 낮은 비용으로 생산된다고 할 수 있다. 이러한 비교우위에 따라 교역에 참여하면 어느 나라도 이익을 얻을 수 있다는 이론적 배경을 제공함으로써 국가 간 자유무역을 확대하는 데 큰 역할을 한다.

***098 비교우위 / 절대우위 [2019년 신한은행 기출]

어떤 재화(X) 한 단위를 생산하기 위한 A 국의 기회비용이 B 국의 기회비용보다 더 낮을 경우, A 국이 B 국 대비 X 재에 대한 '비교우위'를 갖는다고 말한다. 이 경우 자유무역이 A 국이 B 국에 X 재를 수출하는 방식으로 이루어진다.

한편 동일한 양의 생산요소를 투입한다고 가정할 때, A 국이 B 국에 비해 어떤 재화(X)를 더 많이 생산할 경우 A 국이 B 국 대비 X 재에 대한 절대우위를 갖는다고 정의한다.

^{***}**099** 비례세와 정액세 [2018년 국민은행 기출]

정액세란 과세 대상의 경제적 여건이나 여타 상황에 관계없이 일정한 금액을 부과하는 조세제도를 말한다. 소득이나 보유 자산에 관계없이 모든 사람이 동일한 세금을 지불하기 때문에 소득이 낮을수록 소득 대비 세율이 높아지는 역진적 특징을 지닌다. 소득에 관계없이 매월 20만 원의 정액세가 부과된다고 하면, 월 소득이 200만 원인 사람은 세율이 10%인 반면, 월 소득이 400만 원인 사람은 5%가 된다. 이렇게 납세자의 지불능력을 고려하지 않은 세금이기 때문에 납세자 간 형평성 문제를 안고 있다.

납세자는 조세 부담을 회피하려는 경향이 있기 때문에 세금이 그들의 경제 행위에 영향을 주지만, 정액세의 경우 납세자의 소득 및 재산에 따라 조세 부담이 달라지지 않아 납세자들의 의사결정에 영향을 미치지 않는다. 이렇게 납세자들이 내린 의사결정과 무관하게 조세 부담이 결정되기 때문에 중립세라고 부르기도 한다.

정액세와 달리 과세 대상의 소득과 자산에 따라 일정한 비율을 부과하는 세금을 비례세라 한다. 대표적인 비례세는 부가가치세로 과세물의 크기와 관계없이 동일하게 10%가 적용된다.

^{**}**100** 빅맥지수 [2020년 하반기 국민은행 기출]

① 정의 : 빅맥환율은 맥도널드에서 판매하는 가장 대표적인 햄버거인 빅맥의 가격을 이용하여, 각국 화폐 가치를 평가한 것으로 일종의 구매력 평가환율이다. 영국에서 발간되는 경제주간지인 Economist지에서 1986년부터 매년 한 번씩 빅맥환율을 계산해 발표하고 있다.

② 특징 : 구매력 평가설에 따른 것으로서, 일물일가의 법칙을 가정한 이론이다. 다만 수송비 및 관세 등으로 인해 현실에서는 일물일가의 법칙이 잘 성립하지 않는다. 또한 현실적으로 국제무역의 대상이 되지 않는 수많은 비교역재가 존재하고 있다는 점도 문제점으로 떠오른다. 마지막으로, 구매력 평가설에서는 환율 결정요인으로 물가만 고려하고 있으므로, 외환의 수급에 영향을 미치는 다른 요인들을 고려하지 못하고 있다.

③ 의의 및 평가 : 구매력 평가설은 단기적인 환율의 움직임은 잘 나타내지 못하나, 장기적인 환율의 변화추세는 잘 반영하고 있는 것으로 평가된다. 실증적인 분석에 따르면 무역장벽이 낮고, 거래비용이 적은 선진국들 사이에서는 잘 적용되는 것으로 확인되고 있다.

④ 예시 문제

빅맥 가격을 기준으로 구매력 평가설이 성립할 때, 다음 중 자국 통화가 가장 고평가되어 있는 나라는?

PART **02** 주요용어편

구분	빅맥 가격	현재 시장환율
미국	3달러	–
영국	2파운드	1파운드 = 2달러
한국	3,000원	1달러 = 1,100원
인도네시아	20,000루피아	1달러 = 8,000루피아
멕시코	400페소	1달러 = 120페소

[풀이]

영국에서는 빅맥 가격이 2파운드이고, 미국에서는 3달러이므로 구매력 평가로 보면 환율이 1파운드=1.5달러가 되어야 한다. 그러나 시장환율이 1파운드는 2달러이기 때문에, 파운드가 33% 정도 고평가되어 있는 상태이다.

한국의 빅맥 가격은 3,000원이고 미국에서는 3달러이므로 구매력 평가환율은 1달러는 1,000원이다. 그런데 시장환율상 1달러는 1,100원이므로 원하는 구매력 평가설에 의해 10% 저평가된 상태이다. 인도네시아의 구매력 평가환율은 1달러= 약 6,667루피아, 시장환율은 1달러=8,000루피아이기 때문에 루피아도 약 20% 저평가된 상태이다. 멕시코의 구매력 평가환율은 1달러=133페소, 시장환율은 1달러=120페소이므로, 페소화는 약 10% 고평가된 상태이다.

***101 산업공동화 현상

생산성 향상을 위한 해외 직접투자 증가로 국내 생산여건이 저하되고 산업이 쇠퇴하는 현상이다. 2000년대부터 중국, 베트남, 인도네시아 등 상대적으로 인건비가 싸고 투자여건이 양호한 곳으로 한국기업들의 생산이 이동하고 있다.

***102 상계관세(Countervailing Duties)

상계관세는 수출국이 수출기업에 보조금이나 장려금을 지급하여 지나치게 낮은 가격을 책정할 경우 수입국이 이로 인한 경쟁력 저하를 상쇄하기 위해 부과하는 것을 말한다. 즉, 수출국 정부의 보조를 받아 가격·품질 면에서 우위를 갖게 된 수입품으로 인해 국내 산업이 피해를 입거나 피해를 입을 우려가 있는 경우 수입국이 그 효과를 상쇄할 목적으로 정규관세 이외에 부과하게 된다. 이러한 점에서 상계관세는 국내 산업의 경쟁력을 유지하기 위한 일종의 차별관세라 할 수 있다.

**^{**}103 샤워실의 바보 [2022 하반기 기업은행 필기 기출]

샤워실의 바보(Fool in the shower room)는 1976년 노벨 경제학상 수상자인 밀턴 프리드먼이 처음 제시한 개념으로, 정부의 어설픈 경제 정책과 무능을 비판하기 위한 비유로 쓰인다. 샤워실의 바보는 샤워실에서 물을 틀 때 따뜻한 물이 빨리 나오도록 수도꼭지를 온수 방향으로 돌렸다가 너무 뜨거우면 깜짝 놀라 재빠르게 찬물 쪽으로 돌리고, 반대로 찬물에 세게 나오면 따뜻한 물로 얼른 수도꼭지를 돌리는 것처럼 정부의 성급한 경제 정책을 비판하는 의미를 담고 있다. 경기 과열이나 경기 침체에 대응하기 위한 정부의 섣부른 시장 개입은 오히려 역효과를 낼 공산이 크다는 뜻이다.

**[*]104 서브프라임 모기지론(Sub-prime Mortgage Loan)

미국에서 신용도가 가장 낮은 저소득층을 상대로, 상대적으로 높은 금리에 대출해주는 비우량주택담보대출이다.

**[*]105 세계잉여금

정부가 1년 동안 국민들로부터 세금을 거둬 쓰고 남은 돈. 정부가 예상보다 세금을 더 걷은 세수초과분과 예상보다 지출을 덜 함으로써 발생한 세출불용액을 합친 것.

**^{***}106 세이의 법칙(Say's Law) [2018년 우리은행 기출]

19세기 초반에 프랑스의 경제학자인 세이(Jean B. Say)는 공급이 수요를 창출한다는 법칙을 주장했다. 그는 경제가 불균형(수급불일치) 상태에 처하더라도 이는 일시적인 현상에 불과하며, 장기적으로는 수요가 공급 수준에 맞추어 자율적으로 조정되기 때문에 경제는 항시 균형을 유지할 수 있다고 주장했다. 세이는 1803년에 간행된 그의 저서 [정치경제론, Traite d'economie politique]에서 "상품의 대금은 다른 상품으로 지급된다"라고 간주했다. 세이에 따르면 "상품의 수요를 유발시키는 것은 상품의 생산"인 것이다. 케인스는 그의 저서 [일반이론]에서 세이의 이러한 주장을 "공급이 수요를 창출한다(supply creates its own demand)"라고 요약했다. 이러한 세이의 주장을 후세의 경제학자들은 세이의 법칙(Say's law)이라고 불렀다.

**^{**}107 셰일가스(Shale Gas)

오랜 세월 동안 모래와 진흙이 쌓여 단단하게 굳어진 탄화수소가 퇴적암인 셰일 층에 매장되어 있는 천연가스이다. 세계가 향후 60여 년 동안 사용할 수 있는 양으로 새로운 에너지원으로 각광 받고 있음. 기술적 문제로 추출되지 못하다가 1998년 조지 미첼이 프래킹 공법을 통해 상용화에 성공함.

[장점] 천연가스 가격의 하향 안정화. 한국은 가스 도입선을 다변화하여 구매협상력을 높임. 시추부품수요로 철강, 기계, 조선 산업 수출 증대 예상.

[단점] 추출 시 화학물질 사용으로 환경오염. 메탄과 이산화탄소 발생으로 지구온난화 가속.

 타이트 오일(Tight Oil) : 셰일가스와 함께 매장되어 있는 원유로 셰일 가스 채굴과 함께 각광 받고 있음.

*** 108 소득5분위배율

소득분배의 불평등도를 나타내는 지표의 하나로 전체 가구를 소득수준의 순서에 따라 20%씩 5등분으로 나눈 다음, 소득 상위 20%(5분위) 계층의 평균소득을 소득 하위 20%(1분위) 계층의 평균소득으로 나눈 값이다. 소득 5분위 배율 값이 커질수록 고소득층과 저소득층 간의 소득분배가 악화하였음을 의미한다.

*** 109 소득주도성장(Income-led Growth)

소득주도성장을 주장하는 학자들은 소득분배를 간과해 온 기존의 경제모델을 비판하면서 소득의 형평성이 경제의 성장과 안정성에 긴요하다는 점을 중시한다. 이에 따르면 임금을 포괄하는 노동소득의 증대를 통한 노동소득분배율의 상승 또는 안정적인 유지가 경제 성장을 촉진하는 데에 매우 중요함을 강조한다.

** 110 소버린 리스크(= 컨트리 리스크)

정부나 공적 기관에서 돈을 빌리는 것으로 최종 상환의무를 정부가 가지는 경우에 발생되는 국가 위험을 뜻한다.

[문제점] 해당 국가의 신용부도스와프(CDS) 프리미엄이 폭등하고 국채 가격이 하락.

*** 111 소비자 물가지수(CPI, Customer Price Index)

도시 가구가 소비생활을 영위하기 위하여 구입하는 일정량의 상품과 서비스의 가격변동을 종합적으로 파악하기 위하여 작성하는 지수로, 소비자가 일정한 생활 수준을 유지하는 데 필요한 소비금액의 변동을 나타내므로 소비자의 구매력 측정에 사용한다.

수출입 물가지수(Export and Import Price Index) **:** 수출입상품의 가격변동을 파악하고 그 가격변동이 국내물가에 미치는 영향을 사전에 측정하기 위하여 작성되는 지수
생산자물가지수(PPI : Producer Price Index) **:** 국내시장의 제1차 거래단계에서 기업상화 간에 거래되는 상품과 서비스의 평균적인 가격변동을 측정하기 위하여 작성되는 물가지수

112 소비자 심리지수(CSI, Customer Survey Index)

경기지표와의 상관성 및 선행성이 우수한 6개의 주요 구성지수들인 현재생활형편, 생활형편전망, 가계수입전망, 소비지출전망, 현재 경기판단, 향후 경기 전망을 종합한 지수이다.

 기업업황지수(BSI : Business Survey Index) **:** 기업주를 대상으로 회사 경영실적, 계획, 경기판단 등에 대한 조사를 통해 만든 지표. 주관성이 강하나 체감경기를 파악하는 데 유용하게 활용되므로 단기적 경기지표로 이용. 주로 100보다 크면 호경기, 100보다 작은 경기 악화를 의미.
경기종합지수(CI : Composite Indexs of Business Indicators) **:** 경기 흐름을 파악하고 예측할 때 쓰이는 지표로 선행종합지수와 동행종합지수, 후행종합지수로 구분.
경기동향지수(DI : Diffusion Index) **:** 과거의 변화나 방향성만을 파악하는 것으로 경기의 국면및 전환점을 판단할 경우 이용. 경기확산지수라고도 함.

113 소비자잉여선(Consumer's Surplus) [2018년 수협은행 기출]

소비자가 지불할 용의가 있는 최대가격과 실제 지불한 가격 간의 차이를 말한다. 소비자가 어떤 상품을 구매할 때 치르고자 하는 금액은 시장에서 실제 지불해야 하는 가격과 일치하지 않는 경우가 많다. 예를 들어 소비자 A는 물건 B에 1만 원까지 지불할 용

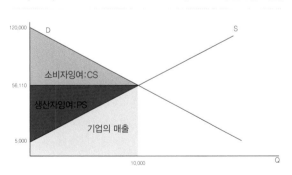

의가 있는데 7천 원만 주고 구입했다면 3천 원의 소비자잉여가 발생한 것이다. 소비자잉여는 소비자가 시장에 참여해서 이득을 얻었을 때에만 발생한다. 상품의 가격이 아무리 내려가도 소비자가 구매하지 않는다면 소비자잉여는 발생하지 않는다. 또 시장 전체의 소비자 잉여는 그 시장에서 상품을 구매한 모든 개인의 소비자 잉여를 합한 값이 된다. 이 개념은 시장의 성과를 평가하는 데 적절하다.

***114 수요의 비탄력성

[2020년 하반기 기업은행, 국민은행 기출]

흔히 탄력성이라고 하면, 상황에 따라 알맞게 대처하는 속성이라는 것을 일반적으로 알 수 있다. 하지만 경제학에서의 탄력성은 비슷하면서 의미가 조금 다르다. 경제학에서의 탄력성은 독립변수(일반적으로 가격)가 1% 변할 때, 종속변수(여기서는 수요량)가 몇 % 변하는 지를 나타내는 것이다. 수요의 가격탄력성이란, 수요량변화율을 가격변화율로 나눈 값으로 측정단위와 상관없이 독립변수인 '가격변화'에 따른 종속변수인 '수요량'이 얼마나 민감하게 반응하는지를 나타낸다. 그렇다면, 수요의 비탄력성은 무엇일까?

수요가 비탄력적이라고 한다면 가격탄력성의 값인 $0<\varepsilon<1$ 사이에 있을 때라고 하는데 예시로 살펴보자. 한 재화의 가격이 1,000원이고 이때 수요량이 100개라고 가정해보자. 만약 재화 가격이 2,000원으로 상승했을 때 수요량이 50개라고 한다면 어떻게 될까? $\varepsilon=-$ 수요량 변화율(%)/가격변화율(%)이므로, 재화의 가격탄력성은$=-(-50\%/100\%)$로 1/2이 된다. 독립변수인 가격의 상승률보다 종속변수의 생산량의 증감률이 더욱 작았기 때문이다. 이때, 가격탄력성이 1/2이므로, 이 재화는 수요의 비탄력적이라고 할 수 있다. 쌀과 같은 필수재는 일반적으로 수요의 비탄력적인 성격을 가지고 있다.

***115 수익률곡선(Yield Curve)

[2018년 수협은행 기출]

금융자산 중 채권의 만기 수익률과 만기와의 관계를 나타내는 것이 수익률곡선(Yield curve)이다. 수익률곡선은 일반적으로 우상향하는 모습을 보이나 우하향 또는 수평(Flat)의 형태를 보이기도 한다. 이처럼 수익률 곡선형태가 다른 것은 경제주체의 기대설(Expectations theory), 유동성(流動性) 프리미엄설 또는 시장분할설 등으로 설명된다. 일반적으로 수익률곡선의 형태는 미래의 단기 이자율에 대한 예상(기대설)에 의하여 결정된다. 예를 들어 앞으로 5년간 1년짜리 단기 이자율이 연평균 10%로 예상된다면 5년 만기 채권의 이자율은 연 10%가 된다. 경제주체들이 미래의 단기 이자율이 현재와 같을 것이라고 예상한다면 수익률곡선은 수평이 되고 현재의 단기 이자율 이상으로 상승할 것으로 예상한다면 우상향한다. 이와 달리 미래의 단기 이자율이 현재의 단기 이자율 이하로 하락할 것으로 예상한다면 수익률곡선은 우하향하게 된다. 또한 장기채권은 단기 채권에 비해 위험이 크며 현금화될 수 있는 유동성도 작은 것이 일반적이므로 유동성에 대한 프리미엄을 요구(유동성 프리미엄설)하게 되어 장기금리가 올라 우상향하는 형태를 취하게 된다. 한편 시장분할설은 채권시장이 만기에 따라 분할되어 있으며 만기가 다른 채권 간에는 전혀 대체관계가 없다고 가정한다. 즉 만기가 다른 채권의 수익률은 각 채권에 대한 수요와 공급에 의해 결정되며 다른 채권에 대한 기대수익률 등에는 영향을 받지 않는다고 본 것이다.

이러한 수익률 곡선은 금융시장이 앞으로의 경기전망을 어떻게 보고 있는가를 시사해 준다. 이자율과 경기는 같은 방향으로 움직이기 때문에 수익률곡선이 우상향의 기울기를 보인다면 시장참가자들이 이자율의 상승 즉 경기의 확장을 예상하고 있으며, 반대로 수익률곡선이 우하향한다면 경기의 위축을 예상한다는 것을 의미한다.

**116 수출선행지수

주요 수출 대상국의 경기, 수출단가, 가격경쟁력, 산업별 수출 전망 등 수출에 영향을 미치는 변수를 종합해 수출 증감 정도를 예측한 지수이다.

*117 수쿠크 - 이슬람 채권

이자 받는 것을 금기시한 이슬람 경전 코란의 정신에 따라 정해진 이자가 아닌, 수익금을 배당금 형태로 받는 채권이다.

**118 스노우볼 효과

워렌 버핏이 복리 효과를 나타내기 위해 사용한 단어로, 작은 것으로 시작해서 가속도가 붙으며 큰 규모를 이루는 것을 나타낸다.

***119 스무딩 오퍼레이션(= 미세조정[Fine Tuning])

정부가 외환시장에 인위적으로 개입하여 환율이 안정적으로 움직이도록 하는 조치이다. 자유변동환율제도에서 환율 수요와 공급 차이에 따라 결정되지만 다른 외부적 요인으로 인해 불안정하게 유지되는 경우.

[구분] 구두개입(정부나 중앙은행이 외환시장 개입 의사를 밝히는 것)과 직접개입(정부나 중앙은행이 직접 외환시장 거래를 하는 것)

[종류] 구두개입 : 정부나 중앙은행이 외환시장 개입의사를 밝히는 것
    직접개입 : 정부나 중앙은행이 직접 외환시장 거래를 하는 것.

*120 스태그네이션(Stagnation)

장기 경제 침체로 1년간 경제성장률이 2~3% 이하로 떨어졌을 때를 말한다.

> *cf* **스태그플레이션** : 스태그네이션 + 인플레이션 = 경기침체가 지속되는 가운데 물가도 함께 오르는 현상

*** 121   스태그플레이션(Stagflation)

스태그네이션(Stagnation : 경기침체)과 인플레이션(Inflation)의 합성어. 불황과 인플레이션이 공존하는 사태를 나타내는 말. 기존의 경제체제에서는, 불황기가 오면 물가가 하락하고 호황기에는 물가가 상승하는 것이 일반적인 현상이었다. 그러나 2차 세계대전 이후 최근에는 불황기임에도 물가가 계속 상승하는 상황이 발생했다. 특히 1973년 제1차 석유파동 이후 이 경향은 더 강화됨. 스태그플레이션 현상은 필립스 곡선이 더는 유효하지 않음을 의미. 즉, 전통적인 케인스학파의 총수요관리정책으로는 설명할 수 없는 한계를 드러냈음.

* 122   스파게티 볼 현상(Spaghetti Bowl Effect)

여러 나라와 동시에 자유무역협정(FTA)을 체결하면 나라마다 다른 원산지 규정 적용, 통관절차, 표준 등을 확인하는 데 시간과 인력이 더 들어 거래비용 절감이 애초 기대효과보다 반감되는 현상. 대상국별 혹은 지역별로 다른 규정이 적용돼 서로 얽히고설키는 부작용이 발생하게 되는데, 이 같은 현상이 마치 스파게티 접시 속 국수 가닥과 닮았다는 뜻으로 사용됨.

** 123   스크루플레이션(Screwflation)

스크루(Screw)와 인플레이션(Inflation)의 합성어로 일상생활이 어려워진 가운데 체감물가는 상승하는 것을 의미한다. 식료품, 에너지 가격 등 생필품의 가격 상승으로 중산층과 서민층의 가계가 점점 어려워지는 현상. 경제지표 상에서는 경기가 회복되는 것처럼 보일수도 있는데 실제로는 사회적으로 가장 어려운, 경제위기를 야기할 수 있는 상황이다(물가관리가 잘 이뤄져야 스크루플레이션을 예방할 수 있음).

 스크루플레이션은 미시경제적인 차원으로, 거시경제 차원에서 경기 침체로 물가가 상승하는 현상인 스태그플레이션과는 다르다. 스크루는 개인적인 생활의 어려움 속에서 비롯된다면 스태그는 사회적인 경제위기 속에서 일어난다고 볼 수 있다.

*** 124   시뇨리지(Seigniorage)   [2020년 하반기 국민은행 기출]

시뇨리지란 화폐 주조로 얻는 이익을 말하는데, 이는 국제통화를 보유한 국가가 누리는 경제적 이익을 말한다. 미국은 무역적자와 외채가 산더미처럼 쌓여 있지만 달러가 모자라고민하는 일은 없다. 80년대 미국 달러화의 급격한 평가절하가 세계적 이슈가 됐고 이 때문에 '플라자협정'까지 나왔지만 아무도 미국의 '지불불능'을 걱정하지는 않았다. 그저 달러만 찍어내면 만사형통이다. 돈을 찍으면 이익이 생긴다. 화폐의 교환가치에서 발행비용을 뺀 몫이다. 달러를 찍어내는 비용과 달러액면 가치와의 차액, 즉 기축통화국으로서 미국이 누렸던 혜택을 프랑스어로 '시뇨리지'라고 한다. 옛날에는 왕이 화폐의 시뇨리지를 독식했고 요즘은 중앙은행(정부)이 차지한다. 국제사회에서는 기축통화의 발행자인 미국이 시뇨리지를 챙긴다. 제2차 세계대전 이전에는 영국이 차지했고 그 후 일시적으로 미국과 독일 등이 나눠 갖기도 했지만 90년대 들어 미국의 독식체제가 확고하게 굳어진 것이다. 99년에 유럽공동화폐인 '유로'가 발행될 예정이지만 상당기간은 시뇨리지의 배분을 주장할 수 있을 것 같지 않다. 그러나 미국이 누리는 가장 큰 시뇨리지는 달러의 교환가치에서 발행 비용을 뺀 '단순차액'이 아니다. 어떠한 경우에도 외환위기나 지불불능을 걱정할 필요가 없다는 신용의 안정성일 것이다.

125 시장평균환율제도

우리나라가 1990년 3월 국내 외환시장의 활성화와 자본 및 금융의 국제화를 촉진시키기 위한 환율제도의 단계적 개편방안의 일환으로 도입한 제도로서, 1997년 외환위기 이전까지 시행되었다. 기본적으로 환율이 외환시장에서의 수요와 공급에 의해 결정되도록 하되, 급격한 환율변동에 의한 외환시장 교란과 경제적 불안정을 완화하기 위하여 환율의 일중변동 폭을 제한하였다. 시장평균환율제도 하에서는 외환중개회사를 통해 외국환은행 간 실제 거래된 환율을 거래량으로 가중평균하여 다음 영업일의 기준환율로 정하고, 동 기준환율을 중심으로 원/달러 환율이 상하 일정 범위 내에서만 변동되도록 하였다.

126 시퀘스터(Sequester)

'격리시킨다'는 의미의 시퀘스트레이션(Sequestration)의 줄임말. 원래는 법원의 재산가압류 행위를 가리키는 용어였지만, 미 연방 지출을 자동으로 삭감하는 것. 다음 회계연도 예산 수립 시 적정 적자 규모를 넘게 되면 시퀘스터에 의해 정부 재정지출을 자동으로 삭감하는 것.

[특징] ① 2021년까지 1조 2,000억 달러 재정지출 삭감, ② 정치권 합의 실패 시 3월 1일부로 예산 지출 자동 삭감, ③ 국방비/사회보장기금 제외, 사회복지/메디케어 등 예산 삭감

교육, 훈련, 에너지, 국가안보 분야를 망라한 무차별적 대규모 예산 감축 → 일자리 손실 → 경제 성장 타격 초래 예상.

[대안] 시퀘스터(연방정부 자동 예산 감축) 시점을 늦추는 대신 단기 예산감축 및 세제 개혁안 담은 패키지 법안 통과 요구.

[반대 측 반응] 재정지출을 감축하지 않고 세금만 올리는 것, 근본적 문제해결 대신 시간만 끄는 미봉책에 불과하여 미국경제 불확실성을 가중(재정 긴축을 유예하면 일자리 창출, 단기적 경기회복은 가능하나 정부부채 늘어날 가능성이 크다고 봄)

** 127 신디케이션(Syndication)

일반적으로 독립된 개별 경제주체들이 공동의 목적을 달성하기 위해 만든 잠정적인 조직을 만들어 활동하는 것으로 금융 부문에서는 개별 은행들이 사채의 발행 또는 국제은행차관 등을 추진하기 위해 주간사은행의 주재 하에 차관단을 구성하는 것을 뜻한다. 대개 융자 자금의 규모가 크고 대출 기간이 긴 사업의 경우 이 같은 방식을 사용.

[차입자 장점] 개별은행을 일일이 접촉하는 불편이 없음. 대표적인 주간사은행을 상대로 일괄 처리할 수 있어 편리함

[금융기관 장점] 자금 부담과 리스크를 분산

 신디케이션의 종류
① **Club Loan** : 차주가 직접 또는 주간사은행과 협의하여 차주와 업무상 밀접한 관계가 있는 예상차관 공여은행과 접촉
② **Wide Broadcast** : 세계 각처에 참가권유를 하여 신디케이션을 하는 것
③ **전통적 신디케이션** : 여러 은행 중에서 신용이 좋은 은행을 선택하여 참가권유

* 128 신용경색(Credit Crunch)

시중의 자금 유동성이 원활하지 못한 상황. 금융회사들이 미래 불확실성을 우려하여 금고 속에 돈을 넣어 둔채 풀지 않아, 시중에는 자금이 유통되지 않는 현상을 말함.

*** 129 신용부도스왑(CDS, Credit Default Swap)

금융기관이 채권이나 대출을 해준 기업의 채무불이행 등의 신용위험에 대해 일정한 수수료(프리미엄)를 지급하는 대가로, 보장매도자가 신용사건 발생 시 손실을 보장받는 일종의 파생보험상품. 기업의 부도에 따른 금융기관의 손실위험을 줄여 거래의 안정성을 높여줌.

 신용부도스왑 프리미엄(CDS Premium)
채권발행사가 부도 등으로 어려움을 겪게 되면 손실의 일부 또는 전부를 보전받을 수 있도록 한 보험성격의 신용파생상품인 CDS거래에서, 신용위험을 이전한 대가로 지급하는 수수료. 일반적으로 CDS프리미엄은 기초자산의 신용위험(채무불이행 가능성)이 커질수록 상승하며, 지초자산 방행 주체의 신용도를 나타내는 지표로 해석할 수 있음.

^{**}130 신용팽창(Credit Inflation)

은행이 예금된 돈의 일부를 고객에게 대부하고 그것을 다시 예금시켜 원래 예금의 몇 배를 예금으로 만들어 내는 일

^{***}131 실망실업자 [2019년 신협은행 기출]

취업을 원하지만, 일자리를 구하지 못해 구직을 단념한 사람을 뜻한다. 고용통계 조사 기간에 구직활동을 하지 않은 사람으로, 취업 의사와 능력은 있으나 현실적인 고용 실태가 불투명하는 등의 상황이 불안정해 일자리를 찾는 데 실패, 실망감으로 구직활동을 포기한 사람을 이르는 말이다. 비경제활동인구 중 잠재구직자의 일부분이며 취업 희망과 취업 가능성 기준 외에도 노동시장적 사유로 지난 4주간 구직활동을 하지 않는 자 중 지난 1년 내 구직 경험이 있는 사람을 의미한다. 정부 통계상 실업자로 분류되려면 일이 없고, 일을 할 수 있는 상태에 있으며, 적극적으로 구직활동을 해야 하는 등 3가지 엄격한 조건을 충족해야 한다. 실망실업자는 실제로는 경제활동인구에 포함되지만, 적극적으로 구직활동을 해야 하는 조건에 맞지 않아 고용 통계상 비경제활동인구로 분류되기 때문에 실업자 통계에서는 포함되지 않는다. 따라서 실망실업자는 사실상 실업자나 다름없지만, 공식 통계에서의 실업률은 하락한 것으로 조사된다. 구직단념자라고도 하며, 비경제활동인구 중 잠재구직자의 일부분이며 취업 희망과 취업 가능성 기준 외에도 노동시장적 사유로 지난 4주간 구직활동을 하지 않는 자 중 지난 1년 내 구직 경험이 있는 사람을 의미한다.

^{***}132 실업률(Theory of Purchasing Power Parity) [2018년 수협은행 기출]

취업자와 구직활동을 하고 있는 실업자를 포함한 '경제활동인구' 중에서 실업자가 차지하는 비율을 말한다. 노동을 할 수 있는 능력이 있어도 일자리를 구하려는 의지가 없는 자는 실업률의 계산에서 제외된다. 또한 원칙적으로 학생과 주부는 제외하고 있으나 수입을 위해 취업하는 경우는 경제활동인구에 포함하고 있으며, 군인과 교도소 수감자 등은 무조건 대상에서 제외한다.

실업률(%) = [실업자 ÷ 경제활동인구] × 100

실업률은 실질실업률과 자연실업률로 구분된다. 실질실업률은 매달 통계청에서 발표하는 공식 실업률 통계와 통계에 추산되지 않으나 실제 실업 상태인 잠재실업자를 추가하여 산정하고 있는데, 실질실업률과 공식실업률의 차이가 얼마나 나는지에 대한 정확한 정설은 없고 정부나 연구기관 등에서 경제 상황을 감안하여 추정하고 있다. 자연실업률은 구조적인 특성에 의해 결정되는 실업률을 말한다.

*** 133 실질 GDP

[2020년 하반기 기업은행, 2018년 기업은행, 국민은행 기출]

① 실질경제성장률의 개념

경제성장률은 한 국가의 1년 국내GDP의 증가율로, 1년 동안 생산된 재화나 서비스 총량의 증가 속도를 나타낸다. 경상 가격을 적용한 '명목경제성장률'과 기준 연도의 가격을 적용한 '실질경제성장률'이 있는데, 이때 실질경제성장률이 경제 성장의 속도를 정확하게 반영한다고 볼 수 있다.

② 실질경제성장률 계산식

$$실질경제성장률 = \frac{금년\ 실질\ GDP - 전년\ 실질\ GDP}{전년\ 실질\ GDP} \times 100$$

** 134 쌍둥이 적자(Double Effect, Twin Effect)

무역수지 적자(수입>수출)와 재정수지 적자(재정지출>세금수입)가 동시에 벌어지는 것. 특히 최근 미국의 쌍둥이적자 문제는 향후 세계금융시장 불안의 증폭제로 작용하고 있음. 이는 재정적자를 뒷받침할 국내 저축이 부족하기 때문에 일어나는 현상이다.

** 135 아시아 채권시장 이니셔티브(ABMI, Asia Bond Market Initiative)

아시아의 역내 채권시장을 활성화시켜 역내통화로 채권을 발행/유통하여 막대한 경상수지 흑자자금을 역내에서 환류시킨다는 발상으로 2003년부터 논의 진행 중 → 핵심추진기구 CGIF(논의와 신용보증투자기구) 설립을 한국이 제안했다.

* 136 안행형(雁行型) 성장 모델 (Flying Feese Model)

한국과 중국 사이에 선진국과 신흥국 간의 국제 분업질서. 과거 미국이 제공하는 수출시장의 하늘에 일본이 선두에서 이끌고 홍콩·싱가포르가 좌우에서 뒤따르고 그 뒤를 한국·대만·말레이시아·태국이 쫓아가는 형태로 함께 고도성장을 이뤘다. 이 같은 위계적 국제 분업구조는 마치 기러기 떼가 비상하는 모습과 흡사하다고 해서 '안행형 성장 모델'이라고 부른다.

*** 137 앳킨슨 지수

[2022 상반기 농협은행 필기 기출]

불평등 정도를 측정하는 지표 중 하나로 사회 구성원의 주관적인 가치판단을 반영해 소득 분배의 불평등도를 관측하는 지수이다. 영국의 경제학자 앳킨슨이 고안해낸 지수로,

지수가 클수록 불평등하다.

앳킨슨 지수 $= 1 - \dfrac{Y_e}{Y}$ *(Y_e : 균등분배대등소득, $\overline{Y}$: 현재의 평균소득)*

*** **138** 양적완화(QE, Quantitative Easing)　　　　　[2018년 수협은행 기출]

중앙은행이 금융시장의 신용경색 해소와 경기 부양을 위해 정부의 국채나 여타 다양한 금융 자산의 매입을 통해 시장에 직접 유동성을 공급하는 정책을 말한다. 양적 완화는 정책 금리가 0에 가까운 초저금리 상태여서 더 이상 금리를 내릴 수도 없고, 재정도 부실할 때 경기 부양을 위해 사용된다. 이는 중앙은행이 기준금리를 조절하여 간접적으로 유동성을 조절하던 기존 방식과 달리, 보다 직접적인 방법으로 시장에 통화량 자체를 늘리는 통화 정책이다.

한 나라의 양적 완화는 다른 나라 경제에도 영향을 미칠 수 있다. 예를 들면 미국에서 양적 완화가 시행되어 달러 통화량이 증가하면 달러 가치는 하락하게 돼 미국 상품의 수출 경쟁력이 커지게 된다. 또한 원자재 가격이 상승하여 물가는 상승하고, 달러 가치와 반대로 원화 가치(평가절상, 환율하락)는 상승한다.

한편, 양적 완화 정책을 점진적으로 축소하는 것을 테이퍼링(tapering)이라고 한다.

* **139** 어닝쇼크

기업의 실적이 예측한 것보다 나빠서 투자자들에게 큰 충격을 준다는 의미에서 나온 것으로 어닝시즌에 발표된 기업의 실적이 예상치보다 크게 못 미쳤을 때를 일컫는 말이다.

- 어닝 시즌 : 기업들이 실적을 발표하는 시즌
- 어닝 서프라이즈 : 기업의 실적이 예측보다 웃돈 상황을 말한다.

예 최근 애플의 어닝쇼크로 인하여 삼성SDI, LG이노텍 등의 납품 업체들의 주가도 동반 하락

*** **140** 엔저(円低)

엔/달러 환율이 오르며 엔화가치가 떨어지는 것을 일컫는 말이다. 일본 제품의 달러 표시 가격이 낮아지는 효과가 있어 일본상품 수출 확대에 큰 도움이 되는 반면, 일본 내의 수입 물가 상승을 야기하여 민간소비 심리가 위축되는 부작용을 낳기도 함.

> *cf* 무역협회에 따르면 엔화가치가 10% 하락할 경우, 한국의 무역수지는 약 15억 달러 악화된다고 함.

***141 엔캐리트레이드(Yen Carry Trade)

금리가 상대적으로 낮은 일본의 엔화를 빌려 금리가 높은 다른 국가의 통화나 자산 등에 투자하여 이익을 얻는 금융기법. 일본에서 적용하는 금리와 다른 국가의 금리 차 스프레드만큼 수익을 얻을 수 있다.

***142 엥겔법칙(Engle's Law)

독일의 경제학자인 엥겔이 벨기에 노동자들의 가계조사를 통해 발견한 법칙으로 저소득 가계일수록 가계지출총액 중 식료품비가 차지하는 비중이 높다는 법칙. 이를 이용하면 엥겔계수를 만드는 데 소득수준이 높아지면 엥겔계수는 낮아진다.

*143 역내포괄적경제동반자협정(RCEP)

중국의 주도하에 추진 중인데, 타결될 경우 총 16개국(중국, 한국, 일본, 인도, ASEAN 10국, 호주, 뉴질랜드)이 참여하는 세계 GDP 32.5%에 달하는 거대시장 형성된다.
→ 목적 : 아시아 국가 중심의 새로운 거대 시장에 대한 주도권 획득.

***144 역선택(Adverse Selection)   [2018년 기업은행 기출]

정보 비대칭 상황 중 하나로, 감추어진 사실로 인해 불리한 의사결정을 하게 되는 상황을 말한다. 예를 들면, 보험 가입 대상자의 건강 상태 및 사고 확률에 대해 특수정보를 가지지 않은 보험회사가 질병 확률 및 사고확률이 높은 사람을 보험에 가입시킴으로써 보험재정을 악화시키는 경우를 들 수 있다. 해결 방안으로는 보험선별 등이 있다.

 도덕적 해이(Moral hazard)
감추어진 행동이 문제가 되는 상황에서 정보를 가진 측이 정보를 가지지 못한 측의 이익에 반하는 행동을 취하는 경향을 말한다. 예를 들면, 화재 보험에 가입한 보험 가입자가 보험에 들지 않았더라면 당했을 화재 예방에 대한 주의 의무를 게을리 함으로써 오히려 화재가 발생하여 보험 회사가 보험료를 지불하게 되는 경우를 들 수 있다. 해결 방안으로는 유인설계 등이 있다.

***145 역샌드위치론(샌드위치 위기론, 넛크래커 이론)

중국엔 가격을, 일본엔 기술이 밀린다던 샌드위치론이 반대가 된 것으로, 중국엔 기술이, 일본엔 가격이 밀린다는 논리로 확대된 것이다. 2007년 이건희 회장이 "일본은 앞서가고 중국은 쫓아오는 상황에서 한국은 샌드위치 신세"라고 언급한 데서 샌드위치론 논란이 시작되었다.

[현황] - **일본과의 환율전쟁** : 현대차는 실적 악화의 원인으로 환율을 지목했으며, 일본과 전자, 자동차 등 방면에서 수출경합도가 높은 한국에게 일본의 엔저 정책은 위협적임. 일본의 평가 절하 정책을 국제 사회가 묵인하고 있는 현실도 문제이다.

- **중국과의 품질경쟁** : 샤오미가 지난 2분기 중국 시장에서 삼성전자를 제치고 점유율 1위를 기록. 선박수주 분야에선 4년째 중국이 한국을 제치고 1위에 오름. 이와 같은 상황에서 중국의 기술이 한국을 앞서게 될 수도 있음

[해결과제] 기업규제 완화(50%), 세제 감면(36.7%), 연구개발 지원(26.2%), 기업활력법 제정(16.7%), 신사업 육성 지원(16.7%), 금융지원 확대 4곳(13.3%) 순(복수응답)

***146 오쿤의 법칙(Okun's Law)

미국의 경제학자 오쿤이 발견한 현상으로 경기 회복기에 고용의 증가속도보다 국민총생산의 증가속도가 더 크고, 불황기에는 고용의 감소속도보다 국민총생산의 감소속도가 더 크다는 것. 구체적으로 실업률이 1% 늘어날 때마다 국민총생산이 2.5%의 비율로 줄어드는 것을 발견했는데 이 같은 실업률과 국민총생산의 밀접한 관계를 오쿤의 법칙이라 부른다.

***147 오퍼레이션 트위스터   [2021년 상반기 신용보증기금 기출]

중앙은행이 장기채권을 매입하고 단기채권을 매도하여 경제를 활성화하려는 통화정책으로, 채권매매를 통해 통화량을 조절하는 통화정책인 공개시장운영의 일종이다. 미국이 2008년 글로벌 금융위기를 극복하는 과정에서 이 정책을 활용하면서 널리 알려졌다.

***148 온디맨드(on-demand)   [2019년 우리은행 기출]

모바일을 포함한 정보통신기술(ICT) 인프라를 통해 소비자의 수요에 맞춰 즉각적으로 맞춤형 제품 및 서비스를 제공하는 경제 활동을 말한다. 즉, 공급 중심이 아니라 수요가 모든 것을 결정하는 시스템이나 전략 등을 총칭하는 단어이다.

**149 와블링 이코노미(Wobbling Economy)

작은 변수에도 심하게 출렁거리며 방향성의 예측이 어려운 움직임을 보이는 시장의 상황을 일컫는 말이다.

***150 외부경제(External Economies)

[2018년 우리은행 기출]

한 경제 주체의 생산 · 소비 또는 분배 행위가 시장 교환 과정에 참여하지 않고 있는 다른 소비자 또는 생산자에게 유리한 영향을 미치는 것을 말한다. 이와 대비되는 외부불경제(外部不經濟, External dis-economies)는 불리한 영향을 미치는 것을 말한다. 외부경제와 외부불경제를 합쳐서 외부성(Externalities) 또는 외부효과(Ex-ternal effect)라고 한다. 즉, 어떤 개인 또는 조직의 행동이 다른 사람에게 이득이나 손해를 가져다주는 외부효과 가운데 사회적인 편익이 개인적 편익보다 큰 경우를 말한다. 예를 들어 과일나무를 심는 과수원 주인의 활동이 양봉업자의 꿀 생산 증가를 가져오는 경우나, 교육 및 기술혁신 활동 등이 외부경제의 효과를 갖는다고 할 수 있다. 개인이나 기업이 그들의 경제활동을 통해 외부경제 혹은 외부불경제를 창출할 경우에 시장기구를 통한 자원의 배분은 비효율적이 된다. 따라서 이러한 상황을 방지하기 위해 정부 개입의 필요성이 제기되는 것이다.

**151 외부효과

어떤 경제주체의 행위가 본인의 의도와는 관계없이 다른 경제주체에게 의도하지 않은 혜택이나 손해를 발생시키지만, 그 영향에 대한 보상이 이루어지지 않는 현상을 말한다. 외부효과(Externality)는 긍정적인 효과와 부정적인 효과로 구분된다. 부정적 외부효과(Negative Externality)는 자동차의 배기가스나 소음, 공장의 매연이나 폐수 등과 같이 제3자의 경제적 후생수준을 낮추는 외부효과로 외부불경제(External Diseconomy) 라고도 한다. 반면 교육에 따른 편익, 신기술의 개발에 따른 파급효과 등과 같이 제3자에게 이득을 주는 외부효과를 긍정적 외부효과(Positive Externality) 또는 외부경제(External Economy)라고 한다.

***152 외평채(외국환평형기금채권)

자국 통화가치의 안정을 도모하고 투기적인 외화유출입에 따른 외환시장의 혼란을 방지하기 위하여 정부가 직접, 간접으로 외환시장에 개입하여 외환을 매매하기 위해 조성한 기금인 '외국환평형기금'의 재원마련을 위해 발행하는 채권. 즉, 외평채는 환율안정을 위해 정부가 지급보증형식으로 발행하는 채권으로, 달러화 기준으로 발행된 유일한 국채이며 한국의 국가신인도를 나타내는 지표 역할을 한다.

***153 외화건전성 3종 세트(환율하락 대비)

선물환 포지션 한도 축소, 외환건전성 부담금(은행세), 외국인 채권투자 과세

*** 154　외환보유액(FOREX, FOReign EXchange Reserves)

한 나라가 비상사태에 대비해 비축하고 있는 외화자금

[단점] 지나친 외환보유액은 인플레이션 야기

　　　외환보유고는 주로 무위험자산이기에 보유기간 동안 이자 수익의 기회비용 유발.

 역할

- 국가의 비상자금으로서 안전핀역할→환율 안정, 국가신인도 향상
- 대외결제불능에 대한 최후의 보루

* 155　외환위기

대외 경상수지의 적자 확대와 단기 유동성 외환 부족으로 대외거래에 필요한 외환을 확보하지 못해 국가 경제에 치명적인 타격을 입게 되는 현상이다. 업경영과 금융 부실이 드러나 대외 경상수지 적자 발생 → 외환보유고가 크게 떨어져 결제 외환 확보에 허덕이게 됨 → 대외신뢰도가 떨어져 해외로부터 외환 차입이 어려워짐 → 외환시장의 불안으로 환율 상승. 시장 불안에 외국 자본이 일시에 빠져나감 → 화폐가치와 주가 폭락 → 금융기관의 파산과 뱅크런 → 기업 줄도산과 실업률 폭등 → 사회불안 가중.

* 156　우루과이라운드(UR)

1993년 타결된 관세 및 무역에 관한 일반협정(GATT)의 제8차 다자간 무역협상이다. 이전까지 세계 무역 질서를 이끌어 온 GATT 체제의 문제점을 해결하고, 이 체제를 다자간 무역기구로 발전시키려 했던 국가 간 협상 → 1993년 스위스 제네바에서 전 세계 116개국이 자유무역에 관한 합의문 발표.

*** 157　우버택시

우버 서비스에 등록된 차량과 승객을 연결해주는 서비스이다.

우버 엑스(Uber X) : 개인차량 공유 서비스.

우버 블랙(Uber Black) : 렌터카 업체와 제휴하여 고급 리무진 차량을 중계

2010년 6월 미국 샌프란시스코에서 처음 서비스를 시작하여 기업가치는 약 18조 6,000억 원에 달하고 현재 전 세계 150여 개 도시에 진출했다.

[논의] 우버엑스는 불법으로 판정나 영업이 중단되었으며, 우버 블랙은 택시 업계에 합법적인 선에서 계속 운영할 것이라 의견 표명함. 이에 대해 택시업계는 우버와 어떠한 협력과 제휴도 하지 않을 것임을 밝힘.

***158 위대한 개츠비 곡선(The Great Gatsby Curve) [2018년 기업은행 기출]

프린스턴 대학의 앨런 크루거(Alan Krueger) 교수가 부의 불균등이 심각했던 1920년대 미국 사회를 배경으로 한 소설 '위대한 개츠비'에서 주인공 이름을 인용하여 이름을 붙인 곡선으로, 소득 불평등과 계층 이동 간 상관관계를 보여준다. X축은 지니계수, Y축은 부모의 소득에 따른 계층 간 소득 탄력성을 나타낸다. 곡선이 원점에서 멀어질수록 부모의 소득에

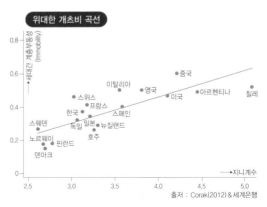

영향을 크게 받으며, 원점과 가까워질수록 부모의 소득에 영향을 덜 받는다.

***159 유동성 선호설 [2020년 하반기 전북은행 기출]

① 유동성 선호설의 정의

유동성이란, 어떤 자산이 그 가격의 손실 없이 즉시 구매력을 갖는 화폐와 교환될 수 있는 가능성의 정도를 말한다. 따라서 모든 자산은 이와 같은 의미에서 유동성을 가지고 있고, 화폐는 100% 유동성을 가지고 있다. 따라서 유동성 선호란, 유동성을 선호하는 것, 즉 화폐에 대한 수요를 의미한다.

② 유동성 선호설의 내용

고전학파는 실물부문에서, 투자와 저축에 의해 이자율이 결정되는 것(대부자금설)로 보는 데에 비해, 케인즈는 화폐부문에서 화폐시장의 수요와 공급에 의해 이자율이 결정되는 것으로 본다. 케인즈에 의하면, 이자율이란 유동성을 희생한 것에 대한 대가라고 보는 것이 일반적인 의미이기 때문에 케인즈의 이자율 결정이론을 유동성 선호설(liquidity preference theory)이라고 한다.

③ 케인즈의 균형이자율 결정

통화공급은 이자율에 '관계없이' 중앙은행에 의해 결정되므로, 통화공급곡선은 수직인 형태이다. 반면 화폐수요는 이자율의 감소이므로, 화폐수요곡선은 우하향의 형태이다. 만약, 현재의 이자율이 균형 수준의 이자율보다 높은 상태라면, 화폐시장이 초과공급인 상태이다. 이는 실제로 사람들이 갖고 있는 화폐의 양이 자발적으로 보유하기를 원하는 화폐의 양보다 많은 것을 의미한다.

화폐와 채권 두 가지의 시장만을 가정해보자. 만약 화폐시장이 초과공급 상태이면 채권시장은 초과수요 상태임을 알 수 있다. 실제 보유한 화폐의 양(화폐공급량)이 자발적으

로 원하는 양(화폐수요량)보다 많다면, 사람들은 남는 돈으로 채권을 사려고 할 것이므로, 채권가격이 상승한다. 채권가격은 이자율과 역의 관계에 있기 때문에 채권가격의 상승은 이자율 하락으로 이어지며 화폐시장에서의 초과공급 해소로 이어진다. 채권시장에서는 초과수요의 해소로 채권가격이 다시 하락하게 된다. 이처럼, 화폐의 수요와 공급이 일치하는 점에서 균형이자율이 결정된다.

④ 고전학파의 대부자금설과의 차이점

　　가. 고전학파의 대부자금설에 의하면, 실질이자율은 투자와 저축에 의해 결정되므로 통화량의 변화가 실물부문에 아무런 영향을 미칠 수 없다고 주장한다.

　　나. 반면, 케인즈는 통화량 변화가 이자율 변화를 통해 실물 부문에 영향을 미치게 된다고 말하며, 이자율이 실물부문과 화폐부문의 연결고리로서의 역할을 한다.

　　다. 고전학파의 대부자금설은 '장기'에 이자율 결정에 대해 설명해주는 데 비해, 케인즈의 유동성 선호설은 단기 이자율의 움직임을 설명해주는 이론으로 볼 수 있다.

***160 유동성 함정(Liquidity Trap)　　　[2018년 기업은행, 우리은행 기출]

케인스(Keynes, J. M.)의 유동성선호이론에 의하면 사람이 화폐를 보유하려는 동기는 거래적, 예비적, 투기적 동기로 구분된다. 이 가운데서 이자율과 가장 밀접한 관계가 있는 것은 투기적 동기로서 이자율과 감소함수 관계를 가진다.

이자율이 아주 낮은 수준에서는 투기적 화폐수요가 이자율에 완전탄력적이다. 이때는 이자율이 너무 낮기 때문에 대부분의 사람들은 앞으로 이자율이 올라 갈 것으로(증권가격은 낮아질 것으로) 예상하게 되며, 이 때 중앙은행이 이자율을 더 하락시키고자 화폐공급을 증가시킨다 해도 사람들은 그 증가된 통화량을 가지고 채권을 매입하지 않고, 이자율이 올라갔을 때, 즉 채권 가격이 싸졌을 때 채권을 구입하기 위하여 증가된 통화량을 모두 현금으로 보유하려는 성향을 가지므로 화폐수요는 무한히 커져 이자탄력성은 무한대로 커진다. 따라서 이런 경우에는 화폐당국이 공개시장 조작 등으로 통화공급량을 증가시켜도 이자율을 낮출 수 없으므로 기업의 투자를 자극할 수 없게 되어 금융정책은 무의미해진다.

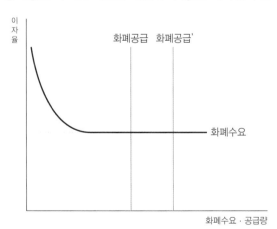

***161 이머징마켓(Emerging Market)

자본시장 부문에서 급성장하고 있는 국가들의 신흥시장을 말한다. 국제적인 관점에서 보면 이머징마켓의 고수익성을 노려 금융자금이 대규모로 유입되고, 해당 국가의 경제력이 빠르게 성장하고 개방화가 급진전 되어 자본시장이 급성장하는 시장을 가리킨다. 이들 국가의 증시는 성장성은 높게 평가되나 그만큼 손실위험도 적지 않다. 전 세계 증시를 대상으로 움직이는 외국 펀드들은 대개 10% 정도를 이머징마켓 주식에 투자하고 있다.

***162 이자율 평가설(Interest Rate Parity Theory, IRPT) [2020년 하반기 NH농협은행, 2018년 우리은행 기출]

① 이자율 평가설(Interest Rate Parity Theory, IRPT)의 개념

　가. 양국 간의 명목이자율 차이와 환율의 기대변동률과의 관계를 설명하는 이론이다.

　나. 국가 간 자본이동이 완전히 자유로운 경우, 국내투자수익률과 해외투자수익률이 동일해야 한다는 것이 이자율 평가설의 주 내용이다. 이자율 평가설은 국가 간 자본이동이 완전히 자유롭고, 거래비용과 조세가 존재하지 않는다는 가정에서 출발한다.

　다. 이자율 평가설은 자본수지의 관점에서, 환율을 설명하는 이론으로 일물일가의 법칙을 금융시장에 적용한 것이라 할 수 있다.

② 이자율 평가설의 세부 내용

　가. 국내투자수익률은 국내이자율이 되고, 해외투자수익률은 해외 이자율과 환율의 예상변화율을 더한 값이다.

　나. 자본시장의 균형

　　- if 국내투자수익률>해외투자수익률, then 한국으로 자본유입이 이루어진다.

　　- if 국내투자수익률<해외투자수익률, then 외국으로 자본이 유출된다.

　　- 자본이동으로 인해 결국 두 나라에서의 투자수익률이 동일해질 것이므로 환율의 예상변동률은 두 나라의 예상변동률은 두 나라의 이자율 차이와 동일해진다.

　　- 예를 들면, 국내이자율이 해외이자율보다 5%만큼 높은 경우에는 원화환율의 5% 상승을 예상할 수 있다.

③ 이자율 평가설의 의의 및 평가

　가. 이자율 평가설이 현실을 잘 설명하는지 여부는 자본이동이 얼마나 자유로운지에 따라 결정된다.

　나. 자본통제와 같은 제도적 제약이 존재하거나, 거래비용으로 인해 국가 간 자본이동이 완전하지 못할 경우에는, 이자율 평가설이 잘 성립하지 않는다.

*** **163**   이전지출(Transfer Expenditure)   [2018년 우리은행 기출]

정부의 이전지출은 실업수당이나 재해보상금, 사회보장기부금과 같이 정부가 당기의 생산활동과 무관한 사람에게 반대급부 없이 지급하는 것이다. 이는 지출국민소득을 계산할 때 정부소비지출에 포함되지 않는다.

*** **164**   인플레이션(Inflation)

통화량의 지나친 팽창, 즉 상품거래량에 비하여 통화량이 과잉 증가함으로써 물가가 오르고 화폐가치가 떨어지는 현상. 원인으로는 과잉투자, 과소생산, 화폐남발, 극도의 수출초과, 생산비 증가 등을 들 수 있다. 인플레이션에서는 산업자본가, 물건소지자, 금전채무자, 수입업자가 유리한 반면, 금전채권자, 금융자본가, 은행예금자, 수출업자 등은 불리하다.

*** **165**   인플레이션 갭(Inflation Gap)   [2018년 우리은행 기출]

완전고용·완전조업 등의 원인으로 생산이 증가할 수 없는 상태인데도, 주어진 물가수준에서 가계·기업·정부 등이 입수하고자 하는 재화 및 서비스의 수요가액이 공급가액을 넘을 경우 그 차액을 가리키는 말이다. 어떤 주어진 공급능력(완전고용소득)에 대응하는 의도된 저축에 비하여 투자·재정의 적자 지출, 수출초과의 합계가 클 경우 인플레이션갭이 존재한다고 말하며, 반대로 의도된 저축이 클 경우 디플레이션 갭이 존재한다고 말한다. 디플레이션 갭의 경우 기업은 그 생산수준을 수요수준으로 조정할 수 있으나 인플레이션 갭이 생긴 경우에는 생산을 증가할 수가 없어, 그 영향이 모든 물가에 미쳐 일반적인 물가수준이 상승하고 인플레이션이 나타난다.

*** **166**   인플레이션세(Inflation Tax)   [2020년 하반기 국민은행 기출]

인플레이션세란 인플레이션이 곧 국민이 부담해야 하는 세금과도 같은 작용을 한다는 뜻이다. 이 의미를 온전히 이해하기 위해서는 정부가 지출을 늘리는 수단에 대해 먼저 알아야 한다.

정부가 정부지출을 증가시키기 위해 사용할 수 있는 방법은 크게 세 가지가 있다. 첫째, 국공채의 발행이다. 일정기간 동안 이자를 지급하고 약속한 기간이 만료되면 액면가를 지급한다는 보증서를 민간에 판매함으로써 정부는 '약속이 적힌 종이'와 실제 화폐를 바꾸어 지출을 늘릴 수 있게 된다. 둘째, 세금을 더 거두는 것이다. 세금징수는 곧 정부의 수입을 의미하므로 늘어난 수입을 정부지출에 사용할 수 있다. 셋째, 화폐발행이다.

정부는 화폐를 발행할 권한이 있으므로 화폐를 새로이 찍어내어 그것을 정부지출에 사용할 수 있다. 정부가 화폐발행으로 얻는 이득을 시뇨리지라고 한다.

첫 번째 방법인 국공채 발행은 곧 정부의 빚이 늘어남을 의미한다. 국공채는 일정기간 후에 상환을 약속하고 민간으로부터 돈을 빌려 쓰는 것이므로 국공채 발행의 남발은 미래세대에 큰 부담을 지우게 된다. 왜냐하면 국공채의 상환은 정부가 국공채 방행 당시에 약속한 시점의 조세부담 주체들이 떠맡아야 할 짐이기 때문이다. 두 번째 방법인 증세는 조세법정주의에 의해 반드시 의회의 승인을 거쳐야 하며 국민들의 반발 또한 거세다. 그래서 정부가 지출을 증가시키기 위해 쉽게 사용할 수 있는 방법이 마지막 세 번째 방법인 화폐 발행이다. 이는 국민으로부터의 직접적 저항도 없으며 미래세대에 부담을 지우는 것도 아니다.

그러나 화폐증발은 인플레이션을 야기한다. 인플레이션은 화폐가치의 하락을 의미하며 이는 같은 액면가의 화폐를 가지고 이전보다 더 적은 양의 상품과 교환해야 함을 의미한다. 즉, 화폐발행은 민간에 부담을 지우지 않고 정부가 지출을 늘리는 좋은 방법인 것 같지만 사실은 국민들이 직접 느낄 수 없는 방법으로 세금을 거두는 것과 같은 효과를 불러온다. 특히, 부동산과 같은 실물자산을 보유한 측은 인플레이션과 함께 자신들의 자산 가격도 동반 상승하므로 큰 부담을 느끼지 않을 수 있지만, 일당 또는 월급의 형태로 상당기간 고정된' 현금소득으로 삶을 영위하는 경제주체들은 인플레이션으로 인해 실질소득이 감소하는 고통을 겪어야 한다. 화폐 증발로 인해 발생하는 인플레이션이 경제적 약자들에게 더 무거운 세금을 부과하는 꼴이다.

*167 인플레이션 타겟팅(Inflation Targeting)

물가안정목표제를 뜻하는 것으로 통화정책의 궁극적인 목표를 물가안정에 두고, 중앙은행이 명시적인 인플레이션 목표를 사전에 설정하여 이를 대외적으로 천명한 후, 중간목표 없이 각종 통화정책수단을 통해 목표에 도달하려는 통화정책 운용방식을 말한다.

*168 자기자본비율규제

위험자산에 대해 일정비율 이상의 자기자본을 보유토록 하는 것이다. 은행의 건전성과 안전성 확보하는 것이 목적이 있다. 1988년 국제결제은행(BIS)이 'BIS 기준'이라는 자기자본비율규제안을 발표. 은행의 신용위험중심으로 최소한 8%의 자기자본비율 제시. 1995년 시장위험도 자기자본비율의 규제대상에 포함. '신 자기자본비율규제안' 발표.

★★★ **169** 자본자산가격결정모형(CAPM: Capital Asset Pricing Model)

[2020년 하반기 전북은행, 2021년 상반기 신용보증기금 기출]

① 자본자산가격결정모형이란

자본시장이 균형상태를 이룰 때, 자본자산의 가격(기대수익)과 위험과의 관계를 설명하는 모형을 말한다.

　가. 자본자산 : 미래 수익에 대한 청구권을 가지는 자산, 주로 주식 및 회사채 등의 유가증권

　나. 균형상태 : 자본시장 내 거래되는 모든 자본자산의 수요와 공급이 일치되도록 가격이 형성된 상태

② 자본자산가격결정모형의 가정

　가. 평균 · 분산기준의 가정: 투자자는 평균과 분산만 가지고 투자 결정을 내리며 구체적으로 상대적으로 높은 평균, 상대적으로 낮은 분산을 가진 자산을 선택한다.

　나. 동일한 투자기간의 가정: 모든 투자자는 동일한 단일 투자기간을 갖고 이 단일 투자기간 이후에 발생하는 결과는 무시한다.

　다. 완전시장의 가정: 개인투자자는 자본시장에서 가격순응자이고, 거래비용과 세금이 존재하지 않아, 자본과 정보의 흐름에 아무런 마찰이 없다.

　라. 무위험자산의 존재 가정: 투자대상은 공개적으로 거래되고 있는 금융자산에 한정하고, 투자위험이 전혀 없는 무위험자산이 존재하며 모든 투자자들은 동일한 무위험이자율 수준으로 얼마든지 자금을 차입하거나 빌려줄 수 있다.

　마. 균형시장의 가정: 자본시장은 수요와 공급이 일치하는 균형상태에 있다.

　바. 동질적 미래예측의 가정: 모든 투자자는 동일한 방법으로 증권을 분석하고, 경제상황에 대한 예측도 동일하다. 따라서 미래증권수익률의 확률분포에 대하여 '동질적으로 예측'을 한다.

③ CAPM모형의 기대수익률

CAPM모형

= 무위험이자율+(시장수익률-무위험이자율)×베타

= 무위험이자율+시장위험프리미엄×베타

= 무위험이자율+시장위험프리미엄×(주식과 시장포트폴리오의 공분산/시장포트폴리오의 분산)

④ CAPM모형의 문제점

　가. CAPM은 현실의 자산 가격 움직임에 대한 설명이 충분하지 못함

　나. CAPM모형은 진정한 시장포트폴리오를 알지 못하므로 실제 검증이 불가능함

***170 잠재성장률(Potential Growth Rate) [2018년 국민은행 기출 / 2019년 신협은행 기출]

한나라의 경제가 보유하고 있는 자본, 노동력, 자원 등 모든 생산요소를 사용해서 물가상 승을 유발하지 않으면서도 최대한 이룰 수 있는 경제성장률 전망치를 말한다. 있는 자원 을 최대한 활용해서 최고의 노력을 했을 때 얻을 수 있는 최대의 성장치라고 할 수 있다. 한 나라의 경제 성장이 얼마나 가능한지 가늠하는 성장 잠재력 지표로도 활용된다. 정부 와 한국은행은 통상 5~10년간 성장률을 감안해 산출하고 있다. 잠재성장률이 5%라면 물가상승 없이는 5%를 초과해 성장하기 힘들다는 의미다.

한편, 잠재성장률과 달리 실질성장률은 한 나라의 경제가 실제로 생산한 모든 최종생산물 의 시장가치를 말한다. 폭발적인 호황으로 생산요소가 정상 수준 이상으로 사용되면 실질 성장률이 잠재성장률을 웃돌 수 있다. 반면 불황기에는 높은 실업률, 낮은 가동률 등에 의 해 실질성장률이 잠재성장률을 밑돌게 된다.

**171 장기금리(Long-Term Interests Rate)

기간 1년 이상의 금리를 말한다. 국채, 사업채, 금융채 등 공사채의 응모자 이율 및 유통시 장이율. 장기신용은행, 신탁은행, 생명보험 및 손해보험 등 장기금융기관의 대출이율 외 에 신탁은행의 대부신탁 예상배당률, 정기예금 금리 등.

*172 재정절벽

정부가 재정 지출을 갑작스럽게 축소해 유동성이 위축되면서 경제 전반에 충격을 주는 현상(긴축)이다.

**173 재형저축

근로자의 자발적인 재산형성 노력에 대하여 국가가 금리 및 세제 면에서 우대조치를 해줌 으로써 정책적으로 지원하여 근로자의 장기저축을 가능하게 하고 나아가 재산형성을 촉 진하려는 제도로 1995년 재정 고갈을 이유로 재형저축을 폐지했지만 최근 18년 만에 신 (新) 재형저축으로 부활하였다.

[자격사항] 연봉 5, 000만 원 이하 근로자와 종합소득3, 500만 원 이하의 개인사업자 가 대상.

[저축구조] 금리를 연 4% 내외로 보고 있다. 그러나 비과세 혜택을 감안하면 연 6% 수준.

***174 정상재 [2020년 하반기 국민은행 기출]

소득의 증가(감소)에 따라 수요가 증가(감소)하는 재화로 수요의 소득탄력성이 0보다 큰 재화를 말한다. 수요의 소득탄력성은 다음과 같이 정의되며, 소득의 변화에 대한 수요량의 변화를 나타낸다.

$$\text{수요의 소득탄력성} = \frac{\text{수요량의 변화/수요량}}{\text{소득의 변화/소득}}$$

예를 들어 한 사람의 소득이 월 100만 원에서 120만 원으로 상승하였다고 가정했을 때, 월급 상승으로 인하여 한 달 간 커피 소비가 10잔에서 11잔으로 늘었다면, 커피 수요의 소득탄력성은 다음과 같다.

$$\text{커피 수요의 소득탄력성} = \frac{1/10}{20/100} = 0.5$$

즉, 소득이 20% 상승했을 때 커피 수요는 10% 상승하여 커피 수요의 소득탄력성은 0.5가 되며, 이는 0보다 크므로 커피는 정상재에 해당한다. 어떤 재화가 정상재인지는 개인의 선호에 따라 달라질 수 있기 때문에 절대적인 기준은 없다. 정상재 중에서 수요의 소득탄력성이 0과 1 사이에 있는 재화를 필수재라고 하며, 1보다 큰 재화를 사치재라고 한다. 반대로 수요의 소득탄력성이 0보다 작은 재화를 열등재라고 한다.

***175 제이커브 효과(J-Curve Effect) [2018년 주택금융공사 기출]

환율 변화, 특히 평가절하 이후 무역수지가 당초 예상과는 반대방향으로 움직이다가 시간이 경과함에 따라 점차 기대했던 방향으로 움직이는 현상을 말한다. 한 나라의 통화가 평가절하하면 해당 국가의 무역수지에 미치는 영향이 일정 시차를 두고 나타나는데, 이 영향에 따른 무역수지의 변화가 J자 모양과 비슷해서 '제이커브 효과(J-curve effect)'라 부른다. 정부가 무역수지 개선을 위해 환율 상승(원화절하)을 유도하지만 초기에는 무역수지가 오히려 악화되다가 상당한 기간이 지난 다음에야 개선이 된다. 이러한 현상이 발생하는 것은 기본적으로 환율 변동에 따른 수출입 가격의 변동과 이에 따른 수출입 물량 조정 간에 시차가 존재하기 때문이다. 즉, 환율 상승 초기에는 수출입 물량에 큰 변동이 없는 반면, 수출품 가격은 하락하고 수입품 가격은 상승해 무역수지가 악화되며 어느 정도 기간이 지난 뒤에야 수출입 상품의 가격 경쟁력 변화에 맞춰 물량 조정이 일어난다. 그러면 수출은 늘어나고 수입은 줄어들어 무역수지가 개선되는 것이다.

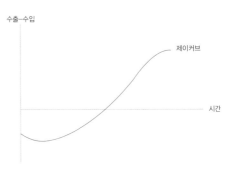

***176 죄수의 딜레마(Prisoner's Dilemma)   [2018년 기업은행 기출]

게임이론에 등장하는 고전적 사례인 '죄수의 딜레마(Prisoner's dilemma)'는 용의자의 딜레마라고도 한다. 그러나 이 게임의 두 참여자는 범죄를 저질렀다고 추정되나 아직 확인은 되지 않은 용의자들이다. 어떤 범죄를 함께 저질렀다고 짐작되는 두 용의자에게 담당 검사가 다음과 같은 제안을 했다. "지금부터 당신들을 떼어놓고 심문하게 될 텐데, 만약 둘 다 순순히 범행을 자백하면 비교적 가벼운 형벌인 징역 3년을 구형하겠소. 그런데 한 사람은 순순히 자백했는데 다른 사람이 부인한다면, 자백한 사람은 정직에 대한 보상으로 방면해 주려고 하나 부인한 사람은 최고형인 무기징역을 구형하려 하오. 만약 둘 다 부인한다면 당신들이 저지른 사소한 잘못을 걸어 징역 3개월을 구형하도록 할 작정이요." 만약, 이 두 용의자가 같은 장소에서 함께 심문을 받는다면 서로 눈짓을 주고받아 둘 다 범행을 부인함으로써 가장 가벼운 형벌만 받을 수 있을 것이다. 그렇지만 이 두 사람 사이에 의사전달이 전혀 허락되지 않기 때문에 이 같이 되기가 쉽지 않다. 만약 동료가 자백하지 않는다는 확신만 있으면 동지의식을 발휘해 같이 버티겠지만, 문제는 그가 어떻게 할지 전혀 짐작조차 할 수 없다는데 있다. 자신은 그를 믿고 버텼는데 그가 자백을 해 버렸다면 자신은 법정최고형인 무기징역을 구형 받는 신세가 된다. 이것이 바로 이 두 용의자가 처해 있는 딜레마이며, 이 상황은 마치 두 용의자가 하나의 게임을 하고 있는 것이나 마찬가지라고 할 수 있다. 각 용의자가 받게 될 처벌의 양을 일종의 점수로 환산하여 보수행렬을 만들어 보면 다음과 같다. 우선 방면되는 것을 가장 좋은 경우로 생각하여 10이란 수치로 환산하고, 법정최고형인 무기징역 구형을 제일 나쁜 경우로 생각하여 1의 수치로 부여한다. 다음에 징역 3년 구형을 3, 그리고 징역 3개월 구형을 7이란 수치로 환산한다.

구분		용의자2	
		부인	자백
용의자1	부인	7, 7	1, 10
	자백	10, 1	3, 3

이러한 보수행렬에서는 두 용의자 모두 자백하는 것이 우월전략(Dominant strategy)이 된다. 그러므로 이 게임에서는 둘 다 자백하는 것이 우월전략균형이 되며 내쉬균형이 된다. 그러나 이러한 결과는 그들의 입장에서 볼 때 결코 바람직하지 못하다. 만약 둘이 입을 맞추어 범행을 부인하면 구형량을 3년에서 3개월로 떨어뜨릴 수 있었는데 그렇게 하지 못한 것을 뜻하기 때문이다. 이 사실을 잘 알면서도 실제로는 두 사람이 모두 범행을 자백하고 말 가능성이 크다는 데 이 게임의 특징이 있다.

그런데 용의자의 딜레마 문제에서 이 같은 결론을 도출하는 데 두 가지 사실이 중요한 역할을 하고 있다. 하나는 두 용의자를 격리시켜 심문하기 때문에 상호 의사전달을 통한 협조(Cooperation)가 불가능한 상황이 조성되어 있다는 점이다. 또 한 가지 중요한 것은 이와 같은 게임이 단 한 번만 행해지는 것으로 상정하고 있다는 사실이다. 만약 이런 게임이 여러 번에 걸쳐서 행해진다면 상황이 크게 달라진다. 동료가 자백을 했는데 부인하고 버티다가 무거운 벌을 받은 용의자가 다음 번 게임에서 자백을 함으로써 일종의 보복을 가할 수 있게 되기 때문이다. 게임은 여러 번에 걸쳐 행해질 때는 '눈에는 눈, 이에는 이' 전략(Tit-for-tat strategy)이 활용될 여지가 생긴다.

***177 주택담보대출비율(LTV. Loan to Value Ratio)

금융기관에서 주택을 담보로 대출해 줄 때 적용하는 담보가치(주택가격) 대비 최대 대출 가능 한도이다.

***178 주택저당증권(MBS)

자산유동화증권 중 금융기관이 집을 담보로 대출해주고 그 채권을 근거로 발행하는 것이다.

**179 중앙청산소(CCP)

본래 거래소 장내 시장에서 거래된 상품에 제공되는 중앙청산결제서비스를 장외파생상품까지 확대한 시스템 또는 기관으로, 가장 중요한 기능은 결제이행 보장과 다자간 결제금액 차감. CCP를 통한 청산을 의무화하면 거래상대방에 대해 부담하는 신용리스크가 감소된다.

*180 중진국 함정

개발 도상국이 경제발전 초기 단계에서는 순조로운 성장세를 보이다가, 중진국 수준에 이르러서는 성장이 장기간 둔화되어 정체되는 현상. 고속 성장을 하던 국가 내부의 문제들이 집중적으로 폭발해 산업 구조의 선진화 및 도시화, 빈부 격차의 가속화 등 각종 사회 모순들이 드러나게 됨.

[사례] 중남미 국가들은 현재까지도 고소득 국가로 발전하지 못함.

[현황] 최근 저성장 기조가 계속되면서 우리나라가 중진국 함정에 빠져 선진국 진입이 불가능해질 수도 있다는 지적이 나옴.

[보완법] 성장잠재력 제고, 재정 건전성, 경상수지 흑자 등 경제 기초체력 강화. 서비스업의 개방과 경쟁력 제고를 통해 부가가치 비중 확대, 노동시장 유연화와 일 · 가정 양립 정책을 통해 고용률 상승, 합계출산율 높이기, 전자정부 고도화와 정보 공개 등을 통해 투명성 지수(TI) 높이기.

*** 181 지급준비율

[2020년 하반기 국민은행 기출]

① 정의와 특징: 은행이 고객으로부터 받은 예금 중에서 중앙은행에 의무적으로 적립해야 하는 비율을 말한다. 흔히 줄임말로 지준율이라고 불린다. 지급준비율제도는 본래 고객에게 지급할 돈을 준비해 은행의 지급 불능 사태를 막는다는 고객 보호 차원에도 도입됐다. 그러나 요즘에는 금융정책의 주요 수단이라는 점에 더 큰 의의가 있다. 중앙은행이 지급준비율을 조작함으로써 시중유동성을 조절할 수 있기 때문이다. 즉, 지급준비율을 높이면 중앙은행에 적립해야 할 돈이 많아져 시중의 유동성을 흡수하게 되고 낮추면 시중유동성이 확대된다.

이 같은 성격 때문에 한국은행의 지급준비율조작은 공개시장정책(각종 국공채를 팔거나 사는 것), 재할인(한은이 금융기관에 빌려주는 자금의 이자율을 올리거나 내리는 것)과 더불어 3대 통화정책으로 불린다. 우리나라에선 과거 지급준비율이 통화신용정책에 자주 동원됐으나 최근엔 별로 활용되지 않고 있다.

② 지급준비율 계산 예시: 법정지급준비율이 20%이고, 어떤 개인이 A은행에 100억 원을 예금할 때, 통화량 증가는 다음과 같다. 법정지급준비율이 20%이고 본원적 예금이 100억 원이므로,

총예금창조액$(D) = \dfrac{1}{\text{법정지급준비율}(z)} \times$ 본원적예금(S)의 산식에 따라,

$\dfrac{1}{0.2} \times 100$억 원 $= 500$억 원의 통화량이 되므로, 총 통화량 증가는 400억 원 규모이다.

*** 182 지급준비율(Cash Reserve Ratio) 조정

본래 고객의 예금 인출에 대비해 돈을 준비하는 예금자 보호 차원에서 도입된 제도. 중앙은행이 지급준비율을 높이면 시중 유동성을 흡수하고, 반대로 낮추면 돈을 푸는 효과가 있음. 다른 통화정책에 비래 정책 시차가 비교적 길고, 금융중개비용이 높아지면 부작용이 있어 일부 국가를 제외하고는 잘 사용하지 않음(정부의 정책의지를 시장에 알리는 목적이 더 강함).

 지준율 정책 경로 : 지준율이 인하, 금융기관의 입장에서는 무이자로 예치하는 지준금의 액수가 줄어들어 수지를 개선하는데 큰 도움 → 대출금리 인하 → 시중 통화량 증가

** 183 지급여력 비율(RBC, Risk Based Capital)

RBC비율은 보험사의 재무구조가 얼마나 튼튼한지를 나타내는 주요한 지표. 은행은 예

대 마진으로 수익성을 창출, 보험사는 운용 수익률과 고객에게 지급하는 금리 차이가 수익성을 창출. 현재 금융 당국은 보험회사에 200% 이상의 RBC비율을 권고하고 있음. 최근 저금리로 인해 보험사의 역마진 우려가 커지면서 금융당국이 보험사 RBC비율에 관심.

*** **184** 지니계수

계층 간 소득분배가 얼마나 균등하게 이루어졌는지를 나타내는 수치이다(빈부격차를 나타내는 지표). 0은 완전평등, 1은 완전불평등을 뜻함.

 로렌츠 곡선 참고
쿠츠네츠의 U자 가설 : 경제발전단계와 소득분배균등 정도의 상관관계를 설명한 이론. 경제발전 초기에는 분배의 불균등이 심화되나 경제발전 성숙단계에 이르러서는 불균등이 완화되는 개념을 의미.

*** **185** 지하경제

지하경제, 그림자경제, 현금경제, 숨겨진 경제 등으로 쓰이고 있으며, 공식적으로 드러나지 않고 뭔가 숨겨진 경제활동을 통틀어 지하경제라고 칭한다. 일반적으로 GDP에 포착되지 않는 또는 불법적 생산활동에 대한 통칭. 지하경제의 규모가 크면 경제 성장이 저하되는 상관관계가 알려져 있다.

** **186** 차이나디스카운트(China Discount)

국내주식시장에 상장되어 있는 중국 기업의 주식들이 실제 기업의 실적보다 저평가되고 되고 있는 현상이다. 중국시장 자체가 꾸준한 성장을 기록하고 있기 때문에 저평가된 주식을 사려고 합니다만, 한편으로 분식회계(기업의 재정이나 실적을 보다 좋아 보이게 하려고 부당하게 왜곡시키는 것), 정보획득 등에 대한 불투명성과 리스크 때문에 관심을 두지 않는 투자자들이 많아 평가 절하되는 것.

*** **187** 차이나인사이드(China Inside)

완제품 제조에 사용되는 소재, 부품, 장비 등 중간재 부분에서 중국산 제품의 비중이 증가하는 현상이다. 2010년대를 전후하여 중국은 첨단기술을 속속 갖추고 가격경쟁력이 강화되면서 글로벌 소재 · 부품 시장을 공격적으로 잠식하고 있다. 이러한 영향으로 우리나

PART **02** 주요용어편

라의 경우도 대기업의 중국 의존이 증가했고, 이에 따라 대기업의 협력업체인 중소기업들의 어려움이 가중되고 있다.

***188 차이니스 월(Chinese Wall)

본래 차이니즈월은 중국의 만리장성을 의미하지만, 최근 들어서는 기업 내 정보교류를 차단하는 장치나 제도를 뜻한다. 협의로는 금융투자회사 내의 서로 다른 사업부서 사이의 미공개중요정보의 흐름을 효과적으로 차단하기 위한 일련의 절차와 기준을 말하며, 광의로는 업무상 이해상충 소지를 해소하기 위해 금융투자회사가 정한 모든 절차와 기준으로서 이해상충소지가 있는 부서 사이의 물리적 분리, 임직원의 사적 거래제한 등을 포괄하는 개념이다. 자본시장과 금융투자업에 관한 법률에서는 이해상충이 발생할 가능성이 큰 금융투자업(고유재산 운용업무 포함) 사이 및 계열회사와 금융투자상품의 매매에 관한 정보의 제공, 임직원의 겸직, 사무공간 또는 전산설비의 공동이용 등의 행위를 금지시키고 있다. 예를 들어 채권발행과 인수, 판매업무를 겸업하는 투자은행의 경우 자사의 이익을 극대화하기 위해 채권발행자와 투자자, 즉 양측 고객에게 피해를 줄 수 있다. 이런 부작용을 방지하기 위한 장치가 바로 차이니스 월이다.

*189 채무상환연장(Roll-Over)

채권이나 계약 등에 대해 당사자 간 합의에 의해 만기를 연장하는 것을 의미하거나, 선물계약과 연계하여 차익거래 등의 포지션을 청산하지 않고 다음 만기일로 이월하는 것이다.

***190 최저가격제, 최고가격제　　　　[2020년 하반기 국민은행, 상반기 농협은행 기출]

가격 결정을 시장 기구에 맡기는 자본주의 시장 경제에서도 때로는 특정 상품에 대하여 그 시장 가격을 인위적으로 정하고 유지하기 위해 정부가 노력을 기울이는 수가 있다. 이렇게 정부가 어떤 특수한 목적을 달성하기 위해 직접 가격 형성에 개입하는 것을 가격 통제라고 한다. 가격 통제는 시장 기구의 정상적인 작동 자체를 막으면서 정부가 가격과 거래량에 영향을 미치는 직접적인 규제이다. 이런 가격 통제의 대표적인 방법으로 최고가격제와 최저가격제가 있다.

상품 부족으로 물가가 치솟을 때 정부는 소비자를 보호할 목적으로 가격의 상한선을 설정하는데, 이 제도를 '최고가격제'라 하고 이때 정한 가격을 최고가격이라 한다. 최고가격은 수요와 공급 때문에 시장에서 형성되는 균형 가격*이 너무 높을 때 설정하는 가격이기 때문에 균형 가격보다 낮다. 하지만 그렇기 때문에 시장에서는 공급 부족이 생겨 소비자들은 상품을 원하는 만큼 구입할 수 없다. 최고 가격과 균형 가격의 차이가 벌어질수록 공급 부족 현상은 심화한다. 이런 상태에서는 소비자들이 최고 가격보다 높은 가격을 지급하고서라도 상품을 사려 하기 때문에 암시장이 형성되는 문제가 야기된다.

한편 최고가격제와는 반대로 정부가 최저 가격을 설정하고 그 이하로 가격이 내려가지 못하게 통제하는 제도를 '최저가격제'라 한다. 최저가격제를 설정하는 취지는 생산자의 이익을 보호하기 위한 것인데, 농산물 가격 지지 제도 등이 그 예이다. 하지만 최저 가격은 시장에서 형성될 균형 가격보다 높게 설정되기 때문에 초과 공급이 발생하는 문제가 야기된다.

최고가격제하에서 생기는 문제를 해결하기 위해서 인위적인 배분 방식을 사용할 수 있는데 그 대표적인 방법이 선착순 방식과 배급제이다. 선착순 방식은 먼저 오는 소비자에게 순서대로 상품이 떨어질 때까지 판매하는 방식이고, 배급제는 각 소비자에게 배급표를 나누어 주고 그 배급표만큼 상품을 살 수 있게 하는 제도이다. 실제에서는 선착순 방식과 배급제를 같이 사용하는데, 그 이유는 시간이 흘러감에 따라 공급이 줄어들기 때문이다. 공급이 줄어드는 이유는 가격이 인위적으로 낮게 묶여 있어 시간이 흐름에 따라 일부 생산자들이 그 상품의 생산을 포기하는 경우가 발생하기 때문이다.

최저가격제하에서 생기는 문제를 해소하기 위해서 두 가지 방안을 쓸 수 있다. 첫 번째는 수요를 증가시키는 방안이고, 두 번째는 공급을 감소시키는 방안이다. 첫 번째 방안의 예로는 정부가 상품에 대한 비축 기금을 이용하여 초과 공급량을 전부 사들이거나 정부가 빈곤층에게 초과 공급된 상품과 교환할 수 있는 상품권을 무상으로 교부하는 방법 등이 있다. 그리고 두 번째 방안의 예로는 상품 생산자에게 상품 생산량을 줄이도록 권장하면서 가동하지 않은 설비에서 생산될 상품의 가치만큼만 보장하는 방법이 있다.

* 균형 가격 : 시장에서 수요량과 공급량이 일치하는 선에서 성립하는 가격. 이 균형 가격하에서의 수요량과 공급량을 균형 거래량이라 한다.

[출처 : 김대식 외 2인, '최고가격제와 최저가격제']

***191 추경예산 [2020년 하반기 국민은행 기출]

정부는 매년 1월부터 12월까지 1년 단위로 예산, 즉 나라의 수입과 지출 계획을 짜고 이에 따라 재정활동을 하는데 연도 중에 이 계획을 크게 바꿀 필요가 있을 경우 추가경정예산을 편성한다. 추경예산은 세입이 예상보다 크게 줄었거나 예기치 못한 지출요인이 생겼을 경우에 편성, 국회의 동의를 받아 집행한다. 과거에는 8~9월의 태풍이나 가뭄 등 자연재해를 복구하기 위한 추경을 편성한 적이 많았으나, 최근에는 전년도의 세수초과금인 세제잉여금을 중소기업지원이나 사회간접자본건설에 쓰기 위해 추경을 편성한 경우가 많다.

*192 출구전략

경기침체 기에서 경기를 부양하기 위하여 취했던 각종 완화정책을 경제에 부작용을 남기지 않도록 점진적으로 거두어들이는 전략이다. 군사전략에서 비롯된 용어로 작전지역이나 전장에서 인명과 장비의 피해를 최소화하면서 철수하는 전략을 의미하기도 한다.

*** 193 카페라떼 효과

한 잔에 평균 4,000원 정도인 커피전문점의 카페라떼 값을 아끼면 한 달에 약 12만 원, 30년에 2억 원이라는 목돈을 마련할 수 있다는 재테크 신조어다. '1대 100'의 문제로 출제된 이후 주목. '카페라떼 효과'는 '티끌 모아 태산'과 유사하다.

* 194 코코넛 위기(Coconut Crisis)

예측할 수 없이 갑자기 닥치는 위기를 뜻한다. 열대지방에서는 길가의 코코넛 나무에서 떨어지는 열매에 맞아 행인들이 다치는 사례가 아주 가끔 발생한다. 20M 넘게 자라는 나무에서 2kg 정도 나가는 코코넛인 낙하하면 치명상을 입는다. 이러한 예측 불허의 상황에 의한 위기를 의미한다. 유럽발 경제위기, 일본의 양적 완화에 맞물려 예측 불가능한 위험을 겪고 있는 대한민국의 상황을 말해준다.

** 195 쿨 머니(Cool Money)

투기적 단기자금인 핫머니에 대비되는 멋진 돈으로 가난 구제나 빈민층 교육 및 도시빈민촌 환경개선 같은 공익적 사업을 사적 이윤을 추구하는 기업형태로 운영하는 미래지향적 자본을 의미한다.

** 196 쿠퍼효과(Cooper Effect)

경기부양책에 따라 경기회복은 점진적으로 나타나고 긴축정책에 따라 경기냉각은 빠르게 나타나는 현상이다.

*** 197 크리핑인플레이션(Creeping Inflation)

크리핑인플레이션은 가볍게 지속적으로 물가가 상승하는 완만한 인플레이션을 말한다. 마일드 인플레이션(Mild Inflation)이라고도 하고 전쟁 등의 돌발사태가 없음에도 느린 속도로 물가가 지속적으로 상승하는 현상이다. 이때 연간 물가의 상승이 2~3% 정도인 상황에 해당한다. 크리핑인플레이션의 물가 상승은 오히려 경기를 좋아지도록 분위기를 조성하기도 하며, 제2차 세계대전 후 여러 선진국에서 이런 현상이 일어났다.

***198 탄력세율 [2020년 하반기 전북은행 기출]

법률로 정한 기본세율을 정부가 탄력적으로 변경하여 운영하는 세율을 말한다. 탄력세율은 조세의 경기조절기능 수행을 위해 마련된 제도이다. 세율은 조세법률주의에 따라, 세법과 같이 입법사항으로서 국회의 의결을 거쳐 변경되는 것이 원칙이나, 국내외의 경제여건이 수시로 변하고 국민경제에 미치는 영향이 빠르고 크게 작용하기 때문이다. 신속하고 신축성을 바탕으로 대처해야 국내산업 보호와 국민경제 안정을 달성하고, 국제수지의 악화를 막을 수 있기 때문에 그 대처 방안 중 하나로 행정부의 권한으로 세율을 조정하는 방안으로 사용되는 것이다. 또한 탄력세율은 지방자치단체에 관세자주권을 부여하기 위해서인데, 지방세법에서는 취득세, 등록세, 주민세, 재산세, 자동차세, 지방교육세 등의 세목에 탄력세율을 적용하고 있고, 이를 통해 지방자치단체가 일정 범위 안에서 자율적으로 세율 규정함으로써 지방재정 확충에 활용할 수 있게 하고 있다.

우리나라의 경우, 소비심리 회복을 위해 2015년 승용차와 방향용 화장품 등에 탄력세율 제도를 적용한 바 있으며, 2017년에는 세법개정을 통해, 자본소득 과세 정상화를 목적으로 파생양품 소득세를 5%에서 10%로 인상시킨 사례가 있다.

***199 탄소세 [2021 하반기 기업은행 필기 기출]

탄소세는 소비세로, 화석연료의 탄소성분에 따라 제품을 생산하는 과정에서 배출되는 탄소에 대해 부과된다. 즉 현재의 버는 것에 대한 세금(Earning Tax)인 소득세와 달리 탄소를 태우는 것에 대한 세금(Burning Tax)이다. 탄소세는 이산화탄소 배출에 따른 외부비용을 배출원이 내부화하도록 해 자원배분의 왜곡을 시정하는 역할을 수행한다. 이에 따라 탄소세는 이산화탄소 배출량의 저감 및 억제를 위한 기술개발에 대한 강한 유인도 제공한다. 탄소세는 모든 배출단위에 부과되는 이산화탄소배출세, 화석연료에 포함된 탄소량에 부과하는 탄소세 혹은 연료의 에너지 함유량에 대한 에너지세 등의 형태를 취한다. 생산자 혹은 소비자 차원에서 부과될 수도 있다. 자동차의 연료효율 혹은 냉장고의 에너지효율에 따라 탄소세를 부과하기도 한다. 핀란드가 1990년 1월 처음 도입한 데 이어 네덜란드(1990년 2월), 노르웨이(1991년 1월), 스웨덴(1991년 1월), 덴마크(1992년 5월) 등 북유럽 국가를 중심으로 시행되고 있다.

***200 토빈세 [2020년 하반기 NH농협은행 기출]

국가를 넘나드는 핫머니(단기성 국제투기자본)에 부과하는 세금을 토빈세라고 한다. 최근에는 국제 금융거래세 또는 금융거래세라고 부르는 경우가 많다. 토빈세의 배경으로는 예일대의 제임스 토빈 교수가 브레튼우즈 체제 붕괴로 인해 고정환율제에서 변동환율제로 대체됨에 따라 환율 변동성이 커지자 국제 금융거래에 대해 세금을 부과할 것을 제안한 것에서 시작했다.

Tobin은 핫머니에 세금을 부과하면, 단기 자본의 과도한 이동을 규제할 수 있어, 각국의 통화 가치 급변동과 국제적 통화위기를 방지할 수 있고, 조세 수입으로는 빈곤국을 지원하거나 환경 문제 등으로 활용할 수 있다고 주장했다. 토빈세 제안 당시에는 국제 자본이 활발하게 이동하지 않아 그다지 논의 대상이 되지 못하였다. 그러나 1990년대 들어서면서 세계 금융시장의 불안요인이 커지자 다시 거론되기 시작했다.

일부 학자들은 토빈세가 투기성 단기 자본 거래를 제약할 수 있으므로 세계 금융시장의 안정성을 도모할 수 있다고 하는 반면, 일부 학자들은 토빈세 부과 시, 자본 유동성이 감소하여 글로벌 경제의 불안정성을 키울 수 있다고 주장하고 있다.

토빈세 도입 후 또 다른 문제점은 타 국가의 토빈세 도입 여부이다. 한 나라가 토빈세를 도입하면 외화자금이 토빈세를 도입하지 않은 나라로 이동하게 될 수 있기 때문이다. 그렇다면 토빈세를 도입한 국가는 막대한 경제적 손실을 입을 것이며, 글로벌 금융시장의 불균형으로 이어질 수 있어 국제적 공조가 필요하다.

***201 톱니효과(Ratchet Effect)　　　　　　　　[2018년 국민은행 기출]

경제학에서 생산·소비 수준 혹은 생산품의 질이 일정 궤도에 오르고 나면 수준이 더 낮았던 이전으로 돌아가기 어려운 현상을 말하는 용어이다. 다시 말해, 소비와 생산에는 장기 추세가 존재하기 때문에 추세를 역행하는 경우는 드물다는 의미이다. 이러한 현상은 1985년에 노벨경제학상을 받은 프랑코 모딜리아니(Franco Modigliani)에 의해 처음 발견되었으며, 미국의 경제학자 제임스 듀젠베리(James S. Duesenberry)가 톱니바퀴가 한 쪽 방향으로 돌기 시작하면 반대로 돌아가기 힘들다는 의미로 사용하면서 대중화되었다.

생산시장에서의 예는 자동차, 전기제품 등이 있다. 최근으로 올수록 자동차의 성능은 발전하여 왔으며, 자동차 내부에 들어가는 추가적인 기능도 지속적으로 증가해왔다. 이러한 성능의 발전은 기업 간 경쟁에 의해 이루어진 것이며, 기업들이 경쟁적으로 최신 성능을 따라잡기 때문에 한 번 추가된 성능을 제외하기란 쉽지 않다. 즉, 생산시장에서 제품의 질이 과거로 퇴보하는 현상은 잘 발생하지 않는다. 이러한 사례 이외에도 규모가 큰 회사일수록 부풀려진 조직을 줄이는 것이 어렵다는 의미로 쓰이기도 한다.

소비시장에서의 톱니효과는 경기하락을 억제하는 역할을 하기도 한다. 경기하락 등으로 소득이 줄어든다고 하더라도 일정 수준에 도달한 소비는 그만큼 줄어들지 않기 때문에 소득의 하락에도 불구하고 소비의 감소폭은 크지 않아 경기 하락의 폭도 깊어지지 않는 경향을 보인다.

202 통화스왑(Currency Swap)　　　　　　　　[2022 하반기 광주은행 필기 기출]

현재 환율을 기준으로 자국 통화와 상대방의 통화(달러, 엔 등)를 교환하고, 일정기간이 지나면 당초 거래 때 정한 환율로 화폐를 다시 교환하는 거래를 말한다. 즉, 외환위기의 발생 시 자국 통화를 상대국에 맡기고 외국 통화를 단기 차입하는 국가 중앙은행 간 신용계약으로, 스왑을 요청하는 쪽이 일정액의 수수료를 부담하게 됨.

[효과] 경제위기 등으로 한 국가의 외환보유고가 급격히 줄어들 때, 협정을 맺은 국가와 협정한도액만큼 외화를 교환하여 사용할 수 있음 → 한 국가의 가용 외환보유액을 높이는 효과.

*** 203 통화승수

[2020년 하반기 국민은행 기출]

총통화량을 의미하는 광의통화(M2)를 한국은행이 공급하는 본원통화(고성능 화폐, high-powered money)로 나눈 수치다. 즉, 통화승수는 한국은행이 본원통화 1원을 공급했을 때 이의 몇 배에 달하는 통화를 창출하였는가를 나타내주는 지표로 보면 된다.

통화승수는 현금통화비율과 지급준비율에 의하여 결정되는데, 현금통화비율은 단기적으로는 안정적이라 할 수 있으며 지급준비율은 중앙은행에 의하여 정책적으로 결정된다. 현금 보유 성향과 지급준비율이 작을수록 통화승수는 커진다. 따라서 통화승수도 단기적으로 안정적이거나 예측이 가능하므로 중앙은행은 본원통화 공급규모를 조절함으로써 전체 통화량 수준을 간접적으로 조절할 수 있게 된다.

통화승수가 하락한다는 것은 경제주체의 현금 보유 성향이 높아지고 신용창출은 둔화된다는 의미다. 그만큼 돈이 돌지 않는다는 뜻으로 해석할 수 있다.

*** 204 통화정책

중앙은행이 기준금리를 지표로 하여 돈의 양을 늘리거나 줄임으로써 국가 경제활동의 수준을 조정하는 것이다. 공개시장조작, 지급준비율 조정, 재할인율 조정

 기준금리 : 중앙은행인 한국은행 안에 설치된 금융통화위원회에서 매달 회의를 통해 결정하는 운용목표치 금리.

공개시장조작 : 한국은행이 보유하고 있는 유가증권을 매매하는 방식으로 시장에 참여해 시중 통화량을 조절하는 것. 한국은행이 금융기관을 상대로 국공채 등 증권을 사고팔아 이들 기관의 자금 사정을 변화시키고 이를 통해 금리나 통화를 조절하는 정책수단.

지급준비율 : 지급준비율이란 시중은행이 고객으로부터 받은 예금 중에서 고객의 예금인출요구에 대비해 중앙은행에 의무적으로 적립해야 하는 비율로, 본래 인출에 대비해 돈을 준비한다는 예금자보호 차원에서 도입되었으나 지금은 기준금리와 더불어 시중 통화량을 조절하는 주요 정책수단으로 사용되고 있음.

재할인율 : 중앙은행이 시중 은행에 대출해 줄 경우에 적용되는 금리로, 중앙은행은 이를 통해 시중의 통화량을 조절함.

***205 테일러 준칙(Taylor's Rule)

중앙은행이 금리를 결정할 때 경제성장률과 물가상승률에 맞춰 조정하는 것을 말한다. 이에 따라 중앙은행은 실제 경제성장률과 잠재 경제성장률의 차이인 GDP갭과 실제 물가상승률과 목표 물가상승률과의 차이인 인플레이션갭에 가중치를 부여해 금리를 조정한다. 실질 균형금리에 평가 기간 중 인플레이션율을 더한 수치에 평가 기간 중 인플레이션율에서 목표 인플레이션율을 뺀 수치에 정책반응계수(물가 이외의 성장 등 통화당국의 정책 의지를 나타내는 계량 수치)를 더한다. 그리고 평가 기간 중 경제성장률에 잠재성장률을 뺀 값에 정책반응계수를 곱한 후 모두 더해 산출한다. 전 세계 중앙은행이 통화정책의 기본 모델로 채택하고 있다. 미국의 '경제 대통령'으로 불리던 앨런 그린스펀 전 FRB 의장도 테일러 준칙에 의거해 금리를 조정했다.

***206 트리클 다운효과(낙수효과, Trickle-Down Effect)

레이거노믹스에서 등장. 미국의 41대 대통령 부시가 재임 중이던 1989~1992년까지 채택한 경제정책으로 정부가 투자증대를 통해 대기업과 부유층의 부를 먼저 늘려주면 중소기업과 소비자에게 혜택이 돌아감은 물론 이것이 결국 총체적인 국가의 경기를 자극해 경제발전과 국민복지가 향상된다는 이론이다.

***207 트릴레마(Trilemma) [2018년 우리은행 기출/2019년 기업은행 기출]

삼중고 혹은 3가지 딜레마라는 뜻으로 하나의 정책목표를 이루려다 보면 다른 두 가지 목표를 이룰 수 없는 상태를 말한다. 먼델-플레밍(Mundell-Flemming)의 주장에 따르면 자본 자유화(financial integration), 통화정책 자율성(monetary independence), 환율 안정(exchange rate stability) 등 세 가지 정책목표의 동시 달성이 불가능한 것으로 인식되어왔다. 자본이동이 자유로운 상태에서는 환율 안정, 자유로운 자본이동, 독립적 통화정책이라는 세 정책목표를 동시에 달성하기가 어렵다. 즉, 자본이동을 통제하지 않는다면, 통화가치의 급격한 상승을 막는 대신 통화 팽창과 인플레이션을 감수하거나, 통화가치 절상을 용인하고 그 대가로 통화정책이라는 경기조절수단을 확보하는 수밖에 없다.

***208 팃포탯전략(tit-for-tat strategy) [2019년 기업은행 기출]

반복 게임에서, 경기자가 이전 게임에서 상대가 한 행동을 이번 게임에서 그대로 따라 하는 전략이다. 예를 들어 상대의 이전 행동이 협조적이었으면 협조하고, 비협조적이었으면 협조하지 않음으로써 보복하는 전략이다.

***209 파레토 최적(Pareto Optimum)

다른 사람의 후생을 감소시키지 않고서는 어떤 사람의 후생을 증대시킬 수 없는 상태를 뜻한다. 어떤 경제주체가 새로운 거래를 통해 예전보다 유리해지기 위해서는 반드시 다른 경제주체가 예전보다 불리해져야만 하는 자원배분상태를 의미한다. 파레토 최적을 위해서는 교환의 최적성, 생산의 최적성뿐만 아니라 생산물 구성의 최적성도 충족되어야 함.

 파레토개선 : 타인의 후생을 감소함이 없이 어떤 사람의 후생을 증대하는 것

**210 펀더멘탈(Fundamental, 경제기초)

한 나라의 경제 상태를 표현하는데 있어 가장 기초적인 자료가 되는 주요 거시경제 지표를 말한다. 주요 거시경제지표 - 성장률, 물가상승률, 실업률, 경상수지 등. 환율은 펀더멘탈의 상태에 따라 좌우됨.
- 펀더멘탈의 균형이 붕괴되면 각 국가 간의 통화가치의 변동이 발생하고 세계 경제는 불안정
- FRB 버냉키 의장이 펀더멘탈의 균형(실업률 6.5 / 성장률 2.5)을 이룰 때까지 양적 완화를 추진

***211 프렌드쇼어링   [2023 상반기 새마을금고중앙회 필기 기출]

친구를 뜻하는 프렌드(friend)와 기업의 생산시설을 의미하는 쇼어링(shoring)을 합친 단어로, 동맹국간 촘촘한 공급망을 구축하기 위한 경제적·정치적 행위를 총칭한다. 프렌드쇼어링은 코로나19와 중국의 도시 봉쇄, 러시아-우크라이나 사태 등으로 글로벌 공급망이 위기를 겪으면서 등장한 개념이다. 중국·러시아 의존도를 낮추는 대신 신뢰할 수 있는 동맹국끼리 뭉쳐 광물·에너지·식자재 등 핵심 원재료를 안정적으로 확보하자는 취지에서다. 최근 미국이 한국 · 일본 · 대만과 추진하고 있는 반도체동맹 '칩4(Chip4)' 역시 프렌드쇼어링의 일환이다. 하지만 중국을 배제한 프렌드쇼어링의 역효과를 우려하는 목소리도 있다. 기업들이 상대적으로 저렴한 중국의 인건비를 포기하면 생산비용 증가 → 소비자가격에 증가분 반영 → 물가상승이란 악순환으로 이어질 수 있기 때문이다.

***212 플라자 합의(Plaza Accord)   [2017년 기업은행 기출]

1985년 미국, 프랑스, 독일, 일본, 영국(G5) 재무장관이 뉴욕 플라자 호텔에서 외환시장에 개입해 미 달러를 일본 엔과 독일 마르크에 대해 절하시키기로 합의한 것을 말한다. 1980년 중반까지 미 달러화는 미국의 대규모 적자에도 불구하고 고금리 정책과 미국의 정치

적, 경제적 위상 때문에 강세를 지속하고 있었다. 미국은 국제경쟁력이 약화됨에 따라 자국 화폐가치의 하락을 막기 위해 외환시장에 개입할 필요가 있었고, 다른 선진국들은 미 달러화에 대한 자국 화폐가치의 하락을 막기 위해 과도한 긴축통화정책을 실시해야 했으며, 그 결과 경제가 침체되는 상황을 맞게 되었다. 이에 미국, 영국, 프랑스, 독일 및 일본은 1985년 9월 뉴욕의 플라자 호텔에서 미 달러화 가치 하락을 유도하기 위하여 공동으로 외환시장에 개입하기로 합의했다.

플라자 합의 이후 2년간 엔화와 마르크화는 달러화에 대해 각각 65.7%와 57% 절상됐다. 특히 엔화 가치의 상승(엔고)은 일본 기업의 수출 경쟁력을 약화시키고 '잃어버린 10년'의 원인을 제공했다는 평가를 받고 있다.

 역플라자 합의(anti-Plaza agreements)
1995년 4월 G7 경제장관, 중앙은행총재 회의에서 이루어진 엔저유도를 위한 합의로서 1985년 9월 대일적자를 메꾸기 위해 엔고 유도를 위한 플라자 합의에 반대되는 내용이라고 하여 역플라자 합의로 부른다. 역플라자 합의로 달러는 강세, 엔은 약세로 돌아서게 됐다.

***213 피셔의 가설

[2020년 하반기 우리은행 기출]

피셔의 가설이란 합리적 경제주체들은 인플레이션율을 반영하여, 명목이자율을 정하기에 장기적으로 실질이자율은 안정적인 수준을 유지한다는 주장이다. 이자율 이론으로 유명한 미국의 경제학자 어빙 피셔(Irving Fisher)는 '피셔 등식(Fisher equation)'으로 흔히 지칭되는 항등식을 통해 장기적으로 명목이자율, 기대 인플레이션율(anticipated inflation rate) 및 실질이자율 간 다음과 같은 관계가 성립한다고 주장했다[명목이자율=기대인플레이션율+실질이자율].

예컨대, 실질이자율이 7.5%로 유지되는 상황에서, 인플레이션율이 2%에서 3%로 상승할 것으로 기대되는 경우에는 명목이자율도 9.5%에서 10.5%로 조정되어야 한다는 것이다. 만일 인플레이션율이 3% 상승하고, 명목이자율도 3% 오르는 경우에는 실질이자율은 변화할 수 없다는 것이다.

어빙 피셔는 이 같은 가설의 근거로 경제주체들의 인플레이션율이 장기적인 측면에서 비교적 정확히 예상할 수 있고, 예상한 기대 인플레이션율을 명목이자율에 고스란히 반영한다는 주장을 하기도 했다. 그런 경우에는, 인플레이션율과 명목이자율의 변화 방향 및 정도가 같아지므로 장기적으로 실질이자율이 안정적으로 유지된다고 말한다.

214 피셔효과

[2021 하반기 기업은행 필기 기출]

피셔 효과(Fisher effect)는 인플레이션율의 변동이 명목이자율의 변동으로 이어지는 현상을 말한다. 경제학자 어빙 피셔의 이름에서 유래한다. 중앙은행의 총통화증가율 조절은 시중실세금리와 주가에 민감하게 반영된다. 일반적으로 통화공급이 줄어들면 금리가 상승한다. 이는 단기적으로는 설득력이 높지만 중장기적으로는 오히려 반대 현상이 일어난다. 즉, 통화긴축을 할 경우 유동성 부족으로 금리가 상승하는 유동성 효과는 단기에 그치고 중장기적으로 물가하락을 가져와 명목금리도 하락한다. 이것이 피셔 효과다.

시중금리와 인플레이션 기대심리와의 관계를 말해주는 이론으로, 시중의 명목금리는 실질금리와 예상 인플레이션율의 합계와 같다는 것을 말한다. 예를 들어 시중의 명목금리가 14%라고 할 때 예상되는 인플레이션율이 연 7%라고 하면 실질금리는 7%에 해당한다고 말할 수 있타. 즉 시중의 명목금리가 상승한다고 할 때 그 원인은 실질금리의 상승 때문일 수도 있고 앞으로 인플레이션율이 높아질 것이라는 예상 때문에 그렇게 될 수도 있다. 따라서 인플레이션 기대심리를 자극하지 않는 범위 내에서 통화를 신축적으로 운용하면 실질금리의 하락을 통한 시중 명목금리의 하락을 가져올 수 있다.

***215 필립스 곡선

경제 성장과 물가 안정 간에는 어느 정도의 상충 관계가 존재하기 때문에 성장과 안정의 동시 달성이 어렵다. 실업을 줄이기 위해 확장 정책을 시행하면 어느 정도의 인플레이션을 감수해야하고, 인플레이션을 진정시키기 위해 긴축 정책을 시

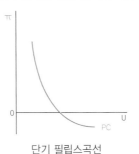
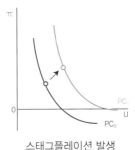

단기 필립스곡선   스태그플레이션 발생

행하면 어느 정도의 실업률 증가를 피할 수 없다. 이처럼 인플레이션율과 실업률 사이의 상충관계를 그래프로 표시한 것이 필립스 곡선이다.

하지만 원유가격의 상승 등 비용 인상으로 인해 스태그플레이션이 초래되는 경우, 곡선이 우상방으로 이동하여 물가상승률이 증가함에도 불구하고 실업률이 함께 증가하게 된다.

***216 한계효용(Marginal Utility)

소비자가 재화를 소비할 때 거기서 얻어지는 주관적인 욕망 충족의 정도를 효용이라 하고, 재화를 추가적으로 1단위 소비할 때 마다 얻는 효용을 한계효용이라 한다.

일반적으로 어떤 재화의 소비량이 증가함에 따라 필요도는 점차 작아지므로, 한계효용은 감소하는 경향이 있다(한계효용 체감의 법칙). 이 같은 한계효용 체감 하에서 여러 종류의 재화를 소비하는 경우, 만약 각 재화별 한계효용이 서로 다르다면 한계효용이 낮은 재화의

소비를 중단하고 한계효용이 보다 높은 재화를 소비함으로써 똑같은 수량의 재화로부터 얻을 수 있는 효용의 크기가 더 커지게 된다. 이처럼 소비자가 주어진 소득으로 최대의 효용을 얻도록 합리적으로 소비한다면 결국 각 재화의 한계효용은 균등하게 되는데, 이를 한계효용 균등의 법칙이라고 한다.

***217 할당관세(Quota Tariff) [2018년 기업은행 기출]

수입물품의 일정 할당량을 기준으로 부과하는 관세로, 국내외 여건에 유동성 있게 대처하기 위한 탄력관세(Flexible tariff)의 일종이다. 물자수급을 원활하게 하기 위하여 특정물품을 적극적으로 수입하거나, 반대로 수입을 억제하고자 할 때 사용된다. 적극적으로 수입할 경우에는 해당 수입품의 일정한 할당량까지는 기본관세율의 40%를 감하여 관세를 부과하며, 수입을 억제하고자 할 경우에는 일정한 할당량을 초과하는 수량에 대해 기본관세율의 140%를 관세로 부과한다. 수입할당제와 관세제도의 기술적인 특성을 혼합한 것으로, 두 제도가 개별적으로 실시될 때의 결함을 보완하는 역할을 한다. 또한 특정물품에 대한 국내 생산자의 수입억제 요구와 수요자의 수입 장려 요구를 동시에 충족시키고, 특정상품에 대한 국내총생산량과 총수요량을 조절하는 기능을 지닌다. 우루과이라운드의 농업협상에서 관세감축과 함께 우리나라에 큰 영향을 미치는 관세할당물량(TRQ, Tariff Rate Quota)을 시행하는 관세로, 2004년도에는 90개 품목이 과세대상으로 지정되었다.

***218 핫머니(Hot Money)

국제금융시장을 이동하는 단기적인 거대자금으로, 자금 이동이 일시에 대량으로 이뤄진다는 점과 자금이 유동적 성격을 띤다는 특징을 가짐. 사회적 이슈, 금리 차, 환율 변동 등에 따라 금리 차익을 노리고 단기간에 크게 움직이거나 국내 통화불안을 피하기 위한 자본 도피 의도로 움직이기도 함. 대표적으로는 헤지펀드가 있다.
[문제] 특정국가에 정치 경제적 불안이 발생하면 상대적으로 안정된 국가로 이동하는 속성이 있어 한 나라의 경제균형을 파괴하는 결과를 야기하는데, 자본이 이탈된 국가뿐 아니라 자본이 옮겨간 국가 역시 유동성이 증가되고 인플레이션이 유발되어 양국 모두에 악영향을 미친다.

***219 항상소득가설(Permanent Income Hypothesis) [2018년 우리은행 기출]

항상소득이 소비를 결정한다는 이론으로 미국 경제학자 밀턴 프리드먼(Milton Friedman)이 제창한 소비함수이론이다. 소득을 정기적이고 확실한 항상소득과 임시적 수입인 변동소득으로 구분할 때, 항상소득의 일정비율은 소비되며, 변동소득은 저축으로 돌려지는 경향이 강하다. 그 때문에 소득에서 차지하는 항상소득의 비율이 클수록 소비성향이 높고 저축성향은 낮아진다. 이에 의하여 불황기에 변동소득의 비율이 작아지고 소비성향이 커지는 현상과, 고소득자일수록 변동소득이 크고 소비성향이 작아지는 경향이 설명되는 등 단기적 소비함수와 장기적 소비함수를 통일적으로 설명하는 이론이다.

*** **220** ### 헥셔-올린(Heckscher–Ohlin) 명제　　　　　　　　　[2020년 농협은행 기출]

나라와 나라 사이에 벌어지는 물자의 교류는 자국에 풍부히 존재하는 생산요소[1]를 사용하는 제품을 수출하는 반면, 희소한 생산요소를 많이 사용하는 제품은 수입하여 이루어진다[2]. 그래야 전체적으로 보았을 때 생산요소의 낭비 없이 최대한 최적화하여 효율적으로 물품을 생산할 수 있기 때문이다.

1) 생산요소란 생산을 위해 필요한 모든 자본과 서비스를 말한다.

2) 헥셔-올린 정리 제1명제(요소부존이론)

　이와 같은 방식으로 무역이 이루어지게 되면 비교우위상품에 대한 생산이 증가하게 되고 당연히 그 안에 들어가는 자국의 기존 풍부한 생산요소는 많이 쓰이게 된다. 수요가 많아지게 되니 상대적으로 풍부하여 저렴하였던 생산요소의 가격은 상승하게 된다. 반대로 비교열위 상품에 대한 생산은 감소하여 상대적으로 희소한 생산요소는 덜 쓰이게 되고, 그에 따라 가격도 하락하게 되는 구조가 성립한다. 결과적으로 상대적으로 풍부한 생산요소의 가격은 상승하고 희소한 생산요소의 가격은 하락하게 된다[3].

3) 헥셔-올린 정리 제2명제(요소가격균등화정리)

　이처럼 무역이 이루어지게 되면 각국에서는 무역 이전에 상대적으로 희소하여 비쌌던 생산요소의 가격이 하락하게 되어 결과적으로 국가 간 생산요소의 가격이 상대적으로나 절대적으로 같아지게 된다는 이론이다.

　따라서 자유무역이 이루어지면 희소한 생산요소의 공급자들에게는 불리하게 작용하므로 이를 제한하는 쪽을 선호하게 된다. 이렇게 되면 소득이 희소한 생산요소에 유리하게 재분배되는 효과를 볼 수 있다. 이를 근대무역이론에서 '스톨프-사무엘슨의 정리'라고 한다.

*** **221** ### 화폐유통속도(Velocity of Money)

일정 기간에 통화 한 단위가 거래에 사용되는 횟수를 말한다. 통상 빨라지면 경기가 회복되는 것으로 해석한다. 경제학에서는 1년간 재화와 용역의 생산량인 국내총생산(GDP)을 1년간의 통화량(M1 · M2 등) 평균치로 나누어 계산한다. 유통속도는 신용카드 같은 대체통화의 사용이 많아지면 빨라지고, 이자율이나 인플레이션율이 높을수록 느려지는 속성을 가지고 있다. 유통속도를 정확히 예측해야만 인플레이션이 없는 적정성장을 이루기 위해 통화를 얼마나 공급해야 할지를 알 수 있다. 그 때문에 통화운용계획을 세울 때마다 유통속도가 거론된다.

**222 화폐환상

[2022 하반기 신한은행 필기 기출]

화폐환상(money illustion)이란 임금이나 소득의 실질가치는 변화가 없는데도 명목단위가 오르면 임금이나 소득이 올랐다고 받아들이는 것을 말한다. 예컨대 노동자가 물가상승과 동일한 비율로 임금이 상승했는데도 임금이 올랐다고 생각하면 화폐환상에 빠져있는 것이다. 케인즈 학파의 주장에 따르면 노동자는 임금이 비싸졌다고 생각한 만큼 노동공급을 늘리게 되고 이에 따라 생산이 증가하여 물가와 생산 사이의 관계를 나타내는 총공급 곡선은 우상향 곡선이다. 고전학파들은 노동 공급자들이 물가가 오르는 것에 대해 정확하게 파악하고 있기 때문에 화폐환상은 존재하지 않는다고 주장한다.

***223 환매조건부채권(RP, Repurchase Agrement)

금융기관이 일정 기간 후 다시 매입하는 조건으로 채권을 고객에게 팔고 경과기간에 따라 소정의 이자를 붙여 되사는 채권이다. 주로 콜자금과 같은 단기적 자금수요를 충족하기 위해 생김. 한국은행 RP, 금융기관의 대(對) 고객 RP, 기관 간 RP 3가지가 있는데 이중 한국은행 RP는 통화조절용 수단으로 사용된다.

***224 환율조작국

자국의 수출을 늘리고 자국 제품의 가격경쟁력을 확보하기 위해 정부가 인위적으로 외환시장에 개입해 다른 나라 통화와 자국통화 간 환율을 조작하는 국가를 말한다. 미국 재무장관은 「종합무역법」, 「교역촉진법」에 의해 반기별로 주요 교역국에 대한 경제 및 환율 정책 보고서를 의회에 제출한다. 2015년 제정된 「교역촉진법」에 따르면,
① 대미 무역 흑자 200억 달러 초과,
② 국내총생산(GDP) 대비 경상흑자 비율 3% 초과,
③ 지속적인 일방향 시장 개입(연간 GDP 대비 2% 초과 달러 순매수) 등.
　세 가지 요건에 해당하면 환율조작국으로 지정한다고 명시되어 있다.
제제사항은 다음과 같다.
① IMF를 통한 환율압박,
② 미국의 해당국에 대한 투자 제한,
③ 해당국 기업의 미 연방정부 조달시장 참여 금지

***225 환율관찰대상국

환율조작국 조건 중, 두 가지 요건에 해당할 경우는 관찰대상국으로 분류된다. 1988년 제정된 「종합무역법」에는 대미 무역수지 흑자국, 경상수지 흑자국 중 환율 조작 혐의가 있는 국가를 환율조작국으로 지정할 수 있게 되어 있어 「무역촉진법」보다 적용 범위가 넓다. 관찰대상국으로 분류되면 미국 재무부의 모니터링 대상이 된다. 한편, 한국은 3가지 조건 중 '지속적인 일방향 시장 개입'을 제외한 나머지 2가지 조건에 해당 되어 2016년 4월, 10월과 2017년 4월, 10월 보고서 등 네 차례에 걸쳐 환율관찰대상국으로 분류된 바 있다.

***226 환율의 결정과 변동　　　　　　　　　　　　[2018년 국민은행 기출]

환율은 외환 시장에서 외환에 대한 수요와 공급에 의해 결정된다. 외환의 수요는 외환이 해외로 나가는 것을 말하며 수입, 자국민의 해외여행, 해외 투자와 유학, 외채 상환 시 발생한다. 외환의 공급은 외환이 국내로 들어오는 것을 말하며 수출, 외국인 관광객 유치, 외국인의 국내 투자, 차관 도입 시 발생한다.

환율 상승

외환의 수요가 증가하면, 환율이 상승하고 원화 가치가 하락한다.

외환의 수요 증가와 환율 변동 : 외환의 수요 증가 → 외환의 수요 곡선이 오른쪽 방향으로 이동 → 균형 환율이 E_0에서 E_1으로 상승

환율 하락

외환의 공급이 증가하면, 환율이 하락하고 원화 가치가 상승한다.

외환의 공급 증가와 환율 변동 : 외환의 공급 증가 → 외환의 공급 곡선이 오른쪽 방향으로 이동 → 균형 환율이 E_0에서 E_1으로 하락

*227 후강퉁(沪港通)

2014년 11월부터 시작된 상하이(증권거래소)와 홍콩(港) 증권거래소 간의 교차 매매(通)를 허용하는 정책이다. 해외 투자자들이 현지 증권사를 통해 상하이 증시와 홍콩증시의 상장주식을 직접 매매할 수 있도록 허용한다.

[시행 전] 외국인 투자자는 외국인 전용 주식인 B주에만 투자 가능 & 외국인 투자자 중 적격외국인기관투자가(QFII) 자격을 얻은 기관투자가들만 중국 본토 A주 투자 가능.

[시행 후] 별도의 자격요건 없이 홍콩거래소를 통해 중국 본토 A주 투자 가능& 중국 개인투자자 역시 자유롭게 홍콩주식 매입 가능 → 지금까지 닫아걸었던 중국 주식시장의 개방.

***228   3급 가격차별   [2020년 하반기 NH농협은행 기출]

① 가격차별(Price Discrimination)이란

동일한 재화를 구매자에 따라 서로 다른 가격을 설정하거나, 동일한 구매자라도 각기 다른 평균가격을 설정하는 것을 말한다. 가격차별은 현실에서 자주 목격할 수 있는데, 그 유형은 제1급 가격차별, 제2급 가격차별 그리고 제3급 가격차별로 일반적으로 세 가지로 구분된다.

② 제3급 가격차별(일반적인 가격차별)

가. 소비자들의 특징에 따라 시장을 몇 개로 분할하여 각 시장에서 서로 다른 가격을 설정하는 것이다.

나. 일반적으로 가격차별이라고 하면, 3급 가격차별을 말한다.

다. 3급 가격차별의 예로는 아래와 같다.

- 극장에서 학생과 일반인의 입장료를 다르게 설정하는 것
- 가전제품을 해외에서는 낮은 가격을, 국내에서는 높은 가격으로 판매하는 것
- 찜질방에서 소인요금과 대인요금을 다르게 설정하는 것

③ 가격차별의 성립조건

가. 기업의 독점력 확보가 전제되어야 한다.

나. 시장의 분리가능성이 확보되어야 한다.

다. 각 시장의 수요의 가격탄력성이 서로 달라야 한다.

라. 시장 간 재판매가 불가능해야 한다.

마. 시장분리비용이 시장분리에 따른 이익증가분보다는 작아야 한다.

④ 3급 가격차별의 균형 가격 결정

가. 이윤극대화 조건에 따라 $MR_1 = MC$, $MR_2 = MC$가 성립하는 점에서 판매량과 가격을 설정한다.

나. 가격탄력성이 큰 시장에서는 낮은 가격을 설정, 가격탄력성이 낮은 시장에서는 높은 가격을 설정한다.

다. 생산량은 가격차별 이전보다 증가하게 된다.

⑤ 가격차별의 평가

가. 가격차별 후 생산량 증가로 인해, 독점의 과소 생산 문제가 완화될 수 있다. 가격차별로 인해 수요의 가격탄력성이 높은 저소득층은 혜택을 누리게 될 경우, 소득분배 측면에서도 바람직한 측면이 있다.

나. 가격차별로 인해 소비자들이 재화소비에서 얻는 편익이 달라지는 문제가 발생할 수도 있다.

229 4차 산업혁명

4차 산업혁명은 로봇, 드론, 3D 등 정보통신기술(ICT)과 나노, 바이오 기술 등이 융합돼 모든 것이 연결되고 지능 작용으로 움직여서 고난도 문제를 해결할 수 있는 사회로의 전환을 의미한다. 소프트 파워(기계와 제품이 지능을 가짐. 인터넷으로 연결, 학습능력보유)를 통한 공장과 제품의 지능화. 기존의 대량생산 시스템이 아닌, 개인별 맞춤형 생산시스템으로 전환.

230 CD금리

양도성예금증서(Credit Deposit)가 발행되어 유통시장에서 거래될 때 적용되는 금리. 대표적인 지표금리로써 은행의 여/수신 금리, 또는 파생상품거래에서 기준이 되는 금리.

231 CDS프리미엄

[2020년 하반기 국민은행 기출]

부도 위험을 사고파는 신용파생상품이다. 한국 정부가 외국에서 발행하는 외화표시채권에 대한 부도보험료가 한국 CDS프리미엄이다. CDS는 업체가 파산해 채권이나 대출 원리금을 돌려받지 못할 경우에 대비해 채무자가 부도 위험을 따로 떼어내 거래하는 것이다. 채권자는 수수료 개념의 프리미엄을 지급하고 채무 불이행에 따른 위험을 줄일 수 있다. 부도에 따른 손실 위험을 줄여주는 효과도 있지만 파산 도미노가 이어질 수 있는 위험성도 있다. A기업에 대출해준 B은행이 A기업의 부도 위험에 대비해 C은행과 CDS계약을 맺는 식이다. C는 B로부터 보험료 개념의 프리미엄을 받고 A가 부도 날 경우 대출금을 B에 대신 지급한다. 부도 위험이 크다면 그만큼 프리미엄이 높아진다.

232 FISH(France · Italy · Spain · Holland)

유로존의 새로운 걱정거리로 떠오른 프랑스 · 이탈리아 · 스페인 · 네덜란드 4개국(PIIGS의 기존 멤버인 이탈리아와 스페인에 프랑스 · 네덜란드가 추가된 셈). FISH 4개국이 유로존에서 차지하는 GDP 비중이 56%에 이르기 때문에 FISH 4개국의 경기 침체가 장기화된다면 유로존은 다시 한 번 위기에 빠질 우려가 큼.

이들의 가장 큰 문제는 장기적인 경기 침체다. 이들 4개국은 지난 14일 발표된 유로존 성장률 통계에서 나란히 마이너스 성장률을 기록했다.

프랑스는 노동 · 상품 · 서비스 시장의 경직성으로 인해 경기 침체가 지속되고 있고 이탈리아와 스페인은 재정긴축 정책을 두고 찬반론이 팽팽히 맞서면서 정치적 불안이 계속되고 있다. 네덜란드는 GDP 대비 가계 부채 비율이 107.4%까지 오르면서 가계 부채 문제가 수면 위로 올라섰다.

기존 유럽 경제의 걱정거리 → PIIGS (포르투갈 · 이탈리아 · 아일랜드 · 그리스 · 스페인)

유럽 경제위기는 PIIGS 국가들의 천문학적인 재정적자와 경기침체가 원인이 됐다. 그리스는 국채에 대한 상환 능력 부족을 이유로 디폴트를 선언하면서 유로존을 붕괴 직전까지 몰고 갔다. 최근 들어 PIIGS 가운데 포르투갈과 아일랜드, 그리스는 국채 상환 노력 및 유로존의 자구책 마련 요따라 국가 경제 구조를 변화시키면서 정상화 궤도에 올라서고 있다.

*233 G-제로(G-0)

글로벌 금융위기 이후 'G7'(주요 7개국) 대신 'G20'(주요 20개국)나 'G2'(미국 · 중국)가 떠올랐지만, 이들 모두 자신의 나라에 경기회복, 재정적자 등을 해결하기 벅찬 상황이기에, 무역, 환율, 기후 변화 등 국제적 공통문제에는 대응하기에 매우 힘들다. 그 때문에 국제적 공통문제를 해결할 글로벌 리더쉽이 부재하는 상태를 G-제로라고 한다. 세계적으로 환경문제가 심각해졌을 때, 어느 나라 하나 나서지 않고, 자신들의 문제에 급급하여, 눈치만 보고 있는 국제적인 사례

*234 G20 재무장관/중앙은행 총재회의

세계 경제 현안을 논의하고 해결점을 모색하기 위해 세계 경제의 큰 축을 맡은 국가의 정상이나 재무장관, 중앙은행 총재가 갖는 모임. 참석한 국가 수에 따라 G7, G20 등으로 분류됨. G20은 별도의 사무국이 없으며 의장국이 임기(1년) 동안 사무국 역할을 함. 의장국은 그룹별 순환방식에 따라 그룹 안에서 우선 선정한 후, 2차 deputy 회의에서 결정하고, G20 재무장관, 중앙은행 총재회의에서 공식발표됨.

***235 GDP(Gross Domestic Product)   [2017년 기업은행 기출]

국내총생산(GDP, Gross Domestic Product)은 한 나라의 영역 내에서 가계, 기업, 정부 등 모든 경제주체가 일정기간 동안 생산한 재화 및 서비스의 부가가치를 시장가격으로 평가하여 합산한 것. 여기에는 비거주자가 제공한 노동, 자본 등 생산요소에 의하여 창출된 것도 포함되어 있다. GDP는 명목GDP 및 실질GDP로 구분된다. 명목GDP는 생산액을 당해년도 시장가격으로 평가한 것으로 물가상승분

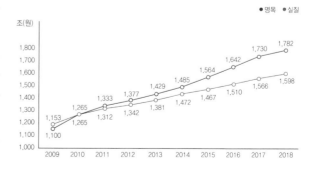

이 반영된 것이고, 실질GDP는 생산량에 기준년도의 시장가격을 곱해서 계산하므로 가격 변동은 제거되고 생산량 변동만을 반영하게 된다.

대한민국 GDP 현황

*** 236 GDP갭(=총생산 갭)

잠재 GDP(물가상승률을 가속화시키지 않으면서 달성할 수 있는 최대 생산능력)와 실질 GDP의 성장률의 차이.

- 디플레이션 갭(Deflation Gap) : 실제 GDP가 잠재 GDP를 밑돌아 마이너스 수치가 나타나는 것으로 현재 경제가 최대 생산수준 이하에서 조업함에 따라 잠재치 만큼 성장하지 못한다는 의미 → 유효수요(확실한 구매력을 가진 수요)를 증가(확장정책)시켜 성장률을 높여야 함.
- 인플레이션 갭(Inflation Gap) : 실질 GDP가 잠재 GDP를 웃돌아 플러스 수치가 나타나는 것으로 현재 경제의 성장속도가 잠재치 이상으로 가속화되었다는 것을 의미 → 총수요를 억제(긴축정책)할 필요가 있음.

*** 237 GDP디플레이터 [2020년 하반기 기업은행, 2021년 상반기 신용보증기금 기출]

① GDP디플레이터의 정의

  GDP디플레이터는 물가지수의 한 종류이다. 물가지수란, 물가의 움직임을 한눈에 알아볼 수 있도록 기준시점을 100으로 하여 지수로 나타내는 것을 말한다. 예시로, 물가지수가 107이라면, 기준 시점보다 물가수준이 7% 높음을 의미한다. GDP디플레이터는 국민소득을 추정하여 계산 시, 명목GDP를 실질GDP로 나누어서 사후적으로 산출된다.

② GDP디플레이터의 특징

  가. GDP디플레이터는 GDP에 포함되는 모든 재화와 서비스를 포함하기에 가장 포괄적인 물가지수라고 할 수 있다. 수입품가격은 제외한다. 또한 주택임대료와 신규주택가격을 포함하는 특징이 있다.

  나. 물가지수의 작성방식으로는 ⓐ 라스파이레스방식과 ⓑ 파셰방식이 있는데, GDP디플레이터는 파셰방식으로 작성된다. 파셰방식의 특징으로는 '비교연도'의 거래량을 가중치로 사용하여 물가지수를 계산하는 방식인데, 가중치가 매년 바뀌어 정확히 물가동향을 반영할 수 있는 장점이 있다. 반면 비교연도의 대상품목과 가중치를 매번 조사해야 하는 단점도 있다. GDP디플레이터와 같은 파셰방식은 물가변화를 '과소평가'하는 경향이 있다.

  다. GDP디플레이터는 한국은행이 작성 및 발표한다.

  라. GDP디플레이터는 직접조사가 아니라 GDP통계로부터 사후적으로 산출한다.

PART **02** 주요용어편

*** 238　IMF포지션

IMF에 의무적으로 납입한 출자금의 일정 부분으로, 출자한 국가가 필요하면 언제든 인출할 수 있는 수시 인출권(대개는 출자액의 25% 수준)이다.

** 239　JIBs

JIBs는 일본과 이스라엘, 영국을 지칭하는 신조어다. 정치 · 경제 리스크 컨설팅회사인 유라시아그룹은 최근 이 세 국가를 'JIBs'로 지칭하고 유로존 PIIGS(포르투갈 · 아일랜드 · 이탈리아 · 그리스 · 스페인)의 뒤를 잇는 문제국으로 지목했다.

[전망] 시장 전문가들은 지난해 유럽과 신흥국을 중심으로 경기가 위축됐던 것과 달리 올해는 이 세 나라를 중심으로 지정학적인 문제가 불거질 가능성이 크다고 내다봤다. 일본은 중국과의 영토분쟁에서 제대로 대처하지 못한 점이, 이스라엘은 긴밀한 동맹국이었던 터키와의 관계가 악화된 것이 전문가들의 우려를 사고 있다. 영국은 과거 대영제국 시절의 그림자에서 벗어나지 못하고 스스로 독자노선을 선택하는 점이 문제로 지목됐다. 더불어 JIBs 국가들은 과거 미국과 특별한 관계를 유지하며 세계경제를 움직이는 핵심국가로 자리 잡았으나 더이상 이름값을 하지 못하고 있다는 평가가 지배적이다. 유라시아그룹은 "일본과 이스라엘, 영국이 지리적으로 근접하지 않았음에도 JIBs 국가로 한 데 묶인 것은 각 지역 최대의 구조적 패자로 평가되고 있기 때문"이라며 "지정학적 위험에도 사태를 관망하는 데 그친 이들 국가가 제2의 PIIGS가 될 것"이라고 평가했다.

*** 240　M커브(M-curve)　　　　　　　　　　　[2020년 농협은행 기출]

여성의 경력 단절 현상을 말한다. 상당수 여성은 20대 초반에 노동시장에 참여하다가 20대 후반에서 30대 중후반 사이에 임신 · 출산 · 육아로 인해 경제활동에서 손을 떼게 된다. 한참 동안 경제활동에서 멀어졌던 여성들은 자녀 양육이 어느 정도 완성되는 시기 이후에 다시 노동시장에 입성하게 된다. 이 같은 여성 취업률의 변화 추이가 영문 M자를 닮아서 '엠커브 현상'이라 부른다.

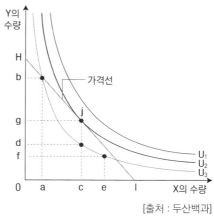

[출처 : 두산백과]

또 이와 마찬가지 방법으로 더 큰 만족을 나타내는 무차별곡선 U2, U1…을 얻을 수 있는데, 이들 무차별곡선은 다음과 같은 성질을 가진다.

① 원점 O에 대하여 볼록하다고(한계효용체감의 법칙에 의하여) 두 개의 재화(또는 n개의 재화로 일반화할 수 있음)를 주어진 소득(고정예산) 안에서 소비할 때 효용을 극대화하기 위한 조건은 한계효용 균등 법칙으로 정리할 수 있다.

② O에서 떨어진 곡선일수록 큰 효용과 대응한다.

③ 서로 다른 무차별곡선은 서로 교차하는 일이 없다.

소비자의 지출금액을 M, X의 가격을 Px, 그 구입량을 x, Y의 가격을 Py, 그 구입량을 y로 할 때 직선 HI는 M=Px·x+Py·y를 나타내며, 이를 가격선(또는 소득선)이라 한다. 그러므로 일정한 지출 M으로 최대의 만족을 얻으려면, X의 c량, Y의 g량을 사면 된다. 왜냐하면, HI 선은 j 점에서 가장 고차(高次)의 무차별곡선과 접하기 때문이다.

이 밖에도 2개의 생산요소의 결합에서 얻을 수 있는 등생산량(等生産量)을 나타내는 생산무차별곡선이 있다.

* 한계효용체감의 법칙 : 재화의 소비량으로부터 발생하는 효용의 증가분이 점점 감소하는 것

* 한계효용균등의 법칙 : 두 개의 재화(또는 n개의 재화로 일반화할 수 있음)를 주어진 소득(고정예산) 안에서 소비할 때 효용을 극대화하기 위한 조건. 즉, 자기가 가진 돈 범위 내에서 자신의 효용을 극대화하기 위한 조건

[출처 : 무차별곡선 [indifference curve, 無差別曲線] (두산백과]

*241   OPEC(Organization of Petroleum Exporting Countries)

사우디아라비아, 이란, 이라크, 베네수엘라, 쿠웨이트 등 14개국으로 구성된 국가간 협의체로 국제석유자본에 대한 발언권 강화를 위해 설립되었으며, 현재 원유 수급 조절 및 국제 원유 가격의 안정성 확보를 목표로 한다.

***242   SDR(Special Drawing Rights)   [2019년 신협은행 기출]

국제통화기금(IMF)의 특별인출권을 가리키는 말로, 별명은 페이퍼 골드(Paper Gold)이다. IMF가 1969년 국제준비통화인 달러와 금의 문제점 보완을 위해 도입해 1970년에 정식 채택한 가상 통화이자 보조적인 준비자산이다. 금이나 달러의 뒤를 잇는 제3의 통화로 일종의 국제준비통화(한국은 18위, 1.42%)이다.

국제 유동성의 필요는 급증하는 데 반해 금의 생산에는 한계가 있고, 달러의 공급은 미국의 국제수지 적자에 의해서 가능하여 달러의 신인도를 떨어뜨린다는 딜레마를 가지게 되면서 이에 대한 보완책으로 SDR(특별인출권)이 생겨났다. SDR는 회원국들이 외환위기 등

에 처할 때 담보 없이 인출할 수 있는 권리로 흔히 IMF의 특별인출권이라고 불린다. 통화 바스켓은 달러화, 엔화, 유로화, 파운드화, 위안화 등 5개 통화로 구성되어 있다.

> **IMF 포지션 :** IMF에 의무적으로 납입한 출자금의 일정 부분으로, 출자한 국가가 필요하면 언제든 인출 할 수 있는 수시 인출권. (대개는 출자액의 25% 수준)
>
> **SDR :** IMF가 달러의 유동성 부족에 대비하기 위해 만든 국제준비통화로 실제 거래에서 결제통화로 사용되지 않는 반면, IMF포지션은 실제 거래에 사용되는 통화로 인출할 수 있는 권리임

243 TPP(환태평양 경제동반자 협정, Trans-Pacific Stratagic Economic Partnership)

① TPP (전 세계 GDP 38%)

   가. 미국, 일본 등 12개국, GDP 27조 7천억 불, 인구 8억 명, 무역규모 9조 5천억 불 (세계 교역량의 1/4)

   나. 2015.10월 타결, 2017년까지 각국 의회의 비준절차가 마무리되면 본격 출범

   다. 미국이 TPP를 지렛대로 삼아 노동과 환경규제, 전자상거래, 지적재산권 등의 분야에서 새로운 국제규범을 만들고 글로벌 경제패권을 유지할 수 있는 발판 마련 → 중국을 미국 주도의 통상질서 안에 가두는 것이 목표

   라. 2017년 1월 트럼프 대통령의 행정명령으로 미국이 TPP탈퇴 선언

② CPTPP(Comprehensive and Progressive Agreement for Trans-Pacific Partnership)

2017년 1월 미국의 TPP 탈퇴 이후 남은 11개국(일본, 호주, 뉴질랜드, 캐나다, 멕시코, 칠레, 페루, 싱가포르, 베트남, 말레이시아, 브루나이)이 참여하는 아시아 · 태평양 지역 대규모 자유무역협정(FTA)임. 기존의 TPP보다 경제적 규모는 작아졌지만, CPTPP 11개국의 국내총생산(GDP) 규모는 전 세계 대비 12.9%, 교역량은 14.9%로 또 다른 메가 FTA가 탄생했다는 데 의의가 있음. CPTPP는 기존 TPP의 큰 틀을 그대로 유지함으로써 TPP 합의 사항들이 거의 그대로 적용되지만, 지식재산권 · 투자분쟁해결절차 등 일부 민감한 내용들은 적용이 유예 및 수정됨. 전문가들은 CPTPP가 2019년 발효될 것으로 관측하고 있음.

실전문제

01 다음 중 협의통화(M1)에 포함되는 금융상품은?

① 만기 2년 이상의 금융채
② 만기 2년 미만의 정기 예적금
③ 금융회사가 보유한 주식
④ 국채
⑤ 요구불예금

▶해설

협의통화(M1)는 민간이 보유하고 있는 '현금(C)'과 예금취급기관의 '결제성 예금(D)'의 합계이다. 결제성 예금은 요구불예금(당좌예금, 보통예금)과 수시입출식예금(MMDA, MMF)으로 이루어져 있다. 결제성 예금은 현금은 아니지만, 즉각 현금과 교환될 수 있어 M1에 포함된다.
'만기 2년 이상의 금융채'와 '금융회사가 보유한 주식'은 금융기관유동성(Lf)에 포함된다. 한편 '만기 2년 미만의 정기 예적금'은 광의통화(M2)에 포함된다. 국채는 광의유동성(L)에 속한다.

02 미국의 기준금리 인상이 이론적으로 우리경제에 미칠 영향과 가장 거리가 먼 것은?

① 한계가구가 늘어날 가능성이 높다.
② 미국경제 회복에 따라 수출이 증가할 가능성이 높다.
③ 와블링 이코노미와 경기순응성이 심화될 가능성이 높다.
④ 경제성장률이 둔화할 가능성이 높다.
⑤ 환율이 하락할 가능성이 높다.

▶해설

미국의 기준금리 인상은 우리나라의 기준금리 인상 가능성도 높여 대출금리가 올라갈 가능성이 높다. 따라서 대출원리금 상환을 어려워하는 한계가구가 늘어날 가능성이 높아진다. 또한, 미국의 기준금리 인상의 배경은 미국경제의 회복을 전제로 한다. 따라서 對美 수출이 늘어날 가능성도 높다. 미국의 급격한 기준금리 인상은 단기적인 외화자본의 유출을 촉발해 우리경제에 와블링 이코노미와 경기순응성 문제를 심화시킬 가능성을 높인다. 미국의 긴축정책은 우리에게도 영향을 미쳐 우리 경제의 성장률의 저해 요인이 된다. 미국의 금리인상은 외화자본 유출을 촉발해 환율이 상승할 가능성이 높아진다.

정답	01	⑤	02	⑤					

03 다음에서 설명하는 용어로 옳은 것은?

'이것'은 미국 정부가 재정적자 누적을 막기 위해 시행하는 조치로, 다음 회계연도에 허용된 최대적자 규모를 초과할 경우 정부의 재정지출을 자동적으로 삭감하는 제도이다. '이것'이 현실화되면 정부의 재정 적자는 줄어들지만, 국방, 교육, 복지 분야 등에서 예산이 대규모로 삭감되어 고용상황이 악화되고 기업 투자와 소비지출이 위축됨으로써 경기가 침체될 우려가 있다.

① 스노우볼 효과   ② 시퀘스터   ③ 소버린리스크
④ 스파게티볼 효과   ⑤ 쿠퍼효과

▶해설

스노우볼 효과는 워렌 버핏이 복리 효과를 나타내기 위해서 사용한 단어로서, 작은 것으로 시작해서 가속도가 붙으면 큰 규모를 이루는 것을 의미한다.
소버린리스크(Sovereign risk)는 국제 금융시장에서 채권 발행이나 차입을 통해 자금을 빌린 정부나 국가 기관이 채무 상환을 하지 못하게 되어, 이들 국가에 자금을 대여한 투자자들이 지는 위험을 의미한다.
스파게티볼 효과는 여러 나라와 동시에 자유무역협정(FTA)을 체결하면 나라마다 다른 원산지 규정, 통관절차, 표준 등을 확인하는데 시간과 인력이 더 들어 거래비용 절감이라는 애초의 기대효과가 반감되는 현상을 뜻한다.
쿠퍼효과는 경기상황(호황 또는 불황)에 따라 시행한 정부 재정정책의 효과가 나타나는 시기가 비대칭적인 것을 일컫는 용어이다. 일반적으로 확장적 재정정책은 경기 침체기에 실시하는데 정책 시행 6~9개월 후에 효과가 나타나는 것이 일반적이다. 하지만 경기 호황기에 실시하는 긴축정책은 즉각적으로 효과가 나타난다는 특징이 있다.

04 다음의 현상을 설명하는 경제학 용어로 적절한 것은?

시중금리가 지나치게 낮은 수준으로 하락하면 가계는 가까운 장래에 이자율이 상승할 것으로 예상해 여유자금을 채권 대신 현금이나 단기 금융상품에 투자한다. 또 기업은 같은 상황에서 경기 하락을 염려해 설비 투자와 채용 계획을 미루게 된다. 이런 국면이 지속되면 중앙은행이 아무리 통화 공급을 늘려도 시중금리는 더 하락하지 않고, 소비와 투자 역시 기대만큼 늘지 않아 경기 부양은 이뤄지지 않게 된다.

① 트릴레마   ② 트리핀의 딜레마   ③ 구축효과
④ 유동성 함정   ⑤ 와블링 이코노미

▶해설

트릴레마(Trillemma)는 하나의 정책목표를 이루려다 보면 다른 두 가지 목표를 이룰 수 없는 상태를 의미하는 용어로, ① 자본 자유화 ② 통화정책의 자율성 ③ 환율 안정. 이 세 가지 목표를 동시에 달성하는 것이 불가능함을 나타낸다.
트리핀의 딜레마(Triffin's Dillemma)는 미국 예일대 교수였던 로버트 트리핀이 1960년대 주장한 내용으로, 이럴 수도 저럴 수도 없는 진퇴양난(進退兩難)의 상황을 지칭하는 용어이다.
현재 기축통화인 달러화는 그 역할을 제대로 수행하려면, 미국이 경상수지 적자를 실현시킴으로써 끊임없이 유동성을 공급해야 한다. 하지만 달러화 유동성의 과잉 현상은 결국 달러화의 가치 하락을 일으키는 결과를 발생시키고, 달러화의 가치가 흔들리게 되면 기축통화로서의 지위를 유지할 수 없는 문제가 생긴다. 그렇다고 미국의 경상수지가 흑자 상태를 실현시키려고 한다면, 달러화의 가치는 안정적으로 유지될 수 있으나 국제무역과 자본거래에서

제약이 발생할 수밖에 없다. 이처럼 트리핀의 딜레마는 이러한 진퇴양난의 상황을 가리키는 말이다.
구축(驅逐)효과는 정부의 재정지출 확대가 기업의 투자를 위축시키는 효과를 일컫는다.

05 다음 빈칸에 들어갈 말로 적절한 것은?

> (   )는 높은 성장을 이루고 있음에도 불구하고, 물가가 상승하지 않는 이상적인 경제상황을
> 의미한다.

① 골디락스 경제　　　　　② 디드로 효과　　　　　③ 팻 핑거
④ 카페라테 효과　　　　　⑤ 시뇨리지

해설

디드로 효과(Diderot effect)는 하나의 물건을 구입한 후 그 물건과 어울리는 다른 제품들을 계속 구매하는 현상이다.
팻 핑거(Fat Finger)는 증권 매매 시 주문정보를 실수로 입력하는 것을 뜻한다. 한편 카페라테 효과는 하루 카페라테
한 잔 값의 금액을 절약해 꾸준히 모으면 목돈을 만들 수 있다는 의미이다. 시뇨리지는 중앙은행이나 정부가 화폐
를 발권함으로써 얻는 수익을 일컫는 용어로, '화폐주조차익/화폐발행이득/인플레이션 조세'라고도 불린다.

06 예상은 했지만, 속수무책인 상황을 뜻하는 경제용어는 무엇인가?

① 블랙스완　　　　　　　② 그레이스완　　　　　③ 화이트스완
④ 넛지효과　　　　　　　⑤ 테일러준칙

해설

그레이스완(Gray Swan)은 '블랙스완'(Black Swan)에서 파생된 말로 이미 시장에 알려진 악재지만 마땅한 해결책이
없어 리스크가 상시 존재하는 체계를 뜻한다.

07 경기가 상승하다가 일시적인 경기침체로 어려움을 겪는 상황을 의미하는 용어는?

① 소프트패치　　　　　　② 디폴트　　　　　　　③ 트릴레마
④ 더블딥　　　　　　　　⑤ 랩 어카운트

해설

소프트패치(Soft Patch)는 경기 회복 혹은 성장 국면에서 겪게 되는 일시적인 경기 후퇴를 의미한다. 더블딥(Double
Dip)은 불황에 빠져있던 경기가 일시적으로 회복되었다가 다시 침체되는 경제현상을 가리킨다.
한편 랩 어카운트(Wrap Account)는 자산운용과 관련된 여러 가지 서비스를 하나로 묶어(Wrap) 고객의 성향에 맞게
제공하고, 고객이 맡긴 재산에 대해 자산구성, 운용, 투자자문까지 통합적으로 관리해주는 서비스(혹은 개인별 자산
종합관리계좌)를 의미한다.

정답	03	②	04	④	05	①	06	②	07	①

08 다음에서 설명하고 있는 제도를 가리키는 용어로 적절한 것은?

> 공정거래위원회는 기업들의 담합 행위가 갈수록 교묘해져 위반 행위를 적발하기 힘들어지자 이 제도를 도입하였다. 담합 사실을 자진 신고하는 기업에게는 과징금을 면제해주는 이 제도를 도입한 이후 적발되는 담합 행위가 매년 50% 이상 증가하고 있다.

① 용의자의 딜레마　　　② 트리클다운 효과　　　③ 카르텔
④ 리니언시　　　　　　　⑤ 스튜어드십 코드

해설

스튜어드십 코드(Stewardship code)는 연기금이나 자산운용사 같은 기관투자가들의 의결권 행사를 적극적으로 유도하기 위한 자율지침을 가리킨다. 큰 저택에서 집안일을 도맡아 하는 집사(스튜어드)처럼 기관들도 고객 재산을 선량하게 관리해야 할 의무가 있다는 뜻에서 생겨난 용어이다.

09 미국 등 주요 국가의 중앙은행들이 적정 금리를 추정할 때 사용하는 모델로, 1992년 이 방식을 제안한 교수 이름에서 비롯되었다. 경제성장률과 물가상승률을 참고해 적정금리를 산출하는 이 방식을 지칭하는 용어는 무엇인가?(단, 적정금리는 다음 식에 의해 결정된다. 단기명목금리 = 인플레이션율 + 균형실질금리 + a(인플레이션율 - 목표인플레이션율) + b(GDP증가율 - 잠재GDP증가율), a와 b는 상수이다.)

① 페이고 원칙　　　　　② 파레토법칙　　　　　③ 롱테일법칙
④ 볼커룰　　　　　　　　⑤ 테일러 준칙

해설

일반적으로 중앙은행은 경제가 침체되고 인플레이션 또는 기대인플레이션이 목표 수준보다 낮으면 이자율(금리)을 낮춰서 경기를 진작시키려고 한다. 반대로 경기가 과열되고 인플레이션 또는 기대인플레이션이 높은 경우에는 이자율을 높여서 경기를 진정시킨다.
테일러준칙(Taylor rule)은 미국 경제학자 존 테일러(John B. Taylor)교수가 제시한 통화정책으로, 중앙은행이 인플레이션과 경기를 감안해 적정 이자율을 추정할 때 사용하는 모델이다.
테일러 교수는 실제 물가상승`률과 목표 물가상승률의 차이, 실제 국민소득과 완전고용 국민소득과의 차이, 완전고용을 달성할 수 있는 균형 단기이자율을 감안해 중앙은행이 기준금리를 결정해야 한다고 주장하였다.

10 다음 거래 중 경상수지 항목에 계상되지 않는 항목은?

① 우리나라 기업이 외국에 투자해서 벌어오는 소득
② 외국에 사는 친척이 생일을 축하한다며 보내온 송금
③ 상품의 수출과 수입
④ 외국인이 국내 주식을 사기 위해서 들여온 자금
⑤ 외국인이 우리나라에서 여행하면서 지급한 외화

> **해설**
> 경상수지는 재화나 서비스를 외국과 사고파는 거래, 즉 경상거래의 결과로 나타나는 수지를 말한다. 경상수지에는
> 상품수지, 서비스수지, 본원천소득수지(임금, 이자 등), 이전소득수지(무상원조, 교포송금 등)로 구상된다. 한편 주식투
> 자 자금은 금융계정에 속한다.

11 다음의 자료를 토대로 할 때, 옳은 내용을 고르시오.

총인구	생산가능인구	경제활동인구	취업자 수
18,000	10,000명	8,000명	4,000명

① 경제활동참가율은 75%이다. ② 고용률은 40%이다.

③ 실업률은 60%이다. ④ 비경제활동인구는 3,000명이다.

⑤ 고용률의 산식은 (경제활동인구/생산가능인구)×100이다.

> **해설**
> 실업률 = (실업자 수/경제활동인구)×100 경제활동참가율 = (경제활동인구/생산가능인구)×100
> 고용률 = (취업자 수/생산가능인구)×100 경제활동인구 = 취업자 + 실업자
> 생산가능인구 = 경제활동인구 + 비경제활동인구

12 다음 글에서 설명하는 내용과 관련이 깊은 용어는?

> 금융회사의 부서 간 또는 계열사 간 정보 교류를 차단하는 장치나 제도를 의미한다. 이를테면 증권사에
> 서 고객 자산을 운용하는 부서와 회사 고유 자산을 운용하는 부서 간에 불필요한 정보 교류를 차단하지
> 않으면, 고객의 이익보다 회사의 이익을 위하는 방향으로 자산을 운용할 가능성이 있다. 이런 이해 충돌
> 을 막기 위한 장치가 바로 _____이다.

① 이해충돌방지규제 ② 볼커룰 ③ 차이니스 월

④ 고객주의제도 ⑤ 화의제도

> **해설**
> '차이니스 월'(Chinese Wall)은 기업 내 정보교류를 차단하는 장치 혹은 제도를 말한다. 중국 만리장성이 유목 지역
> 과 농경 지역을 구분하는 역할을 하는 데서 비롯되었다.

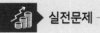

13 일국의 화폐를 가치의 변동 없이 모든 은행권 및 지폐의 액면을 동일한 비율의 낮은 숫자로 표현하는 것을 일컫는 용어는?

① 리디노미네이션   ② 평가절하   ③ 화폐개혁

④ 평가절상   ⑤ 디노미네이션

해설

평가절하는 한 나라의 대외적 통화가치가 하락한 것을 말한다. 평가절하는 곧 환율상승, 달러가치 상승을 의미한다. 한편 평가절상은 자국 통화로 표시한 외환의 가격(환율)이 하락하는 것을 의미한다. 곧 자국 통화의 가치를 상승시키는 것을 뜻한다.

화폐개혁(Currencyre Form)은 구화폐의 유통을 정지시키고 단기간에 신화폐로 강제 교환하는 등의 조치를 통해 인위적으로 화폐의 가치를 조절하는 것을 의미한다. 화폐개혁의 방식으로는 구권을 신권으로 교환하거나, 고액권을 발행하거나, 통용가치를 절하·유통화폐의 액면가치를 법으로 정한 비율에 따라 절하·하는 것 등이 포함된다. 특히 통용가치절하의 방식을 디노미네이션(Denomination)이라 하며 우리나라에서 이러한 의미를 갖는 화폐개혁은 1905년, 1950년, 1953년, 1962년 4차례에 걸쳐 실시되었다.

디노미네이션과 비슷한 말로 리디노미네이션(Re·denomination)이 있는데 이는 화폐의 가치는 그대로 두고 액면 표시 방법을 변경하는 것을 말한다. 구체적으로 디노미네이션은 우리나라에서 1950년대에 실시된 화폐개혁으로, 화폐가치 절하와 함께 액면 표시 방법도 환→원, 원→환으로 변경된 것을 의미한다. 한편 리디노미네이션은 화폐가치는 그대로 유지하면서 모든 지폐의 액면을 동일 비율의 낮은 숫자로 조정하거나 새로운 통화 단위의 화폐로 변경하는 것을 의미한다.

14 다음 글에서 설명하고 있는 경제현상은?

> 부동산과 주식가격이 변동할 경우 소득 수준이 그대로 유지되어도 소비지출규모가 달라진다. 증시가 활황이면 그와 더불어 소비가 늘어나지만, 침체되면 소비 위축으로 국내 수요도 함께 줄어드는 것이다.

① 스놉 효과(Snob Effect)   ② 규모의 경제(Economy of Scale)

③ 롱테일 효과(Long-Tail Effect)   ④ 베블런 효과(Veblen Effect)

⑤ 자산 효과(Wealth Effect)

해설

보유하고 있는 자산가치 증가로 소비가 증가하는 효과를 '자산 효과'라고 한다. 주식이나 부동산, 채권 등 보유 자산 가치가 늘어남에 따라 소비도 덩달아 늘어나는 효과로, '부의 효과'라고도 한다. 현재의 소비는 미래의 소득에 의해서도 영향을 받기 때문에 위와 같은 현상이 발생한다.

주가는 미래의 배당소득을, 부동산 가격은 미래의 임대소득을 현재가치화한 것으로 사람들은 주식이나 부동산 등의 자산가치가 상승하면 현재 소득은 그대로라도, 소비를 늘리고자 하는 습성이 있다는 것을 영국의 경제학자 피구가 처음 밝혀냈다.

한편 물가수준이 하락한 결과 화폐의 실질가치가 상승, 소비자들이 더 부자가 된 것으로 느끼면서 소비를 늘리는 것도 일종의 자산 효과로 볼 수 있다.

15 GDP(Gross Domestic Product)에 대한 설명으로 옳지 않은 것은?

① GDP는 속지주의(屬地主義)를 따른다.

② GDP는 저량 변수에 해당한다.

③ 해외에서 근무하는 자국 근로자들의 소득은 GDP 산정에 반영되지 않는다.

④ 자국에서 근무하는 외국 근로자들의 소득은 GDP 산정에 반영된다.

⑤ 중간재의 가치는 포함하지 않는다.

해설
GDP는 일국에서 일정 기간(보통 1년) 생산한 최종 재화의 시장가치를 화폐로 평가한 총액으로 정의한다. 따라서 저량변수가 아니라 유량변수이다.

16 환율에 대한 설명으로 옳지 않은 것은?

① 환율이 상승하면, 국내 금융기관의 외채 부담은 감소한다.

② 재정환율은 기준환율을 통해서 간접적으로 계산한 자국통화(원화)와 특정 외국 통화 사이의 환율을 말한다.

③ 기준환율은 자국통화(원화)와 각국 통화와의 환율을 계산할 때 그 기준으로 삼는 특정국 통화(달러화)와의 환율을 의미한다.

④ 빅맥지수는 구매력평가환율의 일종이다.

⑤ J-curve 효과에 따르면, 환율 상승 시 단기적으로 경상수지 악화된다.

해설
환율이 상승하면 1달러의 가치가 상승한다. 따라서 국내금융기관이 외채를 보유하고 있다면, 외채의 원화표시 부담은 증가한다.

17 모건스탠리에서 선정한 F5에 속하는 국가가 아닌 것은?

① 인도   ② 러시아   ③ 브라질
④ 터키   ⑤ 인도네시아

해설
러시아는 브릭스에 속하는 국가 중 하나이다. F5에 속하는 국가는 남아공이다.

정답	13	①	14	⑤	15	②	16	①	17	②

18 다음 용어에 대한 설명으로 옳지 않은 것은?

① 크리핑인플레이션은 돌발사태가 없음에도 매년 수 %의 느린 속도로 물가가 계속 상승하는 현상
이다.

② 애그플레이션은 농업과 인플레이션의 합성어로 농산물 가격 급등으로 일반 물가가 상승하는 현상
을 의미한다.

③ 스크루플레이션은 쥐어짤 만큼 힘든 상황에서도 물가가 상승하는 현상을 의미한다.

④ 스태크플레이션은 경기침체와 인플레이션이 동시에 발생하는 현상을 의미한다.

⑤ 디스인플레이션은 물가가 지속적으로 하락하는 현상을 의미한다.

해설
물가가 지속적으로 하락하는 현상을 의미하는 용어는 '디플레이션'이다. 한편 디스인플레이션은 인플레이션을 극복
하기 위해 통화증발을 억제하고 재정 및 금융긴축을 주축으로 하는 경제조정정책을 의미한다. 즉, 인플레이션율을
억제하는 정책이다.

19 다음 빈칸에 들어갈 용어로 옳게 짝지은 것은?

(가)은(는) 은행과 유사한 기능을 하지만, 중앙은행의 유동성 지원이나 예금자 보호도 원활하게 받을 수
없어 시스템적 위험을 유발할 가능성이 높은 금융상품과 영역을 총칭한다. 투자은행, 헤지펀드, 구조화
투자회사(SIV) 등의 금융기관과 MMF(머니마켓펀드), RP(환매조건부채권), ABS(자산유동화증권) 등의
금융상품이 이에 해당한다.

(나)은 무한한 잠재력이 있는 시장으로, 벨기에 환경운동가 군터 파울리(Gunter Pauli)가 그의 저서에서
주장하였다. 이는 성장과 소비, 생산을 부추겨 유한한 자원을 고갈시키는 적색경제에 대항하는 저탄소
성장의 녹색경제의 한계를 지적하고, (나) 를 제안하였다.

(다)는 호두를 양쪽에서 눌러 까는 호두까기 기계를 말하는데, 한 나라가 선진국에 비해서는 기술과 품
질 측면의 경쟁에서, 후발 개발도상국에 비해서는 가격 측면의 경쟁에서 밀리는 현상을 지칭하는 용어
이다. 1990년대 저임금의 중국과 첨단기술의 일본 사이에 낀 한국의 위상을 묘사할 때 사용되었다.

	(가)	(나)	(다)
①	넛크래커	그림자금융	블루이코노미
②	그림자금융	넛크래커	블루이코노미
③	그림자금융	블루이코노미	넛크래커
④	블루이코노미	그림자금융	넛크래커
⑤	넛크래커	블루이코노미	그림자금융

20 FISH에 해당하는 국가로 적절하지 않은 것은?

① 네덜란드   ② 스위스   ③ 프랑스   ④ 이탈리아   ⑤ 스페인

21 다음 중 주어진 기사와 관련 있는 개념은 무엇인가?

> 좋은 일자리를 통해 국민 소득을 늘려 경제 성장을 이끌겠다는 _____은 문재인 정부의 경제정책 '제이(J)노믹스'의 핵심으로 거침없이 추진돼 왔다. 청와대 지난 3일 "어려운 대외여건에도 우리 경제는 지난해 3.1%성장, 17개월 연속 수출증가, 신설기업 월 1만개 돌파라는 놀라운 기록을 세우면서 국민소득 3만 불 시대를 열었다"며 특히 '일자리 우선' 임금소득 증대'라는 J노믹스의 투 톱 정책의 성과에 자신감을 내비치는 분위기다.
>
> ……. 청와대는 최저임금 인상과 근로시간 단축의 효과도 기대하고 있다. 청와대 관계자는 "최저임금 대폭 인상으로 저임금노동자의 삶의 질이 향상되는 한편, 노동시간 단축으로 일 · 생활의 균형을 추구할 수 있을 것으로 기대한다."고 밝혔다……
>
> 2018/05/08 한국일보

① 파레토 최적   ② 펀더멘탈   ③ 낙수효과
④ 소득주도성장   ⑤ 혁신성장

›해설

위 기사는 '소득주도성장'에 관한 내용을 담은 기사이다.

22 다음 중 경제 효과에 대한 설명으로 옳지 않은 것은?

① 립스틱 효과 : 경기불황이 계속되면서 저가제품을 선호하는 현상

② 베블런 효과 : 가격은 상승하는데도 오히려 제품 수요가 증가하는 현상

③ 전시효과 : 중하류층이 상류층의 소비행태를 모방하면서 상류층에 속해있다는 안정감

④ 스놉효과 : 다른 사람과 비슷한 소비성향을 보이고 싶은 심리를 가리키는 효과

⑤ 밴드왜건 효과 : 타인의 사용 여부에 따라 구매의도가 증가하는 현상

›해설

스놉효과(Snob Effect)는 속물효과라고도 불리며, 사람들이 많이 구매하는 제품을 구매하지 않음으로써 자신을 다른 사람과 구별 지으려는 심리를 나타내는 용어이다.

| 정답 | 18 | ⑤ | 19 | ③ | 20 | ② | 21 | ④ | 22 | ④ | | |

23 엥겔지수에 대한 설명으로 옳지 않은 것은?

① 가계의 총 소득액에서 식료품비가 차지하는 비율이다.
② 고소득층일수록 엥겔지수 낮게 나타나는 경향이 있다.
③ 0.5 이상이면 후진국으로 분류된다.
④ 0.3~0.5 개도국으로 분류된다.
⑤ 0.3 이하 선진국으로 분류된다.

>해설
엥겔지수는 총 소득액이 아니라 총 소비 지출액 중에서 식료품 지출액이 차지하는 비중이다.

24 다음에서 설명하는 (가), (나), (다), (라)에 들어갈 말로 적절한 것은?

(가)는 수출국으로부터 장려금이나 보조금을 지원받아 가격경쟁력이 높아진 물품이 수입되어 국내산업이 피해를 입을 경우, 이러한 제품의 수입을 불공정한 무역행위로 보아 이를 억제하기 위해 부과하는 관세로, 외국의 산업장려정책이나 수출촉진정책에 입각한 부당경쟁으로부터 국내 산업을 보호하기 위해 부과되는 강력한 무역구제 조치라고 할 수 있다.
(나)는 외국에서 자국의 수출품에 부당한 차별관세, 차별대우를 취하는 경우나 자국이나 자국의 산업에 대하여 불이익이 되는 조치를 취하였을 경우에 대처하기 위한 수단으로서 상대국으로부터 수입하는 상품에 보복을 가할 목적으로 고율의 차별관세를 부과하는 것을 의미한다.
(다)는 국내 산업보호, 물가안정 등을 위하여 정부가 국회의 위임을 받아 일정한 범위 내에서 관세율을 인상 또는 인하할 수 있는 권한을 갖도록 한 관세제도로서, 기본 세율을 정해져 있으나 정부가 필요에 따라 일정한 한도 내에서 정부의 권한으로 세율을 수시로 인상, 인하하여 부과할 수 있다.
(라)는 수출국의 기업이 수입국의 시장점유율을 확대하기 위해 가격을 부당하게 낮춰 수출하여 수입국의 산업에서 피해를 입혔을 때 수입국의 정부에서 정상적인 가격과 부당한 염가의 차액에 대하여 부과하는 관세를 의미한다.

	(가)	(나)	(다)	(라)
①	반덤핑관세	보복관세	탄력관세	상계관세
②	반덤핑관세	보복관세	상계관세	탄력관세
③	탄력관세	보복관세	반덤핑관세	상계관세
④	탄력관세	상계관세	반덤핑관세	보복관세
⑤	상계관세	보복관세	탄력관세	반덤핑관세

>해설
각각 (가) : 상계관세, (나) : 보복관세, (다) : 탄력관세, (라) : 반덤핑관세에 대한 설명이다.

25 **소득분배 관련 지표로 적절하지 않은 것은?**

① 소득5분위배율　　　　② 10분위분배율　　　　③ 슈바베지수
④ 엣킨슨지수　　　　　　⑤ 지니계수

> **해설**
> 슈바베지수는 소비지출대비 주거비용이 차지하는 비율을 의미한다. 고소득층일수록 슈바베지수는 낮으며, 저소득층일수록 슈바베지수는 높다. 슈바베지수가 25%가 넘으면 빈곤층에 속한다고 본다.
> 엣킨슨지수는 소득분배 불평등도를 나타내는 지수로 사회구성원의 주관적인 가치판단을 반영.

26 **2018년도 6월 기준 외환보유액**(FOREX) **규모로 적절한 것은?**

① 약 3,700억 달러　　　② 약 3,800억 달러　　　③ 약 3,900억 달러
④ 약 4,000억 달러　　　⑤ 약 4,100억 달러

> **해설**
> 최근 한국은행과 기획재정부에 따르면 2018년 6월 말 기준으로 한국의 외환보유액은 4,003억 달러이다. 이는 1997년 말 당시 기준 39억 달러에 비해 100배 이상 증가한 수치이다.

27 **다음 중 MBS에 대한 설명으로 옳은 것을 짝지은 것은?**

(ㄱ) 금융기관이 주택을 담보로 만기 20년 또는 30년 장기대출을 해준 주택저당채권을 대상자산으로
　　하여 발행한 증권
(ㄴ) 부동산, 매출채권, 유가증권, 주택저당채권, 기타 재산권 등과 같은 유무형의 유동화자산을 기초로
　　하여 발행한 증권
(ㄷ) 사채나 대출채권 등 기업의 채무를 기초자산으로 하여 유동화증권을 발행하는 금융기법의 한 종류
(ㄹ) 부도가 발생하여 채권이나 대출 원리금을 돌려받지 못할 위험에 대비한 신용파생상품
(ㅁ) 신용위험방지요소가 결합된 채권

① (ㄱ)　　　　　　　　　② (ㄱ), (ㄴ)　　　　　　　③ (ㄱ), (ㄴ), (ㄷ)
④ (ㄱ), (ㄴ), (ㄷ), (ㄹ)　　⑤ (ㄱ), (ㄴ), (ㄷ), (ㄹ), (ㅁ)

> **해설**
> (ㄴ)은 ABS(자산유동화증권)에 관한 설명, (ㄷ)은 CDO(부채담보부증권)에 관한 설명,
> (ㄹ)은 CDS(신용부도스와프)에 관한 설명, (ㅁ)은 CLN(신용연계채권)에 관한 설명
> CLN(Credit Linked Note)은 신용위험과 수익률을 연계시킨 신용파생상품이다.

| 정답 | 23 | ① | 24 | ⑤ | 25 | ③ | 26 | ④ | 27 | ① | | |

28 미국의 금리인상과 관련된 설명으로 적절하지 않은 것은?

① 제롬 파월 미 FRB 의장은 올빼미파 또는 비둘기파로 분류된다.

② 2018년 6월 기준 미국의 기준금리는 연 1.7~2%이다.

③ 미국의 금리가 한국의 기준금리보다 높을 경우, 국내 자본 유입이 우려된다.

④ 최근 미국 경기가 회복되는 추세는 미국 금리 인상의 배경이라 할 수 있다.

⑤ 1,500조에 육박하는 한국의 가계부채를 고려할 경우, 선뜻 국내 기준금리를 인상하는 것이 쉽지는 않다.

해설

미국의 기준금리가 한국의 기준금리보다 높을 경우, 국내 자본 유출의 위험이 발생한다. 현재 한국의 기준금리는 2018.7월 기준 1.50%로, 한미 금리 역전 현상이 발생했다. 이러한 상황에서 국내 기준금리를 미국의 수준으로 인상할 경우, 국내 가계부채 규모(2018년 1분기 기준 1,468조 원)를 감안하면, 가계의 이자부담이 급증할 뿐만 아니라 소비침체를 더 심화시킬 수도 있다.

경제적으로 매파(Hawkish)와 비둘기파(Dovish)는 다음과 같다. 매파는 주로 물가 안정 위주의 정책을 추구한다. 즉, 인플레이션을 억제하는 정책을 선호한다. 또한, 긴축정책과 금리인상을 주장하는 정파이다. 반면 비둘기파는 양적완화 정책 등의 확장적 통화정책을 주장하며, 경제성장을 위한 인플레이션의 발생을 인정한다.

간단히 말해서 '매파(Hawkish)'는 통화의 유통을 줄여 화폐의 가치를 올리는 동시에 금리인상을 한편 '비둘기파(Dovish)'는 통화를 시중에 많이 풀어, 화폐의 가치를 낮추고 금리인하를 주장하는 입장이라 할 수 있다.

29 합리적 경제주체들이 인플레이션율을 6%로 예상하고, 다음과 같은 경제행위를 하였다. 실제 인플레이션율이 3%일 때, 손해를 보는 경제주체를 모두 고른 것은?

(ㄱ) 고정금리로 국채를 발행한 정부　　　　(ㄴ) 고정금리로 정기예금을 가입한 가계
(ㄷ) 고정금리로 주택담보대출을 받은 차입자　　(ㄹ) 고정된 봉급의 임금계약을 체결한 근로자

① (ㄱ), (ㄷ)　　　　② (ㄱ), (ㄴ)　　　　③ (ㄴ), (ㄹ)
④ (ㄴ), (ㄷ)　　　　⑤ (ㄷ), (ㄹ)

해설

문제의 상황은 예상치 못한 인플레이션이 아닌 것이다. 즉, 실제 인플레이션율이 예상보다 낮게 형성되었기 때문에, 채무자는 불리해지는 한편 채권자는 유리해진다. 따라서 국채를 발행한 정부와 대출을 받은 차입자는 손해를 보게 된다.

30 다음 용어에 대한 설명으로 적절하지 않은 것은?

① 수쿠크(Sukuk)채권은 이슬람 국가에서 자금조달을 위해 발행되는 채권으로 이슬람 채권으로도 불리며, 투자자에게 이자 대신 수익금 혹은 배당금을 지급한다.

② 바이플레이션(Biflation)은 인플레이션과 디플레이션이 동시에 나타나는 현상이며, 공산품 등 상품 가격은 상승하는데 부동산 가격 등 자산가격이 하락하는 경우가 이에 해당한다.

③ 레몬 시장의 반대 개념은 복숭아 시장이다.

④ 카푸치노 효과는 '티끌 모아 태산'의 의미와 맥락이 유사하다고 할 수 있다.

⑤ 팬플레이션(Panflation)은 사회 전반에 걸쳐 부풀리기가 만연해지는 현상을 의미한다.

해설

카푸치노 효과(Cappuccino Effect)는 거품이 끼어있는 시장을 의미한다. 즉, 재화가 실제 가치보다 터무니없이 높게 책정되는 현상으로, '버블경제'라고도 불린다. 한편 카페라테 효과는 1일 카페라테 한 잔씩 마시는 돈을 절약하여 목돈을 마련한다는 재테크 개념으로서, '티끌 모아 태산'은 '카페라떼 효과'와 맥락이 비슷하다.

PART 02 주요용어편

정답	28	③	29	①	30	④					

chapter 03 경영

**001 가수금

[2022 하반기 하나은행 필기 기출]

실제 현금의 수입은 있었지만 거래의 내용이 불분명하거나 거래가 완전히 종결되지 않아 계정과목이나 금액이 미확정인 경우에, 현금의 수입을 일시적인 채무로 표시하는 계정과목을 가수금이라 한다. 즉 현금의 수입은 있었으나, 그 거래내역이 불명확하여 일시적으로 현금의 수입을 처리하는 계정과목이 부채계정으로서의 가수금이다. 가수금은 가지급금, 가불금과 같이 법인의 손익을 감춘 것으로 보여져 탈세 의혹을 제기할 수도 있기에, 늦어도 결산기말까지는 그 내역을 명확히 조사하여 확정된 계정과목으로 대체시켜주어야 한다.

***002 가중평균자본비용(WACC, Weighted Average Cost of Capital)

[2018년 국민은행 기출]

가중평균자본비용이란 기업의 총자본에 대한 평균조달비용을 말한다. 즉, 기업이 현재 보유중인 자산을 활용하여 자사의 주식가치를 유지하기 위해 벌어들여야 하는 수익률을 의미한다. 또한 현재의 경영활동과 비슷한 수준의 위험을 가진 투자 대안에 기업이 투자 시 요구되는 요구수익률이기도 하다.

산출방식 = [자기자본비용×(자기자본/총자본)]+[타인자본조달비용×(타인자본/총자본)×(1-법인세)])

***003 가치사슬

[2018년 신한은행 기출]

기업활동에서 부가가치가 생성되는 과정을 의미한다. 주 활동(Primary activities)과 지원활동(Support activities)으로 나눠볼 수 있다. 주 활동은 제품의 생산 · 운송 · 마케팅 · 판매 · 물류 · 서비스 등과 같은 현장업무 활동을 의미하며, 지원활동은 구매 · 기술개발 · 인사 · 재무 · 기획 등 현장활동을 지원하는 제반업무를 의미한다. 주 활동은 부가가치를 직접 창출하는 부문을, 지원활동은 부가가치가 창출되도록 간접적인 역할을 하는 부문을 말한다. 이를 통하여 가치활동 각 단계에 있어서 부가가치 창출과 관련된 핵심활동이 무엇인가를 규명할 수 있으며, 각 단계 및 핵심활동들의 강점이나 약점 및 차별화 요인을 분석하고, 나아가 각 활동단계별 원가동인을 분석하여 경쟁우위 구축을 위한 도구로 활용할 수 있다. 보통 기업의 내부역량 분석도구로 많이 사용된다.

*004 경제적부가가치(EVA, Economic Value Added)

기업이 영업활동을 통하여 얻은 영업이익에서 법인세, 금융, 자본비용 등을 제외한 금액을 말한다. 투자된 자본을 빼고 실제로 얼마나 이익을 냈는가를 보여주는 경영지표로서, 모든 경영활동의 목표를 현금흐름의 유입을 기준으로 기존사업의 구조조정과 신규 사업의 선택, 그리고 업무의 흐름을 재구축시켜 기업의 가치를 극대화하는 경영기법이다.

***005 곰의 포옹

공개 매수 전략의 하나. 사전 경고 없이 매수자가 목표 기업의 이사들에게 편지를 보내어 매수 제의를 하고 신속한 의사결정을 요구한다. 이 경우 회사의 매수가격 및 조건을 제시하기 때문에 목표 기업 이사들이 반대하기 어려우며 반대할 경우에는 주주들의 저항이 예상된다. 매수자 측에서 곰이 포옹하는 것처럼 목표 기업의 경영자를 포옹하겠다는 공포 분위기 속에 인수 의사를 대상 기업 경영자에게 전달하거나 혹은 매수자 측에서 목표 기업 경영자에게 시간적 여유가 없는 주말에 인수 의사 전달하여 목표 기업 경영자가 수용 여부를 빨리 결정토록 요구하는 것이다.

> **새벽의 기습 :** 적대적 M&A 전략으로, '새벽의 기습'은 대상기업의 주식을 상당량 매입해 놓고 기업 인수 의사를 대상기업 경영자에게 전달하는 방법이다.

**006 구전마케팅

구전마케팅은 소비자 혹은 그 관련인의 입에서 입으로 전달되는 제품, 서비스, 기업이미지 등에 대한 말에 의한 마케팅을 말한다. 사람들이 알게 모르게 이야기하는 입을 광고의 매체로 삼는 것이다. 기업들이 경비절감에 나서면서 어느 마케팅 전략보다 시간, 인원, 비용 등이 절약되는 구전마케팅에 대한 관심이 높아지고 있다.

007 국제회계기준(IFRS)　　　　　　　　　　　[2023 상반기 하나은행 필기 기출]

국제회계기준(IFRS : International Financial Reporting Standards)은 영국 등 유럽 국가들이 사용 중인 회계기준법으로, 기업의 회계 처리와 재무제표에 대한 국제적 통일성을 높이기 위해 '국제회계기준위원회'가 공표하는 회계기준이다. IFRS의 특징으로 규칙에 근거(rule-based)한 회계처리보다는 회계담당자가 경제적 실질에 기초해 회계처리를 하는 원칙중심(principle-based), 연결재무제표가 주재무제표인 연결회계 중심, 장부가(취득원가)보다는 현재의 자산가치에 초점을 맞추는 공정가치(fair-value accounting) 중심이라는 점을 꼽을 수 있다. 한국은 2007년 3월15일 '국제회계기준 도입 로드맵'을 발표해 IFRS를 도입하기로 결정했다. 2009년부터 순차적으로 국내 상장기업에 적용했고, 2011년 전면 도입됐다.

008 귀족마케팅

VIP고객을 대상으로 차별화된 서비스를 제공하는 것을 말한다. 'e-귀족마케팅'이라고도 한다. 온라인상에서의 귀족마케팅은 철저한 신분 확인을 통해 선발한 특정계층의 회원을 대상으로 고급와인 · 패션 · 자동차 등 상류계층을 위한 정보와 귀족 커뮤니티 · 사이버 별장 등의 인터넷 멤버십 서비스와 오프라인의 사교 공간 등을 제공한다.
귀족마케팅은 '오직 당신만을 위한다'는 차별화된 서비스를 모토로 구매력 높은 고객을 잡기 위한 전략이라고 할 수 있다. 그러나 일부에서는 신분상승의 욕구를 자극하고 계층 간의 차별화를 조장하고 있다고 비판하기도 한다.

009 그레이칼라(Gray Collar)

사무직에 종사하는 화이트칼라(White Collar)와 생산직에서 일하는 블루칼라(Blue Collar)의 중간성격을 지닌 노동자를 일컫는 말이다. 기술혁신에 따라 종래의 노동과정이 질적으로나 양적으로 크게 변화하자 점차 블루칼라와 화이트칼라 쌍방에서 상호간의 성격의 차이를 좁히는 형태로 접근이 이루어져 그레이칼라가 생기게 된 것이다.

cf ① **브라운칼라** : 화이트칼라의 전문성과 블루칼라의 노동력을 결합하여 가치를 창출하는 새로운 직업군을 일컫는다. 뚜렷한 목적 없이 정신노동에 지친 청년들을 중심으로 사무실에서 벗어나 땀 흘리는 육체노동을 추구하는 모습이 증가하면서 생겨난 신조어다.
② **퍼플칼라** : 탄력적인 근무를 통해 가정을 돌보면서도 일을 할 수 있는 정규직 노동자를 의미하는 신조어이다. 보라색은 빨강색(여성, 가정)과 파랑색(남성, 일)이 균형적으로 조화롭게 섞일 경우 나타나는 색으로, 가정과 일의 양립이 가능할 수 있도록 근로시간과 장소를 조정해 일하는 탄력근무자를 의미한다. 또, 이러한 형태의 일자리를 '퍼플 잡(purple job)'이라 부르기도 한다.

③ **핑크칼라** : 주로 개인을 상대로 하는 서비스 직종에 종사하는 여성노동자들을 일컫는 말이다. 대표적인 핑크칼라 직업으로는 간호사, 선생님(주로 유아와 초·중등학생을 상대로 하는), 유모, 베이비시터, 미용사 또는 피부미용사, 마사지사, 플로리스트, 비서, 행정 어시스턴트, 웨이트리스, 언어치료사, 가정교사, 스튜어디스, 안내원 등을 꼽을 수 있다.

④ **골드칼라** : 두뇌와 정보로 새로운 가치를 창조하여 정보화시대를 이끌어가는 능력 위주의 전문직 종사자를 일컫는 말이다. 황금처럼 반짝반짝하는 기발한 아이디어와 창조적 사고로 새로운 질서를 주도하는 사람들을 말한다. 넓은 의미로 어디에서건 '자신만이 할 수 있는 일'을 하는 사람들이다. 즉, 적성에 맞는 분야에서 반짝이는 아이디어로 무장하고 자발성과 창의성을 발휘하여 새로운 가치를 창조하는 사람들이다. 골드칼라라는 말을 처음 사용한 것은 카네기멜론대학의 로버트 켈리 교수로 1985년 출판된 그의 저서 《골드칼라 노동자》라는 책에 이 말이 소개되었다. 아직 뚜렷하게 학문적인 정의가 내려진 말은 아니지만 21세기의 주도 계층을 상징하는 말로 자리 잡고 있다. 또한, 직원의 창의성을 살리기 위해 출퇴근 시간, 복장 등에서 최대한 자율성을 보장해 주는 회사를 '골드회사'라고 한다.

PART **02** 주요용어편

*010 그린마케팅(Green Marketing)

환경적 역기능을 최소화하면서 소비자가 만족할 만한 수준의 성능과 가격으로 제품을 개발하여 환경적으로 우수한 제품 및 기업 이미지를 창출함으로써 기업의 이익 실현에 기여하는 마케팅을 말한다.

하지만 그린마케팅은 환경보호를 위해 소비를 줄여야 한다는 극단적인 환경보호주의적(Environmentalism) 마케팅과는 달리 기업의 생존과 경쟁력 확보를 위해 능동적으로 자연의 오염 흡수 능력(자정능력)을 초과하지 않는 한도 내에서 자원을 사용하는 지속 가능한 개발의 이념에 바탕을 두고 환경보존 및 소비자의 건강에 대한 기업의 사회적 책임을 강조하는 마케팅 개념이라고 할 수 있다.

***011 그린메일(Green Mail)   [2019년 기업은행 기출]

M&A 용어로서 경영권을 위협하는 수준까지 특정 회사의 주식을 대량으로 매집해놓고 기존 대주주에게 M&A를 포기하는 조건으로 일정한 프리미엄을 얻어 주식을 매입하도록 요구하는 행위를 말한다. 이것이 받아들여지지 않는 경우 실질적으로 적대적 M&A를 시도하거나 인수 의사가 있는 기업에 지분을 넘기기도 한다. 그린메일은 실질적으로 경영권 탈취를 목적으로 삼기보다는 M&A 위협을 통해 주식의 시세차익을 노리는 것이 보통이므로, 위협을 받은 기업은 자사 주식을 시가보다 비싼 가격으로 매입하여 경영권을 방어할 수 있으나 자금 부담이 매우 크고, 일반 주주와의 형평성 문제가 발생할 수 있다.

***012 그린필드, 브라운필드

[2023 상반기 새마을금고중앙회 필기 기출]

그린필드(green field)와 브라운필드(brown field)는 기업이 해외에 투자하는 방식을 말한다. 그린필드는 해외 진출 기업이 투자 대상국에 생산시설을 직접 설립하여 투자하는 방식으로, 외국인직접투자의 한 유형에 속한다. 새로 땅을 매입하고 인허가를 받아 공장을 건설해 진출한다. 투자자에게는 투자비와 시간이 많이 소요되지만 투자를 받는 쪽은 고용 창출 효과가 크다는 장점이 있다. 최신의 생산 기술 등을 이전할 수도 있다.

브라운필드는 해외 진출 기업이 해외 현지에 존재하는 기업 혹은 시설을 인수하거나 합작하는 방식의 투자 형태로, 외국인직접투자의 한 종류이다. M&A형 투자라고도 한다. 그린필드형 투자보다 빠르게 생산 및 판매 거점을 확보할 수 있다는 장점이 있다. 초기 설립비용이 들지 않고 인력, 생산 라인 등의 확장을 꾀할 수 있다. 하지만 피인수 기업의 취약점도 떠안을 수 있다는 단점도 존재한다. 일반적으로 경기가 좋지 않을 때 기업 인수 가격이 낮아지기 때문에 브라운필드형 투자가 상대적으로 많아진다.

기업들은 해외 진출 시 경제 동향, 각 나라의 특성 등을 고려해 그린필드와 브라운필드형 중 어떤 투자 방식을 택할지 결정한다.

***013 그림자노동

[2019년 신한은행 기출]

노동했지만, 보수를 얻지 못하는 무급 활동을 일컫는다. 셀프 주유소, 비대면 거래를 위해 각종 인증 절차를 거쳐야 하는 모바일 뱅킹, 주기적인 소프트웨어 업그레이드, 저렴한 상품을 구매하기 위해 하는 정보 수집 행위 등이 그 예이다. 셀프서비스라는 명목하에 이뤄지며, 비용을 아낄 수 있지만, 시간을 할애해야 한다는 단점이 있다. 기술이 고도로 발전하고 자동화, 무인화 시스템이 도입되면서 특별한 기술이 필요하지 않은 저임금 일자리가 없어지는 원인이기도 하다.

***014 기업가 정신

기업가 고유의 가치관 내지는 기업가적 태도를 말한다. 구체적으로 '기업가 정신'이란 기업가가 위험을 감수하며 도전적으로 새로운 기술과 혁신을 도모하여 기업의 성장과 사회적 가치를 창출하려는 의식이다. 기업가 정신은 원래 불어의 기업가(Entrepreneun)라는 단어에서 파생되었으며 '중간자'라는 의미의 청부업자를 뜻하는 용어였는데, 혁신적이고 관리적 역량의 의미를 내포하는 용어로 사용되고 있다. 최근에는 일반적으로 '위험을 감내하면서 새로운 기술과 혁신을 도모하는 의식'을 의미하는 것으로 혁신, 성장, 창의성, 위험 추구, 특이함, 적극적 행동 등이 기업가 정신의 특성으로 제시되고 있다.

015 기업인수합병(M&A)

기업의 외적 성장을 위한 발전전략으로, 특정 기업이 다른 기업의 경영권을 인수할 목적으로 소유지분을 확보하는 제반과정이라고 할 수 있다. 이러한 M&A의 발전 배경은 기존 기업의 내적 성장한계를 극복하고 신규사업 참여에 소요되는 기간과 투자비용의 절감, 경영상의 노하우나 숙련된 전문인력 및 기업의 대외적 신용확보 등 경영전략적 측면에서 찾을 수 있다.

016 기회비용(Opportunity Cost) **[2018년 기업은행, 우리은행, 신한은행 기출]**

기업가가 특정한 선택을 하였기 때문에 포기한 나머지 선택의 가치를 말하며 기업에 투자한 돈을 은행에 예금했다면 이자를 받을 수 있는데, 이 이자가 이 기업가에게는 기회비용이 된다. 일정한 생산요소를 가지고 어떤 생산물을 생산한다는 것은 그만큼 다른 생산물의 생산을 단념하는 것을 의미한다. 그 경우 생산의 기회를 잃게 된 다른 생산물을 생산했을 때의 이익을 실제로 생산된 생산물의 일종의 비용으로 간주할 수가 있다. 이러한 비용을 기회비용이라 한다.

> ### cf 매몰비용 (2018년 우리은행, 신한은행 기출)
> 다시 되돌릴 수 없는 비용, 즉 의사결정을 하고 실행을 한 이후에 발생하는 비용 중 회수할 수 없는 비용을 말하며 함몰비용이라고도 한다. 일단 지출하고 나면 회수할 수 없는 기업의 광고비용이나 R&D 비용 등이 이에 속한다. 경제학에서는 매몰비용을 의사결정시 고려사항에서 완전히 제거하는 것을 원칙으로 한다.

017 꼬리-개 효과 **[2020년 하반기 전북은행 기출]**

주가지수 선물에 있어, 선물가격이 주식시장인 현물지수에 미치는 효과를 말하는 것이다. 선물시장은 본래 현물시장에 의해서 영향을 받는 것이 정상이지만, 반대로 선물시장이 현물시장에 영향을 미치는 경우에는 마치 개가 꼬리를 흔드는 것이 아닌, 꼬리가 개를 흔드는 것을 비유한 용어이다

018 넛지 마케팅(Nudge Marketing) **[2019년 기업은행 기출]**

흥미를 유발하여 소비자의 관심을 끌되, 선택은 소비자 스스로가 할 수 있게 하는 마케팅 전략이다. 종래의 마케팅이 상품을 특성을 강조하고 소비자가 그 상품을 구매할 수 있도록 집중하는 것과 달리 소비자가 선택하면서 좀 더 유연하고 부드러운 방식으로 접근하는 것을 넛지 마케팅이라고 한다. 넛지라는 단어가 '팔꿈치로 슬쩍 찌른다'라는 뜻이 있는 것처럼 넛지 마케팅은 사람들을 원하는 방향으로 유도하되 선택의 자유는 여전히 개인에게 준다는 것이다. 넛지는 특정 행동을 유도하지만, 직접적인 명령이나 지시를 동반하진 않는다.

*** 019 네팅 [2019년 기업은행 기출]

다국적기업의 본지점 간 또는 지사 상호 간에 발생하는 채권, 채무 관계를 개별적으로 결제하지 않고 일정 기간이 경과한 후에 서로 상계하여 그 차액만을 정기적으로 결제하는 제도이다.

** 020 노브랜드전략(No Brand Strategy)

출신 대학을 불문하고 사원을 채용하는 일본 기업의 인사전략을 의미한다. 입사지원 서류에 출신 대학 기입란을 없애고 면접 시에도 이를 일절 묻지 않도록 하여 출신 학교에 의해 사람을 평가하는 후광효과(Halo Effect)를 배제하고 객관적 기준에 의해 실력 있는 인재를 발탁하는 것이다.

** 021 뉴로마케팅(Neuro Marketing)

뇌 속에서 정보를 전달하는 신경인 뉴런(Neuron)과 마케팅을 결합한 용어로, 무의식적 반응과 같은 두뇌활동을 분석, 이를 마케팅에 접목한 것이다. 뉴로 마케팅은 뇌 영상 촬영, 뇌파 측정, 시선 추적 등 뇌 과학 기술을 이용해 소비자의 뇌세포 활성이나 자율신경계 변화를 측정하여 소비자 심리 및 행동을 이해하고 이를 마케팅에 활용하고자 하는 시도다.

** 022 니치마케팅(Niche Marketing)

마치 틈새를 비집고 들어가는 것과 같다는 뜻에서 붙여진 이름이다. '니치'란 '빈틈' 또는 '틈새'로 해석되며 '남이 아직 모르는 좋은 낚시터'라는 은유적 의미를 담고 있다. 니치 마케팅은 특정한 성격을 가진 소규모의 소비자를 대상으로 판매목표를 설정하는 것이다. 남이 아직 모르고 있는 좋은 곳, 빈틈을 찾아 그곳을 공략하는 것으로, 예를 들면 건강에 높은 관심을 지닌 여성의 건강음료를 기획, 대성공을 거둔 것이 대표적인 사례로 꼽힌다. 이는 매스 마케팅(대량생산·대량유통·대량판매)에 대립하는 마케팅 개념으로 최근 시대 상황의 변화를 반영하고 있는 개념이다.

*** 023 다면평가(Multisource Evaluation) [2018년 우리은행 기출]

다면평가는 상사, 부하, 동료, 본인(자기), 고객 등 다양한 평가 주체들이 평가에 참여하는 방식인데, 이 제도는 평가 자체를 궁극적인 목적으로 하기 보다는 성과 관리 또는 그 이상의 조직 관리를 위해 사용된다. 또한 상사에 의한 단독 평가가 가져올 수 있는 관대화, 후광, 의도적 조작 등의 오류 요인과 평가자의 개인 특성에 의해 이루어지는 부정확한 평가를 보완할 수 있는 대안적인 방법이다. 평가 주체 간의 관련성이 상대적으로 낮고 각 평가 주체의 정보가 독특한 측면을 반영하기 때문에, 서로 다른 평가 주체의 점수는 자기인식 증가를 통해 성과 관리와 역량 개발에 활용할 수 있다.

***
024 당기순이익(Net Income)

[2019년 기업은행 기출]

기업이 일정 기간 동안 얻은 모든 수익에서 지출한 모든 비용을 공제하고 순수하게 이익으로 남은 몫을 말한다. 즉, 기업이 한 사업연도 동안 얼마나 돈을 벌었는지를 나타내는 수치다. 매출액과 함께 회사의 경영상태를 나타내는 대표적인 지표로 주식투자의 판단자료로도 널리 사용된다. 결산기에 각 신문에 공고되는 대차대조표를 보면 당기순이익 또는 당기순손실을 알 수 있다. 매출액에서 물건을 만드는 데 소요된 비용, 광고비, 임금 등을 차감한 것을 영업이익이라고 한다. 영업이익에서 은행 등에서 빌린 돈에 대한 이자 등(영업외비용)을 차감한 것이 경상이익이다. 당기순이익은 경상이익에서 유가증권매매손익이나 재해 등으로 인한 특별손실과 법인세 등을 차감한 것이다. 당기순이익은 일정 기간 동안 영업은 물론 비영업활동을 통해 얻은 이익의 총계를 의미하는 셈이다. 보통 세후순이익이라고 하는 것은 당기순이익을 가리킨다. 세전순이익은 당기순이익에서 세금을 빼기 전의 이익을 뜻한다. 제조업체와 은행 및 대개의 회사가 1월부터 12월까지를 사업연도로 잡고 있어 1월 중에 전사업연도의 당기순이익이 공고된다.

***
025 당좌비율(산성시험비율)

[2019년 신한은행 기출]

당좌 자산의 합계액을 유동 부채의 합계액으로 나눈 백분율로, 기업 유동성의 지표로 이용된다.

당좌비율(%) = (당좌자산 ÷ 유동부채) * 100

현금·예금·매출채권, 시장성 있는 유가증권 등으로 구성된 당좌자산 합계액을, 외상매입금·단기차입금 등의 유동부채합계액으로 나누어서 얻는 비율이다. 일반적으로 이 비율이 100% 이상이면 좋다고 본다. 당좌자산은 화폐적 자산으로 지체없이 부채에 대한 지불수단이 될 수 있기 때문이다.

***
026 대리인 문제

[2021년 상반기 신용보증기금 기출]

대리인 문제(Agency Problem)란, 한 개인 또는 집단이 자신의 이해에 직결되는 일련의 의사결정 과정을 타인에게 위임(전문 경영인과 주주관계)할 때 대리인 관계가 성립된다. 즉, 주인과 대리인 간에는 정보의 불균형, 감시의 불완전성 등으로 역선택, 도덕적인 위험이 존재하게 된다. 이러한 대리인 문제는 '전문경영인' 체제의 큰 문제점으로 지적된다.

027 대비오류

고과자가 자신과 반대되는 특성을 지닌 피고과자를 과대, 혹은 과소평가하는 경향을 말하기도 하며, 다른 피고과자와의 비교에 따라 피고과자를 과대 또는 과소평가하는 경향을 말한다. 인사고과자와 피고과자 간의 지적 수준의 차이나 세대 차이, 견해 차이 등에서 잘못 평가하게 되는 경우와 피고과자 상호 간 비교 평가 시에 발생할 수 있다.

028 대손충당금 [2022 상반기 기업은행 필기 기출]

대손충당금(reserve for bad debts)은 금융기관이 대출 이후 예상되는 상환 불이행에 대비해 미리 적립금으로 쌓아놓는 금액을 말한다. 부실위험 정도에 따라 각기 다른 비율의 충당금을 적립해야 한다. 대손충당금을 설정한 후에 거래처의 부도 등으로 채권에 대한 대손이 발생하면 해당 채권과 대손충당금을 상계하고, 대손충당금이 부족한 경우에는 그 부족액을 대손상각으로 처리한다. 대손충당금을 비용으로 계상할 경우 일정금액의 범위 내에서 비용으로 인정, 세금절감효과를 기대할 수 있다.

029 대체재와 보완재 [2020년 하반기 기업은행 기출]

① 대체재

서로 비슷한 효용을 얻을 수 있어, 대체 가능한 재화를 대체재라고 한다. 대체재는 서로 대신하여 소비될 수 있는 재화를 의미하는데, 한 재화의 가격 상승 시, 다른 재화의 수요량이 증가했다면 두 재화는 서로 대체재 관계에 있다고 보는 것이 일반적이다. 돼지고기의 가격이 상승하자, 소고기의 주문량이 증가하는 것이 이와 유사하다.

② 보완재

다른 재화와 같이 소비가 되어야 효용이 발생하는 재화를 보완재라고 한다. 한 재화의 가격 상승 시, 다른 재화의 수요량이 감소했다면 두 재화는 서로 보완재 관계에 있다고 보는 것이 일반적이다.

030 델파이법(Delphi Method)

기존 자료 부족으로 참고할 만한 자료가 없거나 미래의 불확실한 상황을 예측하고자 할 경우 도입하는 인문사회과학 분야의 분석기법 중 하나로, 전문가합의법이라고도 한다. 델파이라는 용어는 아폴론 신전이 있던 고대 그리스의 도시 델포이(Delphoe)의 아폴론 신전에서 예언가들이 모여 미래를 점치던 것에서 유래했다. 집단의 의견들을 조정 · 통합하거나 개선시키기 위한 방법 중 하나로 1948년 미국의 랜드연구소에서 개발되어 IT · 연구개발 · 교육 · 군사 분야 등에서 활용되고 있다. 델파이는 응답자의 익명성을 보장하고 반복적인 환류를 통하여 결국은 전문가들이 합의하는 아이디어를 만들도록 유도하고, 이러한 반복적인 피드백을 통한 하향식 의견 도출로 문제를 해결하는 것이 특징이다.

***031 독립채산제(Self-Financing) [2018년 우리은행 기출]

한 기업 내에서 사업부별로 따로 손익계산을 내는 책임 경영제도를 말한다. 사업부 책임자는 운영에 전권을 부여받고 자산, 부채, 자본까지도 독립적으로 운영한다. 책임과 권한을 모두 이양하는 대신 수익이 발생하면 직원들이 보상을 받게 되고 반대로 실적이 나빠 사업부가 도산하면 이에 대한 책임을 져야 한다.

***032 디드로 효과 [2022 하반기 광주은행 필기 기출]

하나의 상품을 구입함으로써 그 상품과 연관된 제품을 연속적으로 구입하게 되는 현상으로, '디드로 통일성(conformity)'이라고도 부른다. 프랑스의 사상가 드니 디드로가 친구에게서 선물 받은 멋진 가운으로 인해 결국 서재 전체를 바꾸게 됐다는 일화에서 유래했으며, 소비 패턴을 연구하는 인류학자 그랜트 매크래켄이 1988년 「문화와 소비」에서 소개했다. 즉, 제품 간 조화를 추구하는 욕구가 소비에 소비를 불러 충동구매로 이어지는 것이다. 이러한 현상이 일어나는 이유는 상품들 사이에 기능적 동질성이 아닌 정서적·심미적 동질성이 존재하기 때문이다. 외부에 관찰 가능성이 높은 품목이거나 그 제품이 소비자가 중시하는 가치를 반영할수록 이 현상은 강하게 나타난다. 주위에서 쉽게 찾아볼 수 있는 디드로 효과로는 승용차, TV에서부터 스마트폰, 컴퓨터, 냉장고 등을 구입할 때 특정 브랜드 상품만 선택하는 경우를 들 수 있다.

***033 디마케팅(Demarketing) [2018년 신한은행 기출]

기업들이 자사의 상품을 많이 판매하기보다는 오히려 고객들의 구매를 의도적으로 줄임으로써 적절한 수요를 창출하고, 장기적으로는 수익의 극대화를 꾀하는 마케팅전략이다. 수요를 줄인다는 점에서 이윤의 극대화를 꾀하는 기업의 목적에 어긋나는 것 같지만, 사실은 그렇지 않다. '흡연은 폐암 등 각종 질병의 원인이 된다', '지나친 음주는 간경화나 간암을 일으킨다'와 같은 담배 · 술의 경고문구 등이 바로 디마케팅 기법에 해당하는데, 소비자보호나 환경보호 등 기업의 사회적 책무를 강조함으로써 기업의 이미지를 긍정적으로 바꾸려 하는 경우이다.

*** 034 라이브커머스

[2020년 하반기 기업은행 기출]

실시간으로 소비자와 채팅으로 소통하며, 상품을 소개하는 스트리밍 방송을 말한다. 네이버의 '쇼핑라이브', 카카오의 '톡딜 라이브', CJ올리브영의 '올라이브', 롯데백화점의 '100라이브' 등이 국내의 대표적 라이브커머스 플랫폼이다. 가장 큰 특징으로 '상호 소통'으로 구매자와 판매자 간 실시한 소통할 수 있다. 또한 상품에 대해 다양한 정보를 주고 비대면 온라인 쇼핑의 단점을 보완가능하다. 라이브커머스의 목표 고객층은 주로 MZ세대로 1980년대~2000년대 출생 세대를 목표로 소통과 쇼핑을 결합한 서비스로 시장에 선보이고 있다.

*** 035 리깅, 래깅

[2019년 기업은행 기출]

기업 내부적으로 환율변동에 대비해 대금 결제 시기를 앞당기거나(리깅) 뒤로 미루는(래깅) 전략이다.

*** 036 리더의 유형

[2019년 신한은행 기출]

의사결정방식에 따른 리더십 유형에는 설득, 지시, 위임, 참여형이 있다.

** 037 리스트럭처링(구조조정, Restructuring)

리스트럭처링은 M&A(합병 및 인수) 외에도 LBO(인수할 회사 자체를 담보로 두어 금융기관에서 대출받은 자금으로 기업인수)나 제휴전략까지 포괄하는 개념으로 M&A를 적극적으로 활용한 사업단위의 재구축이다. '사업재구축'이라는 말로 표현되는 리스트럭처링은 비전, 즉 미래의 모습을 설정하고 그 계획을 시행하는 것이다. 소득 수준이 변화할 때 미래에 살아남기 위해 무엇을 생산할 것인가라는 문제의식이 리스트럭처링으로 연결된다.

리스트럭처링의 시행절차는 ① 비전 및 미래목표의 잠정적 설정, ② 전략사업단위의 설정, ③ 리스트럭처링 방향설정 작업, ④ 리스트럭처링 확정, ⑤ 비전 및 미래목표의 수정, ⑥ 비전 및 미래목표의 확정의 6단계로 구성된다.

** 038 리치마케팅(Rich Marketing)

고객의 생애가치와 데이터베이스를 활용하여 일부 고소득 부유층을 적극적 공량 대상으로 하는 마케팅 기법을 '리치마케팅'이라고 한다. 리치마케팅은 귀족 마케팅 혹은 명품 마케팅처럼 고가의 제품을 소수의 고객에게 판매하는 마케팅을 활용한다. 가령 백화점과 같은 유통업체에서는 일반 대중이 아닌 극소수 소비자층을 마케팅 대상으로 선정하여 적극 공략하고 있다.

***039 린 스타트업(Lean Startup)
[2019년 기업은행 기출]

단기간 제품을 만들고 성과를 측정해 제품 개선에 반영하는 것을 반복하며, 시장에서의 성공 확률을 높이는 경영 방법론의 일종이다. 일단 시제품을 제조해서 시장에 내놓고 반응을 살펴 제품을 수정해 나가는 것이 핵심이다. 일본 도요타자동차의 린 제조 방식을 본 뜬 것으로 미국의 벤처기업가 에릭 리스가 만들어 낸 개념이다. 린 스타트업은 '제조-측정-학습'의 과정을 반복하면서 꾸준히 혁신해 나가는 것을 주요 내용으로 한다.

***040 마케팅믹스(Marketing Mix)와 4P

기업이 기대하는 마케팅 목표를 달성하기 위해 마케팅에 관한 각종 전략 · 전술을 종합적으로 실시하는 것이다. 현대 마케팅의 중심 이론은 경영자가 통제 가능한 마케팅 요소인 ①제품(Product), ②유통경로(Place), ③판매가격(Price), ④판매촉진(Promotion)의 이른바 4P를 합리적으로 결합시켜 의사 결정하는 것을 말한다.

***041 마켓플레이스
[2022 하반기 하나은행 필기 기출]

판매자가 직접 입점해 상품을 판매하고 배송하는 오픈마켓이다. 누구나 판매할 물건을 인터넷 사이트에 올려 물건을 판매하거나 필요한 물건을 구매하는 방식의 인터넷 중계 쇼핑몰을 말한다. 마켓플레이스는 기존 오프라인에 비해 중간 유통 단계가 생략된다. 이렇게 중간 유통 단계가 생략되면 판매자와 구매자가 직접 연결이 되면서, 소비자는 더 저렴한 가격에 제품을 구매할 수 있게 된다. 판매자 입장에서도 중간 유통으로 인한 마진을 일부 가져오는데도 가격 경쟁력을 갖출 수 있다는 장점이 있다. 전자상거래 시장이 날로 커지면서 오프라인 유통망을 갖고 있는 백화점, 대형 할인점 등도 온라인 판매를 확대하는데 그치지 않고 다른 판매인들까지 입점시켜 마켓플레이스를 구축하는데 주력하고 있다.

***042 매몰비용(Sunk Cost)
[2020년 하반기 전북은행 기출]

이미 지출이 이루어져 다시 회수가 불가능한 비용을 매몰비용이라고 한다. 매몰비용은 과거에 이미 지출된 금액으로, 현 시점에서 기업의 의사결정에 아무런 영향을 미치지 않는 비용이기 때문에, 합리적인 선택을 위해서는 매몰비용을 고려해서 안 된다. 예를 들어, 한 기업이 10억 원의 판매 수입을 기대하고 새로운 신제품 개발에 7억 원을 지출하였으나, 기술적인 문제가 발견되어 개발 완료를 위한 비용으로 4억 원이 추가 소요될 것으로 판명되었다면, 기존에 지출한 신제품 개발비용 7억 원은 매몰비용이므로 손실을 감수하며 신제품 개발을 지속하는 것이 바람직하다.

***043 매칭

[2019년 기업은행 기출]

기업 내부적으로 환율변동에 대비해 외화의 유입/유출을 일치시키는 전략이다.

***044 매출채권회전률(Receivables Turnover)

[2018년 기업은행 기출]

매출액을 매출채권으로 나눈 회전수로서 기말의 매출채권잔액이 1년간의 영업활동을 통하여 현금인 매출액으로 회전되는 속도를 나타낸다. 매출채권 회전율이 높다는 것은 매출채권이 순조롭게 회수되고 있음을 나타내나, 반대로 이 회전율이 낮게 되면 매출채권의 회수기간이 길어지므로, 그에 따른 대손발생의 위험이 증가하고 수익감소의 원인이 된다. 평균적인 매출채권의 수준은 월별이동평균치 또는 기초잔액과 기말잔액의 평균치를 이용하는 것이 타당하겠지만 편의상 기말잔액을 그대로 사용하는 경우가 많다.
매출채권회전율은 매출채권회수기간(Receivables collection period)으로 표시되기도 하는데 이는 365일을 매출채권회전율로 나눈 것으로 매출채권을 회수하는 데에 평균 며칠이 걸리는가를 나타내는 것이다.

***045 매트릭스조직

[2019년 우리은행 기출]

기존의 기능부서 상태를 유지하면서 특정한 프로젝트를 위해 서로 다른 부서의 인력이 함께 일하는 현대적인 조직설계 방식이다. 현대적인 조직설계방식으로서 매트릭스 구조라고도 한다. 매트릭스조직에서는 서로 다른 기능부서에 속해 있는 전문 인력들이 프로젝트 관리자가 이끄는 프로젝트에서 함께 일한다. 매트릭스조직에 속한 개인은 두 명의 상급자(기능부서 관리자, 프로젝트 관리자)로부터 지시를 받으며 보고를 하게 된다. 이것은 기존의 전통적 조직구조에 적용되는 명령 통일의 원칙이 깨진 것으로서 매트릭스조직의 가장 큰 특징이다.
[조직의 성격] 매트릭스조직은 기존의 전통적인 기능조직이 지녔던 의사결정 지연이나 수비적 경영 등의 단점을 보완한다. 다시 말해, 서로 다른 기능부서에 속해 있는 전문 인력들이 함께 일하게 되면서 신속한 의사소통, 창조성 개발, 효율적 자원 사용 등이 이루어지게 된다. 하지만 명령 통일의 원칙이 깨지면서 조직질서 혼란, 권력 다툼 등의 문제가 생길 수 있으며 장기적 문제에 대해서는 오히려 미봉책을 산출할 수 있다는 단점도 있다.

***046 물적분할

[2019년 신한은행 기출]

분리, 신설된 회사의 주식을 모회사가 전부 소유하는 기업분할 방식을 말한다. 기존 회사가 분할될 사업부를 자회사 형태로 보유하므로 자회사에 대한 지배권을 계속 유지한다.

⌯ 기업분할에는 단순분할, 분할합병, 물적분할 등이 있다. 회사를 분할한다는 점은 같지만, 주주들의 지분 관계에서 차이가 있다.

047 미시적마케팅(Macro Marketing)

미시적마케팅은 특정 개인이나 지역의 기호를 만족시키기 위해 제품이나 마케팅 프로그램을 맞추는 것을 말한다. 과거에는 산업재나 고객의 수가 많지 않은 경우에 제한적으로 사용되었으나 최근에는 정보 기술의 발달로 데이터베이스 마케팅이 확산되면서 일반 소비재 분야에서도 널리 활용되고 있다. 특히, 경쟁이 치열하고 소비자들의 선호도가 분산된 시장에서 효과적일 수 있다.

048 바이럴마케팅(Viral Marketing)

바이럴 마케팅은 네티즌들이 이메일이나 다른 전파 가능한 매체를 통해 자발적으로 어떤 기업이나 기업의 제품을 홍보할 수 있도록 제작하여 널리 퍼지는 마케팅 기법이다. 이는 바이러스(Virus)와 입소문(Oral)의 합성어로서, 자연스럽게 정보가 공유되도록 함으로써 신뢰도와 인지도를 높이는 마케팅 방식이다.

049 배당기준일 [2018년 기업은행 기출]

기업에서 배당지급 의사결정이 있을 경우 이러한 배당지급을 받기 위해 주주가 자신의 주권(Shares)을 공식적으로 보유하고 있어야 하는 마지막 날을 배당기준일이라고 한다. 배당기준일 이후에 주식이 거래될 때 이를 배당락(Ex-dividend)이라고 한다.

050 배당성향(propensity to dividend) [2019년 신한은행 기출]

배당성향은 회사가 당기순이익 중 얼마를 주주에게 배당금으로 돌려주었는지를 나타내는 지표이다. 당기 사업연도의 총배당금을 당기순이익으로 나누어 산출한다. 배당성향이 높을수록 회사가 벌어들인 이익을 주주에게 그만큼 많이 돌려줌을 의미하므로 배당성향이 높은 회사가 투자가치가 높다고 할 수 있다.

051 백기사(White Knight)

'경영권 방어에 협조적인 우호 주주'를 뜻하며, 어느 기업이 적대적 M&A(인수합병)에 휘말

렸을 때 이에 대한 방어전략 중의 하나이다. 적대적 M&A란 인수대상이 되는 기업 경영진의 의사와 관계없이 공개매수나 위임장 대결을 통해 이루어지는 기업의 인수와 합병이다. 즉, 적대적 M&A를 시도하는 상대로부터 위협을 받고 있는 타깃회사가 적대적인 상대의 경영지배를 피하기 위해 이를 대신할 제3자를 물색하게 되는 경우 이 우호적인 제3의 매수자를 '백기사'라 한다.

 흑기사(Black Knight)

흑기사는 경영권 탈취를 돕는 제3자를 말한다. 즉, 백기사와는 반대로 적대적 M&A를 시도하는 사람이나 기업이 단독으로 필요한 주식을 취득하기가 현실적으로 무리가 있을 때 자기에게 우호적인 제3자를 찾아 도움을 구하게 되는데 이를 '흑기사'라고 부른다.

052 밸류에이션(Valuation)

애널리스트가 현재 기업의 가치를 판단해 적정 주가를 산정해 내는 기업가치평가이다. 이에 동원되는 지표에는 기업의 매출과 이익, 현금흐름, 증자, 배당, 대주주의 성향 등 다양하다. 그 중 "해당 기업의 한 주당 주식의 가격 * 총 발행 주식" 방식을 주로 이용한다. 이 밸류에이션에 사용되는 지표는 PER(주가수익비율)이나 EV/EBITDA 등이 있다.

053 버즈마케팅(Buzz Marketing)

구전 마케팅(Viral Marketing)의 일종으로 상품을 이용해 본 소비자가 자발적으로 그 상품에 대해 주위 사람들에게 긍정적인 메시지 전달케 함으로써 긍정적인 입소문을 퍼트리도록 유도한다. 'buzz'란 원래 벌이나 기계 등이 윙윙대는 소리를 뜻하는 단어인데 최근에는 고객이 특정 제품이나 서비스에 열광하는 과정을 나타내는 용어로도 사용된다. 버즈 마케팅은 대중매체를 통해 불특정 다수에게 무차별적으로 전달하는 기존 마케팅과는 달리 상품 이용자가 주위 사람들에게 직접 전파하도록 유도하기 때문에 광고비가 거의 들지 않지만 엄청난 효과를 내기도 한다. 영화, 음반, 유아용품, 자동차 등 다양한 제품에 적용된다.

054 벤치마킹(Benchmarking)

어느 특정 분야에서 우수한 상대를 표적으로 삼아 자기 기업과의 성과 차이를 비교하고, 이를 극복하기 위해 그들의 뛰어난 운영 프로세스를 배우면서 부단히 자기 혁신을 추구하는 경영기법이다. 즉, 뛰어난 상대에게서 배울 것을 찾아 배우는 것이다. 이런 의미에서 벤치마킹은 '적을 알고 나를 알면 백전백승'이라는 손자병법의 말에 비유된다고 할 수 있다.

***055 변혁적 리더십

[2018년 신한은행 기출]

조직구성원들이 리더를 신뢰하게 하는 카리스마는 물론, 조직변화의 필요성을 감지하고 그러한 변화를 끌어낼 수 있는 새로운 비전을 제시할 수 있는 능력이 요구되는 리더십으로 전통적 리더십인 거래적 리더십과 많은 차이가 있다. 리더가 조직구성원의 사기를 고양시키기 위해 미래의 비전과 공동체적 사명감을 강조하고 이를 통해 조직의 장기적 목표를 달성하는 것을 핵심으로 하는 것으로, 단기 성과를 강조하고 보상으로 부하의 동기를 유발하려는 거래적 리더십과의 가장 큰 차이점이다.

또한, 거래적 리더십이 현재 부하의 상태에서 협상과 교환을 통해 부하의 동기를 부여시키는 것이 중점이었다면, 변혁적 리더십은 부하의 변화를 통해 동기를 부여하고자 한다. 거래적 리더십이 합리적인 사고와 이성에 호소한다면, 변혁적 리더십은 감정과 정서에 호소하는 측면이 더 크다.

변혁적 리더십의 특징을 정리해 보면 다음과 같다. 첫째, 변혁적 리더십은 구성원을 리더로 개발한다. 둘째, 변혁적 리더십은 낮은 수준의 신체적인 필요에 대한 구성원들의 관심을 높은 수준의 정신적인 필요로 끌어올린다. 셋째, 변혁적 리더십은 구성원들이 본래 기대했던 것보다 더 넘어설 수 있도록 고무시킨다. 넷째, 변혁적 리더십은 요구되는 미래 수준의 비전을 가치 있게 만드는 변화의 의지를 만드는 방법을 의사소통한다.

이러한 변혁적 리더십은 조직합병을 주도하고, 신규부서를 만들어 내며, 조직문화를 새로 창출해 내는 등 조직에서 변화를 주도하고 관리하는 등 오늘날의 급변하는 환경과 조직의 실정에 적합한 리더십 유형으로 주장되고 있다.

**056 브레인스토밍(Brainstorming)

브레인스토밍은 여러 명이 한 가지의 문제를 놓고 아이디어를 무작위로 개진하여 그중에서 최선책을 찾아내는 방법이다.

 브레인라이팅

> 많은 구성원으로 이루어진 기업에서 흔히 사용되는 아이디어 창출 기법으로, 자기주장을 내세우기 꺼려하는 사람들의 아이디어도 취합할 수 있다는 장점이 있다. 독일에서 개발됐으며, 침묵 속에서 진행돼 개인 사고의 특징을 최대한 살릴 수 있는 집단 발상법이다.

***057 블랙엔젤(Black Angel)

'블랙엔젤'이란 천사처럼 나타나 벤처기업에 돈을 대주다가 갑자기 얼굴을 바꿔 창업자를 밀어내고 경영권을 빼앗거나 회사 성장보다는 자기 개인의 이익만을 좇는 개인투자자를 일컫는 말이다. 블랙엔젤은 기업을 성장시켜 열매를 함께 나누는 정통적인 벤처투자가 아니라 짧은 시간에 자본이득을 취하려는 분위기가 확산된 데 따른 현상이다.

블랙엔젤이 노리는 대상은 주로 재무구조가 취약해 금융대출이나 기관투자를 유치하기 힘든 벤처 창업자들이며, 매출실적이 없어 정부의 지원자금을 받기 어렵고 까다로운 담보 규정 때문에 금융기관이나 창업투자회사들로부터도 대출이나 투자를 받기가 어려운 이들의 약점을 노리는 것이다.

***058 비경합성 [2018년 기업은행 기출]

여러 사람이 함께 사용하여도 경합(경쟁)이 붙지 않는 공공재의 특성, 즉 어떤 특정 공공재를 현재 쓰고 있더라도 다른 사람들도 이를 함께 사용할 수 있는 성질을 이른다. 일반재(Private goods)에는 한 사람이 재화를 소비하면 다른 사람은 그 재화를 소비(사용)할 수 없는 성질, 즉 경합성(競合性)이 있다. 그러나 공공재는 이를 다른 사람들(경제주체)이 소비하여도 자기(경제주체)의 소비에 아무런 지장을 받지 않는 성질, 즉 비경합성을 가진다. 도로, 일기예보 등이 그 예다. 공공재는 비경합성 외에도 비배제성 · 비분할성의 특성을 갖는다.

경합성
한 사람이 더 많이 소비하면 다른 사람의 소비가 줄어드는 재화의 특성을 말한다.

***059 빅 배스(Big Bath) [2020년 하반기 광주은행, 2019년 기업은행 기출]

통상 새로 부임하는 기업 CEO가 전임자들 재임기간에 누적됐던 손실이나 향후 잠재적 부실요소까지 반영해 회계장부에서 한꺼번에 털어 버림으로써 실적부진의 책임을 전임자에게 넘기고 다음 해에 더욱 큰 실적을 유도함으로써 자신의 공적을 부각시키는 전략을 말한다. 원래 빅 배스란 '목욕을 철저히 해서 몸에서 더러운 것을 없앤다'는 뜻에서 유래한 말로, 흔히 경영진의 교체시기나 정권의 교체시기에 후임자에 의해 행해진다. 현 경영진이 회계장부를 조작하여 현재 부실을 숨기거나 이익규모를 부풀리는 분식회계(Window dressing)와 반대되는 개념이다.

① 빅배스의 개념

새로 부임하는 기업의 CEO가 전임자의 재임기간 동안의 누적 손실을 회계장부상에서 최대한으로 털어 버리는 것으로, 과오를 전임 CEO에게 넘기는 행위를 말한다. 새로 부임한 CEO는 위와 같은 과정에서 과거 발생 부실에 대해 과도상각할 가능성이 있는데, 이는 잠재적 부실까지 없애는 것이 경영성과 극대화하는 데 도움이 되기 때문이다. 하지만 이전 CEO와 경영진의 성과를 보고 투자한 투자자들은 '빅배스' 현상으로 주가 하락으로 손실을 볼 수 있다는 문제점도 있다.

② 빅배스의 사례

2020년 10월 25일, 현대기아차가 2020년 3분기에 3조 4천억 원의 충담금을 반영한다고 밝혔다. 현대기아차는 2018년 3분기 4천600억 원(현대 3천 억 · 기아 1천 600억 원), 2019년 3분기 9천 200억 원(현대 6천 100억 · 기아 3천 100억 원) 등 2차례에 걸쳐 세타2 GDi 엔진 리콜 관련 충담금을 반영했다. 관련 업계에서는 이 같은 조치를 정의선 회장의 '빅배스(Big Bath)'로 해석한다. 그룹 총수로 올라선 시점에서부터의 경영성과를 제대로 평가받기 위함이라는 분석이 많다. 현대기아차는 이번 충담금으로 2037년까지의 품질 관련 리스크를 제거했다.

***060 사내유보금(Retained Earnings) [2018년 기업은행 기출]

대차대조표의 이익잉여금과 자본잉여금을 합한 것이다. 이익잉여금은 기업이 벌어들인 이익에서 배당 등을 하고 남은 것이고, 자본잉여금은 액면가 초과 주식 발행 등 자본거래에서 생긴 차익이다. 즉 사내유보금은 회계상 개념일 뿐, 기업이 '쌓아둔 현금'은 아니다. 상당 부분은 이미 투자 등 경영 활동에 사용되고 있다. 2014년 말 기준 30대 그룹의 사내유보금은 683조 원이지만, 이 중 현금과 단기금융상품 등 현금성자산은 118조 원에 불과했다. 한국 비(非)금융 상장사의 2012년 총자산 대비 현금성자산 비중은 9.3%로 주요 8개국(G8)의 22.2%, 유럽연합(EU)의 14.8% 등과 비교했을 때 낮은 수준이다. 한편 주주에 대한 배당금, 임원 상여금, 세금 등의 지불을 사외유출이라고 한다.

***061 사업다각화 [2019년 신한은행 기출]

사업다각화란 기업이 단일 사업에만 집중 투자하며 한 분야에 전념하기보다, 주 사업 이외의 다른 분야로 사업 범위를 확장시키는 경영전략을 의미한다. 사업다각화는 크게 2가지로 나뉜다. 기업의 기존 비즈니스의 연장 선상에서 상품 라인업을 확장하는 '관련 다각화', 그리고 기존 사업과 다른 새로운 산업에 진출하는 '비관련 다각화'이다.

***062 사외이사

업무집행결정권 및 이사의 직무집행에 대한 감독권을 가지는 이사회의 한 구성원으로 법률상 상근이사와 동일한 권한과 책임을 갖는 비상근이사를 의미한다. 외환위기 이후 기업 경영의 투명성 제고와 투자자의 이익 보호를 목적으로, 기업의 지배구조를 개선하기 위해 도입되었다. 사외이사는 독립적인 위치에서 지배주주를 비롯한 이사의 직무집행에 대한 감시와 감독 직무를 객관적으로 수행해 경영의 투명성을 제고하고 정책사항의 결정을 위한 조언과 전문지식의 제공 등 기업의 건전한 발전을 위한 내부통제의 직무를 수행한다.

*** 063　사일로효과(Organizational Silos Effect)

조직 부서들이 서로 다른 부서와 담을 쌓고 내부 이익만을 추구하는 현상을 일컫는 말이다. 곡식 및 사료를 저장해두는 굴뚝 모양의 창고인 사일로(silo)에 빗대어 조직 장벽과 부서 이기주의를 의미하는 경영학 용어로 사용된다.

*** 064　사회적경제기업　　　　　　　　　　　[2021년 상반기 신용보증기금 기출]

불평등, 빈부격차, 환경파괴 등의 사회문제를 해결하고 사회혁신을 추구함으로써, 공동체 구성원 모두의 행복을 우선하며 사회적 가치를 추구하는 경제 활동을 하는 기업(또는 조직)이다.

*** 065　사회적책임(SR, Social Responsibility)

사회적책임(SR)은 기업이 사회의 일원으로 사회와 환경에 미치는 영향에 대해 책임의식을 갖고, 투명경영 · 봉사 등에 앞장서는 것을 의미하는 기업의 사회적책임인 CSR(Corporate Social Responsibility)에서 'C'(Corporate)를 삭제, 기업뿐만 아니라 정부 · 노조 · 시민단체 등에게도 사회적책임이 적용되도록 한 개념이다.

** 066　산업재마케팅

일반 개인 소비자가 아닌 조직 구매자들(예를 들어, 제조업자, 유통업자, 정부기관, 사회단체 등)을 대상으로 하는 모든 마케팅 활동을 뜻하며, 이러한 산업마케팅의 무대인 산업재 시장에서 거래되는 제품이나 서비스를 일반 소비재와 구별하여 산업재라 부른다.
산업재 마케팅의 가장 대표적인 주체는 제품 제조업자와 원료 및 부품 공급업자이며, 일반적으로 전체 산업재 시장의 규모는 많은 국가의 경우 소비재 시장의 규모를 능가하는 경우가 많을 정도로 그 중요성을 더해가고 있다.

** 067　상동적 태도(Stereotyping)

사람을 하나의 독특한 특징만을 가지고서 평가하는 태도이다. 상동적 태도는 어떤 사람에 대한 전반적 지식 없이 특징에 의해서 평가하기 때문에 사람들에 대해서 나쁜 이미지를 만들어 낼 수 있는 편견의 일종이다.

*** 068　섀도보팅(Shadow Voting)　　　　　　　[2019년 기업은행 기출]

정족수 미달로 주주총회가 무산되지 않도록 하기 위해 참석하지 않은 주주들의 투표권을 행사할 수 있는 일종의 의결권 대리행사 제도다. 불참 주주들의 의사가 반영되는 위임투표(Proxy voting)와 구별된다. 예컨대 동일한 지분을 소유한 주주 100명 중 주주총회에 참석한 주주가 10명일 경우를 가정할 때, 이 10명 가운데 해당 안건에 대해 7명이 찬성하고 3명이 반대했다고 하면 출석하지 않은 나머지 90명의 주주에 대해서도 똑같은 비율로 표결에 참여한 것으로 간주하는 것이다.

섀도보팅은 정족수가 모자라면 주주총회 자체가 성립되지 않기 때문에 참석인원 미달로 주총이 무산되는 것을 막기 위해 도입된 제도이다. 하지만 실제로는 소수 경영진이나 대주주의 경영권 강화 수단으로 악용돼 '주주 우선 경영원칙'에 위배된다는 비판을 받았다. 왜냐하면 기업들이 소액주주들의 주주총회 참여를 독려하기보다는 섀도보팅을 이용해 보다 쉽게 정족수 확보를 꾀하려는 움직임이 많았기 때문이다. 또 기업들이 섀도보팅을 선호해 주주총회의 형식화가 유발되면서 이를 개선해야 한다는 지적이 계속돼 왔다. 결국 2017년 12월 결국 폐지에 이르렀다.

***069 서번트리더쉽 [2020년 하반기 광주은행 기출]

타인을 위한 봉사에 초점을 두고, 직원과 고객의 커뮤니티를 우선으로 그들의 니즈를 욕구를 충족시키기 위해 헌신하는 리더쉽을 말한다. 미국 학자 로브트 그린리프가 1970년대에 처음 주장한 이론으로, 인간존중을 바탕으로 구성원들의 잠재력을 발휘할 수 있도록 이끌어주는 리더쉽이다. 서번트리더쉽에서는 리더의 역할을 ⓐ 방향제시자, ⓑ 의견조율자, ⓒ 일과 삶을 지원해주는 조력자 등 세 가지로 제시하고 있다.

**070 셀럽마케팅(Celeb Marketing)

유명인(Celebrity)을 뜻하는 Celeb과 마케팅(Marketing)을 합친 말이다.

※스타마케팅과의 차이점

- **스타마케팅** : 유명한 스타가 제품을 광고하면 그 스타의 인기가 그대로 상품판매에 영향을 미치게 된다.
- **셀럽마케팅** : 유명인의 이미지를 부각시키고 그 이미지를 상품의 기획 - 광고까지 적극적으로 활용한다.

[사례] 2011년에 한 TV 프로그램에서 라면요리대회를 열고 유명 연예인이 개발한 라면 조리법으로 상품화를 시켜서 선풍적인 "하얀 국물 라면"이 큰 인기를 끌었다. 또한, 한 버라이어티 프로그램에서 운전을 도맡아 하던 유명인을 대리운전의 이미지와 결부시켜 성공시켰다.

071 손실회피성(Loss aversion)

같은 금액이라면 손실을 이익보다 훨씬 더 크게 느끼는 현상이다. 손실회피 현상이란 사람들이 손실을 싫어하고 이득을 좋아하는 당연한 현상 정도를 넘어서 손실을 더욱 심하게(이득을 좋아하는 크기보다 훨씬 과중하게) 싫어하는 현상을 말하는 것이다. 예를 들어, 도박을 할 때 판돈이 작은 도박은 부담 없이 즐기지만, 판돈이 커지면 그것을 꺼려하는 성향이다. 딸 때는 더 크게 따고 잃을 때 더 크게 잃는 것보다 딸 때 좀 적게 따더라도 잃을 때 적게 잃는 것을 선호하는 것이다.

072 손익분기점

손익분기점이란 일정 기간 수익과 비용이 같아서 이익도 손실도 생기지 않는 경우의 매출액을 말한다. 이익과 손실의 갈림길이 되는 매출액이다. 이윤 극대화를 목적으로 하는 기업은 경기침체나 경쟁회사 등장 등 어떠한 경영환경 변화에도 손익분기점 이상의 매출액을 달성해야 장기적으로 유지될 수 있다.

073 수직적 통합 [2020년 하반기 기업은행, 2019년 신한은행 기출]

① 수직적 통합의 정의

제품의 전체적인 공급 과정에서, 기업이 일정 부분을 통제하는 전략을 말한다. 다각화의 한 방법으로, 수직적 통합은 전방통합과 후방통합으로 구분할 수 있다.

② 수직적 통합의 특징

가. 동종업계의 다른 기업과 통합하는 것이 수평적 통합이며, 수직적 통합은 공급과정의 일정 부분을 통제하는 전략이라는 것이 대비되는 점이다.

나. 전방통합의 경우, 원료를 공급하는 기업이 생산기업을 통합하거나, 제품 생산 기업이 유통채널 기업을 통합하는 것을 예로 들 수 있다.

다. 후방통합의 경우, 유통기업이 생산기업을 통합하거나, 생산기업이 원재료 공급기업을 통합하는 것이 후방통합의 예시이다.

라. 수직적 통합의 장점은 원재료의 독점으로 경쟁력을 높일 수 있고, 원재료부문에서의 수익성을 확보가 가능하며, 원재료부터 제품 생산까지의 기술적 일관성이 이루어지는 장점이 있다.

074 스톡옵션(주식매수선택권, Stock Option)

기업이 임직원에게 일정 기간이 지난 후에도 일정수량의 주식을 일정한 가격으로 살 수 있는 권한을 인정해 영업이익 확대나 상장 등으로 주식가격이 오르면 그 차익을 볼 수 있게 하는 보상제도. 채용 당시 많은 임금을 보장할 수는 없지만, 사업성이 높은 벤처기업의 경우 인재를 모을 때 많이 사용하는 제도다.

 우리사주제도
근로자들에게 자사주를 취득하게 하는 제도로서 근로자가 우리사주조합을 설립하여 자기회사의 주식을 취득, 보유하는 제도이다. 근로자 재산형성, 기업생산성 향상 및 협력적 노사관계 등을 목적으로 하고 있으며, 미국·영국 등 세계 여러 나라에서 이러한 목적을 위해 널리 활용되고 있다.

*075 스포츠마케팅(Sports Marketing)

기업이 이미지를 개선하고 제품의 인지도를 높여 판매를 확대하기 위해 스포츠를 활용한 마케팅 기법을 의미한다. 일례로 2014년 열린 브라질 월드컵에서는 국제축구협회(FIFA)의 공식후원사인 아디다스가 공인구 '브라주카'를 제작하였으며 현대자동차는 FIFA 로고가 새겨진 버스 등을 지원하였다.

***076 승자의 저주   [2019년 신한은행 기출]

경쟁에서 이겼지만, 승리를 위해 과도한 비용을 치러 오히려 위험한 상황에 빠지거나 후유증을 겪는 상황을 말한다. M&A 또는 법원 경매 등의 공개입찰 때 치열한 경쟁에서 승리하였지만 이를 위하여 지나치게 많은 비용을 지불함으로써 위험에 빠지는 상황에서 쓰인다.

***077 시장침투전략 & 시장개방전략   [2019년 기업은행 기출]

기존 시장에서 기존 상품을 더 팔아 성장을 유지하려는 마케팅 전략이다.

**078 신데렐라전략

신데렐라 전략이란 신데렐라가 12시 이전에 파티장을 빠져나와야 하듯이 실적 기대감이 절정인 12시가 되기 전에 시장에서 벗어나는 전략을 말한다. 하지만 이익전망이 상향 조정되기 시작하는 9시가 막 넘어가는 시점이라면, 분위기가 달아오를 파티에 적극적으로 참여해 충분히 즐겨야 한다는 의미이기도 하다. 이는 메릴린치(Merrill Lynch)의 퀀트 전략가(Quant Strategist)이자 수석 이코노미스트였던 리처드 번스타인(Richard Bernstein)의 투자시계 개념을 차용한 것이다.

*** 079　실권주

기업이 유상증자를 할 때, 주주가 배당받은 신주인수권을 포기하고 주급을 납부하지 않은 주식이다. 발행기업의 경영이 부실하거나 무리한 증자로 인해 시가가 납입한 금액보다 낮을 때, 자금이 부족하여 납입자금을 조달하는 것이 힘들 때 발생하며, 증자하는 기업은 실권주가 생기면 일반투자자를 대상으로 장내 주가보다 할인한 가격으로 '공모'를 한다.

*** 080　아마존 효과(Amazon effect)　　　[2019년 신한은행 기출]

아마존의 사업 확장으로 업계에 파급되는 효과를 뜻한다. 아마존이 해당 분야에 진출한다는 소식만 들려도 해당 산업을 주도하는 기업들의 주가가 추락하고 투자자들이 패닉에 빠지는 결과를 낳는다. 아마존은 서적, 전자제품 판매에서 점차 소포, 음식 배달, 의류, 트럭, 의약품 판매, 부동산 중개 등까지 모든 영역으로 사업을 확장하면서 해당 분야 기업들에 공포를 안기고 있다.

*** 081　아웃소싱　　　[2018년 신한은행 기출 / 2019년 우리은행 기출]

기업 업무의 일부 프로세스를 경영 효과 및 효율의 극대화를 위한 방안으로 제3자에게 위탁해 처리하는 것을 말한다. 다른 의미로는 외부 전산 전문업체가 고객의 정보처리 업무의 일부 또는 전부를 장기간 운영·관리하는 것을 뜻하기도 한다. 1980년대 후반에 미국 기업이 제조업 분야에서 활용하기 시작한 이후 전 세계 기업들로 급격히 확산되고 있는데, 이는 기술 진보가 가속화되고 경쟁이 심화하면서 기업의 내부조직(인소싱)을 통한 경제활동 비용보다 아웃소싱을 통한 거래비용이 훨씬 적게 든다는 점에 따른 것이다.

즉, 국내외의 경제 상황 악화와 이에 따른 경쟁의 격화로 인해 한정된 자원을 가진기업이 모든 분야에서 최고의 위치를 유지하기 어렵게 되면서 해당 기업이 가장 유력한 분야나 핵심역량에 자원을 집중시키고, 나머지 활동은 외부의 전문기업에 위탁 처리함으로써 경제효과를 극대화하는 전략을 말한다.

아웃소싱을 하는 이유는

① 기업이 업무나 기능을 자체적으로 제공, 유지하기에는 수익성이 부족

② 조직 내부 갈등을 해결하기 위해 제3자에게 문제를 위임

③ 내부적인 전문성은 없지만 당장 그 기능이 필요하여 그 부분을 외부에서 조달하기 위함이다.

하지만 기업에서 아웃소싱을 택하는 가장 큰 이유는 조직의 유연성과 민첩성을 제고하는 가장 효과적인 수단이기 때문이다. 기업환경은 갈수록 빠른 속도로 변화하기 때문에 예측이 불가하다. 따라서 기업조직의 전 부문에 투자하기보다 핵심적인 부분에만 투자를 하는

것이 예측할 수 없는 미래 상황과 위험에 재빠르게 대처하는 방법이다. 결국 아웃소싱은 기업의 생존 전략이라고 할 수 있다. 아웃소싱은 현재 과학기술이나 지식뿐만 아니라 물류, 생산, 마케팅, 인력 등 다양한 분야에서 이용되고 있다.

*** 082 앰부시마케팅(Ambush Marketing) [2019년 기업은행 기출]

게릴라 작전처럼 기습적으로 행해지며 교묘히 규제를 피해 가는 마케팅 기법이다. 앰부시 (ambush)는 '매복'을 뜻하는 말로, 앰부시 마케팅이란 스포츠 이벤트에서 공식적인 후원업체가 아니면서도 광고 문구 등을 통해 올림픽과 관련이 있는 업체라는 인상을 주어 고객의 시선을 끌어모으는 판촉전략이다.

*** 083 영업권 [2020년 하반기 기업은행 기출]

① 영업권이란

특정 기업이 동종의 타 기업에 비하여 초과이익을 낼 수 있는 '무형자산'을 말한다. M&A 시 기업의 순자산가치 외에 영업 노하우와 브랜드 인지도 등 회계장부상에는 집계되어 있지 않는 무형자산으로 경영권 프리미엄과 유사한 개념이다.

② 영업권의 특징

가. 영업권은 제품의 제조비법과 우수한 경영능력, 법률상의 보호 그리고 우수한 입지조건 등이 있다.

나. 기업의 정상적 영업활동 과정에서 위와 같은 초과이익 기여 요인 등이 발생할 수 있으나, 외부와의 교환거래 없이 기업 내적으로 개발된 영업권은 자산인식시기나 금액 결정 측면에서 어려움이 있기 때문에 자산으로 계상할 수 없다. 회계기준에서는 영업권을 합병이나 영업 양수 혹은 전세권 취득의 경우에 '유상'으로 취득하는 것만을 계상하도록 규정하고 있기 때문에, 기업 내적으로 영업권을 개발 및 유지에 발생하는 모든 원가는 발생 기간의 비용으로 처리하는 것이 보통이다.

다. 영업권과 관련된 개념으로, '부의 영업권'이 있는데 이는 어떤 자산을 취득 시 그 자산의 공정가액보다 낮은 가격으로 매입하는 경우를 말한다. 예를 들어 30억 원짜리 회사를 20억에 샀다면 10억 원의 부의 영업권이 발생했다고 보는 것이다. 프리미엄을 주고 기업 인수할 때 발생하는 영업권과 반대되는 개념이고, 두 회사의 합병 시 발생하는 합병차익도 부의 영업권에 해당한다. 영업권의 경우, 상각 시 비용 처리가 되지만 부의 영업권은 환입되므로 이익 발생으로 보는 것이 일반적이다. 이 이익을 20년 내 합리적 기간을 정해 정액법으로 환입하는 것이 기업회계 기준의 일반적인 해석이다.

***084 완전자본잠식

누적적자가 많아져 잉여금은 물론 납입자본금마저 모두 잠식하면 결국 자본이 모두 바닥 나게 되고 자본총계가 마이너스로 접어들게 되는데 이를 '자본전액잠식' 또는 '완전자본 잠식'이라 부른다.

[사례] 코스닥 등록 기업의 경우 자본전액잠식인 경우 즉시 퇴출, 자본잠식률이 50% 이 상인 일부 잠식은 관리종목 지정 사유가 된다. 거래소 상장기업의 경우엔 2003년 부터 자본전액잠식일 경우 관리종목 지정 없이 즉시 상장 폐지된다. 최근 저축은 행 16개 중 4개가 완전자본잠식으로 인해 퇴출위기에 있다.

**085 왕관의 보석(Crown Jewel)

적대적 M&A의 방어 기법 가운데 하나로 기업의 인수 · 합병(M&A) 시 매수 대상 기업의 사업부문 중 가장 가치 있는 핵심 자산이나 수익성 또는 성장성이 높은 사업을 뜻한다. 주로 미국에서 적대적 M&A를 방어하기 위한 수단으로 활용되고 있다. 즉, 적대적 M&A 가 시도될 때 왕관의 보석(Crown Jewel)을 미리 처분함으로써 자산가치를 떨어뜨려 M&A 를 무산시키는 방법이다.

***086 우발채무　　　　　　　　　　　　　　[2019년 신협은행 기출]

현실적으로 존재하는 채무는 아니나 장래에 우발적인 사태가 발생할 경우 확정채무가 될 가능성이 있는 특수한 성질의 채무를 말한다. 우발채무는 현실적으로는 미확정되어 있다 하더라도 회계상 채무로 인정되기 위해서도 부채 또는 어떤 재산상의 손실이 추정될 수 있는 객관적 조건이 갖추어져야만 한다. 이는 권리 의무에 대한 현실적인 발생 사실이 없 고 또 소유권에 대한 변동도 없는 것이므로 종래에는 회계대상이 되지 않는 것으로 보았 으나, 재무의 건전성을 판단하는 입장에서 이를 확실히 할 필요가 생기고, 또 채권자, 투 자자 중 기업재정상태에 깊은 이해관계를 가지고 있는 이해관계자들의 필요에 따라 오늘 날에 와서는 대차대조표에 각주 사항이나 대차계정 등 어떤 형식으로라도 이를 표시해야 하는 것이 통설로 되어 있다.

*087 운전자본

임금지불, 원료구입 등 기업이 사업을 추진하는 데 있어 필수 불가결한 자금을 의미한 다.

*** **088** 유기적 관리체계　　　　　　　　　　　[2020년 하반기 광주은행 기출]

① 유기적 관리체계란

개인과 개성이 존중되고, 개인의 기능이 횡적인 유대로 기업 전체의 목적에 부합하도록 유도되는 관리체계를 말한다. 유기적 조직은 기계적 관리체계와 대비되는 체계로, 기업의 시장환경이나 기술환경이 불확실한 환경에서는 매우 유용한 조직이다.

② 유기적 관리체계의 특징

가. 개인의 전문적 지식 · 경험 등이 기업 공통의 직무에 공헌할 수 있다.

나. 기업의 전체적 상황에서 개인의 직무가 현실적으로 설정된다.

다. 다른 구성원과의 상호작용을 통하여 개개의 직무가 항상 조정되며 재정의된다.

라. 책임을 공유한다.

마. 각자의 직무나 자기의 부문에 대한 책임감보다는 기업 전체의 목적달성에 대한 책임감이 침투되어 있다.

바. 통제 · 권한 및 의사전달은 횡적 조직망을 이룬다.

사. 현행 직무에 따르는 지식은 조직망이 미치는 곳에 존재하며, 이 지식의 존재가 권한의 센터를 형성한다. 따라서 직무가 바뀌면 권한의 센터도 바뀐다.

아. 횡적 의사소통이 잘 운용되어 있어, 상하 간의 의사전달도 명령이라기보다는 상담이라 할 수 있다.

자. 정보 · 조언 등이 의사전달의 핵심 내용이다.

차. 상사에 대한 충성심이나 복종보다는 기업 전체의 직무나 발전 · 성장에 대한 책임감에 더 높은 가치를 둔다.

카. 기업의 기술 및 경제적 환경에 관한 전문적인 지식 · 기술 등이 중요시되고 평가된다.

*** **089** 유니콘기업(Unicorn)　　　　　[2019년 기업은행 기출 / 2019년 우리은행 기출]

기업 가치가 10억 달러(1조 원)를 넘는 비상장 스타트업 기업을 전설 속의 동물인 유니콘에 비유하여 일컫는 말이다. 원래 유니콘은 머리에 뿔이 한 개 나 있는 전설 속의 동물로 말 형상을 하고 있다. 상장도 하지 않은 스타트업 기업의 가치가 1억 달러를 넘는 일은 유니콘처럼 상상 속에서나 가능한 일이라는 의미에서 여성 벤처 투자자인 에일린 리(Aileen Lee)가 2013년에 처음 사용하였다. 현재 대표적인 세계적 유니콘 기업에는 미국의 우버 · 에어비앤비 · 스냅챗과 중국의 샤오미 · 디디콰이디 등이 있다.

***090 유동부채 비율

[2020년 하반기 기업은행 기출]

유동부채 비율이란 유동부채의 과대여부를 측정하는 것을 말한다. 유동부채의 자기자본에

대한 비율을 말하며, 유동부채 비율 $= \dfrac{\text{유동부채}}{\text{자기자본}} \times 100$ 으로 나타낸다.

유동부채 비율은 자본구성의 안정성 측면에서 유용하게 이용된다.

 유동부채
유동부채란, 대차대조표일로부터 1년 이내에 지급되리라 기대되는 부채로 지급기한의 장단에
따른 부채분류에 의한 것이다. 다른 말로는 단기부채(short-term liabilities)라고 하는데 유동성
배열법에 따라 부채 중 가장 먼저 배열한다.

**091 유사성오류

평가자가 자기 자신을 지각하는 동일한 방법으로 다른 사람들을 평가할 때 발생하는 것으로 평가자가 자신과 유사하다고 인정되는 종업원들의 가치관, 태도, 성격 등을 평가자 자신에 대한 지각에 근거하여 좋게 평가하는 오류이다. 예를 들면 자신이 적극적이라고 지각하는 평가자는 종업원들의 적극성을 파악하여 평가하게 되어 보다 높은 고과점수를 부여하게 된다. 따라서 평가자와 유사한 특성을 보이는 종업원들은 이익을 보지만 그렇지 못한 종업원들은 피해를 본다.

***092 유상증자와 유상감자

[2020년 하반기 기업은행 기출]

① 유상증자

증자는 기업이 주식을 추가로 발행, 자본금을 늘리는 것을 말한다. 이때 유상증자는 새로 발행하는 신주에 대해서 돈을 내고 사는 것으로 신주 발행 시 '현금' 혹은 '현물'로 납입시켜 신주자금 또는 재산이 기업에 들어오는 경우를 말한다. 유상증자를 하면 발행주식 수와 함께 자산이 증가하는 효과가 있다. 유상증자는 이사회 결의로 가능하며, 유산신주발행이 되면, 20%는 우리사주조합원에 배정되고 나머지가 기존 주주에게 보유주식 수에 따라 배정되는 것이 일반적이다. 유상증자로 자금 조달 시, 기업의 자본금이 증가하고 부채 비율이 줄어들기 때문에 재무구조 개선으로 이어질 수 있다. 유상증자는 주식이 늘어나 주가 하락으로 이어질 수 있으나, 기업이 신규 투자에 필요한 자금 조달을 의미하기도 해서, 호재로 평가되는 경우가 있다.

② 유상감자

회사가 주식 수를 줄여, 자본을 감소시킬 때 회사에서 자본금의 감소로 발생한 환급 혹은 소멸된 주식의 매매대금을 주주에게 지급하는 것을 말한다. 만약 회사가 규모에 비

해 자본금이 많다고 판단할 경우, 자본금 규모를 적정 산출한 뒤 기업가치를 높이고 주가를 높이기 위해서 사용한다. 유상감자의 경우 주주총회의 특별결의를 거쳐 시행하도록 거쳐 시행하도록 규정하고 있다. 주주의 입장에서는 유상감자를 통해 지분을 그대로 유지하면서, 지분비율대로 보상을 받아 이익을 거두는 측면이 있다. 또한 지배 지분을 확보한 투기자본이 투자금을 회수하는 방법으로 활용되기도 한다.

*** 093 이자보상배율 [2020년 하반기 국민은행, 2019년 신한은행 기출]

이자보상배율은 기업의 채무상환능력을 나타내는 지표로, 기업이 영업이익으로 금융비용(이자 비용)을 얼마나 감당할 수 있는지를 보여주는 지표. 즉 과연 이 회사가 영업이익으로 이자를 감당할 수 있는가, 감당한 후 얼마나 여유가 있는가를 알아보는 지표이다.

기업의 채무상환 능력을 나타내는 지표로 영업이익을 금융비용(이자비용)으로 나눈 것이다. 기업이 부채에 대한 이자를 지급할 수 있는 능력을 판단하기 위해 산출한다. 이자보상배율이 1이면 영업활동으로 번 돈으로 이자를 지불하고 나면 남는 돈이 없다는 의미이다. 1보다 크다는 것은 영업 활동을 통해서 번 돈이 금융비용을 지불하고 남는다는 의미이다. 이자보상배율이 1 미만이면 영업활동에서 창출한 이익으로 금융비용조차 지불할 수 없기 때문에 잠재적 부실기업으로 볼 수 있다.

*** 094 임금피크제

일정 연령에 이른 근로자의 임금을 삭감하는 대신 정년까지 고용을 보장하는 제도로 '워크셰어링'(Work Sharing)의 한 형태다. 미국 유럽 일본 등 선진국을 중심으로 정부 부처와 대기업들이 선택적으로 적용하고 있다. 우리나라에선 2001년부터 일부 금융회사를 중심으로 임금피크제가 도입되고 있다. 임금피크제의 유형은 1. 정년보장형(정년을 보장하되 정년 이전 일정 시점부터 임금을 조정) 2. 정년연장형(정년을 연장하는 조건으로 정년 이전부터 임금을 조정) 3. 고용연장형(정년 퇴직자를 계약직으로 재고용하되 정년 이전부터 임금을 조정) 등 크게 세 가지로 구분할 수 있다. 임금피크제를 실시하면 50대 이상 계층의 실업을 완화하고 기업도 인건비 부담을 줄일 수 있는 장점이 있다.

** 095 임페리얼마케팅(Imperial Marketing)

임페리얼마케팅은 소수의 고급 수요층을 위하여 우수한 품질의 제품을 높은 가격에 판매하는 마케팅 기법을 말한다. 유럽의 자동차시장에 아시아의 저렴하고 품질이 우수한 제품이 들어오면서 값비싼 제품이 외면받기 시작했던 시기에 독일 기업가 벤델린 비데킹(Wendelin Wiedeking)은 오히려 소수의 고급 계층을 대상으로 임페리얼마케팅을 전개했으며, 결국 포르쉐는 고급 이미지를 지닌 회사로 성장하게 되었다. 이후 자동차업계뿐만 아니라 화장품, 주류, 디지털기기 등 점차 다른 다양한 업종에서도 이 전략이 활용되고 있다.

*** 096 자기자본대리비용

[2021년 상반기 신용보증기금 기출]

소유경영자가 소유주식의 일부를 자본시장에서 처분하는 경우 그 주식의 매입자와 경영자 사이에는 대리관계가 성립하며 동시에 대리비용이 발생하게 되는데, 이를 자기자본의 대리비용이라 한다. 자기자본의 대리비용은 결국 위임자인 외부주주와 대리인인 경영자(내부주주) 사이의 갈등에서 비롯되는 비용이며, 이는 소유경영자가 자신이 갖고 있는 지분을 자본시장에 처분할수록 증가하게 된다. 왜냐하면 경영자 개인이 향유하는 비금전적 편익에 따른 비용은 외부주주와 공동부담하게 되는데, 소유경영자의 지분율이 감소할수록 외부주주의 비용부담비율이 점점 커지게 되므로 경영자는 자신의 비금전적 편익을 증가시키기 위하여 적정수준 이상으로 경영비용을 지출하기 때문이다. 그 결과 기업의 부가 극대화되지 않음으로써 대리비용이 증가하게 된다.

*** 097 자기자본이익률(Return On Equity, ROE)

[2018년 국민은행 기출]

기업의 수익성을 나타내는 지표의 하나로서, 주주가 갖고 있는 지분에 대한 이익의 창출 정도를 나타낸다. 자기자본이 1,000원이고 당기순이익이 100원이라면 ROE는 10%가 된다. 쉽게 말해 주주들이 1,000원을 투자한 회사에서 100원을 벌었다는 의미다. 투자자 입장에서 보면 자기자본이익률(ROE)이 시중금리보다 높아야 투자자금의 조달비용을 초과하는 이익을 낼 수 있는 셈이다. ROE를 높이기 위해서는 수익성을 증가시키거나, 자산의 활동성(효율성)을 높여야 한다. 또, 같은 자산으로 사업을 하더라도 자기자본보다 부채가 많을수록 레버리지 효과로 인해 ROE가 높아진다. 그러나 부채를 많이 사용하면 회사가 부도를 낼 위험이 높아지게 되므로 부채비율이 높은 회사의 높은 ROE는 좋은 것이라고 말하기 어렵다. ROE가 비슷한 수준이더라도 회사별로 수익성, 자산의 활동성, 재무위험 등은 다르다.

*** 098 자본잉여금(Capital Surplus)

[2018년 기업은행 기출]

기업회계상 회사의 순자산액이 법정자본액을 초과하는 부분을 잉여금이라고 하는데, 그중 자본거래에 의한 재원을 원천으로 하는 잉여금을 말한다. 자본잉여금은 주식발행초과금, 감자차익 및 기타 자본잉여금으로 구분된다. 주식발행초과금은 경영성적이 우수한 회사가 증자를 위하여 신주를 발행할 때, 액면금액을 초과하여 할증 발행하는 경우가 있는데, 이 액면 초과 금액을 말하며, 감자차익은 회사가 경영상의 이유로 감자를 하는 경우, 감소한 자본금이 주금의 환급액 또는 결손금의 보전액을 초과한 때, 그 초과액을 말한다. 기타 자본잉여금에는 자기주식처분이익, 합병차익, 기타의 자본잉여금 등이 있다.

*** 099 자본잠식(Impairment of Capital) [2018년 국민은행 기출]

자본잠식(부분잠식)

기업의 자본은 납입자본금과 내부유보된 잉여금으로 구성된다. 이때 회사의 적자폭이 커져 잉여금이 바닥나고 납입자본금을 까먹기 시작하는 것을 '자본잠식' 또는 '부분잠식' 상태라고 한다. 자본잠식 상태에 빠졌을 때 결손부분을 주주 손실로 처리하는 과정을 '감자(減資)'라고 한다.

자본전액잠식(완전자본잠식)

누적적자가 많아져 잉여금은 물론 납입자본금마저 모두 잠식하면 결국 자본이 모두 바닥나게 되고 자본총계가 마이너스로 접어들게 되는데 이를 '자본전액잠식' 또는 '완전자본잠식'이라 부른다.

코스닥 등록 기업의 경우 자본전액잠식인 경우 즉시 퇴출, 자본잠식률이 50% 이상인 일부잠식은 관리종목 지정 사유가 된다. 거래소 상장기업의 경우엔 2003년부터 자본전액잠식일 경우 관리종목 지정 없이 즉시 상장폐지된다.

*** 100 자사주 매입과 소각 [2020년 하반기 기업은행 기출]

회사가 자기 회사의 주식을 유가증권 시장 등에서 사들이는 것을 말한다. 자사주의 취득은 원칙적으로 금지되어 있으나, 소각의 경우는 별도로 인정되고 있다. 자사주 매입은 주식의 유통 물량을 감소시기 때문에 한 주당 주식 가치를 상승시키는 요인이 되고, 자사주 매입 후 소각 과정을 거치면 배당과 같이 주주에게 이익을 환원해 주는 효과가 있다. 이는 자기자본수익률인 ROE와 주당순이익인 EPS를 증가시키기도 한다. 주가 상승과 주주 이익 환원 효과의 측면에서 긍정적이나, 투자활동으로 성장해야 하는 기업이 자기주식을 매입하는 데 돈을 쓰는 것은 성장성 있는 사업영역을 못찾고 있다는 의미로도 해석하기에 주가 상승의 영향이 단기적이라는 견해도 있다. 또한 자사주 소각이 내부 유보의 감소 등 부정적 결과만을 극대화시키거나 기업 관계자의 내부자거래 등 불공정 거래 수단으로 쓰일 가능성도 고려해야 한다.

자사주 매입은 적대적 M&A에 대해 경영권 보호 수단으로 쓰이기도 하며, 종업원에게 자사주를 지급하거나 회사의 소유 구조를 개편하기 위해 자사주 매입하기도 한다. 자사주 매입 자금은 자기자금이어야 하고, 자사주의 취득한도는 [자본금-자본준비금-이익준비금=상법상 배당 가능한 이익] 내로 취득가능하다.

***101 잔여청구권

[2018년 국민은행 기출]

회사나 조합이 해산한 경우 등 일정한 재산이 청산된 후에 남는 적극재산에 대하여 주주, 사원, 조합원 등이 분배를 청구할 수 있는 권리를 말한다. 비영리법인의 해산의 경우 잔여재산은 그 목적에 적합하도록 처분되는데 비하여 회사나 조합의 해산의 경우에는 주주, 사원, 조합원에게 출자액에 비례하여 분배하여야 한다. 잔여재산의 분배방법은 금전으로써 하는 것이 원칙이며 금전 이외의 재산은 금전으로 환가하여야 한다. 일반적으로 채권자의 변제순위가 주주의 변제순위에 우선한다.

***102 전방통합

수직적 통합의 일종으로서, 전방통합은 기업이 현재 실행하는 기업 활동으로부터 가치사슬의 마지막 부분, 즉 최종구매자의 방향의 활동들을 기업의 영역 내로 끌어들이는 것을 의미한다. 이를테면 기업들이 소비자의 전화에 응대하는 부서를 직접 운영하면 그 기업들은 최종 구매자에게 가까이 있는 활동들을 하는 것이고 전방통합을 하는 것이다.

***103 전통적 접근

[2020년 하반기 광주은행 기출]

① 전통적 접근법의 개념

초기 행정학자들이 행정 연구를 수행했던 방법을 말한다. 전통적 접근법은 고전적 접근법이라고도 하는데, 20세기 초 테일러의 '과학적 관리법'과 귤릭과 어윅의 '원리적 접근법'을 통틀어 말하는 접근법이다. 고전적 접근법이 제기된 시대적 배경으로는 산업혁명으로 인한 대량생산으로 이를 합리적 관리할 관리기술이 필요한 것이 첫 번째이고, 두 번째로는 1930년대 초 경제공황으로 실업자의 증가와 노사 대립 등 사회문제 극복을 위한 새로운 정책과 기술의 필요성이 제기되었기 때문이다.

② 전통적 접근법의 특징

가. 인간은 이윤을 추구하는 경제적 존재로, 보수만 많이 지급하면 노동을 아끼지 않고 열심히 일한다고 보는 것이다.

나. 능률과 절약을 기본 이념으로 내세우고 있으며, 이 두 가지는 합리적인 조직구조나 과학적인 원리를 통하여 이루어진다고 보고 있다.

다. 행정현상은 행정 내에서만 일어나는 현상으로, 행정 밖의 문제는 연구 대상에서 제외한다.

** **104** 제조물책임법

기업이 제조한 제품에 대한 안전과 각종 결함으로 인한 사고에 대해 기업이 책임지도록 하고, 이로 인한 피해자를 보호하기 위해 제정된 법률(2000.1.12 공포, 법률 6109호)이다. PL(Product Liability)법이라고도 한다. 기업이 제작하고 유통한 제조물에 대하여 안전을 보장하고 결함에 의한 사고에 대하여 책임지도록 법률로 규정한 것이다. 제조물책임법이 시행되기 이전에는 소비자가 제조물의 결함을 발견했다 하더라도 기업의 고의 또는 과실이 입증된 경우에만 배상을 받을 수 있었으나, 이 법이 시행되면서 제조물의 결함이 발견된 경우 기업은 소비자에게 무조건 배상해야만 한다. 즉, 제품의 결함으로 발생한 인적 · 물적 · 정신적 피해까지 공급자가 부담하는 한 차원 높은 손해배상제도로, 제조업체가 결함상품을 만들지 못하게 무거운 책임을 요구하는 것이다.

* **105** 조직 다운사이징(Downsizing)

조직 다운사이징이란 리스터럭처링의 일부분으로 조직의 슬림화 · 재정비 차원에서 의사 결정 단계를 줄이거나 수평적인 커뮤니케이션을 창출하여 조직의 효율성을 증진시키는 것을 의미한다.

*** **106** 주가순자산비율(PBR: Price Book Value Ratio)   [2020년 하반기 BNK부산은행 기출]

① 주가순자산비율(PBR)이란

주가를 '1주당 순자산(BPS)'으로 나눈 것으로, 주가가 1주당 순자산의 몇 배로 매매되고 있는 가를 표시하며 주가의 상대적 수준을 나타낸다.

② PBR의 공식과 응용

　가. PBR

　　　= 주가/1주당 순자산

　　　= 시가총액/자기자본

　　　= (시가총액/순이익) × (순이익/자기자본) = PER × ROE

　나. PBR = (ROE - 배당성장률)/(요구수익률 - 배당성장률)

③ 주가순자산비율(PBR)의 요인별 관계

　가. ROE와는 정(+)의 상관관계가 있다.

　나. 위험과는 음(-)의 상관관계가 있다.

　다. ROE가 자본비용보다 크면, PBR은 1보다 크고, 배당성장률이 높을수록 커짐.

　라. ROE가 자본비용보다 작으면 PBR은 1보다 작고, 배당성장률이 높을수록 작아짐.

> PBR이 1이 아닌 이유(순자산가치가 실질적 가치를 반영하면, PBR은 1이다.)
> ① 시간성의 차이 : 주가는 미래지향적이나, BPS는 과거지향적이다.
> ② 집합성의 차이 : 주가는 기업의 총체적 가치를 반영하나, BPS는 개별자산의 합에서 부채를 차감한 것에 불과하기 때문이다.
> ③ 자산 및 부채의 인식기준 차이 : 자산과 부채의 장부금액은 회계 관습에 지배를 받는다.

107 주당순이익(EPS) [2021 하반기 기업은행 필기 기출]

주당순이익(Earnings Per Share, EPS)은 기업의 순이익(당기순이익)을 유통주식수로 나눈 수치를 말한다.

$$주당순이익 \ = \ \frac{당기순이익 \ - \ 우선주배당금}{가중평균보통유통주식수}$$

즉, 1주당 얼마의 이익을 창출하였느냐를 나타내는 지표로 보통 1년 단위로 1주당 수익 지표라 할 수 있다. EPS라는 지표는 자본규모에 상관없이 1주당 얼마의 이익을 창출했는가의 지표기에 기업의 수익성을 비교해보기에 좋은 지표기도 하다. 일반적으로 주당순이익이 높을수록 배당여력이 크다는 것을 의미하므로 주가에 좋은 영향을 준다. 단, EPS가 크다고 배당을 잘 해주는 것은 아니기에 배당액에 대한 완전한 정보는 아니다. 사실 대한민국의 경우 배당성향이 낮은 편이고 주식투자자들도 배당보다는 주가를 높여주기를 기대하는 경우가 많다.

***108 주식매수청구권 [2019년 신한은행 기출]

주식매수청구권은 주주의 이해관계에 중대한 영향을 미칠 수 있는 기업의 합병·영업양수도 등이 주주총회에서 결의된 경우 그 결의에 반대했던 주주가 자신의 소유주식을 회사로 하여금 매수하도록 요구할 수 있는 권리를 말하며, 기존 주주 중 합병 등에 반대하는 주주들의 투하자본 회수를 보장함으로써 합병 등이 원활히 진행되도록 하기 위한 제도이다. 합병 등에 반대하는 주주는 주주총회 전까지 회사에 반대 의사를 서면으로 통지하고 주주총회 결의일부터 20일 이내에 그 소유주식을 매수하여 줄 것을 서면으로 해당 법인에게 청구하여야 하며, 해당 법인은 매수청구기간 종료일부터 1월 이내에 이를 매수하여야 한다.

***109 증자

회사가 자본금을 늘리는 것을 증자라고 하며 납입금을 받아 신주를 발행하는 유상증자와 기타자산을 자본전입하여 무상으로 신주를 발행하는 무상증자가 있다. 유상증자는 설비

투자 등 기업에 자금이 필요할 때 주요한 자금조달 수단으로 사용되며, 무상증자는 주주에 대한 보상의 의미로 행해진다.

*110 지식경영

지식경영은 기업의 개개인이 가진 지식의 공유를 통해 기업의 문제해결 능력을 향상시키려는 경영방식으로, 이는 조직구성원 개개인의 지식이나 정보, 노하우를 체계적으로 발굴하여 조직 내 보편적인 지식으로 공유함으로써, 조직 전체의 문제 해결 능력을 비약적으로 향상시키는 경영방식이다.

***111 직접세 / 간접세

직접세는 납세의무자와 조세부담자가 일치해 조세부담이 전가되지 않는 세금으로, 소득세, 법인세, 상속세, 증여세, 취득세, 등록세, 주민세, 재산세 등이 직접세에 해당한다. 간접세는 납세의무자와 담세자가 일치하지 않고 조세의 부담이 타인에게 전가되는 세금이다. 주세, 부가가치세, 개별소비세, 인지세, 증권거래세 등이 간접세에 해당한다. 주세의 경우 납세의무자는 주조업자이지만 주세를 실질적으로 부담하는 사람은 술을 구매하는 소비자이다. 즉, 주조업자가 부담한 주세가 주류의 가격에 포함돼 사실상 주류의 소비자에게 전가되는 것이다.

***112 차등의결권

보통주보다 의결권을 더 많이 가진 주식을 발행하는 것을 허용하는 제도. 차등의결권 제도가 도입되면 한 주만으로도 주주총회 의결사항에 대해 절대적 거부권을 행사할 수 있는 황금주 등을 발행할 수 있다. 차등의결권은 창업주가 자신의 지분율을 희석시키지 않고도 외부 자금을 끌어들일 수 있는 게 장점이다.

**113 차입매수(LBO)

기업을 매수하는 방법의 하나로, 매수기업의 자금력이 부족한 경우 매수의 대상이 되는 기업이 보유하고 있는 자산과 수익력을 담보로 하여 금융기관으로부터 자금을 차입해 M&A가 완료된 뒤 매수된 기업의 이익금과 자산을 매각한 대금 등으로 차입금을 상환하는 방식을 취하기 때문에 차입매수라고 한다. 모 기업이 그룹에 소속된 부실한 계열의 기업을 매수하는 것이 가장 전형적인 LBO의 형태로 매수를 끝난 뒤 소유와 경영을 일체화할 수 있다는 장점이 있다.

***114 채찍효과(Bullwhip Effect)

[2018년 신한은행 기출]

소를 몰 때 긴 채찍을 사용하면 손잡이 부분에서 작은 힘이 가해져도 끝부분에서는 큰 힘이 생기는 데에서 붙여진 명칭이다. 공급망에 있어서 수요의 작은 변동이 제조업체에 전달될 때 확대되어 제조업자에게는 수요의 변동이 매우 불확실하게 보이게 된다. 그 이유는 첫째, 수요의 왜곡, 둘째, 대량주문 우선의 법칙, 셋째, 발주에서 도착까지의 시차에서 비롯된다. 이와 같이 정보가 왜곡되어 결과적으로 공급측에 재고가 쌓이며 고객에 대한 서비스 수준도 저하된다. 또한 생산계획이 차질을 빚고, 수송의 비효율과 같은 악영향도 발생되며, 배치(batch)식 주문으로 인하여 필요 이상의 기간이 소요되는 등의 문제가 발생된다.

**115 카니발리제이션(Cannibalization)

한 기업의 신제품이 기존 주력제품의 시장을 잠식하는 현상을 가리키는 말이다. 한 기업에서 새로 출시하는 상품으로 인해 그 기업에서 기존에 판매하던 다른 상품의 판매량이나 수익, 시장점유율이 감소하는 현상을 가리킨다.

[유래] 카니발리제이션(Cannibalization)이란 동족살인을 뜻하는 카니발리즘(Cannibalism)에서 비롯된 용어로, 자기잠식 또는 자기시장잠식이라는 의미이다.

[사례] 콜라를 만드는 회사가 오리지널 콜라만 판매하다가 이와 유사한 다이어트콜라나 레몬콜라를 출시함으로써 기존 오리지널 콜라의 매출에 타격을 입는다거나, 온라인게임 개발회사가 인기가 높은 기존게임의 후속편으로 새로운 게임을 출시했는데 이용자가 새로운 게임으로 이동하여 기존게임의 이용자 수를 잃는 상황을 말한다.

**116 카페테리아식 복리후생

선택적 기업복지제도는 마치 카페테리아에서 자신이 원하는 음식을 선택하듯이, 기업이 제공하는 복리후생 항목 중 일정금액 한도 내에서 노동자가 자신의 필요에 맞춰 복리후생 항목을 선택할 수 있게 한 제도이다. 회사 측에서는 노동자의 개인별 복리 후생 한도를 결정함으로써 기업의 총 복리 후생 비용을 예측하고 효과적으로 운영할 수 있다는 장점이 있고, 노동자들은 자신들의 필요성을 충분히 반영해 복지제도를 선택할 수 있다는 장점이 있다.

***117 캐즘마케팅(Chasm Marketing)

캐즘(Chasm)은 지층 사이에 큰 틈이 생겨 서로 단절되어 있다는 것을 뜻하는 지질학 용어다. 미국 실리콘밸리의 컨설턴트인 무어(Geoffrey A. Moore)가 1991년 미국 벤처업계의 성장 과정을 설명하는 데 적절한 이론으로 차용하면서 사용되기 시작했다. 첨단기술제품이 선보이는 초기시장에서 주류시장으로 넘어가는 과도기에 일시적으로 수요가 정체되거나 후퇴하는 단절현상을 가리켜 '캐즘'이라 부르며, 이를 다루는 것이 '캐즘마케팅'이다.

*** 118 커버드 콜(Covered call)

주식을 보유한 상황에서 콜옵션을 미리 비싼 가격에 팔아 위험을 주가 하락의 위험을 안정적으로 회피하는 것을 말한다. 전부 주식만 보유한 상황에서 주가가 하락하면, 투자자의 손실이 커질 수 있는데, 콜옵션을 동시에 매도하면 보유한 주식가격 하락 시 콜옵션 매도에 따른 프리미엄 획득만큼 손실이 보전된다. 또한 주가 상승 시에도 콜옵션 매도 부문에서 손실이 발생하여도, 보유 주식 가격의 상승으로 손실을 만회할 수 있는 특징이 있다. 커버드 콜은 주로 횡보장이나 조정장에도 수익을 추구하는 방법 중 하나이다.

*** 119 코스파족

Cost-Performance를 일본식으로 발음한 용어로, 비용 대비 효용을 소비의 최고 가치로 삼는 유형을 말한다. 2000년대 초반, 장기 불황이던 일본에서 생겨난 신조어이며, 현재의 가성비나 가용비와도 유사한 용어이다.

코스파족은 적은 지출에 비해 큰 편익을 얻는 것에서 최고의 만족감을 느낀다. 여유롭지 않은 경제적 여건을 받아들이고, 비용 대비 효용 극대화에서 자발적 즐거움을 찾는 사람들의 모습을 볼 수 있다. 코스파족으로 인해 일본 내에서는 무한리필 식당 등이 인기를 끌었으며, 100엔샵과 노브랜드 전략 브랜드 등이 다수 생겼다. 한국에서도 노브랜드 전략의 등장 및 창고형 할인 매장의 등장 등을 보며 일본과 유사한 현상이 나타났다고 할 수 있다.

*** 120 코즈마케팅(Cause Marketing)

① 코즈마케팅의 개념

소비자를 통해, 기업이 경제적 가치와 공익적 가치를 동시 추구를 위한 마케팅을 말한다. 즉, 환경, 기아, 빈곤 등 사회적 이슈를 기업의 이익 추구를 위해 활용하는 것이다.

② 코즈마케팅의 특징

하버드 대학의 마이크 포터(Michael Porter) 교수와 마크 크레이머(Mark Kramer) 교수는 CSV(Creatinfg Shared Value)라는 개념을 제시한 바 있다. 이에 따르면, 기업의 존재 목적이 단순한 이윤창출이 아닌 경제적 가치와 사회적 가치를 동시에 창출하는 쪽으로 전환되어야 한다는 점인데, 코즈마케팅은 공유가치창출을 위한 마케팅 방법의 하나로서 주목을 끌었다.

③ 코즈마케팅 사례

가. American Express사의 사례

아메리칸익스프레스는 고객의 카드 사용에 따라 1센트씩, 신규 가입 시 1달러의 성금을 자유의 여신상 복원 프로젝트에 기부하는 방식으로 코즈마케팅을 선보였다. 최초의 코즈마케팅 사례로, 자사의 마케팅 활동을 자유의 여신상 복원과 연계한 모습을 알 수 있다.

나. Toms사의 사례

2006년 런칭한 신발 브랜드 '탐스슈즈'의 경우, 신발 한 켤레가 팔릴 때마다 빈민국 아이들에게 한 켤레의 신발이 기부되는 방식을 통해 코즈마케팅을 실천한 바 있다. 탐스슈즈는 3년 동안 4,000% 매출 달성을 통해 코즈마케팅의 대표적 성공 사례가 되었다.

***121 콘체른과 트러스트 [2020년 하반기 우리은행 기출]

① 콘체른이란

법률적으로 독립하고 있는 몇 개의 기업이, 출자 등의 자본적 연휴를 기초로 하는 지배 및 종속 관계에 의해 형성되는 기업결합체이다. 콘체른은 각종 산업에 걸쳐 다각적으로 독점력을 발휘하는 거대한 기업집단이다. 콘체른은 카르텔이나 트러스트와는 달리 계통이 다른 몇 개의 기업을 결합하는 기업집단이다. 콘체른에는 자본의 유효한 활용을 목적으로 하는 금융자본형 콘체른과 생산 혹은 판매상의 필요에서 만들어진 산업자본형 콘체른이 있다.

가. 금융자본형과 콘체른과 산업자본형 콘체른을 비교하면, 전자가 일반적으로 강력한데, 금융자본형 콘체른에는 중심 금융기관이 존재하기 때문이고, 그 최고의 형태는 지주회사를 정점으로 하는 콘체른이다. 미국의 모건, 일본의 미쓰비시가 이에 속한다.

나. 산업자본형 콘체른은 중심이 되는 금융기관을 가지지 않고, 산업자본이 거대화하여 타기업을 산하에 두게 된 것으로 콘체른 측면에서 파워는 상대적으로 약하다. 우리나라의 경우, 독점규제 및 공정거래에 관한 법률은 '기업결합의 제한 및 경제력 집중'을 억제하고 있으나, 공정위가 산업합리화나 국제경쟁력 강화를 목적으로 필요하다고 인정하는 경우에는 콘체른이 허용된다.

② 트러스트란

동일산업 부문에서의 자본의 결합을 축으로 한 독점적 기업결합으로, '기업합동'이라고 한다. 트러스트는 카르텔보다 강력한 기업집중의 형태로서, 시장독점을 위해 각 기업체가 각각 독립성을 상실하고 합동하는 것을 말한다. 트러스트라는 용어는 1800년대 후반, 석유재벌 록펠러의 스탠다드 오일 트러스트에서 유래되었다. 당시, 그는 신탁 증권을 교부해주는 조건으로 40여개 석유회사의 주식을 소수의 수탁자에게 위탁되도록 하였고, 수탁자는 이 석유회사들의 경영관리 등을 한손에 집중할 수 있게 되고, 석유제품에 대한 독점적 지배를 행사할 수 있게 되었다. 이러한 독점의 폐해로, 미국에서 독점금지법(Anti-Trust Law)이 제정되었다.

트러스트의 특징은 다음과 같다.

가. 일반적으로 거액의 자본을 고정설비에 투하하고 있는 경우에 트러스트 형태가 많다.

나. 트러스트는 독점의 가장 강력한 형태로서, 기업결합목적을 가장 쉽게 달성할 수 있다.

다. 횡단적 트러스트는 단순 트러스트라고 하며, 동일기업만으로 결합된 것을 말한다.

라. 종단적 트러스트는 고도 트러스트라고 하며, 상이한 업종이나 각 생산단계를 다각적으로 결합한 경우를 말한다.

122 퀀텀점프(Quantum Jump)

기업이 사업구조나 사업방식 등의 혁신을 통해 단기간에 비약적으로 실적이 호전되는 경우를 의미한다.

123 타임마케팅(Time Marketing)

상품 및 서비스를 특정 요일이나 시간대에만 할인혜택을 제공하는 저가 마케팅 방식이다. 타임마케팅의 확산은 계속되는 경기 불황에 직면한 내수 기업들이 시간 분석을 통해 틈새시장을 찾으려고 하기 때문에 도입되었다.

[사례] 금융업계에서는 직장인들의 라이프스타일에 따라 시간대별 특별 할인혜택이 강화된 카드를 새롭게 출시하고 있으며, 패스트푸드 업계는 고객이 많은 점심과 오후 시간대에 대표적인 메뉴를 할인가격에 제공한다.

124 탄력적 근로시간제

노동자 여건에 따라 근로시간이나 형태 등을 조절할 수 있는 유연근무제의 일종으로, 근로기준법 52조에 근거를 둔 제도다. 일정 기간의 근로시간을 연장시키는 대신 다른 근로일의 근로시간을 단축시킴으로써 일정 기간의 평균근로시간을 기준근로시간 이내로 설정하는 근로시간제이다.

*** 125 테이퍼 텐드럼(Taper Tantrum) [2018년 국민은행 기출]

주로 미국의 양적 완화 종료로 인한 기준 금리 인상을 우려한 투자자들이 자금을 회수함으로써 신흥국들의 통화 가치, 증시 등이 급락하는 사태로, 긴축 발작이라고도 부른다. 1994년 당시 앨런 그린스펀 미국 연방준비제도(Fed) 의장이 기습적으로 금리를 올리면서 멕시코 금융 위기가 일어났고, 대공황 직후인 1937년에는 마리너 에클스 의장이 대공황 타개 방안으로 풀어놓은 달러를 회수하기 위해 지급 준비율을 높이면서 다우지수가 49.1% 하락한 바 있다. 또 2013년에는 벤 버냉키 의장이 테이퍼링(양적 완화 축소) 가능성을 시사하면서 신흥국의 통화, 채권, 주식이 급락하는 트리플 약세가 일어난 바 있다.

*** 126 토빈의 q(Tobin's q) [2018년 국민은행 기출]

주식시장에서 평가된 기업의 시장가치를 기업 실물자본의 대체비용으로 나눈 것을 의미한다. 미국의 경제학자 제임스 토빈(James Tobin)이 제시한 개념으로, 설비투자의 동향을 설명하거나 기업의 가치평가에 이용되는 지표이다.

토빈q 비율 = 기업의 시장가치(시가총액)/ 기업 실물자본의 대체비용(순자산가치)

주식시장에서 평가된 기업의 가치는 주식가격에 발행 주식수를 곱하여 산출한다. 즉, 기업의 시가총액을 의미한다. '기업의 실물자본 대체비용'은 기업이 보유하고 있는 자산과 동등하거나 동일한 자산을 취득하는 데 소요되는 금액을 의미한다. 쉽게 말하면 동일한 회사를 지금 시점에서 설립하는 데 소요되는 예상 금액을 뜻한다.

토빈은 기업이 '토빈q'의 비율에 따라 투자를 결정한다고 하였다. '토빈q 비율'이 1보다 크면 기업은 적은 비용을 들여 높은 가치(주식시장에서)를 만들 수 있기에 투자를 늘리게 되는 것이다. 하지만 q비율이 1보다 작으면 투자를 멈춘다.

한편 일반인들이 주식투자를 위해 기업을 분석할 때, 보통 한 기업의 q비율이 높다는 것은 그 기업의 가치가 시장에서 과대평가되고 있다는 것을 뜻하며 투자를 할 경우 안정적인 수익을 얻을 수 있지만 큰 수익은 기대할 수 없다. 반면에 q비율이 낮다면 주식 시장에서 그 기업이 과소평가되어 있다는 것을 의미하므로 경쟁이 극심하거나 또는 사양업종에 속하며, 반대로 이제 막 사업을 시작하고 성장단계에 들어선 기업일 가능성이 있다. 따라서 q비율이 1보다 작을 때에는 주가 상승의 가능성이 높다.

*** 127 트라이슈머 [2020년 하반기 광주은행 기출]

시도하다의 'Try'와 소비자의 'Consumer'의 합성어로 체험적 소비자를 말한다. 트라이슈머는 회사의 광고 등에서 제공되는 정보의존을 벗어나 새로운 서비스와 제품을 직접 체험하고 경험하길 원한다. 트라이슈머는 모험적 소비자그룹으로, 새로운 소비세력으로서의 영향력이 커져가고 있다. Frisbee의 애플 체험존 등을 바탕으로 한 플래그쉽 스토어의 등장도 트라이슈머의 니즈에 맞춘 서비스 제공이라고 할 수 있다.

***128 파킨슨의 법칙(Parkinson's Law)

[2018년 우리은행 기출]

업무량 증가와 공무원 수의 증가는 서로 아무런 관련이 없으며, 공무원 수는 일의 분량과 관계없이 증가함을 통계학적으로 증명한 것이다. 영국의 역사학자이자 경영연구자인 노스코트 파킨슨(C. Northcote Parkinson)이 자신의 경험을 바탕으로 1958년 발표한 [파킨슨의 법칙(Parkinson's Law : The Pursuit of Progress)]이라는 책에서 유래하였다.

***129 팩맨 방어(Pac Man Defense)

[2019년 기업은행 기출]

일본의 비디오 전자게임 'Pac-Man'에서 비롯한 용어로, 적대적 기업인수합병(M&A) 방어전략이다. '역매수전략', '역공개매수'라고도 한다. 적대적 인수기업이 공개매수를 해올 때 여기에 맞서 매수대상기업이 역으로 적대적 인수기업의 주식을 매수하는, 적극적 매수방어책의 하나이다. 이것은 두 회사가 상호 10% 이상의 주식을 보유하는 경우 상호보유한 주식의 의결권이 제한되는 상법 규정을 이용한 방어수단으로, 즉 M&A를 시도하는 회사가 상장법인 등일 때 상대 회사의 주식을 10% 이상 매집함으로써 상호 의결권을 행사할 수 없게 하는 것이다.

***130 펭귄효과

[2020년 하반기 기업은행 기출]

펭귄효과란 어떤 제품에 대한 확신을 갖지 않다가, 주위의 누군가가 사게 되면 선뜻 구매대열에 합류하게 되는 현상을 말한다. 펭귄을 관찰할 때, 먹이를 구하기 위해 바닷물 속에 뛰어들어야 함에도 불구하고 천적에 대한 두려움 때문에 망설이는 것을 볼 수 있다. 그러나 한 마리가 물속으로 들어가면 다른 펭귄들도 따라 들어가는 모습을 빗댄 용어이다.

퍼스트 펭귄
불확실하고 위험한 상황에서 먼저 용기를 내서 도전하고, 다른 이들의 참여 동기를 유발하는 선발자를 의미한다.

***131 포이즌필(Poison Pill)

포이즌필은 적대적 인수 · 합병(M&A)의 시도가 있을 때 기존 주주들에게 시가보다 싼 가격에 지분을 매수할 수 있도록 권리를 부여해 적대적 M&A 시도자의 지분 확보를 어렵게 만드는 것을 말한다. 독약을 삼킨다는 의미에서 일명 '포이즌필'이라고 부른다.

*132 프랜차이즈(Franchisee)

제조업자나 판매업자가 독립적인 소매점을 가맹점으로 하는 영업이다. 상호, 특허 상표, 기술 등을 보유한 제조업자나 판매업자가 소매점과 계약을 통해 상표의 사용권, 제품의 판매권, 기술 등을 제공하고 대가를 받는다. 이때 기술을 보유한 자를 프랜차이저(Franchisor, 본사), 기술을 전수 받는 자를 프랜차이지(Franchisee, 가맹점)라 한다. 프랜차이즈는 본사와 가맹점이 협력하는 형태를 보이므로 계약조건 안에서만 간섭이 성립된다. 프랜차이즈는 대자본이 투입되는 사업이 아니라 소규모 자본만으로 사업을 운영할 수 있는 오늘날 각광 받는 첨단마케팅의 하나다.

**133 플라이휠 효과

[2022 하반기 신한은행 필기 기출]

플라이휠 효과(Flywheel Effect)란 아마존의 최고경영자(CEO)인 제프 베조스(Jeffrey P. Bezos)가 제시한 경영전략을 일컫는 말이다. 플라이휠(Flywheel)은 자동차 부품 중 하나로, 회전 에너지를 일시적으로 축적하며 엔진에서의 출력이 원활하게 이루어지도록 보조하는 역할을 한다. 이러한 플라이휠을 처음에 회전시키는 데는 많은 에너지가 필요하지만, 한 번 회전을 시작한 플라이휠은 관성

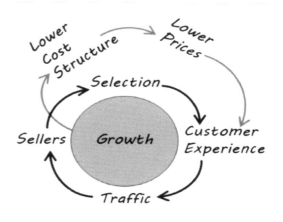

아마존의 플라이휠

에 의해 외부의 힘없이도 회전력을 계속 유지하는 특징이 있다. 제프 베조스는 이러한 플라이휠을 아마존의 순환 성장 모델로 든 바 있다. 낮은 가격에 제품을 제공하면 수요가 증가하고, 이러한 수요는 곧 새로운 판매자의 진입을 불러오게 되며, 이로 인해 생산 투입 규모가 증가함에 따라 규모의 경제가 작용해 생산비용이 절감되고, 이를 통해 다시 새로운 수요를 창출할 수 있다는 것이 바로 플라이휠 모델의 원리이다.

134 플래그십마케팅(Flagship Marketing)

시장에서 판매에 성공을 거둔 특정상품을 중심으로 판촉활동을 집중하는 마케팅 방법으로서, 앞서 시장에서 히트한 상품을 대표로 내세워 그 긍정적 이미지를 다른 관련 상품으로 확대 전파함으로써 결국 전체 상품의 판매를 극대화하는 마케팅 전략이다. 주로 후발 군소업체들이 초일류 이미지를 가진 회사와 정면대결을 피하기 위해 한 가지 역점상품을 시장에 출시해 성공한 후 이 전략을 널리 사용한다.

135 플랫폼 노동

정보통신기술의 발전으로 탄생한 디지털 플랫폼을 매개로 노동이 거래되는 새로운 고용 형태를 말한다. 스마트폰 사용이 일상화되면서 등장한 노동 형태로, 앱이나 소셜네트워크서비스(SNS) 등의 디지털 플랫폼에 소속돼 일하는 것을 말한다. 즉, 고객이 스마트폰 앱 등 플랫폼에 서비스를 요청하면 이 정보를 노동 제공자가 보고 고객에게 서비스한다.

플랫폼 노동은 노무 제공자가 사용자에게 종속된 노동자가 아닌 자영업자이므로 특수고용노동자와 유사하다는 이유로 '디지털 특고'로도 불린다. 예컨대 배달대행앱, 대리운전앱, 우버 택시 등이 이에 속한다. 그러나 플랫폼 노동자들은 노동자가 아닌 자영업자로 분류되는 탓에 대우가 낮다. 또 앱의 특성상 관련된 사람들과 수수료를 분배해야 하는 것은 물론 신속함을 중시하는 탓에 사고 위험이 커 이에 대한 대책 마련이 요구되고 있다.

136 한계기업 [2019년 신한은행 기출]

재무구조가 부실해 영업 활동을 통해 벌어들인 이익으로 이자(금융비용)도 감당하지 못하는 등 상대적 경쟁력을 상실함으로써 더 이상의 성장에 어려움을 겪는 기업을 말한다. 보통 임금 상승을 비롯한 경제 여건이 변화하면서 많이 나타나는데, 이러한 변화에 제대로 대처하지 못하고 취약한 재무구조를 드러냄으로써 점차 도태의 길을 걷게 된다. 현실적으로 경제는 소득 수준과 임금 상승, 기술 개발 등 여건이 변화하게 되면 구조조정의 과정을 겪게 되고, 이러한 구조조정의 과정에서 경쟁력을 잃고 도태되는 기업이 발생하는데, 이런 기업을 가리켜 한계기업이라고 한다.

137 한정의견 [2019년 신한은행 기출]

감사인이 재무제표에 대하여 진술하는 감사의견 중의 하나로, 감사인이 감사기준에 따라

감사를 실시한 결과 기업회계준칙에 준거하지 않았거나 기업회계원칙을 계속 적용할 경우 문제 된 사항이 재무제표에 그다지 큰 영향을 미치지 않는다고 판단한 경우에 표명하게 된다. 구체적으로 한정의견은 ① 감사인의 감사 범위가 제약을 받거나 영향을 받은 경우, ② 재무제표가 일반적으로 인정되는 기업회계원칙에 준거하고 있지 않거나 재무제표 표시가 부적정한 경우, ③ 현재로서는 합리적인 추정을 할 수 없는 비정상적인 불확실성이 존재하는 경우에 제시된다.

***138 확장제품 [2020년 하반기 광주은행 기출]

부가적인 서비스가 포함된 제품으로, 설치 및 배달, 보증, 사후 관리 그리고 대금 결제의 편의 등의 서비스가 포함된 제품을 가리킨다.

***139 황금낙하산(Golden Parachute) [2020년 하반기 광주은행 기출]

적대적 M&A를 방어하는 대표적인 기법의 하나이다. 황금낙하산은 인수 대상 기업의 CEO가 인수로 인하여 임기 종료 전 사임의 경우를 대비, 거액의 퇴직금과 저가 매수할 수 있는 스톡옵션 그리고 일정기간 동안의 보수와 보너스 금액을 받을 권리를 미리 고용계약에 기재하여 안정성을 높이는 동시에, 기업의 M&A 비용을 높이는 방법이다.

[장점] 경영자의 신분을 보장하고, M&A 코스트를 높이는 효과가 있어 적대적 M&A를 방어하는 효과가 있다.

[단점] 적대적 M&A가 아닌, 평상시에는 경영자 해임이 어려우므로 무능한 경영진에게 과도한 혜택을 제공하면서 비효율성을 초래할 수 있다.

 기타 적대적 M&A 방어전략

[팩맨 방어]
① 적대적 M&A 방어전략이다. '역매수전략'이라고도 한다.
② 적대적 인수기업의 공개매수일 때, 역으로 적대적 인수기업의 주식을 매수하는 적극적 방어책 중 하나이다.
③ 두 회사가 상호 10%의 주식 보유의 경우, 상호 보유한 주식의 의결권이 제한되는 상법규정을 이용한 방어수단이다.
④ 즉, M&A를 시도하는 회사가 상장법인 등일 때 상대 회사의 주식을 10%이상 매집함으로써 상호 의결권을 행사할 수 없게 하는 것이다.

[포이즌필]
적대적 M&A 방어전략 중 하나로, 기존 주주들에게 시가보다 싼 가격에 지분을 매수할 수 있도록 권리를 부여해 적대적 M&A시도자의 지분 확보를 어렵게 만드는 것을 만드는 것이다.

[백기사]
경영권 방어에 협조적인 우호 주주를 말한다.

[왕관의 보석]
적대적 M&A의 방어 기법 중 한 가지로, M&A 시도 시, 매수 대상 기업 사업부문 중 가장 가치 있는 핵심 자산 이나 수익성 또는 성장성이 높은 사업을 미리 매각함으로써, 자산가치를 떨어 트려 M&A를 무산시킨다.

***140 황금주식(Golden Shares)

80년대 유럽국가들이 전략적으로도 중요한 공기업을 민영화하면서 외국자본으로부터 경영권을 보호하기 위해 도입한 제도로, 민영화 이후에도 이사회 결정을 뒤집을 수 있는 권한을 부여한 특별 주식을 말한다.

**141 후광(後光)효과(Halo Effect)

인물이나 사물 등 일정한 대상을 평가하면서 그 대상의 특질이 다른 면의 특질에까지 영향을 미치는 일을 말하는데, 인사고과시에 발생하는 현상으로 어떤 사람에 대한 호의적 또는 비호의적 인상이나 특정 요소로부터 받은 인상이 다른 모든 요소를 평가하는 데 중요한 영향을 미치는 것을 말한다.
[예시 1] 얼굴이 잘생기면 왠지 성격도 좋을 것으로 생각하는 것
[예시 2] 상품 포장지가 훌륭하면 내용물도 명품일 것으로 생각

***142 후방통합   [2019년 신한은행 기출]

수직적 통합 종류의 하나로서 유통기업이 생산기업을 통합하거나, 생산기업이 원재료 공급기업을 통합하는 것을 후방통합이라 하며, 이는 기업이 공급자에 대한 영향력을 강화하기 위한 전략으로 사용된다. 후방통합은 기업이 현재 실행하는 기업 활동으로부터 가치사슬의 근원지 쪽, 즉 원재료 쪽의 방향의 활동들을 그 영역 안으로 끌어들이는 것을 의미한다. 이를테면 컴퓨터 기업들이 소프트웨어를 직접 개발할 때 그 활동들은 가치사슬의 근원지 쪽에 있으므로 후방통합을 한다고 할 수 있다.

***143 히든챔피언   [2019년 신협은행 기출]

대중에게 잘 알려지지는 않지만 각 분야의 세계시장을 지배하는 우량 기업을 가리키는 말이다. 헤르만 지몬은 히든 챔피언을 대중에게 잘 알려지지 않은 기업, 각 분야에서 세

계시장 점유율 1~3위 또는 소속 대륙에서 1위를 차지하는 기업, 매출액이 40억 달러 이하인 기업으로 규정하였다. 즉, 애널리스트들조차 잘 모르는 기업이지만 목표에 맞는 적절한 전략들을 개발함으로써 세계시장의 지배자가 된 기업이라는 뜻으로, 강소기업(强小企業; 작지만 강한 기업)이라는 말과도 유사하다. 히든 챔피언에 속하는 기업들은 평균 60년 이상의 기업수명, 평균 매출액 4,300억 원, 평균 성장률 8.8%, 분야별 세계시장 점유율 33% 이상이라는 공통점이 있다.

*** 144 6시그마(식스시그마)

시그마(Sigma)라는 통계척도를 사용하여 모든 품질수준을 정량적으로 평가하고, 문제 해결 과정과 전문가 양성 등의 효율적인 품질문화를 조성하며, 품질혁신과 고객만족을 달성하기 위해 전사적으로 실행하는 21세기형 기업경영 전략을 의미한다.

145 BCG 매트릭스   [2023 상반기 새마을금고중앙회 필기 기출]

BCG 매트릭스(BCG Matrix)는 미국의 보스턴 컨설팅 그룹(BCG)가 개발한 전략평가 기법이다. BCG는 기업이 사업에 대한 전략을 결정할 때 '시장점유율(Market Share)'과 '사업의 성장률(Growth)'을 고려한다고 가정한다. BCG 매트릭스는 이 두 가지 요소를 기준으로 기업의 사업을 '스타(Star) 사업', '현금젖소(Cash Cow) 사업', '물음표(Question Marks) 사업', '개(Dog) 사업'으로 나누었다.

- 스타(Star) 사업 : 성장률과 시장점유율이 높아서 계속 투자를 하게 되는 유망한 사업이다.(육성사업)
- 현금젖소(Cash cow) 사업 : 점유율이 높아서 이윤이나 현금흐름은 양호하지만 앞으로 성장하기 어려운 사업이다. (합리화사업)
- 물음표(Question Mark) 사업 : 신규사업. 상대적으로 낮은 시장점유율과 높은 성장률을 가진 사업으로 기업의 행동에 따라서는 차후 스타(star)사업이 되거나, 도그(dog)사업으로 전략할 수 있는 위치에 있다. 일단 투자하기로 결정한다면 상대적 시장점유율을 높이기 위해 많은 투자금액이 필요하다.
- 개(dog) 사업 : 더 이상 성장하기 어렵고 이윤과 현금흐름이 좋지 못한 안 좋은 사업이다.(철수사업)

*** 146 EBITA(Earning Before Interest, Tax, Depeiciation & Amoritization)

= 이자 및 세금, 감가상객비 등을 차감하기 전 영업이익

= 영업이익 + 감가상각비 + 기타상각비(대손충당금 등)

= 계산상의 편의를 위해 대량의 영업이익

cf EV(Enterprise Value)
= 주주가치 + 채권자가치

147 ESG(Environmental, Social and Governance)**투자**

ESG 투자에서 ESG는 환경 · 사회 · 지배구조(Environment · Social · Governance)의 약자이다. 기업의 재무적 성과뿐만 아니라 기업의 이산화탄소 배출량 같은 환경적 요소나 지배구조처럼 비재무적 성과를 고려하는 투자를 뜻한다. 한국거래소 산하 한국기업지배구조원이 매년 시행한다.

148 EVA [2022 하반기 농협은행 필기 기출]

EVA(Economic Value Added)는 경제적 부가가치를 의미한다. 세후 영업이익에서 자본비용을 차감한 값으로 주주 입장에서 본 실질적인 기업가치를 나타내는 지표이다. 1980년대 후반 미국에서 도입되었으며, 선진국에서는 기업의 재무적 가치와 경영자의 업적을 평가하는데 있어 순이익이나 경상이익보다 많이 활용되고 있다. 이는 또한 새로운 투자에 대한 사전검증은 물론 사후평가까지 할 수 있다는 점에서 기업의 투자나 경영성과를 보다 근본적으로 파악할 수 있는 유용한 판단기준을 제공해준다. 그러나 자본비용 중에서 자기자본비용은 기회비용의 성격으로 실제로 소요되는 비용이 아니기 때문에 객관적인 산출이 어렵고, EVA가 단순히 재무상태를 정확하게 나타내 줄 뿐 고객만족도나 내부평가, 성장성에 대해서는 알 수 없다는 단점이 있다.

149 IFRS [2018년 국민은행 기출]

국제회계기준위원회(IASC, International Accounting Standards Committee)가 기업의 회계 처리와 재무제표에 대한 국제적 통일성을 높이기 위해 마련해 공표하는 회계기준을 말한다. 국제회계기준 또는 국제재무보고기준이라고도 한다.
재무제표의 작성 절차, 공시 시스템, 재무 정보 시스템, 경영성과 지표, 경영 의사결정 등 기업의 전반적인 재무 보고 시스템과 회계 및 자본 시장의 감독 법규, 실무 등에 대한 국제적 기준을 규정한 IFRS는 IASC가 마련한 국제회계기준(IAS, International Accounting Standards)을 2003년부터 확대한 것으로 세계 증권시장과 투자자들이 일반적으로 사용하는 회계기준이 되었다.
한국에서는 2007년 3월 15일 '국제회계기준 도입 로드맵'을 발표하고 2009년부터 순차

PART **02**
주요용어편

적으로 국내 상장기업에 도입하였다. 이와 관련하여 한국채택 국제회계기준(K-IFRS) 관련 개정사항이 2013년부터 순차적으로 시행되었다.

***150 MBO(Management Buy Objective) [2020년 하반기 우리은행, 2018년 우리은행 기출]

① MBO란

종업원에게 업무 목표만을 지시하고, 달성방법은 종업원에게 맡기는 관리방법을 말한다. 1954년 피터 드러커의 의해 소개된 MBO는 명확한 목표설정과 책임한계에 대한 규정 그리고 참여와 상하협조, 피드백을 통한 관리계획의 개선과 동기유발 등의 특징을 가지고 있다. MBO는 달성방법뿐 아니라, 목표 설정까지 종업원에게 맡기는 경우도 있으며, 어느 경우이건 관리자는 종업원의 자주적 결정에 필요한 정보 제공을 통해, 종업원 상호 간 조정을 가능하게 한다. 조직의 거대화에 따른 종업원의 무기력화를 방지하고, 근로의욕을 향상시키는 관리방법이다.

② MBO의 특징

가. MBO는 "목표설정-목표수행-달성도 측정-평가"의 단계로 구성되어 있다.

나. MBO는 Y이론적 인간관과 자기실현적 인간관에 근거한다. 또한 분권화와 참여가 바탕이 된 관리를 선호하는 특징이 있다.

> **Y이론적 인간관**
> 인간은 본성적으로 일을 싫어하는 것이 아닌, 스스로 받아들이기로 한 일을 위해 자신을 규제하고, 적절한 조건하에서 책임을 진다고 보는 인간관을 말한다.

다. 목표주기는 1년(혹은 6개월)이 보통이며, 목표설정방식은 하향식이 주를 이루고, 나머지는 상향식 목표설정방식을 취한다.

라. 목표설정원칙의 경우, SMART을 따른다. SMART란, Specific(구체적), Measurable(측정가능),Attainable(달성가능),Relevant/Realistic(연관/현실), Time-Bound(시간제약)의 앞 글자를 딴 것이다.

마. 평가방식은 상대평가로, 결과중심적으로 평가하며, 연1~2회로 정기평가를 실시하는 것이 일반적이다. 이때, 목표달성수준은 설정 목표의 100% 이상으로, 실패문화를 불수용하는 경향이 있고, 보상과 결과를 직결시킴으로써 결과를 활용한다.

***151 MBO(Management By Out) [2018년 신한은행 기출]

기업의 전부 또는 일부 사업부나 계열사를 해당 사업부나 회사 내에 근무하고 있는 경영진과 임직원이 중심이 되어 인수하는 것으로 경영자 매수 또는 경영자 인수라고도 한다. 대부분 기업인수가 외부의 제3자에 의해 이루어지는데 비해 회사 내의 경영진과 임직원에 의해 이루어지므로 기업 입장에서는 자연스럽게 한계사업을 정리하는 동시에 인원을 조정할 수 있으며, 임직원 입장에서는 명예퇴직이나 실업의 공포에서 벗어나 새로운 도전의 기회와 회사의 주인이 될 수 있다. 고용 안정과 기업의 효율성을 동시에 추구할 수 있어 각국에서 많이 활용되고 있으며, 금융기관이 고수익을 목적으로 임직원에게 MBO 자금을 빌려주기도 한다.

152 MGM마케팅(Members Get Members Marketing = 권유마케팅)

MGM마케팅에서 MGM은 'members get members'의 뜻이다. 고객이 고객을 창출하게 한다는 것으로 '권유마케팅'이라고도 한다. 자신이 이용하는 상품이나 서비스를 남에게 권해 성공하면 혜택을 주는 등, 기존의 고객을 일종의 유통망으로 이용하는 판매기법이다.

153 MOT마케팅(Moment of Truth Marketing)

MOT는 일상 생활공간을 파고드는 마케팅기법이다. 이는 결정적인 순간 또는 진실의 순간을 포착하라는 뜻으로, 소비자들이 아침에 일어나서 신문을 보는 순간에서부터 식당에서나 또는 친구를 만나 차를 마시는 곳, 그 어느 곳에서나 제품의 이미지를 심어주는 것이 MOT 마케팅의 핵심전략이다. MOT 마케팅은 본래 1970~80년대 스웨덴 항공사인 스칸디나비아 항공이 세계 최초로 고안해 큰 성공을 거둔 이후 많은 다국적 기업들이 벤치마킹하고 있다.

154 PPL마케팅(Product in Placement Marketing = 제품간접광고마케팅)

영화나 드라마 속에 소품으로 등장하는 상품을 일컫는 것으로 브랜드명이 보이는 상품뿐만 아니라 이미지, 명칭 등을 노출시켜 관객들에게 홍보하는 일종의 광고마케팅 전략이다. PPL마케팅은 대표적인 간접광고의 일종인데, TV나 영화 속에서 특정 기업의 제품이나 브랜드 등을 삽입하여 부지불식간에 그런 제품들에 대해 소비자들의 잠재의식 속에 자연스럽게 상품의 이미지를 심고 갖고 싶다는 욕망을 불러일으키도록 하는 것이다. 채널을 돌려버리면 그만인 상업광고에 비해 영화나 드라마 속의 PPL은 시청자들에게 큰 저항감없이 무의식적으로 제품 이미지를 심어줄 수 있다는 점이 큰 특징이다.

최근에는 온라인게임을 통해 게임콘텐츠에 기업의 광고를 자연스럽게 심는 기법까지 등장해 PPL마케팅은 단순히 영화나 드라마에 국한되는 것이 아니라 각종 현장 이벤트와 온라인 등으로 급속하게 영역을 확장하고 있다.

PART **02**

주요용어편

***155 RE100

RE100은 재생에너지 전기(Renewable Electricity) 100%의 약자로 2050년까지 기업 활동에 필요한 전력의 100%를 태양광과 풍력 등 재생에너지를 이용해 생산된 전기로 사용하겠다는 자발적인 글로벌 캠페인이다. RE100은 탄소정보공개프로젝트(CDP, Carbon Disclosure Project)와 파트너쉽을 맺은 다국적 비영리기구인 '더 클라이밋 그룹(The Climate Group)' 주도로 2014년에 시작되었다. RE100을 달성하기 위해서는 크게 태양광 발전 시설 등의 설비를 직접 만들거나 재생에너지 발전소에서 전기를 사서 쓰는 방식이 있다. 이상기후가 전 세계적 문제로 떠오른 2021년부터, 우리나라 기업들도 RE100을 본격적으로 도입하기 시작했다. 정부가 2030년까지 전체 전력량의 20%를 재생에너지로 생산하겠다는 계획을 추진 중이지만, EU 완성차 업체들은 2025년까지 모든 제품을 100% 재생에너지로 생산할 것을 요구하고 있다.

***156 ROA(총자산순이익률, Return On Assets)

ROA는 기업의 총자산에서 당기순이익을 얼마나 올렸는지를 가늠하는 지표이다. 기업의 일정 기간 순이익을 자산총액으로 나누어 계산한 수치로, 특정 기업이 자산을 얼마나 효율적으로 운용했느냐를 나타낸다. 금융기관에 있어서는 특정 금융기관이 총자산을 얼마나 효율적으로 운용했느냐를 나타내는 지표를 말하며, 금융기관이 보유자산을 대출, 유가증권 등에 운용해 실질적으로 얼마만큼의 순익을 창출했는지를 가리킨다.

ROE(자기자본이익률)

ROE(Return On Equity)는 투입한 자기자본이 얼마만큼의 이익을 냈는지를 나타내는 지표이다. 기업이 자기자본(주주지분)을 활용해 1년간 얼마를 벌어들였는가를 나타내는 대표적인 수익성 지표로 경영효율성을 표시해 준다. ROE가 높다는 것은 자기자본에 비해 당기순이익을 많이 창출해, 효율적인 영업활동을 했다는 뜻이다. 그렇기 때문에 이 수치가 높은 종목일수록 주식투자자의 투자수익률을 높여준다고 볼 수 있어 투자자 측면에선 이익의 척도가 된다.

ROI(투자자본수익률)

어느 회사건 투자를 한다. 건물, 기계, 유가증권 등 투자의 대상이 아닌 것은 아무것도 없다. 따라서 개념상 "투자=자산"이라는 등식이 성립한다. 그러나 투자재원은 주주들이 납입한 자기자본과 외부차입금으로 나눠진다. 문제는 투자가 얼마나 수익성이 있는가에 달려 있다. 자금이 효율적으로 이용되면 수익이 올라가고 비효율적으로 운영되면 수익성은 떨어진다. A라는 회사와 B라는 회사가 겉으로는 똑같이 7억 원의 이익을 냈다고 하더라도 투자자본이 A는 50억 원이고 B는 60억 원이었다면 A가 훨씬 효율적인 경영을 했다는 얘기다. ROI는 그만큼 효율성에 초점을 맞춘개념이다.

*** 157   ROE

$$ROE = \frac{당기순이익}{평균자기자본} \times 100$$

자기자본이익률(ROE : Return On Equity)은 기업이 자기자본(주주지분)을 활용해 1년간 얼마를 벌어들였는가를 나타내는 대표적인 수익성 지표로 경영효율성을 표시해 준다. ROE가 타 기업들보다 낮으면 경영진이 무능하거나 그 업종이 불황이라는 뜻이 된다. ROE가 10%이면 10억원의 자본을 투자했을 때 1억원의 이익을 냈다는 것을 보여주며 ROE가 20%이면 10억원의 자본을 투자했을 때 2억원의 이익을 냈다는 의미다. 따라서 ROE가 높다는 것은 자기자본에 비해 그만큼 당기순이익을 많이 내 효율적인 영업활동을 했다는 뜻이다. 그렇기 때문에 이 수치가 높은 종목일수록 주식투자자의 투자수익률을 높여준다고 볼 수 있어 투자자 측면에선 이익의 척도가 된다. 일반적으로 ROE가 회사채 수익률보다 높으면 양호한 것으로 평가되며 최소한 국채 수익률보다는 높아야 효율적인 경영이 이뤄지고 있다고 볼 수 있다. 하지만 고ROE 기업이라고 꼭 투자대상으로 적합하다고 볼 수는 없다. 음식점이나 노점상들은 ROE가 100%를 넘는 경우도 많지만 이런 사업을 유망하다고 하지는 않기 때문이다. ROE는 본질적으로 수익성 지표일 뿐 성장성을 보장하는 지표가 아니기에 ROE만 보고 투자하는 것은 위험하다.

** 158   SRI(사회책임투자, Socially Responsible Investment)

금융사가 주식, 채권 등 금융자산에 투자할 때 무기, 아동, 노동착취, 환경오염 등 사회적으로 해로운 계약이나 기업에는 투자하지 않는 등 투자의 대상과 방식을 선별한 투자를 일컫는다. 윤리성이 높은 기업에만 투자하는 펀드가 중장기적으로는 일반적인 펀드보다 높은 수익률을 올리고 있다는 보고서도 발표되고 있다. 미국, 영국 등에서는 여러 종류의 SRI 지수가 존재한다. 미국의 DJSI(다우존스 지속가능성 지수)와Domini Social 400(DS400) 지수, 영국의 FTSE 4Good Index 등이 이에 해당한다.

*** 159   SWOT분석(Strength Weakness Opportunity Threat)

기업의 내부환경과 외부환경을 분석하여 강점(S), 약점(W), 기회(O), 위협(T) 요인을 파악한 후에 이를 토대로 경영전략을 수립하는 기법을 말한다. SWOT 분석은 외부로부터의 기회는 최대한 살리고 위협은 회피하는 방향으로, 자신의 강점은 최대한 활용하고 약점은 보완한다는 논리에 기초를 두고 있다. SWOT 분석에 의한 경영전략은 다음처럼 정리할 수 있다.

	강점(Strength)	약점(Weakness)
기회 (Opportunity)	SO전략 : 강점을 살려 기회를 포착	WO전략 : 약점을 극복함으로써 시장의 기회를 활용
위협 (Threat)	ST전략 : 강점을 살려 위협을 회피	WT전략 : 시장의 위협을 회피하고 약점을 최소화

★★160 VIB마케팅(Very Important Baby Marketing)

VIB는, '귀한 아기'라는 뜻으로, 내 아이를 위해서는 소비를 아끼지 않고 자녀만큼은 남에게 뒤지지 않게 키우려는 소비층을 지칭한다. 최근 출산율이 감소함에 따라 경제적 능력이 있는 30대 초중반 젊은 엄마들 사이에서 주로 나타나고 있는 현상이다.

[현황] 일반적으로 VIB 용품 중 최고가는 유모차며, 두 번째는 아동복이다. 이외에도 프리미엄 분유, 생수 등 다양한 제품들이 출시되고 있는데 가격이 일반 제품보다 비싸지만. 그 수요는 증가하는 추세다.

[사례] ① 롯데호텔 제주는 2012년 여름 최고급 스토케 유모차를 무료 이용할 수 있는 '스토케 패키지'를 한시 판매했는데, 아이 엄마들에게서 엄청난 호응을 얻어 9월부터 11월까지 '앵콜' 판매를 진행했다. ② 하그랜드 앰배서더 호텔은 아예 아이를 동반한 고객을 겨냥해 디럭스 킹 침대와 싱글 침대를 함께 두고 아이들이 다치지 않도록 가구를 배치한 '패밀리 룸'을 운영했다.

★★★161 WACC　　　　　　　　　　　　　　　　[2022 하반기 신한은행 필기 기출]

가중평균자본비용(WACC : Weighted average cost of capital)은 부채와 우선주, 보통주 등 유형별로 자금을 조달할 때 쓰이는 비용을 각각의 비중별로 곱해서 산정한 평균 비용을 뜻한다. 즉, 기업이 현재 보유중인 자산을 활용하여 자사의 주식가치를 유지하기 위해 벌어들여야 하는 수익률을 의미한다. 또한 현재의 경영활동과 비슷한 수준의 위험을 가진 투자 대안에 기업이 투자 시 요구되는 요구수익률이기도 하다.

$$WACC = (\text{자기자본비율} \times \frac{\text{자기자본}}{\text{총자본}}) + (\text{타인자본조달비용} \times \frac{\text{타인자본}}{\text{총자본}}) \times (1 - \text{법인세})$$

01 다음에서 제시된 설명에 부합하는 마케팅은 무엇인가?

- 복권이나 경품행사 등을 통해 경기주체와 개최장소 등을 알리는 방법
- 경기 중계방송 전후에 자사 광고를 내보내는 방법
- 경기장 주변에 광고하는 방법

① 데카르트 마케팅   ② 징글 마케팅

③ 앰부시 마케팅   ④ 니치 마케팅

⑤ 미시적 마케팅

해설

데카르트 마케팅은 유명 예술가 또는 디자이너의 작품을 제품 디자인에 적용하여 소비자의 감성에 호소하고 브랜드 이미지를 높이는 마케팅 전략이다. 징글 마케팅은 특정한 소리나 멜로디를 이용해 브랜드 이미지를 각인시키는 광고기법이다. 그림은 한번 스쳐 지나가면 그만이지만 귓속 깊숙이 파고든 광고 멜로디는 그 잔향이 오래가는 현상을 이용한 마케팅이다. 엠부시 마케팅은 공식 스폰서의 권리를 획득하지 못한 기업이 마치 자신이 스폰서인 것처럼 보여주는 전략 혹은 마케팅을 뜻한다.

02 특정 주식의 주당시가를 주당이익으로 나눈 수치로, 주가가 1주당 수익의 몇 배가 되는가를 의미하는 것은?

① PER   ② EPS   ③ ROI

④ ROE   ⑤ ROA

해설

주가수익비율(PER)은 현재 주가가 주당순이익의 몇 배인가를 나타내는 수치이다. PER가 높다는 것은 주당이익에 비해 주식 가격이 높다는 것을 의미한다. 반면 PER가 낮다는 것은 주당이익에 비해 주식가격이 낮다는 것을 뜻한다.

정답	01	③	02	①									

03 유모, 베이비시터, 피부미용사 등 서비스 산업에 종사하는 여성 노동자를 뜻하는 용어로 적절한 것은?

① 퍼플칼라　　　　　② 브라운칼라　　　　　③ 핑크칼라
④ 골드칼라　　　　　⑤ 그레이칼라

해설

핑크칼라에 대한 설명이다. 핑크칼라는 과거에는 저임금 일자리에 종사하는 여성들을 지칭하는 말이었지만, 최근에는 여성 특유의 섬세함과 부드러움이 요구되는 분야에 종사하는 여성을 의미한다.

04 다음에서 설명하는 현상으로 적절한 것은?

> 어떠한 조직 내의 각 부서들이 타 부서와 담을 쌓고, 자신이 속한 부서의 이익만을 추구하는 '부서이기주의'와 같은 현상을 의미한다.

① 후광효과　　　　　② 사일로효과　　　　　③ 나비효과
④ 초두효과　　　　　⑤ 허니문효과

해설

허니문 효과는 새 정부에 대한 기대감으로 인해 나타나는 사회 안정을 뜻한다. 한편 나비효과란 나비의 날갯짓처럼 작은 변화가 폭풍우와 같은 커다란 변화를 유발시킬 수 있다는 의미이다.
초두효과는 상반되는 정보가 시간 간격을 두고 주어지면 정보처리과정에서 초기정보가 후기정보보다 더 중요하게 작용한다는 것을 뜻한다. 이는 보통 인상 형성에 첫인상이 중요하다는 말로 해당되는데, 이때의 첫인상은 나중에 들어오는 정보를 해석하는 기준으로 작용한다.

05 세계적인 자동차 회사 C는 현재 부품을 A사로부터 아웃소싱 전략으로 조달받고 있다. 만약 C가 이러한 방식으로 운영되는 부품 조달을 직접 담당하겠다고 밝힌다면, 이는 다음 전략 중 어디에 해당하는가?

① 수평적 통합전략　　　　　② 전방통합전략　　　　　③ 후방통합전략
④ 다운사이징 전략　　　　　⑤ 벤치마킹 전략

해설

수평적 통합전략은 동일 업종의 기업이 동등한 조건 하에서 합병·제휴하는 전략을 일컫는다. 일례로 맥도날드와 롯데리아 간 통합은 수평적 통합의 예라고 할 수 있다.

06 다음 중 SWOT분석에서 WT전략에 가장 해당하지 않은 것은?

① 수확전략   ② 청산전략   ③ 긴축-우회전략

④ 다각화전략   ⑤ 철수전략

▶해설

다각화전략은 새로운 제품으로 새로운 시장을 개척한다는 의미이므로, WT전략으로서는 적절하지 않다.

07 다음 보기 중 적대적 인수합병(M&A) 시도에 대한 방어수단이 아닌 것을 모두 고르면?

가. 흑기사	나. 그린메일	다. 포이즌 필	라. 백기사	마. 황금낙하산

① 가, 마   ② 가, 나, 다   ③ 나, 다, 마

④ 가, 다, 라   ⑤ 가, 나

08 제품이나 서비스, 프로세스 등 자신의 성과를 제고하기 위해 참고할 만한 가치가 있는 대상이나 사례를 정하고, 그 대상과의 비교 분석을 통해 필요한 전략을 모색하려는 과정은?

① 식스시그마   ② 시퀘스트   ③ 신데렐라전략

④ 시뇨리지   ⑤ 벤치마킹

▶해설

벤치마킹은 어느 특정 분야에서 우수한 상대를 표적으로 삼아 자기 기업과의 성과 차이를 비교하고, 이를 극복하기 위해 그들의 탁월한 운영 프로세스를 배우면서 자기 혁신을 추구하는 경영기법이다.
- 시퀘스트 : 미 연방 지출을 자동적으로 삭감하는 것.
- 시뇨리지 : 화폐에 대한 독점적 발권력을 갖는 중앙은행이나 국가가 화폐발행을 통해 획득하는 이득을 의미함.

09 다음 중 한계기업 여부를 선정하는 데 가장 많이 활용되는 회계상의 비율은 무엇인가?

① 영업이익 / 세금비용   ② 당기순이익 / 판매관리비

③ 영업이익 / 지급이자   ④ 당기순이익 / 세금비용

⑤ 영업이익 / 판매관리비

▶해설

이자보상배율에 대한 설명으로, 영업이익 / 지급이자 비율을 의미한다.

정답	03	③	04	②	05	②	06	④	07	⑤	08	⑤
	09	③										

10 다음은 무엇에 관한 설명인가?

가. 이자, 세금, 감가삼각비 차감전 영업이익
나. 영업이익 + 감가상각비 + 기타상각비(대손충당금 등)
다. 계산상의 편의를 위한 대량의 영업이익

① EV   ② EPS   ③ EBITA
④ PBR   ⑤ PER

> **해설**
> EV(Enterprise Value)는 기업의 총가치로 시가총액 + 순차입금이다
> EPS(Earning per Share)는 주당순이익으로 당기순이익을 기업이 발행한 총주식수로 나눈 값이다.

11 다음 중 직접세에 속하지 않은 것을 모두 고른 것은?

가. 소득세	나. 법인세	다. 주세
라. 부가가치세	마. 등록세	바. 자동차세
사. 재산세	아. 증권거래세	자. 개별소비세

① 가, 라, 사, 아   ② 가, 나, 마, 자   ③ 다, 라, 아, 자
④ 다, 라, 사, 자   ⑤ 라, 마, 바, 사

> **해설**
> 직접세 : 소득세, 법인세, 등록세, 자동차세, 재산세 등
> 간접세 : 주세, 부가가치세, 증권거래세, 개별소비세 등

12 다음에서 설명하는 것으로 적절한 것은?

많은 구성원으로 이루어진 기업에서 흔히 사용되는 아이디어 창출 기법으로, 자기주장을 내세우기 꺼려하는 사람들의 아이디어도 취합할 수 있다는 장점이 있다. 독일에서 개발됐으며, 침묵 속에서 진행돼 개인 사고의 특징을 최대한 살릴 수 있는 집단 발상법이다.

① 스캠퍼기법   ② 브레인스토밍   ③ 마인드 맵
④ 브레인라이팅   ⑤ 델파이기법

▶해설

위의 글은 '브레인라이팅'에 관한 설명이다.

'스캠퍼기법'은 창의력 증진기법으로 아이디어를 얻기 위해 의도적으로 시험할 수 있는 7가지 규칙을 의미한다. S=Substitute [기존의 것을 다른 것으로 대체해 보라], C=Combine [A와 B를 합쳐 보라], A=Adapt [다른 데 적용해 보라], M=Modify, Minify, Magnify [변경, 축소, 확대해 보라], P=Put to other uses [다른 용도로 써 보라], E=Eliminate [제거해 보라], R=Reverse, Rearrange [거꾸로 또는 재배치해 보라] 등을 뜻한다.

13 다음의 글에서 빈칸에 공통으로 들어갈 말로 가장 적절한 것은?

> (중략) 그러나 현실은 스타트업들의 열악한 창업 여건에서 정부지원에 지나치게 의존하고 있고 창업지원기관 역시 스타트업들을 평가할 때 역시 단기간의 재무적 성과를 강조하다보니 스타트업들에게는 _____이라는 것이 사치로 여겨질지도 모른다.
>
> 그런데 하버드대 교수 출신으로 _____분야의 세계 최고 권위자인 아이젠버그 교수도 _____이란 '돈'을 쫓는 게 아니라 '가치'를 추구하고 창출해 내기 위해 기회를 찾아다니는 것이라고 말했다. 즉, 고객에게 단순히 상품을 파는 게 아니라 뛰어난 가치를 선사할 때 큰 수익이 남게 되고 결국 회사의 성장으로 이어져 스케일업이 된다는 것을 설명하고 있다.

① 사회적 책임   ② ESG투자   ③ 임팩트 투자

④ CSV   ⑤ 기업가정신

▶해설

CSV(공유가치창출)은 기업의 경제적 가치와 공동체의 사회적 가치를 조화시키는 경영으로, 2011년 마이클 포터가 하버드 비즈니스 리뷰에 처음 제시한 용어다. CSV는 CSR과 비슷하지만 '가치 창출'이라는 점에서 가장 큰 차이가 있다. CSR은 선행을 통해 기업의 이윤을 사회에 환원하기 때문에 기업의 수익 추구와는 무관하다. CSV는 기업의 사업 기회와 지역 사회의 필요가 만나는 지점에서 사업적 가치를 창출해 경제적 · 사회적 이익을 모두 추구한다.

임팩트투자는 투자행위를 통해 수익을 추구하는 것뿐 아니라 사회나 환경에 긍정적인 영향을 미치는 사업이나 기업에 돈을 투자하는 행태를 말한다. 이전까지의 착한 투자는 사회적으로 '나쁜기업'을 배제하고 '착한기업'에 투자한다는 점에서 사회책임투자(SRI)와 유사하지만 임팩트 투자는 구체적인 수익률을 가지고 사회문제나 환경문제에 긍정적인 영향력을 발휘할 수 있는 사업이나 기업을 적극적으로 찾아 나서며 장기적으로 투자한다는 점이 다르다.

정답	10	③	11	③	12	④	13	⑤				

14 다음에서 설명하는 개념을 올바르게 짝지은 것은?

> (A) 제품개발, 유통, 생산, 금융, 마케팅 등의 각종 활동과 흐름을 컴퓨터 커뮤니케이션과 오토메이션에 의한 저스트인타임(Just in time)으로 전개시켜 필요한 시간을 크게 단축시키는 마케팅 기법을 말한다.
> (B) 실제 수요의 크기가 마케터가 공급할 수 있거나 공급하려는 바람직한 수요의 크기를 초과하는 상태에서 수행하는 마케팅 기법이다.

	(A)	(B)
①	디마케팅	공생마케팅
②	디마케팅	터보마케팅
③	터보마케팅	디마케팅
④	왕홍마케팅	플래그십마케팅
⑤	플래그십마케팅	왕홍마케팅

해설
(A)는 터보마케팅, (B)는 디마케팅에 관한 설명이다.

15 (ㄱ)과 (ㄴ)에 적합한 말은?

> (ㄱ)이란 인수대상 기업의 이사가 임기 전에 물러나게 될 경우 거액의 특별 퇴직금이나 스톡옵션 등을 주도록 하는 제도이다.
> (ㄴ)이란 적대적 M&A 시도가 있을 때 기존 주주들에게 시가보다 싼 가격에 지분을 매수할 수 있는 권리를 부여해 적대적 M&A 시도자의 지분 확보를 어렵게 만드는 것이다.

	(ㄱ)	(ㄴ)
①	황금낙하산	백기사
②	황금낙하산	팩맨
③	황금낙하산	포이즌필
④	독소조항	팩맨
⑤	독소조항	왕관의보석

해설
팩맨(Pac Man)은 어떤 기업이 적대적 매수를 시도하면 매수대상 기업이 이에 대항해 자신이 매수 기업을 인수하겠다는 역매수 계획을 공표하고 매수기업 주식의 공개매수 등을 시도하는 것으로 반격 전략의 일종이다. 두 편이 서로 잡아먹기 시합을 벌이는 컴퓨터 게임의 이름을 딴 것으로 역공개매수(counter tender often)라고도 한다. 이를 통해 매수대상 기업은 매수 희망기업이 자사에 대한 적대적 M&A를 포기하도록 유도하게 된다. 그러나 이 전략은 양 기업의 전면전 성격을 띠므로 상호 간에 깊은 상처를 입을 수밖에 없다.

16 다음 중 마케팅 요소인 **4P**에 해당하지 않는 것은?

① Product   ② Place   ③ Plan   ④ Price   ⑤ Promotion

> **해설**

4P에는 ① 제품(product), ② 유통경로(place), ③ 판매가격(price), ④ 판매촉진(promotion)이 해당한다.

17 다음의 (가), (나)에서 설명하는 마케팅 기법으로 적절한 것은?

> (가) 특정한 소리나 멜로디만 들으면 즉각적으로 브랜드나 서비스를 연상할 수 있도록 유도함으로써 브랜드 이미지를 각인시키는 광고기법 혹은 마케팅을 말한다. 이는 사전적으로 첫째 딸랑딸랑, 짤랑짤랑, 따르릉 등의 의성어, 둘째 후렴 등이 딸린 외기 좋은 시구나 어조가 듣기 좋게 배열된 말 등 비슷한 소리의 반복을 의미하는 말이다.
>
> (나) 제품에 예술적 디자인을 접목함으로써 소비자의 감성에 호소하고, 브랜드 이미지와 품격을 높이는 신종 마케팅 전략을 일컫는 말이다. 즉, 뛰어난 기술력은 물론 예술적 디자인을 갖춘 제품을 통하여 소비자의 마음을 사로잡는다는 전략이다.

	(가)	(나)
①	토네이도마케팅	뉴메릭마케팅
②	뉴메릭마케팅	토네이도마케팅
③	MOT마케팅	MGM마케팅
④	징글마케팅	데카르트마케팅
⑤	MOT마케팅	데카르트마케팅

> **해설**

각각 '징글마케팅'과 '데카르트마케팅'에 관한 설명이다.

토네이도 마케팅(tornado marketing)은 첨단기술제품의 시장변화 단계 중 토네이도(수요폭발) 단계에서 취해야 하는 마케팅 전략이다. 이는 기존에 없는 전혀 새로운 기술을 도입해 소비자에게 생소한 첨단제품을 상용화에 성공시켜 어떤 방식으로 시장에 소개하고 시장에 접근시켜 수익 극대화로 이끌어 낼 것인가에 대한 전략과 전술로서, 첨단제품 마케팅에서의 기술 수용주기 이론으로 유명한 제프리 A. 무어가 그의 저서 <토네이도 마케팅>에서 제시한 개념이다.

뉴메릭 마케팅(numeric marketing)은 숫자를 통하여 브랜드와 상품의 인지도를 높이는 마케팅 기법으로, 브랜드나 상품의 특성을 나타내는 숫자와 연관된 이벤트를 통해 사람들에게 인지도를 높이는 마케팅 전략이다.

숫자는 이미지 전달이 빠르고, 제품의 특징을 함축적으로 전달할 수 있는 장점이 있다. 또 소비자들에게 호기심을 자극할 수 있어서 마케팅 효과도 크다. 1318, 2030, 386, 7080, 빼빼로데이, 2080치약 등이 모두 뉴메릭 마케팅에 속한다.

정답	14	③	15	③	16	③	17	④			

18 다음에서 설명하는 (가), (나)에 해당하는 용어로 적절한 것은?

> (가) 이들은 벤처기업의 경영권, 기술정보, 물품 등을 빼앗아 가거나, 회사의 성장보다는 자기 개인의 이익만을 쫓는 사람 혹은 기업들이다.
>
> (나) 2003년 미국의 경제잡지《하버드 비즈니스 리뷰Harvard Business Review》가 처음 소개하였으며, 21세기에 들어와 웰빙·절약과 함께 중산층 소비자들의 소비심리로 자리 잡았다. 이들은 명품보다 가격이 낮고 대량으로 생산되며, 이용자만의 자긍심과 동질감을 느끼게 해준다는 특징을 보인다.

	(가)	(나)
①	블랙엔젤	BYOD족
②	블랙엔젤	매스티지족
③	그레이칼라	BYOD족
④	그레이칼라	매스티지족
⑤	그린메일러	매스클루시비티

▶해설

'블랙엔젤'이란 천사처럼 나타나 벤처기업에 돈을 대주다가 갑자기 얼굴을 바꿔 창업자를 밀어내고 경영권을 빼앗거나 회사 성장보다는 자기 개인의 이익만을 쫓는 개인투자자를 일컫는 말이다. 블랙엔젤은 기업을 성장시켜 열매를 함께 나누는 정통적인 벤처투자가 아니라 짧은 시간에 자본이득을 취하려는 분위기가 확산된 데 따른 현상이다. 'BYOD(Bring Your Own Device)'는 노트북이나 스마트폰, 태블릿 피씨와 같은 디지털 기기를 지참하라는 의미로, 자신이 구매한 모바일 기기로 회사 업무를 처리하는 사람들을 일러 BYOD족이라 한다. 스마트 오피스족이라 부를 수도 있다.
매스클루시비티(Massclusivity)는 '대중'을 뜻하는 'mass'와 '특별 혹은 배제'를 뜻하는 'exclusivity'의 합성어로, 대중 소비자를 배제하고 초우량 고객만을 대상으로 하는 마케팅을 지칭한다. 대량생산 시스템 내에서 생산을 하면서도 VIP에 해당하는 개별 고객의 요구에 대해 한정 생산하는 차별화 전략이다. 매스티지(masstige)와 같이 이미 대중화된 명품에 식상해진 일부 계층들이 자신만을 위해 차별화된 희소한 재화나 용역을 원하면서 확대되고 있는 마케팅 전략이다. 매스티지(masstige)는 대중(mass)과 명품(prestige product)을 조합한 말로 명품의 대중화 현상을 의미한다.

19 기업인수와 합병에 직접적인 관계가 가장 없는 용어는?

① 왕관의 보석   ② 팩맨   ③ 황금낙하산
④ 린치핀   ⑤ 포이즌 필

▶해설

린치핀(linchpin)은 마차나 수레, 자동차의 바퀴가 빠지지 않도록 축에 꽂는 핀으로서, 비유적으로 핵심이나 구심점을 뜻하기도 하며 외교적으로는 꼭 필요한 동반자라는 의미이다.

20 **간접세에 대한 설명으로 적절하지 않은 것은?**

① 간접세는 납세의무자와 담세자가 일치하는 조세이다.

② 간접세는 직접세에 비해서 조세저항이 작다.

③ 조세의 징수가 용이하나, 빈부격차를 심화시킬 수 있다.

④ 간접세의 대표적인 예로 주세와 부가가치세 등이 있다.

⑤ 개발도상국은 보통 간접세가 재정 수입에서 큰 비중을 차지하는 경향이 있다.

해설

간접세는 조세 부담이 제3자에게로 전가되는 조세로 납세의무자와 담세자가 다른 조세이다.

정답	18	②	19	④	20	①							

*001 거울뉴런(Mirror Neuron)

다른 개체가 특별한 움직임을 행하는 것을 관찰할 때 활동하는 신경 세포이다. 다른 개체의 움직임을 거울처럼 반영한다고 해서 붙여진 이름으로, 아기들과 원숭이를 포함한 영장류에서 종종 볼 수 있는 모방행위도 이에 해당한다. 사람은 이를 '공감' 능력이라고 표현한다.

***002 게리맨더링(Gerrymandering)　　　　　[2018년 우리은행 기출]

특정 정당이나 특정인에 유리하도록 선거구를 정하는 것으로, 예컨대 반대당이 강한 지구를 억지로 분할하거나 자기 당에게 유리한 지역적 기반을 멋대로 결합시켜 당선을 획책하는 것을 말한다. 선거구를 정함에 있어 특정 정당이나 후보에 유리하도록 정했을 경우 선거의 공정을 기할 수 없다. 따라서 이런 행위를 방지하기 위해 선거구는 국민의 대표기관인 국회의 의결을 거쳐 만들어진 법률로 정하도록 규정되어 있으며, 이러

한 원칙을 선거구법정주의(選擧區法定主義)라 한다. 게리맨더링이라는 용어는 미국 메사추세츠 주시사였던 엘브리지 게리(E. Gerry)가 1812년의 선거에서 자기 당에게 유리하도록 선거구를 정했는데 그 부자연스러운 형태가 샐러맨더(Salamander, 불속에 산다는 그리스 신화의 불도마뱀)와 비슷한 데서 유래하였다.

** 003 고르디우스 매듭(Gordius Knot)

고르디우스의 매듭은 '풀기 어려운 문제', 즉 고르디우스 매듭을 푸는 행위는 '난해한 문제를 해결하다'는 뜻으로 사용된다. 고르디우스의 매듭은 BC 800년 전 고대 국가인 프리기아의 왕 고르디우스 이야기에서 비롯된 것이다. 이 설화에 따르면 고르디우스는 자신의 마차를 제우스 신전에 봉안한 뒤 복잡한 매듭으로 묶어둔다. 그리고 이 매듭을 푸는 사람이 아시아의 왕이 되리라는 신탁을 남기게 된다. 이에 매듭을 풀기 위해 많은 영웅이 도전했으나 모두 실패하고 말았다. 이후 수백 년이 흘러 프리지아 원정에 나선 알렉산더(Alexander) 대왕은 고르디우스의 매듭에 얽힌 이야기를 듣고 제우스 신전을 찾아가게 된다. 알렉산더 대왕은 수많은 시도에도 매듭이 풀리지 않자, 칼로 매듭을 잘라 버렸고 이후 실제로 아시아를 정복하게 된다.

** 004 고용영향평가제

정부가 어떤 사업을 하기 전에 해당 사업이 일자리 증감에 어떤 영향을 미치는지 사전에 분석한 뒤 가장 고용창출 효과가 큰 사업에 예산 집행에 있어서 우선권을 주는 제도이다. [문제점] 현재 시행하는 고용영향평가제는 사업을 시작하기 전에 평가되지 않고 진행 중이나 종료 후 평가하여 실효성 부족하다.

** 005 고위공직자범죄수사처

고위공직자 및 그 가족의 비리를 중점적으로 수사 · 기소하는 독립기관으로, '공수처'라고도 한다. 검찰이 독점하고 있는 고위공직자에 대한 수사권 · 기소권 · 공소 유지권을 이양해 검찰의 정치 권력화를 막고 독립성을 제고하고자 하는 취지로 추진되었으며, 1996년 국회와 시민사회의 요구로 처음 논의가 시작됐다. 그리고 2019년 12월 30일 '고위공직자범죄수사처 설치 및 운영에 관한 법률안(공수처법)'이 국회 본회의를 통과했다.

** 006 곡물메이저

국제 곡물 유통량의 80% 이상을 차지하는 다국적 곡물 유통기업을 일컫는 말이다. 아처

대니얼스미들랜드(ADM), 벙기, 카길 그리고 루이드레퓌스(LDC)를 4대 곡물 메이저로 꼽고 이들의 머리글자는 따서 ABCD라고도 부른다. 최근 전 세계적으로 식량 수급이 불안해지면서 이들의 영향력은 지속적으로 확대되고 있다.

*** 007 공돈효과

우발적 이익(공돈)이 생겼을 때 이전보다 더 큰 위험을 감수하려 하는 현상을 뜻한다. 돈을 딴 도박꾼들이 그 돈을 공짜로 얻은 '공돈'이라 생각하기 때문에 다시 거금을 배팅하게 된다는 사실에서 유래. 이는 공돈을 순수한 자신의 것이라고 생각하지 않기 때문에 '없어도 그만'이라는 심리가 팽배해져서 대체적으로 과감한 지출을 하게 되는 것이다.

[사례] 마케팅에서 많이 활용한다. 백화점에서 10만 원당 1만 원권의 상품권(공돈)을 지급하는 사은행사를 통해 예정에도 없던 상품을 구입하게 한다든지, 추후에 상품권을 통해 한 번 더 큰 소비를 하게 만들거나, 무료쿠폰을 증정함으로써 소비자들의 상호작용심리를 일으키는 '문안에 한 발 들여놓기' 등이 있다.

*** 008 공시지가

[2019년 기업은행 기출]

「지가공시 및 토지 등의 평가에 관한 법률」에 근거해 토지 이용 상황이나 주변 환경, 기타 자연적 · 사회적 조건이 일반적으로 유사하다고 인정되는 일단의 토지 중에서 대표할 수 있는 표준지를 선정하고 적정가격을 조사 · 평가해 결정 · 공시한다. 공시지가는 크게 '표준지공시지가'와 '개별공시지가'로 나눈다. 통상적으로 '공시지가'는 '표준지공시지가'를 의미한다. 공시지가는 1989년 토지공개념이 도입되면서 행정자치부의 과세시가표준액, 국토교통부의 기준시가, 국세청의 기준시가, 감정원의 감정시가 등이 일원화된 것이다. 공시지가는 토지시장의 지가정보를 제공하고 일반적인 토지거래의 지표가 되며, 국가 · 지방자치단체 등의 기관이 그 업무와 관련하여 지가를 산정하거나 감정평가업자가 개별적으로 토지를 감정 평가하는 기준이 된다.

*** 009 공정거래 3법

공정경제 3법은 △상법 일부 개정안, △공정거래법 전부 개정안, △금융복합기업집단법 제정안으로 기업 지배구조 개선, 대기업 집단의 부당한 경제력 남용 근절, 금융그룹의 재무 건전성 확보 등을 목적으로 한다.

'상법개정안'에는 소액주주의 경영감독권을 강화하는 '다중대표소송제', 감사위원의 독립성 보장을 위한 '분리선출제'와 '3%룰'을 담는 내용이 포함되어 있다.

'공정거래법 개정안'에는 담합 행위에 대한 공정거래위원회의 '전속고발권'을 폐지하고 상장사에 대한 사익편취 규제 기준을 지분율 30%에서 20%로 하향하는 내용이, '금융그룹 감독법 제정안'은 자산 5조 원 이상의 복합금융그룹에 대한 금융당국의 감독권을 강화하는 내용이 담겼다

***010 구글세(Google Tax) [2019년 기업은행 기출]

종이 매체의 뉴스 콘텐츠를 통해 트래픽 유발 및 광고 수익을 창출하고 있는 구글에 대해 콘텐츠 저작권료 혹은 사용료를 세금 형태로 징수해야 한다는 EU 국가들의 주장. 프랑스, 독일 등 유럽 각국에서 글로벌 검색 시장 점유율이 90%에 달하는 구글 측은 종이 매체의 성공적인 디지털 전환을 지원해 지속적인 공생관계를 정착시키기 위한 디지털 펀드 조성 등 화해 방안으로 대응하고 있다. 구글, 애플, 페이스북, 아마존의 앞 글자를 따 GAFA세라고도 부른다.

특허료 등의 막대한 이익을 얻고도 조세 조약이나 세법을 악용해 세금을 내지 않았던 다국적기업에 부과하기 위한 세금이다. 구글, 애플 등 다국적기업이 고세율 국가에서 얻은 이익을 특허 사용료나 이자 등의 명목으로 저세율 국가 계열사로 넘겨 절세하는 것을 막기 위해 부과하는 세금인 것이다. 다국적기업들의 조세회피 규모는 연간 1000억~2400억 달러(약 116조5000억~279조7000억 원)에 이르는 것으로 추산되고 있으며 OECD는 2012년부터 경제협력개발기구(OECD)와 주요 20개국(G20)은 공동으로 대책을 마련해 왔다.

조세회피 대응책의 핵심은 이전가격을 활용한 다국적기업의 절세를 차단하는 데 있다. 그동안 다국적기업은 국가 간 법인세율 차이를 이용, 이전가격을 조작해 세금을 아껴 왔다. 고세율 국가에 있는 해외법인이 거둔 이익을 지식재산권 사용료나 경영 자문 수수료 등의 명목으로 저세율 국가의 자회사로 넘겨 비용을 공제받는 식이다. 하지만 앞으로는 지급 사용료나 수수료의 적정성을 엄밀하게 따져 비용공제를 인정해 주지 않기로 했다. 이자 비용 공제제도도 대폭 강화된다. 해외법인의 자본을 최소화하고 대출 이자로 수익을 빼먹는 것을 방지하기 위해 이자 비용을 상각 전 영업이익(EBITDA · 기업의 현금창출능력)의 10~30% 이내로 제한하기로 했다.

***011 규제 샌드박스 [2019년 기업은행 기출]

새로운 제품이나 서비스가 출시될 때 일정 기간 기존 규제를 면제, 미뤄주는 제도를 말한다. 즉, 신기술 · 서비스가 국민의 생명과 안전에 저해되지 않으면 기존 법령이나 규제에도 불구하고, 실증(실증특례) 또는 시장 출시(임시허가)할 수 있도록 지원하는 것이다. 이 제도는 영국에서 핀테크 산업 육성을 위해 처음 시작됐으며 문재인 정부에서도 규제개혁 방안 중 하나로 채택했다. 사업자가 새로운 제품, 서비스에 대해 규제 샌드박스 적용을 신

청하면 법령을 개정하지 않고도 심사를 거쳐 시범 사업, 임시 허가 등으로 규제를 면제, 유예해 그동안 규제로 인해 출시할 수 없었던 상품을 빠르게 시장에 내놓을 수 있도록 한 후 문제가 있으면 사후 규제하는 방식이다. 어린이들이 자유롭게 뛰노는 모래 놀이터처럼 규제가 없는 환경을 주고 그 속에서 다양한 아이디어를 마음껏 펼칠 수 있도록 한다고 해서 샌드박스라고 부른다.

*012 그런지룩(Grunge Look)

젊은이들의 새로운 스타일, 반항적이고 지저분한 스타일을 말한다. 인기 밴드인 너바나의 커트 코베인이 즐겨 입던 너덜너덜하게 찢어진 청바지, 허름한 티셔츠와 점퍼, 낡아서 해진 모자 그리고 헝클어진 머리 스타일 등 지저분한 스타일을 '그런지룩'이라 불렀고, 지금까지 이어지고 있다. 이 스타일의 포인트는 스웨터, 허름한 코트, 꽃무늬 치마 같은 다양한 종류의 옷을 믹스매치 하는 레이어링과 여러 가지 디자인 요소가 가미되면서도 낡은 느낌을 주는 패치워크이다. 그뿐만 아니라 비대칭으로 자른 머리, 군화 부츠, 털모자 등이 주 아이템이다. 요즘 새로운 차원에서의 그런지룩은 부유해 보이는 장식이나 멋에 신경을 쓰지 않는 스타일이다. 또한, 과거 부르주아 계층, 물질만능주의에 반기를 들고 구속 없이 편안함을 추구하려는 젊은이들의 욕구를 잘 반영하여 큰 인기를 얻었다.

**013 그루밍 성범죄

가해자(성범죄자)가 피해자를 성적으로 학대하거나 착취하기 전 대상의 호감(취미나 관심사 등 파악)을 얻고 신뢰를 쌓는 등 피해자를 심리적으로 지배한 상태에서 자행하는 성범죄를 가리킨다. 일반적으로 교사와 학생, 성직자와 신도, 복지시설의 운영자와 아동, 의사와 환자 등의 관계에서 나타나는 사례가 많다. 그루밍 성범죄는 ▷피해자들이 보통 자신이 학대당하는 것을 인식하지 못한다는 점 ▷피해자가 실제로는 그렇지 않음에도 표면적으로는 성관계에 동의한 것처럼 보인다는 점 등 때문에 수사나 처벌이 어려운 경우가 많아 그 문제가 심각하다.

**014 그린뉴딜

환경과 사람이 중심이 되는 지속 가능한 발전을 뜻하는 말로, 현재 화석에너지 중심의 에너지 정책을 신재생에너지로 전환하는 등 저탄소 경제구조로 전환하면서 고용과 투자를 늘리는 정책을 말한다.

***015 그린북/베이지북

[2020년 하반기 전북은행 기출]

① 그린북

기획재정부가 월간 한국은행 금융통화위원회를 앞두고 발간하는 '최근 경제동향'을 말한다. 이 '최근경제동향'은 책자 표시가 녹색이기 때문에, 미국 FRB의 경제동향보고서인 '베이지북'에 빗대어 그린북이라고 불린다.

② 베이지북

미 FRB가 연간 8차례 발표하는 미국경제동향 종합보고서를 말한다. 책 표지가 베이지색이라는 점에서 용어가 유래됐다. 베이지북은 1983년부터 공개적으로 발간되었는데, FRB 산하 12개 지역 연준이 기업인과 경제학자 그리고 시장 전문가들의 견해와 각 지역의 산업생산활동 및 소비동향, 물가, 노동시장상황 등을 종합하여 모든 경기지표들이 조사분석결과를 하나로 묶은 것이다.

**016 근로장려금(EITC)

빈곤층 근로자 가구에 대해 국가가 현금을 지원해 주는 근로연계형 소득지원제도이다. 이는 경제 양극화로 인해 증가하고 있는 근로빈곤층이 빈곤에서 벗어날 수 있도록 지원하고, 국민기초생활보장제도의 혜택을 받지 못하거나 질병 · 실직 등 사회적 위험에 노출된 이들을 국가적 차원에서 사회적으로 보호하는 역할을 한다.

***017 글로벌 법인세

① 시장소재지국 과세권 부여

　　가. 글로벌 영업이익률(연결기준) 10%를 초과하는 다국적기업은 초과분[초과이익 = 세전이익 - (총매출 × 10%)]의 최소 20%를 매출이 발생한 소재지국에 납세[시장소재지국 납세액 = 시장소재지국 매출 ÷ 총매출 × 초과이익 × 20%]해야 함. 대상 업종에 대해 OECD는 디지털 서비스업(SNS, 온라인 검색엔진 등)과 광업 · 해운 · 항공 · 금융 · 건설 및 B2B 업종 등을 제외한 소비자 대상 업종(예 스마트폰, 소프트웨어 등)으로 논의 중이나, 미국은 최근 전체 업종으로 확대 제안(2021년 4월)

　　나. 현행 국제조세조약 기준(OECD모델 조세조약)은 외국기업의 국내 발생소득에 대해 물리적 고정사업장이 있는 국가에서 법인세를 과세하게 되어 있음. 고정사업장은 지점, 사무소, 공장, 작업장, 창고, 광산 등을 포함하며 IT기업의 경우 서버가 이에 해당됨.

② 최저 법인세율 도입. 글로벌 법인세율 최저 하한을 15%로 설정 합의함.

***018 금융종합과세(금융소득종합과세)

이자소득과 배당소득의 금융소득을 종합소득에 합산하여 과세하는 제도이다. 이자 등 금융소득이 년 2천만 원(2013년 세법개정안) 이상인 경우 그 초과분을 다른 종합소득 등에 합산해 (종합소득에 합산하여) 누진세율을 적용한다(2002년 부부합산은 폐지, 개인별 과세로 변경).

 종합과세 : 한 사람이 근로소득/사업소득/임대소득 등 여러 가지 소득원을 가지고 있는 경우, 각각의 소득을 합산한 금액에 대해 과세하는 것을 '종합과세'라고 한다.
분리과세 : 특정한 소득을 종합소득에 합산하지 않고 분리하여 과세하는 것.
- 장점 : 소득세법의 세율은 누진세율이지만 분리과세로 조세 부담이 가벼워진다고 할 수 있다.
- 예시 : 이자소득, 배당소득, 근로소득, 기타소득 등

***019 기초연금, 조기노령연금

'기초연금'은 65세 이상의 전체 노인 중 가구의 소득인정액이 선정기준액 이하인 노인에게 매달 일정액의 연금을 지급하는 제도이다. 2014년 7월부터 실시한 기초연금 제도에서는 소득인정액이 선정기준액 이하인 노인을 대상으로 한다. 소득인정액이란 소득 평가액과 재산의 소득 환산액을 합산한 금액을 말한다.
'조기노령연금'은 10년 이상 보험료를 낸 사람이 60세 이전에 소득이 없을 경우 55세부터 신청해서 받을 수 있는 연금을 말한다. 55세에 받으면 정상연금의 70%, 56세는 76%, 57세는 82%, 58세는 88%, 59세는 94%를 평생 받는다.

***020 긱이코노미
[2019년 기업은행 기출]

빠른 시대 변화에 대응하기 위해 비정규 프리랜서 근로 형태가 확산되는 경제 현상. 1920년대 미국에서 재즈 공연의 인기가 높아지자 즉흥적으로 단기적인 공연팀(gig)들이 생겨난 데서 유래한 말이다.

***021 깡통전세
[2019년 기업은행 기출]

집주인의 주택 담보 대출 금액과 전세금 합계가 집값에 육박해 시장 침체 때 집값이 떨어지면서 세입자가 전세금을 떼일 우려가 있는 주택을 가리키는 말로, 주택 시장에서 속어처럼 쓰이는 말이다. 통상적으로 주택 담보 대출 금액과 전세금을 합한 금액이 집값의 70%를 넘어서면 깡통 전세로 본다. 2010년부터 집값은 떨어지는데 반해 전세 대란으로 인해 전세금은 급등한 게 깡통 전세 급증의 이유로 꼽힌다. 2013년 3월 주택산업연구원이 조사한 자료에 따르면 집값은 하락하고 전세금만 오르는 상황이 지속되면 앞으로 2년 이내 깡통 전세로

내몰릴 수 있는 가구가 수도권에만 19만 가구에 달하는 것으로 나타났는데, 이보다 훨씬 많은 가구가 깡통 전세의 위험에 놓여 있다는 예측도 있다.

***022 나오머족(Not Old Multiplayer)

'낫 올드 멀티플레이어(Not Old Multiplayer)'에서 따온 '나오머족'은 안정적인 경제력을 바탕으로 여러 분야에 대한 지식과 능력을 갖춘 30~40대 여성을 말한다. 신세대 못지않은 젊은 감각의 라이프스타일을 즐기면서 어느 한 부분도 놓치지 않는 욕심 많은 멀티플레이어 소비자를 말한다. 특히 외모를 가꾸고 자기계발에 투자를 아끼지 않는 경제력 능력을 갖춘 여성들을 의미한다.

***023 내그웨어   [2023 상반기 농협은행 필기 기출]

내그웨어(nagware)는 제품 구매를 유도하기 위해 팝업을 띄우거나 알림을 보내는 등 사용자를 계속 귀찮게 만드는 소프트웨어를 말한다. 내그웨어는 일정 기간 무료 체험하게 한 뒤, 체험 기간이 끝나면, 지속적으로 팝업 메시지 등의 내그스크린(nag screen)을 띄우거나, 알림을 통하여 사용자가 온전한 소프트웨어를 구매하도록 유도하는 셰어웨어이다. 내그웨어가 띄우는 팝업 메시지는 모니터 화면의 일부를 가리거나, 빨리 닫히는 대화상자 등으로 나타나고, 일정 시간마다 나타나기도 한다. 내그웨어는 지속적으로 키 입력을 요구함으로써 배치 모드로는 사용할 수 없게 유도하는 것이 특징이다. 널리 알려진 내그웨어로는 WinRAR, 윈집(WinZip), mIRC 등이 있다. 이들 프로그램은 시험 기간이 끝나면 사용자에게 프로그램을 구매하도록 유도하는 창을 띄운다

***024 넛 크래커   [2019년 신협은행 기출]

넛 크래커(nut-cracker)'는 호두를 양쪽에서 눌러 까는 호두 까기 기계를 말하는데, 한 나라가 선진국보다는 기술과 품질 경쟁에서, 후발 개발도상국보다는 가격 경쟁에서 밀리는 현상을 지칭할 때 쓰인다. 1990년대 저임금의 중국과 첨단 기술의 일본 사이에 낀 한국의 위상을 묘사할 때 사용되었다. '새로운 넛크래커(New Nut Cracker)'라는 용어도 사용된다. 이는 범용 표준화된 기술은 중국, 첨단 기술은 일본이 압박하는 2010년 이후 상황을 말한다.

***025 노노세대(No 노세대, No 老 Generation)

문자 그대로 "노인 아닌 노인"으로 제2의 인생을 구가하는 젊은 50~60대를 일컫는 말이다. 일찍이 노년을 대비해 온 이들은 미래 5대 소비계층으로 실버산업 · 실버문화의 주

인공들이기도 하다. 제2인생은 탄탄한 경제력과 시간 여유에 기초, PC 통신 등 젊은이들의 문화를 수용하는 데 적극적이다.

*** 026 노이만 효과(먼로 효과)   [2019년 전북은행 기출]

원뿔 또는 반구형의 금속 라이너(liner)에 폭약을 넣고 폭파하면, 라이너가 파괴되면서 금속 미립자 무리를 형성하여 거센 흐름(jet)을 형성한다. 이것을 노이만 효과(Neumann effect)라 하며, 미국에서는 먼로 효과(Munro effect)라고도 한다.

*** 027 눔프현상(NOOMP)

Not Out Of My Pocket의 첫 글자를 따서 만든 것으로, 복지혜택 확대는 찬성이지만, 내 주머니에서 돈이 나가는 것은 반대하는 이중성을 나타내는 신조어이다. 최근 기획재정부와 경제연구소 등을 따르면 올해 우리나라를 지배할 주요현상 가운데 하나가 눔프현상이라고 한다. 복지사회로 가기 위해서는 이러한 눔프현상 극복이 필수다. 이를 위해서는 우리가 먼저 선진국에 걸맞은 마인드를 갖도록 노력하는 것이 중요하다.

*** 028 뉴럴링크   [2021년 상반기 새마을금고중앙회 기출]

테슬라 CEO 일론 머스크가 설립한 뇌연구 스타트업. 전기차 양산, 우주여행, 화성 식민지 개척 등 실험적 프로젝트로 주목받아온 일론 머스크(Elon Musk)가 인간 뇌와 컴퓨터 결합이라는 새 도전 과제를 제시하면서 주목을 받았다. 의학연구(medical research) 분야로, 이를 위해 2017년 3월 뉴럴링크(Neuralink)를 설립했다.

*** 029 니어쇼어링(Near-shoring)   [2020년 하반기 기업은행 기출]

① 니어쇼어링의 정의

본국으로 이전하는 리쇼어링이 어렵다고 판단되면 인접 국가로부터 아웃소싱하는 현상을 말한다. 한국의 경우, 정부가 리쇼어링 정책을 통해 기업의 국내 재진입을 활성화하려 했지만, 정부의 규제와 세제, 이전비용과 투자지원 부재 등의 이유로 유턴기업이 100개가 되지 않기도 했다. 따라서 리쇼어링으로 국내로 유턴하는 것 대신, 인접국가에서 이뤄지는 '니어쇼어링'이 트렌드로 자리 잡고 있다.

② 니어쇼어링의 특징

가. 거리가 가까워 보다 세밀한 관리가 가능하고, 시차의 차이가 적어 소통이 용이하다.

나. 특정 국가에 생산시설 집중화 현상에 대비, 분산화시켜 공급망 마비에 대비할 수 있다.

다. 최근 기업들의 탈중국 추세가 늘면서, 동남아 등지로 니어쇼어링 하는 사례가 증가하고 있다.

***030 니치미디어

틈새시장을 뜻하는 니치마켓(Niche Market)에서 파생된 용어로 특정 분야에만 한정된 미디어을 말한다. 애플의 팟캐스트와 다양한 웹진, 무가지(무료로 배포하는 신문이나 잡지) 등이 있다. 멀티미디어가 대상 독자를 무제한으로 확장시키는 데 비해 특정 분야에서 독자를 국한시켜, 목적이 보다 확실하고 깊이 있는 정보를 제공할 수 있다. 또한, SNS를 통해 다양한 니치미디어들이 발생. 콘텐츠 배포자와 구독자 사이의 보다 긴밀한 소통 가능하다.

> **리치미디어** : 인터넷 광고용어로 기존의 단순한 형태의 배너광고보다 풍부한 정보를 담을 수 있는 매체.

***031 니트족(NEET, Not in Employment, Education or Trainning)

보통 15~34세 사이의 취업인구 가운데 학생도 아니고 직장인도 아니면서 그렇다고 직업 훈련을 받지도 구직 활동을 하지도 않는 사람이나 무리를 말한다. 실업자나 프리터족(필요한 돈이 모일 때까지만 아르바이트로 생활)과는 다르다.
[배경] 고용 환경 악화, 여성 고학력자들이 일자리 제한으로 취업 포기.
[문제점] 소득이 없는 니트족은 소비 능력도 부족하기 때문에 늘어날수록 경제의 잠재성장력을 떨어뜨리고 국내총생산도 감소시키는 등 경제에 나쁜 영향을 주는 동시에 실업 문제를 비롯한 여러 가지 사회문제를 일으킬 가능성이 크다.

**032 다자간 매매체결 회사(ATS)

대체 거래시스템. 증권거래소나 코스닥 증권시장 같은 기존 거래소와는 별도로 주식을 사고팔 수 있는 시스템으로, 장내거래소와 장외시장의 중간 형태이다. 기존 거래소처럼 매수와 매도 주문을 받아 거래를 체결하는 기능을 담당하나, 수수료가 기존의 거래소보다 50% 이상 저렴하고 주식거래 체결속도도 일반 거래소보다 최고 20배 가까이 빠르기에 투자자들이 선호함. 미국, 유럽 등 선진국에서는 이미 보편화되어 있다.
→ 시장의 특징에 따라, 공개주문시장인 ECN과 익명거래시장인 다크풀(Darkpool)로 나뉨.

***033 대법원 전원합의체   **[2019년 기업은행 기출]**

전원합의체는 대법원장과 대법관 13명(법원행정처장 제외)으로 구성되며, 대법원장이 재판장이 된다. 의결은 대법관 전원 3분의 2 이상의 출석과 출석인원 과반수의 찬성으로 이뤄진다. 대법원은 대법원장을 포함해 14명의 대법관(대법원의 법관)으로 이루어져 있고, 3명 이상이 하나의 부(部)를 이루어 재판에 참여하며, 이 중 한 명이 재판장으로 선임된다. 따라서 대법원에 올라온 사건들은 대법관 3인 이상으로 구성된 소부에서 먼저 심리를 하여 의견이 일치한 때에 그 부에서 재판할 수 있다.

034 더블버텀라인(DBL)

사회적 목적과 경제적 수익을 동시에 충족하는 기업을 의미한다. 이런 기업들은 결산서 맨 마지막 줄의 재무적 수익부문(Bottom Line)만 신경 쓰는 일반 기업과 달리, 사회적 가치 창출이라는 두 번째 수익부문(Double Bottom Line)을 함께 평가받는다.

035 덤머니(dumb money)　　　　[2019년 우리은행 기출]

전문성이 상대적으로 결여된 개인 투자자의 자금을 일컫는 용어이다. 금융 시장에 대한 이해도가 높은 기관 투자자나 규모가 큰 개인 투자자의 자금을 지칭하는 스마트 머니(smart money)와 비견되는 자금이다.

036 데이터 3법　　　　[2020년, 2019년 국민은행 기출]

① 개인정보보호법, ② 정보통신망법, ③ 신용정보법을 말한다. 2018년 11월 데이터산업 활성화를 위한 '데이터경제 3법' 개정안이 발의됐고, 2019년 12월 4일 개정안이 국회를 통과했다. 이후 2020년 1월 9일 20대 국회 본회의를 최종 통과했으며 2020년 8월 5일부터 시행되고 있다.

이에 따라 개인 식별이 어렵도록 가공한 '가명정보'를 통계 작성, 공익적 기록 보존, 과학적 연구 등에 정보 소유자 사전 동의 없이 사용할 수 있게 됐다. 가명정보를 이용하면 개인정보를 활용해 새로운 서비스나 기술, 제품 등을 개발할 수 있어 기업들이 신사업을 전개할 수 있다.

또한 개인정보의 암호화나 가명 처리 등의 안전 조치 마련, 독립적인 감독 기구 운영 등을 요구하는 유럽연합(EU)의 일반개인정보보호법(GDPR)에 대응하기 위해서는 법 개정을 통해 개인정보 관련 법 체계의 통합이 요구됐다.

　　① 개인정보보호법
　　　　- '가명정보' 개념 도입 및 이용 제공 범위 명확화
　　　　- 데이터 결합 및 데이터 전문기관 법적 근거 마련, 안전성 확보 의무화
　　　　- 개인정보 관리 및 감독기구 '개인정보 보호위원회'로 일원화

② 정보통신망법
- 금융 분야 빅데이터 분석 및 이용의 법적 근거 및 책임성 확보장치 마련
- 신용정보 관련 산업 세분화, 본인신용정보관리(마이데이터)산업 도입
- 개인정보 자기결정권 도입, 정보주체 피해 시 최대 5배 배상
③ 신용정보법
- 개인정보 보호 관련 사항 '개인정보보호법' 이관

***037 도광양회(韜光养晦) [2018년 기업은행 기출]

도광양회는 '자신을 드러내지 않고 때를 기다리며 실력을 기른다'는 의미로, 1980년대 말에서 1990년대 덩샤오핑 시기 중국의 외교방침을 지칭하는 용어로 쓰인다. 성어(成语)로서 도광양회는 청조(淸朝) 말기에 사용되었다. 이후 중국을 개혁개방의 길로 이끈 덩샤오핑이 중국의 외교방향을 제시한 소위 '28자 방침'에 사용하면서 전 세계적으로 알려졌다.

> **cf 흑묘백묘론**
> '검은 고양이든 흰 고양이든 쥐만 잘 잡으면 된다'는 뜻으로, 1970년대 말부터 덩샤오핑(鄧小平)이 취한 중국의 경제정책을 말한다. '흑묘백묘 주노서 취시호묘(黑猫白猫 住老鼠 就是好猫)'의 줄임말이다. 중국의 개혁과 개방을 이끈 덩샤오핑(鄧小平)이 1979년 미국을 방문하고 돌아오면서 '자본주의든 공산주의든 상관없이 중국 인민을 잘 살게 하면 그것이 제일'이라는 뜻으로 한 말이다.

**038 도시재생 뉴딜사업

문재인 정부가 추진하는 도시재생 사업으로, 면적 규모에 따라 우리동네살리기, 주거정비지원형, 일반근린형, 중심시가지형, 경제기반형 등 다섯 가지 유형으로 추진된다. 문재인 정부의 주요 국정 과제 중 하나로, 전국의 낙후 지역 500곳에 매년 재정 2조 원 · 주택도시기금 5조 원 · 공기업 사업비 3조 원 등 5년간 총 50조 원을 투입하는 도시재생사업이다. 사업 대상지 절반 이상이 1000가구 이하의 소규모 지역(우리동네살리기)으로 추진된다.

***039 디노미네이션(Denomination)

채권, 어음 등 유가증권이나 주화, 지폐 등 화폐의 액면가액(Face Value)을 말한다. 디노미네이션은 통화의 가치를 절하하는 평가절하와는 다른 의미이며 화폐단위로 표시하는 물가, 임금, 채무 채권액 등의 경제제량 간의 관계는 변하지 않고 다만 모든 금액이 일률적으로 단위가 바뀌는 것에 불과. 따라서 다소의 심리적인 영향을 제외하면 실질적으로 아무런 영향도 없다.

***040 디도스 [2020년 하반기 국민은행 기출]

특정 인터넷 사이트가 소화할 수 없는 규모의 접속 통신량(트래픽)을 한꺼번에 일으켜 서비스 체계를 마비시킨다. 불특정 다수의 컴퓨터에 악성 컴퓨팅 코드인 '좀비(Zombie)'를 퍼뜨린 뒤 DDoS(Denial of Service) 공격에 이용하는 게 특징이다. 좀비에 감염된 수많은 컴퓨터가 일시에 특정 사이트를 공격(접속)하는 트래픽에 동원되는 구조다. 공격 대상 컴퓨터 안에 담긴 자료를 몰래 빼내거나 삭제하지는 않는다. 2003년 1월 25일에 일어난 이른바 '1·25 인터넷 대란'이 DDoS 공격의 결과였다. 2009년 7월 7일에도 청와대를 비롯한 주요 국가기관과 은행의 인터넷 홈페이지가 DDoS 공격을 받았다.

***041 디드로 효과(Diderot Effect) [2018년 기업은행 기출]

하나의 물건을 사고 그 물건과 어울릴만한 물건을 계속 구매하면서 또 다른 소비를 하는 현상을 의미한다. 18세기 프랑스 철학자 드니 디드로(Denis Diderot)가 에세이 '나의 오래된 가운을 버림으로 인한 후회(Regrets on Parting with My Old Dressing Gown)'에서 "친구가 붉은 비단 가운을 선물했다. 서재를 가운과 어울리는 분위기로 바꿨지만, 전혀 기쁘지 않았다"고 언급한 데서 유래했다. 미국의 인류학자 그랜트 매크래켄(Grant McCracken)은 '문화와 소비'라는 자신의 책에서 물건 간의 상호 연결성과 통일성을 맞추기 위해 소비하는 경향을 디드로 효과라고 명명했다. 즉, 제품 간 호환성보다는 심리적 통일성을 추구하는 소비를 한다는 것이다. 대표적인 예로는 미국의 애플 및 스타벅스 등이 있다.

디드로 효과는 IT 업계를 비롯해 패션업계나 외식업계 등에서도 주로 활용되는 마케팅 기법이다. 남들에게 직접 노출되는 제품이나 가치가 높다고 생각되는 제품일수록 그 효과가 강하게 나타나기 때문이다.

**042 디스토피아(Dystopia)

현대 사회의 부정적인 측면들이 극대화되어 나타나는 어두운 미래상이다. 유토피아와 대비되는, 전체주의적인 정부에 의해 억압받고 통제받는 가상사회를 말한다. 컴퓨터 기술의 발달로 감시가 더욱 공고화되는 사회, 극단적인 환경오염으로 생태계가 파괴된 사회, 기계에 의해 지배당하는 사회, 핵전쟁이나 환경재해로 인해 모든 인류가 멸망하는 사회 등이 디스토피아에 해당된다.

***043 디지털세

OECD와 G20은 2013년부터 다국적기업의 조세회피 행위에 따른 '세원잠식과 소득이

전(BEPS: Base Erosion and Profit Shifting)' 문제를 해결하기 위해 139개 국가가 참여하는 OECD/G20 IF를 출범시키고, 이를 통해 디지털 경제의 특성을 고려한 새로운 국제조세 체제의 원칙(이하 '디지털세'로 통칭)을 논의하기 시작했다. 구체적으로 OECD/G20 IF에서 2019년 이후로 논의된 디지털세 구상은 고정사업장이 없더라도 시장에서 발생하는 매출을 기준으로 과세권을 부여하는 Pillar 1과 글로벌 최저한세를 통해 국가 간 조세 경쟁을 막는 Pillar 2를 골자로 하고 있다.

가. Pillar 1은 통합접근법(unified approach)으로 글로벌 기업의 초과이익 중 시장 소재지 국가에서 창출한 매출을 배분하고(Amount A), 시장 소재지 국가에서의 판매, 홍보 활동 등에 대한 보상(Amount B) 및 특별기능에 대한 보상(Amount C)으로 구성

나. Pillar 2는 글로벌 최저한세로 자국 기업의 글로벌 거래에서 발생한 소득에 대해 하한선을 정하여 과세하는 방안임

다. 한편, 기본 합의안에서는 디지털세 대상 범위를 일정 규모(매출액 7억 5천만 유로) 이상의 소비자 대상 사업(consumer facing business)까지 확대할 것을 제안. 소비자 대상사업의 예시로 소프트웨어 휴대폰, 가전제품, 의류, 화장품, 명품, 브랜드 식품, 음료, 프렌차이즈 모델(식당, 호텔), 자동차 등을 제시

044 디지털 원주민

[2021 하반기 광주은행 필기 기출]

디지털 네이티브(Digital Native) 라고도 하며, 태어나면서부터 디지털 기기에 둘러싸여 성장한 세대를 의미한다. 통상 1980년~2000년 사이에 태어난 세대를 일컫는다. 반면, 이전 세대는 아무리 노력해도 아날로그적 취향을 완전히 떨치지 못해 이주민으로 전락한다는 의미에서 '디지털 이주민(Digital Immigrants)'으로 간주된다. 미국의 교육학자 마크 프렌스키가 2001년 발표한 논문 '디지털 원주민, 디지털 이민자(Digital Natives, Digital Immigrants)'에서 처음 사용했다.

045 딥러닝(Deep Learning)

[2020년 하반기 NH농협은행 기출]

① 딥러닝(Deep Learning)의 정의

딥러닝은 인간 두뇌를 모방한 심층 신경망을 이용, 최적의 값을 도출하는 컴퓨터 기술을 말한다. 심층 신경망이란, 스스로 다양한 데이터를 분류하고 같은 집합끼리 묶은 뒤, 층을 쌓아 신경망을 구축하는 것을 말한다. 딥러닝에서는 이 신경망 층을 지나면서 필터링을 통해 유의미한 정보만 걸러내는 방식으로 최적의 결론을 찾아낸다.

② 딥러닝(Deep Learning)의 특징

가. 딥러닝은 다량의 데이터 계산 처리를 위해 연산 능력이 높은 그래픽처리장치가 필요하다. 만약 하드웨어의 성능이 뛰어나고, 데이터 처리양이 많은 경우에는 딥러

닝을, 그렇지 않은 경우에는 약한 인공지능을 구현한 머신러닝을 채택하는 것이 좋다.

나. 딥러닝은 합성곱 신경망(CNN)과 순환 신경망(RNN)등으로 구성되어 심층 강화학습을 진행하며, 딥러닝의 사례는 이세돌과 대국을 펼친 알파고, 구글 자율주행 차량인 웨이모(Waymo)의 Level 4 등이 있다.

** 046 딥웹(deep web)

[2019년 국민은행 기출]

딥웹은 네이버나 구글처럼 일반적인 포털사이트에서 검색되지 않는 인터넷 공간을 말한다. 별도로 암호화된 네트워크에 존재하기 때문에 '토르' 같은 특정한 인터넷 브라우저를 통해서만 접속 가능하다. 컴퓨터 주소인 IP는 여러 차례 우회하며 흔적을 거의 남기지 않는다. 우회 통로마다 암호화된 장벽도 있다. 사용 화폐는 추적이 어려운 가상화폐인 비트코인이다. 이런 폐쇄성 때문에 딥웹은 일상적인 용도뿐 아니라 아동포르노, 마약, 자살사이트, 무기 거래 등 불법적인 행위가 이뤄진다. 딥웹에서 얻은 자료를 일반적인 인터넷에 올리지만 않는다면 사실상 적발될 가능성이 없다.

*** 047 랜섬웨어

[2020년 하반기 국민은행 기출]

사용자 컴퓨터 시스템에 침투하여 중요 파일에 대한 접근을 차단하고 금품(ransom)을 요구하는 악성프로그램. 몸값을 뜻하는 ransome과 제품을 뜻하는 ware의 합성어이다. 인터넷 사용자의 컴퓨터에 잠입해 내부 문서나 사진 파일 등을 제멋대로 암호화해 열지 못하도록 한 뒤 돈을 보내면 해독용 열쇠 프로그램을 전송해준다며 비트코인이나 금품을 요구한다. 랜섬웨어가 공격자의 주요 수익원이 되면서 유포 방식과 파일 형태도 다양해지고 있다. 이메일 첨부파일, 메신저 등을 통해 주로 유포되던 랜섬웨어는 앱(응용프로그램), 운용체계(OS), 웹 취약점, 토렌트 등 다양한 방법으로 퍼지고 있다. 국내외 웹사이트와 연계된 광고 사이트의 정상적 네트워크를 악용하는 '멀버타이징'도 시도한다. 사용자 PC를 서버로 이용해 사용자끼리 파일을 공유하는 토렌트도 랜섬웨어 유포 채널로 악용되고 있다.

유포 파일 형태도 다양해졌다. 초기 랜섬웨어는 주로 문서파일(doc, pdf)로 위장하거나 화면보호기 파일(scr)로 유포됐다. 기존 방식에 더해 매크로와 자바 스크립트를 활용하기도 한다. 록키 랜섬웨어는 송장(인보이스)과 지급 등을 위장한 정상 문서파일에 악성 매크로를 포함시켜 실행을 유도하고 외부에서 랜섬웨어를 내려 받도록 했다. 첨부파일에 프로그래밍 언어인 자바 스크립트를 포함시키는 변종도 발견됐다.

2017년 5월 12일에는 사상최대 규모의 랜섬웨어 공격이 발생하기도 했다. 2016년 해커들에게 탈취당한 미국국가안보국(NSA)의 해킹 툴을 활용한 "워너크라이(WannaCry)라는 랜섬웨어는 유포 하루 만에 전 세계 100여 개국 10여만 대 이상의 컴퓨터를 감염시키며 전 세계를 사이버테러의 공포로 몰아넣었다.

***048 레몬마켓

① 레몬마켓의 정의

레몬마켓은 판매자보다 제품에 대한 정보가 적은 구매자들이 해당 제품을 속아서 살 가능성을 우려해 싼값만 지불하려 하고, 이로 인해 저급품만 유통되는 시장을 말한다.

② 레몬마켓의 원인

레몬마켓은 시장실패의 예시 중 하나이다. 레몬마켓의 근본적인 원인은 정보의 비대칭성이다. 정보의 비대칭성은 '역선택'과 '도덕적 해이'의 결과로 이어지기도 하는데, 역선택의 경우 거래 전 행동에 관한 문제와 관련이 있다. 역선택이란, 정보의 불균형으로 인해 불리한 의사결정을 하는 상황을 말한다. 중고차 시장의 예를 들면, 판매자는 제품에 대한 정보를 많이 갖고 있지만, 구매자는 정보가 부족한 상태에 놓여있기 때문에 소비자가 겉은 멀쩡해 보이지만 실제로는 문제가 많은 중고차를 살 가능성이 많아진다.

③ 역선택의 해결방안

가. 선별(Screening) : 정보를 갖지 못한 측에서 불충분하지만 주어진 자료를 이용하여 상대방의 특성을 파악하려는 것을 말한다.

나. 신호발송(Signaling) : 정보를 갖고 있는 측에서 적극적으로 정보를 알리려고 노력하는 것을 말한다.

다. 정부의 역할 : 강제집행(가입의무화)와 정보정책 시행

라. 평판과 표준화 : 재화의 품질에 관한 정보의 비대칭성이 존재하는 상황에서, 고품질의 재화를 판매하는 판매자가 자신은 항상 고품질의 재화만을 판매한다는 것을 소비자에게 확신시켜 소비자들로부터 그 사실을 널리 인정받는 방법으로 역선택을 해소하는 것이다.

마. 신용할당(credit rationing) : 대부자금시장에서 대부자금에 대한 초과수요가 존재함에도 불구하고 은행이 대출이자율을 인상하지 않고 주어진 자금을 신용도가 높은 기업에게만 배분하는 현상을 의미한다.

바. 효율성임금 : 노동자들의 생산성을 높은 수준으로 유지하기 위하여 시장의 균형임금보다 높은 임금을 지급함으로서, 낮은 수준의 임금 제시를 통해 생산성이 낮은 노동자들만 고용되는 역선택을 피할 수 있다.

***049 레몬법(Lemon Law)

1975년에 제정된 미국의 소비자 보호법으로, 정식 명칭은 발의자인 상원 의원 워런 매그너슨(Warren G. Magnuson)과 하원 의원 존 모스(John E. Moss)의 이름을 딴 '매그너슨-모스 보증법(Magnuson-Moss Warranty Act)'이다. 차량 또는 전자 제품에 결함이 있어 일정 횟수 이상으로 반복해서 품질 기준을 충족하지 못할 경우 제조사는 소비자에게 교환이나 환

불 또는 보상을 해야 한다는 것을 주요 내용으로 하며, 구체적인 내용은 주(州)별로 조금씩 차이가 있다. 1975년 미국에서 연방법으로 처음 제정된 이후 1982년 주 단위로는 코네티컷주에서 최초로 시행돼 점차 모든 주로 확산됐다. 한편, 레몬법(Lemon law)에서의 '레몬(Lemon)'은 영미권에서 결함이 있는 자동차, 불량품을 지칭하는 말로 쓰인다. 이는 달콤한 오렌지(정상 제품)인 줄 알고 샀는데 매우 신 레몬(불량품)이었다는 의미를 담고 있다.

*050 로스리더(Loss Leader)

미끼상품. 소매점이 고객을 유인하기 위해 통상의 판매가격보다 대폭 할인하여 판매하는 상품을 말한다. 미끼상품은 일반적으로 소비자의 신뢰를 받는 공식브랜드를 대상으로 하며, 수요탄력성이 높고 경쟁력이 강한 상품일수록 효과가 있다.

***051 로치데일 협동조합　　　[2020년 하반기 NH농협은행 기출]

1844년 영국의 로치데일에서 실직한 28명의 후란넬직공이 소액을 출자, 창고를 빌려 소비조합을 창설한 것이 그 시초이다. 이는 소비조합의 원조격으로서, 로치데일 선언이라는 것을 주장했다.

로치데일 선언의 주 내용은 아래와 같다.

① 식료품, 의류 등을 파는 점포를 설치할 것.

② 다수의 주택을 건설 또는 구입해, 사회적 상태의 개선에 협력하는 조합원 거주에 충당할 것.

③ 실직한 조합원 혹은 지속적인 임금인하로 고통 받는 조합원들에게 직무를 부여하기 위해, 조합이 결의한 물품의 생산을 시작하는 것.

④ 토지를 구입하고 또 빌려서, 실직해 있거나 부동한 보수를 받는 조합원에게 이것을 경작하게 하는 것.

⑤ 본 실현이 가능하게 되어 점차 본 조합은 생산, 분배, 교육 및 정치적인 힘을 키우는 것.

⑥ 가능한 한 빨리 조합은 생산, 유통, 교육, 경영을 위한 능력을 갖출 수 있도록 한다. 즉, 공동이익을 나누는 자조적인 생활공동체 home-colony를 수립하거나 다른 조합의 공동체 설립을 지원한다.

⑦ 가능한 한 빨리 조합의 건물 중 한 곳에 절주 장려를 위해 술을 팔지 않는 호텔을 연다.

이처럼 로치데일 협동조합의 목적은 1구좌 1파운드의 출자금으로 자금을 모아, 조합원의 금전적 이익과 가정적 상태의 개선을 도모하는 데 있었다. 이후 국제협동조합동맹에서 이 원칙을 채택, 일부 개정하여 사용하고 있으며, 로치데일 원칙에 의한 영국의 노동자 소비조합은 그 후 협동조합 운동의 주류로 발전되어 여러 나라에 영향을 미치고 있다.

**^{**}052 로케팅소비

생필품은 싼 것을 쓰면서 특정 용품에만 고급소비를 집중하는 현상이다. 경제 불황으로 소비자 지갑이 얇아지면 대부분 물품은 저렴한 것을 찾지만, 본인 가치를 높이는 데는 비용을 아끼지 않는 편향소비가 강하다. 2002년 보스턴컨설팅이 낸 보고서에 처음 등장했으며, 사람들이 부정적인 경제 상황 속에서 소소한 고급 상품을 소비하며 위로를 얻는다는 의미로 사용한다. 향수시장이 대표적 사례이다.

**^{***}053 롱테일 법칙(Long Tail Theory) [2019년 신한은행 기출]

롱테일법칙은 파레토법칙과는 거꾸로 80%의 '사소한 다수'가 20%의 '핵심 소수'보다 뛰어난 가치를 창출한다는 이론으로서 '역(逆) 파레토법칙'이라고도 불린다.

**^{***}054 리니언시 [2019년 국민은행 기출]

담합행위를 한 기업이 자진신고를 할 경우 처벌을 경감하거나 면제하는 제도. 이 제도는 상호 간의 불신을 자극하여 담합을 방지하는 효과를 얻을 수 있다.

**^{***}055 리디노미네이션(Re-Denomination)

화폐가치의 변동 없이 기존 화폐단위를 일정한 비율만큼 낮추는 화폐 단위의 액면 절하이다. 1953년 구권 100원을 신권 1환으로, 1962년 구권 10환을 신권 1원으로 변경했다.

[장점] ① 지하경제를 양성화 → 세수 증가 효과 : 복지재원 마련, ② 거래상의 편의 및 회계장부·기장처리 간편화, ③ 인플레이션 기대심리 억제, ④ 자국 통화의 대외적 위상제고 등

[단점] ① 비용 : 새로운 화폐제조 및 신·구 화폐의 교환 비용이 든다. 전국에 있는 은행 현금지급기, 자판기 등 관련 기계와 각종 시스템의 교체 등 수반되는 비용이 든다.

② 국민의 불안 심리에 따라 강력한 리더십 필요하다. → 화폐교환 과정에서 개인정보 누출, 재산상의 손실에 대한 우려 등

③ 우수리절상 등에 의한 물가상승요인 내재 : 액면단위의 절하 과정에 편승하여 우수리 절상 등에 의한 부당한 가격인상으로 인한 물가불안 가능성

> 우수리란, 일정한 수나 수량에 차고 남는 수나 수량. 쉽게 말해 900원이던 걸 1,000분의 1로 리디노미네이션하면 0.9원이 되는데 이걸 1원으로 절상해 인플레이션이 발생.

*** 056 리브라 [2019년 신한은행 기출]

2019년 페이스북에서 자체개발한 가상화폐를 뜻한다. 페이스북이 공개한 리브라 운영 방식은 페이스북, 왓츠앱, 인스타그램 등을 통해 법정화폐로 리브라를 구매한 다음, 앱 내의 전자지갑에 보관하여 회원사(비자, 이베이, 우버 등)에서 상품과 용역의 대가로 화폐처럼 이용하는 것이다. 또한, 페이스북 메신저 등을 통해 개인 간의 송금도 가능하다. 이런 점에서 리브라는 상용화 가능성이 큰 것으로 예상하였지만, 미국 금융당국은 시기상조라는 입장을 보인다.

* 057 리세스 오블리주(Richesse Oblige)

부유층의 도덕적, 사회적 책임과 의무. 지도층의 의무를 강조하는 '노블레스 오블리주'처럼 부에도 도적적 의무와 사회적 책임이 수반된다는 뜻.

*** 058 리쇼어링 [2023 상반기 새마을금고중앙회 필기 기출]

리쇼어링(Reshoring)은 생산비와 인건비 절감 등을 이유로 해외로 생산시설을 옮긴 기업들이 다시 자국으로 돌아오는 현상을 말한다. 온쇼어링(onshoring), 인쇼어링(inshoring), 백쇼어링(backshoring)도 비슷한 개념으로서 오프쇼어링(offshoring)과는 반대되는 말이다. 기술적인 측면에서 스마트 팩토리(smart factory)의 확산과 정책적인 측면에서 보호무역주의의 확산으로 인해 리쇼어링이 최근 활성화되고 있다.

*** 059 리우선언(Rio Earth Charter) [2019년 기업은행 기출]

리우회의는 1992년 6월 3~14일까지 브라질의 수도 리우데자네이루에서 열린 환경문제 국제회의다. 세계 178개국의 정부대표 8,000여 명과 국가정상급 인사 115명, 민간단체 대표 1만여 명이 모여 지구환경 문제에 대해 논의했던 사상 최대 규모의 회의다. 이 회의에서 1972년 스웨덴 스톡홀름에서 열렸던 국제연합인간환경회의의 인간환경선언을 다시 확인하며 리우선언을 발표한다. 리우선언 외에도 의제21(Agenda21)을 채택했으며, 지구온난화방지협약, 생물다양성 보존협약 등이 발표되었다.

주요원칙으로는 환경파괴에 대한 책임을 부과하고, 지구 생태계를 보존하며, 환경훼손 방지에 대한 연구, 환경분쟁의 평화적 해결이라는 내용 등이 있으며 총 27개의 조항으로 이루어져 있다. 이 선언은 인간과 자연, 개발과 환경보전의 문제를 보다 진지하게 논의했던 리우회의의 성과물이며 훗날 각종 환경보전문제들에 대한 기본 지침서가 되고 있다.

*** 060 리츠(REITs. Real Estate Investment Trusts)

부동산투자신탁. 소액투자자들로부터 자금을 모아 부동산이나 부동산 관련 대출에 투자하여 발생한 수익을 투자자에게 배당하는 회사나 투자신탁을 말한다.

*** 061 링크세

[2021년 상반기 새마을금고중앙회 기출]

2019년 제정된 EU의 '디지털 단일시장의 저작권에 관한 지침'에 따라 유럽연합(EU)에서 구글, 페이스북과 같은 정보기술(IT) 플랫폼 사업자들이 언론사 뉴스를 링크할 때 본문 요약이나 사진을 포함할 경우 일종의 저작권료로써 지불해야 하는 비용을 말한다.

*** 062 마이데이터

[2020년 하반기 국민은행 기출]

① 개념 : 신용정보법 개정을 바탕으로 도입. 개인의 금융정보 자기 결정권 증진, 데이터 이동권 확립 등을 목적으로 하는 EU의 GDPR, PSD2 및 영국의 오픈 뱅킹 정책과 유사함. 마이데이터 정보 주체인 개인이 본인의 정보를 적극적으로 관리 및 통제하고 이를 신용관리, 자산관리, 건강관리 등 개인 생활에 능동적으로 활용하는 일련의 과정을 의미함.

② 예시 : A(정보주체)가 어떤 은행, 보험회사, 카드사, 병원을 대상으로 자신이 생성한 데이터 중 어떠한 항목들을 자신이 지정한 B(마이데이터 사업자)에게 보내라고 요청하면, B는 위 열거 대상으로부터 API를 통해 A가 요청한 데이터를 전달받아 A가 일상생활에서 유용하게 활용할 수 있도록 안전하게 관리하는 역할을 맡는다. 즉, 마이데이터에는 정보의 자기 결정권과 함께 '데이터 이동권'에 대한 개념이 포함되어 있다.

③ 특징 : 허가제로 운영되며, 개인의 신용관리, 자산관리 서비스를 제공한다. 데이터 수집 방법은 크게 스크레이핑 방식과 API 방식으로 구분할 수 있다. 스크레이핑 방식은 핀테크 업체 서비스가 고객의 인증 정보를 저장하고 활용한다는 측면에서 개인정보 유출이나 해킹 위험 등 문제점이 있다. 따라서 금융위원회는 스크레이핑 방식의 정보 제공을 일정 유예기간 이후 금지하겠다고 발표했다. 유럽에서는 스크레이핑 방식에서 API 방식으로 점점 대체해 나가고 있는데, 유럽의 마이데이터 확산 전략을 우리나라가 따라가는 것으로 보인다.

④ 금융 분야의 마이데이터 사업 : 레이니스트의 '뱅크샐러드', 비바리퍼블리카의 '토스', 데일리금융의 '브로콜리' 그리고 핀크의 '핀크'가 마이데이터 서비스를 제공하고 있다.

*** 063 마이클포터 [2019년 기업은행 기출]

마이클 포터(Michael E. Porter) '현대 전략 분야의 아버지'라 불리는, 명실공히 경영전략의 세계 최고 권위자다. 피터 드러커, 톰 피터스와 함께 세계 3대 경영 석학으로 평가받은 바 있다. 경영학과 경제학을 가로지르고 개별 기업, 산업구조, 국가를 아우르는 연구를 전개해 지금까지 17권의 저서와 125편 이상의 논문을 발표했다. 저서 중 『경쟁전략(Competitive Strategy)』(1980), 『경쟁우위(Competitive Advantage)』(1985), 『국가 경쟁우위(The Competitive Advantage of Nations)』(1990) 3부작은 '경영전략의 바이블이자 마스터피스'로 공인받고 있다. 여기서 제시한 경쟁우위, 산업구조 분석, 5가지 경쟁요인, 본원적 전략, 전략적 포지셔닝, 가치사슬, 국가경쟁력 등의 화두는 전략 분야를 넘어 경영학 전반에 새로운 지평을 열었다.

*** 064 마이페이먼트 [2021 하반기 국민은행 필기 기출]

마이페이먼트(My Payment)는 지급지시서비스업이라고 불리는 사업으로, 결제 자금을 보유하지 않고도 정보만으로 결제 서비스를 제공하는 서비스를 의미한다. 해당 서비스가 도입되면 로그인 한 번으로 보유하고 있는 모든 계좌를 활용해 결제나 송금을 처리하는 일이 가능해진다. 2020년 7월 26일 금융위원회는 '디지털금융 종합혁신방안'을 발표하고 종합지급결제사업자와 마이페이먼트(지급지시전달업)라는 신규 업종을 도입하기로 했다. 마이페이먼트는 진입장벽을 크게 낮춘(최소 자본금 3억 원) 결제·송금사업자라고 볼 수 있다. 지금은 간편결제를 이용할 때 고객, 고객의 거래은행, 상점, 상점의 거래은행과 핀테크업체 등이 복잡한 중개 과정을 거친다. 마이페이먼트 사업자는 고객 거래은행에서 상점 거래은행으로 '지급 지시'만 전달해 이체를 간단하게 끝낸다. 스타트업과 신용카드사 등이 적극 활용할 전망이다.

** 065 마켓 3.0

합리에 호소하던 기존의 법칙을 넘어서, 감동을 주고 고객의 영혼에 다가가기 위해 노력하는 '통합적인 움직임' 기존의 마케팅은 고객이 원하고(Wants), 필요로 하고(Needs), 바라는(Hopes) 것을 채워주는 동시에 플러스알파를 제공하면 충분히 소비자를 만족시킬 수 있다고 생각했다. 그러나 최근 소비자들은 기업과의 '감성적인 유대감'을 중요시하기 시작했다. 한마디로 사람들의 영혼에 호소하는 마케팅이다. '환경에 신경 쓰고 사회에 대해 동정심을 보여주는 기업이라면 내게 특별한 혜택을 주지 않아도 그냥 좋다'고 생각하는 소비자들이 타깃이 된다.

*** 066 마타도어

근거 없는 사실을 조작해 상대편을 중상모략하거나 그 내부를 교란하기 위해 하는 흑색선전(黑色宣傳)의 의미로 정치권에서 널리 쓰이는 말이다. 마지막에 소의 정수리를 찔러 죽이는 투우사(bullfighter)를 뜻하는 스페인어 Matador(마타도르)에서 유래한 것이다.

*** 067 망 중립성

망 중립성(網 中立性, Net neutrality)은 모든 네트워크 사업자와 정부는 인터넷에 존재하는 모든 데이터를 동등하게 취급하고, 사용자, 내용, 플랫폼, 장비, 전송 방식에 따른 어떠한 차별도 하지 않아야 한다는 뜻이다. 이 용어는 2003년에 컬럼비아 대학교의 미디어 법 교수인 팀 우(Tim Wu)가 만들었다. 비차별, 상호접속, 접근성 등 3가지 원칙이 동일하게 적용되어야 하는 것이 조건이다.

망을 보유하지 않은 사업자도 같은 조건으로 망을 이용할 수 있어야 한다. 문제는 KT와 SK텔레콤처럼 망을 제공하는 통신사업자가 '특정 흐름(트래픽)을 임의로 차단할 권리'를 요청한다는 것. 특정 트래픽의 데이터 전송 속도를 얼마간 제한하는 것도 포괄적인 차단 행위로 본다. 궁극적으로 관련 사업자는 망 이용대가(요금) 등을 기준으로 삼아 통신 상품 · 서비스별 트래픽을 관리할 수 있는 체계를 바랐다.

네이버와 다음커뮤니케이션처럼 망을 사업의 바탕으로 삼는 사업자가 '트래픽 제한'에 반발한 것은 당연한 순서. 인터넷에 콘텐츠나 애플리케이션을 공급 · 판매하는 사업자도 "망 중립성을 보장하라"는 데 뜻을 모았다. 인터넷을 '열린 의사소통 공간'으로 이해하는 일반 이용자(누리꾼)도 망 중립성 유지에 힘을 기울이는 추세다. 갈등을 해소할 열쇠는 '망 성격을 명확히 규정'하는 것. 인터넷을 누구나 자유롭게 이용할 공공자산으로 볼 것인지, 통신 사업자가 망을 구축하기 위해 자금을 들인 만큼 제반 설비의 사적 재산권을 얼마간 허용할지가 관건이다. 결국 통신 정책 당국이 엄정한 규제 기준을 세우는 것부터 선결해야 한다.

*** 068 맵리듀스

맵리듀스(MapReduce)란 구글에서 대용량 데이터 처리를 분산 병렬 컴퓨팅에서 처리하기 위한 목적으로 제작하여 2004년 발표한 소프트웨어 프레임워크이다. 이 프레임워크는 페타바이트 이상의 대용량 데이터를 신뢰도가 낮은 컴퓨터로 구성된 클러스터 환경에서 병렬 처리를 지원하기 위해서 개발되었다. 이 프레임워크는 함수형 프로그래밍에서 일반적으로 사용되는 Map과 Reduce라는 함수 기반으로 주로 구성된다. 맵리듀스를 간단하게 설명하자면, 한 명이 4주 작업할 일을 4명이 나누어 1주일에 끝내는 것이라고 할 수 있다. 맵리듀스는 단순해서 사용이 편리하고 확장이 쉽다. 특정 데이터 모델이나 스키마, 질의 언어에 의존적이지 않아 비정형 데이터(unstructured data) 분석에 용이하다. 그러나 복잡한 연산 처리가 쉽지 않고 기존의 데이터베이스 관리 시스템(DBMS)이 제공하는 스키마, 질의 언어, 인덱스 등의 기능을 지원하지 않는다. 또한 맵(Map) 단계가 끝나야 리듀스(Reduce) 단계를 시작할 수 있어서 관계형 데이터베이스(RDB)에 비해 상대적으로 성능이 떨어진다. 반면 저장 구조가 독립적이라 데이터 복제 시 데이터 내구성(데이터를 손실로부터 보호하는 특성)이 좋다.

*** 069 머신러닝

[2022 상반기 농협은행 필기 기출]

머신 러닝은 클라우드 컴퓨터가 학습 모형을 기반으로 외부에서 주어진 데이터를 통해 스스로 학습하는 것을 말한다. 빅데이터를 분석하고 가공해서 새로운 정보를 얻어 내거나 미래를 예측하는 기술이다. 인공지능(AI)의 한 분야에 속한다. 컴퓨터는 머신러닝을 통해 지능을 더욱 강화할 수 있게 된다. 따라서 컴퓨터는 이후 새로운 데이터가 입력됐을 때 과거의 학습 경험을 토대로 이를 이해하고 분석함으로써 다가올 변화를 예측할 수 있다.

*** 070 메가트렌드

[2020년 하반기 기업은행 기출]

사회공동체 내에서 일어나는 거대한 시대적 조류를 말한다. 미래학자 존 나이스비트가 그의 저서 <메가트렌드>에서 처음 언급하며 등장했다. 트렌드는 다수의 소비자가 따르는 일종의 흐름인데, 이는 일정 범위의 소비자들이 일정 기간 동안 동조하는 소비가치를 나타낸다. 한 현상이 단순히 특정 영역의 트렌드에 멈추지 않고, 전체 공동체에 경제, 문화, 사회적으로 거시적 변화를 불러올 때, 이를 메가트렌드라고 한다. 소비자들의 동조가 지속되고, 그 기간이 10년 이상 지속되면 일반적으로 메가트렌드라고 볼 수 있다. 존 나이스비트는 그의 저서에서 현대사회의 메가트렌드는 탈공업화와 글로벌 경제, 분권화 그리고 네트워크형 조직 등을 그 특징으로 한다고 이야기한다.

*** 071 메기효과

메기 한 마리를 미꾸라지 어항에 집어넣으면 미꾸라지들이 메기를 피해 다니느라 생기를 얻고, 미꾸라지를 장거리 운송할 때 수족관에 메기를 넣으면 죽지 않는다. 메기로 미꾸라지를 생존시키는 현상을 기업경영에 접목한 것이 메기효과다. 메기 효과를 아는 조직은 무서운 제도(다면평가제도와 진급제도, 직무심사와 성과급제도, 신진세력 투입)를 적용하여 조직의 정체 현상을 극복하고, 동기를 부여하여 생산성을 높인다.

***072 메디치효과(Medici Effect)

중세 이탈리아 가문 명. 이 가문이 음악, 미술, 철학가 등 다방면의 예술가, 학자를 모아 공동작업을 후원하자 문화의 창조역량이 커져 르네상스 시대를 맞게 되었다는 데서 유래한 경영이론이다. 서로 다른 분야의 역량이 합쳐지면 시너지를 낸다는 것을 의미한다.

**073 메타슈머(Metasumer)

평범한 제품에 변화를 더해 새로운 제품으로 업그레이드 시키는 소비자 집단을 말한다.

*074 매니페스토(Manifesto)

선거와 관련하여 유권자에 대한 계약으로서의 공약, 즉 목표와 이행 가능성, 예산 확보의 근거 등을 구체적으로 제시한 공약을 말한다.

**075 모듈기업(Module Corporation)

자기 회사 내에 생산시스템을 일절 갖지 않거나 최소한의 시설만을 갖추고 외부기업으로 부터 부품이나 완제품을 조달하여 최종제품을 판매하는 기업. 패션산업에서 최초로 시도. 나이키, 리복 등이 대표적. 국내기업으로는 이랜드가 있다.

***076 모디슈머(Modisumer)

제조업체에서 제시하는 방식이 아닌 자신만의 방식으로 제품을 활용하는 소비자를 일컫는 말이다. 영어로 '수정하다, 바꾸다'라는 뜻의 'modify'와 소비자를 뜻하는 'consumer'의 합성어이다. 개성을 추구하는 소비자들이 기존의 틀에 얽매이지 않고, 새로움에 도전하는 것을 즐기는 신소비형태의 하나다. 자신만의 방식을 만들어 제품을 활용하다가 온라인이나 오프라인을 통한 공유로 인해 많은 사람에게 확산되기도 한다. 변화하는 트렌드에 맞춰 제품을 발전시켜야 하는 회사의 입장에서 본다면 모디슈머들은 새로운 트렌드를 소비자들에게 널리 퍼뜨려주고, 회사에 알려주어 새로운 마케팅을 할 수 있는 요소를 던져주는 효자 노릇을 한다고 볼 수 있다.

예 짜파구리, 오파게티 등

> **트라이슈머**
> 간접정보에 의존하기보다 제품을 직접 체험하기를 원하는 소비자층.
> → 제품 자체에 만족하지 않고, 더 나은 제품을 만들기 위한 노력을 회사뿐만 아니라 소비자들도 하고 있다.

★★★ 077 모라벡의 역설(Moravec's Paradox) [2019년 기업은행 기출]

인간에게 쉬운 것은 컴퓨터에게 어렵고 반대로 인간에게 어려운 것은 컴퓨터에게 쉽다는 역설을 말한다. 미국의 로봇 공학자인 한스 모라벡(Hans Moravec)이 1970년대에 '어려운 일은 쉽고, 쉬운 일은 어렵다(Hard problems are easy and easy problems are hard)'는 표현으로 컴퓨터와 인간의 능력 차이를 역설적으로 표현하였다. 인간은 걷기, 느끼기, 듣기, 보기, 의사소통 등의 일상적인 행위는 매우 쉽게 할 수 있는 반면 복잡한 수식 계산 등을 하기 위해서는 많은 시간과 에너지를 소비하여야 한다. 반면 컴퓨터는 인간이 하는 일상적인 행위를 수행하기 매우 어렵지만 수학적 계산, 논리 분석 등은 순식간에 해낼 수 있다. 달리 말하면 어른 수준으로 체스나 바둑 등을 두는 컴퓨터를 개발하는 것은 보다 쉽지만, 한 살짜리 수준의 운동 능력이나 지각을 갖춘 기계를 만드는 일은 극히 어렵다는 것이다.

★ 078 모멘텀(Momentum)

본래 물리학 용어로 동력을 말한다. 경제에서는 주가를 움직일 수 있는 자극이 있느냐를 나타낸다. 주가의 변동을 알아내는 기준이 되며, 특히 단기투자에서 유용하게 사용된다. 주가가 상승하더라도 모멘텀이 부족하면 향후 상승추세가 꺾여 하락할 가능성이 크고, 반대로 주가가 하락하더라도 이 수치가 높으면 주가는 상승할 가능성이 크다. 증자발표, 신사업 진출, 액면분할, 정부의 정책발표 등

★★ 079 모모스(Momos)족

보보스족이 부르주아적인 물질적 풍요와 보헤미안적인 정신적 풍요를 동시에 누리는 상류층을 일컫는 용어라면, 모모스족은 이와는 반대로 '모(mo)두가 빚, 모(mo)두가 가짜'인 인생을 살아가는 사람들을 일컫는 말이다.

[문제점] 체면치레를 위해 빚을 내서라도 명품을 사거나 가짜 유명 상표가 달린 짝퉁 상품이라도 무조건적인 소비를 한다.

★★★ 080 민간투자 사회간접자본(SOC, Social Overhead Capital)

도로, 항만, 철도 등 생산활동에 직접적으로 사용되지는 않지만, 경제활동을 원활하게 하기 위해서 꼭 필요한 사회기반시설. 그 규모가 매우 크고 효과가 사회 전반에 미치므로 개인이나 사기업이 아니라, 일반적으로 정무나 공공기관의 주도로 이루어진다.

081 민식이 법

2019년 9월 충남 아산의 한 어린이보호구역(스쿨존)에서 교통사고로 사망한 김민식 군(당시 9세) 사고 이후 발의된 법안으로, 2019년 12월 10일 국회를 통과해 2020년 3월 25일부터 시행됐다. 법안은 ▷어린이보호구역 내 신호등과 과속단속카메라 설치 의무화 등을 담고 있는 '도로교통법 개정안'과 ▷어린이보호구역 내 안전운전 의무 부주의로 사망이나 상해사고를 일으킨 가해자를 가중처벌하는 내용의 '특정범죄 가중처벌 등에 관한 법률 개정안' 등 2건으로 이뤄져 있다.

082 밈 마케팅(Meme Marketing)

[2020년 하반기 기업은행 기출]

'밈(Meme)'과 '마케팅(Marketing)'의 합성어로, 인터넷 밈을 활용한 마케팅을 말한다. 밈은 세계적인 생물학자인 리처드 도킨스가 <이기적인 유전자, 1967>에서 처음 제시한 용어인데, 밈은 모방을 통해 전해지는 문화의 요소라고 말한다. 밈은 인터넷에서 유행하는 특정 문화요소를 모방 혹은 재가공한 콘텐츠를 의미하기도 하는데, 대표적인 예로, 김응수의 '묻고 더블로 가.'와 비의 '깡' 등이 그 예시이다.

대중의 관심을 만족시킬 경우, 밈은 SNS에서 다시 모방 및 재가공되어 전파되면서 파급력을 가진다. 기업들은 여기서 파급력은 물론 홍보에 소요되는 비용 감소효과를 누릴 수 있고, 소비자에게 브랜드 친밀도를 높일 수 있기에 종종 밈 마케팅을 활용한다. 다만, 밈의 경우 단기트렌드적 요소가 있는 만큼 장기적인 브랜드 전략에서는 다른 핵심 성공요인들도 수반되어야 한다. 또한 밈 마케팅을 위해 미디어 상 유행하는 콘텐츠를 무단 게시하는 경우도 종종 보고 되어, 저작권에 대한 논란이 있는 점도 고려해야 한다.

083 밀레니얼 세대(Millennial Generation)

1982년부터 2000년 사이에 태어난 세대를 말한다. 모바일에 익숙한 세대이나 순수 온라인 채널보다는 오프라인 매장이 복합된 쇼핑을 선호하며, 매장을 통한 토털 경험에 대해 근본적으로 높은 기대치를 지니고 있다. 밀레니얼 세대 소비자 절반 이상이 구매 전에 페이스북 트위터 등 SNS상에서 브랜드를 확인한다고 답했다. 또한, 60%가 다양한 서비스 선택 시 온라인상 사용자 평가에 영향을 많이 받는 것으로 나타났다.

084 바우처제도(Voucher System)

정부가 수요자에게 쿠폰을 지급하여 원하는 공급자를 선택하도록 하고, 공급자가 수요자로부터 받은 쿠폰을 제시하면 정부가 재정을 지원하는 방식을 말하는데, 이때 지급되는 쿠폰을 바우처라고 한다.

[장점] 정부가 쿠폰대신 현금으로 비용을 지급 할 경우 생기는 국민들의 도덕적 해이를 방지할 수 있다.

[종류] 육아바우처, 문화바우처, 주택바우처 등 다양함.

**085 바이러스와 세균의 차이

바이러스는 단백질과 핵산으로 이뤄진 생물과 무생물 중간 형태의 미생물로, 스스로 물질대사를 할 수 없다. 반면 세균은 생물체 가운데 가장 미세하고 하등에 속하는 단세포 생활체로 스스로 에너지와 단백질을 만들며 생존한다.

**086 박싱데이(Boxing Day)   [2018년 기업은행 기출]

크리스마스 다음 날인 12월 26일을 말한다. 옛 유럽의 영주들이 이날 주민들에게 상자에 담은 선물을 전달한데서 유래했다. 미국 영국 등에선 이날 소매점들이 재고를 없애기 위해 대규모 할인 판매를 실시한다.

***087 발틱건화물운임지수(BDI, Baltic Dry Index)   [2018년 국민은행 기출]

발틱 해운거래소가 발표하는 해운운임지수. 종전의 Baltic Freight Index(BFI)를 대체한 것으로 1999년 11월 1일부터 발표하고 있다. 철광석 · 석탄 · 곡물 등 원자재를 실어 나르는 벌크선 시황을 나타낸다. 세계 26개 주요 항로의 배 유형별 벌크화물 운임과 용선료 등을 종합했다. 1985년 1월 4일을 기준인 1,000포인트로 하는 이 지수는 선형별로 대표 항로를 선정하고 각 항로별 톤 마일 비중에 따라 가중치를 적용해 산정한다.

***088 밴드왜건 효과(Band Wagon Effect)   [2020년 하반기, 2018년 국민은행 기출]

유행에 따라 상품을 구입하는 소비현상을 뜻하는 경제용어로, 곡예나 퍼레이드의 맨 앞에서 행렬을 선도하는 악대차(樂隊車)가 사람들의 관심을 끄는 효과를 내는 데에서 유래한다. 특정 상품에 대한 어떤 사람의 수요가 다른 사람들의 수요에 의해 영향을 받는 현상으로, 편승효과 또는 밴드왜건 효과라고도 한다. 미국의 하비 라이벤스타인(Harvey Leibenstein, 1922~1994)이 1950년에 발표한 네트워크효과(Network effect)의 일종으로, 서부개척시대의 역마차 밴드왜건에서 힌트를 얻은 것이다.

밴드왜건은 악대를 선두에 세우고 다니는 운송수단으로 요란한 음악을 연주하여 사람들을 모았으며, 금광이 발견되었다는 소식을 들으면 많은 사람들을 이끌고 몰려갔다. 이러한 현상을 기업에서는 충동구매를 유도하는 마케팅 활동으로 활용하고, 정치계에서는 특정 유력 후보를 위한 선전용으로 활용한다.

 스놉 효과(Snob Effect)
특정 제품에 대한 소비가 증가하게 되면 그 제품의 수요가 줄어드는 현상을 뜻하는 말이다. 스놉 효과에서 소비자들은 다수의 소비자들이 구매하지 않는(못하는) 제품에 호감을 느끼게 되는데, 보통 가격이 비싸서 쉽게 구매하기 어려운 고가의 하이클래스 제품, 명품 등이 여기에 해당된다. 스놉 효과 역시 네트워크효과의 일종이다. 속물효과, 또는 백로효과라고도 부른다.

*** 089 베블런효과 [2020년 하반기 전북은행 기출]

베블런효과는 가격이 오르는데도 과시욕이나 허영심 등으로 인해 수요가 줄어들지 않는 현상을 말한다. 사회학자이자 평론가인 베블런(Thorstein Bunde Veblen)의 저서인 유한계급론에서 "상층 계급의 두드러진 소비는 사회적 지위를 과시하기 위하여 자각 없이 행해진다"고 언급한 것에서 유래했다.

베블런효과는 값이 오르면 오를수록 수요가 증가하지만, 반대로 값이 떨어지면 누구나 쉽게 구입할 수 있다는 이유로 구매를 하지 않는 경향으로 '소비편승효과'라고도 한다. 2020년 샤넬 가방의 가격 인상에도 소비자들이 줄서서 구입을 기다리는 것도 베블런효과의 한 예라고 할 수 있다.

* 090 베스트 프랙티스(Best Practice)

각 산업에서 가장 잘 적용하고 있는 사례나 가장 성공적으로 평가되는 비즈니스 방식을 상징하는 말이다. 베스트 프랙티스는 각 기업이 보유한 자체적인 업무 방식에 비해 더 뛰어난 경우가 많기 때문에 경영 혁신과 업무 방식 개선을 목표로 하는 기업들은 업계에서 가장 뛰어난 기업이나 모범이 되는 기업의 업무 방식을 벤치마킹하게 된다.

* 091 벤포드의 법칙 [2019년 국민은행 기출]

수로 구성된 많은 데이터에서 첫째 자리에 오는 숫자가 고르게 분포되어 있지 않은 법칙이다. 벤포드의 법칙은 기업의 회계 부정이나 가격 담합 등을 적발하는 데도 이용된다. 만약 어떤 기업에서 부정한 방식으로 수치를 조작하면 1부터 9까지의 수를 무작위로 균등하게 분포시킬 가능성이 크다. 그렇게 되면 첫 자릿수의 빈도가 1에서 9로 갈수록 낮아지는 벤포드의 법칙에 위배된다. 이를 이용해 미국의 국세청(IRS)이나 금융감독 기관은 기업이 조작한 단서를 잡는다.

*092 복지깔때기 현상

정부의 복지사업과 예산은 늘어나고 있지만(깔때기처럼 위는 넓지만) 사회복지사 등 현장 담당 인력이 뒷받침되지 않아 정작 수급자에겐 정책이 제대로 전달되지 못하는(아래는 좁은) 현상이다.

**093 복지 포퓰리즘

재정을 고려하지 않고 선거당선 등을 위해 정치권에서 복지정책을 과도하게 추진하는 것을 말한다.

***094 분수효과

오히려 부유층에 대한 세금은 늘리고 저소득층에 대한 복지정책 지원을 증대시켜야 한다는 주장으로, 저소득층에 대한 직접 지원을 늘리면 소비 증가를 가져올 것이고, 소비가 증가하면 생산투자로 이어져 이를 통해 경기를 부양시킬 수 있다는 것이다.

***095 브이로그

'비디오'와 '블로그'의 합성어로, 자신의 일상을 동영상으로 촬영한 영상 콘텐츠를 가리킨다. 2005년 유튜브 등 동영상 공유 사이트가 등장하면서 인기를 끌기 시작했다.

***096 블록체인 [2020년 하반기 국민은행 기출]

① 퍼블릭 블록체인
  가. 누구든지 자유롭게 블록체인 네트워크에 참여하여 이용할 수 있는 방식. 모든 거래 내용이 블록에 저장되어 모든 참가자 사이에서 공유된다.
  나. 네트워크 확장이 어렵고, 속도가 느리다는 단점이 있어, 중앙시스템 제어가 필요한 금융서비스에는 부적합하다.
  다. 비트코인이나 이더리움과 같은 일반적인 암호화폐에서 사용되는 방식으로, 한번 정해진 법칙을 바꾸기 매우 어렵다.
② 프라이빗 블록체인
  가. 네트워크를 운영하는 주체가 있고, 새로운 참가자의 네트워크 참여 여부를 결정하며 허가할 권한과 관련 규칙을 결정한 권한을 가진다.
  나. 특정한 기관이나 업체가 필요와 특성에 맞게 설계한 블록체인으로, 권한이 부여되어 규칙 변경이나 기록 수정의 측면에서 중앙 집중적 방식과 유사하다.

다. 네트워크 참가자의 수가 상대적으로 적으므로, 적은 수의 노드에서만 공유되고 처리되기 때문에 거래 속도가 빠르고 효율적이라는 장점이 있다. 나스닥의 비상장 주식 거래소 플랫폼 링크(Linq)가 활용사례이다.

③ 컨소시엄 블록체인

　　가. 퍼블릭과 프라이빗 블록체인이 결합한 형태로, 네트워크에 참여하는 것은 자유로우나 미리 선정된 일부의 참가자가 네트워크를 통제하는 형태이다.

　　나. 기록 열람의 권한이 일반 이용자들에게만 부여될 수 있고, API를 통해서 특정 대상에게만 공개될 수도 있다.

　　다. 컨소시엄 참여 기관들 간의 거래에 활용이 가능하여 은행권에서 주목하고 있는 블록체인이다.

*** **097** 블루슈머(Blue Ocean Consumer)

경쟁자가 없는 미개척의 새로운 시장인 블루오션에 존재하는 소비자를 가리키는 말이다. 경쟁자가 없거나 경쟁이 치열하지 않은 새로운 시장을 발견하여 새로운 수요를 창출하고, 고수익을 올릴 수 있는 기회를 잡으려는 블루오션전략이 기업의 중요한 이슈가 되면서 블루슈머를 찾아내는 일이 중요한 과제가 되었다.

[사례] 녹색세대(친환경 및 에너지절약 상품), 내나라 여행족(여행 관련 상품), 자연愛 밥상족(유기농, 친환경 관련 상품 및 서비스), 거울 보는 남자(남성용 패션 및 메이크업 제품) 등

*** **098** 빅데이터(Big Data) 　　　　　　　　[2020년 하반기 NH농협은행 기출]

① 빅데이터의 정의

빅데이터란, 디지털 환경 속에서 생성되는 모든 데이터를 통칭한다. 또한 빅데이터는 기존데이터보다 양적인 측면에서 방대하므로, 기존의 방법이나 도구로 수집과 저장 그리고 분석 등이 어려운 정형 · 비정형 데이터를 의미하기도 한다.

'빅데이터'라는 용어의 등장은 2012년 가트너 그룹이 빅데이터를 세계 10대 기술로 선정하면서 관심이 이어졌는데, 빅데이터의 정의와 분류 등은 시대와 기관의 성격에 따라 변화할 수 있다.

② 빅데이터의 공통적 속성 3V

OECD의 정의에 따르면, 빅데이터의 공통적 속성은 크기를 나타내는 Volume, 속도를 나타내는 Velocity, 다양성을 나타내는 Variety가 있다. 크기는 물리적 데이터의 양을 나타내는 것으로 빅데이터의 기본적 속성이라 할 수 있고, 속도는 데이터를 처리 및 분석 시에 빠르게 처리할 수 있는 것을 말한다. 또한 다양성은 다양한 형태의 데이터를 포함하는 상태를 말한다. 최근에는 빅데이터의 공통적 속성인 3V뿐 아니라, 정확성

(Veracity)과 가치(Value) 그리고 시각화(Visualization) 등으로 확장되어 가고 있다.

③ 빅데이터의 종류

빅데이터는 정형화의 종류에 따라 정형 · 반정형 · 비정형 데이터로 분류가 가능하다. 데이터의 잠재 가치는 비정형 데이터, 반정형 데이터, 정형 데이터 순으로 큰 것이 일반적이다.

가. 정형 데이터는 엑셀처럼 고정된 필드에 저장 가능한 데이터이며, 스키마형식에 맞게 저장되는 데이터이다.

나. 반정형 데이터 HTML텍스트, XML처럼 인터넷 문서 안에 포함된 형태의 데이터로, 고정된 필드에 저장되어 있지는 않지만, 메타데이터나 스키마 등을 포함하는 데이터다.

다. 비정형 데이터는 데이터베이스의 고정된 필드에 저장된 형태가 아닌, SNS와 사진, 오디오, 음원, 동영상 등과 같은 형태의 데이터를 말하며, 빅데이터에서 약 85% 이상이 차지하고 있다.

**099 빅데이터 3법

개인정보 보호법 · 정보통신망법(정보통신망 이용촉진 및 정보보호 등에 관한 법률) · 신용정보법(신용 정보의 이용 및 보호에 관한 법률) 개정안을 일컫는 것으로 빅데이터 3법, 데이터경제 3법이라고도 부른다. 데이터 3법은 개인정보보호에 관한 법이 소관 부처별로 나뉘어 있기 때문에 생긴 불필요한 중복 규제를 없애 4차 산업혁명의 도래에 맞춰 개인과 기업이 정보를 활용할 수 있는 폭을 넓히기 위해 마련됐다. 이 3법은 2018년 11월 국회에 발의됐으나 1년 넘게 계류되다 2020년 1월 9일 열린 본회의에서 통과됐다.

**100 빅데이터 5V · · · · · · · · · · · · · · · · · · [2022 하반기 농협은행 필기 기출]

빅데이터는 다양한 소스에서 수집된 데이터 모음이며 5V는 볼륨(Volume), 가치(Value), 다양성(Variety), 속도(Velocity) 및 진실성(Veracity)이라는 다섯 가지 특성을 의미한다.

• 볼륨(Volume) : 기업이 관리하고 분석하는 빅 데이터 크기와 양

• 가치(Value) : 비즈니스 관점에서 가장 중요한 "V"인 빅 데이터의 가치는 일반적으로 보다 효과적인 운영, 더 강력한 고객 관계 및 기타 명확하고 수량화 가능한 비즈니스 이점으로 이어지는 통찰력 발견 및 패턴 인식에서 나온다.

• 다양성(Variety) : 비정형 데이터, 반정형 데이터 및 원시 데이터를 포함하는 다양한 데이터 유형

• 속도(Velocity) : 회사가 데이터를 수신, 저장 및 관리하는 속도(예: 특정 기간 내에 수신된 특정 소셜 미디어 게시물 또는 검색 쿼리 수)

• 진실성(Veracity) : 종종 경영진들의 신뢰도에 영향을 미치는 데이터 및 정보 자산의 진실 또는 정확성

101 빅배스(Big Bath Accounting)

빅 배스란 목욕을 해서 때를 씻어낸다는 뜻으로, 회사들이 과거의 부실요소를 한 회계연도에 모두 반영하여 손실이나 이익규모를 있는 그대로 회계장부에 드러내는 것을 말한다. 장부를 조작하여 이익규모를 부풀리는 분식회계(Window Dressing)와 대비되는 개념이다. 이러한 빅 배스는 잘못을 과거의 CEO에게 모두 돌리고 앞으로의 향후의 실적향상이라던가 하는 긍정적인 요소는 자기의 공으로 돌릴 수 있기 때문에 회사의 CEO가 교체된다든가 할 때 종종 행해진다.

102 빅브라더(Big Brother)제도

군대의 사수와 부사수의 관계처럼 선배 사원이 신입사원을 입사 후 6개월 동안 일대일로 보살펴 주는 제도이다. 신입사원들에게는 선배 사원과의 친목 도모로 조직 적응력을 높여 주고, 기존 사원들에게는 사고의 전환을 가져다 준다. 빅브라더는 영국 소설가 조지 오웰의 소설 '1984년'에 나오는 독재자 빅브라더를 따서 만든 용어다. 현재 빅브라더는 긍정적 의미로는 선의의 목적으로 사회를 돌보는 보호적 감시를 뜻하며, 부정적 의미로는 정보 독점을 통해 권력자들이 행하는 사회 통제 수단을 말한다.

103 빅 블러(Big Blur) [2019년 우리은행 기출]

첨단 기술의 발달로 산업간 경계가 모호해지는 현상을 말한다. 미래학자 스탠 데이비스가 1999년 저서, '블러: 연결 경제에서의 변화의 속도'에서 이 단어를 사용한 것이 유래가 됐다. 블러(Blur)는 사전적으로 흐릿해진다는 의미이며,《블러: 연결경제에서의 변화의 속도》에서 혁신적인 변화로 경계가 허물어진다는 의미로 사용됐다. 사물인터넷(IoT), 핀테크, 인공지능(AI), 드론 등 혁신적인 기술이 등장하면서 블러를 넘어선 빅 블러 현상이 나타나게 됐다.

104 뿌리산업

주조 · 금형 · 용접 · 소성가공(塑性加工) · 표면처리 · 열처리 등 6개 기술 분야를 이르는 말로, 부품 혹은 완제품을 생산하는 기초 공정산업을 이른다. 자동차, 조선, IT 등 최종 제품의 품질경쟁력 제고에 필수적인 분야. 제조업 경쟁력의 근간이 된다는 의미에서 '뿌리산업'이라 불린다. 항공기 1대 생산 시 부품의 뿌리기술 비중 90%. 스위스의 시계, 독일의

칼, 이탈리아의 자전거, 영국의 만년필 등 튼튼한 뿌리산업의 토대 위에서 탄생. 로봇, 항공기 등 첨단산업의 이면에도 뿌리산업이 있다.

[현황] 제조업의 근간이나, 3D 업종으로 근로자들이 기피하고 있는 업종. 2012년 12월 '제1차 뿌리산업진흥 5개년 기본 계획' 수립. 올해 뿌리산업 진흥을 위해 R&D 과제 지원, 인력양성을 위한 교육지원, 인프라 구축, 협동화 단지 지원 등 총 7,916억 원을 지원키로 함.

***105 사군자(四君子) [2018년 우리은행 기출]

매화(梅花) · 난초(蘭草) · 국화(菊花) · 대나무(竹) 등 네 가지 식물을 일컫는 말. 각 식물 특유의 장점을 군자(君子), 즉 덕(德)과 학식을 갖춘 사람의 인품에 비유하여 사군자라고 부른다.

***106 사모펀드

소수의 투자자(기관투자자 등)로부터 자금을 모아 주식이나 채권 등에 투자하여 운영하는 펀드이다.

cf 공모펀드 : 공개적으로 특정하지 않는 투자자로부터 자금을 모음.

**107 사이버슬래킹(Cyber Sacking)

근무 시간에 주식거래나 게임 등 업무 이외의 용도로 인터넷을 사용함으로써 업무에 방해가 되는 일체의 행위를 말한다. 대용량 정보가 많아지면서 업무와 관련 없는 사이트에 접속하는 시간과 빈도가 급증하여 네트워크에 과도한 트래픽이 집중돼 타인의 업무에도 큰 지장을 초래한다.

***108 사회적 자본(Social Capital)

사회구성원들이 힘을 합쳐 공동 목표를 효율적으로 추구할 수 있는 자본을 의미한다. 사람과 사람 사이의 협력과 사회적 거래를 촉진시키는 일체의 신뢰, 규범, 등 사회적 자산을 포괄한다.

***109 산사(山寺) [2018년 우리은행 기출]

산사는 한국의 산지형 불교 사찰의 유형을 대표하는 7개의 사찰로 구성된 연속 유산이다.

이들 7개 사찰로 구성된 유산은 공간 조성에서 한국 불교의 개방성을 대표하면서 승가공동체의 신앙·수행·일상생활의 중심지이자 승원으로서 기능을 유지하여 왔다. 통도사, 부석사, 봉정사, 법주사, 마곡사, 선암사, 대흥사로 대한민국 전국에 걸쳐 분포하고 있다. 2018년 유네스코 세계문화유산으로 등재되었다.

*** 110 살찐 고양이법(Fat Cat)

최고경영자의 급여가 지나치게 높지 않게 상한선을 두는 법안

*** 111 상계관세　　　　[2019년 신협은행 기출]

수출국으로부터 장려금이나 보조금을 지원받아 가격경쟁력이 높아진 물품이 수입되어 국내산업이 피해를 입을 경우, 이러한 제품의 수입을 불공정한 무역행위로 보아 이를 억제하기 위해 부과하는 관세. 상계관세는 외국의 산업장려정책이나 수출촉진정책에 입각한 부당경쟁으로부터 국내산업을 보호하기 위해 부과되는 관세로 강력한 무역구제 조치로 꼽힌다. 수출국의 입장에서는, 장려금이나 보조금을 받은 수출품은 그만큼 상품가격이 낮아져 국제경쟁력 강화를 통한 수출증대의 효과를 거둘 수 있지만, 수입국 입장에서는 해당 산업의 시장을 잠식당하는 타격을 받게 된다.

*** 112 상수리 제도　　　　[2018년 우리은행 기출]

고려시대 기인제도(其人制度)의 전신이다. 기인(其人)제도란 고려~조선 중기에 지방의 향리(鄕吏) 혹은 향리의 자제(子弟)를 도읍에 머물게 하며 볼모로 삼아 지방을 통제했던 제도이다. 이에 학계에서는 위의 기사 가운데 "바깥 주[外州]의 관리[吏]를 서울로 올려 보내 일하게 한다(上守)"라는 대목에 주목하여 신라시대의 향리 볼모 제도를 상수리(上守吏) 제도라고 이름 지었다.

*** 113 성균관과 국자감　　　　[2018년 우리은행 기출]

① 성균관 : 조선시대에 인재양성을 위하여 서울에 설치한 국립대학격의 유학교육기관. 태학(太學), 반궁(泮宮), 현관(賢關), 근궁(芹宮)·수선지지(首善之地)라고도 하였다.
② 국자감 : 고려 시대에 유능한 관리들을 기르기 위해 나라에서 세운 최고 교육 기관이다. 고려의 제6대 임금인 성종 때 처음 세워졌고 훗날 조선 시대의 최고 교육 기관인 성균관으로 이어졌다.

** **114** 셧다운제

온라인 게임 중독을 방지하기 위해 만 16세 미만 청소년은 밤 12시부터 다음 날 오전 6시까지 온라인 게임에 접속할 수 없도록 하는 내용의 규제이다. 자정을 알리는 종소리가 울리면 신데렐라의 마법이 풀리듯, 자정이 되면 자동적으로 청소년의 게임 접속을 차단하는 내용을 담고 있어 '신데렐라법'이라고도 한다.

** **115** 세빌 서비스(Servile Service)

기업이 언제 어디서나 마치 하인처럼 고객의 욕구와 필요, 변덕까지 맞춰 소비자 배려를 강화하는 것이다. 운동데이터를 저장해서 보여주는 Nike+ 러닝처럼 고객의 실시간 체험을 강조하거나 쇼핑몰 내에서 사용할 수 있는 전용 검색 어플리케이션을 통해 실시간 검색서비스를 제공하는 것. 에비앙과 같이 무선인터넷을 통해 생수를 주문할 수 있도록 해 고객효용을 극대화하는 것, 그리고 보험사들이 교통사고 다발지역에서의 사고예방을 위해 도로관리프로그램을 진행하는 등 공공재와 유사한 서비스를 제공하는 것이 대표적인 세빌 서비스의 사례이다.

** **116** 세일앤드라이선스백(Sales & License Back)

기업이 보유한 특허를 투자자에게 매각한 후 기업이 투자자에게 기술료를 지급하는 방식(기업의 특허는 그대로 사용)이다.

[사례] 산업은행은 IP 금융 활성화의 일환으로 지난 1월 1,000억 원 규모의 IP펀드를 조성

 IP 대한 투자방식
- 세일 앤드 라이선스 백
- **IP 유동화 :** 로열티 등 IP에서 발생하는 미래 현금흐름을 상환 재원으로 하는 자산유동화 방식이다.
- **IP 풀(Pool) :** 펀드가 우수 IP를 구입해 IP 풀을 구성하고, IP를 필요로 하는 기업들로부터 사용료를 받는다.

** **117** 소득 크레바스(Income Crevasse)

직장에서 은퇴해 국민연금을 받을 때까지 소득이 없는 기간을 말한다. '은퇴 크레바스'라고도 한다. 한국 직장인의 경우 50대 중반에 은퇴해 60대에 연금을 수령할 때까지 5년 정도의 공백 기간이 발생하는데 이 기간에 생계에 위협을 받는 것에 관한 두려움을 '크레바스 공포'라고 한다.

[사례] 삼성생명에서 소득 크레바스를 보완하기 위해 베이비 부머 세대를 위한 '브라보 7080연금' 상품을 시장에 선보였다.

118 소물인터넷(Internet of small things)

[2019년 국민은행 기출]

저속, 저전력, 저성능의 특징을 갖는 사물들로 구성된 사물인터넷을 말한다.

사물인터넷(IoT)을 구성하는 사물 중에는 네트워크를 통해 교환해야 하는 데이터의 양이 많은 사물과 그렇지 않은 사물들이 있다. 이 중에서 교환해야 하는 데이터의 양이 많지 않은 사물들을 소물(small thing)이라 하며, 소물들로 구성된 네트워크를 소물인터넷이라고 한다. 대표적인 소물로 월 1~2회 정도로 제한하여 데이터를 교환하는 수도 · 전기 · 가스 원격 검침용 기기, 오프라인 매장에서 사물 정보를 소비자 스마트폰에 전송하는 저전력 블루투스(BLE) 비컨 등이 있다. 소물들은 교환해야 하는 데이터의 양이 많지 않기 때문에 일반적으로 저성능 프로세서를 이용하며, 배터리 하나로 수년간 동작 된다.

119 소비절벽

경기 불황, 증세 등으로 인한 소득 감소가 예상될 때 불안적인 심리로 소비가 급격히 감소하는 현상을 말한다. 2015년 메르스 사태로 인한 경기 진작 방안으로 '코리아 블랙프라이 데이', '개별소비세 인하' 이벤트가 종료되고, 미 기준금리까지 인상되며 2016년 소비절벽이 예상된다는 평가가 있음. 정부와 한은은 위와 같은 행사로 인한 내수 회복으로 2016년 3% 경제 성장률을 달성할 수 있을 것이라 보았다. 하지만 개소세 혜택을 받지 못한 상품의 판매는 오히려 감소하고, 11월 대형마트와 백화점 판매액이 감소한 것을 보면, 정부 주도의 소비 진작 프로그램은 단기성 효과만 가짐을 알 수 있다. 즉, 2015년 각종 세일기간의 소비 증가는 미래의 소비를 당겨 쓴 것에 대한 결과일 뿐이다.

[반대] 한국 경제 문제를 과장되게 표현한 것이라는 평가. 생산가능인구가 감소하는 인구 절벽은 객관적인 현상이지만, 고용이나 소비는 '절벽'이라고 표현하기엔 완만히 감소 중. 이에 대해 대비할 시간도 충분하다는 입장.

 인구절벽, 고용절벽, 성장절벽, 소비절벽, 수출절벽, 대출절벽, 거래절벽 등 한국 경제의 위기 상황을 각종 '절벽론'으로 표현한 것이다. 이에 관해 "제한된 자원을 나누는 과정에서 발생하는 갈등이 곧 경제 절벽"이라는 평가를 하기도 한다(전성인 홍익대 경제학부 교수).

120 소셜 큐레이션(Social Curation)

미술관의 큐레이터처럼 양질의 콘텐츠를 선별해 사람들에게 더 나은 가치를 제공한다는 의미의 신조어다. 인터넷상의 수많은 정보 중 이용자 개인이 필요로 하고 검증된 콘텐츠를 골라주는 서비스. 정보 과잉 시대에 개인별 유용한 정보를 가릴 수 있도록 도와준다.
[사례] 대표적인 서비스로 핀터레스트(Pinterest)가 있다. 냉장고에 메모지를 붙여 놓듯이 사진을 통해 자신의 관심사를 다른 사람과 나누는 서비스. 핀(Pin)과 흥미(Interest)의 합성어로, 2011년 5월에 정식 서비스를 시작하였다.

*** 121 쇼루밍(Showrooming)

매장에서 제품을 살펴본 뒤 실제 구매는 온라인 등 다른 유통 경로로 하는 것이다. 오프라인 매장이 온라인 쇼핑몰의 전시장(Showroom)으로 변하는 현상을 이르는 말이다. 이는 소비자들이 오프라인 매장에서 제품을 살펴보고 실제 구매는 오프라인보다 저렴한 온라인이나 전화, 방문판매 등 다른 유통 경로를 이용하면서 생겨난 현상이다.

*** 122 슈바베계수(Schwabe Index)

소비지출액 중 주거비 지출 비중.

*** 123 슈퍼앱   [2022 상반기 농협은행 필기 기출]

슈퍼앱은 하나의 기능만 제공하는 단일앱과 달리 금융 서비스뿐만 아니라 음식 배달, 티켓 예매, 온라인 쇼핑, 게임과 같은 라이프스타일 서비스를 단일 플랫폼 내 통합된 인터페이스로 제공하는 앱이다. 특히 슈퍼앱은 스마트폰 사용이 빠르게 증가해 모바일 의존도가 높은 인도·동남아시아 등을 중심으로 급격한 성장세를 보이고 있다. 소비자 입장에서는 분야별로 여러 가지 앱을 각각 설치할 필요 없이 기존 앱으로 새로운 기능을 사용할 수 있어 편리하다. 반면에 막대한 자본과 인력을 보유한 기업이 이용자 다수를 확보하고 있는 시장에서 다른 분야로 사업을 확장하는 것이 용이해 반독점 구조를 심화시키고 기존 산업의 생존권을 침해할 수 있다는 문제가 있다.

* 124 슈퍼 엘니뇨

무역풍이 약화되면서 서부 태평양의 따뜻한 바닷물이 동부 태평양으로 흐르면서 월평균 해수면 온도가 평균적으로 0.5℃ 이상 높은 상태를 말한다. 스페인어로 '남자아이' 혹은 '아기 예수'를 의미한다. 매년 크리스마스 즈음에 한류지역인 에콰도르의 과야킬만과야킬만의 해수면 온도가 높아져서 주민들이 붙인 이름이다.
[현황] 2015년 18년 만에 찾아온 슈퍼 엘니뇨 때문에 1973년 이래 가장 따뜻한 12월을

보냈음. 기존 한국 겨울을 표현하는 '삼한사온'은 더는 성립하지 않게 되었고, 따뜻한 겨울로 지역 축제가 취소되는 등 피해가 생기고 있음.

[예시] 미국에선 슈퍼 엘니뇨로 농산물 생산이 감소할 것을 우려하여 사재기 현상이 나타나고 있으며, 이에 따른 가격 파동이 예상된다.

***125 슈퍼예산

2020년도 정부 예산이 사상 최초로 500조 원을 넘는 '초슈퍼 예산'으로 편성될 가능성이 커졌다. 정부가 '2020년 예산안 편성지침 및 기금운용계획안 작성지침'을 발표하면서 재정을 적극적으로 운용키로 했기 때문이다. 현실화되면 문재인 정부 출범 후 2년 연속 확장적 예산 편성이 된다. 정부의 2018~2022년 재정운용계획상 2020년 지출 증가율 (7.3%)을 감안하면 2020년 지출은 504조 원을 넘어선다. 2017년 400조 원을 넘어섰다.

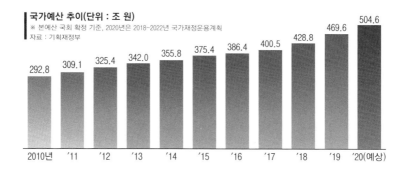

국가예산 추이(단위 : 조 원)
※ 본예산 국회 확정 기준, 2020년은 2018~2022년 국가재정운용계획
자료 : 기획재정부

2010년	'11	'12	'13	'14	'15	'16	'17	'18	'19	'20(예상)
292.8	309.1	325.4	342.0	355.8	375.4	386.4	400.5	428.8	469.6	504.6

*126 신캥거루족

독립할 능력이 있음에도 부모와 함께 살며 부모에게 일정의 주거비용을 지급하는 자녀들을 일컫는 신조어. 부모로부터 경제적으로 독립했다는 점에서 기존의 캥거루족과는 구별된다.

*127 싱터넷(Thingternet)

스마트폰, 태블릿, PC 외에도 다양한 물건들이 인터넷에 연결돼 효용성을 높이는 현상으로 사물을 통해 지능적으로 정보를 수집, 가공, 처리하고 상호 전달하는 사물지능통신, 사물 간 인터넷을 말한다. IP주소의 확보, 통신망의 발전, 데이터 저장 비용 감소 덕분에 본격적인 발전이 가능하다. 또한, 자원 이용의 효율성 및 생활의 안전성, 편의성이 향상되고 관련 시장도 빠르게 성장할 것으로 기대된다.

***128 스마트 계약(Smart Contract)   [2018년 우리은행 기출]

블록체인 기술을 기반으로 하여 프로그래밍된 계약 조건을 만족시키면 자동으로 계약이 실행되는 프로그램이다. 금융 거래뿐만 아니라 부동산 계약 등 다양한 계약에 활용할 수 있다. 비탈릭 부테린(Vitalik Buterin)이 비트코인을 포크해 이더리움이라는 새로운 암호화폐를 만든 후 스마트 계약 기능을 구현했다. 개발자가 계약의 조건, 내용을 코딩할 수 있어 어떤 종류의 계약에도 활용할 수 있다. 예를 들어 5월 5일 비가 오면 10이더리움을 지급한다는 계약을 블록체인에 기록하면, 자동으로 실행이 되는 원리이다.

***129 스마트시티(Smart City)   [2020년 농협은행 기출]

스마트시티는 텔레커뮤니케이션(tele-communication)을 위한 기반시설이 인간의 신경망처럼 도시 구석구석까지 연결된 도시를 말한다. 따라서 스마트시티에서는 사무실에 나가지 않고도 집에서 모든 업무를 처리할 수 있는 텔레워킹(teleworking)이 일반화될 것이다. 스마트시티와 비슷한 개념으로는 공학기술이 고도로 발달한 도시를 나타내는 테크노피아, 네티즌이 중심이 되는 도시를 나타내는 사이버 시티, 거대도시의 새로운 형태를 의미하는 월드 시티 등이 있다. 미래학자들이 예측한 21세기의 새로운 도시 유형으로서 컴퓨터 기술의 발달로 도시 구성원들 간 네트워크가 완벽하게 갖춰져 있고 교통망이 거미줄처럼 효율적으로 짜인 것이 특징이다. 학자들은 현재 미국의 실리콘 밸리를 모델로 삼아 앞으로 다가올 스마트시티의 모습을 그려나가고 있다.

***130 스마트파워, 하드파워, 소프트파워   [2019년 전북은행 기출]

스마트파워는 군사력과 경제력 등의 강압적 힘을 일컫는 하드파워와 비전과 매력, 의사소통 기술, 외교력 등의 영향력 및 설득 능력을 뜻하는 소프트파워를 적절히 결합할 수 있는 능력을 말한다. 군사력이나 경제제재 등의 물리적 힘으로 표현되는 '하드파워(hard power)'에 대응하는 개념으로, 강제력보다는 매력을 통해, 명령이 아닌 자발적 동의에 의해 얻어지는 능력을 뜻한다. '소프트파워'는 군사력 등으로 행사되는 '하드파워'와 달리 가치와 삶의 질, 그리고 자유 시장경제의 흡인력으로 원하는 것을 얻을 수 있는 능력을 의미한다.

***131 스크래핑   [2022 하반기 국민은행 필기 기출]

스크래핑(Scraping)이란 시스템이나 웹사이트에 있는 정보(데이터) 중에서 필요한 정보를 추출 및 가공하여 제공하는 소프트웨어 기술이다. 고객이 한 번만 자신의 정보 제공을 인증하게 되면 컴퓨터가 대신하여 필요한 고객 정보들을 자동으로 추출하여 제공한다.

*** **132** 스튜어드쉽 코드(Stewardship code)　　[2020년 하반기 전북은행, 2018년 국민은행 기출]

기관투자자들의 의결권 행사를 적극적으로 유도하기 위한 자율 지침으로, 기관투자자들이 투자 대상 기업의 의사결정에 적극적으로 참여, 주주와 기업의 이익을 추구하고, 투명한 경영과 성장을 이끌어 내는 것이 주목적이다. 우리나라는 2016년 2월부터 시행이 시작됐지만, 강제성은 없다. 스튜어드쉽 코드의 대표적 국내 사례는 국민연금의 2018년 7월 스튜어드쉽 도입과 2019년 3월 27일 열린 대한항공 주주총회에서 국민연금이 스튜어드쉽 코드 도입을 통해 경영권에 영향력을 행사한 것이 있다.

* **133** 스페이스 클럽(Space Club)

자국 영토에서 자국 로켓으로 자체 제작한 인공위성을 우주에 쏘아 올린 국가를 말한다. 스페이스 클럽은 국제사회에서 공식적으로 인정받은 실체적인 기구나 단체는 아니다. 1957년 구소련이 최초의 스페이스클럽 국가가 됐다. 북한은 10번째이고, 우리나라는 2013년 1월 30일 나로호가 성공적으로 발사됨으로써 '스페이스 클럽' 11번째 회원국이 됐다. 나로호 발사에 성공했지만, 한국이 '스페이스 클럽'(Space Club) 반열에 합류했다고 자신 있게 말하기는 어렵다. 스페이스 클럽이란 독자적으로 개발한 발사체로 자국 위성을 발사하는 데 성공한 미국 · 러시아 · 일본 · 중국과 같은 나라를 일컫는 말이다.

*** **134** 스핀닥터　　[2021 하반기 광주은행 필기 기출]

스핀 닥터(Spin Doctor)는 특정 정치인이나 고위 관료의 최측근에서 그들의 대변인 구실을 하는 사람을 의미한다. 일반적으로 정치지도자나 고위관료들이 몸을 사릴 때 스핀 닥터들이 자신이 마치 정책결정자인 것처럼 이야기하며 언론조작을 서슴지 않고 있는 것이 특징이다.

*** **135** 스핀오프　　[2019년 신협은행 기출]

1. 특정 연구 프로젝트에 참여한 연구원이 해당 연구 결과를 가지고 창업을 할 경우, 위험이 줄어들 수 있도록 지원하는 제도이다.
2. 기업의 경쟁력을 강화하기 위해 다각화된 기업이 한 사업을 독립적인 주체로 만드는, 회사분할을 뜻하는 용어다.

*** **136** 식스포켓세대(Six-Pocket Generation)

부모, 친조모, 외조모 등 6명으로부터 용돈을 받아 쓰는 아이들을 가리킨다. 고령화 저출산 기조가 일찍 시작된 일본에서 1990년대에 만들어진 신조어로서, 연금 받는 세대의 돈이 손자들에게 흘러들어 가기 시작하면서 생겨난 용어이다. 주머니가 두둑한 노인 세대의 증가와 동시에 저출산의 영향으로 여러 세대의 관심을 듬뿍 받는 아이들이 생겨났기 때문이다. 이 때문에 할아버지, 할머니들은 손자를 위해 어린이 펀드를 들고 있으며, 어린이 전용 치과, 미장원들이 생겨나고, 수입아동복, 베이비워터, 유기농 의류 등 프리미엄 시장이 급속도로 성장하고 있다.

^{***}137 신재생에너지

신재생에너지는 신에너지와 재생에너지를 합쳐 부르는 말이다. 기존의 화석연료를 변환시켜 이용하거나 햇빛, 물, 강수, 생물유기체 등을 포함하여 재생이 가능한 에너지로 변환시켜 이용하는 에너지를 말한다. 재생에너지에는 태양광, 태양열, 바이오, 풍력, 수력 등이 있고, 신에너지에는 연료전지, 수소에너지 등이 있다. 초기투자 비용이 많이 든다는 단점이 있지만 화석에너지의 고갈문제와 환경문제에 대한 중요성이 언급되면서 신재생에너지에 대한 관심이 높아지고 있다.

 재생에너지 3020 계획
국내 재생에너지 발전 비중은 2030년까지 20%를 달성한다는 계획이다. 그리고 신규 발전설비 중 95% 이상을 태양광, 풍력과 같은 재생에너지로 공급하겠다는 것을 말한다.

^{***}138 알렉사(아마존)   [2019년 신한은행 기출]

알렉사(Alexa)는 아마존에서 개발한 인공지능 플랫폼이다. 알렉사는 아마존 에코에 처음 사용되었다. 사용자는 아마존 에코를 이용해 알렉사와 의사소통을 할 수 있으며, 알렉사는 음악재생, 알람 설정, 날씨 정보 제공, 교통정보 제공 등 많은 기능을 제공해준다. 아마존은 알렉사에 대한 소프트웨어 정보를 공개하였으며, 이러한 정보들을 이용해 여러 기업에서 가전제품, 자동차 등에 도입한 바 있다.

^{***}139 애로우 불가능성 정리   [2022 하반기 하나은행 필기 기출]

애로우의 불가능성 정리란 공정함을 위한 합리적인 기준을 동시에 모두 만족시키는 결정을 내리는 절차는 논리적으로 존재하지 않는다는 것을 뜻한다. 사회적 의사결정체가 가져야 할 조건에는 다음 5가지가 있다.

① 완비성 : 모든 대안들을 완전히 비교할 수 있어야 한다. 어떤 대안에 대해서도 그 우열이나 동일한 선호의 판단이 가능해야 한다.

② 이행성 : 각 대안들 사이의 선호순위는 서로 엉키지 않아야 한다.

③ 무관한 대안으로부터의 독립성 : 두 대안들 사이의 선호순위는 비교대상이 되는 그 대안들에 의해서만 결정되어야지, 이와 무관한 다른 대안들의 영향을 받아서는 안 된다.

④ 파레토 원칙 : 사회 구성원들 모두가 특정 대안을 선호하면 사회 전체적으로도 그 대안을 선택해야 한다

⑤ 비독재성 : 특정 개인의 선택이 다른 사회 구성원의 선택을 무시하고 결과를 결정해서는 안 된다.

140 언택트(Untact)

'접촉하다'라는 의미의 '콘택트(contact)'에 부정적 의미인 '언(un)'을 합성한 단어. 매장의 키오스크 주문 등 직원이나 다른 소비자와 접촉하지 않고, 물건을 구매하는 소비 경향. 넓은 의미에서 배달이나 e커머스 소비까지 포함한다.

141 언택트 마케팅(Untact Marketing)

[2020년 하반기 기업은행 기출]

① 언택트 마케팅의 정의

고객과 마주하지 않고, 서비스와 상품 등을 판매하는 비대면 마케팅 방식을 말한다. 접촉(contact)을 뜻하는 콘택트에 언(un)이 붙어 '접촉하지 않는다'는 의미로, 언택트 마케팅은 사람과의 접촉을 최소화하는 형태로 이루어진다.

② 언택트 마케팅의 특징

가. 키오스크, VR(가상현실) 쇼핑, 챗봇 등 첨단기술을 활용, 비대면으로 상품이나 서비스를 제공한다.

나. 언택트 마케팅에 가장 적극적으로 나서는 분야는 백화점과 쇼핑몰로, 유동 고객이 많은 사업 영역에서 언택트 마케팅이 활용되기도 한다. 또한 금융업계에서도 갈수록 비대면 채널로의 전환을 목표로 키오스크, 금융 플랫폼 출시 등 기존의 대면 서비스 제공을 비대면으로 제공하는 데 노력하고 있다.

다. 언택트 마케팅의 긍정적인 기능에도 불구하고, 일각에서는 향후 일자리 감소와 언택트 디바이드의 문제를 우려하는 목소리도 나오고 있다. 언택트 디바이드란, 언택트 기술이 늘어나면서 적응하지 못하는 사람들이 불편함을 경험하는 현상으로, 디지털 환경에 친숙하지 않은 노년층에서 두드러질 것이라고 예상된다.

142 업사이클링(Upcycling)

재활용품에 디자인 또는 활용도를 더해 그 가치를 높인 제품으로 재탄생시키는 것. 기존에 버려지는 제품을 단순히 재활용하는 차원을 넘어서 디자인을 가미하는 등 새로운 가

치를 창출하여 새로운 제품으로 재탄생시키는 것을 말한다. 업사이클링의 우리말 표현은 '새활용'이다. 생활 속에서 버려지거나 쓸모없어진 것을 수선해 재사용하는 리사이클링(Recycling)의 상위 개념으로, 기존에 버려지던 제품을 단순히 재활용하는 차원에서 더 나아가 새로운 가치를 더해(upgrade) 전혀 다른 제품으로 다시 생산하는 것(recycling)을 말한다. 예를 들어 재활용 의류 등을 이용해 새로운 옷이나 가방으로 만들거나, 버려진 현수막을 재활용하여 장바구니로 만들거나, 음식물쓰레기를 지렁이 먹이로 활용하여 얻은 지렁이 배설물 비료 등이 이에 해당한다.

*** 143 에스크로(Escrow)계정

계약에 서명하거나 위탁상품을 납품하는 등 상거래에서 일정조건에 이를 때까지 결제금액을 예치해 두는 제3자의 계정. 구매자와 판매자 간 신용관계가 불확실할 때, 제3자가 상거래가 원활하게 이루어질 수 있도록 제공하는 매매보호 서비스 계정이다.

*** 144 에코세대(Echo Generation)　　　　　　[2018년 기업은행 기출]

1979년부터 1992년 사이에 태어난 20~30대 계층으로 6 · 25전쟁 이후 대량 출산으로 태어난 베이비붐 세대(1955~1963년)의 자녀세대를 말한다. 전쟁 후에 대량 출산이라는 사회 현상이 수 십 년이 지난 후 2세들의 출생 붐으로 다시 나타나는 것을 산 정상에서 소리치면 얼마 후 소리가 되돌아오는 메아리(에코) 현상에 빗댄 말이다. 에코세대는 베이비부머에 비해 경제적으로 풍족한 환경에서 성장하여 교육수준이 높고 전문직에 종사하는 비율도 높다. 그러나 경기 불황과 저성장으로 취업에 어려움을 겪고 있으며, 결혼이나 출산을 미루고 있다. 2012년 통계청 발표에 따르면 베이비부머(695만 명)와 에코세대(954만 명)는 전체 인구의 34.4%를 차지하고 있다.

*** 145 엔젤 투자(Angel Invest)

기술이 뛰어나고 아이디어와 사업성을 있으나 사업 초기자금이 부족하여 성장이 어려운 상황에 있는 벤처기업들에게 개인 투자자들이 투자하는 방식이다. 집단 형식으로 활동을 하기 때문에 엔젤투자 혹은 엔젤클럽으로 불린다. 개인 투자자들은 자금지원뿐 아니라 사업에 노하우를 알려 준다든지 멘토링을 통해 경영 전반에 도움을 주기도 한다. → 2014년 세법개정에서 소득공제 한도를 증액하는 등의 세제 혜택을 줬다.

*** 146 엣지 컴퓨팅　　　　　　　　　[2022 상반기 농협은행 필기 기출]

엣지 컴퓨팅(Edge Computing)은 사용자 또는 데이터 소스의 물리적인 위치나 그 근처에서 컴퓨팅을 수행하는 것을 말한다. 사용자의 단말 장치와 가까운 위치에서 컴퓨팅 서비스를 처리하면 사용자는 더 빠르고 안정적인 서비스를 제공받게 되며 기업은 유연한 하이브리드 클라우드 컴퓨팅의 이점을 얻을 수 있다. 엣지 컴퓨팅은 기업이 여러 위치에서 공통의 리소스 풀을 사용하여 데이터 연산 및 처리를 분산시키는 방법 중 하나이다.

** 147 역외탈세

국내 법인이나 개인이 조세피난처 국가(파나마, 모나코, 영국령 버진아일랜드 등)에 유령회사(페이퍼컴퍼니)를 설립한 뒤, 그 회사가 수출입 거래를 하거나 수익을 이룬 것처럼 조작하여 세금을 내지 않거나 축소하는 것이다. 국내 거주자의 경우 외국에서 발생한 소득(역외소득)도 국내에서 세금을 내야 하지만, 사실상 외국에서의 소득은 숨기기 쉽다는 점을 악용한 것.

** 148 역직구

해외 소비자들이 국내 온라인 쇼핑몰에서 직접 상품을 구매하는 것을 말한다. 국내 소비자들이 해외 사이트를 통해 구매하는 해외 직구와 반대되는 개념이다. IT 환경, 물류 배송 시스템 등의 발전과 함께 해외 직구가 전 세계적으로 유행하고, 한류 문화가 확산되며 최근 2년간 역직구 규모가 크게 성장 중.

* 149 연금급여율

재직 기간 중 평균소득대비 연금 수령액의 비율을 말한다. 현행(개정 전) 공무원연금 계산식에서는 재직기간이 1년 늘어날 때마다 연금급여율은 1.9%포인트씩 늘어난다.

*** 150 오염배출권제도   **[2019년 기업은행 기출]**

정부가 발행한 오염배출권 한도 내에서만 오염물질 배출을 허용하는 제도이다. 국가마다 할당된 오염물질 감축량 의무달성을 위해 각 국가의 기업별, 부문별로 배출량을 할당하고, 할당된 배출량을 초과하는 업체는 정부나 다른 기업으로부터 배출권을 사야 하는 제도이다. 즉, 오염배출권은 거래 가능하며, 우수한 오염관리 업체에 대한 간접적인 자금지원 역할을 하기도 한다. 이 제도는 1990년대 초반 미국에서 도입되었다. 정부가 통화공급량을 인위적으로 관리 · 조정하는 관리통화제도처럼 상황에 따라 기업활동과 오염배출을 조절하는 기능을 한다.

*151 오픈프라이머리(개방형 예비선거, 완전국민경선제, Open Primary)

국민 참여 경선제라고도 하며, 공직 '후보 선발 시' 참가 자격을 당원으로 제한하지 않고, 일반 국민이 직접 참여하여 선출하는 방식. 권력이 특정 정치인에게 집중되는 폐해를 줄일 수 있다. 반대는 클로즈드 프라이머리라고 한다. 미국 대통령 선거의 예비 경선 방식에서 유래하였으며, '투표자 자신의 소속을 모른 채 투표자가 참가하는 예비선거'라고 풀이됨. [장점] 민주주의의 실현, [단점] 정당정치의 실현이 어려움

***152 올림픽 종목   [2018년 우리은행 기출]

올림픽의 경기 종목은 대회가 열리기 7년 전에 확정된다. 2008년 대회 기준으로 하계 올림픽은 26개 부문과 36개 종목 및 300여 개의 경기로 구성되었으며, 동계 올림픽은 7개 부문과 15개 종목 및 80여 개의 경기로 구성되어 있다. 각 종목의 경기 종류 및 숫자는 매 대회 때마다 조금씩 변경될 수 있다.

2016년 8월 3일 국제 올림픽 위원회(IOC)는 브라질 리우데자네이루에서 열린 제129차 IOC 총회에서 야구, 소프트볼, 공수도, 파도타기(서핑), 인공암벽등반(스포츠클라이밍), 스케이트보딩(스케이트보드)을 2020년 하계 올림픽 종목으로 추가했다.

***153 욜로(YOLO)   [2017년 기업은행 기출]

'인생은 한 번뿐이다'를 뜻하는 You Only Live Once의 앞 글자를 딴 용어로, 현재 자신의 행복을 가장 중시하여 소비하는 태도를 의미한다. 미래 또는 남을 위해 희생하지 않고 현재의 행복을 위해 소비하는 라이프스타일이다.

***154 우루과이 라운드(Uruguay Round)   [2018년 우리은행 기출]

1986년 9월 남미 우루과이의 푼타델에스테에서 개최된 '관세 및 무역에 관한 일반협정(GATT)' 각료회의를 출발점으로 하여 8번째인 1993년 12월 타결된 다자간 무역협상을 말한다. 세계 각국이 교역의 이익을 도모하기 위해서 국제적 교역질서를 수립하려는 다각적 무역교섭으로서, 1980년대 초반 만연된 각국의 보호무역 추세를 보다 완화하여, 일방주의 · 쌍무주의 · 지역주의 등을 억제하고 다자무역체제를 강화하는 한편 세계의 무역자유화를 실현하기 위해 출범하였다.

**155 워크셰어링(Work Sharing)

시간분할제 또는 대체근로제. 하나의 기업 내에 있는 모든 근로자 또는 일부 근로자의 근

로시간을 줄여 보다 많은 근로자가 일자리를 갖도록 하는 제도이다. 노동자들의 임금을 삭감하지 않고 고용도 유지하면서 단지 1인당 노동시간을 줄여 새로운 일자리를 창출하여 실업을 줄일 수 있음. 제도로 전체 국민경제에서 정해진 양의 일을 되도록 많은 사람에게 분담시켜 실업자를 줄이려는 정책으로 잡셰어링보다는 포괄적인 개념이다.

^{**}156 원샷법(기업활력제고를 위한 특별법)

기업들이 인수합병 시 겪게 되는 상법, 세법, 공정거래법 등의 규제를 특별법으로 간소화시켜 주는 법이다. 조선, 철강, 해운 등의 한국의 전통적 주력 산업이 공급과잉으로 인해 공멸할지 모르는 위기감 속에서 자발적 구조조정이 가능하도록 절차와 규제를 한 번에 처리하자는 게 도입 취지이다. 최근 전 세계적으로 기업 합병이 이루어지는 분위기 속에서 한국에서도 이러한 관행이 정착되도록 돕고자 하는 것이다. 계열사 출자 제한 규정 등을 완화하는 것이 핵심이며, 그 대상은 과잉공급 업종을 제한하였다.

[반대] 이사회 결정만으로 간이합병이 가능할 수 있다는 조항이 대기업 오너의 경영권 장악에 악용될 수 있다는 우려가 있음. 이에 대해 야당은 일부 업종에 한해서만 대기업을 포함시키자는 절충안을 제시하였으나, 여당과 제계는 실효성이 없다는 이유로 반대하여 법 통과 불발이 예상됨.

[찬성] 한국에선 중소기업 간 협력관계가 강하기에, 기업의 자발적 구조조정을 돕는 원샷법은 그들에게 도움이 되며, 조사 결과 중소기업 56.5%가 원샷법 도입에 찬성했다.

[예시] 일본의 '산업활력법'은 2014년 산업경쟁력강화법을 시행 후 2016년 2월까지 사업재편개획을 승인받는 기업만 총 628곳에 달하며, 이 중 87%가 생산성 향상 효과를 봤다. 일본의 '잃어버린 20년'을 타개하는데 동법이 핵심이었다는 평가.

^{***}157 원소스 멀티유즈(One Source-Multi Use)

하나의 소재를 서로 다른 장르에 적용하여 파급효과를 노리는 마케팅 전략이다. 이 전략은 문화산업재의 온라인화와 디지털 콘텐츠화가 급진전되면서 각 문화상품의 장르 간 장벽이 허물어지고 매체 간 이동이 쉬워짐에 따라 하나의 소재로 다양한 상품을 개발, 배급할 경우에 시장에서의 시너지효과가 크다는 판단에 따른 것이다.

^{**}158 웰다잉법(Well Dying)

임종기 환자의 무의미한 연명치료를 중단할 수 있도록 허용한 법. 2018년부터 시행된다. '임종과정'은 사망이 약 2주 정도 남은 상태로, 회생 가능성이 없고, 치료에도 불구하고 증

PART **02** 주요용어편

상이 악화되는 상태이다. 임종기 환자가 치료 중단 의사를 문서로 남겼거나 가족 2명 이상이 평소 환자의 뜻이라 진술하면 의사 2명의 확인을 거쳐 연명 치료를 중단하는 것을 허용한 것이다. 연명치료 중단이란 심폐소생술, 혈액 투석, 인공호흡기 착용 등을 멈추는 것으로 의사가 최종 판단한 '의료행위'들이 중단되는 것이다. 하지만 영양이나 물을 공급하는 등의 생명 유지는 중단할 수 없다.

[고려사항] - 상황별 의료진의 적절한 대응을 매뉴얼화 해야 함.

- 연명치료 거부 의사를 밝힌 환자의 정보를 실시간으로 확인할 시스템 구축.

*159 윈도드레싱(Window Dressing)

기관투자가들이 결산기에 투자수익률을 올리기 위해 주식을 집중적으로 사고파는 행위를 일컫는 말이다. 자산운용사 등의 기관투자가들이 자산운용의 모양새가 좋게 보이도록 할 목적으로 실적이 좋은 주식 종목은 집중적으로 매입하여 주가를 올리고, 실적이 저조한 항목은 처분하여 투자수익률을 최대한 끌어올리는 행위를 말한다. 주로 성과평가를 앞둔 분기 말이나 연말에 행해지는 편이다.

***160 윔블던효과(Wimbledon Effect)

윔블던 테니스 대회가 원래 영국 상류층들만이 즐기는 대회였으나 점차 외국 선수들에게도 개방되면서 영국 선수보다 외국선 수가 더 많이 우승하면서 영국이 외국 선수들의 경연장만 제공한 셈이 되었다고 비판한 데서 유래되었다. 윔블던 효과는 국내에 유입된 외국자본과의 경쟁으로 인해, 자국 기업의 경쟁력도 높아진다는 긍정적 효과와 자국 기업의 시장 퇴출 및 내수불안을 야기한다는 부정적 효과를 동시에 함축한다.

***161 유치원 3법

유치원이 정부 지원금을 부정하게 사용하는 것을 막기 위해 마련된 유아교육법·사립학교법·학교급식법 개정안으로, 대표 발의자의 명칭을 따 '박용진 3법'이라고도 한다. 법안에는 정부의 학부모 지원금을 유치원에 주는 보조금으로 성격을 바꿔 설립자가 지원금을 유용할 수 없게 하고, 정부의 회계 관리 시스템을 의무적으로 사용하며, 각종 처벌 규정을 명확히 하는 등의 내용을 담았다.

***162 유효수요

실제로 물건을 살 수 있는 돈을 갖고 물건을 구매하려는 욕구를 말한다. 확실한 구매력의 뒷받침이 있는 수요이다. 이에 대하여 구매력에 관계없이 물건을 가지고자 하는 것을 절대적 수요라고 한다. 또 돈이 있어도 물자통제 때문에 물건이 손에 들어오지 않는다든지, 가격이 비싸서 손을 댈 수 없으나 싸지면 산다든가, 소득이 증가하면 사겠다는 등 뭔가의 사정으로 표면에 나타나지 않는 수요를 잠재수요라 한다.

*** 163   윤창호법   [2019년 국민은행 기출]

음주운전으로 인명 피해를 낸 운전자에 대한 처벌 수위를 높이는 '특정범죄 가중처벌 등에 관한 법률(특가법) 개정안'과 음주운전 기준을 강화하는 내용 등을 담은 '도로교통법 개정안'을 말한다. 윤창호법은 음주운전 사고로 숨진 윤창호 씨 사망 사건을 계기로 마련된 법안으로, 고인은 2018년 9월 부산 해운대구에서 만취 운전자가 몰던 차량에 치여 뇌사 상태에 빠졌다가 끝내 세상을 떠났다.

*** 164   음주 처벌기준   [2019년 국민은행 기출]

개정된 도로교통법(제2윤창호법) 기준에 따라, 기존 0.05~0.1% 미만이었던 면허정지 기준은 0.03~0.08% 미만으로, 기존 0.1% 이상이었던 면허취소 기준은 0.08% 이상으로 이제 소주 1잔만 마시고 운전을 했다 할지라도 면허정지 수준에 걸리도록 음주운전 처벌기준이 더욱이 강화되었다. 또한, 음주운전으로 인해 사람을 사망하게 했다고 할 경우는 기존 1년 이상 징역형에서 최고 무기징역, 최저 3년 이상 선고가 가능하도록 하고, 음주운전 적발 기준에 있어서도 3회 이상 적발 및 징역 1~3년 또는 벌금 5백만 원부터 1천만 원에서 2회 이상 적발 및 징역 2~5년 또는 벌금 1천만 원부터 2천만 원까지 처하도록 하고 있다.

* 165   이노비즈(Inno-Biz)

기술혁신형 중소기업. Innovation(혁신)과 Business(경영)의 합성어로, 뛰어난 기술을 바탕으로 경쟁우위를 확보할 가능성이 높은 기업을 말한다. 2001년부터 이노비즈 지정제도를 시행 중이다. 기술경쟁력과 미래성장 가능성을 갖춘 중소기업을 발굴해 장기적인 국가 성장 동력으로 육성한다는 취지. 보증우대혜택, 보증심사 간소화, R&D 지원, 신용 및 정책자금 지원, 병역지정업체 심사 시 우대혜택 등의 혜택이 있다.

*** 166   이더리움   [2022 하반기 기업은행 필기 기출]

이더리움은 2015년 7월 30일 비탈릭 부테린(Vitalik Buterin)이 창안한 퍼블릭 블록체인 플랫폼이다. 비트코인과 더불어 대표적인 암호화폐로 널리 알려져 있지만, 이더리움의 가장 큰 차이는 적용 범위에 있다. 비트코인이 결제나 거래 관련 시스템, 즉 화폐로서의 기능에 집중하는 반면, 이더리움은 핵심 기술인 블록체인(blockchain)을 기반으로 거래나 결제뿐 아니라 계약서, SNS, 이메일, 전자투표 등 다양한 애플리케이션을 투명하게 운영할 수 있게 확장성을 제공한다. 즉 화폐로서뿐 아니라 다른 용도, 줄여서 dApp(댑)이라고 부르는 분산 애플리케이션(Decentralized Application)을 누구나 만들고 사용할 수 있게끔 하는 플랫폼이다. C++, Java, 파이썬, Go 등 대부분의 주요 프로그래밍 언어를 지원해서 범용성도 꽤 갖추고 있다. 하지만 주류는 자바스크립트를 변형한 솔리디티를 기본 언어로 만든다.

*** 167 인포데믹(정보전염병) [2019년 우리은행 기출]

잘못된 정보나 악성루머 등이 미디어, 인터넷 등을 통해 매우 빠르게 확산되는 현상으로, 잘못을 바로잡기가 어려워 경제 위기나 금융 시장의 혼란을 가져올 수 있다.

* 168 일몰제

시간이 지나면 해가 지듯이 법률이나 각종 규제의 효력이 일정 기간이 지나면 자동적으로 없어지도록 하는 제도이다. 입법이나 제정 당시와 여건이 달라져 법률이나 규제가 필요 없게 된 이후에도 한번 만들어진 법률이나 규제는 좀처럼 없어지지 않는 폐단을 없애기 위해 도입했다.

ⓔ 정부가 가계장기저축, 근로자주식저축 등의 비과세 혜택을 내년부터 없애기로 한 것도 조세감면 법상의 일몰제 취지를 적용한 것

*** 169 자이가르닉 효과 [2020년 하반기 광주은행 기출]

러시아의 심리학과 학생이던 '블루마 자이가르닉'과 사상가 '쿠르트 레빈'이 제시한 이론이다. 특정한 작업을 수행하는 동안 그 작업을 중도에 멈출 경우, 미완성 상태에서 그에 대한 기억을 잘 하지만 일이 완성된 후에는 그 일과 관련된 정보들을 망각하는 현상을 말한다. 드라마는 자이가르닉 효과를 활용한 사례이기도 하다. 중요한 장면에서 끝내는 것을 통해 완성되지 않은 드라마의 내용을 완결시켜야 한다는 관념에 사로잡혀 다음 화를 기다리게 되고, 이는 시청률 유지에 기여하는 것이다.

** 170 잡셰어링(Job Sharing)

하나의 업무를 시간대별로 나눠 2명 이상의 파트타임 근로자가 나누어 하는 것으로, 경기

불황에 근로자를 해고하는 대신 근로자의 1인당 근무시간을 단축하여 여러 사람이 그 일을 나누어 처리하도록 하여 고용을 유지하거나 창출하는 노동형태이다.

171 잡스법(Jumpstart Our Business Startups Act)

2012년에 오바마 대통령이 신생기업육성방안으로 마련한 법안으로 핵심은 신생 벤처기업의 자금조달 방안을 강화하는 것이다.

[내용] ① 온라인상에서 투자자를 모으는 크라우드 펀딩을 허용, ② 비상장기업의 주주 수를 2,000명으로 확대, ③ 기업공개(IPO) 절차를 간소화, ④ 신생상장 기업에 대한 회계규정 적용 유예기간 2년에서 5년으로 연장 등

172 장애인 등급제 폐지 [2019년 국민은행 기출]

2019년 7월 1일, 장애등급제가 폐지된 후에는 장애 정도로 대체되면서 장애인 등록 시 장애등급 부여가 사라졌다. 장애등급제의 폐지에 따라 앞으로는 '장애 정도가 심한 장애인(중증)'과 '심하지 않은 장애(경증)인'으로 구분된다.

173 재정절벽

정부지출(G)이 감소하거나 세금 납부액(T)이 증가하여 경제 주체의 가처분소득이 감소할 때 경기가 위축되는 현상을 말한다. 2011년 골드만삭스 이코노미스트 알렉 필립스가 한 보고서에서 처음 사용했고, 2012년 벤 버냉키 연방준비제도 의장이 다가올 경제 충격을 경고하는 맥락에서 사용하면서 확산되었다.

174 정보의 비대칭성 [2019년 신협은행 기출]

경제적 이해관계를 가진 당사자 간에 정보가 한쪽에만 존재하고 다른 한쪽에는 존재하지 않는 상황을 말한다. 이 같은 상황은 보험회사와 보험가입자 사이뿐 아니라, 주주와 경영자 사이, 고용주와 피고용인 사이 등 여러 유형의 관계에서 발견할 수 있다. 우리가 흔히 보는 상품의 거래에서도 이런 상황이 존재할 수 있는데, 경우에 따라서 판매자만이 정보를 가질 때도 있고 구매자만이 정보를 가질 때도 있다.

175 정형데이터/비정형데이터/반정형데이터 [2020년 하반기 국민은행 기출]

빅데이터는 정형화의 종류에 따라 정형, 반정형, 비정형 데이터로 분류할 수 있다. 데이터

의 잠재적 가치는 비정형 데이터 > 반정형 데이터 > 정형데이터 순으로 크다.

① 정형데이터 : 스키마 형식에 맞게 데이터베이스로 저장되는 데이터다. 즉, 엑셀로 정리할 수 있으면 정형 데이터다.

② 반정형데이터 : 정형데이터와 같이 데이터베이스의 고정된 필드에 저장되어 있지는 않지만, 메타데이터나 스키마 등을 포함하는 데이터다. HTML 텍스트, XML 등과 같은 인터넷 문서에 포함된 형태의 데이터를 말한다.

③ 비정형데이터 : 데이터베이스의 고정된 필드에 저장된 형태가 아닌 데이터를 의미하며, 페이스북과 트위터, 사진, 오디오, 음원, 워드, 유튜브 동영상 등과 같은 형태의 데이터를 말한다. 빅데이터에서 85% 이상이 비정형데이터라고 알려져 있다.

*** 176 제로웨이스트 [2019년 국민은행 기출]

제로웨이스트(Zero-waste)란 일상생활에서 사용되는 모든 자원과 제품을 재활용할 수 있도록 디자인해 어떤 쓰레기도 매립되거나 바다에 버려지지 않도록 하는 원칙을 일컫는 신조어이다.

** 177 주휴수당

1주 동안 규정된 근무 일수를 다 채운 근로자에게 유급 주휴일을 주는 것이다. 즉, 주휴일에는 근로 제공을 하지 않아도 되며, 1일분의 임금을 추가로 지급받을 수 있다. 월급 근로자의 경우 월급에 주휴수당이 포함돼 있지만, 시간제 근로자 등의 경우 '1주일 15시간 이상' 근무 여부에 따라 주휴수당 지급 여부가 결정된다.

** 178 준조세

세금처럼 의무 또는 도의적으로 납부해야 하는 부담금을 의미한다. 통일된 개념이 존재하진 않지만, 광의의 준조세는 법정부담금(사회보험료, 과징금, 행정제재금, 행정수수료 등)과 의무는 아니지만 사실상 요구되는 기부금·성금 등의 비자발적 부담을 포함한다. 2015년 박근혜 정부의 청년희망펀드에 대기업들이 참가하면서 이슈화되었음. 정부는 기업들의 돈을 받지 않겠다고 했으나, 기업들은 정부가 추진하는 사업인 만큼 외면하기 힘들다는 입장이다.

[현황] 2015년 기업들이 부담한 준조세 : 58조 6,000억 원. 이는 법인세(42조 6.503억 원), 기업 연구개발(R&D) 투자비 43조 6,000억 원도 뛰어넘는 금액.

 청년희망펀드 기부 현황 : 삼성(250억 원), 현대차(200억 원) LG(100억 원), 롯데(100억 원) 등 재계 순위에 맞게 기부금을 냈음.

*** 179   중소기업적합업종

중소기업의 영역을 보호하려는 목적으로 선정된 산업의 경우, 합의를 통해 향후 3년간 대기업의 사업철수 내지는 확장제한이 이루어지는 제도이다. 2011년부터 시행된 이 제도는 현재 82개의 품목이 지정되어 있고 점차 대상 범위를 넓혀가는 중이다. 제빵업에 이어 외식업도 중소기업 적합업종으로 지정될 것으로 보여 논란이 거세지고 있다. 소상공인 비중이 크지 않는 햄버거를 제외한 대부분의 외식업이 규제 대상이 되는데, 그 대상 기업은 외식업을 하는 30대 대기업으로 신세계푸드, 롯데리아, CJ푸드빌, 농심, 아워홈, 이랜드, 한화, 대성산업, 매일유업이다. 제도 자체가 국내 기업에만 한정되어 외국계 기업에만 문을 열어주는 꼴이라는 '역차별' 문제가 제기되고 있다.

** 180   중학교 자유학기제

중학교 한 학기 동안 중간 · 기말고사를 보지 않고, 오후 일과 시간에 진로 탐색, 실습수업 등 자유 활동을 하는 제도로 2016년부터 전면 시행되었다. 박근혜 정부의 핵심 교육공약으로 아일랜드 전환학년제와 유사. 지필고사를 생략, 진로 체험 활동 등의 면에선 자유학기제와 유사하다. 하지만 자유학기제가 정규 교육과정 중 한 학기를 선정하여 운영하는 반면, 전환학년제는 학생이 추가로 1년을 다닌다는 점에서 차이가 있다.

[장점] 시험 압박에서 벗어나 각자의 재능을 탐색할 수 있는 기회 제공.

[단점] 개인 시간이 많아지는 자유학기 동안 오히려 사교육에 의존하게 됨.

      인프라 차이에 따른 도 · 농간 교육 격차 문제. 도시에선 공공기관, 전시장 견학 등 다양한 프로그램 체험이 가능하지만, 농촌에선 이마저도 힘들기 때문이다.

*** 181   증강현실   **[2022 상반기 농협은행 필기 기출]**

증강현실(AR : Augmented Reality)은 사용자가 눈으로 보는 현실화면 또는 실영상에 문자, 그래픽과 같은 가상정보를 실시간으로 중첩 및 합성하여 하나의 영상으로 보여주는 기술이다. 증강현실 기술은 2000년대 중반까지는 연구개발 및 시험적용 단계에 머물러 있었으나 최근 기술적 환경이 갖춰지면서 실용화 단계에 진입하였다. 현실세계를 가상세계로 보완해주는 증강현실은 사용자가 보고 있는 실사 영상에 3차원 가상영상을 겹침으로써 현실 환경과 가상화면과의 구분이 모호해지도록 한다. 디스플레이를 통해 현실에 존재하지 않는 가상공간에 몰입하도록 하는 가상현실(VR)과는 구분되는 개념이다.

** 182   즉시연금

목돈을 한꺼번에 예치한 다음 매달 일정 금액을 연금으로 받는 보험 상품을 말한다. 보험공사가 공시이율에 따라 수익과 원금을 함께 지급하는 방식이다.

🏷️ 소득세법 개정으로 비과세 혜택이 사라질 예정

***183 지소미아

협정을 맺은 국가 간에 군사 기밀을 서로 공유할 수 있도록 맺는 협정으로, 군사정보보호협정(general security of military information agreement)의 앞글자를 딴 '지소미아'라고도 불린다. 국가 간 정보 제공 방법, 정보의 보호와 이용 방법은 물론 제공 경로와 제공된 정보의 용도, 보호 의무와 파기 등의 내용을 규정하고 있다. 다만 협정을 체결해도 모든 정보가 상대국에 무제한 제공되는 것은 아니며, 상호주의에 따라 사안별로 검토해 선별적인 정보 교환이 이뤄진다. 우리 정부는 현재 34개국 및 북대서양조약기구(NATO) 등과 군사정보보호협정 및 약정을 체결한 상태다. 이 중 일본과는 2016년 11월 23일 33번째로 군사정보협정을 체결했는데, 당시 국민적 반발에도 불구하고 협정 체결이 이뤄지면서 거센 논란이 일어난 바 있다.

***184 지하경제

지하경제, 그림자경제, 검은경제, 현금경제, 숨겨진 경제 등으로 쓰이고 있으며, 공식적으로 드러나지 않고 뭔가 숨겨진 경제활동을 통틀어 지하경제라고 말할 수 있다.

[학계] 일반적으로 GDP에 포착되지 않는 합법, 또는 불법적 생산활동을 지하경제라고 정의함.

[통계전문가] 비관측 경제[지하생산, 불법생산]

① 지하생산 : 합법적인 경제활동을 하면서 소득세, 부가가치세, 사회보장 부담금 등을 피하려고 의도적으로 정부에 숨기는 모든 활동

② 불법생산 : 마약 생산 및 거래, 성매매, 장물판매, 밀수를 의미한다.

***185 징벌적 손해배상제

민사재판에서 가해자의 행위가 악의적이고 반사회적일 경우 실제 손해액보다 훨씬 더 많은 손해배상을 하게 하는 제도이다. 일반적으로 손해배상 액수는 실제 피해액과 무관하게 엄청난 고액이 부과된다.

[현황] 현재 하도급상 대기업의 하청업체 기술 탈취 등 한정된 경우에만 이 제도를 적용중. 납품단가 인하 등으로 적용 범위를 확대하고 손해배상액도 늘리는 방안 추진 중.

 전보적 손해배상(보상적 손해배상) : 손해를 끼친 피해에 상응하는 액수만을 보상
 - 장래에 가해자가 똑같은 불법행위를 반복하지 못하도록 막는 동시에 다른 사람 또는 기업 및 단체가 유사한 부당행위를 저지르지 않도록 예방.

186 착한 운전 마일리지

1년간 무사고 무위반 서약을 한 운전자가 그 서약을 지켰을 때 10점씩의 마일리지를 적립해주는 제도를 말한다. 이 마일리지는 나중에 운전자의 벌점이 쌓여 운전정지를 받게 되는 경우 벌점을 깎아주거나, 운전자의 운전정지일수를 줄여주는 용도로 쓰인다. 착한 운전 마일리지는 경찰서, 우리은행 지점, 정부 24에서 신청할 수 있다.

187 찰러리맨(Child+Salaryman)

취업을 하고도 부모에게 심적·물질적으로 기대어 살아가는 이들을 말한다. 부모의 과잉보호와 성인이 돼서도 부모에게 의존하는 자식들이 빚어낸 사회현상이다. 막 사회생활에 발을 들인 직장인 중 업무 부적응, 부서 내 갈등 등 직장 문제를 스스로 해결하지 못해 부모들이 직접 나서는 사례가 늘고 있고, 높은 취업 문턱 때문에 '늦깎이' 취업자가 늘면서 찰러리맨 직장인 나이 역시 높아지고 있다. 사회적 책임을 키워주는 가정교육, 독립심을 키워주고 집단생활에 적응시킬 수 있는 사내 적응프로그램 필요하다.

188 창조적 파괴(Creative Destruction)

경제학자 조셉 슘페터가 기술의 발달에 경제가 얼마나 잘 적응해 나가는지를 설명하기 위해 제시했던 개념으로, '기술혁신'으로서 낡은 것을 파괴, 도태시키고 새로운 것을 창조하고 변혁을 일으키는 '창조적 파괴' 과정이 기업경제의 원동력이라는 것이다.

cf 최근 중기시대 관련하여, 새 기업가 정신의 핵심으로 창조적 파괴가 꼽힘
※**창조적 파괴 지수** : 국가경제가 혁신에 얼마나 잘 적응하고 있는지를 평가하는 지수

189 촉탁

정규종업원으로 고용계약을 맺지 않고 특수업무에 종사하는 근로자로서, 특수한 기능, 기술, 경험 등이 있는 기업 밖의 인재, 또는 정년퇴직한 고도의 기술자나 경험자를 말한다. 그러나 최근에는 임시노무자나 미숙련 재취업자를 단순노동에 종사시킬 목적에서 촉탁하는 경우가 많다.

190 최저임금제도

국가가 근로자들의 생활 안정을 위해 정한 시간당 임금의 최저한도를 정하고 고용주에게 그 이상을 지급하도록 강제하는 제도. 1988년에 처음 시작되었다. 2014년(시간당 5,210

원), 2015년(시간당 5.580원), 2016년(시간당 6.030원), 2017년(시간당 6.470원), 2018년(시간당 7.530원), 2019년(시간당 8.350원)

^{**}191 카파라치(Carparazzi)

교통위반 차량을 몰래 사진 촬영해 정부 보상금을 타내는 전문 신고자들을 일컫는 용어로 자동차(Car)와 파파라치(Paparazzi)의 합성어다. 신용카드 불법모집 신고 포상제(카파라치) 논란이 일고 있음. 금융당국은 지난해 12월부터 카파라치 제도를 운영중. 불법적으로 신용카드 회원을 모집하는 사례를 신고하면 10만~200만 원의 포상금을 지급하는 제도. 카드설계사들은 19일 오후 신고포상금제도(카파라치 제도) 등의 내용을 담고 있는 '여신전문금융업법'에 대해 헌법소원을 제기.

^{***}192 카피레프트(Copyleft)   [2018년 우리은행 기출]

자유소프트웨어(Free software)라고도 한다. 지적재산권(저작권)을 의미하는 카피라이트(Copyright)와 반대되는 개념으로, 저작권의 공유를 뜻한다. 1984년 미국의 리처드 스톨먼(Richard Stallman)이 소프트웨어의 상업화에 반대해 프로그램을 자유롭게 사용하자는 운동을 펼치면서 시작되었다. 스톨먼은 인류의 지적 자산인 지식과 정보는 소수에게 독점되어서는 안 되며, 모두가 자유롭게 사용할 수 있어야 하기 때문에 저작권으로 설정된 정보의 독점을 거부하였다.

^{***}193 카칭족(Kaching Tribe)

현금지급기에서 돈을 꺼내듯이 일확천금을 버는 사람을 뜻하는 신조어로, 특히 트위터나 페이스북과 같은 소셜미디어 분야를 기반으로 돈을 버는 사람들('카칭'은 은행에서 현금지급기가 열릴 때 나는 소리를 표현하는 의성어)을 지칭한다.

예 핸드폰을 파는 영업사원이 업계소식이나 정보를 트위터에 올려 판매왕이 되거나, 자신의 페이스북에 특종을 올려 몸값이 뛰는 기자

^{***}194 컴플라이언스(준법 경영, Compliance)

현대 윤리 경영을 한 단어로 요약할 때, 떠올릴 만한 단어이다. 단순한 사전적 의미로는 '법규 준수'나 '준법 감시' 등을 의미하지만, 사실 그 진정한 의미는 소극적으로 법규를 지키는 것과 적극적으로는 윤리적 판단을 거쳐 올바른 행동을 하는 것이 모두 포함되어있다. 그래서 진정한 컴플라이언스는 '항상 옳은 일을 할 수 있는 윤리적 기업문화를 만들고 유지하는 노력'이 동반된다.

**195 코로나 블루(코로나 트라우마, corona blue)

'코로나 19'와 '우울감(blue)'이 합쳐진 신조어로, 코로나 19 확산으로 일상에 큰 변화가 닥치면서 생긴 우울감이나 무기력증을 뜻한다.

***196 코쿠닝(Cocooning)   [2018년 우리은행 기출]

현대인들이 위험한 외부 세상을 피해 집이나 교회 등 안전한 장소로 몸을 피하는 사회현상을 말한다. 1981년 '코쿠닝'이라는 용어를 처음 사용한 마케팅 컨설턴트 '페이스 팝콘'은 "사람들이 마치 누에고치(Cocoon)처럼 자신을 보호하기 위해 외출을 삼가고 보호장비 구입에 열을 올리고 있다"라고 지적했다. 일부 사회학자들은 이 같은 '움츠리기'가 가족과 이웃에 대한 관심과 애정을 증폭시키는 긍정적인 측면도 있다고 말하지만 9 · 11테러 이후 미국에서는 코쿠닝이 더욱 심화되고 있다. 경제적인 측면에서는 패밀리 레스토랑, 가족여행, 가족패션 등 새로운 소비문화로 나타나고 있어 산업계에도 많은 영향을 미치고 있다.

**197 코피티션(Coopetition)

코피티션은 협동(Cooperation)과 경쟁(Competition)의 합성어로, 기업 간 극단적인 경쟁에서 야기될 수 있는 위험요소를 최소화하고, 자원의 공용화나 공동 R & D 등의 협력을 통해서로 원윈(Win-Win)하자는 비즈니스 성공 전략이다. 주로 동일한 업종 간의 경쟁은 승자와 패자가 존재하는 일종의 제로섬 게임인 데 반해서, 코피티션은 반드시 패자가 존재해야한다는 논리를 부정하고 경쟁자들이 서로 협력하면 모두 승자가 되어 최대의 이익을 거둔다는 것으로, 최근 들어 이러한 사례가 급증하고 있다. 코피티션은 예일 대학교의 배리 네일버프 교수와 하버드 대학교의 애덤 브랜던버거 교수가 처음 사용한 경영학 용어이지만, 최근에는 다양한 분야에서 널리 쓰이고 있다.

**198 퀴어(queer)

소수자를 지칭하는 포괄적인 단어로, 레즈비언(lesbian)과 게이(gay), 바이섹슈얼(Bisexual), 트랜스젠더(transgender), 인터섹스(intersex), 무성애자(asexual) 등을 두루 일컫는 말이다.

**199 크라우드펀딩(Crowd Funding)

군중을 뜻하는 'Crowd'와 재원마련이라는 'Funding'이라는 말의 합성어로, 대중의 기부와 투자 등을 통해 자금을 조달한다는 뜻이다. SNS 등을 통하여 개인들에게 홍보하고 자금을 모으는 방식이라 소셜펀딩(Social Funding), 크라우드 파이낸싱(Crowd Financing)이라고도 불림. 초기에는 영화, 음악 등 문화상품이나 정보기술(IT) 신제품 분야 등에 사용되었지만, 최근 관련 법안 통과로 응용범위가 확대될 것으로 예상된다.

[장점] - 개개인이 크게 부담되지 않는 금액을 투자하면서 사람이 모여 큰 금액이 만들어짐
- 특정 국가가 아닌 전세계의 개인들이 투자에 참여→ 더 많은 사업자금 모집 가능.

***200 클라우드 컴퓨팅 [2023 상반기 농협은행 필기 기출]

인터넷 기반(Cloud)의 컴퓨터기술(Computing)을 의미하는 것으로, 이때의 구름(Cloud)은 컴퓨터 네트워크 상에 숨겨진 복잡한 인프라 구조, 인터넷을 뜻한다. 사용자가 필요한 소프트웨어를 자신의 컴퓨터에 설치하지 않고도 인터넷 접속을 통해 언제든 사용할 수 있고 동시에 각종 IT 기기로 데이터를 손쉽게 공유할 수 있는 사용환경이다. 즉, 개인이 웹에 접속해서 포토샵, 오피스 같은 프로그램을 작업할 수 있고 그 작업에 대한 저장도 웹에서 하게 된다. 결국 가상의 공간에 하나의 서버(컴퓨터)만을 놓고 이 하나의 컴퓨터를 통해 여러 사람이 개인의 작업을 할 수 있는 것이다. 클라우드라는 용어는 1990년대에 거대한 규모의 ATM을 지칭하는 데서 쓰이다가, 소비자 중심의 웹 기반이 형성되는 21세기에 들어서야 클라우드 컴퓨팅이라는 용어가 널리 퍼지기 시작했다. 클라우드 컴퓨팅의 장점으로는, 사용자의 데이터를 신뢰성 높은 서버에 안전하게 보관할 수 있고 기기를 가지지 못한 소외계층도 공용 컴퓨터나 인터넷에 연결되기만 한다면 개인 컴퓨팅 환경을 누릴 수 있으며, 개인이 가지고 다녀야 하는 장비나 저장공간의 제약이 사라진다는 점이다. 그러나 서버가 공격당하면 개인정보가 유출되거나 재해에 의한 서버의 데이터 손상 시 미리 백업하지 않은 정보를 되살리지 못한다는 문제점도 있다. 실제로 애플이 운영하는 아이클라우드(iCloud)가 해킹을 당해 유명인사 100여 명의 사진이 유출되는 등 개인정보 유출 사례가 발생하기도 하였다.

**201 클리셰(clich)

진부한 표현이나 고정관념을 뜻하는 프랑스어로, 영화나 드라마 등에서 진부한 장면이나 판에 박힌 대화, 상투적 줄거리, 전형적인 수법이나 표현을 뜻하는 용어로 많이 사용된다.

*202 킬체인(Kill Chain)

적의 미사일을 실시간으로 탐지하고 공격으로 잇는 일련의 공격형 방위시스템이다. 표적 탐지 → 좌표 식별 → 공격 결심 → 발사 및 타격.

*203 타운와칭(Town Watching)

시대의 경향을 파악하기 위해 마케터들이 젊은이들이 많이 다니는 거리나 생활양식을 파악하는 새로운 마케팅 방법. 미국, 일본 등 선진국을 필두로 행해지다가 최근에 와서는 우리나라에서도 명동 압구정 등의 번화가를 중심으로 타운와칭이 실시되고 있다.

[방법] 길거리에서 접한 젊은이들과의 인터뷰인데, 간단한 개인정보 및 관심사를 물어본 뒤 준비한 질문을 하면서 트렌드에 민감한 젊은이들의 생각을 읽어내는 것이다.

**204 타조세대(Ostrich Generation)

맹수로부터 위협을 받으면 땅속에 머리를 파묻는 타조의 습성을 본뜬 '문제를 외면하려 드는 사람, 현실도피주의자'를 말한다.

예 높아가는 사교육비, 물가 등을 한정된 소득 안에서 감당하다 보니 정작 자신들의 노후는 준비하지 못하고, 이에 불안해하지만 다른 대비책을 마련하지 못해 자포자기하고 있는 중 · 장년층, 노후가 불안하지만 대책이 없는 세대.

***205 탄소중립세

2021년 7월 14일 EU 집행위는 '1990년 대비 2030년 유럽의 온실가스 55% 감축'을 위한 "Fit for 55" 입법 패키지를 발표했다. EU 집행위는 그 동안 탄소누출을 방지하고, EU 역내 생산업자들이 부담해야 하는 탄소가격과 그러한 탄소가격이 없는 제3국 사이의 경쟁관계를 공평하게 하기 위한 조치로서 CBAM 도입을 준비해 왔다. 그리고 탄소국경조정 메커니즘(Carbon Border Adjustment Mechanism, CBAM)의 도입을 위한 입법안이 그 외 12개 법안과 함께 발표된 것이다. CBAM은 EU로 수입되는 상품에 적용되는, 현행 EU ETS(유럽 온실가스 배출권 거래제도)의 무상할당을 대체하기 위한 정책수단으로서 기존에는 EU ETS 내 무상할당만을 통해 탄소누출 문제를 다루었던 것에서, 점진적으로 수입상품에 CBAM을 부과하는 방식으로 단계적으로 전환해나갈 예정인 것으로 보인다.

***206 토지거래허가제　　　　　　[2020년 하반기 국민은행 기출]

투기억제를 위해 건설교통부 장관이 특정 지역을 국토이용관리법상 거래규제지역으로 지정하는 제도. 투기가 나타나거나 우려되는 지역을 대상으로 하며 각 지역에서 일정 면적 이상의 토지를 거래하려면 계약 전에 시 · 도지사의 허가를 받아야 한다. 단, 도시계획구역의 경우 주거지역은 180㎡, 상업지역은 200㎡ 도시계획구역 이외 지역의 경우 500㎡, 농지는 1,000㎡, 임야는 2,000㎡ 이하의 토지를 거래하는 경우는 토지거래계약허가를 받지 않아도 된다. 허가를 받고자 하는 자는 그 허가신청서에 계약내용과 그 토지의 이용 계획 등을 기재하여 시장·군수 또는 구청장에게 제출하여야 한다. 시장·군수 또는 구청장은 그 허가신청서를 받은 날부터 15일 이내에 허가 또는 불허가의 처분을 하여 그 신청인에게 허가증을 교부하거나 불허가처분사유를 서면으로 통지한다. 허가대상에는 소유권 이전뿐만 아니라 지상권·전세권·임차권 등의 설정도 포함된다.

 토지거래신고제
일정 평수 이상의 토지거래를 할 때는 반드시 관계기관에 신고를 해야 한다는 법으로 부동산 투기 억제법이다.

***207 투자자-국가소송제도(ISD, Investor State Dispute)

외국에 투자한 기업이 해당기업에게 불합리한 현지의 정책이나, 법으로 인한 재산적 피해를 실효적으로 보호하기 위하여 국제기구의 중재로 분쟁을 해결토록 한 제도를 말한다. 즉, 기업이 상대방 국가의 정책으로 이익을 침해당했을 때 해당 국가를 세계은행 산하의 국제상사분쟁재판소(ICSID)에 제소할 수 있도록 하는 제도다.

[구성] ICSID의 중재부는 총 3명으로 이루어지는데, 해당국에서 1명씩을 추천하며, 나머지 1명은 협의를 통해 선정되고 합의가 이루어지지 않을 경우 사무총장이 선택하는 자로 구성된다.

[사례] 2015년 론스타가 한국 정부의 규제로 손실을 보았다고 주장하며 ISD 소송을 제기.

**208 투키디데스 함정

투키디데스 함정이란 기존 패권 국가와 빠르게 부상하는 신흥 강대국이 결국 부딪칠 수밖에 없는 상황을 의미한다. 원래 아테네와 스파르타의 전쟁에서 유래한 말이며 최근 미국과 중국의 상황을 설명하는 데 쓰여 주목받고 있다.

**209 특수목적회사(SPC, Special Purpose Company)

일시적으로 설립되어, 자산보유자에게서 자산을 매입해 이를 토대로 자산유동화증권(ABS)을 발행하는 당사자.

[과정] 채권 매각과 원리금 상환이 주요 업무. 은행신탁, 증권, 투신 등 금융기관은 SPC를 설립하여 이곳에 자신들이 가진 채권을 양도하고, SPC가 이것과 담보, ABS를 발행하여 주간사와 인수사를 통해 시장에 유통시키는 역할을 함. 투자자들은 만기

때까지 채권에 표시된 금리만큼 이자를 받고, 만기에 원금을 돌려받음. ABS의 상환이 완료되면 SPC는 해산함.

*** 210   파노폴리 효과(Panoplie Effect)

집합이란 뜻으로 같은 맥락의 의미를 가진 상품집단을 뜻함. 소비자가 특정제품을 소비하면 유사한 급의 제품을 소비하는 소비자 집단과 같아지는 환상을 갖게 되는 현상을 말한다.

 플라세보 효과 : 약효가 전혀 없는 거짓 약을 진짜 약으로 가장, 환자에게 복용토록 했을 때, 병세가 호전되는 효과를 의미
피그말리온 효과 : 로젠탈 효과, 자성적 예언, 자기충족적 예언이라고 한다. 그리스 신화에 나오는 조각가 피그말리온의 이름에서 유래한 심리학 용어

*** 211   파레토 법칙(Pareto's Law)   [2018년 주택금융공사 기출]

이탈리아 사회학자, 경제학자 파레토(Vilfredo Federico Damaso Pareto, 1848~1923)에 의해 발표된 소득분포의 불평등도에 관한 법칙. 소득분포에 관한 통계적 법칙으로서, '80:20 법칙'이라고도 한다. 상위 20% 사람들이 전체 부(富)의 80%를 가지고 있다거나, 상위 20% 고객이 매출의 80%를 창출한다든 의미로 쓰이지만, 80과 20은 숫자 자체를 반드시 의미하는 것은 아니다. 전체성과의 대부분(80)이 몇 가지 소수의 요소(20)에 의존한다는 의미이다.

 롱테일 법칙(Long tail theory)
'결과물의 80%는 조직의 20%에 의하여 생산된다'는 파레토 법칙에 배치되는 것으로, 80%의 '사소한 다수'가 20%의 '핵심 소수'보다 뛰어난 가치를 창출한다는 이론이다.

*** 212   파밍(Pharming)

악성코드를 컴퓨터에 감염시키고서 이용 고객이 정상적인 주소로 은행 사이트에 접속해도 가짜 사이트에 연결되도록 하는 금융사기 수법이다. 최근 은행 사이트에 접속한 고객이 '보안등급을 높여야 한다'는 안내문을 따라 계좌번호, 비밀번호, 35개 보안카드(안전카드) 코드표 등을 입력하면 해당 통장에 있던 돈이 대포통장으로 무단 이체되는 사례가 기승이다.

*** 213   파이브 아이즈(Five Eyes)   [2019년 기업은행 기출]

파이브 아이즈는 상호 첩보 동맹을 맺고 있는 미국, 영국, 캐나다, 오스트레일리아, 뉴질랜드 5개국을 이르는 말이다.

***214 **판소리**　　　　　　　　　　　　　　　　　　　　　　　[2018년 우리은행 기출]

한 명의 소리꾼과 한 명의 고수(북치는 사람)가 음악적 이야기를 엮어가며 연행하는 장르이다. 장단에 맞추어 부르는 표현력이 풍부한 창(노래)과 일정한 양식을 가진 아니리(말), 풍부한 내용의 사설과 너름새(몸짓) 등으로 구연(口演)되는 이 대중적 전통은 지식층의 문화와 서민의 문화를 모두 아우르고 있다는 점이 특징이다. 최대 8시간 동안 연행되는 동안 남성, 또는 여성 소리꾼은 1명의 고수의 장단에 맞춰 촌스럽기도 하고 학문적이기도 한 표현을 섞은 가사를 연행하는 즉흥 공연이다.

215 **팝콘 브레인(popcorn brain)

첨단 디지털기기에 익숙한 나머지 뇌가 현실에 무감각 또는 무기력해지는 현상이다.

***216 **패스트트랙(Fast Track)**

패스트트랙은 국내 정치에서는 국회에서 발의된 안건의 신속처리를 위한 제도라는 뜻이 있으며, 경제 분야에서는 일시적으로 자금난을 겪고 있는 중소기업을 살리기 위한 유동성 지원 프로그램을 가리키는 용어로 사용된다. 또 국제 분야에서는 미국 대통령이 국제통상협상을 신속하게 체결할 수 있도록 의회로부터 부여받는 일종의 협상 특권을 지칭한다. 해외에서는 정치나 외교, 경제에서 패스트트랙(Fast Track)은 특정 사안에 대해 기존의 절차보다 더 빠르게 진행시키는 것을 말한다. 그러나 국내에서는 유동성 위기를 겪는 중소기업에 대한 기업회생 및 조기 종결제도를 의미하는 용어로 사용되고 있다. 국내에서는 이같은 절차를 통해 퇴출 대상 기업은 최대한 빨리 회생 절차 보호에서부터 퇴출시키고, 회생이 가능한 기업은 조속히 시장 경제에 복귀시키는 것을 목적으로 한다.

[사례] - A-B등급(정상기업 및 키코피해 기업) : 만기연장, 이자감면, 신규 자금지원
　　　 - C등급(부실징후 기업) : 워크아웃 추진
　　　 - D등급(정상화 가능성이 없는 기업) : 즉각 퇴출

217 **팬데믹(pandemic, 판데믹, 팬더믹)

세계보건기구(WHO)가 선포하는 감염병 최고 경고 등급으로, 세계적으로 감염병이 대유행하는 상태를 일컫는다.

***218 **퍼네이션**　　　　　　　　　　　　　　　　　　　[2021 하반기 광주은행 필기 기출]

퍼네이션(Funation)이란, 재미(fun)와 기부(donation)의 합성어로 재미있는 방법으로 생활 속

에서 나눔을 실천할 수 있게 하는 문화를 의미한다. 퍼네이션은 기부 금액보다 어떤 방식으로 기부하는지에 초점을 둔다. 퍼네이션은 대중이 기부에 거부감을 갖지 않고 참여할 수 있는 문화를 조성해야 한다는 필요성이 높아지면서 형성됐다. 기존의 기부 문화와 달리 금전적으로 부담을 덜면서 참여자가 직접 참여해 흥미와 즐거움을 느낄 수 있게 기부활동을 할 수 있도록 한 것이 특징이다. 걸을 때마다 쌓인 금액을 기부하거나 게임을 통해 쌀을 기부하거나 받을 수 있는 스마트폰 애플리케이션(앱) 등을 활용한 퍼네이션이 대표적인 예다.

***219 펜스룰(Pence Rule)

2002년 마이크 펜스 미국 부통령이 인터뷰에서 "아내 외의 여자와는 절대로 단둘이 식사하지 않는다"고 말한 발언에서 유래된 용어이다. 이는 성추행 등 문제가 될 수 있는 행동을 사전에 방지하기 위해 아내 외의 여성들과는 교류하지 않겠다는 의미를 담고 있다.

***220 팬플레이션(Panflation)

대상을 원래보다 부풀리는 현상이 사회 전반적으로 만연한 것을 뜻하는 용어. 팬플레이션은 팬(Pan)과 인플레이션(Inflation)의 합성어로 물가의 상승을 나타내는 인플레이션(Inflation)에 광범위하다는 뜻을 가진 팬(Pan)을 결합한 것이다. 이러한 팬플레이션 현상의 원인은 사람들이 대상의 가치를 낮게 평가하기 때문이다.

같은 호텔 스위트 룸이 럭셔리 스위트 룸으로 명칭이 바뀌어 가치가 부풀려지는 것은 대상의 가치를 낮게 평가하여 심리적으로 더욱더 가치 있게 느끼도록 부풀려 표현한 것인데 이는 소비자들은 명명된 것으로는 같은 서비스를 이용할지라도 과거에 비해 질 낮은 서비스를 받는다는 것을 뜻한다. 팬플레이션은 이처럼 실제 정보를 불투명하게 하여 가치를 왜곡하기 때문에 부작용이 따른다. 학점인플레이션은 인재선발과 급여책정을 힘들게 하고, 소비 시장에서의 인플레이션은 소비자에게 물가 상승으로 다가오게 되어 불필요한 사회적 비용을 낳을 수 있다.

**221 펠츠만효과(Feltsman Effect)

안전을 도모할수록 위험해진다는 이론. 1976년 시카고 대학 경제학자인 샘 펠츠만(Sam Peltzman)이 세상을 시끄럽게 만든 논문을 발표했다. 이 논문에서 펠츠만은 안전벨트, 에어백 같은 새로운 안전 기술을 새로운 차들에 장착하도록 법적으로 의무화했지만, 그 후에도 도로는 전혀 안전해지지 않았다고 주장한 것이다. 안전장치가 도입된 이후에 사고당 사망률은 크게 낮아졌지만 사고 수는 크게 늘어났기 때문에 전체 자동차 사고와 사망자 수가 늘어난 것이다. 안전성이 높아지면 운전자는 이를 믿고 더 난폭하게 운전을 하기 때문이다. 즉, 사고 위협이라는 비용이 감소함에 따라 고속 주행이라는 편익을 운전자가 취한다는 것인데 이는 어찌 보면 인간의 자연스러운 현상이라 할 수 있다.

**222 포괄임금제

근로계약 체결 시 연장, 야간, 휴일근로 등을 미리 정하여 예정된 수당을 지급하는 방식을 말한다. 즉, 실제 근로시간을 따지지 않고 매월 일정액의 시간 외 근로 수당을 지급하거나 기본임금에 제수당(諸手當,기본임금 이외에 지급되는 모든 종류의 수당)을 포함해 지급하는 임금 산정방식으로 대법원 판례에 의해 인정되기 시작했다.

*223 프라이버시 경제(Privacy Economics)

사용자들이 더는 개인정보를 포털사나 이동통신사 등 기업이 소유하지 못하게 하고, 자신이 정보를 직접 관리하면서 정보 공개 여부와 그에 따른 혜택에 대해 선택권을 갖는 경제를 의미한다. 개인정보가 가장 중요한 빅데이터 시대에 개인정보의 중요성과 가치가 사회적으로 인정을 받으면서 프라이버스 정보 그 자체가 곧 개인의 경제력이 되고 있다.

***224 프로슈머(Prosumer)

생산자 혹은 전문가에 소비자가 결합되어 만들어진 신조어이다. 소비자이지만 제품생산에 기여하며 비전문가이지만 타 전문가의 분야에 기여한다는 의미로 엘빈 토플러가 제3의 물결에서 최초로 사용했다.

블루슈머 : 블루오션과 컨슈머의 합성어로 경쟁자가 없는 시장의 새로운 소비자 그룹을 의미
블랙컨슈머 : 구매한 상품의 하자를 문제삼아 기업에 과도한 보상을 요구하거나 거짓으로 피해를 본 것 처럼 꾸며 보상을 요구하는 소비자를 의미
트윈슈머 : 생각, 취미, 취향, 반응, 소비 등의 성향이 유사한 소비자를 의미. 이들은 다른 사람이 제품을 사용한 경험을 중요하게 여겨 물건을 구입할 때, 이미 그 물건을 산 사람의 의견을 참고하여 결정을 내림
마담슈머 : 주부시각에서 상품을 평가하고 홍보하는 사람
크리슈머 : 아이디어를 상품화할 때 고객이 주도하는 경우
트라이슈머 : 직접 제품을 사용한 뒤 적극적인 홍보맨이 됨

**225 프루갈리스타(Frugalista)   [2018년 우리은행 기출]

검소하지만 유행에 따라 센스 있게 옷을 잘 입는 사람을 지칭하는 말로, 이들은 중고로 옷을 구입하거나 지인과 옷을 바꿔 입는 등의 방식을 활용한다. '프루갈리스타'는 '검소, 절

약'을 의미하는 프루갈(Frugal)과 유행을 주도하는 사람을 뜻하는 패셔니스타(Fashionista)의 합성어이다.

*226 프랜드(FRAND, Fair, Reasonable And Non-Discriminatory Terms)

공정하고 합리적이고 비차별적인(Fair, Reasonable And Non-Discriminatory)를 줄인 말로, 즉 일단 누구나 표준 특허기술을 쓰되 특허 관리자와 협상해 합리적이고 평등한 수준의 사용료를 지불하도록 허용하는 것이다. 특허의 배타성을 인정하기보다는 소비자의 편익 차원에서 널리 쓰되 사용료는 지불케 하는 것이다. 특허권자의 욕심 때문에 경쟁사의 기술발전, 제품개발을 막지 않게 하겠다는 취지이다.

*227 프레너미(Frenemy)

현대 사회에서는 영원한 친구도, 영원한 적도 없다는 뜻으로 친구(Friend)+적(Enemy)의 합성어 의미) 현대 사회의 영역 파괴와 융합의 필요성을 역설하는 키워드이다.

*228 프렌디(Frendy)

친구(Friend)와 아빠(Daddy)의 합성어로 아이와 함께 놀아주고, 대화하고, 필요할 때 곁에 있어주는 친구 같은 아빠를 일컫는 말이다.

[프렌디의 증가 원인]
① 엄한 가르침을 받고 자란 30~40대가 자녀에 대해서는 정반대의 접근방식을 취하고 있기 때문 (무섭고 대하기 어려웠던 아버지 밑에서 느낀 어려움의 반작용)
② 여성의 사회 진출 증가
③ 아빠 효과에 대한 관심 증가

 아빠 효과(The Effects of Father) : 아빠와의 놀이나 상호작용이 이성적인 좌뇌를 발달시키고 아빠의 양육 참여도가 높을수록 유아의 자아존중감과 사회성, 도덕성이 크게 높아지는 것을 말한다.
프렌디 마케팅(Frienddy Marketing) : 육아와 자녀교육에 관심이 많은 아빠를 대상으로 하는 마케팅을 지칭한다.
떼 아빠 할인, 아빠와 함께하는 요리교실 등 프렌디를 겨냥한 프렌디 마케팅 등

***229 프리터족(Free Arbeiter)

필요한 돈이 모일 때까지만 아르바이트로 일하는 사람들을 말한다. 필요한 돈이 모일 때

까지만 일하고 쉽게 일자리를 떠나는 사람들로, 일본에서 유행하는 집단이다. 일본 노동성은 이들을 아르바이트나 시간제로 돈을 버는 15~34세의 노동인구라고 정의한다. 자신에게 어떤 직업이 맞는지 정하지 못한 젊은이가 많음, 일반 직장에서는 일한 만큼 대우를 못 받는다고 생각한다.

[문제점] 이 생활을 오래하게 되면 조직생활에 적응하지 못하고 기술 축적도 안 되기 때문에 평생직장을 구하기가 어려워짐.

^{**}230 플랫폼 노동

정보통신기술의 발전으로 탄생한 애플리케이션, SNS 등 디지털 플랫폼을 매개로 노동력이 거래되는 근로 형태를 이른다. 스마트폰 사용이 일상화되면서 등장한 노동 형태로, 배달대행앱 · 대리운전앱 · 우버 택시 등이 이에 속한다.

^{**}231 플렉스(flex)

사전적으로는 '구부리다', '몸을 풀다'라는 뜻이지만, 1990년대 미국 힙합 문화에서 래퍼들이 부나 귀중품을 뽐내는 모습에서 유래돼 젊은 층을 중심으로 '(부나 귀중품을) 과시하다, 뽐낸다'라는 뜻으로 쓰이고 있다.

^{***}232 피그말리온 효과

긍정적인 기대나 관심이 사람에게 좋은 영향을 미치는 효과를 말한다. 간절히 원하고 기대하면 원하는 바를 이룰 수 있다는 것을 보여 주는 그리스 신화에서 유래했다.

^{***}233 피터팬증후군

육체적으로는 성숙하여 어른이 되었지만, 여전히 어린이로 남아 있기는 바라는 심리이다. 이들은 어린이로서 대우받고 보호받기를 원한다. 경제학에서는 중소기업들이 중견기업으로 분류되면 규제는 늘고 지원이 끊기는 성장 걸림돌이 발생하여 기업 쪼개기 등을 통해 스스로 중견기업으로의 성장을 기피하려는 현상을 말한다.

[사례] 최근에 정부가 중소기업 중심의 산업 발전 전략을 제시함에 따라서 중소기업에서 중견기업으로 전환할 수 있는 기술력이나 요건이 충족되었음에도 불구하고 정부의 보호를 받기 위해 중소기업에 만족하는 기업을 일컫는다.

*** 234 핀테크

[2020년 하반기 NH농협은행 기출]

'핀테크(Fintech)'는 '금융(Finance)'과 '기술(Technology)'이 결합한 서비스 또는 산업의 변화 자체를 말한다. 여기서 말하는 기술은 정보기술(Information Technology)이다. 핀테크는 4가지 영역에서 활발하게 진행되어 왔다. '애플페이'와 '삼성페이'와 같은 지급 결제와 금융 데이터 분석, 페이팔의 FDS기술과 같은 금융 소프트웨어 그리고 플랫폼 분야가 바로 그것이다. 서비스 측면의 변화로는 모바일과 SNS, 빅데이터 등을 활용하여 기존 금융기업과 차별화된 금융서비스를 제공하는 '기술기반' 혁신 금융서비스가 대표적이며, 산업의 변화로는 혁신적 비금융기업이 IT기술을 활용, 지급결제와 같은 금융서비스를 이용자에게 직접 제공하는 모습을 관찰할 수 있다.

핀테크의 경우, 고객 기반 없이 서비스를 시작하거나, 금융회사와 제휴하여 해당 금융회사의 고객을 기반으로 서비스를 시작하게 되는 특징이 있다. 또한 데이터 측면에서는 해당 서비스를 이용하는 고객의 데이터만 확보 가능한 특징이 있다.

최근 핀테크 시대에서 '테크핀' 시대로 넘어가는 움직임 또한 주목할 만하다. 테크핀의 경우 ICT기업을 중심으로, 모바일 사용자들에게 금융 서비스를 제공하는 것이므로, 기술도 핀테크 기업보다 훨씬 혁신적이고 모바일 사용자들이 향후 미래 고객이 될 수 있기에 더 많은 고객을 확보할 수 있다는 장점이 있다.

*** 235 필리버스터

주로 소수파가 다수파의 독주를 막거나 기타 필요에 따라 의사 진행을 저지하기 위하여 합법적인 수단을 동원해 의사 진행을 고의로 방해하는 행위를 말한다. 미국 · 영국 · 프랑스 · 캐나다 등에서 시행되고 있다. 영국 의회에서는 프리부터(freebooter)라고 한다.

236 필터버블

[2021 하반기 광주은행 필기 기출]

필터버블이란 인터넷 정보 제공자가 개인의 취향이나 선호도를 분석해 적절한 정보를 골라서 제공함에 따라 이용자가 선별된 정보만을 제공받게 되는 현상을 의미한다. 같은 단어를 검색하여도 이용자에 따라 다른 정보가 화면에 등장하는 것이다. 미국의 정치 참여 시민단체 '무브온'의 이사장인 엘리 프레이저(Eli pariser)의 <생각 조종자들(원제 The Filter Bubble)>이라는 저서에서 등장하였다. 엘리 프레이저는 정보를 필터링하는 알고리즘에 정치적 혹은 상업적 논리가 개입되면, 필터링을 거친 정보만을 받아보는 정보 이용자들은 모르는 사이에 정보 편식을 하게 되고 그로 인해 자신도 모르는 사이 타의에 의해 가치관 왜곡이 일어날 수 있음을 지적한다. 또한 사람인 담당자가 어떠한 정보를 제공할 것인지 취사선택하던 시절과 다르게 개개인의 필터버블을 만드는 알고리즘은 사람이 아니기 때문에 윤리성이나 가치판단을 할 수 없음을 지적한다. 더불어 알고리즘이 제대로 작동하는가의 문제는 차치하더라도, 필터버블은 한정된 정보만을 제공하기 때문에 반대 성향을 가진 사람들의 글이나 새로운 정보, 평소에 보지 않던 분야의 뉴스 등을 접할 기회를 아예 박탈당하기 때문에, 이용자들의 지식과 가치관 확대를 방해할 수 있다고 말한다.

***237 하둡 [2022 하반기 새마을금고중앙회 필기 기출]

하둡(Hadoop : High Availability Distrivbuted Object Oriented Platform)은 고가용성 분산형 객체 지향적 플랫폼을 뜻하며, 대용량의 데이터를 적은 비용으로 더 빠르게 분석할 수 있는 플랫폼이다. 끊임없이 늘어나는 빅데이터를 처리하고 웹 결과를 더 빨리 제공해야 한다는 필요성이 절실해지면서 탄생한 것으로, 빅데이터 처리와 분석을 위한 플랫폼 중 사실상 표준으로 자리 잡고 있다. 여러 대의 컴퓨터로 데이터를 분석하고 저장하며 분석에 필요한 많은 비용과 시간을 단축시킨다.

***238 하우스 디바이드(House Divide) [2018년 기업은행 기출]

부동산 가격이 상승하면서 주택의 유무, 집값의 차이가 계층 격차로까지 이어지는 현상을 가리키는 신조어. 이 용어에는 1990년대 중반 미국에서 제기된 '디지털 디바이드(Digital divide, 정보화 격차에 따라 계층 격차가 벌어지는 현상)'처럼 주택 문제가 상대적 박탈감 등 사회적 갈등을 야기할 수 있다는 뜻이 담겨 있다.

**239 하인리히 법칙(Heinrich's Law)

대형사고가 발생하기 전에 그와 관련된 수많은 경미한 사고와 징후들이 반드시 존재한다는 것을 밝힌 법칙이다. 큰 사고가 일어나기 전 일정 기간 여러 번의 경고성 징후와 전조들이 있다는 사실을 입증하였다. 사소한 문제가 발생하였을 때 이를 면밀히 살펴 그 원인을 파악하고 잘못된 점을 시정하면 대형사고나 실패를 방지할 수 있지만, 징후가 있음에도 이를 무시하고 방치하면 돌이킬 수 없는 대형사고로 번질 수 있다는 것을 경고한다. 하인리히 법칙은 노동현장에서의 재해뿐만 아니라 각종 사고나 재난, 또는 사회적 · 경제적 · 개인적 위기나 실패와 관련된 법칙으로 확장되어 해석되고 있다.

*240 한류 3.0

애니메이션, 문학, 미술 등 다양한 방면으로 한류가 확산되는 것을 말한다(예: 뽀로로 등). 한류를 콘텐츠 중심으로 구분했을 때, 한류1.0시대는 드라마(겨울연가, 대장금 등) 등 영상 콘텐츠 중심, 한류2.0시대는 2006년 이후 SNS, 유튜브 등 디지털 환경을 타고 수요층과 향유 방식이 다양화된 것이 특징이다. 이를 통해 K팝 인기는 전 세계로 뻗어 나가고 있고, 한국 아이돌에 대한 세계적인 붐도, 현재 진행 중이다. 한류3.0시대를 맞아 우리는 한국의 전통적인 측면을 미래지향적으로 잘 바꾸어 진정한 한국적 색채의 문화를 전파하도록 해야 할 것이다.

***241 합성 데이터

[2022 하반기 농협은행 필기 기출]

원본 데이터는 실제 사람과의 상호 작용 및 내부 프로세스를 통해 수집되는 반면 합성 데이터는 컴퓨터 알고리즘에 의해 생성된다. 컴퓨터 알고리즘에 의해 완전히 새롭고 인공적인 데이터가 생성된다. 합성데이터는 원본 데이터와 일대일 관계가 없는 새로운 인공 데이터로 구성되기 때문에 원본 데이터로 역추적하거나 역설계할 수 없다. 합성 데이터는 개인 정보 보호 규정에서 면제되어 개인 정보 문제를 해결하는 역할을 할 수 있다. 또한, 합성 데이터의 생성으로 새로운 데이터를 보강하고 시뮬레이션 할 수 있기 때문에 데이터가 충분하지 않은 경우 또는 없는 경우 솔루션이 될 수 있다.

**242 해인이법

어린이 이용시설 관리자 · 종사자가 시설 이용 어린이의 위급 상태가 발생 시, 즉시 응급의료기관에 신고 및 이송 조치할 것을 의무화하는 내용의 법안이다. 이 법안은 2016년 4월 경기도 용인의 한 어린이집 앞에서 교통사고를 당했으나 어린이집의 응급조치가 늦어지면서 세상을 떠난 '해인 양 사건'을 계기로 그해 8월 발의됐다. 이후 국회에 계류됐다가 2019년 8월 '어린이 안전관리에 관한 법률안'으로 재발의 됐으며, 2020년 4월 29일 해당 법안의 통과가 이뤄졌다.

**243 핵티비스트(Hacktivist)

인터넷 해킹을 통해서 사회와 정치에 맞서 투쟁하는 새로운 형태의 행동주의자이다. 핵티비스트의 활동은 주로 가상공간에서 이루어진다. 오프라인에서 소수의 인원이 활동하면 눈에 띄기 힘들지만, 온라인 가상공간은 훨씬 넓고 파급력이 강하기 때문에 소수의 핵티비스트들이 자신의 주장을 펼치면서 온라인 활동을 할 경우에는 훨씬 큰 영향력이 크게 나타난다.

[사례] 핵티비스트들은 금전적인 이득을 떠나 사회적, 정치적인 목적을 가지고 웹사이트나 네트워크를 공격하지만, 결코 나쁘다고만은 말할 수 없다. 그 예로 1998년 6월, 인도의 핵실험에 반대하는 대학생들이 핵무기를 상징하는 듯한 버섯구름 사진을 핵무기연구소 사이트에 올려놓았으며, 9월에는 인도네시아 정부 홈페이지에

열악한 인권상황을 비난하며 '동티모르 해방'문구를 남겨 정치적인 시위가 디지털화되기도 했다.

***244 핵티비즘 [2019년 우리은행 기출]

정치·사회적인 목적을 위해 자신과 노선을 달리하는 정부나 기업·단체 등의 인터넷 웹사이트를 해킹하는 행위이다. 해커(hacker)와 행동주의(activism)의 합성어로, 인터넷이 일반화되면서 나타난 새로운 유형의 정치적·사회적 행동주의를 말한다. 기존의 정치·사회 운동가들이 인터넷 대중화 바람을 타고 인터넷 공간으로 활동영역을 넓히면서 나타나기 시작하였는데, 자신들의 정치적 목적을 달성하기 위한 수단으로 특정 정부·기관·기업·단체 등의 웹사이트를 해킹해 서버를 무력화하는 일련의 행위 또는 그러한 활동방식을 말한다.

이들은 기존의 해커와는 달리 허술한 컴퓨터 보안장치를 해킹함으로써 자신의 실력을 과시하거나 자기만족에 그치는 것이 아니라, 자신의 정치적·사회적 목적을 이루기 위해 적극적이면서도 다양한 활동을 벌인다. 2000년 이후 급속히 늘어나 전 세계에서 광범위하게 활동하고 있는데, 웹사이트를 침범해 해당 사이트에 자신들의 정치 구호를 내거는 단순한 경우에서부터 아예 상대방의 컴퓨터 서버를 무력화시키는 경우까지 다양하다.

***245 헌법재판소 [2018년 우리은행 기출]

사법적 헌법보장기관·최종심판기관·기본권보장기관·최고기관이다. 임무는 국가에 따라 차이가 있으나 일반적으로 위헌법률 심사, 탄핵 심판, 정당의 해산 심판, 헌법소원 심판, 국가기관 사이의 권한쟁의에 관한 심판 등을 관장한다.

헌법재판소는 법관의 자격을 가진 9명의 재판관으로 구성된다. 이 중 3명은 국회에서 선출하는 사람을, 다른 3명은 대법원장이 지명하는 사람을 대통령이 임명하며, 나머지 3명은 대통령의 권한으로 지명하게 된다. 헌법재판소장의 경우 재판관 중에서 대통령이 임명하는데, 국회 인사청문회와 국회의 동의를 얻어야 한다. 헌법재판소장과 헌법재판소 재판관의 임기는 6년이다.

**246 헬프(Healp)족

헬프(Healp)는 건강을 뜻하는 Healthy와 좋은 식재료를 뜻하는 Premium Food를 합친 합성어로 헬프족은 건강한 삶을 영위하기 위해 고급 식재료 및 조리도구에 적극적으로 투자하는 사람들을 지칭한다. 고급 식재료와 조리도구에 투자하는 것뿐만 아니라 건강한 식습관과 조리법에 대한 관심도도 높아, 유기농식 재료를 사용하는 것만이 아닌 건강을 위해 채식 또는 생식을 즐기는 사람들도 헬프(Healp)족에 포함된다.

247 행복주택

박근혜 정부가 무주택 서민을 위하여 공공 부문을 통해 직접 공급하는 주택을 의미한다. 이명박 정부의 보금자리 주택과 같은 개념이다.

[계획] 2013년부터 2018년까지 총 20만 가구 (임대주택 17만 6,000가구, 기숙사 2만 4,000가구)

[대상] 사회 초년생, 신혼부부, 노인 가구, 대학생 등

248 헨리조지의 함정

헨리조지의 토지공개념은 토지를 공공목적으로 활용할 때에는 그 수익을 제한할 수 있다는 입장이다. 토지에서 발생하는 개발이익을 환수하는 것이 부의 대물림을 방지할 수 있다는 생각은 그럴듯해 보이지만, 실제 정책에서 그 성공사례를 찾기 힘들다는 것이 헨리조지의 함정이라고 한다.

249 협동조합(Cooperative)　　　　　　　　　[2020년 하반기 NH농협은행 기출]

① 협동조합(Cooperative)이란

협동조합은 같은 목적을 가지고 모인 조합원들이 물자 등의 구매·생산·판매·소비 등의 일부 또는 전부를 협동으로 영위하는 조직단체를 말한다. 협동조합의 취지는 협동을 통한 원가 절감과 조합원의 수입증가, 중간이익의 배제 등에 있다. 협동조합의 특징은 자본구성체가 아닌, 인적 구성체라는 점이다. 이 특징으로 진정한 민주적 운영을 목적으로 운영되며, 실비주의를 원칙으로 하고 있다.

② 협동조합(Cooperative) 조직 운영의 네 가지 원칙

가. 사업의 목적이 영리가 아닌, 조합원 간의 상호부조에 있다.

나. 임의로 설립되며, 조합원의 가입과 탈퇴가 자유로워야 한다.

다. 조합원은 출자 액수와 관계없이 1인 1표의 평등한 의결권을 갖는다.

라. 잉여금을 조합원에게 분배할 시, 출자 액수에 의하는 것이 아닌 조합사업의 이용 분량에 따라 분배한다.

250 홍콩 국가보안법(홍콩보안법)

중국 전국인민대표대회가 2020년 5월 28일 통과시킨 법안으로, 홍콩 내 반(反)정부 활

PART **02** 주요용어

동을 처벌할 수 있는 내용을 골자로 한다. 해당 법안에 반대 견해를 밝혀 왔던 미국은 이 법안이 통과하자 그동안 홍콩에 부여했던 특별지위를 철폐한다고 밝혔고, 이에 홍콩 보안법이 향후 미·중 갈등의 또 다른 뇌관으로 부상하고 있다. 홍콩 보안법은 외국 세력의 홍콩 내정 개입은 물론 국가 분열, 국가 정권 전복, 테러리즘 활동 등을 금지·처벌하고, 홍콩 내에 이를 집행하는 기관을 수립하는 내용을 담은 법안이다. 중국 전국인민대표대회(전인대)가 2020년 5월 28일 홍콩 보안법을 찬성 2878표·반대 1표의 압도적 찬성으로 통과시켰다.

홍콩의 법률은 '일국양제(一國兩制)' 원칙에 따라 기본적으로 홍콩 의회인 입법회를 통해 제정되지만, 국방·외교 등 홍콩 정부의 업무 범위 밖의 법률에 대해서는 전인대 상무위원회가 홍콩 정부와 협의해 추가·삭제할 수 있다. 중국 정부는 그간 홍콩 정부와 의회를 통해 국가보안법을 도입하려 했지만, 홍콩 야당과 시민단체의 반발로 실패해 왔다. 그러다 2019년 홍콩 송환법 반대 시위가 반중시위로까지 확산하며 6개월간 지속하자 홍콩 보안법을 직접 제정하는 방향으로 전환한 것으로 알려졌다. 그리고 전인대는 2020년 5월 22일 개막식에서 홍콩 보안법 초안을 공개한 데 이어, 5월 28일 압도적 찬성으로 해당 법안을 통과시켰다. 한편, 중국의 홍콩 보안법 제정 방침에 미국은 홍콩의 특별지위 박탈과 홍콩자치권 조사 등 초강수 카드까지 거론하며 강력히 반대해 왔다. 미국은 1992년 홍콩정착법을 제정해 관세·투자·무역·비자 발급 등에서 홍콩을 중국 본토와 달리 특별대우해 왔으나, 만약 이 지위를 박탈할 경우 홍콩이 누려온 이러한 혜택이 모두 사라지게 된다.

***251 회색코뿔소(Grey Rhino) [2019년 기업은행 기출]

지속적인 경고로 충분히 예상할 수 있지만 쉽게 간과하는 위험 요인을 말한다. 코뿔소는 멀리서도 눈에 잘 띄며 진동만으로도 움직임을 느낄 수 있지만 정작 두려움 때문에 아무 것도 하지 못하거나 대처 방법을 알지 못해 일부러 무시하는 것을 비유한 말이다. 세계정책연구소(World Policy Institute) 대표이사 미셸 부커가 2013년 1월 다보스포럼에서 처음 발표한 개념이다.

2018년 이후 중국 경제의 성장률보다는 신용 위기라는 '회색 코뿔소'에 주목해야 한다는 분석이 나왔다. 뉴욕타임스, 월스트리트저널 등 미국 언론뿐 아니라 중국 언론도 중국 경제의 '회색 코뿔소'로 부채 급증을 지목했다. 국제통화기금(IMF)에 따르면 2008년 6조달러 정도였던 중국의 비금융 부문 총부채는 2016년 말 28조달러로 다섯 배 가까이로 급증했다. 중국의 국내총생산(GDP) 대비 총부채 비율은 같은 기간 140%에서 260%로 두 배가량으로 치솟았다. IMF는 2020년 이 비율이 290%를 넘어설 수 있다고 경고했다.

** 252   휘슬 블로어(Whistle Blower)

특정 집단의 구성원으로서 집단 내부에서 자행되는 부정부패와 비리를 외부에 알림으로써 공공의 안전과 권익을 지키는 도덕적인 행위를 하는 자를 지칭한다. 영국 경찰이 호루라기를 불어 시민의 위법행위와 동료의 비리를 경계한 데서 생겨났다.

*** 253   휴머노이드   [2023 상반기 농협은행 필기 기출]

휴머노이드란 사람의 신체와 유사한 모습을 한 로봇을 의미한다. 휴머노이드는 4차 산업혁명 기술의 집약체로 통한다. 로봇산업이 지향하는 최종 목적지이기에 주요국이 개발 각축전을 벌이고 있다. 휴머노이드는 의료, 국방, 재난구호, 작업보조 같은 서비스 분야에 투입될 전망이다. 휴머노이드 개발의 선두주자인 일본의 혼다는 14년간 연구 끝에 2000년 세계 최초의 휴머노이드 로봇 '아시모'를 세상에 내놓았다. 아시모는 인간처럼 걷고 물체를 인식할 수 있으며 등산과 암벽타기를 할 수 있다. 우리나라의 휴머노이드 로봇 1호는 2004년 한국과학기술원(KAIST) 오준호 교수팀이 개발한 '휴보'로 휴보는 전후좌우 대각선 등 자유자재로 걸을 수 있고 유연한 손동작도 가능하다. 휴머노이드 등이 활약할 서비스 로봇 시장은 급성장세다. 리서치업체 트랙티카는 세계 서비스 로봇 시장 규모가 2017년 이후 연평균 28% 성장해 2025년 1,593억 달러(약 186조3,000억 원)에 이를 것으로 예상했다.

** 254   희망리본 사업(=희망리본 프로젝트)

개인별 맞춤형 관리를 통하여 스스로 근로의욕 고취, 취업능력 향상에 힘쓰고 경제적으로 자립할 수 있도록 돕는 사업이나 프로젝트이다. 일률적인 기관 운영비 지원에서 사업 실적에 기반을 둔 예산지원으로 관리방식의 선진화 및 종사자 처우개선을 이루고 다양한 민간기관의 참여를 통하여 경쟁에 의한 성과를 제고한다.

** 255   3불정책   [2018년 우리은행 기출]

3불정책은 한국 교육정책의 축으로 '본고사 부활 불가', '고교등급제 불가', '기여입학제 금지'를 말한다. ① 본고사(本考査)는 대학별로 치르던 예비입학시험이다. 대학에서는 본고사를 통해 자신의 대학과 학과의 특성 및 능력에 맞는 학생을 자체적으로 선발하였다. 하지만 1981년 사교육 조장과 본고사 신뢰성 등의 이유로 폐지되었다. ② 기여입학제(寄與入學制)는 대학 발전에 기여한 사람 또는 그 자녀에게 주는 특혜이다. 부모의 사회경제적 능력·배경에 따라 자식의 입학 여부가 결정되는 것은 헌법 제31조 1항에 규정된 교육의 기회균등과 평등을 위반하는 사항으로 기여입학제는 폐지되었다. ③ 고교등급제란 고등학교마다 수준의 차이를 두고 등급을 매겨 대학입시에 반영하는 제도이다. 고교등급제는 고교 서열화를 부추기고 학교 간 경쟁을 심화시킨다는 이유 등으로 폐지되었다. 3불정책은 대학의 학생 선발에 관한 자율권과 정부의 교육평준화정책이 맞물려 대학과 정부 사이에 논란이 끊이지 않고 있다.

***256 4D 직군 특성 [2019년 전북은행 기출]

더럽고(dirty) 힘들고(difficult) 위험한(dangerous) 이른바 '생산직' 3D 업종에 더해, 먼 거리(distant)까지 추가한 4D 직군의 특성을 말한다.

***257 BDI [2019년 신협은행 기출]

발틱해운거래소가 산출하는 건화물 시황 운임지수로 1999년 말부터 발표하고 있다. 철강·곡물 등 포장 없이 내용물을 실어 옮기는 벌크선 운임지수로 통상적으로 사용된다.

***258 CAMP [2022 상반기 농협은행 필기 기출]

글로벌 사이버보안 협력 네트워크(CAMP : Cybersecurity Alliance for Mutual Progress)은 개발도상국 34곳이 참여하는 정보보안 협력체로 2016년 7월11일 한국 주도로 출범했다. CAMP는 고도화·지능화하는 사이버 위협에 국제사회가 공동 대응해 보다 안전한 사이버 세상을 구현하기 위해 구성됐다. 매년 총회를 열고 회원국 상호 간 사이버보안 역량 강화 방안 등을 논의하고 있다.

**259 CCL(Creative Commons License)

자기가 만든 창작물을 일정한 조건만 충족하면, 불특정 다수가 마음대로 이용할 수 있게 하는 라이센스를 말한다.

[장점] 저작자가 자신이 만든 저작물에 대해 권리는 가지고 있으면서, 남들이 맘대로 퍼갈 수 있다는 점. 자신의 글이나 사진을 자기가 쓴 것처럼 하는 행위를 방지해준다. 또한, CCL이 등록되어있는 자료라면, 저작자와의 연락 없이도 퍼가서 사용할 수 있다.

 그 일정한 조건은 다음과 같다.
① **Attribution**(저작자 표시) : 말 그대로 저작자를 반드시 포함
② **Noncommercial**(비영리) : 이 저작물을 영리 목적으로는 사용할 수 없고 영리적으로 이용하려면 일정한 계약이 필요
③ **No Derivative Works**(변경금지) : 저작물을 변경하거나 저작물을 이용한 다른 제작은 금지
④ **Share Alike**(동일조건변경허락) : 2차적 저작물을 허용하되 원작과 같은 라이선스를 적용

260 CEM(고객경험관리, Customer Experience Management)

CRM이 고객의 거래 관계에 중점을 두고 소비패턴을 기계적으로 분석한 나머지 고객의 경험에 대한 관리는 소홀함으로써 고객을 총체적으로 이해하지 못하였기에 그 중요성이 더 커지고 있다. 즉, CEM 접근방식은 고객과의 관계를 중심으로 DB를 구축하는 CRM과 달리, 고객의 생각과 느낌을 파악하는 데 초점을 맞춰 매장방문, 구입, 구입 후 이용 등 거래 단계별로 고객이 무엇을 보고 느끼는지를 알아내고 이를 토대로 고객의 경험 DB를 구축하는 것이 핵심이다.

261 De-fi

[2022 하반기 하나은행 필기 기출]

디파이(DeFi)란 탈중앙화 금융(Decentralized Finance)의 약자로서, 탈중앙화된 분산금융 또는 분산재정을 의미한다. 주로 암호화폐를 담보로 걸고 일정 금액을 대출 받거나, 혹은 다른 담보를 제공하고 암호화폐를 대출 받는 방식으로 작동한다.

<디파이의 핵심 원칙>

① 상호운용성 및 오픈소스

디파이(DeFi) 회원은 프로젝트를 구축할 때 상호운용성을 고려한다. 이는 모든 프로젝트의 복합적인 효과를 강화시키는 데 도움이 된다. 오픈 소싱은 모든 제품을 기술 수준에서 함께 짜낼 수 있는 방법을 집합적으로 이해할 수 있게 함으로서, 이 목표를 달성하는 데 도움이 된다.

② 접근성 및 재정적인 포용

인터넷에 연결된 모든 사람이 액세스할 수 있는 금융 시스템을 만들기 위해 노력한다. 지리적 위치에 관계없이 가치가 자유롭게 흐르는 세상을 믿는다.

③ 재정 투명성

금융 서비스가 불투명한 사일로(silo)로 구축되어서는 안 되며, 개별 프라이버시를 유지하면서 모든 참가자에게 시장 수준의 정보가 투명해야 한다고 생각한다.

262 EVI(Electric Vehicle Initiative)

[2018년 신한은행 기출]

전기차 이니셔티브(전기차 확산과 시장 발전을 위해 구성된 다국적 정책포럼)

263 EITC(근로장려금, Earned Income Tax Credit)

저소득 근로자 또는 자영업자 가구에 대하여 가구원 구성과 총급여액 등에 따라 산정된 근로장려금을 지급함으로써, 근로 빈곤층의 근로를 장려하고 실질소득을 지원하는 근로

연계형 소득지원제도. 일정 소득 이하의 소득자를 대상으로 소득에 비례한 세제공제액이 소득세액보다 많은 경우, 그 차액을 환급해 주는 제도로, 마이너스 소득세로 불린다. 현재 미국, 영국, 호주, 뉴질랜드 등의 선진국에서 도입해서 시행 중. 정부에 의한 급여보조금의 성격

***264 FANG

[2018년 주택금융공사 기출]

페이스북(Facebook), 아마존(Amazon), 넷플릭스(Netflix), 구글(Google)의 앞 글자를 따서 만든 단어로 미국 증권 시장에서 강세를 보인 IT기업 4개사를 가리킨다. 이 기업들은 온라인 플랫폼 사업자로 수익의 대부분을 트래픽을 통해 올린다는 공통점이 있다.

***265 G7

[2020년 하반기 우리은행 기출]

'주요 7개국 모임'으로 미국·영국·프랑스·독일·이탈리아·캐나다·일본 등 선진 7개 국가를 지칭한다. G7은 1973년 1차 오일쇼크에 대한 대책 마련을 위해 미국·영국·프랑스·서독·일본 등 5개국 재무장관이 모인 것에서 시작됐다.

**266 GMO

생산성 향상과 상품의 강화를 위해 유전자 재조합기술(Biotechnology)을 이용하여 생산된 농산물로, 우리나라에서는 GMO라고 많이 부르지만, 공식 용어는 LGMO(Living Genetically Modified Organisms)이다. 이는 미국 몬산토사가 1995년 유전자변형 콩을 상품화하면서 일반에 알려지기 시작한 개념으로, 반면 유전자변형 농산물을 사용하지 않는 것은 '비유전자변형(Non-GMO)'이라 한다.

**267 GRIT(그릿)

미국의 심리학자인 앤젤라 더크워스가 개념화한 용어로, 성공과 성취를 끌어내는 데 결정적인 역할을 하는 투지 또는 용기를 뜻한다. 그러나 이는 단순히 열정과 근성만을 의미하는 것이 아니라, 담대함과 낙담하지 않고 매달리는 끈기 등을 포함한다. 더크워스 교수는 그릿의 핵심은 열정과 끈기이며, 몇 년에 걸쳐 열심히 노력하는 것이라고 강조한 바 있다. 더크워스는 2013년 TED 강연에서 그릿을 처음 소개했는데, 이는 재능보다 노력의 힘을 강조한다. 즉, 평범한 지능이나 재능을 가진 사람도 열정과 끈기로 노력하면 최고의 성취를 이룰 수 있다는 뜻을 담고 있다.

^{**}**268** GTX(수도권 광역급행철도, Great Train eXpress)

수도권 외곽에서 서울 도심의 주요 거점을 연결하는 수도권 광역급행철도로, 2007년 경기도가 국토부(당시 국토해양부)에 제안해 추진됐다. 기존 수도권 지하철이 지하 20m 내외에서 시속 30~40km로 운행되는 것에 비해 GTX는 지하 40~50m의 공간을 활용, 노선을 직선화하고 시속 100km 이상(최고 시속 200km)으로 운행하는 신개념 광역교통수단이다.

^{***}**269** IOE(Internet of Everything: 만물인터넷)   **[2019년 기업은행 기출]**

사물과 사람, 데이터, 프로세스 등 세상에서 연결 가능한 모든 것이 인터넷에 연결되어 상호작용하는 것을 의미하는 말이다. 2013년 세계경제포럼(WEF)에서는 만물인터넷을 "네트워크와 스마트 기기가 결합하면서 촉발한 연결 작용들이 스마트 기술을 토대로 서비스, 산업과 연결되고 결국 비즈니스와 삶의 모습을 바꾸는 기술"이라고 규정했다. 사물과 사물을 연결해 데이터를 주고받는다는 점에서 사물지능통신(M2M)이나 사물인터넷(Internet of Things)과 비슷하지만, 이들보다는 확장된 개념이라 할 수 있다. 그러므로 만물인터넷은 사물지능통신이나 사물인터넷의 상위 개념으로, 사물끼리 연결되어 있던 것에 사람까지 포함해 만물이 연결되는, 초연결 시대를 뜻하는 용어인 것이다.

^{***}**270** ISP   **[2019년 기업은행 기출]**

개인이나 기업체들에 인터넷 접속 서비스, 웹사이트 구축 및 웹호스팅 서비스 등을 제공하는 회사를 말한다. ISP는 Internet Service Provider의 머리글자를 딴 것이며, IAP(Internet Access Provider)라고도 한다.

ISP는 인터넷 접속에 필요한 장비와 통신회선을 갖추고 있으며, 대형 ISP들은 전화망 사업자에 대한 의존도를 가능한 줄이는 한편, 자신의 고객에게 더 나은 서비스를 제공하기 위하여 자신만의 고속 전용회선을 갖추기도 한다.

미국의 대표적인 ISP 업체에는, 전국 및 지역을 커버하는 대형 ISP들로 에이티앤드티 월드넷(AT&T WorldNet), 아이비엠 글로벌 네트워크(IBM Global Network), 엠시아이(MCI), 네트컴(Netcom), 유유넷(UUNet), 피에스아이네트(PSINet) 등이 있다. 한국에는 KT(한국통신), SK브로드밴드, LG파워콤 등이 있다.

^{***}**271** MAANG   **[2019년 우리은행 기출]**

미국의 IT 산업을 선도하는 대기업인 마이크로소프트(Microsoft), 아마존(Amazon), 애플(Apple), 넷플릭스(Netflix), 구글(Google)의 앞글자를 딴 용어이다. 미국의 경제방송인 CNBC의 짐 크래머가 페이스북(Facebook), 아마존(Amazon), 넷플릭스(Netflix), 구글(Google)을 일컫어 FANG이라는 용어를 사용하기 시작했는데, 주식시장에서는 애플이 포함된 FAANG이라는 용어가 만들어져 사용됐다. 그러다 개인정보 유출 등의 사건으로 하락세를 보이던 페이스북을 제외하고 다양한 수익 구조로 투자 매력이 높다고 평가되는 마이크로소프트가 포함되면서 MAANG이라는 용어가 생겨났다. 한편, FAANG에서 넷플릭스를 대신해 마이크로소프트를 포함시킨 FAAMG이라는 용어도 사용되고 있다.

***272 MICE(마이스산업, Meeting, Incentive, Convention, Exhibition)

회의(Meeting), 포상관광(Incentives), 컨벤션(Convention), 전시회(Exhibition)의 머리글자를 딴 용어로, 폭넓게 정의한 전시, 박람회와 산업을 말한다. 기업을 대상으로 한다는 점에서 일반 관광산업과 다르며 부가가치도 훨씬 높다. MICE 관련 방문객은 규모도 크고 1인당 소비도 일반 관광객보다 월등히 높아 관광 수익뿐 아니라 일자리 창출 효과도 크다. 더불어 각국에서 사회적으로 왕성하게 활동하는 계층이기에 도시 홍보 · 마케팅 유발 효과가 커 최근 세계 주요 도시들은 MICE 산업 육성을 불황 극복의 열쇠로 삼고 있다.

**273 MZ세대

1980년대 초~2000년대 초 출생한 밀레니얼 세대와 1990년대 중반~2000년대 초반 출생한 Z세대를 통칭하는 말이다. 디지털 환경에 익숙하고, 최신 트렌드와 남과 다른 이색적인 경험을 추구하는 특징을 보인다.

***274 ODA(공적개발원조 혹은 정부개발원조, Official Development Assistance)

선진국의 정부 또는 공공기관이 개도국의 경제 사회발전과 복지증진을 주목적으로 하여 개도국(또는 국제기구)에 공여하는 증여(Grant) 및 양허성차관을 말한다.

[사례] ① 금융위와 중앙아시아, 태국, 베트남 인도네시아 등 아시아 국가들과 MOU를 체결하며 중앙아시아 금융협력 네트워크 확장 ②해외금융협력협회 구성 - 국내 금융회사의 해외진출, 협력 전략을 수립하고 해외진출 실적 점검 하는 역할. ③ KSP(한국식 원조모델) 연계 연수를 통한 금융 ODA - 우리나라 금융 감독시스템을 개도국에 전수.

**275 PCR 검사(Polymerase Chain Reaction)

환자의 침이나 가래 등 가검물에서 리보핵산(RNA)을 채취해 진짜 환자의 그것과 비교해 일정 비율 이상 일치하면 양성으로 판정하는 검사방법으로 우리말로 중합 효소 연쇄반응이라고 불린다. 세균이나 바이러스, 진균의 DNA에 적용하여 감염성 질환의 진단 등에 사용할 수 있다.

***276 PERT/CPM 주경로

[2019년 우리은행 기출]

PERT와 CPM은 불확실한 프로젝트의 일정이나 비용 등을 합리적으로 계획하고 관리하는 데 사용할 수 있는 수학적인 알고리즘이다.

PERT(program evaluation & review technique)는 미해군 Polaris 미사일 프로젝트를 위해 개발된 것이다. 최단기간에 목표를 달성하기 위해 확률적인 추정치를 이용하여 단계 중심의 확률적 모델을 전개하여 프로젝트가 얼마나 완성되었는지를 분석하는 기법이다.

CPM(critical path method)은 1950년대 듀퐁(Dopont)이 화학공장의 조업 정지 유지관리 일정 수립을 위해 개발된 것이다. 각 활동의 시작과 끝을 연결하여 화살표 모양으로 구성하면 프로젝트에서 중점적으로 관리해야 하는 작업 경로를 파악할 수 있다.

주경로는 모든 경로 중에 소요시간이 가장 긴 경로를 의미하며, 하나 이상의 경로가 주경로가 될 수 있다.

***277 RPA(Robotic Process Automation)

[2020년 하반기 우리은행 기출]

로봇 프로세스 자동화를 말한다. 기업의 재무, 회계, 제조, 구매, 고객 관리 등 비즈니스 프로세스 중 반복적이고, 단순한 업무 프로세스에 소프트웨어 적용을 통해 자동화하는 것을 말한다. RPA 도입은 경영 전반의 업무 시간을 단축하고 비용을 절감할 수 있는 효과가 있다. 최근 로봇과 AI, 드론 등 인간의 일을 대신할 수 있는 기술 발전이 폭발적으로 증가하면서 주목을 끌고 있다.

일반 비즈니스 자동화는 인공 지능(AI)과 기계 학습(Machine Learning) 기술을 적용한 비즈니스 관리 위주의 프로세스로 구축된 반면, RPA는 최종 사용자의 관점에서 규칙 기반 비즈니스 프로세스로 설계되어 사람 대신 단순 반복 작업을 끊임없이 대량으로 수행한다. RPA는 현재 규칙이 확실하게 규정된 작업만 처리할 수 있고 사람의 판단력을 대체할 수준은 아니다. 기계 학습, 음성 인식, 자연어 처리와 같은 인지 기술을 적용하여 사람의 인지 능력이 필요한 의료 분야의 암 진단, 금융업계에서의 고객 자산 관리, 법률 판례 분석 등에도 활용될 수 있다.

***278 SaaS, IaaS, PaaS

[2020년 농협은행 기출]

최초의 클라우드 컴퓨팅 서비스는 1995년 미국 제너럴 매직(General Magic)에서 AT&T 등 다른 여러 통신사와 제휴를 맺으면서 시작했다. 그러나 제대로 자리 잡기까지는 10여 년이 걸렸다. 2005년이 되어서야 특정 소프트웨어를 필요한 시기에 인터넷으로 접속해 쓰고, 사용한 만큼 요금을 내는 제도가 정착됐다.

최초 클라우드 서비스는 '지메일(Gmail)'이나 '드롭박스(Dropbox)', '네이버 클라우드'처럼 소프트웨어를 웹에서 쓸 수 있는 SaaS(Software as a Service, 서비스로서의 소프트웨어)가 대부분이었다. 그러다가 서버와 스토리지, 네트워크 장비 등의 IT 인프라 장비를 빌려주는 IaaS(Infrastructure as a Service, 서비스로서의 인프라스트럭처), 플랫폼을 빌려주는 PaaS(Platform as a Service, 서비스로서의 플랫폼)로 늘어났다. 클라우드 서비스는 어떤 자원을 제공하느냐에 따라 이처럼 크게 3가지로 나뉜다.

279 SIB(Social Impact Bond)

민간자본을 활용하여 복지예산에 충당하는 사회연계채권이다. 필요자금을 특수목적 채권 발행을 통해 대기업이나 민간자선재단 등에서 조달하며, 복지서비스가 정부가 아닌 민간사업자들에 의해 이루어진다는 특징. 민간사업자가 해당 서비스를 성공적으로 시행하여 감세효과가 인정될 경우, 투자자들은 정부로부터 투자원금과 약정이자를 돌려받을 수 있으며, 사업효과가 미미하여 감세효과가 인정되지 않는 경우 단순기부로 비용처리 함. 증세 없는 복지, 정책효율성을 높이며 납세자비용 및 사회적 비용 절감 기대 가능.

280 SPA 브랜드
[2018년 기업은행 기출]

생산에서 유통까지 걸리는 시간을 최대한 단축한 형태의 의류전문점으로, 패스트 패션(Fast fashion)이라고도 한다. 일반적 방식인 계절에 앞서 옷을 만들어 놓는 것이 아니라 유행에 맞춰 바로바로 만들어내는 다품종 소량생산하는 '자가상표부착제 유통방식(SPA, Speciality retailer of Private label Apparel)'를 의미한다. 이는 1986년 미국 청바지 회사인 갭(Gap)이 최초로 도입한 방식으로, 기존 프랜차이즈 형태와 차별화되어 대형 직영점 형태로 운영된다.

패스트패션 업체는 트렌드가 될 만한 아이템이 있다면 즉시 기획, 디자인에 들어가 생산과 유통까지 바로 진행시킨다. 패션업체가 생산부터 소매ㆍ유통까지 직접 운영하는 것이다. 이러한 운영방식은 재고를 줄이고 시시때때로 변화하는 유행을 빨리 쫓아가기 위해 패션업체들 사이에서 널리 도입되고 있다. 세계적인 SPA 브랜드로는 자라, 유니클로, 포에버21, 갭, H&M 등이 대표적이다.

281 SSM(Super Super Market)

기업형 슈퍼마켓, 즉 일반적으로 개인점포를 제외한 대기업 계열 슈퍼마켓을 지칭한다. 대형마트와는 달리 주거지 가까이 위치하고, 영세슈퍼에 비해 다양한 품목을 취급한다는 점 때문에 그 수가 증가하면서, 전통시장과 동네슈퍼의 고사라는 부작용을 야기한다. 이에 SSM에 대한 논란이 확산되자 2010년 11월 국회는 전통시장 반경 500m 이내에 기업형 슈퍼마켓의 출점을 규제하는 유통법을 통과 시켰고, 이어 상생법 개정안을 통과시킴. 그리고 2012년 전국 30개 지자체가 대형마트와 SSM의 월 2회 의무휴업을 통해 영업시간을 제한하게 되었다.

*** 282   UAM

[2023 상반기 농협은행 필기 기출]

도심항공교통(UAM : urban air mobility)은 항공기를 활용하여 사람과 화물을 운송하는 도시교통체계를 말한다. 항공기 기체뿐만 아니라 항공관제, 이착륙 시설, 교통서비스 플랫폼 등이 모두 포괄하는 개념이다. 도심의 극심한 도로 혼잡을 줄여줄 대안으로 기대를 모으고 있다. UAM이 본격적으로 서울, 영국 런던 등 주요 도시의 하늘을 날아다니려면 넘어야 할 산이 여전히 많다. 우선 안전하고, 빠르고, 소음이 적은 기체를 개발해야 한다. 미국과 유럽의 항공인증을 통과하는 것도 필수적이다. 배터리 성능을 개선해 UAM이 더 멀리 날 수 있게 만드는 것도 중요한 기술적 과제다. 에어버스와 미국 스타트업 지로아비아는 배터리가 아니라 수소연료전지를 활용한 UAM을 개발 중이다. 조비에비에이션은 도요타, 인텔 등으로부터 대규모 투자금을 유치하며 UAM 상용화 속도를 앞당길 수 있다는 기대를 받고 있다.

*** 283   VR, AR, MR, SR

[2022 하반기 농협은행 필기 기출]

가상현실(VR : Virtual Reality)은 증강현실(AR : Augmented Reality), 혼합현실(MR : Mixed Reality,), 확장현실(XR : eXtended Reality), 대체현실(SR : Substitutional Reality)까지 진화한 상태다.

- 가상현실(VR) : 우리가 사는 물리적인 공간이 아닌 컴퓨터로 구현한 가상 환경 또는 기 기술 자체를 뜻한다. 사용자의 주변 환경을 차단해 새로운 세계에 들어간 것처럼 몰입감을 주는 것이 핵심이라 머리에 쓰는 디스플레이 장치 HDM을 활용해 현실 세계와 차단하는 콘텐츠가 주를 이룬다. 특히 게임과 의료 분야에 VR 기술이 폭넓게 활용되고 있다.
- 증강현실(AR) : VR과 달리 지리정보, 위치 등을 송수신하는 GPS 장치와 중력 그리고 자이로스코프에 따른 위치정보 시스템을 기반으로 우리가 경험하는 현실 세계에 가상 물체나 정보가 합성되어 실제 현실과 가상현실의 상호작용하는 공간으로 만들어주는 기술이다. 실제 도로장면에 주행 정보를 추가하거나, 의류 판매장에서 직접 옷을 입어보지 않고도 화면상에서는 입은 것 같은 시스템이 이에 해당한다.
- 혼합현실(MR) : VR과 AR 두 기술의 장점만을 합친 기술로 현실과 가상의 정보를 융합해 조금 더 진화한 가상 세계를 구현하고 시각 외 청각, 촉각, 후각 등 인간의 오감을 접목시킨 것이다.

- 확장현실(XR) : VR, AR, MR을 포괄적으로 XR이라 한다. 현실과 가상 간의 상호작용을 강화해 현실 공간에 배치된 가상의 물체를 손으로 만질 수 있다.
- 대체현실(SR) : VR의 연장선에 있는 기술로 현재와 과거의 영상을 혼합하여 실존하지 않는 인물이나 사건 등을 새롭게 구현할 수 있고 사용자가 가상공간을 실제로 착각하게끔 만드는 기술로 가상현실과 인지 뇌과학이 융합돼 한 단계 업그레이드된 기술이라고 할 수 있다. VR, AR, MR과 달리 하드웨어가 필요 없는 SR 기술은 스마트 기기에 광범위하고 자유롭게 적용될 수 있고 사실상 거의 모든 애플리케이션 시나리오에 사용될 수 있다.

***284 WTI(West Texas Intermdeiate) [2020년 하반기 우리은행 기출]

국제유가는 국제적으로 석유가 매매되는 가격을 말한다. 세계 3대 유종은 미국 서부 텍사스의 WTI와 영국 북해의 브렌트유 그리고 중동의 두바이가 있다. 단위는 배럴당 가격으로 거래되며, 1배럴은 158.97리터를 말한다.

WTI는 국제 원유 가격을 결정하는 기준 원유라는 점에서 중요한 의미를 갖는다. 거래는 미국 내에서 주로 현물거래와 선물거래로 이어지는데, 국제시장의 반출은 없다는 특징이 있다. WTI는 세계 최대 선물거래소인 뉴욕상품거래소에 상장된 중심 유종이기도 하다. 원류의 품질은 황 함량으로 결정되는 것이 일반적이다. 세계 3대 유종의 황 함량을 살펴보면, WTI가 0.24%, 브렌트유가 0.37%, 두바이유는 2.04%가 평균 수준이다. 원유의 품질 기준이 높을수록, 원유 가격도 높아지기 때문에 원유의 가격은 WTI>브렌트유>두바이유 순으로 차이나는 것이 일반적이다. 단, 미국 셰일오일의 등장으로 공급량 증가가 WTI의 가격 하락에 기여하며 최근 원유가격은 브렌트유>두바이유>WTI 순서가 되었다.

***285 XAI [2022 하반기 새마을금고중앙회 필기 기출]

설명 가능한 인공지능(XAI : eXplainable Artificial Intelligence)은 인공지능이 나아가고 있는 진화의 한 단계로 인간이 인공지능의 작용 과정을 훨씬 더 쉽게 이해할 수 있도록 인공지능에 설명 능력을 부여함으로써 AI 결정에 대한 신뢰성이 향상됨은 물론이고 편향을 줄일 수 있다. 기존의 인공지능은 빅데이터 등을 활용해 정보를 추천, 예측하지만 결과가 어떻게 발생했는지에 대한 설명은 없었다. 하지만 설명 가능한 인공지능을 통해 결과가 도출된 이유를 규명할 수 있다. 최근 XAI는 다양한 사업 전략에서 사용되고 있다. 마케팅 전략을 수립할 때 인공지능이 최종적으로 도출해낸 데이터와 특정 전략을 채택한 이유를 명확히 설명해야 할 때 유용하다. 국방, 의료, 정책 등의 분야에서도 빅데이터가 제시한 결과를 분석하는데 활용 가능성이 높다.

286 ^{★★} **Z세대**

1990년대 중반에서 2000년대 초반에 걸쳐 태어난 젊은 세대를 이르는 말로, 어릴 때부터 디지털 환경에서 자란 '디지털 네이티브_(디지털 원주민)' 세대라는 특징이 있다.

01 다음의 (가), (나), (다), (라)에 들어갈 신조어로 적절한 것은?

(가)은 건강한 먹을거리를 즐기는 사람들 일컫는다. 이들은 안전한 음식재료뿐만 아니라 영양성분, 제조회사까지 꼼꼼히 체크하며 건강을 위해서는 과감한 투자를 아끼지 않는 자들을 가리킨다.

(나)은 안정적인 경제력을 바탕으로 여러 분야에 대한 지식과 능력을 갖추어 젊은이들 못지않게 자신만의 라이프스타일을 즐기는 여성을 말한다. 최근 이들은 소비업계의 블루칩으로 주목받고 있으며, 관련 업체들은 이들을 겨냥한 상품을 출시하고 있다.

(다)은 특정한 직업 없이 각종 아르바이트로 생활하는 젊은 층을 일컫는 말이다. 1990년대 초반 일본에서 경제 불황으로 인해 직장 없이 갖가지 아르바이트로 생활하는 청년층에게 붙여진 신조어이다.

(라)은 현금 지급기에서 돈을 인출하듯 소셜 미디어를 활용해 큰돈을 버는 사람들을 지칭한다. 이들의 주요 활동 무대는 페이스북, 트위터 등의 소셜미디어이다. 낮에는 회사에 다니지만, 밤에는 부업으로 앱스토어나 구글 플레이에 무료 어플리케이션을 올리고 광고 수익을 올린다.

	(가)	(나)	(다)	(라)
①	나오머족	카칭족	프리터족	헬프족
②	나오머족	헬프족	프리터족	카칭족
③	헬프족	카칭족	프리터족	나오머족
④	헬프족	나오머족	프리터족	카칭족
⑤	카칭족	프리터족	나오머족	헬프족

해설

각각 '헬프족', '나오머족', '프리터족', '카칭족'에 관한 설명이다.

02 다음 중 서로 상관관계가 깊은 용어만으로 연결된 것은?

① 캥거루족	잡 노마드	프리터	히든 챔피언
② 캥거루족	메뚜기족	투잡스	베이비부머세대
③ 니트족	프리터	캥거루족	5060세대

④ 니트족　　　　프리터　　　　캥거루족　　　　88만 원 세대

⑤ 니트족　　　　잡 노마드　　　88만 원 세대　　　히든 챔피언

해설

'니트족'(Neet · Not in Education, Employment or Training)은 일하지 않고 일할 의지도 없는 청년 무직자를 뜻하는 신조어다. 보통 15~34세의 취업자 가운데 미혼으로 학교에 다니지 않으면서 가사 일도 하지 않는 사람을 가리키며 무업자(無業者)라고도 한다. 취업에 대한 의욕이 없기 때문에 일할 의지는 있지만, 일자리를 구하지 못하는 실업자나 아르바이트로 생활하는 '프리터족'(free arbeiter의 줄인 말)과는 차이가 난다.

'캥거루족'은 학교를 졸업해 자립할 나이가 되었는데도 취직을 하지 않거나, 취직을 해도 독립적으로 생활하지 않고 부모에게 경제적으로 의존하는 젊은이들을 일컫는 용어다. '88만 원 세대'는 낮은 임금의 비정규직으로 일하는 세대의 어려운 현실을 지적하는 말이다. 결국, 이 용어들은 모두 젊은이의 일자리 문제와 관련됐다는 공통점이 있다. 히든 챔피언은 대중에게 잘 알려지지 않았지만, 각 분야의 세계시장을 지배하는 우량 기업을 가리키는 말이다.

03 상업용 부동산에서 해당 부동산의 이미지, 테마 등을 결정지을 정도로 영향력이 큰 매장이다. 자신이 위치한 쇼핑센터나 상권의 활성화를 유도할 수 있는데 대규모 할인점, 영화관이 대표적인 이것은?

① SSM　　　　　　　　② 역쇼루밍　　　　　　③ MICE

④ 체리피커　　　　　　⑤ 앵커 테넌트

해설

역쇼루밍은 쇼루밍과 반대로 온라인에서 정보를 찾아본 후 오프라인 매장에서 제품을 구매하는 소비패턴이다.

체리피커(Cherry Picker)는 '골라먹는 사람'이라는 뜻으로 기업의 제품 구매, 서비스 이용실적은 좋지 않으면서 자신의 실속만을 차리는 데 관심을 두는 소비자를 말한다. 예를 들어 카드사의 경우 카드로 물건을 사서 카드사에 수수료 수익을 가져다주는 것이 아니라, 놀이공원 입장 할인 · 극장 할인 등의 혜택만 누리고 있는 고객, 쇼핑몰의 경우 경품을 노리고 무더기 주문을 한 뒤 당첨되지 않은 상품은 반품하는 얌체 고객 등을 지칭한다.

04 외국투자기업이 해외 정부의 불합리한 정책이나 계약 위반 등으로 손실을 봤을 때 제기하는 '투자자-국가소송제도'를 뜻하는 약어는?

① TPP　　　　　　　　② EITC　　　　　　　　③ ISD

④ SIB　　　　　　　　⑤ ODA

해설

ISD[Investor-State Dispute]는 해외투자자가 상대국의 법령 · 정책 등에 의해 피해를 입었을 경우 국제중재를 통해 손해배상을 받도록 하는 제도.

정답	01	④	02	④	03	⑤	04	③			

PART **02** 주요용어편

05 다음 중 리디노미네이션에 대한 설명으로 옳지 않은 것은?

① 화폐의 숫자가 너무 커서 발생하는 국민들의 계산이나 회계 기장의 불편, 지급상의 불편을 해소하는 데 목적이 있다.

② 인플레이션 기대심리를 유발할 수 있다는 문제점이 있다.

③ 나라의 화폐를 가치의 변동 없이 모든 지폐와 은행권의 액면을 동일한 비율의 낮은 숫자로 표현하는 것이다.

④ 자국 통화의 대외적 위상을 제고시키는 장점이 있다.

⑤ 화폐단위가 변경되면서 새로운 화폐를 만들어야 하므로 화폐제조비용이 늘어난다.

해설

리디노미네이션을 단행하면 인플레이션 기대심리를 억제하는 효과를 가져올 수 있다.

06 인터넷 사용 후기를 참고해 물건을 구매하는 소비자를 무엇이라 하는가?

① 트윈슈머   ② 메타슈머   ③ 프로슈머   ④ 트라이슈머   ⑤ 크리슈머

해설

트윈슈머(Twinsumer)는 쌍둥이라는 뜻의 '트윈'(Twin)과 소비자를 뜻하는 '컨슈머'(Consumer)의 합성어로, 물건을 구매할 때 다른 사람들의 구매후기나 경험 등을 참고해 상품을 구입하는 사람을 의미한다. 주로 댓글이나 블로그 등에서 판매자의 신뢰도를 평가해주는 별점과 구매평을 꼼꼼히 따져 만족도를 높이고자 한다.

트라이슈머(Trysumer)는 관습이나 일방적인 광고에 얽매이지 않고 항상 새로운 것을 시도하는 '체험적 소비자'를 일컫는 말이다. 사전정보를 수집한 후에 새로운 서비스와 맛, 제품, 장소 등의 경험을 즐기는 소비자로서, '트윈슈머', '얼리 어댑터'와 유사한 말이다.

크리슈머(Cresumer)는 크리에이티브(Creative)와 컨슈머(Consumer)의 합성어로, 소비를 통해 욕구를 충족하는 수준을 넘어 자신의 개성을 표현하는 창조적인 소비자라는 의미를 가진다. 이들은 시장에서 유통되는 제품이나 서비스를 수동적으로 구매하는 데 만족하지 않고, 제품에 대한 피드백은 물론 독창적인 아이디어를 제공하기도 한다.

07 다음의 단어를 보고 떠올릴 수 있는 것은 무엇인가?

ㄱ. 알렉산더 대왕   ㄴ. 발상의 전환   ㄷ. 고정관념
ㄹ. 아시아의 지배자   ㅁ. 프리기아 왕국   ㅂ. 예언

① 로스리더   ② 거울뉴런   ③ 그리스 로마신화
④ 고르디우스 매듭   ⑤ 빅 브라더

해설

위의 단어들은 전부 '고르디우스의 매듭'에서 연상할 수 있는 단어들이다.

08 다음에서 설명하는 효과로 적절한 것은?

> 자신의 주변에 있는 사람들이 어떠한 루머를 사실이라고 신뢰하면 자신 역시 신뢰하게 되고, 특히 그 내용이 자신이 잘 알지 못하는 것일수록 더 신뢰하게 되는 현상으로, 사실의 진위여부와 관계없이 다수의 입장을 옹호하게 되는 것이다.

① 풍선효과   ② 메기효과   ③ 메디치 효과   ④ 샤워효과   ⑤ 폭포효과

해설

하버드대학교의 캐스 선스타인 교수가 자신의 저서 <루머>에서 근거 없는 소문이 확산되는 것을 설명하면서 사용한 표현으로 위와 같은 현상을 '폭포 효과'라고 한다. 풍선효과는 풍선에서 한 곳을 누르면 다른 곳이 튀어나오는 것과 같이, 하나의 문제 해결되면 바로 또 다른 문제가 생기는 현상을 나타내는 용어다. 우리나라의 경우 정부에서 천정부지로 치솟는 강남의 집값을 잡기 위해 재건축 아파트의 규제를 강화하자 수요가 일반 아파트로 몰리면서 일반 아파트의 집값이 치솟아 오르는 현상을 빗대어 말하는 것이다.
샤워효과는 샤워기의 물줄기가 위에서 아래로 떨어지는 것을 빗대어 만든 용어로, 백화점이나 대형 쇼핑몰 매장의 맨 위층으로 소비자들이 모이게 유도하면 소비자들이 자연스럽게 아래층의 매장들을 둘러보며 내려오면서 계획하지 않았던 구매를 하게 되어 매출이 상승하는 효과를 일컫는다.

09 다음 기사의 빈칸에 들어갈 말로 적절한 것은?

> ○○○후보는 지난 2월 "최소한의 인간다운 삶을 위해 국민 월급 300만 원 시대를 열겠다"며 "이를 위해서는 천장을 낮추고 바닥을 높여야 한다."고 말했다. ○○○후보 측의 한 관계자 역시 "_____ 입법 취지는 CEO의 임금을 올리려면 최저임금제를 올리라는 뜻"이라며 "소득 격차를 줄이기 위해 고액연봉이 중소기업 등의 노동자에게 내려올 수 있는 길을 열리도록 하는 것"이라고 말했다.
>
> 전문가들은 이 법이 소득 격차를 줄일 수 있지만, 그 과정에서 심각한 시장 왜곡을 유발할 수 있다고 우려한다. 임금은 노동시장에서 결정되는 '가격'인 만큼, 노동시장의 정보가 자연스레 반영된 가격이 인위적으로 제한됐을 경우 부작용이 나타난다는 것이다. 따라서 다른 정책수단을 통해 소득 불평등을 바로잡는 것이 바람직하다는 입장이다.

① 원샷법   ② 최저임금법   ③ 살찐 고양이법
④ 착한 사마리아인 법   ⑤ 잡스법

해설

살찐 고양이(Fat Cat) 법이란 기업 임직원의 최고 임금을 제한하는 법안을 말한다. 최고 임금법이라도 한다. '착한 사마리아인 법'은 자신에게 특별한 부담이나 피해가 오지 않는데도 불구하고 다른 사람의 생명이나 신체에 중대한 위험이 발생하고 있음을 보고도 구조에 나서지 않는 경우에 처벌하는 법을 이르는 말이다.

| 정답 | 05 | ② | 06 | ① | 07 | ④ | 08 | ⑤ | 09 | ③ | | |

10 엔젤계수(Angel Coefficient)에 대한 설명으로 적절하지 않은 것은?

① 엥겔계수와 함께 가계의 생활패턴을 반영하는 지수로 활용된다.

② 한 사회의 교육열이 강하면, 엔젤계수가 증가할 수 있다.

③ 엔젤계수가 높은 나라에서 어린이들을 신종 수요층으로 하는 산업(에인절산업)이 발달할 가능성이 높다.

④ 에인절 비용에는 과외비용, 장난감 구입비용, 용돈 등 자녀를 교육하면서 들어가는 각종 항목이 포함된다.

⑤ 엔젤계수의 산식은 '(교육비÷총소득)'이다.

해설

교육비를 총소득으로 나누는 것이 아니라, '총지출'로 나눠야 한다. 즉, 엔젤계수 = (교육비 ÷ 총지출)

11 다음의 정책과 관련이 있는 현상은?

> 문재인 정부의 도시재생 뉴딜사업은 단순 주거환경의 개선에 그치는 것이 아니라 도시기능을 재(再)활성화시켜 도시의 경쟁력을 회복시키고 지역에 기반을 둔 좋은 일자리를 창출하는 데 중점을 둔다. 이러한 재생 과정에서 소유주와 임차인 간 상생체계 구축을 통해 이익의 선순환 구조를 정착시킬 수 있도록 하겠다는 계획이다.

① 젠트리피케이션　　　　② 메기효과　　　　③ 펠츠만효과
④ 빌바오효과　　　　　　⑤ 윔블던효과

해설

도시재생에 관련된 글로서, 빌바오효과와 관련이 있다. 빌바오효과란 문화가 도시에 미치는 영향에 관한 것으로 스페인의 공업도시 빌바오에 구겐하임 미술관이 들어오며 경제적 부흥이 일어났다는 데서 유래되었다.

12 국내 시장에서 외국 기업들이 성장하는 반면, 자국 기업들은 부진을 면하지 못하는 현상을 무엇이라 하는가?

① 메디치효과　　　　　　② 눔프현상　　　　③ 하인리히법칙
④ 파노폴리효과　　　　　⑤ 윔블던효과

해설

윔블던효과는 영국 런던의 윔블던에서 열리는 윔블던테니스대회(전영오픈테니스선수권대회)에서 개최국인 영국의 선수가 우승하지 못하고 매번 외국 선수들이 우승 트로피를 가져가는 상황을 빗대어 만든 경제용어로, 국내 자본시장을 외국계 자금이 대부분 점유하는 현상을 일컫는다.

13 부자에 대한 세금을 늘려 이를 저소득층을 위한 경제복지정책의 증대에 투자함으로써 경기가 부양된다는 이론과 관련된 것은?

① 낙수효과　　　　　　　② 분수효과　　　　　　　③ 샤워효과

④ 칵테일 파티효과　　　　⑤ 코브라효과

> **해설**
>
> '샤워효과'는 위에서 아래로 물이 떨어지듯, 위층을 찾았던 소비자가 출입과정에서 자연스레 아래층도 찾게 돼 매출 증대를 꾀할 수 있다는 것으로 백화점 등에서 위층의 이벤트가 아래층의 고객유치로 나타나는 효과를 말한다.
>
> '칵테일 파티효과'는 파티장의 시끄러운 주변 소음과 대화 속에서도 대화하는 상대방의 이야기를 선택적으로 지각하여 집중하는 현상을 말한다. 즉 칵테일 효과는 수용자가 자신에게 의미 있는 정보에 주의를 기울여 받아들이는 현상을 의미한다.
>
> '코브라 효과'는 어떤 문제를 해결하려고 시도한 정책이 도리어 그 문제를 심화시키는 현상이다. 일례로 베트남에서는 프랑스의 식민통치 시절 쥐떼가 창궐하자 쥐 박멸에 포상금을 내걸었던 적이 있다. 꼬리만 가져와도 포상금을 지급하다 보니 사람들이 쥐꼬리만 자르고 풀어주는 일이 많았다. 그래야 쥐가 번식하면서 더 많은 쥐꼬리를 얻고 포상금을 많이 받을 수 있기 때문이다. 결국, 포상금을 노리고 꼼수를 쓴 사람들이 많아서 실효를 거두진 못했다.

14 다음의 사례들과 관련된 법은 무엇인가?

> (A) 2016년 10월 30일 독일에서 은행 현금지급기에서 용무를 보던 노인이 갑자기 쓰러지는 일이 있었다. 주변에 총 4명이 있었지만, 그들은 이를 신고하지 않았고, 노인은 결국 사망했다. 따라서 이들은 징역 1년 혹은 벌금형을 받을 전망이다.
>
> (B) 1997년 영국의 왕세자비라고 불리던 다이애나가 교통사고로 사망할 당시, 다이애나의 사고를 찍기만 했던 파파라치 7명은 처벌을 받았다.

① 형법　　　　　　　　　② 살찐 고양이법　　　　　③ 착한 사마리아인의 법

④ 김영란법　　　　　　　⑤ 알파고법

> **해설**
>
> 위의 사례들은 '착한 사마리아인의 법'과 관련된 것들이다.
>
> '알파고법(과학교육진흥법 전부개정법률안)'은 과학·수학·정보 교육에 대한 장기적이고 체계적인 계획 수립과 예산지원 의무화를 통해 교과교육 진흥과 융합을 도모하고 각 교과교육의 의미와 중요성이 훼손되지 않도록 균형과 조화에 중점을 둔 법안이다. 즉, 알파고법은 4차 산업혁명 시대의 인재 육성에 관한 법률이다.

PART **02** 주요용어편

정답	10	⑤	11	④	12	⑤	13	②	14	③		

15 다음 보기에서 설명하는 용어는 무엇인가?

- 20%의 고객이 백화점 전체 매출의 80%에 해당하는 만큼을 소비하는 현상
- 전체 결과의 80%가 전체 원인의 20%에서 발생하는 현상

① 세이의 법칙　　　　　② 하인리히 법칙　　　　　③ 대수의 법칙
④ 파레토 법칙　　　　　⑤ 롱테일 법칙

해설
'파레토 법칙'에 대한 설명이다.
세이의 법칙은 공급이 스스로 수요를 창출한다는 법칙이다.

16 대기업 오너 2세들의 권력을 이용한 행태는 우리 사회에서 심심찮게 목격되는 현상이다. 이처럼 높은 사회적 지위를 가진 자들이 도덕적 의무를 잘 수행하기는커녕 오히려 그 권력을 악용하여 부정부패를 저지르며, 사회적 약자를 대상으로 소위 '갑질'을 하는 등 부도덕한 행위를 하는 것을 무엇이라 부르는가?

① 노블레스 말라드　　　② 노블레스 오블리주　　　③ 리세스 오블리주
④ 로스 리더　　　　　　⑤ 프레너미

해설
프랑스어로 귀족을 뜻하는 노블레스(noblesse)와 아픈, 병든 상태를 뜻하는 말라드(malade)의 합성어로 기득권 세력이 권력에 기대 각종 부정부패를 저지르는 것을 말한다. 소위 기득권 세력의 갑질로도 불린다.
'리세스 오블리주'는 영연방의 유대교 최고지도자인 조너선 삭스가 저서 <차이의 존중>에서 제시한 개념으로, 지도층의 의무를 강조하는 노블레스 오블리주(noblesse oblige)처럼 부(富)에도 도덕적 의무와 사회적 책임이 수반된다는 뜻이다.

17 다음 글에서 설명하는 현상을 가리키는 말로 적절한 것은?

뛰어난 인재들만 모인 집단에서는 오히려 성과가 낮은 현상을 지칭한다. 경제학자 메러디스 벨빈(Meredith Belbin)이 1981년 '팀이란 무엇인가(Management teams : why they succeed or fail)'이라는 저서에서 이 용어를 처음 사용했다. 벨빈은 이 실험을 통해 팀이 요구하는 역할과 개인적 특성들이 조화를 이루어져야 하고, 우수한 인재들이 모인 집단에서 요구되는 리더십은 기존의 리더십과는 다른 특성을 필요로 한다는 것을 발견하였다.

① 제노비스 신드롬　　　② 아폴로 신드롬　　　　　③ 파랑새 신드롬
④ 갈라파고스 신드롬　　⑤ 피터팬 신드롬

해설

'제노비스 신드롬'은 주위에 사람이 많을수록 책임감이 분산돼 어려움에 처한 사람을 도와주는 걸 주저하게 된다는 이른바 '방관자 효과' 또는 '구경꾼 효과'를 말한다.

'파랑새 신드롬'은 자신의 현재 일에는 별 흥미를 느끼지 못하고 장래의 막연한 행복만을 추구하는 현상을 가리킨다. '파랑새'는 벨기에 작가 모리스 마테를링크가 1백여 년 전에 쓴 동화극에서 유래했으며, '행복'과 '이상'을 상징하는 이 파랑새가 요즘은 한 직장에 안주하지 못하고 여기저기 옮겨 다니는 직장인을 지칭하는 용어로 변했다.

피터팬 신드롬은 성년이 되어도 어른들의 사회에 적응할 수 없는 '어른 아이' 같은 성인(주로 남자)이 나타내는 심리적인 증후군이다.

18 다음의 예시와 관련된 사회 현상으로 적절한 것은?

- HMR(Home Meal Replacement, 가정식 대체식품)의 등장
- 소형 수박 품종의 개발
- '소확행', '케렌시아', '홈루덴스족'과 같은 신조어의 탄생

① 코쿠닝 현상　　② 눕프 현상　　③ 바나나 현상

④ 1인 가구 현상　　⑤ 핌피 현상

해설

'코쿠닝 현상'은 청소년범죄와 이혼이 급증하는 등 전통적 가족체계가 갈수록 흔들리면서 이를 결속력으로 해소하려는 현상으로, 누에고치가 보호막을 쳐가는 모습에서 유래했다. 경제적인 측면에서는 패밀리레스토랑, 가족여행, 가족패션산업 등 다방면에서 가족의 일체감 형성과 가족 고유문화공유를 겨냥한 상품이 속속 개발되고 또 새로운 업종이 등장하고 있다.

바나나 현상은 'build absolutely nothing anywhere near anybody.'의 약칭으로, '어디에든 아무 것도 짓지 마라.'는 뜻이다. 즉, 각종 환경오염시설들을 자기가 사는 지역권 내에는 절대 설치하지 못한다는 지역이기주의의 한 현상. 핌피 현상은 Please in my front yard 의 약자로, 수익성 있는 사업을 내 지방에 유치하겠다는 지역이기주의 일종이다. 원자력 발전소, 쓰레기 소각장 등 혐오시설을 내 이웃에 둘 수 없다는 님비와는 반대현상이지만 지역이기주의라는 점에서 똑같다.

19 다음 중 청일전쟁의 연도는 무엇인가?

① 1882년　　② 1884년　　③ 1892년　　④ 1894년　　⑤ 1883년

해설

1882년 임오군란, 1884년 갑신정변

정답	14	③	15	④	16	①	17	②	18	④	19	④

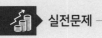

20 다음에서 설명하는 현상으로 옳은 것은?

로젠탈효과, 자성적 예언, 자기 충족적 예언이라고도 한다. 그리스신화에 나오는 조각가 피그말리온의 이름에서 유래한 심리학 용어이다. 조각가였던 피그말리온은 아름다운 여인상을 조각하고, 그 여인상을 진심으로 사랑하게 된다. 여신 아프로디테(로마신화의 비너스)는 그의 사랑에 감동하여 여인상에게 생명을 주었다. 이처럼 타인의 기대나 관심으로 인하여 능률이 오르거나 결과가 좋아지는 현상을 말한다.

① 베르테르효과   ② 코브라효과   ③ 칵테일 파티효과

④ 데킬라효과   ⑤ 피그말리온효과

해설

베르테르 효과는 유명인 또는 평소 존경하거나 선망하던 인물이 자살할 경우, 그 인물과 자신을 동일시해서 자살을 시도하는 현상을 말한다. 모방 자살(copycat suicide), 자살 전염(suicide contagion)이라고도 한다.

데킬라 효과는 한 국가의 금융 위기가 주변국에 영향을 미쳐 실물 및 금융 부문을 침체시키는 것을 이르는 말이다. 지난 1994년 12월 외환 유동성 악화로 발생한 멕시코의 금융 위기가 아르헨티나와 브라질 등 주변 중남미 국가들에 영향을 준 데에서 생겨난 용어로, 당시 채권자들이 '독한 멕시코 테킬라에 이웃나라들이 모두 취한 것처럼 경제 위기가 파급된다'고 말한 데서 유래됐다.

21 다음 빈칸에 들어갈 용어로 올바르게 짝지은 것은?

(가)_____는 제2의 인생을 구가하는 젊은 50~60대를 일컫는 말이다. 일찍이 노년을 대비해 온 이들은 미래 5대 소비계층으로 실버산업ㆍ실버문화의 주인공들이기도 하다. 이들은 제2인생은 탄탄한 경제력과 시간 여유에 기초, PC 통신 등 젊은이들의 문화를 수용하는 데 적극적이다.

(나)_____는 1980년대 초(1980~1982년)부터 2000년대 초(2000~2004년)까지 출생한 세대를 일컫는다. 미국 세대전문가인 닐 하우와 윌리엄 스트라우스가 1991년 펴낸 책 '세대들, 미국 미래의 역사(Generations : The History of America's Future)'에서 처음 언급했다.

(다)_____는 노후에 대한 불안이 있지만, 대책이 없는 세대를 일컫는다. 이들은 생활비, 자녀 양육비 등으로 수입의 대부분을 지출해 노후 자금을 마련하지 못하고 자포자기 상태가 된다.

(라)_____1990년대에 일본에서 등장한 용어로, 자금력 있는 조부모들이 생존해 있게 되자 부모가 자녀에게 전폭적인 경제적 지원을 하며 정성과 사랑을 쏟는 것은 물론 조부모들 또한 귀한 손주를 챙기기 위한 지출을 아끼지 않는 현상이라고 할 수 있다.

(마)_____1979년부터 1992년 사이에 태어난 20~30대 계층으로 6.25전쟁 이후 태어난 베이비붐세대(1955~1963년)의 자녀세대를 지칭하는 말이다. 최근 이들은 경기 불황과 저성장으로 취업에 어려움을 겪고 있으며, 결혼이나 출산을 미루고 있다.

	(가)	(나)	(다)	(라)	(마)
①	타조세대	에코세대	노노세대	식스포켓세대	밀레니얼세대
②	노노세대	밀레니얼세대	타조세대	식스포켓세대	에코세대
③	노노세대	타조세대	밀레니얼세대	에코세대	식스포켓세대
④	타조세대	식스포켓세대	밀레니얼세대	에코세대	노노세대
⑤	식스포켓세대	타조세대	노노세대	밀레니얼세대	에코세대

해설
각각 (가) : 노노세대, (나) : 밀레니얼 세대, (다) : 타조세대, (라) : 식스포켓세대, (마) : 에코세대에 관한 설명이다.

22 **다음 중 황금비가 아닌 것은 무엇인가?**

① 비너스　　　　　② 파르테논신전　　　　　③ 모나지라　　　　④ 로댕

해설
인간이 인식하기에 가장 균형적이고 이상적으로 보이는 비율로, 일반적으로 1:1.618을 황금비로 활용한다.

정답	20	⑤	21	②	22	④						

이것이 **금융상식**이다 5.0

PART

03

부록
2021~2023년 주요 은행 금융기관 실전문제

금융 분야 실전 문제

1 다음에서 설명하고 있는 원칙은 무엇인가? [2022 하반기 농협은행 필기 기출]

보험료는 보험 가입자가 납입하는 보험료의 총액과 보험회사가 지급한 보험금과 경비의 총액이 같은 수준에서 결정돼야 한다는 원칙

① 대위의 원칙 ② 지속가능 보험원칙 ③ 수지상등의 원칙
④ 보험료 불가분의 원칙 ⑤ 보험금부적정의 원칙

2 다음 중 'RE100'에 관한 설명으로 옳은 것은? [2021 하반기 국민은행 필기 기출]

① RE100은 모든 것을 100번 재활용하자는 환경운동의 이름이다.
② RE100에는 원자력 발전이 포함되어 있다.
③ RE100은 기업이 100% 재생에너지를 이용해서 제품을 생산하겠다는 약속이다.
④ 우리나라 정부는 2030년까지 전체 전력량의 100%를 재생에너지로 생산하겠다는 계획을 추진 중이다.
⑤ 우리나라 기후 환경은 재생 에너지 발전에 유리하다.

3 다음에서 설명하고 있는 용어는 무엇인가? [2021 하반기 국민은행 필기 기출]

지급지시서비스업이라고 불리는 사업으로, 결제 자금을 보유하지 않고도 정보만으로 결제 서비스를 제공하는 서비스를 의미한다. 해당 서비스가 도입되면 로그인 한 번으로 보유하고 있는 모든 계좌를 활용해 결제나 송금을 처리하는 일이 가능해진다. 지금은 간편결제를 이용할 때 고객, 고객의 거래은행, 상점, 상점의 거래은행과 핀테크 업체 등이 복잡한 중개 과정을 거친다. 그러나 이것을 이용하면 '지급 지시'만 전달해 이체를 간단하게 끝낸다. 스타트업과 신용카드사 등이 적극 활용할 전망이다.

① 오픈뱅킹 ② 마이페이먼트 ③ 마이데이터
④ 오픈파이낸스 ⑤ 펌뱅킹

4 다음에서 설명하고 있는 용어는 무엇인가?　　　　　　　　[2021 하반기 기업은행 필기 기출]

금융기관이 상환 만기가 돌아온 부채의 상환을 연장해주는 조치를 의미한다. 채권의 경우 현금지급대신 새 채권을 발행해 만기를 연장하는 형태를 취한다. 또한 개인의 대출기간을 연장하는 것도 해당 된다. 연장기간은 대개 3~6개월이다.

① 콘탱고　　　　　　　　② 백워데이션　　　　　　　　③ 롤오버

④ 베이시스　　　　　　　⑤ 스프레드

5 다음 빈 칸에 들어갈 말로 알맞은 것을 고르시오.　　　　　　[2021 하반기 기업은행 필기 기출]

연금 삼총사, 이른바 3T로 불리는 (A), (B), (C)는 연금 관련 투자상품이다. (A)는 가입자의 생애 주기를 고려해 알아서 자산 배분을 도와주는 펀드이다. 적극적으로 자산을 불려야 할 시기엔 주식의 비중을 높여 공격적으로 투자하고 은퇴할 시점이 가까워지면 주식의 비중을 낮추고 안정적인 채권 비중을 늘리는 방식이다. (B)는 노후자금을 주식보다는 채권이나 부동산에 자금을 맡겨 이자 및 배당수익을 내며 매년 원금의 3~4% 정도 지급금을 월간, 분기 등으로 받을 수 있는 상품이다. (A)의 투자 기간이 생애 전반인 반면 (B)의 투자 기간은 은퇴 이후이다. (C)는 투자자 위험 성향별 맞춤 펀드 상품이다. 투자자가 자신의 투자 성향에 따라 위험도가 낮은 펀드부터 높은 펀드까지 선택해 투자할 수 있다. 기초 자산의 가격 변동에도 투자 자산의 비중이 일정하게 조정된다.

	A	B	C
①	TDF(타깃데이트펀드)	TRF(타깃리스크펀드)	TRF(타깃리스크펀드)
②	TDF(타깃데이트펀드)	TIF(타깃인컴펀드)	TRF(타깃리스크펀드)
③	TIF(타깃인컴펀드)	TRF(타깃리스크펀드)	TDF(타깃데이트펀드)
④	TIF(타깃인컴펀드)	TDF(타깃데이트펀드)	TRF(타깃리스크펀드)
⑤	TRF(타깃리스크펀드)	TDF(타깃데이트펀드)	TDF(타깃데이트펀드)

6 다음 중 De-fi의 핵심 원칙이 아닌 것은?　　　　　　　　[2022 하반기 하나은행 필기 기출]

① 상호운용성　　　　　　② 오픈소스　　　　　　　③ 접근성

④ 재정투명성　　　　　　⑤ 재정민주주의

7 다음 중 '슈퍼앱'에 관한 설명으로 옳지 않은 것은? [2022 상반기 농협은행 필기 기출]

① 슈퍼앱이란 별도로 다른 앱을 설치하지 않아도 쇼핑, 송금, 투자, 예매 등의 여러 가지 서비스를 이용할 수 있는 하나의 앱을 의미한다.

② 소비자 입장에서는 분야별로 여러 가지 앱을 각각 설치할 필요 없이 하나로 사용할 수 있어 편리하다.

③ 막대한 자본과 인력을 보유한 기업이 이용자 다수를 확보하고 있는 시장에서 다른 분야로 사업을 확장하는 것이 용이해 반독점 구조를 완화 시킨다.

④ 슈퍼앱의 확대로 플랫폼 경쟁이 심화되면서 신규 고객 유치와 기존 고객 이탈 방지에 어려움이 가중되면서 리워드 전략의 중요성이 부각되고 있다.

⑤ 슈퍼앱의 등장은 국가별 또는 금융 서비스 분야별 디지털 접근성 확대를 통한 금융 격차 해소에 일조한다.

8 다음에서 설명하고 있는 용어는 무엇인가? [2022 하반기 하나은행 필기 기출]

> 이용자가 현금 없이 무이자 또는 저비용으로 물건을 사고, 나중에 상품 구매 대금을 분할, 납부하는 방식이다. 페이팔, 아마존, 애플, 네이버페이, 카카오페이 등 결제 업체가 고객 대신 물건값을 먼저 지불하고, 소비자는 나중에 결제금을 지불한다. 글로벌 주요 업체로는 미국 페이팔과 스플리티트, 스웨덴 클라르나등이 꼽힌다.

① BNPL   ② BaaS   ③ 롤오버
④ 베이시스   ⑤ 스프레드

9 오픈뱅킹과 오픈파이낸스에 관한 설명으로 옳은 것은? [2022 하반기 새마을금고중앙회 필기 기출]

① 오픈뱅킹은 금융권 및 핀테크업권 등이 맞춤형 상품 추천, 자산관리, 상품가입, 변경 등을 표준화된 방식으로 상호 개방한 금융 생태계이다.

② 오픈파이낸스는 은행의 송금 결제망을 표준화시키고 개방해서 하나의 애플리케이션으로 모든 은행의 계좌조회, 결제, 송금 등을 할 수 있는 금융 서비스에 국한된다.

③ 정부는 오픈뱅킹의 성공적 정착에 힘입어 마이데이터, 마이페이먼트와 결합해 개인별 맞춤 형 종합금융플랫폼(마이플랫폼) 도입을 위한 오픈파이낸스를 추진하고 있다.

④ 오픈뱅킹은 오픈파이낸스를 포함하는 개념이다.

⑤ 오픈뱅킹은 은행의 계좌정보 및 이체기능 개방에 초점을 둔 오픈파이낸스 개념을 여타업 권, 상품 추가 등을 통해 포괄적으로 확장한 것을 말한다.

10 **다음 빈 칸에 들어갈 말로 알맞은 것을 고르시오.** [2023 상반기 새마을금고중앙회 필기 기출]

(A)와 (B)는 기업이 해외에 투자하는 방식을 말한다. (A)는 해외 진출 기업이 투자 대상국에 생산시설을 직접 설립하여 투자하는 방식으로, 외국인직접투자의 한 유형에 속한다. 새로 땅을 매입하고 인허가를 받아 공장을 건설해 진출한다. 투자자에게는 투자비와 시간이 많이 소요되지만 투자를 받는 쪽은 고용 창출 효과가 크다는 장점이 있다. 최신의 생산 기술 등을 이전할 수도 있다.(B)는 해외 진출 기업이 해외 현지에 존재하는 기업 혹은 시설을 인수하거나 합작하는 방식의 투자 형태로, 외국인직접투자의 한 종류이다. M&A형 투자라고도 한다. (A)보다 빠르게 생산 및 판매 거점을 확보할 수 있다는 장점이 있다. 초기 설립 비용이 들지 않고 인력, 생산 라인 등의 확장을 꾀할 수 있다. 하지만 피인수 기업의 취약점도 떠안을 수 있다는 단점도 존재한다. 일반적으로 경기가 좋지 않을 때 기업 인수 가격이 낮아지기 때문에 (B)가 상대적으로 많아진다.

	A	B		A	B
①	그린필드	옐로우필드	②	브라운필드	그린필드
③	그린필드	브라운필드	④	브라운필드	블루필드
⑤	블루필드	옐로우필드			

경제 분야 실전 문제

1 피셔효과에 따를 때, 시중의 명목이자율이 12%라고 할 때 예상되는 인플레이션율이 연 5%라고 하면 실질이자율은 얼마인가? [2021 하반기 기업은행 필기 기출]

① 2% ② 5% ③ 12%
④ 17% ⑤ 7%

2 피셔효과에 대한 설명으로 옳은 것은? [2021 하반기 기업은행 필기 기출]

① 실질이자율에서 물가상승률을 뺀 것이 피셔효과다.
② 이자율과 통화량은 관련이 없다.
③ 이자율이 상승하면 소득이 증가한다.
④ 이자율이 하락하면 통화량이 증가한다.
⑤ 예상 인플레이션율이 상승하면 명목이자율은 상승한다.

3 제시된 $\overline{Y}$_(현재의 평균소득)과 Ye(균등분배대등소득)을 통해 앳킨슨 지수를 구하고, 불평등도 가 큰 순서대로 나열한 것은? [2022 상반기 농협은행 필기 기출]

a. $\overline{Y} = 1{,}000$ $Y_e = 900$
b. $\overline{Y} = 2{,}000$ $Y_e = 1{,}600$
c. $\overline{Y} = 5{,}000$ $Y_e = 3{,}500$

① a>b>c ② b>a>c ③ b>c>a
④ c>b>a ⑤ c>a>b

4 다음 중 소득의 불평등도를 측정하는 척도가 아닌 것은? [2022 상반기 농협은행 필기 기출]

① 지니계수 ② 앳킨슨지수 ③ 로렌츠곡선
④ 러너지수 ⑤ 십분위분배율

5 다음 빈칸에 들어갈 말로 적절한 것은?

> 경제 분야에서 (가)는 주로 중앙은행의 통화정책에서 시중에 돈을 풀어서 경기를 안정시키려는 성향을
> 가진 사람들을 말한다. 통화량은 보통 기준금리를 통해 조정하는데 (가)적 성향을 갖춘 경제학자들은 금
> 리를 낮추려 하는 경향이 있다. (나)는 반대로 시중 통화량을 줄여서 물가를 안정시키고자 하는 사람들
> 을 나타낸다.

	(가)	(나)		(가)	(나)
①	매파	비둘기파	②	비둘기파	매파
③	매파	올빼미파	④	비둘기파	오리파
⑤	올빼미파	오리파			

6 다음 글에서 설명하고 있는 용어는?

> 1976년 노벨 경제학상 수상자인 밀턴 프리드먼이 처음 제시한 개념으로, 정부의 어설픈 경제 정책과
> 무능을 비판하기 위한 비유로 쓰이며, 정부의 성급한 경제 정책을 비판하는 의미를 담고 있다. 경기 과
> 열이나 경기 침체에 대응하기 위한 정부의 섣부른 시장 개입은 오히려 역효과를 낼 공산이 크다는 뜻
> 이다.

① 샤워실의 바보   ② 호손 효과   ③ 검은 코끼리
④ 회색 코뿔소   ⑤ 검은 백조

7 화폐환상에 대한 설명으로 옳지 않은 것은?

① 화폐의 가치가 변하지 않을 것이라고 생각하고 실질적인 가치의 증감을 인식하지 못하는 현상을
   말한다.
② 월급이 3% 오르고 물가도 3% 올랐다면 임금의 실질적인 가치변화가 없는 것인데 소득이 올랐
   다고 생각하는 것이 이에 해당 된다.
③ 물가와 생산 사이의 관계를 나타내는 총공급곡선이 우상향한다.
④ 고전학파의 주장이다.
⑤ 노동자오인모형과 비슷한 개념이다.

8 다음 중 애로우의 불가능성 정리에서 사회적 의사결정체가 가져야 할 조건에 해당하지 않는 것은?

[2022 하반기 하나은행 필기 기출]

① 이행성   ② 볼록성   ③ 파레토 원칙

④ 비독재성   ⑤ 무관한 대안으로부터의 독립성

9 다음 중 목적세에 해당하지 않는 것은?

[2021 하반기 광주은행 필기 기출]

① 교육세   ② 자동차세   ③ 교통·에너지·환경세

④ 농어촌특별세   ⑤ 지역자원시설세

10 다음 중 도덕적 해이가 아닌 것은?

[2022 하반기 수협은행 필기 기출]

① 운전자가 자동차보험에 가입 후 운전을 험하게 한다.

② 화재보험에 가입한 자가 화재방지 노력을 게을리 한다.

③ 정액월급을 받는 고용사장이 점심시간을 길게 가진다.

④ 암 발생 위험이 높은 사람이 예방을 위해 보험에 가입한다.

⑤ 팀 발표 시 팀원 일부가 무임승차 한다.

경영 분야 실전 문제

1 다음 빈칸에 들어갈 말로 알맞은 것을 고르시오. [2023 상반기 새마을금고중앙회 필기 기출]

BCG 매트릭스(BCG Matrix)는 미국의 보스턴 컨설팅 그룹(BCG)가 개발한 전략평가 기법이다. BCG는 기업이 사업에 대한 전략을 결정할 때 '시장점유율'과 '사업의 성장률'을 고려한다고 가정한다. BCG 매트릭스는 이 두 가지 요소를 기준으로 기업의 사업을 다음으로 나누었다.

- (A) 사업 : 성장률과 시장점유율이 높아서 계속 투자를 하게 되는 유망한 사업
- (B) 사업 : 점유율이 높아서 이윤이나 현금흐름은 양호하지만 앞으로 성장하기 어려운 사업
- (C) 사업 : 신규사업. 상대적으로 낮은 시장점유율과 높은 성장률을 가진 사업으로 기업의 행동에 따라서는 차후 (A) 사업이 되거나, (D) 사업으로 전락할 수 있는 위치에 있다. 일단 투자하기로 결정한다면 상대적 시장점유율을 높이기 위해 많은 투자금액이 필요하다.
- (D) 사업 : 더 이상 성장하기 어렵고 이윤과 현금흐름이 좋지 못한 안 좋은 사업

	A	B	C	D
①	스타	현금젖소	물음표	개
②	스타	현금젖소	개	물음표
③	물음표	개	스타	현금젖소
④	물음표	현금젖소	스타	개
⑤	현금젖소	물음표	스타	개

2 다음에서 설명하고 있는 용어와 비슷한 말이 아닌 것은? [2023 상반기 새마을금고중앙회 필기 기출]

이것은 생산비와 인건비 절감 등을 이유로 해외로 생산시설을 옮긴 기업들이 다시 자국으로 돌아오는 현상을 말한다. 기술적인 측면에서 스마트 펙토리(smart factory)의 확산과 정책적인 측면에서 보호무역주의의 확산으로 인해 최근 활성화되고 있다.

① 리쇼어링 ② 온쇼어링 ③ 인쇼어링
④ 백쇼어링 ⑤ 오프쇼어링

3 다음에서 설명하고 있는 용어는 무엇인가?

> 기관투자자들의 의결권 행사를 적극적으로 유도하기 위한 자율 지침으로, 기관투자자들이 기업의 의사
> 결정에 적극 참여해 주주와 기업의 이익 추구, 성장, 투명한 경영 등을 이끌어 내는 것이 목적이다. 최근
> 영국, 일본 등에서 실시하고 있으며 국내에서는 2016년 시행됐으며, 최대 투자기관인 국민연금이 이것
> 을 도입해 투자 기업의 주주가치 제고, 대주주의 전횡 저지 등을 위해 주주권을 행사하고 있다.

① 기업지배구조 지침　　　② 주주행동주의　　　③ 섀도보팅
④ 사회적 책임지수　　　　⑤ 스튜어드십 코드

4 어떤 기업의 한 해 당기순이익이 110억 원, 우선주배당금이 20억 원, 보통유통주식수의 경우
상반기 동안에는 50만주, 하반기 동안에는 40만주였다고 한다면, 주당순이익(EPS)는 얼마인
가?　　　　　　　　　　　　　　　　　　　　　　　　　[2021 하반기 기업은행 필기 기출]

① 1만 원　　　　　　　② 1만 5천 원　　　　　③ 2만 원
④ 2만 5천 원　　　　　⑤ 3만 원

5 다음 빈칸에 들어갈 용어로 알맞은 것은?

> (　　　　) 비율은 보험사의 필요자본에서 가용자본이 차지하는 비중으로 보험사의 자본건전성을 측정
> 하는 대표적인 자료이다. 보험계약자가 보험금을 요청했을 때 보험사가 보험금을 제때 지급할 수 있는
> 능력을 수치화한 것이다.

① BIS　　　　　　　　② RBC　　　　　　　　③ ROE
④ REC　　　　　　　　⑤ DBI

6 SML에 관한 설명으로 옳지 않은 것은?　　　　　　　　[2022 하반기 하나은행 필기 기출]

① 증권시장선(security market line)의 약자이다.
② 개별자산 또는 포트폴리오의 기대수익률을 도출해내는 모형으로, 체계적 위험의 지표인 베 타에
비례하는 위험프리미엄을 측정하여 기대수익률을 이끌어 낸다.
③ 베타가 0일 때 기대수익률은 시장기대수익률과 동일하고, 베타가 1일 때 기대수익률은 무 위험수
익률과 동일하다.
④ 효율적 포트폴리오뿐만이 아닌 개별주식과 비효율적 포트폴리오의 기대수익률도 측정가능 하다
는 차이가 있다.
⑤ 위험프리미엄의 보상기준이 되는 위험이 총위험이 아닌 체계적 위험이다.

7 다음 빈칸에 들어갈 말로 옳은 것을 짝지은 것은? [2022 하반기 신한은행 필기 기출]

> 가중평균자본비용(WACC : Weighted average cost of capital)은 부채와 우선주, 보통주 등 유형별로
> 자금을 조달할 때 쓰이는 비용을 각각의 비중별로 곱해서 산정한 평균 비용을 뜻한다. 즉, 기업이 현재
> 보유중인 자산을 활용하여 자사의 주식가치를 유지하기 위해 벌어들여야 하는 수익률을 의미한다.
>
> $$WACC = 자기자본비용 \times \frac{(A)}{총자본} + (타인자본조달비용 \times \frac{타인자본}{(B)}) \times (1 - (C))$$

	A	B	C
①	자기자본	총자본	법인세
②	자기자본	총자본	부가가치세
③	타인자본	자기자본	법인세
④	타인자본	자기자본	부가가치세
⑤	자기자본	총자본	소득세

8 다음에서 설명하고 있는 용어는? [2022 상반기 농협은행 필기 기출]

> 주식의 가격이나 주가지수와 연계되어 수익률이 결정되는 파생상품이다. 이것은 금융기관과 금융기관,
> 금융기관과 일반기업 간의 맞춤 거래를 기본으로 하는 '장외파생상품'으로, 거래의 결제 이행을 보증해
> 주는 거래소가 없기 때문에 일정한 자격을 갖춘 투자매매업자만이 E이것의 발행이 가능하다.

① ETF   ② ELS   ③ ELD   ④ ELW   ⑤ MMF

9 국제회계기준(IFRS)에 관한 설명으로 옳지 않은 것은? [2023 상반기 하나은행 필기 기출]

① 영국 등 유럽 국가들이 사용 중인 회계기준법으로, 기업의 회계 처리와 재무제표에 대한 국제적
통일성을 높이기 위해 '국제회계기준위원회'가 공표하는 회계기준이다.

② 한국은 2007년 3월15일 '국제회계기준 도입 로드맵'을 발표해 IFRS를 도입하기로 결정했다.③
연결재무제표가 주재무제표인 연결회계 중심이다.

④ 취득원가보다는 현재의 자산가치에 초점을 맞추는 공정가치 중심이다.

⑤ 회계담당자가 경제적 실질에 기초해 회계처리를 하는 원칙중심(principle-based)의 회계처 리보다는
규칙에 근거(rule-based)한 회계처리이다.

10 다음 빈칸에 들어갈 용어로 알맞은 것은?

( )는 $\frac{당기순이익}{평균자기자본} \times 100$ 으로 나타낼 수 있으며, 기업이 자기자본(주주지분)을 활용해 1년간 얼마를 벌어들였는가를 나타내는 대표적인 수익성 지표로 경영효율성을 표시해 준다. 이것이 타 기업들보다 낮으면 경영진이 무능하거나 그 업종이 불황이라는 뜻이 된다. 따라서 이것이 높다는 것은 자기자본에 비해 그만큼 당기순이익을 많이 내 효율적인 영업활동을 했다는 뜻이다. 그렇기 때문에 이 수치가 높은 종목일수록 주식투자자의 투자수익률을 높여준다고 볼 수 있어 투자자 측면에선 이익의 척도가 된다. 일반적으로 이것이 회사채 수익률보다 높으면 양호한 것으로 평가되며 최소한 국채 수익률보다는 높아야 효율적인 경영이 이뤄지고 있다고 볼 수 있다.

① BIS   ② RBC   ③ ROE

④ REC   ⑤ DBI

디지털 · 시사 분야 실전 문제

1 다음 중 빅데이터 5V에 해당하지 않는 것은? [2022 하반기 농협은행 필기 기출]

① 볼륨(Volume) ② 가치(Value) ③ 다양성(Variety)

④ 미덕(Virtue) ⑤ 진실성(Veracity)

2 다음 중 합성 데이터에 관한 설명으로 옳지 않은 것은? [2022 하반기 농협은행 필기 기출]

① 컴퓨터 알고리즘에 의해 생성 된다.

② 개인 정보 보호 규정에서 면제되어 개인 정보 문제를 해결하는 역할을 할 수 있다.

③ 새로운 데이터를 보강하고 시뮬레이션 할 수 있다.

④ 원본 데이터로 역추적 하거나 역설계할 수 있다.

⑤ 실제 환경에서 수집되거나 측정되는 것이 아니다.

3 다음 중 디지털세의 다른 이름을 모두 고른 것은? [2022 하반기 국민은행 필기 기출]

ㄱ. 구글세	ㄴ. 야후세	ㄷ. 넷플릭스세	ㄹ. 왓챠세	ㅁ. 웨이브세

① ㄱ, ㄴ ② ㄱ, ㄷ ③ ㄴ, ㄷ ④ ㄴ, ㄹ ⑤ ㄱ, ㄷ, ㄹ

4 다음에서 설명하는 용어로 옳은 것은? [2022 하반기 새마을금고중앙회 필기 기출]

구글에서 대용량 데이터 처리를 분산 병렬 컴퓨팅에서 처리하기 위한 목적으로 제작하여 2004년 발표한 소프트웨어 프레임워크이다. 이 프레임워크는 페타바이트 이상의 대용량 데이터를 신뢰도가 낮은 컴퓨터로 구성된 클러스터 환경에서 병렬 처리를 지원하기 위해서 개발되었다. 간단하게 설명하자면, 한 명이 4주 작업할 일을 4명이 나누어 1주일에 끝내는 것이라고 할 수 있다.

① SQL ② 맵리듀스(MapReduce) ③ 하둡(Hadoop)

④ 소셜 미디어 마이닝 ⑤ NoSQL

5 다음 빈칸에 들어갈 용어로 올바르게 짝지은 것은? [2022 하반기 농협은행 필기 기출]

(가) _____ : 우리가 사는 물리적인 공간이 아닌 컴퓨터로 구현한 가상 환경 또는 기 기술 자체를 뜻한다. 사용자의 주변 환경을 차단해 새로운 세계에 들어간 것처럼 몰입감을 주는 것이 핵심이라 머리에 쓰는 디스플레이 장치 HDM을 활용해 현실 세계와 차단하는 콘텐츠가 주를 이룬다.

(나) _____ : 지리정보, 위치 등을 송수신하는 GPS 장치와 중력 그리고 자이로스코프에 따른 위치 정보 시스템을 기반으로 우리가 경험하는 현실 세계에 가상 물체나 정보가 합성되어 실제 현실과 가 상현실의 상호작용하는 공간으로 만들어주는 기술이다. 실제 도로장면에 주행 정보를 추가하거나, 의 류 판매장에서 직접 옷을 입어보지 않고도 화면상에서는 입은 것 같은 시스템이 이에 해당한다.

(다) _____ : (가)와 (나) 두 기술의 장점만을 합친 기술로 현실과 가상의 정보를 융합해 조금 더 진화한 가상 세계를 구현하고 시각 외 청각, 촉각, 후각 등 인간의 오감을 접목시킨 것이다.

(라) _____ : (가), (나), (다)를 포괄적으로 (라)라 한다. 현실과 가상 간의 상호작용을 강화해 현실 공간에 배치된 가상의 물체를 손으로 만질 수 있다.

(마) _____ : (가)의 연장선에 있는 기술로 현재와 과거의 영상을 혼합하여 실존하지 않는 인물이 나 사건 등을 새롭게 구현할 수 있고 사용자가 가상공간을 실제로 착각하게끔 만드는 기술로 가상현 실과 인지 뇌과학이 융합돼 한단계 업그레이된 기술이라고 할 수 있다. 하드웨어가 필요 없기 때문 에 스마트 기기에 광범위하고 자유롭게 적용될 수 있고 사실상 거의 모든 애플리케이션 시나리오에 사용될 수 있다.

	(가)	(나)	(다)	(라)	(마)
①	가상현실(VR)	증강현실(AR)	혼합현실(MR)	확장현실(XR)	대체현실(SR)
②	가상현실(VR)	증강현실(AR)	확장현실(XR)	혼합현실(MR)	대체현실(SR)
③	가상현실(VR)	증강현실(AR)	대체현실(SR)	확장현실(XR)	혼합현실(MR)
④	증강현실(AR)	가상현실(VR)	혼합현실(MR)	확장현실(XR)	대체현실(SR)
⑤	증강현실(AR)	가상현실(VR)	확장현실(XR)	혼합현실(MR)	대체현실(SR)

6 도심항공교통(UAM : urban air mobility)에 대한 설명으로 적절하지 않은 것은?

[2023 상반기 농협은행 필기 기출]

① 항공기를 활용하여 사람과 화물을 운송하는 도시교통체계를 의미한다.

② 도심의 극심한 도로 혼잡을 줄여줄 대안이 될 수 있다.

③ 항공기 기체에 국한되는 개념이다.

④ 도심형 친환경 항공 교통수단으로 각광받고 있다.

⑤ 일반 택시처럼 아무 곳에서나 타는 것은 아니고, 일종의 정류장인 수직 이착륙 비행장으로 가서 탑승해야 한다.

7 다음에서 설명하는 용어로 옳은 것은? [2023 상반기 농협은행 필기 기출]

이것은 제품 구매를 유도하기 위해 팝업을 띄우거나 알림을 보내는 등 사용자를 계속 귀찮게 만드는 소프트웨어를 말한다. 이것은 일정 기간 무료 체험하게 한 뒤, 체험 기간이 끝나면, 지속적으로 팝업 메시지 등을 띄우거나, 알림을 통하여 사용자가 온전한 소프트웨어를 구매하도록 유도하는 셰어웨어이다. 이것이 띄우는 팝업 메시지는 모니터 화면의 일부를 가리거나, 빨리 닫히는 대화상자 등으로 나타나고, 일정 시간마다 나타나기도 한다. 널리 알려진 종류로는 WinRAR, 윈집(WinZip), mIRC 등이 있다. 이들 프로그램은 시험 기간이 끝나면 사용자에게 프로그램을 구매하도록 유도하는 창을 띄운다.

① 스파이웨어(spyware)　　② 애드웨어(adware)　　③ 내그웨어(nagware)

④ 멀웨어(malware)　　⑤ 프리웨어(freeware)

8 휴머노이드에 대한 설명으로 적절하지 않은 것은? [2023 상반기 농협은행 필기 기출]

① 사람의 신체와 유사한 모습을 한 로봇을 의미한다.

② 의료, 국방, 재난구호, 작업보조 같은 서비스 분야에 투입될 전망이다.

③ 세계 최초의 휴머노이드 로봇은 우리나라의 "휴보"이다.

④ 로봇 산업이 지향하는 최종 목적지이다.

⑤ 휴머노이드 등이 활약할 서비스 로봇 시장은 급성장세로 그 규모가 점점 증가하고 있다.

9 즐거움을 느끼며 기부활동을 하는 것을 의미하는 용어는 무엇인가? [2021 하반기 광주은행 필기 기출]

① 팝콘브레인　　② 도네이션　　③ 아이스 버킷 챌린지

④ 퍼네이션　　⑤ 업사이클링

10 다음에서 설명하는 용어로 옳은 것은? [2023 상반기 농협은행 필기 기출]

이것은 특정 정치인이나 고위 관료의 최측근에서 그들의 대변인 구실을 하는 사람을 의미한다. 해당 정치인에게 유리한 여론을 조성하고, 나쁜 내용은 숨겨 정치인을 우호적이고 좋게 보이게 선전을 하는 역할이다. 자신의 보스나 당파의 정치적 목적을 위해 언론 조작도 서슴지 않아 흔히 모사꾼으로 묘사되기도 한다.

① 옴부즈맨　　② 발롱 데세　　③ 마타도어

④ 섀도캐비닛　　⑤ 스핀닥터

정답 및 해설

금융 편

1 ③

> 해설 수지상등의 원칙은 보험계약자로부터 받은 순보험료의 총액과 보험자가 지급하는 보험금의 총액은 서로 균형이 이루어져야 한다는 원칙을 말한다. 이러한 수지상등의 원칙이 지켜져야 보험의 단체성이 유지될 수 있다.

2 ③

> 해설 RE100은 기업이 100% 재생에너지를 이용해 제품을 생산하겠다는 약속이다. 재생에너지는 태양광과 지열, 풍력 등을 이용해 발전하는 에너지이고, 원자력 발전은 포함돼 있지 않다. 우리나라 정부는 2030년까지 전체 전력량의 20%를 재생에너지로 생산하겠다는 계획을 추진 중이다. 일각에서는 현실적으로 어려운 RE100 대신 원자력 발전이 포함된 CF100을 지지하고 있다

3 ②

> 해설 마이페이먼트(지급지시서비스업)은 이용자 자금을 보유하지 않고 이체 지시만 전달하는 단순한 전자금융업이다.

4 ③

> 해설 롤오버(Rollover)란 채권이나 계약 등에 대해 당사자 간의 합의에 의해 만기를 연장하는 것을 의미한다.

5 ②

> 해설 A는 TDF(타깃데이트펀드), B는 TIF(타깃인컴펀드), C는 TRF(타깃리스크펀드)이다.

6 ③

> 해설 디파이(DeFi)란 탈중앙화 금융(Decentralized Finance)의 약자로서, 탈중앙화된 분산금융 또는 분산재정을 의미한다. 디파이의 핵심 원칙에는 상호운용성 및 오픈소스, 접근성 및 재정적인 포용, 재정 투명성이 있다.

7 ③

> 해설 슈퍼앱은 막대한 자본과 인력을 보유한 기업이 이용자 다수를 확보하고 있는 시장에서 다른 분야로 사업을 확장하는 것이 용이해 반독점 구조를 심화시키고 기존 산업의 생존권을 침해할 수 있다는 문제가 있다.

8 ①

> 해설 BNPL은 Buy Now Pay Later 의 약자로 이용자가 현금 없이 무이자 또는 저비용으로 물건을 사고, 나중에 상품 구매 대금을 분할, 납부하는 방식이다.

9 ③

> 해설 오픈파이낸스는 은행의 계좌정보 및 이체기능 개방에 초점을 둔 오픈뱅킹 개념을 여타 업권, 상품 추가 등을 통해 포괄적으로 확장한 것을 말한다.

10 ③

> 해설 A는 그린필드, B는 브라운필드이다.

경제 편

1 ⑤

해설 피셔효과란 시중금리와 인플레이션 기대심리와의 관계를 말해주는 이론으로, 시중의 명목이자율은 실질이자율과 예상 인플레이션율의 합계와 같다는 것을 말한다. 명목이자율＝예상 인플레이션율＋실질이자율 이므로, 12＝5＋7, 즉 실질금리는 7%이다.

2 ⑤

해설 피셔효과에 의하면, 명목이자율＝예상 인플레이션율＋실질이자율 의 관계가 성립한다. 따라서 예상 인플레이션율이 상승하면 명목이자율 또한 상승한다. 소득이나 통화량과는 관련 없다.

3 ④

해설 앳킨슨 지수 $= 1 - \dfrac{Y_e}{Y}$

(Y_e : 균등분배대등소득, Y : 현재의 평균소득)
이고 앳킨슨지수는 클수록 불평등하다. 각각의 앳킨슨지수는

a: $1 - \dfrac{900}{1,000} = 0.1$,

b: $1 - \dfrac{1,600}{2,000} = 0.2$,

c: $1 - \dfrac{3,500}{5,000} = 0.3$, 이므로 불평등도가

큰 순서는 c＞b＞a이다.

4 ④

해설 러너지수는 독점도를 측정하는 지수이다.

5 ②

해설 '매파'와 '비둘기파'라는 용어는 주로 통화정책의 관점에서 서로 상반된 성향 또는 견해를 가진 정책입안자를 지칭한다. 상대적으로 중장기 인플레이션 관점에 보다 역점을 두고 긴축적으로 통화정책을 운용하려는 입장이 매파로 분류되고, 경제성장세 확대·유지 필요성에 치중하여 보다 완화적인 통화정책을 수행하고자 하는 입장이 비둘기파로

분류된다.

6 ①

해설 샤워실의 바보는 샤워실에서 물을 틀 때 따뜻한 물이 빨리 나오도록 수도꼭지를 온수 방향으로 돌렸다가 너무 뜨거우면 깜짝 놀라 재빠르게 찬물 쪽으로 돌리고, 반대로 찬물에 세게 나오면 따뜻한 물로 얼른 수도꼭지를 돌리는 것처럼 정부의 성급한 경제 정책을 비판하는 의미를 담고 있다.

7 ④

해설 화폐환상은 케인즈 학파의 주장이다. 고전학파 학자들은 노동공급자들이 물가가 오르는 것에 대해서 정확하게 파악하고 있기 때문에 이 같은 화폐환상이란 존재하지 않는다고 주장한다.

8 ②

해설 애로우의 불가능성 정리란 공정함을 위한 합리적인 기준을 동시에 모두 만족시키는 결정을 내리는 절차는 논리적으로 존재하지 않는다는 것을 뜻한다. 사회적 의사결정체가 가져야 할 조건 5가지는 ① 완비성, ② 이행성, ③ 무관한 대안으로부터의 독립성, ④ 파레토 원칙, ⑤ 비독재성이다.

9 ②

해설 현행 조세법상에서 목적세는 국세 가운데 교육세, 교통·에너지·환경세, 농어촌특별세와 지방세 중 지역자원시설세, 지방교육세이다. 자동차세는 보통세이다.

10 ④

해설 암 발생 위험이 높은 사람이 주로 보험에 가입하는 것은 역선택에 해당한다.

경영 편

1 ①

해설 A는 스타(Star), B는 현금젖소(Cash cow), C는 물음표(Question Mark), D는 개(dog)이다.

2 ⑤

해설 리쇼어링은 해외에 나가 있는 자국기업들을 각종 세제 혜택과 규제 완화 등을 통해 자국으로 불러들이는 정책을 말한다. 온쇼어링, 인쇼어링, 백쇼어링이라고도 하며 싼 인건비나 판매시장을 찾아 해외로 생산기지를 옮기는 오프쇼어링은 반대 개념이다.

3 ⑤

해설 스튜어드십 코드(stewardship code)에 관한 설명이다.

4 ③

해설 주당순이익 = $\dfrac{\text{당기순이익 - 우선주배당금}}{\text{가중평균보통유통주식수}}$

이므로, $\dfrac{110억 - 20억}{(0.5 \times 50만 + 0.5 \times 40만)}$

= 2만원이다.

5 ②

해설 RBC 비율은 은행의 BIS 자기자본비율처럼 보험계약자가 일시에 보험금을 요청했을 때 보험사가 보험금을 제때 지급할 수 있는 능력을 수치화한 것이다.

6 ③

해설 증권시장선(security market line, SML)은 개별자산 또는 포트폴리오의 기대수익률을 도출해내는 모형으로, 체계적 위험의 지표인 베타에 비례하는 위험프리미엄을 측정하여 기대수익률을 이끌어 낸다.

$SML : E(R_i) = R_f + \beta_{fm} [E(R_m) - R_f]$

베타가 1일 때 기대수익률은 시장기대수익률과 동일하고, 베타가 0일 때 기대수익률은 무위험수익률과 동일하다.

7 ①

해설 $WACC =$

$\left(\text{자기자본비용} \times \dfrac{(A)}{\text{총자본}} \right) +$

$\left(\text{타인자본조달비용} \times \dfrac{\text{타인자본}}{\text{총자본}} \right)$

$\times (1\text{-법인세})$ 이므로

A: 자기자본, B: 총자본, C: 법인세이다.

8 ②

해설 주가연계증권(ELS)에 관한 설명이다.

9 ⑤

해설 국제회계기준(IFRS : International Financial Reporting Standards)은 영국 등 유럽 국가들이 사용 중인 회계기준법으로, 기업의 회계 처리와 재무제표에 대한 국제적 통일성을 높이기 위해 '국제회계기준위원회'가 공표하는 회계기준이다. IFRS의 특징으로 규칙에 근거(rule-based)한 회계처리보다는 회계담당자가 경제적 실질에 기초해 회계처리를 하는 원칙중심(principle-based), 연결재무제표가 주재무제표인 연결회계 중심, 장부가(취득원가)보다는 현재의 자산가치에 초점을 맞추는 공정가치(fair-value accounting) 중심이라는 점을 꼽을 수 있다. 한국은 2007년 3월15일 '국제회계기준 도입 로드맵'을 발표해 IFRS를 도입하기로 결정했다. 2009년부터 순차적으로 국내 상장기업에 적용했고, 2011년 전면 도입됐다.

10 ③

해설 자기자본이익률(ROE)는 투입한 자기자본이 얼마만큼의 이익을 냈는지를 나타내는 지표로, 자기자본의 운영이 얼마나 효율적으로 이루어졌는지 반영하는 지표이다.

디저털 · 시사 편

1 ④

해설 빅데이터 5V는 볼륨(Volume), 가치(Value), 다양성(Variety), 속도(Velocity) 및 진실성(Veracity)이라는 다섯 가지 특성을 의미한다.

2 ④

해설 합성데이터는 원본 데이터와 일대일 관계가 없는 새로운 인공 데이터로 구성되기 때문에 원본 데이터로 역추적 하거나 역설계할 수 없다.

3 ②

해설 디지털세는 그동안 '구글세'로 불리기도 했다. 그러나 요즘은 '넷플릭스세'로도 불리기 시작했다. 최근 몇 년 동안 크게 성장한 넷플릭스가 코로나19를 계기로 더욱 성장했기 때문이다.

4 ②

해설 맵리듀스(MapReduce)는 분산 컴퓨팅에서 대용량 데이터를 병렬 처리하기 위해 개발된 소프트웨어 프레임워크를 의미한다. 맵리듀스는 단순해서 사용이 편리하고 확장이 쉽고, 비정형 데이터 분석에 용이하다. 그러나 복잡한 연산 처리가 쉽지 않고 기존의 데이터베이스 관리 시스템이 제공하는 스키마, 질의 언어, 인덱스 등의 기능을 지원하지 않는다.

5 ①

해설 각각 (가): 가상현실(VR), (나): 증강현실(AR), (다): 혼합현실(MR), (라): 확장현실(XR), (마): 대체현실(SR)에 관한 설명이다.

6 ③

해설 도심항공교통(UAM)은 항공기 기체뿐만 아니라 항공관제, 이착륙 시설, 교통서비스 플랫폼 등을 모두 포괄하는 개념이다.

7 ③

해설 내그웨어(nagware)란 사용자에게 주기적으로 소프트웨어를 등록하도록 요구하는 소프트웨어로 계속적으로 키 입력을 요구함으로써 배치 모드로는 사용할 수 없게 유도하는 것이 특징이다. 등록하기 전까지는 프로그램을 시작할 때마다(또는 프로그램 수행 도중) 현재 소프트웨어가 정식으로 등록이 안 되었다는 것을 화면에 표시하도록 한다.

8 ③

해설 세계 최초의 휴머노이드 로봇은 일본의 '아시모'이다. 우리나라의 휴머노이드 로봇 1호가 '휴보'이다.

9 ④

해설 퍼네이션(Funation)이란, 재미(fun)와 기부(donation)의 합성어로 재미있는 방법으로 생활 속에서 나눔을 실천할 수 있게 하는 문화를 의미한다. 퍼네이션은 기부 금액보다 어떤 방식으로 기부하는지에 초점을 둔다. 퍼네이션은 대중이 기부에 거부감을 갖지 않고 참여할 수 있는 문화를 조성해야 한다는 필요성이 높아지면서 형성됐다.

10 ⑤

해설 스핀닥터는 정부 수반이나 각료들의 측근에서 국민의 생각이나 여론을 수렴해 정책으로 구체화시키거나 정부 정책을 국민들에게 납득시키는 역할을 하는 정치 전문가이다.

이것이 금융상식이다 5.0

2018. 9. 3. 초 판 1쇄 발행
2019. 7. 25. 개정 1판 1쇄 발행
2019. 10. 23. 개정 1판 2쇄 발행
2020. 7. 21. 개정 2판 1쇄 발행
2021. 9. 17. 개정 3판 1쇄 발행
2023. 7. 12. 개정 4판 1쇄 발행

저자와의
협의하에
검인생략

지은이 │ 김정환
펴낸이 │ 이종춘
펴낸곳 │ BM (주)도서출판 성안당
주소 │ 04032 서울시 마포구 양화로 127 첨단빌딩 3층(출판기획 R&D 센터)
10881 경기도 파주시 문발로 112 파주 출판 문화도시(제작 및 물류)
전화 │ 02) 3142-0036
031) 950-6300
팩스 │ 031) 955-0510
등록 │ 1973. 2. 1. 제406-2005-000046호
출판사 홈페이지 │ www.cyber.co.kr
ISBN │ 978-89-315-5850-0 (13320)
정가 │ 27,000원

이 책을 만든 사람들
책임 │ 최옥현
교정·교열 │ 김상민
내지 디자인 │ 에프엔
표지 디자인 │ 박원석
홍보 │ 김계향, 유미나, 정단비, 김주승
국제부 │ 이선민, 조혜란
마케팅 │ 구본철, 차정욱, 오영일, 나진호, 강호묵
마케팅 지원 │ 장상범
제작 │ 김유석

■ **도서 A/S 안내**

성안당에서 발행하는 모든 도서는 저자와 출판사, 그리고 독자가 함께 만들어 나갑니다.
좋은 책을 펴내기 위해 많은 노력을 기울이고 있습니다. 혹시라도 내용상의 오류나 오탈자 등이
발견되면 "좋은 책은 나라의 보배"로서 우리 모두가 함께 만들어 간다는 마음으로 연락주시기
바랍니다. 수정 보완하여 더 나은 책이 되도록 최선을 다하겠습니다.
성안당은 늘 독자 여러분들의 소중한 의견을 기다리고 있습니다. 좋은 의견을 보내주시는 분께는
성안당 쇼핑몰의 포인트(3,000포인트)를 적립해 드립니다.
잘못 만들어진 책이나 부록 등이 파손된 경우에는 교환해 드립니다.

이것이
금융상식
이다 5.0

이것이
금융상식
이다 5.0

이것이
금융상식
이다 5.0